Principles of Marketing >

제8판

마케팅원론

: 고객지향적 접근

안광호 | 하영원 | 유시진

학현사 HAKHYUNSA

제8판 서문

제7판이 세상에 나온 2018년 이후 우리는 '빠르게 변하는 세상'이라는 진부한 표현으로는 담아낼 수 없는 변혁의 5년을 경험하였다. 팬데믹 사태를 가져온 COVID-19는 너무나 당연하던 생활양식들을 새롭게 바꾸어 놓았고(학기 초에 처음으로 만난 수강생들과 반갑게 인사하며 피자를 나누어 먹는 모습이 이제는 너무 어색하다), 말로만 듣던 인공지능의 힘을 많은 분야에서 직접 체험할 수 있게 되었다(9판의 서문은 ChatGPT에, 표지디자인은 DALL-E에 맡길 수도 있지 않을까?).

소비자들의 생각도, 반응도, 행동도 많이 달라졌다. 아무도 없는 상점에서 자동으로 계산되는 물건을 구입하는 것은 별로 이상한 일이 아니게 되었고, 먹기 전에 반드시 사진 찍을 시간을 주는 것은 서로에 대한 예의가 되었고, 제품의 기능이나 디자인보다는 그것을 만든 기업이 나의 가치관과 걸맞은 목적과 태도를 가진 기업인지를 따지는 까칠한 소비자가 늘어나고 있다.

마케팅 관리자들은 항상 이러한 "새로움"들과 싸워야 한다. 이 서문을 쓰고 있는 2023년 2월 현재 1,200개 이상의 비상장기업들이 새로운 방식으로 소비자들의 문제를 해결함으로써 10억 달러 이상의 가치평가를 받는 유니콘 기업으로 등극하였다. "작가들이 가진 가장 매력적인 두 가지 힘은 새로운 것을 익숙하게 만드는 것과, 익숙한 것을 새롭게 만드는 것이다"라는 말이 있지만 마케팅의 가장 매력적인 힘도 이 두 가지에 있다. 마케팅이 이러한 힘을 갖추려면 새롭게 변화하는 현상들을 따라가기만 하는 것이 아니라, 마치 땅속 깊숙이 묻혀 식물의 생명을 유지하는 뿌리와 같은 마케팅의 기본 작동원리를 잘 이해하고 있어야 할 것이다. 1998년 초판을 출간한 이후 본서는 이러한 기본원칙을 제시하고 설명하는 데 초점을 두어 왔으며, 독자들도 이러한 저자들의 의도에 대해 공감해 주어 왔다. 감사한 마음으로 이번 8번째 개정판에서도 이러한 원칙을 지키려고 한다.

이번 개정판에서 중점을 두어 수정하고 보완한 내용은 다음과 같다.

첫째, 최근 가장 중요한 환경변화라고 할 수 있는 COVID-19가 가져온 팬데믹이 최근의 마케팅전략이나 소비자행동에 어떻게 영향을 주었는지 여러 장에 걸쳐 사례를 통해 살펴보았다. 스타벅스의 코로나 극복, 코로나 시대의 소비행동, 뉴욕 명품매장의 상품관리변화 등이 그것이다.

둘째, 빠른 환경변화에 대응하여 마케팅전략에 변화를 가져온 기업들의 사례를 통해 원리와 현상의 연결고리를 제시하려고 하였다. 나이키의 Direct-To-Consumer(D2C), hy의 퀵커머스,

메타의 기업브랜드 변경, 곰표의 브랜드확장 전략 등을 들 수 있다.

셋째, 밀레니얼세대와 Z세대를 통칭하는 MZ세대를 고려한 마케팅전략들을 여러 장에 걸쳐 다룸으로써 최근 나타나고 있는 변화들에 대한 이해를 돕고자 하였다. 양극화 소비행동, 개인화, 유통채널 다각화, 디지털 네이티브, 브랜드이미지 관리전략 등을 논의하였다.

넷째, 최근 거의 모든 분야에서 화두가 되고 있는 ESG 경영이나 Digital Transformation(DT) 전략이 마케팅에서 어떻게 적용되고 있는지 여러 장에 걸쳐 살펴보았다. 특히, 머신러닝, 데이터기반의 소비자분석, 소셜 빅데이터 등이 마케팅에서 활용된 사례들은 마케팅에서 데이터 리터러시(Data Literacy)의 중요성을 이해하는 데 도움을 줄 것이다.

다섯째, 소개되는 사진 예시, 참고문헌들도 최근의 것으로 교체하였고, 문장이나 문체들도 독자들이 내용을 더 잘 이해할 수 있도록 다듬는 데 많은 노력을 기울였다.

제8판을 저술하는 데 많은 분들의 도움을 받았다. 동국대 경영학과 박사과정의 조은비는 마케팅 사례와 적절한 광고물 수집, 원고교정 작업 등에 많은 도움을 주었다. 미국 위스콘신대학 마케팅 박사과정에 있는 문수영은 사례수집, 원고 준비와 교정 작업 등을 위해 많은 수고를 하였다. 서강대학교 경영학과 박사과정의 황수아는 적절한 사례와 광고들을 발굴하여 책의 전반적인 맥락에 맞게 정리하는 작업을 위해 수고를 아끼지 않았다. 우리는 이들 모두에게 진심으로 감사를 드린다. 그리고 이 책의 출판을 위해 전폭적인 지원과 노력을 아끼지 않은 박세원 대표 이하 학현사 관계자 여러분들께도 감사의 말씀을 드린다.

지난 25년 동안 본서를 사랑해 주신 모든 독자들에게 깊은 감사의 마음을 전하며, 계속해서 한국의 마케팅 교육에 작은 힘이나마 보탤 수 있도록 정진할 것을 다짐해 본다.

2023년 2월

안광호(ahnkh@inha.ac.kr)
하영원(ywha@sogang.ac.kr)
유시진(shijinyoo@korea.ac.kr)

CONTENS

제 1 부

마케팅의 전반적 이해

제1장 | 마케팅개념의 이해

제2장 | 경영전략과 마케팅전략

제 2 부

시장의 이해와 기회의 발견

제 3 부

마케팅전략과 마케팅프로그램의 개발 및 실행

제6장 | 시장세분화, 표적시장 선택 및 포지셔닝

제7장 | 제품전략을 통한 고객가치 창출

제8장 | 촉진전략을 통한 고객가치 소통

제9장 | 유통전략을 통한 고객가치 전달

제10장 | 가격전략을 통한 고객가치 획득

제4부

마케팅성과 구축과 관리

제11장 | 고객기반의 마케팅성과: 브랜드자산과 고객자산의 구축

제12장 | 마케팅성과관리

PRINCIPLES OF MARKETING

제 1 부

마케팅의 전반적 이해

제 1 장

마케팅개념의 이해

1. 마케팅의 정의
2. 마케팅 관리철학의 발전
3. 마케팅의 중요성과 적용범위
4. 마케팅기능과 마케팅관리

하이퍼로컬 서비스라는 포지셔닝과 고객지향적 마케팅커뮤니케이션을 기반으로 중고거래 앱 1위가 된 당근마켓

일명 '하이퍼로컬(hyper-local · 지역 밀착형) 서비스'인 이용자 주변 정보를 활용한 인터넷 서비스 시장이 커지고 있다. 중고거래 플랫폼 당근마켓이 대표적이다. 2021년, 당근마켓이 설립 6년 만에 유니콘 기업(기업가치 10억 달러 이상 벤처)에 등극했다. 중고거래 시장에서 후발주자로 출발하였지만 단숨에 국내 주요 인터넷 서비스로 떠오른 것이다. 당근마켓은 2015년 7월 '판교장터'라는 이름으로 경기도 판교 지역에서 중고거래 서비스로 시작하여 같은 해 10월 '당근마켓'으로 서비스명을 변경했다. 당근마켓의 창업자는 카카오 사내 중고 게시판에서 직거래 중고거래 서비스의 수요를 확인하고 판교를 기점으로 점점 지역을 확장하였다. 2022년 5월 기준 누적 가입자 수는 3,000만 명, 월 이용자 수(MAU)는 1,800만 명을 넘어서며 중고나라를 앞지르고 중고거래 앱 1위를 유지하고 있다.

◆ 기존 중고거래의 문제점을 해결하며 새로운 시장기회 창출

2015년 당근마켓이 처음 서비스를 시작하던 당시 온라인 중고거래 경쟁업체였던 네이버 카페 기반의 중고나라가 업계의 압도적 1위 서비스였다. 당근마켓은 택배거래가 중심이었던 중고나라와는 차별화하여 직거래를 앞세웠다. 중고거래 성사에서 가장 중요한 요인 중 하나가 신뢰라고 생각하였기 때문이다. 대부분의 중고 사기 피해가 비대면 택배거래에서 발생한다고 판단하고 직접 만나서 거래할 경우 제품의 상태, 사기문제 등을 해결할 수 있을 것으로 보았다. 당근마켓은 서비스 초기부터 위성위치확인시스템(GPS) 인증 방식으로 동네 이웃들만 연결하고 지역주민들이 직접 만나 물건을 보고 거래하는 환경을 조성했다. 전화번호 기반의 가입방식을 채택해 고령자나 디지털 기기를 다루기 힘든 소비자도 접근할 수 있도록 했다. 중고나라에서 쉽게 볼 수 있는 전문판매업자도 차단했다.

◆ 코로나와 어려운 경제상황에 따른 중고거래 시장의 확대

당근마켓은 최근 국내외 경제상황과 소비문화 변화에 따라 중고 제품을 찾거나 판매하는 소비자가 급증하며 국내 중고거래 시장이 커진 덕도 봤다. 동시에 당근마켓의 경쟁 서비스들도 사세를 키웠다. 중고나라는 안전거래 기능을 강화했다. 하나은행에 따르면 국내 중고거래 시장은 2008년 4조 원에서 2020년 20조 원으로 12년 만에 5배 성장했다. 번개장터는 각종 인수합병(M&A)으로 회사를 키웠다. 택배거래를 앞세운 헬로마켓은 비대면 거래에

서 발생하는 사기거래를 차단하는 방식으로 소비자를 공략했다. 당근마켓은 '이용자와 소통 강화'를 마케팅 포인트로 잡았다. 지금도 당근마켓은 다양한 이용자와 인터뷰를 통해 서비스를 개선하고 있다. 서비스 개발자와 기획자도 참여해 이용자의 요구사항을 서비스에 반영한다. 거래의 신뢰를 높이는 거래 후기, 매너 온도, 활동 배지 등의 기능은 이용자의 의견을 적용한 결과다. 이용자 프로필에서 이용자의 신뢰 수준을 확인할 수 있는 시스템이다. 거래 후 상대방의 평가를 통해 기본 36.5도에서 온도(점수)를 높일 수 있다. 온도의 수치가 높을수록 이용자의 신뢰도가 높아져 중고거래가 수월해지는 방식이다. 당근마켓이 경쟁 서비스들과 차별화하는 핵심기능 중 하나다.

2019년 말부터는 코로나19가 퍼지면서 비대면 문화가 확산했다. 원격근무가 늘고 온라인 서비스를 찾는 소비자가 늘었다. 사람들의 이동거리가 급격히 감소하면서 '하이퍼로컬' 서비스가 더욱 주목을 받았다. 이용자 인근 지역을 바탕으로 서비스를 제공하는 당근마켓에는 기회였다. 당근마켓은 지역 커뮤니티 서비스로 사업을 확장했다. 현재 당근마켓은 중고거래뿐만 아니라 지역 기반의 다양한 정보도 제공하고 있다. 이웃끼리 유용한 정보를 나누는 '동네생활', 동네 기반의 가게정보와 후기 등을 공유하는 '내 근처' 등의 서비스로 동네정보를 다양한 형태로 경험할 수 있도록 하였다. 추석 명절 기간에는 명절 선물이나 제사 음식으로 소비자가 많이 찾는 과일, 고기, 생선 등을 판매하는 전통시장 및 동네가게 정보를 한 곳에서 제공하는 '추석특별전'을 운영하기도 했다

◆ 고객중심의 마케팅커뮤니케이션전략

당근마켓은 "회사의 성장단계별로 마케팅목표를 설정하였다. 이용자 수와 서비스 규모에 따라 마케팅전략을 세우고 이용자들과의 마케팅커뮤니케이션 방법을 다양화했다. 창업 초기에는 판교 지역 주민들에게 서비스를 알리기 위해 온라인 마케팅에서 아파트 게시판 광고는 물론 직원들이 직접 전단지를 돌려보기도 했다. 이용자와 직접적으로 소통하면서 당근마켓을 어떻게 이용하는지, 어떤 점에 호불호가 갈리는지 파악하는 데 집중했다. 이후 입소문을 타고 경기, 용인, 수지 등 지역 거점을 확대했고, 2018년 1월 전국으로 서비스를 확대했다. 새로운 이용자를 확보하기 위해 다양한 디지털 광고 매체를 규모에 맞게 최적화하고 순수 이용자를 늘리기 위한 검색엔진과 앱스토어를 최적화하는 데 주력했다. 고객의 목소리를 기반으로 마케팅을 진행해 앱 방문율을 높이고 이탈 가능성 있는 이용자 등 다양한 부분을 나눈 뒤, 이용자 인터뷰를 하여 서비스 개선을 하는 등 항상 고객과의 소통을 마케팅 최우선으로 두었다. 당근마켓이 2020년 12월 처음으로 내놓은 자체 상품인 '당근 장바구니'도 이용자와 소통 과정에서 나왔다. 최정윤 당근마켓 마케팅 리드는 "당근마켓은 지금도 이용자와 공감대를 형성할 수 있는 '쌍방향 소통의 마케팅'을 지향한다"라며 "전 연령대가 사용하는 서비스인 만큼 모든 이용자를 아우를 수 있고 이용자들이 공감할 수 있는 마케팅을 하려고 노력하고 있다"라고 설명했다.

자료원: 한국경제, 2022.3.9; 2021.10.29. & 매일경제, 2021.10.12.

현대사회에 있어 마케팅은 기업과 사회의 구석구석에까지 영향을 미치고 있다. 재화나 서비스의 공급자로서의 기업은 어떤 제품이나 서비스를 누구에게 어떤 가격으로 어떤 유통경로를 통해서 판매할 것이며 제품이나 서비스를 소비자들에게 어떤 방법으로 알릴 것인가를 결정한다. 한편 소비자들은 자신들의 필요와 욕구를 충족시키기 위해 어떤 제품이나 서비스를 얼마나 그리고 어디에서 어떤 가격에 구매할 것인가를 결정한다.

제품이나 서비스의 공급자와 소비자를 연결시켜 주는 마케팅활동은 주로 영리를 추구하는 기업에 의해 수행되지만, 마케팅의 적용범위는 학교, 병원, 교회 등 비영리기관에 이르기까지 매우 넓은 영역을 포괄한다. 이 장에서는 현대적인 마케팅개념을 이해하기 위해 마케팅의 정의와 마케팅개념, 그리고 마케팅의 중요성과 그 적용범위 및 마케팅의 여러 기능과 마케팅관리를 개괄적으로 다루기로 한다.

01 | 마케팅의 정의

'마케팅이란 무엇인가'를 한마디로 정의하기는 쉽지 않다. 따라서 사람에 따라 마케팅을 여러 가지로 달리 정의하고 있지만, 마케팅을 어떻게 정의하건 간에 우리는 우선 마케팅의 정의에 포함되는 몇 가지 핵심개념들을 이해할 필요가 있다.

1.1 마케팅의 핵심개념

마케팅을 정의하기 위한 핵심개념들은 소비자의 필요(needs)와 욕구(wants), 소비자의 만족, 교환, 시장 등이라고 할 수 있는데, 이하에서는 이를 자세히 설명하기로 한다.

(1) 소비자의 필요와 욕구

마케팅은 인간의 필요와 욕구에서 시작한다. 인간은 살아가기 위해 음식, 옷, 주택 등을 필요로 한다. 뿐만 아니라 인간은 휴식, 교육, 오락 등의 서비스에 대해서도 강한 욕구를 가지고 있다. 인간은 많은 경우 이 같은 기본적인 상품이나 서비스의 특정 형태나 상표에 대해 강한 선호를 가지고 있다. 예컨대 어떤 사람은 배고픔을 해결하기 위해 칼국수 먹는 것을 좋아하며, 갈증을 해소하기 위해서는 코카콜라를 즐겨 마신다. 한편 무료함을 달래기 위해 바둑이라는 오락을 즐기기도 한다.

인간의 **필요**(needs)는 기본적인 만족의 결핍을 느끼고 있는 상태이다. 인간은 생존을 위해 의·

식·주, 안전, 소속감, 존경 등을 필수적으로 충족해야 하는데, 이 같은 것들이 결핍되었다고 느낄 때 그 사람은 필요를 가지고 있다고 볼 수 있다. 이 같은 필요들은 사회나 마케팅에 의해 만들어지는 것이 아니라 인간이 생리적으로 갖고 있거나 인간의 존재조건 그 자체에 의해 생겨난다. 소비자가 갖고 있는 필요들을 만족시킬 수 있는 구체적인 제품이나 서비스에 대한 바람을 **욕구**(wants)라고 한다. 한국의 소비자들은 음식을 필요로 하며 햄버거에 대한 욕구보다는 된장찌개에 대한 욕구를 갖고 있는 경우가 훨씬 더 일반적이다. 이처럼 욕구는 문화나 사회에 따라 다르며, 학교, 기업, 가족 등의 사회적 제도나 힘에 의해 형성되고 끊임없이 변형되어 간다. 특정 제품이나 서비스에 대한 욕구가 구매의사와 능력에 의해 뒷받침될 때 우리는 그것을 **수요**(demands)라고 한다.

(2) 소비자의 만족과 가치

소비자들은 제품이나 서비스를 가지고 그들의 필요와 욕구를 충족시킨다. 예컨대 소비자들은 그들의 갈증을 해소하기 위해 생수, 콜라, 사이다, 녹차, 과일주스 등의 많은 수단을 사용할 수 있다. 소비자들은 이 같은 대안들 중에서 그들의 필요를 가장 잘 만족시켜 줄 수 있다고 생각하는 대안을 선택할 것이다. 그러나 소비자들은 필요나 욕구의 충족이라는 면뿐만 아니라 어떤 대안을 얻기 위해 지불해야 하는 대가를 동시에 생각한다. 따라서 소비자들이 제품을 선택하는 데 있어 지침이 되는 개념은 각 대안이 소비자에게 제공할 수 있는 **가치**(value)라고 할 수 있다. 대안의 가치는 가격을 고려한 대안의 고객만족 수준이다. 어떤 소비자는 보통 생수보다는 과일주스를 더 선호하지만 과일주스의 경우 생수보다 더 높은 가격을 지불해야만 하기 때문에 생수를 선택하는 경우도 있을 것이다. 이처럼 소비자들은 그들의 필요나 욕구를 충족시키기 위해 그들에게 1원당 가치가 가장 큰 제품을 선택하게 될 것이다.

(3) 교 환

어떤 제품이나 서비스가 소비자의 필요나 욕구를 충족시키고 소비자에게 만족과 가치를 제공한다고 하더라도 그 제품이나 서비스를 제공하는 기업에게도 무엇인가 이득이 있지 않으면 교환은 일어나지 않는다. **교환**(exchange)은 가치 있는 제품이나 서비스를 대가를 제공하고 획득하는 행위를 말한다. 교환이 실제로 일어나는가 아닌가는 교환과 관련된 당사자들이 교환의 조건에 동의하느냐 않느냐에 달려 있는데, 교환이 일어나기 위해서는 교환의 조건이 교환의 당사자들로 하여금 교환 이전보다 더 나은 상태로 만들어 줄 수 있어야 한다. 그런 의미에서 교환은 가치를 창조하는 과정이라고 할 수 있다. 예컨대 어떤 소비자가 삼성전자의 삼성QLED TV를 300만 원에 구입하였다면 그 소비자는 교환을 통해 삼성QLED TV가 제공할 수 있는 효용을 향유하게 되는 한편 삼성전자는 TV가격에 해당하는 가치를 얻게 된 것이고, 그 같은 교환을 통해 소비자와 기업 모두가 교환이 있기 전보다 더 나은 상태로 옮겨갔다고 볼 수 있다.

(4) 시 장

옛날에는 시장이라는 개념이 남대문 시장이나 동대문 시장처럼 물건을 파는 사람과 사는 사람이 만나 교환이 일어나는 곳으로서 장소적인 의미를 갖는 것으로 인식되었다. 그러나 근래에는 **시장**(market)이 반드시 어떤 특정장소를 지칭하는 개념이라기보다는 어떤 제품이나 서비스의 실제 또는 잠재적 구매자들의 집합을 의미하는 뜻으로 쓰이고 있다. 특히 교통과 통신의 발달에 따라 제품이나 서비스를 판매하는 기업은 TV에 광고를 통해 소비자들에게 정보를 전달할 수 있고, 전화나 인터넷을 활용하여 소비자들로부터 주문을 받을 수도 있으며, 제품을 우편을 통해 소비자에게 전달할 수도 있다. 따라서 판매자와 구매자 간에 전혀 물리적인 만남이 없이도 교환이 일어날 수 있다.

시장의 개념은 반드시 전통적인 의미의 제품이나 서비스에만 한정되는 것도 아니다. 예컨대 자금을 필요로 하는 사람들과 이를 공급할 수 있는 능력을 가진 사람들 사이에 교환이 이루어지는 '자금시장'(money market)이나 기부금을 얻고자 하는 학교 등의 비영리기관과 기부를 하고자 하는 사람들 사이에 교환이 일어나는 '기부금 시장' 등도 분명히 시장이라는 개념을 활용할 수 있는 영역들이다.

1.2 마케팅의 정의

위에서 설명한 개념들을 중심으로 마케팅을 정의해 보면 마케팅은 소비자의 필요와 욕구를 충족시키기 위해 시장에서 교환이 일어나도록 하는 일련의 활동들을 말한다. 교환의 한 쪽 당사자가 다른 당사자로 하여금 바람직한 반응을 나타내려고 하는 경우 마케팅을 관리할 필요가 생겨난다. 마케팅의 정의는 미국마케팅학회(American Marketing Association; AMA)가 2004년에 새롭게 만든 다음 2007년에 다시 개정한 후 2017년에 공인한 정의가 가장 널리 받아들여지고 있는데, 이는 다음과 같다.

마케팅은 고객들(customers and clients), 협력자들(partners), 그리고 더 나아가 사회 전반(society at large)에게 가치 있는 것을 만들고, 알리며, 전달하고, 교환하기 위한 활동과 일련의 제도 및 과정들이다.

2004년에 AMA에 의해서 내려진 마케팅의 정의가 1985년에 내렸던 정의에 비해 고객관계관리

(customer relationship management; CRM)가 추가됨으로써 관계마케팅이 강조되고 있다는 특징을 가지고 있었던 반면, 2007년에 새로이 개정된 마케팅의 정의는 고객관계관리를 특별히 따로 언급하는 것을 지양하고, 이를 마케팅의 고유한 기능이라고 할 수 있는 고객 및 이해관계자들에게 가치있는 것을 만들고, 알리며, 전달하고, 교환하기 위한 활동에 포함시킴으로써 다시 전통적인 마케팅믹스를 강조하고 있다. 한편 Kotler et al.(2021)는 마케팅관리를 다음과 같이 정의하고 있는데, 이는 2007년 개정된 AMA의 마케팅정의와 일맥상통함을 알 수 있다.

마케팅관리란 표적시장을 선택하고, 우월한 고객가치의 창조, 전달, 및 알림을 통해 고객을 획득, 유지, 확대하는 기술과 과학을 말한다.

이 같은 마케팅 또는 마케팅관리에 관한 정의는 개념적으로 정교하기는 하지만 너무 추상적이어서 실제로 활용할 수 있는 마케팅의 관리적인 정의(managerial definition)로는 적합하지 못한 경우가 많다. 따라서 이 책에서는 기업과 같은 영리기관에서의 마케팅을 상정하고 "고객만족을 통한 이윤의 추구"라는 개념으로 마케팅을 정의해 보고자 한다. 사실 기업의 입장에서 고객의 필요와 욕구를 만족시키는 일과 이윤을 추구하는 것은 서로 충돌하는 관계에 있게 되는 경우가 종종 있다. 따라서 마케터의 주된 임무는 두 가지 목표가 상충하지 않고 조화롭게 달성될 수 있는 방법을 찾아내어 이를 실행하고 감독하는 것이라고 볼 수 있다([그림 1-1] 참조).

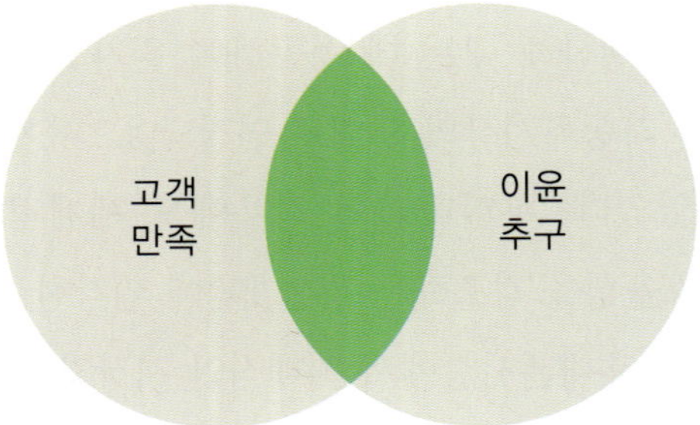

그림 1-1 마케팅의 영역

02 | 마케팅 관리철학의 발전

마케팅이 고객만족을 통해 이익을 실현하기 위한 활동이라면 이 같은 목표를 달성하기 위한 기업의 여러 가지 노력을 한 방향으로 모아줄 수 있는 지침 또는 철학이 필요하다. 실제로 기업이 어떤 철학을 채택하느냐에 따라 구체적인 마케팅활동은 기업마다 매우 다른 양상을 띠고 나타나게 된다. 일반적으로 기업의 마케팅 관리철학은 기업중심적 마케팅철학과 고객중심적 마케팅철학으로 나누어 볼 수 있는데 이를 자세히 살펴보면 다음과 같다.

2.1 기업중심적 마케팅철학

기업이 기업중심으로 경영을 해나가는 것은 어찌 보면 당연한 일이다. 기업이 당면하는 여러 가지 일들을 처리해 나가는 데 있어 기업의 생존과 성장을 위해 기업중심적인 관점을 갖게 되는 것을 우리는 종종 관찰할 수 있다. 이 같은 기업중심적 철학에는 생산개념, 제품개념, 판매개념 등이 있다.

(1) 생산개념(The Production Concept)

생산개념은 기업의 마케팅 관리철학 중에서도 가장 오래된 개념들 중의 하나이다. 생산개념은 소비자들이 쉽게 그리고 싸게 구매할 수 있는 상품을 선호할 것이라고 생각한다. 따라서 생산지향적인 기업의 경영자들은 생산의 효율성과 광범위한 유통망 확보를 무엇보다 중요하게 생각한다.

생산개념은 수요가 공급을 초과하여 만들기만 하면 팔려나가는 상품이거나 제품의 원가가 높아서 생산성의 향상을 통해 원가를 낮춰야 팔려나가는 상품을 생산하는 기업에서 흔히 볼 수 있는 경영철학이다. 예컨대 Ford자동차 회사는 20세기 초에 그 이전까지 가내수공업적인 방법으로 생산되던 자동차라는 제품을 대량생산해 내는 데 성공하여 원가절감을 통해 가격을 대폭 인하할 수 있었다. 이 같은 가격인하는 자동차시장의 확대로 연결되었으며 이를 통해 Ford사는 시장에서 지배적인 위치를 확보할 수 있었다. 우리나라의 경우에도 세계적인 경쟁력을 인정받고 있는 POSCO 같은 기업은 생산의 효율성을 강조하는 생산개념에 입각한 경영을 통해 경쟁우위를 달성했다고 볼 수 있다. 한때 글로벌 휴대폰시장에서 지배적인 시장지위를 점유했던 Nokia 휴대폰의 경쟁우위도 규모의 경제와 생산의 효율성에 기반한 저원가에서 비롯되었다고 할 수 있으나, Apple과 삼성전자의 고객 니즈에 입각한 제품출시전략 때문에 Nokia는 시장에서 엄청난 타격을 입고 말았다.

(2) 제품개념(The Product Concept)

제품개념 또는 제품중심적 마케팅철학은 소비자들이 최고의 품질과 성능을 가진 제품을 선호할 것이라고 믿는다. 따라서 제품중심적인 기업에서는 기술적으로 우수한 혁신적 제품을 만들고 시간이 흐름에 따라 이를 지속적으로 개선하는 데 주력한다. 이러한 경영철학 하에서는 소비자조사를 통해 소비자들의 욕구를 파악할 수 있다는 사실 자체에 회의를 갖는 경향이 있다. 제품중심적인 기업에서는 연구개발 담당자나 엔지니어가 신제품을 소비자의 욕구와는 별 상관없이 설계하며, 그 설계에 따라 공장에서 제품을 제조하고, 재무담당 부서에서 가격을 매긴 후 마케팅과 영업부서는 단순히 제품을 판매하는 기능만을 맡는다. 그 결과 기술적으로는 뛰어나지만 시장에서는 외면당하는 제품들이 시장에 출시되는 경우를 흔히 볼 수 있다. 국내시장에서도 어떤 컴퓨터 업체가 은행에서 현금의 자동인출뿐만 아니라 입금도 가능한 현금 자동입출금기를 개발하여 그 기술적 우수성을 인정받아 장영실상까지 수상한 바 있으나 수요가 없어 출시한 지 1년도 버티지 못하고 생산을 중단한 사례가 있다.

(3) 판매개념(The Selling Concept)

판매개념은 고객중심적이 아닌 기업중심적 사고방식에 젖은 기업들이 흔히 갖고 있는 시장접근 방법들 중의 하나다. 판매개념은 기본적으로 고객들을 그냥 두어서는 그들이 자발적으로 기업에서 생산되는 제품이나 서비스를 충분히 구입하지 않을 것이라는 가정 하에 상당히 공격적인 영업 및 촉진활동을 펼쳐야만 하는 것으로 생각한다.

판매개념은 일부 보험상품이나 문학전집류의 서적 등 일반적으로 소비자들이 자발적으로는 구매를 고려하지 않을 가능성이 높은 제품이나 서비스의 판매에서 흔히 관찰된다. 판매개념 하에서 마케팅은 판매기술의 동의어로 간주되며 잠재고객을 찾아내어 이들에게 밀어넣기 식으로 판매하는 것을 주된 영업방식으로 하고 있다. 이 같은 개념은 반드시 소비자들이 자발적으로 찾지 않는 상품의 판매에 한정되지는 않으며 화장품과 같은 일상용품에서 자동차 같은 내구재의 판매에 이르기까지 널리 퍼져 있다.

판매개념을 채택하고 있는 기업은 제품의 공급과잉 상태에 있는 경우가 많으며 소비자들이 원하는 상품을 만들기보다는 기업이 만든 상품을 소비자들에게 단순히 판매하는 것 자체를 목표로 한다.

판매지향적인 기업에서는 소비자들에게 그들의 상품을 판매하는 일을 쉽게 하기 위해 막대한 양의 광고나 판매촉진 캠페인을 벌이는 경우도 흔히 있다. 따라서 일반대중은 마케팅활동을 단순한 광고나 판매촉진 또는 영업활동으로 오해하는 경우가 많지만 실제로 판매는 마케팅의 일부분에 해당하는 활동이라는 점을 인식할 필요가 있다. 사실 가장 뛰어난 마케팅은 기업이 소비자들의 욕구나 필요를 너무나 잘 알고 상품을 만들어서 별도의 판매나 촉진활동이 필요 없는 경우일 것이다. 보통 판매가 효과적이기 위해서는 마케팅조사, 제품개발, 가격결정, 유통경로 설계 등의 선행 마케팅활동이 효과적으로 이루어져야 한다.

판매개념에 지나치게 의존하는 기업에서는 이 같은 선행활동을 생략하거나 체계적으로 수행하지 않은 채로 그들의 상품을 강매하는 경우가 많으며 그 같은 밀어넣기 식의 판매에 기인하는 매출의 증가는 해당기간의 영업실적 개선에는 효과적일 수도 있으나 장기적으로 고객의 불만과 함께 부정적 구전을 야기하며, 이는 회복하기 어려운 기업 또는 상표이미지의 실추로 연결될 수 있다. 따라서 판매개념과 마케팅개념은 엄격하게 구분되어야 하며 이 두 개의 개념을 구분하는 가장 중요한 기준은 시장에 접근함에 있어 기업의 입장에 서느냐 아니면 고객의 입장에 서느냐 하는 것이다.

2.2 고객중심적 마케팅철학

(1) 마케팅개념(The Marketing Concept)

기업의 입장에 선 경영철학들과는 대조적으로 고객의 입장에 서서 기업과 관련된 여러 가지 활동을 전개해 나가고자 하는 고객중심적 마케팅 관리철학이 마케팅개념이다. **마케팅개념**은 기업목표의 달성이 표적시장에 속한 고객들의 필요와 욕구를 찾아내어 그것을 경쟁자들보다 더 효과적이고 효율적으로 충족시키고자 하는 것이다.

앞에서 언급한 바와 같이 마케팅개념은 판매개념과 혼동되는 경우가 종종 있다. 그러나 판매개념이 기존제품의 판매와 촉진활동의 강화를 통해 매출을 증가시켜 이윤을 남기려는 생각인데 반해서 마케팅개념은 시장의 고객들이 가진 욕구를 통합된 마케팅활동을 통해 만족시킴으로써 이윤을 창조하려는 생각이라는 점이 다르다([그림 1-2] 참조).

마케팅개념을 경영철학으로 채택하고 있는 기업에서는 고객을 단순히 상품의 판매대상으로 보지 않고 그들이 상품과 관련하여 갖고 있는 문제들을 완전히 해결하여 만족을 얻을 수 있도록 하는 것을 목표로 한다.

따라서 제품기획, 가격결정, 광고, 판매촉진, 유통경로관리 등의 모든 마케팅활동이 시장의 고객들에 초점을 맞추어 일관성 있게 통합되고 조정된다. 우리나라의 경우에는 아직 마케팅개념이 기업에 도입된 역사가 짧기 때문에 모든 기업의 경영활동이 마케팅개념에 적합하도록 수행되고 있는 기업의 예가 많지 않지만, 미국의 경우 Procter & Gamble(P&G), Starbucks, McDonald's, Whole Foods 같은 기업들이 대표적으로 마케팅개념을 충실하게 실천에 옮기고 있다.

국내외를 막론하고 마케팅개념을 실천하고 있다고 주장하는 기업들은 많지만 그러한 기업들도 내용을 잘 들여다보면 마케팅개념을 충실하게 실천에 옮기지 못하는 경우가 흔하다. 물론 그 같은 기업들도 겉으로 보기에는 마케팅과 관련된 조직 및 기능을 갖추고 있는 경우가 많다. 즉, 마케팅 담당 임원, 제품 매니저(product manager) 등의 제도도 있으며 마케팅계획과 마케팅조사기능 등의 형식은 모두 갖추어져 있다. 그러나 중요한 것은 과연 그들의 활동이 진정으로 시장과 고객에 초점이 맞추어져 있고 모든 마케팅의사결정이 가능한 한 고객의 입장에서 이루어지느냐 아니냐의 문제인 것이다. 최근 들어 학자들은 기업이 시장지향적이 되기 위해서는 고객에 의해 표현된 욕구만을 만족시키는 데 안주할 것이 아니라, 3M 같은 기업처럼 소비자들 마음속에 숨어 있으면서 소비자 자신도 표현하기 어려운 잠재적인(latent) 욕구를 찾아내어 혁신의 기초로 삼는 능동적 마케팅 지향성(proactive marketing orientation)을 갖출 필요가 있다고 주장한다(Narver, Slater, and MacLachlan, 2004).

사실 생산지향적이거나 판매지향적인 기업을 시장지향적인 기업으로 만드는 일은 수년간에 걸친 꾸준한 투자와 노력을 통해서만 가능하다. 고객만족의 달성이라는 목표가 기업의 구석구석에까지 체화되어 하나의 기업문화로 정립될 수 있을 때 진정으로 고객지향적인 기업이라고 부를 수 있다. 어떤 제품이나 서비스에 만족하는 고객은 그 제품이나 서비스를 다시 구매하게 될 가능성이 높을 뿐만 아니라 그 기업에 관한 긍정적인 구전의 원천이 된다. 따라서 고객만족은 기업이 장기적으로 존속하고 성장하는 데 필수불가결한 요소라고 할 수 있다.

그러나 기업이 잊지 말아야 할 것은 기업의 궁극적인 목표가 고객만족을 극대화하는 데 있는 것이 아니라 이윤을 창출할 수 있는 방법으로 고객들의 욕구를 충족시켜 주는 것이라는 점이다. 따라서 기업은 모든 고객들이 원하는 모든 것을 충족시켜 주려고 노력하기보다는 기업의 이윤을 창출할 수 있는 한도 내에서 고객들에게 더 많은 가치를 줄 수 있도록 노력해야 한다. 그렇게 함으로써 기업은 기업대로 장기적인 발전을 도모할 수 있고 고객은 고객대로 기업에서 제공하는 제품이나 서비스에 만족하게 되는 해법을 찾을 수 있을 것이다.

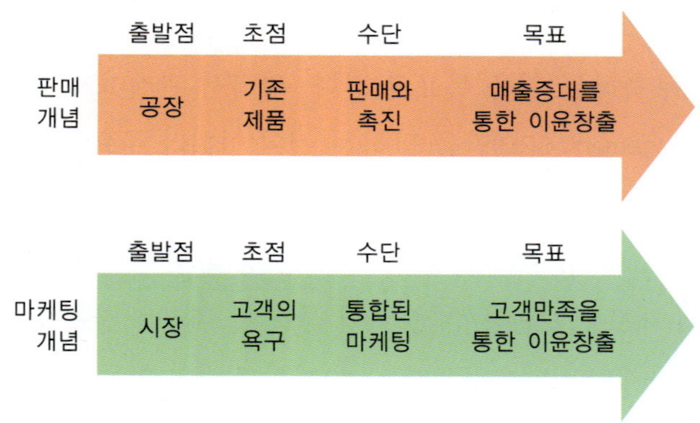

그림 1–2 판매개념과 마케팅개념의 비교
자료원: Philip Kotler, *Marketing Management*, 11th ed., NJ: Prentice–Hall, 2003, p.20.

| 마케팅개념에 충실한 신제품 출시로 성공을 거둔 삼성 비스포크 냉장고

(2) 총체적 마케팅개념(The Holistic Marketing Concept)

21세기에 들어서면서 기업들은 전통적인 마케팅 접근방법을 뛰어넘는 광범위하면서도 응집력이 있는 마케팅 접근방법의 필요성을 절감하고 있다. 예컨대 독일의 운동화 제조업체인 Puma는 총체적 마케팅개념을 활용하여 1970년대의 진부한 이미지를 탈피하고 첨단을 걷는 참신한 이미지를 가진 브랜드로 거듭날 수 있었다. Puma는 스노우 보드를 타는 소비자들, 자동차 경주 팬들, 요가를 즐기는 사람들 등 독특한 표적시장을 염두에 두고 제품을 설계하였다. Puma는 BMW/Mini 등의 타 브랜드와 제휴를 하거나 스시 레스토랑에서의 판촉행사 등을 벌이는 등 구전을 이용한 마케팅(viral marketing)을 적극적으로 펼치는 방법으로 1994년에서 2004년까지 이르는 기간 동안 매출을 3배로 신장시켰다.

총체적 마케팅개념은 마케팅활동의 복잡성과 다양성을 인지하고 이들을 아우를 수 있도록 관계마케팅, 통합마케팅, 내부마케팅, 사회적 책임 마케팅 등의 개념들을 동시에 추구하는 접근방법을 말한다.

관계마케팅은 기업이 고객, 공급업자, 유통업자 등의 주요 마케팅 파트너들과 서로 만족할 수 있는 장기적인 관계를 구축하는 것을 목표로 한다. 따라서 관계마케팅은 단순히 고객관계관리(customer relationship management; CRM)만을 말하는 것이 아니라 주요 파트너와의 관계관리(partner relationship management; PRM)를 포함하는 개념이다. 관계마케팅의 궁극적인 결과물은 마케팅 네트워크(marketing network)라고 할 수 있는데, 기업은 고객, 종업원, 공급업자, 유통업자, 소매업자, 광고대행업체 등과 관계의 네트워크를 형성함으로써 상호 간 이익을 창출한다.

통합마케팅은 기업의 마케팅믹스를 구성하는 네 가지 영역의 활동들(제품, 가격, 촉진, 유통)을 수행할 때, 여러 가지 마케팅활동들이 시너지를 발휘할 수 있도록 세심하게 조정해가면서 수행하는 것이 특징이라고 할 수 있다. 예컨대 기업이 커뮤니케이션 활동을 수행함에 있어 그 수단으로 TV광고와 PR을 선택했다면 두 가지 촉진의 수단이 일관성을 가지면서 서로의 효과를 강화함으로써 시너지가 창출될 수 있도록 광고전략과 PR전략을 수립할 수 있을 것이다.

내부마케팅은 총체적 마케팅의 일부로서 조직 내의 모든 구성원들이 각자에게 적합한 마케팅 마인드를 갖도록 만드는 것을 말한다. 내부마케팅에서는 영업사원, 상품 개발 담당자, 광고 담당자 등 마케팅과 관련된 구성원들 사이의 갈등을 조정할 수 있도록 고객중심의 마인드로 무장시키는 것이 중요한 과제라고 할 수 있다. 또한 마케팅과 직접적인 관련이 없는 조직구성원에게도 고객을 먼저 생각하는 고객중심의 마인드를 심어주는 일 역시 중요하다고 하겠는데, 고객들에게 탁월한 제품이나 서비스를 약속할 수 있으려면 조직 내 모든 구성원들의 인식이 고객 우선으로 바뀌지 않으면 안 되기 때문이다.

사회적 책임 마케팅은 마케팅활동의 윤리적·환경적·법적·사회적 맥락을 충분히 고려하는 마케팅을 말한다. 예컨대 패스트푸드 햄버거 업체들은 소비자들이 원하는 맛있는 햄버거를 제공하는 데는 성공했을지 모르지만 장기적으로 소비자들의 건강을 해칠 가능성이 높은 감자튀김이나 파이 같은 제품들을 환경을 오염시킬 수 있는 폴리스티렌 포장에 넣어서 판매하고 있었다. 이 같은 비난에 접한 McDonald's 같은 기업은 메뉴에 샐러드 같은 건강식을 추가하고 음식들을 플라스틱 포장이 아닌 종이포장에 싸서 판매하는 방법으로 사회적인 비난에 대응했을 뿐만 아니라, 자신들의 공급업자인 축산업자들에게 McDonald's에 납품하는 고기에는 인체에 투여되는 항생제를 쓰지 않도록 하는 등의 대대적인 환경 캠페인을 벌인 바 있다.

최근 들어 사회적 책임 마케팅에 기반한 경영철학인 **사회적 마케팅개념**(The Societal Marketing Concept)을 도입해야만 기업의 생존과 지속적 성장을 실현할 수 있음을 인식하는 기업들이 늘어나고 있다. 사회적 마케팅개념은 기업이 이윤을 창출할 수 있는 범위 내에서 경쟁사들보다 더 효과적이고 효율적으로 소비자들의 욕구를 충족시킬 수 있도록 노력해야 한다고 주장하는 점에서는 마케팅개념과 맥을 같이한다. 그러나 사회적 마케팅개념은 이에 더해서 기업이 사회 전체의 이익을 동시에 고려해야 한다고 주장한다.

현대사회는 개발이 많이 진행된 사회일수록 심각한 환경문제, 자원의 부족, 빈부의 격차, 실업 등 많은 문제를 갖고 있다. 따라서 사회적 마케팅개념은 기업이 사회의 한 구성원으로서 이러한 문제들을 소홀히 해서는 안 되며 순수한 마케팅개념보다는 사회적인 측면의 고려가 가미된 마케팅관리의 철학을 도입해야 한다고 주장한다. 예컨대 참이슬 소주는 분명히 애주가들의 욕구를 훌륭하게 충족시켜 주는 좋은 상품이기는 하지만 알코올 도수가 높기 때문에 과음을 할 경우 소비자들의 건강을 해칠 수도 있으며 빈 병이나 종이 팩 등의 포장이 환경문제를 야기할 수도 있다. 이 같은 문제들은 최근 소비자단체나 환경단체들의 발언권이 강화되고, ESG(Environmental, Social, and Governance) 경영이 강조되면서 기업으로 하여금 사회적 마케팅개념을 도입하도록 하는 배경이

MARKETING
FOCUS

마케팅 3.0과 마케팅 4.0, 그리고 마케팅 5.0

마케팅개념은 시대가 바뀌면서 진화를 거듭해 왔다. Philip Kotler는 지금까지의 마케팅을 다섯 단계로 구분했다. 마케팅 1.0은 표준화된 단순한 제품을 가능한 한 낮은 비용으로 생산해 좀 더 많은 소비자들에게 상품을 구매할 수 있도록 하는 상품 중심의 마케팅이었다. 마케팅 2.0시대는 정보기술의 발전에 의해 가능해졌다. 특히 소비자들의 다양한 욕구나 필요에 대한 정보를 비교적 손쉽게 얻어내고 처리할 수 있게 됨으로써 시장의 소비자들을 세분화해 각 시장에 맞는 마케팅믹스를 개발할 수 있었다. 이른바 STP(Segmentation, Targeting, & Positioning) 마케팅을 실현할 수 있게 된 점이 마케팅 2.0의 가장 큰 특징이라고 할 수 있다. 마케팅 2.0은 기업이 고객의 마음을 사로잡기 위한 고객 중심의 마케팅개념이기는 하지만 소비자를 마케팅활동의 표적이 되는 수동적인 소비자로 본다는 면에서 마케팅 3.0과 구별된다. Kotler와 그의 동료들(2017)은 마케팅 3.0에 이어 마케팅 4.0의 개념을 도입하였다. 마케팅 4.0은 마케팅 3.0과 배치되는 마케팅개념이라고 보기는 어렵고, 단지 정보통신기술의 발달로 인해 촉발된 "4차 산업혁명"이 진행되고 있는 디지털 경제 안에서의 디지털 마케팅을 전통적인 마케팅과 구분하여 일컫는 개념이라고 할 수 있다. 그에 더하여 Kotler와 그의 동료들(2021)은 최근 마케팅 5.0의 개념이 필요하다고 주장한다. 마케팅 5.0은 고객의 여정 내내 가치를 창출, 전달, 제공, 강화하기 위해 AI, 블록체인 등의 차세대 기술을 적용하는 마케팅을 말한다. 여기서는 마케팅 3.0과 마케팅 4.0, 그리고 마케팅 5.0에 대해 기술하기로 한다.

마케팅 3.0은 마케팅 2.0의 연속선상에서 마케팅개념의 외연을 확장하기 위한 시도라고 할 수 있다. 그러므로 마케팅 2.0에서와 마찬가지로 마케팅 3.0에서도 고객만족이 핵심개념인 것은 변함이 없다. 다만 마케팅 3.0은 소비자의 욕구를 충족시키는 데서 한 걸음 더 나아가 세상을 좀 더 살기 좋은 곳으로 만드는 것을 목표로 한다. 따라서 마케팅 2.0이 상품의 기능적 또는 감성적 속성의 차별화를 통해 고객의 마음을 사로잡는 것을 중요시했던 반면 마케팅 3.0 하에서는 그에 더해 소비자의 영혼을 움직이는 것을 통해 기업이 중시하는 가치(values)를 전달하고자 노력한다. 예컨대, '영국 자연주의 화장품'임을 내세우고 있는 The Body Shop이라는 브랜드는 소비자들 사이에서 사회적 평등과 정의를 추구하는 브랜드의 모범사례로 널리 알려져 있다. The Body Shop은 지속적인 캠페인, 이벤트, 문화 커뮤니티 지원 등을 통해 동물실험 반대, 공정무역 지원, 자아존중 고취, 인권 보호, 지구환경 보호 등의 가치를 구현하고자 하는 자신들 노력의 진정성을 소비자들에게 각인시키는 데 성공하고 있다. 이처럼 마케팅 3.0 하에서는 단순한 브랜드 자산(brand equity)의 구축을 넘어서서 진정성에 기초를 둔 마케팅을 통해 모든 잠재적 구매자들의 마음속에 캐릭터를 구축하는 진정한 차별화를 추구한다. 과거의 기업과 고객 간의 관계가 다분히 수직적인 관계였던 것에 반해, 기업과 고객 공동의 가치창조(co-creation)를 기반으로 하는 수평적 관계 구축을 추구한다. 이 같은 내용의 마케팅 3.0 개념은 최근 많은 논의의 대상이 되고 있는 '공유가치창출'(crating shared value; CSV), '자본주의 4.0' 등의 개념과 맥을 같이한다고 하겠다. 마케팅 3.0에서 강조하는 '고객의 영혼을 움직이는 마케팅'(spiritual marketing)은 현대 자본주의 사회가 당면하고 있는 거대한 문제들을 기업이 외면해서는 안 된다는 생각에 기초해 있다. 이 같은 새로운 마케팅개념이 기업에게 새로운 방향을 제시하고 있는 것은 사실이지만, 기업의 주 활동무대인 시장을 움직이는 자본주의의 원칙들은 20세기와 비교해서 별로 달라진 것이 없다. 따라서 마케팅 3.0은 실제 시장의 제도나 상황을 감안한 구체적인 가이드라인으로 진화해야 할 것이다.

마케팅 4.0은 스마트폰으로 대표되는 모바일 인터넷, 인공지능을 통한 지식 노동의 자동화, 사물인터넷(IoT; Internet of Things), 클라우드 기술, 혁신적으로 진보된 로봇 기술, 3-D 프린팅 등의 디지털 기술들이 융합을 거듭하면서 사람들의 일상생활에 지대한 영향을 미치기에 이르자 이에 대응하기 위한 마케팅개념으로 나타났다. 마케팅 4.0은 기본적으로 기업-고객 간의 온라인과 오프라인 상의 상호작용을 결합하고자 하는 마케팅 접근방법이라고 할 수 있다. 예컨대, 마케팅에서의 유통개념은 공유경제(sharing economy) 하에서의 P2P(peer-to-peer) 유통개념에 의해 혁신적으로 변화하고 있다. 즉, 전통적인 호텔, 택시, 렌터카, 은행 산업을 대체하는 에어비앤비 (Airbnb), 우버(Uber), 쏘카, 렌딩클럽(Lending Club) 등의 P2P 브랜드들이 국내외를 막론하고 매우 빠른 속도로 성장하고 있으며, 소비자들은 이를 통해 다른 소비자가 소유하고 있는 제품이나 서비스를 손쉽게 이용할 수 있는 기회가 획기적으로 증가하고 있다. 이 같은 추세에 혁신적인 3-D 프린팅 기술이 추가된다면 소비자들은 다른 소비자로부터 몇 분 안에 자기가 원하는 상품을 3-D 프린터를 통해 받는 것이 그다지 먼 미래의 일은 아닐 것으로 생각되는 바, 이는 P2P 유통을 더욱더 가속화할 것으로 예상된다. 이와 같은 디지털 기술에 의한 마케팅의 변화는 비단 유통에만 한정된 것은 아니며, 4P's 전반, 마케팅 조사활동, 마케팅전략 수립 등 마케팅의 여러 측면을 혁명적으로 바꾸어 놓을 것으로 보인다.

마케팅 5.0은 마케팅 3.0의 인간 중심성과 마케팅 4.0의 기술력을 기반으로 고객경험 전반에 걸쳐 가치를 창출, 전달, 제공, 강화하는 마케팅을 말하는데, 마케팅 5.0은 그 과정에서 AI, 로봇공학, 증강현실(augmented reality), 가상현실(virtual reality), 사물인터넷(IoT), 블록체인 등의 차세대 기술을 활용한다. 마케팅 5.0은 기본적으로 데이터 중심적이고 민첩한(agile) 마케팅을 구사함을 원칙으로 한다. 예컨대, 금융투자회사인 JP Morgan Chase 같은 기업에서는 인간 카피라이터 대신 AI 엔진을 활용하여 디지털 광고 배너문구를 작성했다. 미국의 식품 및 잡화 판매회사인 Walgreens에서는 매장 내에 디지털 디스플레이를 탑재한 냉장고를 설치하고, 냉장고 문은 IoT 화면으로 바꾸었다. 이 화면에 소비자들이 개인정보를 입력하면 그에게 알맞은 상품을 추천해 준다. 가구업체인 IKEA는 증강현실(VR)을 통해 고객이 구매 전에 자사제품을 미리 써볼 수 있게 만들어 주기도 한다. 마케팅 5.0은 AI를 비롯한 차세대 기술을 충분히 활용하여 세대 차이, 부의 양극화, 디지털 격차라는 세 가지 주요 과제를 해결하는 데 공헌하는 것을 그 목표로 한다. 다시 말해, 마케팅 5.0은 차세대 기술을 활용한 인간을 위한 마케팅이라고도 말할 수 있을 것이다.

자료원: 하영원, "고객과 가치 공유한 마케팅 3.0, 한계와 발전방향은?" 동아비즈니스리뷰, 2012(November 1), pp.20-26.
Kotler, P., H. Kartajaya, & I. Setiawan(2017), *Marketing 4.0: Moving from Traditional to Digital*, NJ: Wiley.
Kotler, P., H. Kartajaya, & I. Setiawan(2021), *Marketing 5.0: Technology forHumanity*, NJ: Wiley.

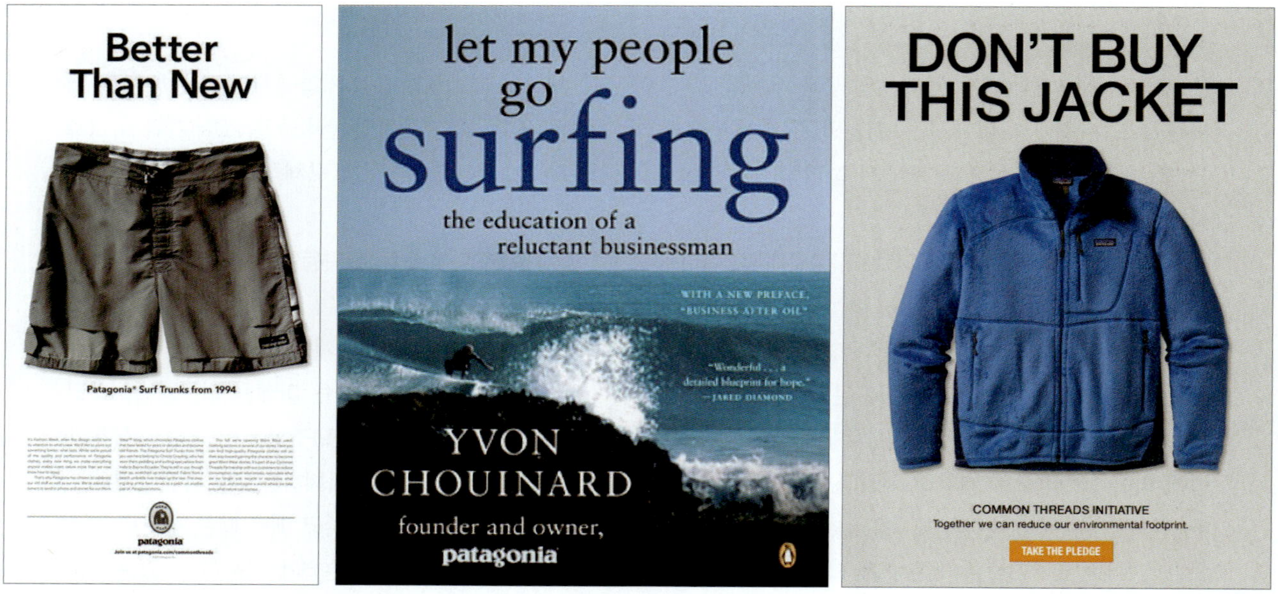

| 마케팅 3.0 개념을 적극적으로 실천에 옮기고 있는 파타고니아

되고 있다. 요컨대 사회적 마케팅개념은 기업이 사회전체의 이익, 소비자의 욕구충족, 기업이윤의 세 가지 측면을 모두 고려하여 균형 잡힌 마케팅의사결정을 하도록 요구하는 마케팅 관리철학이라고 할 수 있다. 최근 이 같은 사회적 마케팅개념은 한 걸음 더 나아가 마케터의 진정성(authenticity)에 근거해서 소비자의 영혼을 움직일 수 있는 '**마케팅 3.0**'의 개념으로 진화해야 한다는 주장이 대두되고 있다(Kotler et al., 2010).

그러나 기업들이 단기적 이윤의 극대화가 아닌 장기적 이윤창출에 관심이 있다면 사회의 구성원으로서 법적·윤리적인 의무를 다해야 하는 것은 당연한 일이다. 오히려 기업에게 지나친 사회적 책임을 강조하다 보면 기업 본연의 기능이라고 할 수 있는 양질의 제품과 서비스의 제공을 통한 소비자의 욕구충족이라는 면이 소홀해질 수 있으며 그 결과로 기업의 이윤이 감소하여 장기적인 존속이 위협받게 될 가능성이 있다.

그러므로 기업에 대한 사회적인 요청은 필수불가결한 부분에 한하여 법률로 만들어 규제하는 것이 바람직하다고 하겠다. 물론 기업의 입장에서도 이 같은 사회적 요구들은 가능한 한 능동적으로 받아들여 이윤을 창출하면서도 동시에 사회적 문제의 해결에 기여할 수 있는 마케팅방법을 찾아내도록 끊임없이 노력해야 할 것이다.

03 | 마케팅의 중요성과 적용범위

3.1 마케팅의 중요성

기업의 경영에서는 물론이려니와 현대사회 전반에 걸쳐 마케팅의 중요성은 지대하다. 세계적으로 매년 수십조 달러에 이르는 제품과 서비스가 생산되는데 이 중 상당부분이 상품개발, 포장, 유통, 광고, 인적판매 등의 마케팅비용으로 쓰여진다. 따라서 기업의 입장에서는 이 같은 활동들을 효과적이고 효율적으로 수행해 내느냐 아니냐에 따라 시장에서의 성패가 좌우된다.

우리나라의 경우 수백만에 달하는 인구가 도·소매업, 물류, 방송·통신산업, 기타 서비스 산업 등 마케팅과 직접적인 관련이 있는 직업에 종사하고 있다. 또한 광고대행업이나 시장조사업처럼 전적으로 마케팅활동과 관련된 산업에 종사하는 인구만도 상당수에 이르며 광고비만 해도 2021년 기준으로 총 13조9천9백억 원에 달하고 있다. 따라서 마케팅은 국민경제적 차원에서 보더라도 상당한 비중을 차지하고 있으며, 그 고용창출 효과도 매우 큰 분야이다.

마케팅은 사람들의 생활방식이나 사고방식에도 큰 영향을 미친다. 마케팅은 종종 물질주의를 조장한다거나, 유행이나 상품의 진부화를 고의적으로 촉진하며, 상품의 표피적인 차별화를 통해 자원의 낭비를 초래한다는 비판을 받기도 한다. 그러나 기본적으로 마케팅은 소비자들의 욕구를 반영하여 상품을 만들고, 그들이 지불할 수 있는 가격에 그 상품을 제공하려는 노력이라고 할 수 있다. 마케팅을 비판적으로 바라보는 시각을 가진 사람들이 주장하는 마케팅의 '낭비적인' 요소는 비판을 통해서 사라질 수 있는 것이 아니며 저렴한 가격에 기본적인 기능을 갖춘 상품들을 판매하는 기업들이 시장에 진입하여 소비자들에게 여타의 상품보다 더 많은 가치를 제공함으로써 소비자들의 호응을 얻을 수 있을 때에만 근본적으로 해소될 가능성이 생긴다.

마케팅은 실제로 소비자들의 생활의 질을 높여주는 역할을 수행한다. 예컨대 기업의 마케팅 담당자들은 이동전화나 자동입출금 서비스 등의 새로운 제품이나 서비스를 소비자들이 받아들여 생활의 질을 높일 수 있도록 도와주기도 하며 지나친 음주나 흡연에 대한 경고문구, 에너지 절약에 관한 메시지 등을 만들어 공익성 캠페인을 벌이기도 한다.

3.2 마케팅의 적용범위

전통적으로 마케팅은 영리를 추구하는 기업에서만 관심을 갖는 대상으로 인식되어 왔으나 최근에는 점차로 그 적용범위가 넓어져 비영리기관을 포함한 거의 모든 조직의 관심대상이 되고 있다.

(1) 영리기관

우리나라에서는 영리를 추구하는 조직인 기업에조차도 마케팅개념이 도입되기 시작한 것은 그리 오래된 일이 아니다. 광고나 인적판매 등의 활동은 비교적 오래전부터 있어 왔으나 마케팅 활동을 통합적이고 체계적으로 추진하려는 노력은 1980년대 들어 나타나기 시작했으며, 식음료, 제약산업 등 포장된 비내구재를 생산하는 회사에 비교적 빠른 속도로 마케팅개념이 받아들여지기 시작하였다. 1990년대 들어 **한국마케팅학회**에서 마케팅개념을 모범적으로 실천에 옮긴 업체에 수여하기 시작한 **마케팅 프런티어상**을 수상한 업체들 중에는 진로, 빙그레 등 식음료 생산업체와 애경, 두산, 아모레퍼시픽 등의 비내구재 생산업체가 상당수를 차지하고 있으며 최근 들어서는 삼성전자, 현대자동차와 같은 내구재 및 산업재 생산업체와 신한은행, 대우증권, SK텔레콤, KTF, 금호렌터카, 제일기획 등의 서비스업체 그리고 한글과컴퓨터 등의 정보기업체들도 마케팅개념을 적극적으로 도입하고 있는 기업으로 마케팅 프런티어상을 수상하였다. 또한 삼성카드 등의 카드회사들도 마케팅에 커다란 관심을 보이고 있으며 KT, LG유플러스 등의 통신회사들이 상호 간 경쟁이 치열해지면서 마케팅에 많은 노력을 기울이고 있다. 그러나 전반적으로 우리나라 기업들은 아직도 체계적인 마케팅을 수행할 수 있는 능력을 갖추기 위해 많은 자원과 노력을 투여해야 할 것이다.

(2) 비영리기관

대학이나 병원 등 전통적으로 마케팅에는 별로 관심이 없었던 비영리기관들도 최근 마케팅에 많은 관심을 보이기 시작하였다. 우리나라의 대학들은 과거의 높은 인구성장률과 교육열 때문에 수요과잉으로 **판매자 위주의 시장**(sellers' market)에 안주할 수 있었으나 인구성장률의 하락과 더불어 대학 간의 경쟁이 심화되면서 우수학생의 유치를 위한 촉진활동, 고객만족을 위한 교과과정 개선 등의 마케팅활동에 많은 관심을 갖기 시작하였다. 병원의 경우에도 1997년 IMF 외환위기 이후 경험하게 된 진료비의 상승으로 인한 경영난을 해소하기 위한 방안으로 많은 병원들이 원가절감과 함께 고객만족에 관심을 갖게 되었다. 그러나 우리나라에서 대학이나 병원 등 비영리기관의 마케팅은 아직도 걸음마 단계에 있다고 할 수 있으며 향후 많은 발전이 기대되는 분야이다. 또한 노동조합, 교회, 정부기관 등의 비영리조직들도 환경변화에 적응하기 위한 노력의 일환으로 마케팅개념을 적극적으로 도입하는 사례가 생겨나고 있다.

(3) 국제적 확산

지역적으로도 마케팅의 적용범위는 점점 더 넓어져 가고 있다. Procter & Gamble, Coca Cola, Microsoft, Google 등의 미국계 다국적기업은 물론이고 Unilever, Benetton, Sony, Toyota 등의 유럽과 일본계 다국적기업들은 세계 전역을 무대로 마케팅을 펼쳐나가고 있으며 이에 대항하는 현지 기업들도 마케팅능력을 배양하기 위해 고심하고 있다. 삼성전자, LG전자, 현대자동차 등의 우리나라 기업들도 과거 수출 위주의 단순 국제영업에서 탈피하여 현지사정에 맞는 마케팅을 전개할 수 있는 능력을 기르기 위해 투자하고 있다. 특히 현대자동차는 글로벌 금융위기로 인해 2009년 세계 자동차 시장이 위축되는 가운데 소비자들의 불안심리를 파고드는 Hyundai Assurance Program(소비자가 현대차 신차를 리스 또는 할부 구입 후 1년 내 실직 등의 이유로 소득원을 상실했을 때, 차량을 반납하면 현대자동차가 중고차 가격을 제외하고 $7,500 한도 내에서 남은 할부금을 대납해주는 제도) 등을 실시하여 소비자들과 평론가들로부터 독창적이면서도 공격적인 마케팅이라는 호평을 받은 바 있다. 이 같은 공격적인 마케팅을 통해 미국시장에서 2009년 1년 동안 총 43만 대(시장점유율 4.2%)를 판매하여 2008년 대비 8.3%의 판매신장을 기록한 현대자동차는 권위있는 광고 전문지 Advertising Age에 의해 '2009년 최고의 마케터'로 선정되기도 했다.

과거에 공산권이었던 러시아나 중국 등의 국가들도 마케팅에 대한 부정적인 시각을 버리고 시장지향적인 경제체제를 구축하기 위해 하이얼(Haier), 알리바바(Alibaba) 등의 브랜드를 적극적으로 키워나가는 등 마케팅개념을 도입하기 위해 노력하고 있다. 그러나 이들 경제권이 진정으로 마케팅개념을 완전히 체화할 수 있을 때까지는 상당한 시간이 걸릴 것으로 보인다.

04 | 마케팅기능과 마케팅관리

기업에서 마케팅이 구체적으로 실행하는 기본적인 기능에는 환경분석, 마케팅조사, 소비자분석, 제품기획, 유통계획, 촉진계획 그리고 가격결정 등이 있다. 이들 중 환경분석, 마케팅조사, 소비자분석은 시장세분화를 통한 표적시장의 선택과 제품의 포지셔닝 등의 마케팅전략의 수립을 위해 수행되는 기능이라고 할 수 있으며, 제품(product), 촉진(promotion), 가격(price), 유통(place)의 4P's와 관련된 계획은 이미 수립된 마케팅전략에 근거하여 이를 실행하기 위해 만들어진다([그림 1-3] 참조).

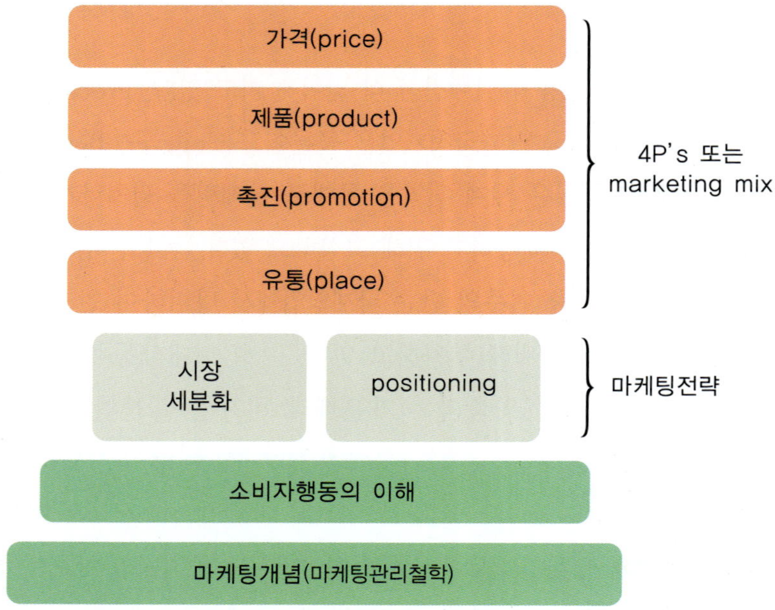

그림 1-3 마케팅의 체계

4.1 마케팅믹스(marketing mix)

마케팅믹스는 표적시장에서 마케팅목표를 달성하기 위해 기업이 활용하는 마케팅도구들의 집합을 말한다. 일반적으로 마케팅믹스는 4P's를 가리키는 말이라고 할 수 있는데, 마케팅믹스와 관련된 의사결정들을 자세히 설명하면 다음과 같다.

- **가격계획**(price planning): 가격계획은 제품가격의 수준과 범위, 가격결정기법, 판매조건 등을 결정하는 것을 말한다.
- **제품계획**(product planning): 제품, 제품구색, 제품이미지, 상표, 포장 등의 개발과 관련된 의사결정들을 말한다.
- **촉진계획**(promotion planning): 광고, 인적판매, PR(public relations), 판매촉진 등을 통해 고객이나 일반대중들에게 제품정보를 전달하고 구매하도록 설득하는 일에 관한 의사결정을 말한다.
- **유통계획**(distribution planning): 유통경로를 설계하고, 물류 및 재고관리, 도매상 및 소매상의 관리를 위한 계획을 세우는 것을 말한다.

4.2 마케팅관리과정

마케팅관리과정은 마케팅환경과 소비자를 분석한 결과를 토대로 표적고객선정과 제품포지셔닝으로 구성되는 마케팅전략을 수립하고, 마케팅믹스에 관한 계획을 만들어 이를 수행하고 통제하는 일련의 과정을 말한다. 마케팅계획은 중소기업의 경우 한두 사람에 의해 실행에 옮겨지는 일도 흔하지만 대기업의 경우에는 영업사원, 마케팅조사 전문가, 광고전문가, 제품관리자(product manager), 고객서비스 담당자 등 많은 마케팅 전문가들에 의해 실행에 옮겨진다.

마케팅계획이 실행될 때 원래 계획했던 대로 실행되어 성과가 나타나는 부분도 있으나 계획과 실제 성과가 다른 경우도 많이 볼 수 있다. 따라서 기업은 피드백을 얻어 마케팅활동을 통제할 수 있는 시스템을 갖고 있어야 한다. 보통 통제시스템에는 기업의 매출이나 이윤 등의 연간 목표를 달성할 수 있도록 하는 연간 계획 통제시스템, 제품별·고객집단별 및 유통경로별 실제 이익률을 측정하여 통제하는 이익률 통제시스템, 시장조건에 비추어 마케팅전략이 적절한가를 통제하는 전략적 통제시스템 등이 있다. 마케팅환경이 빨리 변하면 변할수록 기업은 정기적으로 마케팅의 효과성을 재평가하여 궤도 수정을 해나가는 마케팅감사(marketing audit)를 실시하게 된다.

[그림 1-4]는 마케팅환경을 탐색하여 적응해 나가는 방법으로서의 마케팅관리과정을 나타내고 있다. 마케팅관리과정은 마케팅정보를 분석하여 이에 근거한 마케팅계획을 수립하고 이를 수행한 뒤 계획에 비추어 통제하는 일련의 과정을 의미한다. 이 같은 과정은 마케팅믹스로 구체화되어 표적고객들에게 전달된다. 마케팅관리과정은 국내의 중소기업이건 세계적 규모의 다국적기업이건 간에 같은 원칙 하에 적용된다.

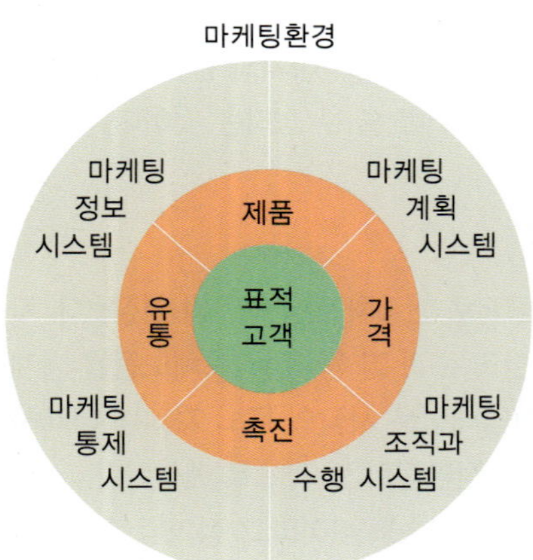

그림 1-4 기업의 마케팅관리과정

4.3 마케팅의 새로운 추세

최근 들어 기업들은 과거와는 질적으로 다른 마케팅환경에 노출되어 있다. 21세기에 들어서면서 마케팅에 가속적으로 큰 영향을 미치고 있는 몇 가지 환경 변화의 추세와 이에 대응하는 마케팅의 새로운 방향을 기술해 보면 다음과 같다.

MARKETING
FOCUS

4차 산업혁명이 불러올 다섯 개의 변화 - '사물인터넷·인터페이스·자율주행·5G·AI학습'이 세상을 바꾼다

대한민국은 뉴노멀이 노멀이 돼 가는 저성장 시대, 일자리 이슈, 큰 틀의 산업 패러다임이 바뀌어 가는 새로운 트릴레마(삼중고) 상태에 놓여 있다. 이를 극복하고 다시 우리 경제의 맥박이 활기차게 뛰기 위해서는 새로운 성장의 틀이 필요하다. 결국 전 산업 분야에 걸쳐 빠르게 다가오고 있는 4차 산업혁명을 민 · 관이 어떻게 대응하느냐에 달려 있다. 세계경제포럼의 클라우드 슈밥 회장은 "제4차 산업혁명이 쓰나미처럼 우리를 급습하고 있다. 그것이 우리의 모든 시스템을 바꿀 것"이라고 경고했다.

작년 1월 다보스포럼 이후 세계에서 가장 이슈가 되고 있는 키워드는 단연 4차 산업혁명이다. 빅데이터 · 인공지능(AI) · 증강현실(AR) · 가상현실(VR) · 자율주행 · 드론 · 3D프린터 · 공유경제 등 4차 산업혁명이 본격화되면서 전 산업분야에서 창조적 파괴가 일상화되고 새로운 비즈니스 모델이 부상할 것이라는 기대감이 일고 있으며, 마케팅의 여러 측면에도 엄청난 충격을 줄 것으로 예상되고 있다.

산업혁명이라는 용어는 경제학자 아널드 토인비가 1884년 그의 저서 '산업혁명의 강의(Lectures on the Industrial Revolution)'에서 처음 사용했는데 '인류 역사에서 기술혁신과 그에 수반해 일어난 사회 · 경제구조의 변혁'이라고 정의하고 있다. 어떤 기술이 반짝하고 사라지는 것이 아니라 관련 기술들이 연쇄적으로 발전해 경제 및 사회구조를 바꾸는 변혁이 일어나야 산업혁명이란 용어를 쓸 수 있다는 것이다.

◆ 기술혁명이 바꾸는 풍요로운 세상

4차 산업혁명은 정보통신기술(ICT)을 바탕으로 한 3차 산업혁명의 연장선에 자리하지만 기존 산업혁명들과 큰 차이가 있다. 지난 1, 2, 3차 산업혁명이 인간의 손과 발 등 주로 육체노동을 기계가 대체해 자동화되고 연결성을 강화해 온 과정이라면 AI로 대표되는 4차 산업혁명은 사람의 두뇌 자체를 대체하는 시대를 뜻한다. 그 결과 경제적으로나 사회적으로 거대한 변화를 가져오는 전환점이 될 것으로 예상된다.

4차 산업혁명은 'ICT가 타 산업들과 융합하는 기술혁명'이라고 정의할 수 있다. 이전의 산업혁명들과 그 속도와 범위 면에서 우리의 상상을 뛰어넘는다. 먼저 실현 가능한 청사진을 그려보면 ICT를 기반으로 사물과 사물이 서로 통신하고 사람과 사물이 연결되며 더 나아가 교통수단까지 결합되는 초연결 사회가 만들어진다. 그리고 이 과정에서 생성되는 수많은 데이터가 클라우드 서버에 저장되고 저장된 데이터는 빅데이터 분석을 기반으로 한 AI를 통해 최적의 의사결정을 도와주는 선순환 에코시스템으로 진화한다.

4차 산업혁명의 특징은 다음과 같이 3가지 주제로 표현할 수 있다. 첫째, ICT의 비약적인 발전으로 모든 것이 연결되는 초연결 사회로의 진입이다. 사물 · 동물 · 사람이 언제 어디서나 서로 소통할 수 있다. 둘째, 스스로 학습하면서 진화하는 머신이다. 딥 러닝이라는 AI 알고리즘이 개발되면서 기계는 사람과 유사한 방식으로 학습하고 사람보다 빠른 속도로 진보하고 있다. 셋째, 생산 혁신과 공유경제 확산으로 한계비용이 제로가 되면서 풍요로워지는 세상이다. 이와 같은 특징을 바탕으로 로봇을 인간의 조력자로 현명하게 컨트롤할 수 있으면 인류가 걱정하는 디스토피아보다 유토피아 세상이 펼쳐지지 않을까.

◆ ICT 통한 '운송 · 금융 · 의료' 변혁의 예고

그러면 앞으로 4차 산업혁명이 어떻게 전개될지 구체적 티핑 포인트를 짚어가며 살펴보자. 티핑 포인트는 어떤 제품이나 서비스가 사회의 주류로 급부상하는 시점을 뜻하는데 세계경제포럼에서 발표한 아이템들을 4차 산업혁명의 3가지 주제와 연결하면 5가지의 트렌드로 분류할 수 있다.

첫째 트렌드는 사물과 ICT 융합인 사물인터넷(IoT)이다. IoT는 사물에 센서를 부착해 사물들끼리 데이터를 실시간으로 주고받는 기술이나 서비스를 뜻한다. 핵심은 통신 인프라가 잘 갖춰져 있다는 가정하의 센서 기술이고 가장 큰 시장은 커넥티드 홈 서비스다. 삼성전자와 LG전자 같은 전통적인 가전회사뿐만 아니라 아마존 · 애플 · 구글 등 정보기술(IT) 기업들도 뛰어들고 있다. 구글은 머신 러닝 기능이 있는 네스트(NEST)라는 회사를 인수해 AI를 탑재한 서모스탯 기기를 통해 홈 IoT의 주도권을 쥐려 하고 있다.

IoT를 공장에 적용하면 생산성 향상 및 불량률 감소 등 생산 시스템을 최적화하는 맞춤형 공장을 만들 수 있고 여기에 3D프린터를 접목하면 다품종 소량의 자동생산까지 가능해진다. 독일의 지멘스 · BMW 및 미국의 제너럴 일렉트릭(GE) 등이 빠르게 스마트 공장 시스템을 주도해 나가고 있다. 3D프린터는 입체적 설계도에 제공하면 원하는 물건을 만들어 내는 기술이다. 조만간 3D프린터가 의식주와 관련된 모든 제품을 만들어 낼 것으로 보인다. 이미 3D프린터로 미국 로컬모터스는 자동차를 제작하고 있고 중국 기업 윈선은 집과 건물까지 짓고 있는 것으로 알려졌다.

둘째 트렌드는 사람과 ICT 융합으로 우리 몸과 마음을 센싱할 수 있는 장치와 정보를 주고받는 인터페이스로 구성된다. 전자는 대표적 웨어러블 기기인 아이워치, 신생아용 디지털 우주복, 뇌파를 감지하는 뉴로 헤드셋이고 후자는 구글 글라스로 대표되는데 사생활 침해 이슈로 상용화에 고전을 겪고 있다. 향후 10년 내 인구의 10%가 인터넷이 연결된 의류와 안경을 착용하고 다닐 것이고 상업화된 최초의 인체 삽입형 모바일폰도 등장한다. 미국 매사추세츠공과대(MIT) 미디어랩에서는 몸에 부착하는 문신 형태의 스마트 기기인 스마트 타투 개발을 진행 중이다.

셋째 트렌드는 운송수단과 ICT의 융합이다. 사람이 운전하던 방식에서 ICT 인공지능에 의한 자율주행으로 변할 것으로 예상된다. 이미 네바다 · 미시간 · 캘리포니아 · 플로리다 주 등에서는 반자율주행차가 다니고 있다. 전기차로 유명한 테슬라는 2015년 가을, 소프트웨어 업그레이드를 통해 자율주행 기능을 가능하게 했다. 이런 추세라면 2030년에는 전 세계 차량의 40%가 자율주행 자동차로 전환될 것으로 보인다.

아마존에서 배송에 활용하려고 실험 중인 드론은 응급처치, 화재 진압, 웨이터 역할 등 응용할 수 있는 분야가 무궁무진하다. 하지만 사생활 침해 등 여러 위험성도 제기되고 있다. 이 문제를 해결하기 위해 벌써부터 안티 드론 산업이 활성화되고 있다. 세계 최대의 드론 제조사인 중국의 DJI는 드론의 특정 지역 침범을 막는 소프트웨어 기술을 개발했다.

넷째 메가트렌드는 도시와 ICT 융합으로, 수년 내 인구 5만 명 이상이 거주하는 데도 신호등이 하나도 없는 도시가 최초로 등장한다. 이를 위해서는 자동차가 주변 사물과 끊임없이 소통해야 하는데 현재의 롱텀에볼루션(LTE) 기반의 통신 역량보다 한 단계 진보한 5G 기술이 실현돼야 가능하다. 스마트 시티는 도시의 데이터들이 융합돼 생활의 편의를 높이고 체계적인 인프라 관리가 가능한 도시를 말하는데, 빌딩 자동화, 자율 교통관제, 에너지 관리가 핵심이다. 한국은 송도가 대표적 도시이지만 해외의 바르셀로나 및 중동의 마스다르와 비교하면 아직 갈 길이 멀다.

마지막 메가트렌드는 AI를 통한 스마트한 의사결정이다. 최근의 AI가 무서운 것은 지금까지 컴퓨터와 다르게 습득한 데이터를 자동적으로 활용하는 머신을 통해 스스로 똑똑해지고 있기 때문이다. 이대로라면 2040년쯤 인간 수준의 지능을 가질 것으로 예상된다. IBM이 만든 '왓슨'은 2011년생으로 이제 일곱 살인데 1초에 논문 50만 건 분량의 빅데이터를 이해하고 분석한다. 왓슨은 금융분야에선 투자자들 기호에 맞는 상품을 제안하고 의료분야에서는 사람보다 훨씬 정확한 진단을 내린다.

현재 뉴욕 증권거래소에서 거래되는 주식의 70%가 사람이 아닌 알고리즘에 의해 이뤄진다. 왓슨의 다음 목표는 암을 정복하는 것으로, 뉴욕의 암센터는 2015년부터 암 진단과 치료에 왓슨을 적극 활용하고 있다. 현재 대장암 · 췌장암 · 방광암은 90% 이상의 진단율을 나타내고 있다. 이처럼 사람이 관여할 영역이 점점 줄어드는 반면 로봇은 스스로 학습하고 진화하면서 능력을 높여 가고 있다.

◆ 휴먼 크라우드 형태의 새로운 고용 등장

4차 산업혁명이 만드는 세상은 사람과 사물, 사물과 사물이 융합돼 나온 데이터를 AI가 분석해 고객에게 최적의 결정을 내려주는 사회다. 여기까지 읽다 보면 '내 일자리는 안전할까'란 의구심이 들 것이다. 세계경제포럼 미래고용 보고서에 따르면 4차 산업혁명으로 2020년까지 710만 개의 일자리가 사라지고 210만 개의 새로운 일자리가 생긴다. 사라지는 710만 개 일자리 가운데 대부분은 사무직 및 관리 직종이며 컴퓨터 · 수학 · 건축 · 엔지니어링 관련 분야 일자리는 늘어날 것으로 전망된다.

구체적으로 살펴보면 미래에 감소하는 직업은 사무행정직에서 470만 개, 제조업 생산 160만 개, 건설 · 채광업 50만 개로 이러한 직업들은 기계로 대체된다. 반면 재무관리 50만 개, 매니지먼트 41만 개, 컴퓨터 · 수학 40만 개, 건설공학 34만 개, 판매 관련직 30만 개 등의 직종에서는 새로운 일자리가 만들어질 것으로 전망된다. 4차 산업혁명으로 발생하는 실업은 경기가 살아나도 회복되지 않는 구조적 · 항구적인 실업이다. 그리고 이러한 변화는 우리 자녀의 세대가 아니라 지금 우리 세대에 일어날 일들이다.

많은 일자리를 로봇에 빼앗기고 그나마 남아 있는 일자리도 정규직은 아닐 가능성이 높아진다고 하니 비관적인 생각이 들 수도 있지만 희망적인 면도 있다. 4차 산업혁명 시대에는 고용의 형태가 달라진다. 지금도 스마트폰 애플리케이션으로 음식을 주문하거나 택시를 부르고 잘 곳을 예약하고 물건을 사서 집까지 배송시키는 등 예전 같으면 직접 가서 하거나 전화로 해야 했던 일들을 온라인을 통해 해결하는 생활 방식이 자리 잡고 있다. 새로운 일거리가 생겨날 것이라는 말이다. 하지만 앞으로는 상시 고용보다 필요할 때 찾아 쓰는 '휴먼 크라우드(human crowd)' 형태의 고용이 주가 될 것이다.

미래학자 다니엘 핑크는 2004년 '프리 에이전트의 시대'라는 책에서 미래에는 노동자와 기업이 지속적 관계가 아닌 거래관계로 점차 바뀌어 가기 때문에 지금처럼 우리의 운명을 기업에 의존하지 말고 스스로 독립해 살아가는 프리 에이전트가 돼야 한다고 말했다.

휴먼 크라우드가 새롭고 유연한 직업 혁명의 시초일까, 아니면 규제가 없는 노동 착취의 시작일까. 후자가 되지 않으려면 정부와 국가에서 지금부터 조기 계획을 세우고 새로운 일자리 창출을 위한 발 빠른 대책을 마련해야 한다. 묵묵히 진보하던 디지털 기술이 어느덧 사회변혁을 일으키며 우리 곁에 다가오고 있다. 과거에도 그랬듯이 4차 산업혁명 승자와 패자를 명확히 구분할 것이고 향후 3년이 그 명암을 좌우할 골든타임이다.

자료원: 한국경제 매거진 1130호,2017.07.26; 한경, 2021.03.01.

첫째, 정보통신기술의 발달로 인한 디지털 혁명은 기업으로 하여금 좀 더 정확하고 개인화된 제품과 서비스의 생산, 더욱더 세밀하게 표적화된 커뮤니케이션, 그리고 각 세분시장에 적절한 차별화된 가격결정을 가능하게 하고 있다. 이 같은 환경 변화에 대응하기 위해 기업은 정보와 판매 채널로서의 인터넷 활용을 더욱더 가속화하고 있으며, 시장, 고객, 잠재고객, 및 경쟁자에 대한 좀 더 풍부하고 다양한 정보를 '빅데이터'(big data)라는 이름으로 수집하여 활용하고 있다. 그에 더해서 최근 이른바 "4차 산업혁명"으로 불리는 급진적 변화의 원동력인 디지털 기술들(AI, IoT, 클라우드 기술, 로보틱스, 모바일 인터넷, 3-D 프린팅 등)의 융합에 의해 전개되는 기업환경의 변화는 마케팅믹스, 마케팅전략 수립, 마케팅조사 등 마케팅의 거의 모든 측면에 심대한 영향을 주고 있으며, 기업들은 변화에 적응하기 위한 마케팅을 펼쳐가기 위해 많은 노력을 기울이고 있다.

둘째, 글로벌라이제이션, 규제 완화 및 산업 융복합화 추세의 가속화다. 소득 양극화 및 청년 실업 등의 부작용에도 불구하고 글로벌라이제이션과 규제 완화의 추세는 21세기에도 전 세계적으로 계속되고 있으며, 이에 대응하여 기업들은 새로운 기회를 포착하여 자신들의 마케팅영역을 넓히기 위한 노력을 지속적으로 펼쳐 가고 있다. 또한 산업 간의 경계가 점점 모호해지면서 기업들은 새로운 시장기회와 함께 미래에 대한 불확실성에 기인하는 위기를 동시에 경험하고 있다. 예컨대, 컴퓨터산업과 가전제품산업은 과거에 비교적 경계가 분명한 별개의 산업이었으나, 최근 Apple이나 삼성은 스마트폰이나 스마트TV 등에서 보듯이 두 개 이상 산업에서의 핵심역량이 어우러진 융복합 상품에 사운을 걸고 경쟁하고 있다. 이 같은 추세는 앞으로 더욱더 가속화될 것으로 예상되며, 마케터들도 소비자들이 잠재적으로 가지고 있는 새로운 융복합 상품에 대한 욕구를 발굴하는 데 심혈을 기울이고 있다.

셋째, 소비자들이 가진 상품 및 기업에 관한 정보의 양적/질적 수준 향상과 소비자 참여의 확대이다. 정보통신기술의 발달은 기업에게만 유리하게 작용하는 것은 아니다. 과거에 기업과 고객 간의 관계는 상당 부분 정보의 비대칭성(information asymmetry)으로 집약되는 일방적인 기업 우위의 관계였다고 할 수 있다. 그러나 21세기에 들어서면서 소비자들은 이제 더 이상 기업이 하는 이야기들을 일방적으로 신뢰하는 주체가 아니며, 이 같은 추세는 2008년 '리먼 브라더즈 사태'로 대표되는 세계적 규모의 금융위기 이후 더욱더 두드러지고 있다. 소비자들은 이제 광고뿐만 아니라 Facebook이나 Youtube 등의 사회적 매체(social media)를 활용하여 자신들이 적극적으로 나서서 만든 커뮤니티 또는 네트워크를 통해 상품이나 기업에 대한 신뢰할 만한 정보를 능동적으로 입수하고 있다. 더구나 이제 기업과의 공동 창조(co-creation) 과정을 통해 마케팅의 4P's에 관한 의사결정에 적극적으로 참여하는 소비자들이 점차로 늘어나고 있다. 이 같은 추세는 앞으로도 점점 더 가속화할 것으로 예측되므로 기업들은 과거에 가지고 있었던 정보 비대칭성에 기인하는 대소비자 우위를 가정하지 말고, 소비자의 입장에서 소비자가 가진 문제의 완전 해결을 목표로 하여 진정성 있는 마음 자세로 마케팅 문제에 접근해야만 경쟁에서 살아남을 수 있을 것이다.

넷째, 2010년대 후반에 들면서 글로벌 자산운용사 BlackRock을 비롯한 투자자들에 의해서 특별히 강조되고 있는 지구와 사회의 지속가능성(sustainability)을 제고하기 위한 ESG(environmental, social, and governance) 경영은 마케팅 측면에서도 결코 무시할 수 없는 새로운 기업경영의 화두로 대두되고 있다(Serafeim, 2021). 최근에는 기업들의 탄소 발자국(carbon footprints), 노동정책, 이사회 구성 등에 관한 데이터가 ESG 데이터의 형태로 투자자들에게 널리 활용되고 있다. 즉, 일부 투자자들은 기업들 중 특별히 ESG 평가가 낮은 기업들을 투자대상에서 제외하기도 하며, 어떤 투자자들은 ESG 평가가 높은 기업들을 대상으로 하는 "녹색 펀드"에만 투자하기도 한다. 대부분의 투자자들은 ESG 데이터를 기업에 대한 기본분석에 포함시키고 있으며, 일부 행동주의적 투자자들은 투자대상이 되는 기업의 경영 관행을 개선시키기 위한 도구로 ESG 데이터를 사용하기도 한다. 이 같은 추세에 발맞추어 마케터들도 ESG의 다양한 측면을 마케팅에 활용하고 있다. '우리의 빈 병들을 가져오세요(Bring back our bottles)' 캠페인을 벌이고 있는 The Body Shop이나 '이제는 지구가 우리의 유일한 주주입니다(Earth is now our only shareholder)'라는 스로건을 내세우고 있는 Patagonia 같은 기업들이 대표적인 예가 될 수 있다. 향후 마케터들도 ESG 경영의 기본정신을 이해하고 능동적으로 대처하는 지혜가 필요하다.

4.4 이 책의 흐름

이 책의 주된 목적은 독자들로 하여금 마케팅개념을 이해할 수 있도록 하고, 그 바탕 위에서 마케팅전략과 소비자행동 그리고 마케팅의 제 기능을 개관할 수 있게 하는 것이다. 따라서 이 책은 다음과 같은 흐름으로 구성되어 있다.

이 장을 포함한 제1부는 이 책의 서론에 해당하는 부분으로 주요 **마케팅개념들**(1장)과 **경영전략**(2장)에 대하여 서술하였다.

제2부에서는 시장을 이해하고 마케팅기회를 발견하는 것을 위주로 하여 **마케팅정보시스템**과 **마케팅 조사**(3장) 그리고 **마케팅환경분석**(4장) 및 **소비자 구매행동**(5장)에 대해 다루었다.

제3부에서는 마케팅전략 수립과 이에 기반한 마케팅프로그램 개발에 대해 서술하였다. **마케팅 전략 수립**(6장) 부분에서는 **시장세분화**, **표적시장 선택** 및 **포지셔닝** 등과 같은 마케팅전략의 핵심 개념에 대해 살펴보았다.

마케팅전략을 토대로 한 마케팅프로그램의 개발을 다룬 부분에서는 4P's에 해당하는 **제품**(7장), **촉진**(8장), **유통**(9장), **가격**(10장) 등의 마케팅믹스 요소에 대해 서술하여 마케팅믹스 요소에 대한 결정에서 고려되어야 할 여러 가지 요인들을 이해할 수 있도록 하였다. 이와 함께 마케팅계획을 수립하고 실행하며 통제하는 역할을 담당하는 마케팅조직과 판매조직의 관리를 다루었다.

제4부에서는 마케팅전략 및 마케팅프로그램의 개발과 실행의 결과로 얻게 될 마케팅성과를 다루고 있는데, 브랜드자산과 고객자산으로 구성되는 **고객기반 마케팅성과의 관리**(11장)와 **마케팅성과지표에 기반한 마케팅성과관리**(12장)에 대해 서술하였다. 고객기반 마케팅성과관리를 다룬 부분에서는 마케팅과 관련된 기업의 주요 자산이라고 할 수 있는 브랜드자산과 고객자산의 의미 및 중요성과 관리에 대해 살펴보았고, 마케팅성과지표에 기반한 마케팅성과관리 부분에서는 여러 가지 마케팅성과지표들과 마케팅생산성 개념에 대해 기술하면서 이 책을 마감하였다.

| 참고문헌 |

1. 하영원, "고객과 가치 공유한 마케팅3.0, 한계와 발전방향은?" *동아비즈니스리뷰*, 116호 (11월), pp. 20–26, 2012.
2. 하영원, "디지털 경제 환경속 '마케팅4.0' 충성도 높은 '옹호자'를 확보하라," *동아비즈니스리뷰*, 237호 (11월), 2017.
3. 안광호, *마케팅: 관리적 접근*, 제2판, 학현사, 2021.
4. Robert C. Blattberg, Rashi Glazer and John D. C. Little, eds., *The Marketing Information Revolution*, Harvard Business School Press, 1994.
5. Philip Kotler, Hermawan Kartajaya, and Iwan Setiawan, *Marketing 3.0: From Products to Customers to the Human Spirit*, John Wiley & Sons, 2010.
6. Philip Kotler, Hermawan Kartajaya, and Iwan Setiawan, *Marketing 4.0: Moving from Traditional to Digital*, John Wiley & Sons, 2017.
7. Philip Kotler, Hermawan Kartajaya, and Iwan Setiawan, *Marketing 5.0: Technology for Humanity*, John Wiley & Sons, 2021.
8. Philip Kotler, Kevin Lane Keller, and Alexander Chernev, *Marketing Management*, 16th ed., Pearson, 2021.
9. Alan Andreasen and Philip Kotler, *Strategic Marketing for Non-Profit Organizations*, 7th ed., Prentice-Hall, 2007.
10. Philip Kotler and Gary Armstrong, *Principles of Marketing*, 18th ed., Pearson, 2020.
11. Theodore Levitt, *Marketing Myopia*, Harvard Business School Press, 2008.

12. John C. Narver, Stanley F. Slater, and Douglas L. MacLachlan, "Responsive and Proactive Market Orientation and New-Product Success," *Journal of Product Innovation Management*, 21 (September), 2004, pp. 334–47.
13. George Serafeim, "Social-Impact Efforts That Create Real Value," *Harvard Business Review*, September–October 2020, pp. 2–12.

| 생각해 볼 문제 |

1. 독자가 생각하는 마케팅의 개념은 무엇인가?

2. 우리가 마케팅을 공부해야 하는 이유는 무엇인가?

3. 마케팅의 핵심개념들 중에서 소비자의 필요(needs)와 욕구(wants)의 차이점을 설명하라.

4. 판매개념(selling concept)과 마케팅개념(marketing concept)의 차이에 대하여 논하라.

5. 최근 기업의 사회적 책임에 대한 문제와 함께 '마케팅 3.0'의 개념이 자주 거론되고 있다. 과연 기업은 반드시 사회적 책임 마케팅(social responsibility marketing)을 수행해야만 하는가? 또한 기업은 '마케팅 3.0'의 개념에 입각한 경영을 실천해 나가야 하는가에 대해 생각해 보자.

6. 앞으로 다가올 미래에 펼쳐질 마케팅환경의 특징에는 어떤 것들이 있으며 이에 대응하는 기업의 전략은 어떠해야 하는지 마케팅 4.0과 마케팅 5.0의 개념을 중심으로 토론해 보자.

7. 보통 4P's로 나타내는 마케팅믹스란 무엇이며, 어떠한 것들로 이루어져 있는가?

사례연구

영화 체험시대를 연 CGV 4DX

지난 2011년, 국내 최대의 멀티플렉스 업체인 CJ CGV가 세계 최대 규모의 영화산업 박람회인 '시네마콘(CinemaCon) 2011'에서 '상영부문 글로벌 업적상(Global Achievement in Exhibition Award)'을 받았다. 영화산업 상영 부문에서 괄목할 만한 업적과 성과를 이룬 사업자에게 수여하는 상을 국내 업체가 처음으로 수상했다는 점도 눈길을 끌었지만, '슈렉', '쿵푸팬더' 제작자로 유명한 제프리 캐천버그가 앞장서 CJ CGV를 극찬하고 나서 더 큰 주목을 받았다. 전 세계 애니매이션 업계의 거장인 제프리 캐천버그는 대체 CGV의 어떤 점에 매료됐던 것일까. 바로 두 눈으로 '보는' 영화를 넘어 온몸으로 '체험'하는 영화 관람을 가능케 하는 실감(實感) 상영 시스템 '4DX'다.

◆ 직접 체험 유도로 혁신 확산의 초기장벽 제거

4DX는 수십 년간 지속된 영화 관람 행위에서 벗어나는 일종의 '불연속적 혁신(discontinuous innovation)'이다. 불연속적 혁신이 확산되기 위해서는 고객인식과 행동을 변화시키기 위한 상당한 노력이 필요하다. CJ 4DPLEX는 이러한 점을 정확히 인식하고 확산가능성을 높이기 위한 일련의 전술을 성공적으로 실행했다. 그중 하나가 바로 에버렛 로저스(Everett Rogers) 교수가 말한 '부분체험 가능성(divisibility)' 또는 '시용가능성(trialability)'의 제고, 즉 직접적인 체험을 통해 혁신의 가치를 알리는 것이다. CJ 4DPLEX는 2011년 말 LA에 'CGV 할리우드 4DX 랩'을 열고 영화 관계자들이 4DX를 직접 체험할 수 있도록 했다. 해외 시장 진출에 있어서도 단 한 개가 될지언정 세계 곳곳에 적극적으로 상영관을 오픈하기 위해 노력했다. 이는 상영관 자체가 새로운 고객경험을 제공하는 '체험관' 역할을 해줄 것으로 믿었기 때문이다. 영화와 같은 '체험재(experience goods)'의 경우 고객에게 직접 체험할 수 있는 기회를 제공하는 것은 무엇과도 바꿀 수 없는 효과적인 마케팅수단이 된다.

◆ 정교한 콘텐츠 전략으로 흥행몰이 성공

CJ 4DPLEX 성공의 이면에는 정교한 콘텐츠 전략이 있었다. 4DX가 아무리 훌륭한 기술이라 하더라도 그 효과를 제대로 보여줄 콘텐츠가 없다면 무용지물이다. CJ 4DPLEX는 처음부터 4DX에 최적화된 콘텐츠를 찾는 데 각고의 노력을 기울였다.

에듀테인먼트 기술로 시작된 4D 기술이 상업영화의 가능성을 입증한 것은 '잃어버린 시간을 찾아서'라는 3D 영화였으며, 공포 영화 '블러디 발렌타인'은 의자 등받이 진동효과, 티클러 등의 효과를 극대화해 4D에 대한 폭발적인 반응을 이끌어냈다. 해외 진출에 있어서도 중국에서는 '적인걸: 측천무후의 비밀'과 같은 액션 · 무협영화를 선정하고, 미국 LA에서는 히스패닉 관객을 겨냥한 '분노의 질주' 등을 4D로 제작, 상영하는 등 로컬 콘텐츠 선정에 심혈을 기울였고 이는 성공의 핵심요인이 됐다. 4DX는 어디까지나 영화 관람을 위한 하나의 시스템에 불과하며 결국 흥행을 결정하는 것은 콘텐츠다.

◆ 사업 초기 극장 사업자 공략에 주력, '닭과 달걀 문제' 해결

콘텐츠 산업의 경우 자주 겪는 어려움 중 하나가 이른바 '닭과 달걀 문제(chicken-and egg problems)'다. 이는 디바이스가 많이 보급돼야 콘텐츠가 팔리고, 콘텐츠 사용이 많아져야 디바이스가 팔리는 소위 '간접 네트워크 효과'로 인해 나타나는 현상이다. 특정 게임기가 많이 보급돼야 게임 타이틀이 많아지고, 게임 종류가 많아야 게임기가 팔리는 게 대표적 예다. 3D TV 콘텐츠가 별로 없어서 3D TV가 안 팔리고, 동시에 3D TV 보급이 미미하다 보니 콘텐츠 개발이 더뎌지는 것도 바로 이런 이유 때문이다. CJ 4DPLEX 역시 4DX 사업 초기 '닭과 달걀 문제'에 부딪혔다. 즉, 배급사가 4D 콘텐츠를 많이 공급해 줘야 멀티플렉스 극장들이 4DX 영화관에 더 많이 투자하고, 영화관에 4DX 관이 많아져야 4D 콘텐츠가 더 많이 배급되는 상황이었다.

이 문제를 해결하기 위해 CJ 4DPLEX는 극장 사업자를 집중 공략하기로 했다. 우선, 극장 사업자들의 수용도를 높이기 위해 4DX 시스템 장비의 제작 원가 개선에 주력했다. 또한 지역을 가리지 않고 여러 국가 멀티플렉스 체인들과 적극적으로 계약을 하는 데 집중, 4D 콘텐츠 제작에 부정적이던 주요 배급사들이 우호적으로 돌아설 수 있도록 유도했다. 특히 중국의 경우 완다 시네마를 비롯한 대형 시네마 체인과의 계약 체결에 성공함으로써 4D 영화 콘텐츠 확보에 유리한 고지에 올랐다. 즉, 콘텐츠와 디바이스(혹은 매체)가 동시에 보급되기 어려운 상

황에서 CJ 4DPLEX는 후자를 적극 확보하는 데 우선 집중, 플랫폼 사업자들이 사업 초기 흔히 부딪히는 '닭과 달걀 문제'를 성공적으로 해결했다.

◆ 유연한 전략 통해 글로벌 확장 속도 가속

CJ 4DPLEX는 글로벌 시장 진출에 있어 매우 유연한 전략을 구사했고 이는 신속한 사업 확장으로 이어졌다. 최대 규모의 시장인 동시에 상징적 의미가 큰 미국 시장 진출이 절대적으로 중요했지만 CJ 4DPLEX는 4D 콘텐츠의 원활한 수급을 위해 미국에만 집중하지 않고 중남미, 아시아, 동유럽, 중동 등 기타 지역을 동시다발적으로 공략했다. 특히 미국 시장 진출 시에도 처음부터 극장 사업자를 직접 공략하지 않고 부동산 개발 업체인 AEG를 공략해 4DX 상영관을 처음으로 개설하는 데 성공했다. 그 과정에서 '시스템 비용의 공동투자'라는 원칙을 고수하지 않고 공사비와 광고비까지 부담하는 곤혹스런 요구를 수용, 미국 시장 진입을 위한 과감한 승부수를 던졌다. 영업 방침이나 전략에 연연하지 않고 시장 진출이라는 목표 자체에 집중해 유연하게 전략을 구사한 결과 CJ 4DPLEX는 4DX의 글로벌 확산 속도를 높일 수 있었다.

자료원: "체험하는 영화인데 재미까지 넘친대" '4DX' 특별한 전략, 세계를 관통했다, Dong-A Business Review May 2017 중 발췌

1. 우리나라 극장 시장에서 소비자의 필요(needs)와 욕구(wants)는 무엇이었을지 생각해 보고, 이러한 시장에서 고객이 원하는 핵심편익은 어떻게 정의될 수 있을지 설명하라.
2. CJ 4DPLEX이 성공할 수 있었던 이유는 무엇인가? 마케팅 관리철학에 입각하여 설명하라.

제 2 장

경영전략과 마케팅전략

코로나19 사태에도 불구하고 넘사벽 충성고객을 기반으로 높은 성장세를 보인 스타벅스코리아의 경영전략

지난 2월 24일 전국 스타벅스 매장에서 오픈런(매장 문이 열리자마자 입장하는 것)의 진풍경이 연출됐다. 비행기 좌석 안전벨트 모양의 카드 MD를 구매하기 위해서다. 카드는 실제 안전벨트처럼 버클 분리가 가능하도록 만들어졌다. 금액을 충전하면 매장에서 결제카드로 사용하고, 카드 상단에 고리가 있어 키링으로도 활용할 수 있도록 디자인됐다.

MD 패키지 속 파우치는 항공기에 탑재됐다가 교체주기를 넘긴 구명조끼 2000여 장을 재활용한 업사이클링(업그레이드+리사이클링) 제품이다. 부속카드는 대한항공 탑승권과 똑같은 디자인으로, 미국 스타벅스 1호점이 위치한 시애틀행 항공편 명 'KE019'가 적혀 있다. 4만 원이라는 다소 부담스러운 가격에도 불구하고 구매 발길은 끊이지 않았다. 심지어 온라인 중고 플랫폼에서 재판매도 활발했다.

스타벅스 MD의 인기는 하루 이틀의 반짝 스토리가 아니다. 스타벅스는 어떤 판촉 이벤트를 벌이든 화제를 양산하고 성공적으로 마무리해왔다. 이런 이유로 '한국 스벅' 성장세는 전 세계 스타벅스에서 벤치마킹 대상이 되어 왔다.

스타벅스는 전 세계 커피음료 시장에서 부동의 1위다. 1971년 제리 볼드윈, 골드 보커, 지브 시글이 함께 미국 시애틀에서 커피 원두, 차, 향신료 등을 판매하는 소매점으로 시작했다. 1987년 하워드 슐츠가 인수하며 커피 전문점으로 새롭게 탄생했다. 이후 점포 수가 급속도로 늘었고, 1996년 처음으로 북아메리카 외 지역인 일본, 싱가포르에 문을 열었다. 현재 전체 매장 중 54%가 미국 이외 지역에 자리 잡은 명실상부 글로벌 커피전문점 브랜드다.

세계적인 톱브랜드로서 한국 스타벅스의 위상 또한 대단하다. 1999년 이대 1호점을 내며 국내시장에 진출한 스타벅스코리아는 20년 만에 연매출 2조 원을 일궈냈다. SCK컴퍼니(스타벅스코리아)는 2021년 2조3856억 원 매출을 기록했다. 국내 커피 전문점이 7만여 개가 넘어 포화상태라는 우려가 나오지만, 스타벅스코리아는 매년 두 자릿수 성장을 해왔다. 글로벌 스타벅스 가운데 매출액 · 지점 수 기준으로 미국, 중국, 일본, 캐나다에 이어 5위다.

이하에서는 한국스타벅스가 지속적인 성장을 거둘 수 있었던 핵심성공요인에 대해 살펴보기로 한다.

1. 한국만의 차별적 경영/마케팅전략 추구

국내 스벅만의 독자적인 마케팅은 제1의 성장비결로 꼽힌다. 글로벌 브랜드의 현지화, 즉 글로컬라이제이션(Lo-cal+Globalization)의 대표적인 성공사례다. 일부 글로벌 브랜드는 어느 국가에서든 본사 기준만을 엄격하게 따르도록 지시한다. 애플이 대표적인 사례다. 애플코리아는 국내서 독자적인 경영전략을 짜지 않는다. 글로벌 지침을 받아 이행하는 데만 집중한다.

스타벅스코리아는 다르다. 출범 당시부터 신세계와의 합작법인 형태였다는 점을 감안해도 상당한 수준으로 독자경영을 해왔다. 스타벅스코리아는 한국 진출 이후 3년 만에 문을 연 인사동 지점에서 한글 간판을 달았다. 전 세계적으로 자국어 간판을 이용한 첫 사례로, 파격적인 시도는 글로벌 커피 업계에서 화제를 낳았다. 인사동 한글 간판 이후 러시아, 중동 지방 등에서도 자국어 간판이 도입됐다.

인테리어에서도 한 가지 형식을 고집하지 않는다. 예를 들어, 경주 지점에는 기와 지붕을, 서울 중구 환구단 지점에

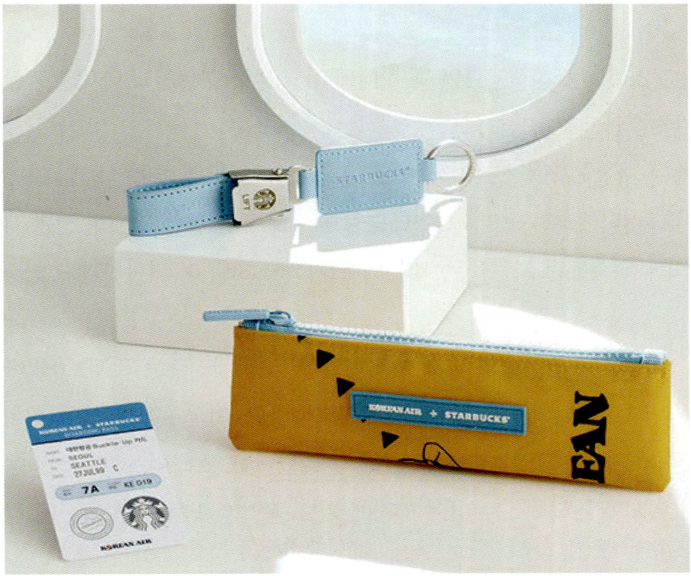

스타벅스코리아가 대한항공과 협업해 선보인 '대한항공 버클-업(Buckle-Up)' 카드와 파우치. 이 카드를 구매하기 위해 스타벅스 매장에는 오픈런까지 벌어졌다.

는 환구단 디자인을 모티브로 인테리어를 꾸몄다. 애칭인 '별다방'이라는 이름을 붙인 매장도 있다. 서울 중구 스테이트타워 매장은 공식 명칭이 별다방이다. '스타벅스 시청점'처럼 지역 혹은 건물명을 점포명으로 썼는데, 이 점포에는 아예 '별다방'이라는 이름을 붙였다. 국내 소비자 입맛에 맞게 토속 메뉴도 적극 개발한다. 예를 들어 이천 햅쌀 라떼, 문경 오미자 피지오, 광양 황매실 피지오, 공주 보늬밤 라떼 등 국내 특산물을 접목한 제품은 큰 인기를 끌었다.

2. 불매운동에도 끄떡없는 스벅 마니아층

스타벅스는 미국식 아메리카노에 기반을 둔 프리미엄 브랜드이미지와 편안한 휴식공간의 창출을 통해 별다방이라는 애칭을 얻었다. 과한 친절이나 무관심이 아닌, 적당한 물리적 · 심리적 거리 안에서 고객을 친절히 응대하는 '톤 앤 매너(Tone and Manner · 일정한 방향 내 어조 · 태도 · 소통)'는 국내 카페업계 표준으로 자리 잡았다.

이러한 차별적 우위를 토대로 스타벅스는 많은 수의 스벅 마니아층을 확보했다. 자체 멤버십인 '스타벅스 리워드' 회원 수는 800만 명이 넘는데, 대한민국 인구를 감안할 때 100명 중 16명이 스타벅스 회원이라는 뜻이다. 2011년 첫선을 보인 스타벅스 리워드는 출시 3년이 채 안 된 2014년 5월 100만 명을 돌파했고, 이후 지속적으로 회원 수를 늘렸다. 특히 구매력이 높은 3040 여성고객이 많다는 점은 스타벅스 강점으로 꼽힌다. '브랜드 충성고객을 확보하라'는 마케팅원칙을 제대로 실천한 덕분이다.

탄탄한 브랜드 마니아층은 기업이 위기가 닥쳤을 때 힘을 발휘한다. 2022년 1월 정용진 신세계그룹 부회장의 '멸공' 발언이 '스타벅스 가지 않습니다. 사지 않습니다'라는 불매운동을 촉발시켰지만 흐지부지 끝났다.

스타벅스만의 굿즈도 스벅 마니아를 양산하는 데 기여했다. 매년 화제를 모으는 여름 · 겨울 '이프리퀀시' 이벤트는 그냥 성공한 게 아니다. 스타벅스코리아는 2013년 당시 미국 본사를 제외한 전 세계 스타벅스 중 유일하게 굿즈개발을 위한 디자인팀을 도입했다. 기획부터 출시까지 수개월에서 1년까지 준비한다. 자체 디지털 설문과 지난 이벤트에서의 고객 피드백을 꼼꼼히 파악하는 것도 성공비결 중 하나이다.

3. 커피 맛은 기본 중 기본

커피, 그리고 다양한 음료로 승부를 걸었다는 점도 스벅의 핵심성공요인 중 하나이다. 기본에 충실하되 화제를 양산하는 이벤트성 음료를 대거 선보인 것이 스벅의 브랜드 위상을 높였다.

인스턴트 커피가 국내 시장점유율 85%를 차지하던 시절 스타벅스코리아는 에스프레소 머신에서 추출한 진한 아메리카노를 선보였다. 스타벅스 에스프레소 로스트는 라틴아메리카와 아시아 · 태평양 원두로 만든 블렌드인데, 진한 캐러멜 향을 느낄 수 있도록 로스팅됐다. 달콤한 커피에 익숙했던 사람들은 '비싼데 쓰기까지 하다'며 비판하기도 했지만, 정통 아메리카노에 소비자는 곧 익숙해졌다.

스페셜티 등 다양한 원두품종 커피를 경험하고 싶어 하는 고객을 겨냥해 프리미엄 커피를 내려주는 리저브(R) 바도 성공을 거뒀다. 스페셜티 커피란 지리 · 기후 · 생산지 등의 특별한 환경에서 자란 커피 중 '미국스페셜티커피협회(SCAA)'의 평가를 거쳐 기준점수 80점 이상을 받은 우수한 등급의 커피를 뜻한다. 균일한 맛도 스타벅스의 핵심경쟁력이다. 커피 한 잔이 추출되기까지 수많은 변수가 있지만 스타벅스는 어떤 매장에 가도 동일한 맛을 구현하는 게 강점이다.

자체 개발한 시즌음료는 스타벅스 제품관리의 백미로 꼽힌다. 2021년 연말에 선보인 핑크 캐모마일 릴렉서가 그 한 예이다. 핑크 캐모마일 릴렉서는 캐모마일 티와 유스베리 티, 레몬그라스, 리치, 로즈마리, 레드 커런트를 활용한 티 베리에이션(variation) 음료다. 판매량 520만 잔으로, 하루 8만1250잔이 팔린 셈이다. 인기 제품은 상시 메뉴로 전환되기도 한다. 자몽허니블랙티, 돌체콜드브루, 유기농말차라떼 등이 그 사례다.

4. 사이렌오더 · 드라이브스루 도입 등 디지털 혁신 추구

스타벅스코리아는 한국만의 IT 기술과 아이디어를 고객서비스관리에 상당수 접목했다. 2014년 전 세계 최초로 선보인 후, 미국 등 다른 스타벅스에 역수출된 사이렌오더가 대표적인 사례다. 이는 선불로 돈을 충전해놓고 원하는 음료를 사전에 주문할 수 있는 시스템이다. 코로나19 사태 이후 비대면 주문 트렌드와 맞물리며 사이렌오더 주문 건수가 크게 늘었다. 모바일 앱 주문 · 결제 서비스를 강화한 것이 사이렌오더 안착의 기틀이 됐다.

차량을 타고 가며 음료를 구매할 수 있는 드라이브스루 서비스 '마이DT패스(My DT Pass)'는 전 세계 스타벅스 최초로 개발한 첨단 화상 주문 시스템이다. 차량정보를 등록하면 매장 진입 시 자동인식으로 별도의 결제과정 없이 돈이 지불되고 바로 출차할 수 있다. 사이렌오더로 주문하면 대기시간은 더 짧아진다.

온라인 선물 시장에서도 스벅의 위상은 압도적이다. 카카오톡 선물하기 기준 '카페 분야' 선물 30위 중 24개가 스타벅스다. 실제 경조사에 선물을 보낼 때 스벅을 먼저 검색한다는 사용자가 적지 않다.

5. ESG 경영을 통한 MZ세대 어필

ESG(Environmental, Social, Governance)는 개념 있는 소비를 추구하는 2030세대의 주요 키워드다. 경쟁사보다 발 빠르게 ESG 경영에 나섰다는 점 역시 스타벅스 경영학의 한 페이지를 장식한다.

2018년 스타벅스는 국내 커피 전문점 최초로 플라스틱 빨대를 종이로 바꿨다. 그해 발표한 친환경 캠페인 실행계획안 '그리너(Greener) 스타벅스코리아' 프로젝트의 일환이다. 이외에도 일회용 비닐봉투를 종이봉투로 교체, 비닐 소재 포장류를 종이 재질로 대체, 커피박 재활용 등이 포함됐다.

종이 빨대는 스타벅스 본사가 2020년까지 전 세계 모든 스타벅스 매장에서 플라스틱 빨대를 없애겠다는 목표에 따라 국내 모든 매장에 적용했다. 이 정책으로 연간 1억8000여만 개의 플라스틱 빨대 사용을 줄였다. 플라스틱 빨대 1개의 무게를 약 0.6g으로 계산하면 126t의 플라스틱 생산이 줄어든 셈이다. 차가운 음료는 빨대 없이 마시는 뚜껑을 사용할 수 있도록 하며 월평균 빨대 사용량이 도입 이전 대비 50%가량 감소했다.

비닐 사용량 감소도 눈에 띈다. 스타벅스는 종이봉투와 사탕수수 섬유로 만든 생분해성 종이, 옥수수 전분당으로 만든 친환경 생분해성 포장재를 사용한다. 'PLA 필름'은 옥수수 성분으로 만들어 땅에 묻으면 유해 성분을 남기지 않고 100% 생분해된다.

스타벅스코리아는 커피 찌꺼기 업사이클링(버려지는 물건을 새로운 제품으로 만드는 것) 제품인 '커피박 화분'을 선보였다. 커피박 화분은 스타벅스 매장에서 배출되는 커피 찌꺼기를 모아 압착하는 방식으로 만들어졌다.

커피박 재활용은 전국 매장에서 나온 커피 찌꺼기를 활용하는 프로세스를 말한다. 톨 사이즈 아메리카노 한 잔을 만들면 14g의 원두가 한 번 쓰고 버려진다. 이 커피 원두는 천연비료로 재활용된다. 커피 원두에는 질소나 인산, 칼륨 등이 풍부하고 중금속이 없어 질 좋은 비료가 되는 동시에 환경을 보호한다.

텀블러 이용 고객에게 '에코 보너스 스타'를 적립하는 제도, 종이 대신 전자영수증을 발행하는 제도 등도 성공적으로 안착했다. 텀블러 지참 시 300원 할인 혜택 또는 '에코 스타 적립'을 통해 골드 회원일 경우 12개의 별을 모으면 톨 사이즈 제조 음료를 제공해 소비자 참여를 독려했다.

6. 최고 입지와 맞춤형 공간

스타벅스 효과란 스타벅스 집객효과가 매우 커, 스타벅스가 입점하면 주변 지역이나 상권이 뜨는 현상을 말한다. 미국 부동산리서치그룹 질로에 따르면 스타벅스로부터 1/4마일(약 400m) 이내 위치한 주택가격은 96% 상승한 반면 같은 기간 다른 지역은 65% 상승하는 데 불과했다. 이 연구 발표 이후 '스타벅스 효과'라는 말이 널리 쓰였다. 한국에서도 스타벅스 효과가 나타나고 있다.

스타벅스는 최고의 상권 위주로 진입하는 것으로 잘 알려졌다. 유동인구와 접근성은 스타벅스가 입지를 고르는 가장 중요한 기준이다. 아울러 배후인구 특성을 파악해, 이에 맞게 매장 인테리어에 다양성을 준다. 체험을 중시하는 만큼 고객성향에 따라 최대한 맞춤형 공간으로 고객들에게 다가선다. 예를 들어 학원가라면 주로 1인 좌석으로 인테리어를 꾸민다. 쇼핑몰에서는 잠시 머무르며 편히 쉴 수 있도록 소파를 배치한다.

자료원: 매경이코노미, 2022.3.9; 조선경제, 2022.10.12.

우리들은 흔히 한 사람의 성공과 실패는 그 사람의 팔자소관이라고 말한다. 사람의 성공과 실패는 운명적으로 결정되어 있다는 것이다. 마찬가지로 업계에 종사하는 많은 사람들이 기업의 성공은 90% 이상이 운에 의해 결정된다는 이야기를 한다. 하지만 너무 수동적인 인생관과 경영관이 아닐까? 모든 기업들은 복잡하고 끊임없이 변화하는 마케팅환경 속에서 운영된다. 마케터는 기업이 나아가야 할 방향을 직관이나 운에 맡겨서는 안 된다. 마케터는 변화하는 시장환경에 적응하거나 이를 개척해 나가기 위해 어떤 마케팅목표를 갖고 이를 어떻게 실행해야 할지에 관한 마케팅계획을 수립해야 한다.

기업의 전략계획 수립은 일반적으로 전사적 수준에서 이루어지는 경영전략 혹은 기업전략과 제품수준에서의 마케팅전략으로 나누어진다. 경영전략은 전사적 수준에서 이루어지는 전략적 계획수립 과정을 말하는데, 기업의 목표와 자원을 변화하는 마케팅기회에 적응시켜(strategic fit) 기업을 계속 유지·성장시키기 위한 관리과정으로 정의된다. 기업들은 하나의 사업(제품)으로부터 시작하여 기업성장을 통해 점차 여러 개의 사업(제품)들을 포함하게 된다. 설탕과 밀가루사업으로 출발한 CJ제일제당은 점차 가공식품사업, 음료사업, 생활용품사업, 엔터테인먼트사업 등의 복수의 사업들을 포함하는 대기업으로 성장하였다. 문제는 기업을 구성하는 이러한 사업(혹은 제품)들 모두가 매력적이지 않다는 사실이다. 어떤 사업이나 제품들은 성장을 하거나 안정적인 반면 몇몇 사업들은 전망이 어둡거나 쇠퇴하고 있다.

그러므로 기업은 지속적인 기업성장을 위해 현재의 사업(제품)들 중에서 수익성이 높거나 성장잠재력이 있는 것들에 자원을 집중적으로 투자하고, 쇠퇴하는 사업들로부터 철수하거나 새로운 유망사업이나 제품을 개발해야 한다. 기업을 구성하는 사업(혹은 제품)들은 각각 독립적으로 운영되지만 기업 전체의 성장목표와 수익성 목표를 달성할 수 있도록 통합적으로 관리되어야 한다. 요약하면 기업수준에서의 전략계획 수립은 회사의 목표와 자원을 시장기회에 적응시켜, 건전한 제품포트폴리오를 유지하는 데(즉 경쟁력이 낮은 사업(제품)을 철수시키고, 유망하고 안정적인 사업(제품)들만으로 구성되도록 하는 데) 그 목적이 있는 것이다. 오랫동안 펩시는 청량음료 시장에서 시장선도자가 되기 위해 코카콜라를 끊임없이 추격했지만 언제나 2인자에 머물렀다. 펩시는 '맛'이라는 제품속성으로 차별적 우위를 추구했지만(가령, 블라인드 테스트를 활용한 비교광고가 그 한 예임), 이러한 차별화 전략도 실질적인 수익창출로 연결되지는 못했다. 펩시는 코카콜라와의 소모적 경쟁을 포기하고 그대신 마케팅환경 변화에 따라 새로운 블루오션 시장으로 부상된 웰빙관련 제품영역으로 사업을 다각화하기로 했다. 펩시는 웰빙 트렌드에 어울리지 않는 기존의 청량음료 사업에 대한 비중을 줄이고 소비자의 건강에 도움이 되는 비(非)탄산음료 제품범주들을 강화하기 시작했다. 그리고 과자부문에서도 치토스나 썬칩 같은 튀긴 과자의 비중을 줄이고 유기농 과자의 비중을 높였다.

전사적 수준에서 최적의 사업포트폴리오가 결정되면, 마케터는 각 사업단위별로 경쟁전략을 수립하게 된다. 사업단위별 경쟁전략의 결정은 기업이 소속된 산업의 구조를 이해하고 자사의 강·약점을 분석하여 경쟁우위를 창출하고 유지하는 전략을 수립하는 것이다. 각 사업이 경쟁사보다 경쟁우위를 확보하기 위해서는 기업이 보유하고 있는 자원이나 기술을 경쟁사들보다 독특하게 만들고, 이러한 경쟁우위가 그 기업이 소속된 산업이 요구하는 핵심성공요인과 일치되도록 하여야 한다.

| 탄산음료 사업의 비중을 줄이고 웰빙관련 사업들을 강화해 매출성장에 성공한 펩시

한편 전사적 수준에서 경영전략이 수립되면, 사업부 내에서 각 제품을 책임지는 마케팅관리자는 **제품수준에서의 마케팅전략**을 수립하게 된다. 즉 기업수준과 사업부수준에서 수립된 전반적인 전략적 경영계획에 맞추어서 마케팅(혹은 제품)관리자는 자신이 맡고 있는 제품에 대한 차별적 마케팅전략을 수립한다. 예를 들어 CJ제일제당 내 식품사업의 쇠고기 다시다라는 조미료 제품의 차별적 경쟁우위 구축을 위해 이루어지는 마케팅계획이 제품수준에서의 마케팅전략이다.

01 | 전사적 수준에서의 경영전략

경영전략 혹은 전략적 시장계획의 주목적은 만족스러운 수익창출과 매출성장의 실현을 위해 기업을 구성하는 여러 사업들(혹은 제품들)을 효과적으로 믹스하는 것이라고 하였다. 경영전략(전략적 시장계획)의 수립과정은 기업의 특성이나 규모에 따라 달라질 수 있지만, 대체로 기업사명의 정의 → 기업목표의 결정 → 사업(제품)포트폴리오의 결정 → 사업단위별 경쟁전략의 결정 → 제품수준에서의 마케팅계획 수립의 단계를 거친다.

전사적 수준에서 기업은 먼저 기업사명을 결정한다. 이러한 기업사명은 기업 전체의 마케팅노력을 이끌 구체적인 기업목표로 전환된다. 그 다음에 기업목표의 달성이 가능하도록 최적의 사업포트폴리오를 유지하기 위한 결정을 내린다. 사업포트폴리오 결정에서는 어떤 사업(제품)들로 구성하는 것이 기업목표의 달성에 가장 적절하며, 각 사업 혹은 제품에 대하여 얼마나 많은 자원이 지원

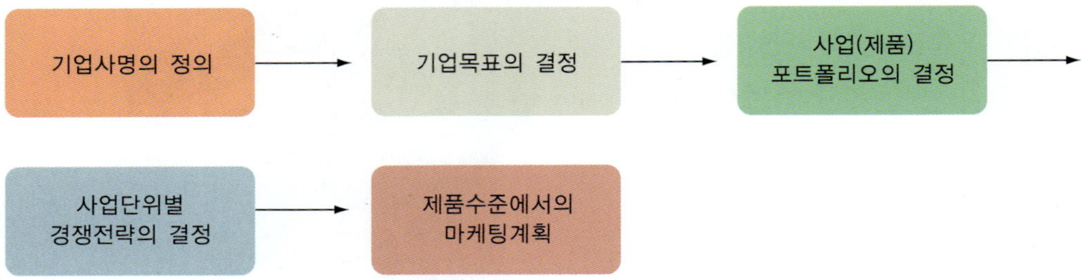

그림 2-1 경영전략 수립과정

되어야 하는지에 대한 결정이 이루어진다. 사업포트폴리오에 대한 결정이 이루어지면, 다음 단계로 해당 산업에서 각 사업단위의 경쟁우위를 확보하는 방안을 강구해야 한다. 마지막으로 최고경영자가 지향하는 장기적 기업목표가 달성될 수 있도록 기존사업들의 매출성장을 지속적으로 추구하거나 새로운 유망사업 분야의 진출을 통해 매출성장을 확대하는 성장전략을 개발해야 한다. 이와 같이 전사적 수준에서의 전략계획 수립이 이루어지면, 마케팅관리자는 이를 토대로 각 제품수준에서의 구체적인 마케팅계획을 수립한다. 이하에서는 경영전략 수립과정의 각 단계에 대해 보다 자세하게 설명하기로 한다.

1.1 기업사명(Corporate Mission)과 사업영역의 정의

사람들은 각자 미래에 성취하고자 하는 인생목표를 가진다. 인간은 스스로를 성찰하여 자신에 대한 강·약점을 파악하고 주어진 기회가 무엇인지에 대한 적절한 판단을 함으로써 인생목표를 설정한다. 사람들이 인생목표를 설정하듯이 기업도 자신에 대한 장래설계가 필요하다. 이와 같은 기업의 장래설계를 기술해 놓은 것을 **기업사명**이라고 한다. 사업을 처음 시작하는 대부분의 기업들은 명확한 기업사명을 갖지만, 기업의 성장을 통해 새로운 사업이나 제품이 추가됨에 따라 기업사명이 점차 불명확하게 된다. 또는 기업사명이 명확하더라도 새로이 변화된 마케팅환경에 더 이상 적합하지 않을 수도 있다. 예를 들어 21세기 들어서 아모레퍼시픽은 글로벌 사업을 확장하기로 결정하고 60년 가까이 사용해오던 '태평양'이라는 기업명을 아모레퍼시픽으로 바꾸고 영문사명도 AMOREPACIFIC으로 변경했다. 그리고 '고객의 미와 건강을 위해 토탈케어를 제공하는 글로벌 기업'이라는 새로운 기업비전을 설정했다.

마케터는 항상 다음과 같은 근본적인 질문을 제기하고 기업사명이 이들을 명확하게 반영하고 있는지를 검토해야 한다.

- 우리 회사는 어떤 사업을 하고 있는가? (What is our business?)

- 우리의 고객은 누구인가? (Who is the customer?)
- 우리의 사업이 고객들에게 어떤 가치를 제공하는가? (What is value to the customer?)
- 우리 사업이 앞으로 어떻게 될 것인가? (What will our business be?)
- 우리 사업이 앞으로 어떻게 되어야 할 것인가? (What should our business be?)

바람직한 기업사명은 다음과 같은 특성들을 갖추고 있다.

첫째, 기업사명은 명확한 가치를 제공해야 하며 모든 것을 나열하는 것이 되어서는 안 된다. 즉 기업사명은 종업원들이 독립적으로 수행하는 업무들이 전체적으로 기업목표와 조화되도록 이끌어 주는 보이지 않는 손의 역할을 수행해야 하는 것이다. 가령, "우리 기업은 세계시장을 상대로 최고품질의 제품을 최저의 가격과 최선의 서비스로 판매함으로써 초우량기업이 되기를 원한다"라는 기업사명은 그럴 듯해 보이지만 종업원들의 경영활동을 위한 명확한 지침을 제공해 주지는 못한다.

둘째, 기업사명은 기업이 활동할 사업영역(business domain or competitive domain)을 명시해야 한다. 기업은 기업사명 속에 자신이 진출할 산업들의 범위와 각 산업 내에서 자사의 사업이 공략해야 할 시장의 범위를 명확히 정의해야 한다. 하버드대학의 Theoredore Levitt 교수는 사업(영역)을 제품에 의해 정의하는 것보다는 시장(혹은 고객욕구)에 의해 정의하는 것이 보다 바람직하다고 주장한다. 즉, 제품의 수명은 짧지만 고객욕구는 영원히 지속되므로, 시장지향적으로 사업을 정의해야 한다는 것이다. 가령, KT는 "전화사업에 종사한다"고 사업영역을 정의하는 것보다는 "텔레커뮤니케이션사업에 종사한다"고 정의하는 것이 낫다. 왜냐하면 고객들은 전화서비스를 구매하는 것이 아니라 커뮤니케이션 욕구를 충족시키는 수단을 구매하는 것이기 때문이다. 만약에 전화보다 커뮤니케이션 욕구를 더 잘 충족시키는 새로운 제품이 출현하면 고객들은 즉각적으로 그 제품으로

| 영국 버진그룹의 리처드 브랜슨 회장은 "버진은 즐거움을 파는 회사"라고 고객지향적으로 사업을 정의한다.

전환 대체할 것이다. 그러므로 기업은 고객욕구를 중심으로 사업을 정의하는 것이 새로운 시장기회를 포착하는 데 있어 보다 바람직하다.

영국 버진그룹의 리처드 브랜슨 회장은 고객지향적으로 사업을 정의하고 있는데, 그는 "버진은 즐거움을 파는 회사다. 전 세계 사업자들이 즐거움을 파는 새로운 아이디어를 들고 우리를 찾아온다. 우리는 고객에게 즐거움을 제공한다는 콘셉트를 가진 버진 브랜드를 여러 사업자들에게 빌려주는 브랜드 벤처캐피털 업체"라고 강조한다. 브랜슨은 버진 브랜드를 기반으로 사업확장을 계속하고 있는데, 사업다각화 방식은 매우 독특하다. 각 분야의 전문성을 가진 제휴 파트너가 제품과 자본을 대고 버진은 브랜드를 제공한다. 그 대가로 50% 이상 지분을 확보한다. 버진그룹은 항공·철도·호텔·영화관·콜라·화장품·휴대폰·피임기구·금융 등 다양한 사업영역에 진출하고 있는데, 사업들 간에 연관성을 찾아보기 힘들지만 즐거움을 판매하는 사업이라는 공통점을 갖고 있다.

셋째, 기업사명은 종업원들의 동기를 유발하는 것이어야 한다. 기업사명은 종업원들이 수행하는 일이 의의있고 다른 사람들의 삶에 공헌하는 것으로 자부심을 느끼게 할 필요가 있다. 단지 이익을 추구하는 것이 기업사명이 되어서는 안 된다. 예컨대, 농심이 자사의 사명을 "더 많은 라면을 파는 것"이나 "라면시장에서 선도기업이 되는 것" 등으로 표현한다면 종업원들의 동기부여에 큰 도움이 되지 못할 수 있다. 매출이나 이익 등은 고객들과 사회에 유익한 어떤 일을 수행한 결과로 얻어지는 것이어야 한다.

넷째, 기업사명은 기업 장래에 대한 비전(vision)을 제공해야 한다. 마케팅환경의 변화로 인해 과거의 기업사명이 기업의 나아갈 방향을 제시하는 데 공헌하지 못한다면, 그 기업사명은 새로운 기업비전이 포함되도록 재정립되어야 할 것이다.

MARKETING
FOCUS

업(業)의 정의와 이의 실행에서 내부마케팅이 중요한 이유를 보여주는 TANITA 사례

무인양품의 브랜드 매장에는 노트부터 과자, 이불, 베개, 선풍기와 냉장고까지 수많은 제품이 진열되어 있다. 무인양품은 문구 브랜드도 아니고, 가전 브랜드도 아니다. 식품 브랜드는 더더욱 아니다. 이곳에 비치된 '이것으로 충분하다'고 여길 만한 품질을 지닌 미니멀한 디자인의 제품들은 국내는 물론 전 세계적으로 마니아층을 형성하고 있다. 이 수많은 무인양품의 제품들을 하나의 키워드로 묶으면 무엇이라고 할 수 있을까? 바로 '생활'이다. 라이프스타일

브랜드라는 포지셔닝으로는 어떤 제품으로 – 심지어 호텔까지 – 확장해도 사람들이 이상하게 여기지 않는다.

체중계를 만드는 회사인 타니타에 관해 이야기해 보자. 이 회사는 체중계로 시작해 현재는 체지방계를 만들고 있다. 그다음은 어떤 제품을 만들 수 있을까. 이는 사업을 어떻게 정의하느냐에 달려 있다. 해당 기업이 자신들의 업의 정의를 '무게로 측정하는 것'으로 내렸다면, 제품의 라인업 확장 역시 무게를 측정하는 것에 국한될 수밖에 없다. 그러나 일본의 체지방계 전문 제조기업 타니타는 자신들의 업을 '건강을 측정하는 것'으로 정의하고 헬스케어 전문 기업으로의 진화를 이뤄냈다. 이제 상품기획 담당자는 '건강'과 관련한 다양한 제품을 개발하여 사업영역을 확대할 수 있다. 예컨대 염도계나 활동량계, 조리용 타이머 등을 생산하는 것이 가능하게 된 것이다.

타니타는 세계 최초로 체지방계를 만든 일본의 제조기업이다. 체지방계는 기존의 체중계에서 한 차원 더 발전된, 말 그대로 체지방을 측정하는 기계다. 체지방계는 일본을 비롯한 해외 시장에서도 큰 인기를 얻으며 타니타를 글로벌 대기업으로 견인했다.

'건강을 측정한다'는 관점에서 단순히 체중계가 아니라 체지방계로 비즈니스 카테고리를 확장한 것이다. 그렇다면 타니타가 최근까지 많은 사람에게 관심을 얻고 회자되는 이유는 단순히 후속제품 개발을 잘해서일까? 타니타의 진정한 매력은 내부고객인 직원들을 겨냥한 '내부마케팅'에서 찾을 수 있다.

타니타는 1990년 본사에 '베스트 웨이트 센터(Best weight center)'를 열고, 인근 지역 주민들을 대상으로 식습관과 운동 등을 지도해 주고 식사를 제공했다. 이를 직원들에게도 제공하기 시작한 것이 본사 건물 1층에 위치한 '타니타 직원식당'의 시작이다. 그러나 건강과 다이어트를 위해 만든 적은 양의 저염식은 맛이 있을 리가 없었다. 직원식당에서 식사하는 대부분의 사람은 비만치료가 필요한 지역주민들이었다. 건강을 추구하는 브랜드가 건강한 식단으로 만든 직원식당을 정작 내부직원들은 외면했다.

비만인 직원들을 보며 다니타 다이스케 사장은 내부구성원들 먼저 건강해야 외부고객에게 건강에 대한 메시지를 전할 수 있다고 생각했다. 이후 그는 매일 직원식당에서 식사하며 영양사와 함께 건강한 동시에 맛있는 식단을 구성하기 위해 노력했다. 저칼로리와 저염분의 원칙은 지키되 색감이나 맛, 계절감을 느낄 수 있는 메뉴를 선정하고, 세계 각지의 대표요리도 메뉴로 구성했다. 식단표를 통해 변비 해소, 칼슘 보충, 당뇨병 예방 등 끼니마다 얻을 수 있는 효과를 구체적으로 명시하기 시작했다.

건강과 맛을 동시에 잡은 식단 덕분에 점차 직원들의 발길이 잦아지기 시작했고, 시간이 흐르면서 직원식당에서 식사를 한 직원들의 건강에 긍정적인 변화가 발생하기 시작했다. 변화는 단지 직원들의 몸에 나타나는 것에 그치지 않고, 조직의 분위기에도 미치게 된다. 직원들은 부서를 막론하고 건강관리를 하면서 떠오른 아이디어를 사내에서 제안했다. 그 가운데 좋은 의견들은 실제로 제품에 반영될 수 있도록 했다. 건강한 직원들은 기업문화 전반을 건강하게 만들었다. 2009년 NHK 방송에 소개된 직원식당의 식단과 레시피는 이듬해 책으로 출간돼 500만 부 이상 팔리며 무라카미 하루키의 1Q84를 누르고 베스트셀러 1위에 오르는 등 열풍을 일으키기도 했다. 일반인들도 식사할 수 있게 해달라는 요청이 쇄도하자 2012년에는 도쿄의 마루노우치에 타니타 식당을 열었다.

밥그릇에는 칼로리를 가늠할 수 있는 눈금이 있어 적당량의 밥을 담을 수 있고, 테이블의 칼로리 측정기로 담아 온 밥의 열량을 측정할 수 있다. 기본 20분으로 설정된 타이머는 사람들이 천천히 오래 씹어 먹을 수 있도록 유도한다. 이렇게 철저하게 건강에 기반하는 하루 한 끼의 식사는 직원들로 하여금 건강을 되찾도록 했다. 조직의 분위기는 활기차게 바뀌었고, 나아가 일본 전역에 건강에 대한 관심을 제고시켰다.

기업을 지속하기 위해서는 수익을 창출해야 한다. 직원식당 열풍을 발판삼아 타니타는 2016년 본격적으로 식당 사업에 착수했다. 일본 전역에 식당을 열고, 도시락 상품과 배달사업도 시작했다. 물론 타니타 식당이 타니타가 보유한 다양한 제품들을 직접 체험해 볼 수 있는 쇼룸 역할을 하는 것은 말할 필요도 없다. 앞서 이야기했던 것처럼 자신들의 업을 단순히 '무게를 측정하는 것'으로 정의했다면 절대 상상하지 못했을 법한 확장이다. 타니타는 스스로 존재이유를 '건강'으로 정의하고 소비자들과 지역사회에 기여하는 동시에 새로운 수익모델창출을 통해 지속 성장하고 있다.

앞서 언급한 업의 정의를 기반으로 한 비즈니스 진화과정과 더불어, 타니타 사례에서 인상적인 것은 바로 내부구성원들에 대한 동기부여와 '건강'에 대한 의식고취이다. 영화 〈체지방계 타니타의 사원식당, 2013〉에서 주인공인 타니타의 부사장은 영양사와 식단을 고민하는 장면에서 이렇게 이야기한다. '사원 모두가 다 같이 하지 않으면 의미가 없잖아.' 내부마케팅을 통해 형성된 강력한 기업문화는 내부고객들이 하나의 지향점을 바라보게 하며 이를 통해 얻어진 긍정적인 에너지를 외부고객에게 전할 수 있도록 한다. 아무리 그럴싸한 업의 정의와 이에 기반한 기업사명를 수립해도 내부구성원들이 공감하지 못한다면 그것은 허울 좋은 빈말일 뿐이다.

그렇다면 내부마케팅은 어떻게 이루어지는지 생각해 보자. 내부마케팅의 목적은 내부구성원 개개인이 기업이 지향하는 바를 공감하고 이를 자발적으로 각자의 업무에 반영하여 강력한 전체의 합을 만들어 내기 위함이다. 그렇지 않으면 제품기획, 마케팅, 영업, 인사 총무, 서비스 등 기업 내에서 다양한 업무를 진행하는 여러 부서가 각기 다른 목소리를 내게 된다. 효과적인 내부마케팅을 위해서는 직원들에게 정서적 동기부여와 물질적 동기부여가 적절한 균형으로 제공되어야 한다. 인센티브나 포상휴가, 자기계발 혜택과 같은 물질적 동기부여도 필요하다. 하지만 그보다 더 중요한 것은 나는 이 조직에서 어떤 의미가 있는지, 내가 왜 이 조직에서 열심히 일해야 하는지 즉, 조직 내에서의 존재이유와 조직 차원의 자부심을 지닐 수 있는 정서적 동기부여가 매우 중요하다. 정서적 동기부여가 약한 조직일수록 목적의식이나 성취감이 결여된 채 주어진 일을 수동적으로 처리하는 무기력한 구성원들이 많은 것은 당연한 일이다.

타니타가 좋은 내부마케팅 사례로 회자되는 까닭은 바로 '구성원의 자발적 참여' 때문일 것이다. 조직의 리더는 '건강을 측정하는 헬스케어 전문기업'으로의 진화를 위해 고객의 건강을 언급하기에 앞서 내부구성원들의 건강을 증진하고자 했다. 직원들이 맛있게 먹을 수 있는 건강식을 개발하기 위해 끊임없이 노력했다. 내부마케팅을 통해 업의 정의을 먼저 실천하려는 리더의 태도가 작은 불씨가 되어 기업 전체에 밝은 기운이 퍼져나간 셈이다. 회사의 배려를 체감하는 구성원들은 자연스레 조직에 대한 애착과 자부심을 느끼게 된다. 건강한 구성원들은 자발적으로 자사 제품브랜드의 대사가 되어 홍보활동을 수행한다. 이러한 과정을 통해 궁극적으로 강력한 브랜드가 만들어지는 것이 아닐까.

자료원: Life Is Orange, 2019 Spring, pp. 27–31.

기업사명은 수시로 변경되어서는 안 되지만 그것이 신뢰성을 잃거나 전략수립의 바람직한 방향을 제시하지 못한다면 새롭게 정의되어야 한다. 재정의된 기업사명은 인수하거나 처분해야 할 사업의 결정과 신제품의 개발을 위한 지침을 제공한다. 가령, 디지털 시계, 계산기, 화재경보기 등과 같은 여러 사업으로 확대했던 Gillette는 전통적인 남성과 여성용 면도용품, 화장품시장에 전념하기로 사업을 재정의하였다. 그리고 글로벌 가전기업 필립스는 노령화 등 시장변화에 맞추어 기존의 가전기업 중심의 사업형태에에서 사람들의 삶의 질 향상에 초점을 맞춘 건강기업(health&well-being)으로 성공적으로 변신해 의료기기 사업분야에 많은 투자를 하고 있다.

그러나 시장환경 변화에 맞추어 시의적절하게 기업사명을 재정의하는 데 실패한 기업은 시장성과에서 치명적인 결과를 초래할 수 있다. 세계 필름시장에서 독점적인 시장지배력을 가졌던 Kodak은 이러한 시장변화에 맞춘 기업변신에 실패해 결국 파산을 맞게 되었다. Kodak은 1970년대 들어 후지필름 등의 후발업체들에게 시장을 잠식당함에 따라 사업다각화를 추구하였다. Kodak은 컴퓨터, 복사기사업, 제약사업에 뛰어들었을 뿐 아니라 마룻바닥 청소제 같은 가정용 화학제품 분야에도 진출했으나, 결과는 참담한 실패로 끝났다. 1990년대 들어 Kodak은 제약사업, 가정용 화학제품 사업에서 철수하고 주력업종에 집중하기로 결정하였다. 이에 따라 Kodak은 사진사업으로부터 영상(imaging)사업으로 기업사명을 재정의하고, 전자출판, 현상, 컬러 이미징, 디지털 스캐닝시스템 등과 같은 디지털 영상 기술과 제품의 개발에 사업의 초점을 맞추었다. Kodak은 제품중심으로 좁게 사업영역을 정의했던 것으로부터 고객욕구중심으로 보다 넓게 사업영역을 정의하는 것으로 뒤늦게 기업사명을 전환하였던 것이다. 이러한 Kodak의 노력에도 불구하고 카메라 시장이 Kodak의 전통적 우위인 현상(필름) 기반의 카메라로부터 디지털 기반의 카메라로 이전됨에 따라 2012년 파산보호를 신청하고 말았다.

| 시장상황 변화에 따른 시의적절한 사업 재정의를 하지 못해 파산한 코닥

MARKETING
FOCUS

'조립을 통해 얻는 즐거움을 꾸준히 제공하는 것'이라는 설립 초기의 사업정의로 되돌아가 기업을 부활시키는 데 성공한 레고제국

블록완구의 대명사인 레고(Lego)는 1932년 덴마크의 조용한 시골 마을 빌룬에서 일어난 지 80년이 지나도록 여전히 세계 최고의 완구회사 지위를 유지하고 있다. 세계적 금융위기 시기였던 2007년부터 2011년 사이 레고의 세전 이익은 오히려 네 배로 늘어났다. 진입장벽이 매우 낮고(레고를 모방한 완구는 세계 각지에 널려 있음), 컴퓨터 게임과 같은 강력한 대체 오락물이 활개치는 이 시대에 경이적 마케팅성과라 할 만하다.

그러나 2000년대 초반 레고는 연이은 신규사업 실패에 따른 매출하락으로 어려움을 겪었다. 〈포천〉이 '세기의 장난감'으로 레고 블록을 선정한 지 3년밖에 지나지 않은 2003년, 레고는 역사상 최대 손실을 발표했다. 그룹이 추구한 혁신은 모조리 실패로 돌아갔다. 위기극복을 위해 긴급 영입된 외르겐 비그 크누스토르프 전략개발 책임자가 이 해 6월 그룹 이사회에 보낸 서한에서 "우리의 토대가 무너지고 있다"고 할 정도였다. 워낙 적자규모가 커, 그룹이 와해되는 건 시간문제처럼 보였다. 레고가 이 위기를 극복하고 다시금 고성장 질주를 이어가기까지 걸린 시간은 불과 4년이었다.

레고의 위기극복 과정은 기크(geek)라는 핵심단어로 요약할 수 있다. 괴짜 정도로 요약 가능한 이 단어는, 10대 시절 풍요로운 대중문화 세례를 누린 성인을 일컫는 말이다. 영미권에서는 주로 IT, 만화, 게임 등 성인의 대중문화와 얼핏 연관 없어 보이는 분야에 꾸준히 관심을 갖고, 나아가 이 분야에 전문가 뺨치는 지식을 자랑하는 이들을 일컬을 때 쓰인다. 레고는 기크에 문호를 과감히 열어 경영위기를 극복했다. 우리나라에서도 완구에 관심을 지닌

| 레고 마니아들은 레고의 로봇 브랜드 '마인드스톰'을 응용해 실제 작동하는 인쇄기, 연구 보조 장치 등을 만들고, 제작방법을 공유한다. 사진은 마인드스톰을 이용해 만든 스도쿠 머신이다. 레고는 이런 괴짜들의 힘을 이용해 다시 일어났다.

성인 마니아를 이제 적잖이 찾아볼 수 있다. 건담 등 1970~80년대 만화를 소재로 한 완구 조립을 꾸준히 하는 성인, 〈공각기동대〉 등 옛 만화영화의 세부적 내용을 줄줄 외는 성인, 마블, DC 코믹스 등의 단행본을 원서로 사 모으며 누구보다 깊이 해당 이야기를 꿰는 사람들이 적잖다. 이들을 위한 시장은 젊은이가 많이 모이는 도심을 중심으로 단단히 저변이 형성되고 있다.

유아를 위한 블록 장난감으로 인식되어 왔던 레고 역시 이제는 성인의 오락물로도 간주된다. 어릴 적 레고 블록 쌓기의 즐거움을 안 성인은 커서도 레고 블록을 응용해 놀라운 조립물을 만들어낸다. 인터넷에는 전 세계 레고 팬을 위한 포럼인 레그넷(LUGNET), 사용자가 만든 창작 조립물을 자랑하는 모크(MOC, My Own Creations) 페이지 등이 35만 곳 넘게 존재한다. 레고 조각물 거래 페이지인 브릭셸프, 2만4000여 쪽에 걸친 리뷰와 포럼을 담은 브리키피디아(레고 마니아의 위키백과)도 경쟁력의 원천이다.

레고는 전자오락이 급격히 세를 갖추어 가자, 위기극복을 위해 다방면의 혁신을 단행했다. "현대의 아이들은 조립에 흥미를 느끼지 않는다"는 분석결과에 발맞춰, 유아용 블록인 '듀플로'를 폐기하고(나중에 되살렸음) '익스플로어' 시리즈를 냈고, 콘텐츠 시장의 중요성을 깨닫고는 자체제작 영웅인 '잭 스톤' 시리즈를 뒷받침하는 블록 모델을 출시했다. 사용자 주문 제작모형을 제작할 수 있게 한 '레고 디지털 디자이너'도 출시해 컴퓨팅 세계에도 발을 들여놓으려 했다. 그러나 이는 모조리 실패했다.

위기극복을 위해 레고는 그룹의 뿌리로 돌아갔다. 그룹의 원래 가치인 조립을 통해 얻는 즐거움을 꾸준히 제공하는 것으로 되돌아간 것이다. 나아가 성장하는 팬에 발맞춘 새로운 조립모형 시리즈 '바이오니클'과 조립하는 로봇 '마인드스톰' 시리즈를 출시했다. 여기서 레고는 위기를 벗어나기 시작했다. 바이오니클 시리즈는 보기 흉측해 보이는 곤충형 악인 시리즈였으나, 이는 10대 소년을 중심으로 광적인 인기를 끌어냈다. 더 놀라운 건 마인드스톰 시리즈였다. 소프트웨어를 장착한 블록을 중심으로, 사용자가 조립하면 로봇처럼 움직이는 이 시리즈는 당초 개발부가 아동을 대상으로 만든 작품이다. 그런데 놀랍게도 이 모형에 성인이 열광했다. 어릴 적 레고를 좋아했던 성인들이 이 작품을 깊이 연구하기 시작했다. 한 스탠퍼드 대학원생은 소프트웨어 블록을 분해해 해당 언어를 인터넷에 공개했다. 모토롤러의 프로그래머는 아예 새로운 프로그래밍 도구까지 만들었다. 해커들이 이 프로그램에 가장 먼저 열광해, 자신들만의 새로운 로봇 언어를 덧씌우기 시작했다.

레고는 여기서 가능성을 보고 이들을 규제하려 하지 않았다. 대신 이들이 자유롭게 의견을 나누도록 하고, 나아가 차세대 모형 개발에 마인드스톰의 팬 4명을 직접 참여하도록 했다. 돈 한 푼 주지 않더라도 이 시리즈에 정열을 바칠 자발적 혁신가를 대상으로 회사의 문호를 완전히 열어버린 것이다. 레고는 전 세계 마인드스톰 팬을 대상으로 한 '퍼스트레고리그' 로봇 경진대회까지 열었고, 이 대회에 1만6000개 이상의 팀이 몰렸다.

레고의 사례에서 볼 수 있듯이 디지털 시대에는 소비자가 곧 생산자가 되고 그들이 주도하는 혁신이 성공의 핵심요인이 될 수 있다. 이러한 혁신이 전자오락이 범람하는 현시점에 레고를 일류기업의 지위에 올렸다.

자료원: 프레시안, 2016.03.22; 〈레고 어떻게 무너진 블록을 다시 쌓았나〉, 데이비드 로버트슨 · 빌 브린 지음, 김태훈 옮김, 해냄 펴냄, 2016.

1.2 기업목표의 결정

흔히 기업은 너무 추상적이거나 광범위하게 기업목표를 정의함으로써 마케팅전략 수립의 방향을 제시하지 못할 수 있다. 가령, 삼성그룹의 질 위주의 경영이나 LG그룹의 고객을 위한 가치창조라는 기업사명(혹은 경영이념)은 매우 추상적이다. 그러므로 기업사명은 이의 실현을 위해 보다 구체적인 기업목표로 전환되어야 한다.

가령, 현대차는 '스마트 모빌리티 솔루션' 기업으로 기업사명과 기업비전을 새롭게 정의했다. 지능형 모빌리티 제품과 서비스의 결합을 통해 종합 모빌리티 솔루션을 제공하는 스마트 모빌리티 솔루션 기업으로 변신하기로 한 것이다. 이러한 기업사명은 여러 기업목표들(가령, 새로운 사업의 인수, 기존 사업의 처분, 그리고 재무목표)을 정의하는 데 지침이 된다. 현대차는 새로운 기업사명에 맞추어 친환경 전기차로의 대전환, 로봇, 인공지능(AI) 등을 활용한 모빌리티 제품과 서비스 분야의 역량강화 등을 주요 기업목표로 세웠다. 현대차는 기업사명을 토대로 다음과 같은 구체적인 기업목표를 설정하였다.

첫째, 글로벌 전동차 시장에서 지배력을 강화한다. 2030년 연간 전기차 판매목표 33만 대를 달성해 글로벌 3대 전동차 기업으로 도약한다. 이를 위해 2030년까지 전기차 생산능력 확충, 전용 전기차 제품군 확대, 전기차 관련 신사업 모색에 21조 원을 투자한다.

둘째, 로봇, AI를 기반으로 한 지능형 모빌리티 제품인 UAM(Urban Air Mobility; 도시권역을 자유롭게 이동하는 개인용 비행체) 기반 단거리 교통체계, 자율주행차 등의 개발역량을 강화하기 위해 관련 국내외 기업들과 개방형 혁신전략을 추구한다.

셋째, 지능형 모빌리티 서비스 역량을 강화한다. 현대차는 커넥티드카와 정비망을 통해 수집된 차량제원 및 운행 정보데이터를 쇼핑, 배송, 스트리밍, 음식주문 등과 결합해 세계 최고 수준의 맞춤형 모빌리티 라이프를 고객들에게 제공하려고 한다. 이를 기반으로 현대차 주도의 플랫폼을 구축하고 이를 통해 고객군과 수익원을 확대한다.

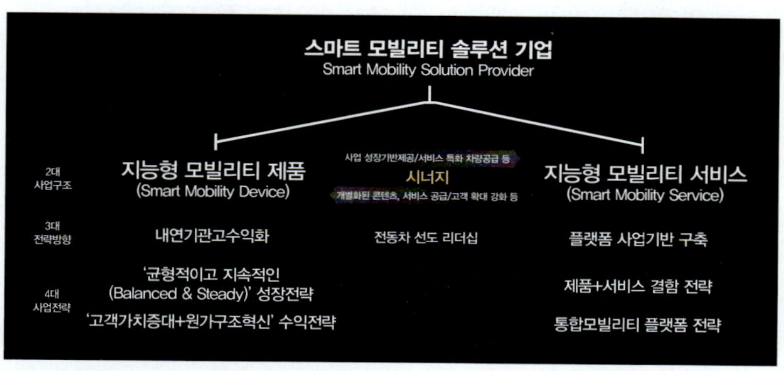

| 현대차는 스마트 모빌리티 솔루션 기업으로 기업사명과 기업비전을 새롭게 정의했다.

바람직한 기업목표는 다음과 같은 기준들을 충족시켜야 한다.

첫째, 수행되어야 할 여러 가지 기업목표들은 추상적인 것에서부터 구체적인 것에 이르기까지(혹은 중요도에 따라) 계층적으로(hierarchical) 서술되어야 한다. 2000년대로 들어서면서 세계에서 가장 존경받는 기업이 되겠다는 장기적 기업비전을 세운 삼성전자는 글로벌 넘버1 기업으로 도약한다는 전반적 목표를 세웠다. 이러한 전반적 목표를 기반으로 각 제품별 목표를 구체적으로 설정하게 되는데, 세계 1위인 TV, 반도체 등은 2위와의 격차를 더욱 벌리고, 스마트폰은 애플을 추월할 수 있도록 하고, 컴퓨터와 가전사업부도 1위에 오른다는 목표를 세울 수 있다.

[그림 2-2]는 SK Telecom의 다양한 기업목표들을 계층적 구조로 서술한 것이다.

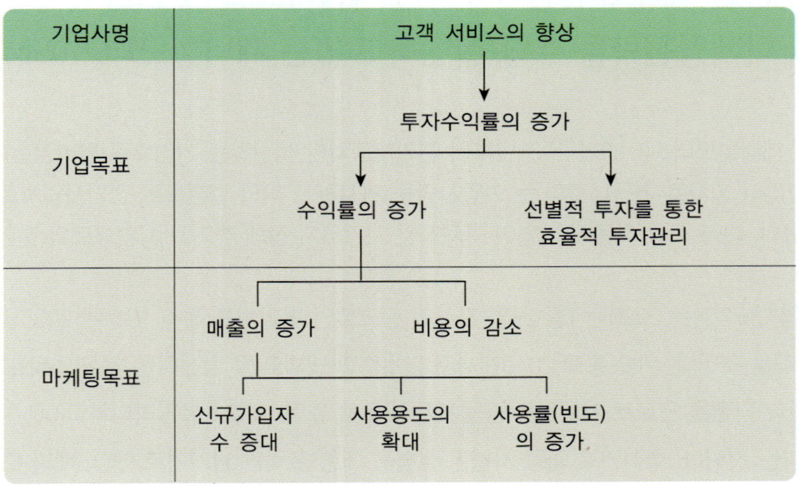

그림 2-2 SK Telecom의 계층적 기업목표

둘째, 기업목표는 가능한 한 계량적으로 서술되어야 한다. 계층적 구조 속의 상위에 위치한 기업목표들은 계량화하는 것이 쉽지 않지만, 가능한 한 측정가능하도록 기업목표가 결정되는 것이 바람직하다. 따라서 "시장점유율의 증가"라는 기업목표보다는 "2년 내로 시장점유율을 20% 증대시킨다"라는 기업목표가 보다 구체적인 양적 목표로 서술된 점에서 더 바람직하다. 가령, 아모레퍼시픽은 2027년까지 메가브랜드 10개를 육성하여 세계 10대 화장품회사로 도약하고 매출 7조 원과 해외매출 비중을 10%에서 40%까지 확대하겠다는 기업목표를 설정할 수 있다.

셋째, 기업목표는 실현가능한 것이어야 한다(realistic). 기업목표는 시장기회와 자사의 경쟁적 강·약점 등을 토대로 한 객관적 분석에 의해 설정되어야 하며 단순히 경영자의 바람(wish)을 반영한 것이 되어서는 안 된다.

넷째, 기업목표들은 서로 상치되지 않고 일관성이 유지되어야 한다. 우리는 흔히 "매출과 이익을 동시에 극대화한다"라는 기업목표나 "최소의 비용과 최선의 서비스제공을 통해 최대의 매출을 실현한다"는 기업목표를 본다. 그러나 이들을 유심히 살펴보면 각 목표들이 서로 상치되어 일관성이 결여되어 있음을 알 수 있다. 가령, 기업은 최대의 매출을 실현하기 위해서 보다 많은 마케팅비용을 지출해야 하므로 단기적으로 이익의 감소를 감수해야 함을 인식해야 할 것이다.

MARKETING
FOCUS

2035년 전기차 중심 회사로 변신하겠다는 기업목표를 세우고 이에 맞추어 사업전략과 마케팅전략을 수립/실행하고 있는 제너럴모터스(GM)

미국 최대 자동차 기업 제너럴모터스(GM)가 2035년부터 전기자동차만 생산하는 기업으로 탈바꿈한다. 메리 배라 GM 회장은 '미래 모빌리티 회사로 거듭나겠다'는 기업사명을 제시하고 이의 일환으로 전기사업차로의 변신에 우선순위를 두겠다고 밝혔다. 미국 주요 자동차 기업이 구체적인 시기까지 정해 전기차 사업으로의 전환을 발표한 최초사례여서 주목된다.

메리 배라 GM 최고경영자(CEO)는 2020년 1월 28일 자신의 링크트인 페이지를 통해 "GM은 2035년까지 차량 라인업을 모두 전기차로 채울 것이다. 이를 통해 2040년까지 탄소중립(넷제로)을 달성하는 게 기업목표"라고 밝혔다. 2035년부터는 가솔린과 디젤을 연료로 사용하는 승용차를 비롯해 트럭, 스포츠유틸리티차량(SUV) 생산을 중단하고 전기차만 생산한다는 것이다. 화석연료 차량 사업은 상업용 대형 트럭만 남기기로 했다. 배라 CEO는 "GM이 탄소중립을 이루려면 생산 · 판매하는 자동차를 모두 '배기가스 무배출' 차량으로 바꾸는 것이 필수이다. 현재 GM의 총 탄소배출량 중 75%가 판매차량의 배기가스 배출로 인해 발생하기 때문"이라고 설명했다. GM의 주력 차종인 대형 픽업트럭과 SUV 등은 연료효율이 낮은 편이고 탄소배출량이 많다.

GM은 전기차 기업으로 전환하기 위해 2025년까지 최소 30종의 신형 전기차를 출시해 2025년 말엔 미국 시장에 내놓는 자동차의 약 40%를 전기차로 채우겠다는 목표를 세웠다. 배라 CEO는 생산과정에서 탄소중립을 이루겠다는 목표도 5년 앞당기기로 하고 2030년부터는 미국 내 생산시설을, 2035년부터는 세계 모든 GM시설을 재생에너지로만 가동할 방침이다.

실제로 배라 회장은 지난 2018년부터 호주 · 인도네시아 · 러시아 · 인도 등에 있는 내연기관차 공장을 순차적으로 폐쇄했다. 판매실적이 부진한 쉐보레 볼트와 크루즈도 과감하게 생산을 중단시켰다. 이렇게 아낀 돈은 전부 전기차 · 자율주행 기술 등 혁신분야에 투자했다.

GM은 지난 2019~2020년 7조 원을 신사업에 투자했고, 2025년까지 추가 350억 달러(약 41조 원)를 신사업에 쓰겠다고 밝혔다. 이 같은 투자의 일환으로 GM은 22억 달러를 투자해 디트로이트에 전기차 전용 생산라인 2곳을 설립한 데 이어, 2023년 미국 내에서 추가로 공장 3곳을 전기차 조립용으로 전환한다고 밝혔다. 메리 배라 GM 회장은 "내연기관차는 남은 기간 판매를 완만하게 유지하는 데 그치지만, 전기차는 신차 30종을 내놓고 2025년까지 연간 100만 대를 생산해 내겠다"고 자신했다. 이에 맞추어 2022년 전기 픽업트럭 '실버라도', 3만 달러(약 3600만 원)의 쉐보레 보급형 전기 SUV 등 신차를 출시했다.

나아가 전기차의 핵심인 배터리 기술도 내재화하겠다는 전략을 세우고, 이를 위해 대규모 배터리 연구 · 개발센

터를 설립하기로 했다. GM은 "연구센터 설립에만 수억 달러가 투입될 예정이며, 혁신 기술 내재화로 배터리 생산비용을 대폭 낮추겠다"고 했다. GM은 LG에너지솔루션과의 합작 배터리사 '얼티엄셀스'의 생산라인을 오하이오 · 테네시주 2곳에 건설하고 있다.

GM은 디지털 환경에 걸맞은 글로벌 전기차 회사로 거듭나겠다는 새로운 브랜드아이덴티티 정의에 맞추어 새로운 기업브랜드 로고도 도입했다. 57년 만에 교체되는 GM의 새 로고 색깔은 파란색인데, 이는 탄소배출 '제로(0)'로 실현되는 청명한 하늘을 의미한다. 소문자 'm'의 밑줄은 전기차 전용 플랫폼인 '얼티엄'을 시각화한 것이며, 'm'의 여백은 전기 플러그 모양을 상징한다. 기업브랜드아이덴티티 재정립과 새로운 기업전략 수립에 맞추어 GM은 모든 사람이 전기차(EV)를 이용하게 한다는 의미의 'Everybody In(에브리바디 인)' 기업캠페인을 실시했다.

전문가들은 GM이 큰 변화에 나섰다고 평가했다. 기존 GM 매출과 수익의 98%가 화석연료를 쓰는 내연기관 자동차에서 나오기 때문이다. 자동차산업 비영리 연구기관 오토모티브리서치의 크리스틴 지체크 부소장은 "단일 공장시설을 내연기관 자동차에서 전기차 생산시설로 바꾸는 데만 수십억 달러가 든다. 이를 2035년까지 완료하겠다는 것은 공격적인 목표"라고 말했다.

GM의 이러한 전기차 중심의 기업전략은 다른 자동차 기업의 전기차 전환도 가속화시킬 전망이다. 지금까지는 독일 폭스바겐이 2030년까지 전 차종에 전기차 모델을 도입하고, 메르세데스벤츠의 모회사인 독일 다임러가 2022년까지 벤츠 각 차종에 대해 전기 · 하이브리드 모델을 출시하겠다는 계획을 내놓은 정도다. WSJ는 "GM의 발표로 세계 자동차업계의 전기차 전환이 예상보다 훨씬 빨라질 것"이라고 내다봤다. RBC캐피털은 "GM의 목표치를 반영하면 2035년까지 세계 전기차 보급률이 43%에 이를 수 있다"고 분석했다.

| GM은 신규 로고와 얼티엄 플랫폼을 통해 2025년까지 글로벌 시장에 전기차 30종을 내놓겠다는 목표를 세웠다

자료원: 동아일보, 2022.2.24.; 조선경제, 2021.10.08.; 한경, 2021.01.30.

1.3 기존 사업포트폴리오의 평가(Evaluation of Business Portfolio)

(1) 전략사업단위의 확인

기업의 사명과 목표를 결정한 다음, 마케터는 자사가 거느리고 있는 기존사업들의 매력도를 평가하여 기업의 강점과 시장기회를 가장 잘 살릴 수 있는 매력적인 사업들로만 구성되는 최적의 사업포트폴리오(혹은 사업mix)를 유지해야 한다. 마케터는 기존 사업믹스의 매력도에 대한 평가를 내리기 앞서 기업을 구성하는 복수의 사업이나 제품들을 전략수립에 용이한 전략사업단위(strategic business unit; SBU)로 나누는 작업을 먼저 수행해야 한다.

많은 대기업이나 중견기업들(혹은 중소기업들)은 수많은 사업들과 제품들을 거느리고 있다. 예를 들어, CJ제일제당은 서로 특성이 다른 수천 가지 이상의 제품들을 생산·판매하고 있다. 문제는 서로 다른 특성의 사업들이나 제품들 간에 추구하는 목표 및 전략에서 차이가 있을 수 있다는 것이다. 예를 들어 CJ제일제당의 식품사업과 제약사업이 추구하는 목표와 전략은 상당히 다를 것이다. 그러므로 전략적 마케팅계획의 수립을 용이하게 하기 위해, 마케터는 흔히 관련된 사업들이나 제품들을 묶어 별개의 사업단위(사업부)로 분류한다. 이러한 사업단위는 전략수립계획과 관련하여 **전략사업단위**(strategic business unit; SBU)라고 불리어진다. 전략사업단위는 독자적인 마케팅전략수립이 필요한 관련사업들끼리 함께 묶은 조직으로 정의될 수 있다. 한 전략사업단위는 다른 전략사업단위와 별개로 비용지출 및 마케팅전략의 수립·집행이 이루어진다.

그러면 어느 수준에서 전략사업단위를 정하는 것이 적절할까? 전략사업단위는 수퍼타이, 테크, 드봉비누 등 브랜드수준(혹은 단위제품수준)에서 정해질 수도 있고, 이들 단위제품들을 포괄하는 세탁용품이라는 보다 확대된 제품범주수준(product category level)에서 정해질 수도 있으며, 더 나아가 세탁용품, 화장실용품 등 관련 제품범주를 포함한 생활용품이라는 제품범주군(the set of product categories) 수준까지 확대되어 정해질 수도 있다. 대체로 전략사업단위는 제품범주수준(혹은 관련브랜드군(brand families))에서 정해지고 있다. 예를 들어, CJ제일제당이 취급하는 모든 사업이나 제품들을 식품사업부, 음료사업부, 생활용품사업부, 제약사업부, 영상사업부 등으로 구성된 것으로 본다면, 이는 제품범주군(혹은 사업부) 수준에서 전략사업단위(SBU)를 정의한 것이다. 이에 반해 CJ제일제당이 취급하는 여러 사업들을 제당, 제분, 조미료, 식용유, 육가공, 음료, 세제, 사료, 비료 등으로 나눈다면, 이는 제품범주수준에서 전략사업단위(SBU)를 정의한 것이다. 이와 같이 전략사업단위의 수준은 개별사업들 간의 관련성에 의해 결정된다. 만약 생산공정, 유통경로, 고객 등에서 공통성을 가지고 있는 사업들을 하나의 전략사업단위로 묶으면, 전략의 수립·집행과정에서 각 사업 간 조정이 용이해지는 이점이 있다. 그러나 전략사업단위(SBU)를 너무 넓게 정의한다면(가령, 각 사업부가 너무 많은 사업이나 제품들을 포함한다면), 각 SBU를 구성하는 개별사업이나 제품군에 대해 구

MARKETING
FOCUS

삼성전자와 LG전자는 전략사업단위(SBU)를 어떻게 분류할까?

삼성전자는 사업부문을 크게 CE 부문, IM 부문, DS 부문, Harman 부문으로 나누고 있다.

부문		주요 제품
CE 부문		TV, 모니터, 냉장고, 세탁기, 에어컨 등
IM 부문		HHP, 네트워크시스템, 컴퓨터 등
DS 부문	반도체 사업	DRAM, NAND, 모바일 AP 등
	DP 사업	OLED 스마트폰 패널, 모니터 패널 등
Harman 부문		인포테인먼트, 스피커 등

CE(Consumer Electronics) 부문은 가전부문으로, TV, 냉장고, 에어컨, 프린터, 모니터 제품 등을 포함한다. 모바일, 컴퓨터, 통신시스템 사업을 관장하는 IM(IT Mobile, Information Technology & Mobile Communications의 약어) 부문은 갤럭시 시리즈가 대표적이며, 폴더블 스마트폰, 사물인터넷, 5G 등의 제품과 서비스 개발을 통해 실생활의 중심에 자리 잡는 것을 추구한다. DS(Device Solution) 부문은 전자제품을 만들 때에 사용되는 부품, 즉 반도체를 생산/제공하는 사업을 수행한다. DS(Device Solution) 부문은 다시 반도체 사업과 DP 사업으로 나누어진다. Harman 부문은 삼성전자가 2017년 9조 원을 투입해 인수한 미국 전장전문 기업으로, 하만그룹은 다양한 고급 오디오 브랜드를 보유하고 있다. 운송수단에 불과했던 자동차가 자율주행을 목표로 진화를 거쳐 문화 및 생활공간으로 거듭나고 있다. 이에 따라 자동차 인포테인먼트 시스템 사업이 높은 시장성장 가능성이 있다고 판단한 삼성전자가 거액을 투자해 인수했다.

LG전자는 생활가전(H&A) 사업부, 홈엔터테인먼트(HE) 사업부, 자동차 전장(전자장비) 사업부, 비즈니스솔루션(BS) 사업부, 모바일커뮤니케이션(MC) 사업부 등 5개의 전략사업단위로 나누어 사업을 운영해 왔지만, 낮은 수익성으로 인해 2021년 7월 스마트폰을 생산/판매했던 모바일커뮤니케이션 사업부를 폐지했다. 생활가전 사업부는 냉장고, 세탁기, 오븐, 식기세탁기, 청소기, 전자레인지, 스타일러, 건조기, 정수기 등을 생산/판매하며, 홈엔터테인먼트 사업부는 TV, 사운드 바 등을 생산/판매한다. 그리고 자동차 전장(전자장비) 사업부는 차량용 오디오, 내비게이션, 카메라시스템, 조명램프 등을 거느리고 있으며, 비즈니스솔루션 사업부는 인포메이션 디스플레이, 21:9 모니터, 그램 PC, 태양광 모듈 등을 생산/판매한다. LG전자의 전략사업단위들 중에서 생활가전 사업부와 홈엔터테인먼트 사업부는 자금젖소 사업단위로, 모바일커뮤니케이션(MC) 사업부는 개 사업단위로 평가된다.

삼성전자와 LG전자의 전략사업단위(SBU)는 각 전략사업단위와 제품들의 성과와 기업 내외 환경요인의 변화에 따라 정기적으로 재구성된다.

체적이면서 시너지효과를 거둘 수 있는 전략적 방향을 제시하기 어려울 것이다. 마찬가지로 SBU를 너무 좁게 정의한다면, 기업수준에서의 전략적 마케팅계획을 담당하는 경영층이 너무 많은 수의 SBU들을 평가하고 이에 대한 전략적 방향을 제시하는 데 상당한 시간과 노력을 투입해야 할 것이다. 바람직한 SBU는 잘 정의된 자체 고객과 경쟁자를 가지며, 독자적인 마케팅전략을 가지고 있을 뿐 아니라 사업단위 자체에 대한 이익과 비용의 측정과 이에 대한 책임이 이루어지는 조직단위이어야 한다.

요약하면, 각 SBU는 완전히 독립된 별개의 사업(체)으로 보아야 하므로 각 SBU는 기업 전체 수준에서 내려진 사업정의 안에서 나름대로의 독자적 사업정의를 가지고 있어야 한다. 예를 들어, Disney사의 한 SBU인 Touchstone Pictures(터치스톤 영화사)는 "가족 전체를 위한 건전한 오락(quality entertainment for the entire family)"을 제공하고자 하는 Disney사의 기업사명(사업정의)과 일관성을 유지하면서 성인취향의 격조있는 오락물을 제공한다는 자체의 사업정의를 가질 수 있다.

| Disney사가 정한 기업사명과 일관성을 유지하면서 사업단위의 특성에 맞는 차별적 사업정의를 내린 Touchstone Pictures.

(2) 사업포트폴리오에 대한 평가와 전략적 결정

기업이 취급하는 수많은 사업이나 제품들을 적절한 전략적 사업단위(SBU)들로 분류하였다면, 마케터는 각 SBU가 어느 정도의 지원을 받을 가치가 있는지를 결정하기 위해 각 SBU의 매력도를 평가하는 단계로 들어간다.

마케터가 회사를 구성하고 있는 여러 사업들의 매력도를 평가하는 데 사용하는 주요한 도구의 하나가 **사업(제품)포트폴리오분석**(business portfolio analysis)이다. 사업포트폴리오분석은 미국에서 1960년대 후반에서 1970년대에 걸쳐 전략계획을 수립하기 위한 수단으로 개발된 후, 현재까지 많은 기업들이 이용하고 있다. 사업포트폴리오분석의 핵심은 기업을 구성하는 여러 사업들의 경쟁적 강점과 시장(산업)매력도를 평가한 다음, 강한 사업(즉 경쟁력이 있고 시장매력도가 높은 사업)에는 더 많은 자원을 투입하고 약한 사업(즉 경쟁력이 낮고 시장매력도가 낮은 사업)은 처분하는 등의 전략적 의사결정을 통해 최적의 사업포트폴리오를 유지하는 것이다. 2010년대 들어 식품그룹 오리온은 메가박스와 케이블채널 온미디어를 CJ그룹에 매각한데 이어 외식계열사인 베니건스를 매각하고, 경쟁력이 높은 식품사업에 주력하기로 했다. 이에 따라 오리온은 기존의 초코파이, 포카칩 등의 주력 브랜드와 웰빙 프리미엄 제과 브랜드인 마켓오, 닥터유 등을 중심으로 한 식품사업을 강화하려고 한다.

사업포트폴리오분석의 이점은 각 전략사업단위의 기업 전체에 대한 공헌도를 시각적으로 평가할 수 있다는 것이다. 사업포트폴리오분석은 각 전략사업단위의 시장매력도와 그 사업의 시장(산업) 내 경쟁적 위치를 확인함으로써 다른 전략사업단위와 비교하여 어느 정도 기업성과에 공헌하는지를 알 수 있게 한다. 즉 사업포트폴리오분석은 각 사업단위의 시장성장 가능성이 높은지, 그리고 그 사업단위가 시장 내에서 강력한 경쟁우위를 갖고 있는지를 시각적으로 파악할 수 있게 한다. 가장 널리 알려진 사업포트폴리오분석 방법으로는 Boston Consulting Group(BCG)의 성장(growth)－점유율(share) 분석이 있다. 이하에서는 이에 대하여 자세히 설명하기로 한다.

| 베니건스를 매각하고 경쟁력이 상대적으로 높은 식품사업에 주력하는 오리온

① Boston Consulting Group(BCG)의 성장－점유율 분석(Growth－Share Analysis)

BCG 성장－점유율 분석은 미국의 선도적 경영자문회사인 Boston Consulting Group에 의해 1960년대에 개발되었으며, 이는 각 SBU가 기업 전체에 현금을 공급할 능력을 보유하고 있는지 혹은 기업으로부터 현금지원을 제공받아야 하는지를 평가하기 위해 사용되었다. BCG의 성장－점유율 분석은 BCG매트릭스(matrix)라고 불리어지는데, BCG매트릭스는 회사 내 여러 사업들을 시장성장률과 시장점유율이라는 두 변수를 양축으로 하는 2차원 공간상에 표시하여 각 사업의 상대적 매력도를 비교할 수 있게 한다.

전략사업단위가 소속된 산업의 시장매력도를 측정하기 위해 사용되는 시장성장률(market growth rate)은 제품시장의 연 성장률로 표시되는데, 통상 10%나 15%를 기준으로 그 이상의 성장률을 보이는 시장은 고성장으로, 그리고 그 이하의 성장률을 보이는 시장은 저성장으로 구분된다. BCG가 시장의 여러 특성 가운데서 시장성장률을 시장매력도를 반영하는 주요변수로 선택한 이유는 시장성장률이 높은 산업은 상표애호도가 아직 형성되지 않은 신규사용자들로 주로 구성되므로 시장점유율을 늘리기가 상대적으로 용이하며 흔히 수요가 공급을 초과하므로 높은 가격과 이익을 누릴 수 있기 때문이다.

한편 자사사업의 경쟁적 강점을 나타내는 **상대적 시장점유율**(relative market share)은 자사사업단위의 시장점유율을 시장점유율이 가장 높은 경쟁자의 시장점유율로 나눈 값이다. 그러므로 시장점유율이 1위인 기업의 상대적 시장점유율은 그 기업의 점유율을 시장점유율 2위인 경쟁사의 시장점유율로 나눈 값이다. 그리고 2위 이하의 기업들의 상대적 시장점유율은 그 기업의 점유율을 시장점유율 1위인 경쟁사의 시장점유율로 나눈 값이다. 가령, 상대적 시장점유율이 0.5라는 것은 자사사업단위의 시장점유율이 점유율이 가장 큰 경쟁자의 시장점유율의 1/2임을 의미하며, 상대적 시장점유율이 3이라는 것은 자사사업단위의 시장점유율이 경쟁사보다 3배의 점유율을 가짐을 의미한다. BCG가 상대적 시장점유율을 사업의 경쟁적 강점을 반영하는 변수로 선택한 이유는 시장점유율이 높은 기업이 규모의 경제, 높은 상표인지도, 유통지배력, 고객과 원자재공급자에 대한 강한 교섭력을 갖게 되며, 경쟁사보다 더 빠른 경험누적으로 단위당 생산비용을 낮출 수 있기 때문이다. 경험(생산량)누적으로 인해 단위당 생산비용이 하락하는 현상을 말하는 경험효과에 대해서는 본 장의 후반부에서 자세히 설명하기로 한다. 일반적으로 1.0 또는 1.5를 기준으로 상대적 시장점유율이 높고 낮음으로 분류된다.

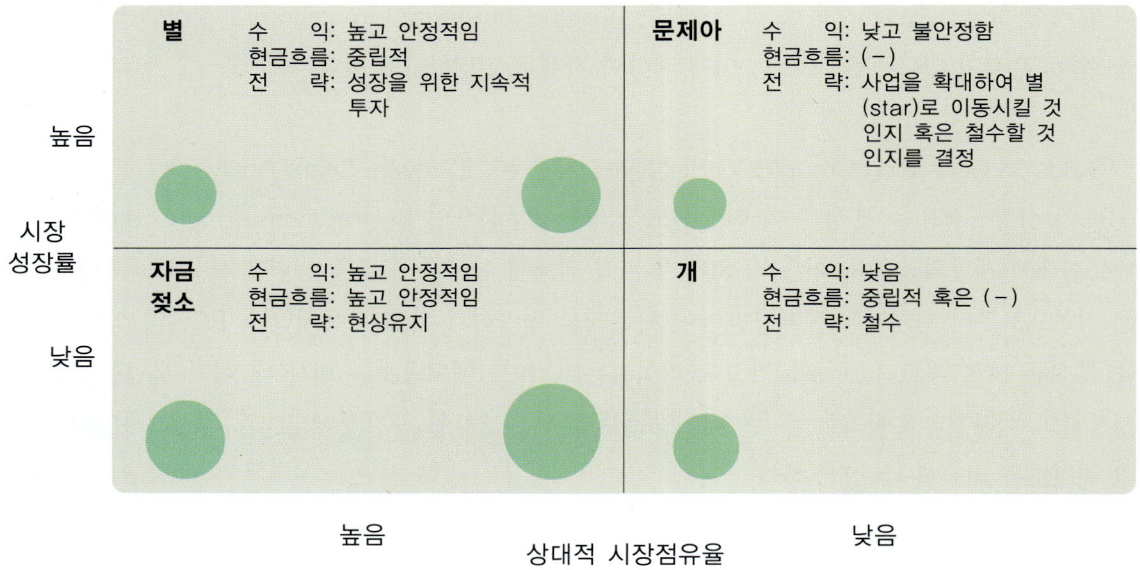

그림 2-3 성장-점유율 분석: BCG매트릭스

기업 내 전략사업단위들은 [그림 2-3]과 같이 BCG매트릭스 상에 표시될 수 있는데, BCG매트릭스는 시장성장률의 높고 낮음과 상대적 시장점유율의 높고 낮음에 의해 4부분으로 나누어진다: 1) 문제아(problem child) 혹은 물음표(question marks), 2) 별(star), 3) 자금젖소(cash cows), 4) 개(dogs).

[그림 2-3]에서 각 사업단위는 원으로 표시된다. 원의 위치는 각 사업단위의 시장성장률과 상대적 시장점유율의 값을 나타내며, 원의 크기는 해당 사업단위의 매출액을 나타낸다.

- **문제아**(problem child) 혹은 **물음표**는 높은 시장성장률과 낮은 상대적 시장점유율의 전략사업단위들을 지칭하는 말이다. 이 사업단위는 시장점유율을 유지·증가시키는 데 있어 많은 현금이 필요하다. 그러므로 경쟁력을 갖춘 사업단위에 대해서는 시장점유율 증대를 위해 현금지원을 하고, 경쟁력이 낮을 것으로 판단되는 사업단위는 처분하는 등의 신중한 의사결정이 요구된다.
- **별**(star)은 높은 시장성장률과 높은 상대적 시장점유율의 전략사업단위를 말한다. 이 사업단위는 자체 사업을 통해 많은 현금을 벌어들이지만, 급속히 성장하는 시장에서 시장점유율을 유지하거나 증대시키기 위해 계속 많은 자금을 필요로 한다. 그러므로 별(star)에 위치한 사업단위는 시장점유율의 유지를 위해 벌어들인 자금을 자신이 소비하는 것이 보다 일반적이다.
- **자금젖소**(cash cows)는 낮은 시장성장률과 높은 상대적 시장점유율의 사업단위를 말한다. 이 사업단위는 저성장시장에서 활동을 하므로 신규설비투자 등에 많은 비용을 지출할 필요가 없으며, 높은 시장점유율로부터 많은 이익을 벌어들인다. 자금젖소로 표현되는 사업단위는 투자를 위한 자금지출은 별로 없으면서 많은 이익을 얻고 있으므로 기업에게 자금을 공급하는 역할을 한다. 그러므로 기업은 자금젖소에 위치한 사업들로부터 벌어들인 여유자금을 현재의 시장점유율은 낮지만 전망이 밝은 사업단위인 문제아에 배분할 수 있다.
- **개**(dogs)는 낮은 시장성장률과 낮은 상대적 시장점유율을 가진 사업단위를 말한다. 이 사업단위는 시장점유율이 낮아 많은 현금을 창출하지 않지만 투자를 위한 자금수요도 높지 않으므로 자체적인 운영이 가능하다. 그러나 개라고 불리는 사업단위는 대체로 수익성이 낮고 시장전망이 어두우므로 가능한 한 빨리 철수하는 것이 바람직하다.

BCG매트릭스 상에 나타난 4가지 유형의 사업단위들은 각기 다른 전략을 필요로 한다. 4가지 유형의 사업단위들에게 적용될 수 있는 전략은 다음과 같다.

- **확대전략**(build): 이는 사업단위의 시장점유율을 증가시키는 전략으로, 사업을 확장하여 별로 이동시키기로 결정한 물음표에 적절한 전략이다.
- **유지전략**(hold): 이는 사업단위의 현재 시장점유율을 유지하는 것으로, 많은 현금흐름을 창출하는 강한 자금젖소에 적절한 전략이다.
- **수확전략**(harvest): 이는 사업단위의 (단기적인) 현금흐름을 증가시키는 것이다. 수확전략은 장래가 어두운 약한 자금젖소나 물음표에 적용되며, 더 이상의 투자를 하지 않고 이익만 거두어들인다.
- **철수전략**(divest): 이는 사업단위를 처분하는 것으로, 일반적으로 경쟁력이 전혀 없는 것으로 판단된 물음표나 전망이 어두워 기존의 시장점유율을 유지하는 것이 무의미한 개에 적용된다.

일반적으로 전략사업단위는 기업으로부터 많은 자금유입을 필요로 하는 물음표로부터 출발하며, 시장점유율을 확대하는 데 성공한 사업단위는 별이 된다. 시장성장률이 둔화하기 시작하면, 오늘의 별은 내일의 자금젖소가 되어 기업을 위해 많은 자금을 창출한다. 결국 자금젖소는 제품수명주기의 쇠퇴기에 접어들면서 개가 된다.

기업은 균형된 사업포트폴리오를 유지해야 하므로, 물음표에 위치한 사업단위들을 지원하기 위하여 자금젖소로 불리우는 사업단위들을 충분히 보유하고 있어야 한다. 또한 별 사업단위도 앞으로 자금젖소가 될 가능성이 높으므로 계속 유지해야 한다. 개 사업단위는 가능한 한 처분하는 것이 바람직하지만, 원매자를 찾는 것이 쉽지 않을 수 있다. 그러므로 물음표 사업들을 유지하는 데 필요한 것보다 훨씬 많은 수의 자금젖소들을 보유한 기업은 일부 자금젖소를 처분하는 것도 고려해 볼 수 있다. 왜냐하면 이러한 사업단위들은 다른 기업들의 관심을 끌 만큼 충분히 매력적이므로 비싼 가격으로 쉽게 처분할 수 있기 때문이다. 과거 소비재 중심의 기업이었던 두산그룹은 빠르고 과감한 사업포트폴리오 재편을 통해 기업변신에 성공했다. 창업 100주년을 1년 앞둔 1995년 두산그룹은 '소비자의 접점이 많은 소비재 사업보다 기업고객을 대상으로 하는 산업재 사업을 하는 것이 낫다'는 결론을 내렸다. 이러한 전략적 결정에 따라 두산은 영등포 맥주공장 매각을 시작으로 흑자를 내고 있던 소비재 중심의 기존사업을 매각했다. 1997년 합작법인인 한국 3M, 코닥, 네슬레 지분을 판 데 이어 1998년에는 주력사업이던 두산음료, OB맥주 경영권까지 넘겼다. 두산은 기존사업들에 대한 선제적 구조조정을 통해 확보한 자금을 사용해 중공업그룹으로의 변신을 추구했다. 이에 따라 한국중공업, 대우종합기계, 미국 잉거솔랜드사의 건설장비 사업부문 밥캣(건설장비 사업부문) 등의 산업재 기업들을 연속적으로 인수했다.

② BCG매트릭스와 경험곡선효과(Experience Curve Effect)

BCG매트릭스는 사업단위의 매력도를 평가하는 변수의 하나로 (상대적) 시장점유율을 제시하였으며, 시장점유율이 높은 사업단위를 매력적인 것으로 보았다. 즉 시장점유율이 높은 사업단위일수록 규모의 경제를 통해 생산원가를 더욱 절감할 수 있으며, 이로 인해 보다 많은 이익을 거둘 수 있다는 것이다.

BCG매트릭스가 경쟁적 강점을 반영하는 변수로서 (상대적) 시장점유율을 선택한 것은 Boston Consulting Group이 여러 산업들에 대한 실증연구를 통해 발견한 경험곡선효과에서 비롯되었다. **경험곡선효과**(experience curve effect)는 누적생산량이 2배로 늘 때마다 비용(생산원가뿐 아니라 광고비, 유통비, 판매비 등을 포함한 전반적 비용)이 일정한 비율로 감소되는 현상을 말한다. 70% 경험곡선(experience curve)이란 누적생산량이 2배로 늘 때마다 단위당 생산비용이 30%씩 감소하여 그 이전의 70%에 이르게 됨을 의미한다. 예를 들어 10,000개 생산할 때 단위당 생산비가 1,000원이라면,

누적생산량이 2배가 되어 20,000개가 되면 단위당 생산비가 700원으로, 그리고 40,000개가 되면 490원으로 감소하게 된다. 경험곡선효과는 BCG에 의해 발표된 이후 경영전략의 사고에 큰 영향을 끼쳤다. 이러한 경험곡선효과는 사업단위의 수익성(매력도)을 높이는 데 있어서 시장점유율이 중요함을 시사한다. 특정산업이 경험곡선효과에 의해 생산량이 누적됨에 따라 비용이 일정비율로 감소하는 현상이 발생한다면, 경쟁기업보다 비용우위를 확보하거나 보다 높은 이익을 가질 수 있는 방법은 누가 먼저 생산량을 더 많이 늘리느냐에 달려 있다. 기업은 생산량을 더 많이 늘리기 위해서 먼저 시장점유율을 높여야 할 것이다. 높은 시장점유율은 생산량을 더 빨리 증가시켜서 비용을 감소시킨다(즉 강한 경험곡선효과를 발생시킨다). 기업이 경험곡선효과에 의해 얻어진 낮은 비용을 토대로 제품가격을 더 인하하면, 경쟁사들은 비용상의 불리로 인해 그 기업과 더 이상 가격경쟁을 할 수 없게 될 것이다.

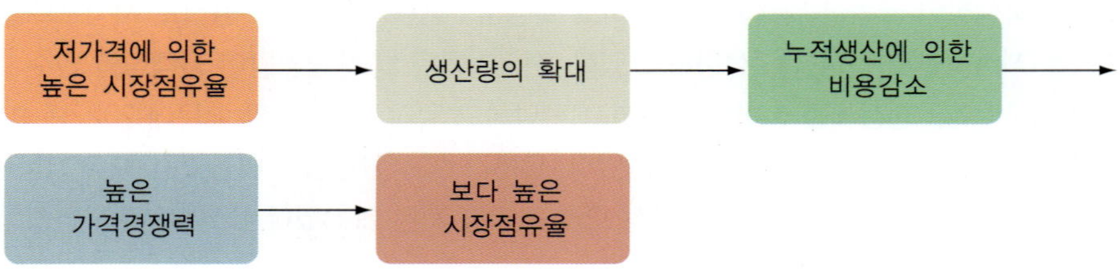

그림 2-4 시장점유율과 경험곡선효과 간의 관계

③ 사업포트폴리오 분석기법의 문제점

BCG매트릭스는 1970년대와 1980년대 초 기업의 전략계획에 많은 기여를 했으나, 이들은 실제 운영상 많은 문제점을 갖고 있다.

첫째, 사업포트폴리오 분석기법은 각 전략사업단위의 자율성을 너무 강조함에 따라, 사업단위들 간에 핵심역량(core competence)을 공유함으로써 얻게 될 경쟁우위와 사업기회를 상실하게 되는 문제점을 갖는다.

둘째, 복잡한 성격의 각 사업단위들을 너무 단순하게 시장매력도와 사업강점이라는 두 가지 변수에 의해 평가하고, 이에 따라 단순한 전략대안(수확, 현상유지, 확대전략 등)을 제안함으로써 창의적인 전략적 사고를 키우는 데 방해가 된다.

셋째, BCG매트릭스의 경우, 경험곡선효과를 과신하여 시장점유율 증대만이 경쟁우위를 확보하는 데 있어 유일한 전략대안인 듯한 인상을 주었다. 규모의 경제를 활용할 수 있는 산업에서는 시장점유율이 경쟁우위의 확보에 매우 중요한 변수이지만, 패션산업과 같이 규모의 경제가 크게 중요하지 않는 산업에서는 시장점유율은 경쟁우위의 결정에 큰 영향을 주지 않을 수 있다.

MARKETING
FOCUS

화장품·생활용품·음료사업 중심의 건전한 사업포트폴리오 구성과 강화를 통해 지속적인 기업성장을 실현하려는 LG생활건강

2017년 중국이 사드(고고도 미사일 방어 체계) 보복으로 한한령(한류제한령)을 내리면서 K뷰티의 큰손이었던 중국시장에서의 화장품 매출이 급격히 줄어들기 시작했다. 이러한 상황에서 들이닥친 코로나19 사태는 또 다른 기업 위기였다. 고가 화장품의 주요 판매처인 면세점과 백화점 등 오프라인 채널이 모두 위축됐다. 특히 면세점은 외국인 관광객의 급감으로 타격 수준이 심각했다.

해외 화장품시장, 특히 중국시장의 급속한 위축에도 불구하고 화장품 · 생활용품 · 음료 등으로 사업포트폴리오를 다각화한 LG생활건강은 지속적인 기업성장을 실현하고 있다. 전문가들은 LG생활건강이 공격적인 인수 · 합병(M&A)과 중국시장 철수를 기반으로 성장세를 이어갈 것이라고 전망하고 있다. 이런 상황 때문에 2022년 11월 퇴진한 차석용 LG생활건강 부회장의 사업전략이 큰 주목을 받았다. 18년간 LG생활건강을 이끌었던 차 부회장은 LG그룹뿐만 아니라 한국 10대 그룹 계열사 최고경영자 중 가장 오래 자리를 지킨 CEO였다. 62분기 연속 영업이익을 내며 이른바 '차석용 매직'을 이뤘다는 평가를 들었다.

차 부회장은 공격적인 M&A를 통해 생활용품 중심의 LG생활건강을 음료 · 생활용품 · 화장품이라는 삼각 편대의 사업구조로 재편했다. 2007년 말 코카콜라 음료를 인수해 1년 만에 흑자 기업으로 탈바꿈시킨 것을 시작으로 2010년 더페이스샵 · 한국음료, 2011년 해태htb(구 해태음료), 2013년 캐나다 보디 용품 업체 '프루트 앤드 패션(Fruits & Passion)'을 인수했다. 또 뷰티시장에서는 2014년 'CNP코스메틱' 인수를 통해 더마코스메틱 시장에 진출했다. 차 부회장의 M&A는 LG생활건강이 각각의 사업이 갖고 있는 장점을 통해 비수기에도 서로 보완이 가능한 회사로 거듭나게끔 만들었다. 뷰티사업은 여름이 비수기로 분류되지만 리프레시먼트 사업은 성수기가 여름이다. 이른바 '계절 리스크'를 차단할 수 있게 된 것이다.

한한령으로 중국 화장품 사업이 타격을 입었지만 LG생활건강은 고급 화장품 전략으로 이에 대응했다. 2020년 11월 열린 중국 광군제에서 LG생활건강의 후 · 숨 · 오휘 · 빌리프 · VDL · CNP 등 6개 럭셔리 화장품 브랜드는 매출 15억5000만 위안(약 2600억 원)을 기록하며 역대 최대 매출을 기록했다. 중국에서 인기가 높은 '후'는 럭셔리 화장품 브랜드 매출 순위에서 에스티로더, 랑콤에 이어 3위를 기록했다. 그러나 코로나19 사태에 따른 중국 봉쇄 정책으로 중국 의존도가 높은 뷰티사업의 중국시장 매출이 바닥을 치면서 LG생활건강은 중국 매출을 대체할 수 있는 사업전략에 나서고 있다. 그중 하나가 북미시장 공략을 통한 해외시장 다변화이다. 차석용 LG생활건강 부회장은 "세계 명품 뷰티회사로 도약하기 위해서는 세계 최대 시장이자 트렌드를 창출하는 북미시장에서 사업을 확장해야 한다"는 의지를 밝혔다. 이의 일환으로 LG생활건강은 북미시장 유통 확보를 위한 M&A를 펼치고 있다. 유럽 더마 화장품('피부과학'을 뜻하는 더마톨로지와 화장품의 합성어) 브랜드인 피지오겔의 아시아와 북미 사업권 인수, 미국 헤어케어 브랜드 알틱폭스, 미국 화장품 제조/유통기업 더크렘샵 인수 등이 그 예이다. LG생활건강 관계자는 "중국을 비롯한 아시아에서 지속 성장을 위해 계속 노력을 하는 동시에 북미 사업을 확장해 해외시장을 다변화하려고 한다"고 설명했다.

한편 LG생활건강은 중국시장에서 화장품 매출과 영업이익의 저조에 대응해 음료사업을 확대함으로써 안정적인 사업포트폴리오를 유지하려고 한다. 2022년 LG생활건강이 기존 5년마다 갱신하던 코카콜라 계약을 10년으로 연장한 것도 이러한 사업전략의 일환이다.

차 부회장이 퇴임을 하면서 Refreshment(음료) 사업부장을 맡고 있던 이정애 부사장이 LG생활건강의 새 CEO로 취임했다. 이 대표는 음료사업부문의 강화를 통해 수익성을 향상시키려고 한다.

| LG생활건강은 코로나19 사태에 따른 중국 주요도시 봉쇄조치로 인해 중국시장 의존도가 높은 화장품 사업에서 어려움을 겪었다.

자료원: 이코노미스트, 2022.7.23; 한경비즈니스 제1310호, 2021.01.04~2021.01.10; 뉴시스, 2022.12.21.

1.4 사업단위별 경쟁전략의 결정

기업은 사업포트폴리오분석을 통해 각 사업단위에 경영자원을 분배하고 기존 사업단위에 대한 확대나 철수와 같은 결정을 내린 다음, 각 사업단위별로 각각의 시장에서 경쟁기업들과의 경쟁에서 경쟁우위를 확보·유지하는 전략을 수립해야 한다. 즉 각 사업단위에서 높은 수익률을 거두기 위해 어떻게 경쟁해야 할 것인가를 결정해야 할 것이다.

전략사업단위(혹은 사업부)가 경쟁자에 비해서 경쟁우위를 갖기 위해서는 i) 그 사업단위가 가진 경영자원과 핵심역량이 다른 경쟁기업들이 가지지 못한 독특한 것이어야 하고(가령, IBM은 대형컴퓨터를 잘 만드는 능력을 가지고 있음) ii) 이러한 경영자원과 핵심역량(혹은 경쟁우위)이 산업이 요구하는 핵심성공요인(key success factor)과 부합되어야 한다. 가령, IBM은 대형컴퓨터시장에서는 오랫동안 선도적인 지위를 누려왔으나, 퍼스널 컴퓨터시장에서는 고전을 해왔으며 결국 PC사업부문을 중국의 컴퓨터 제조업체 레노버에게 매각하였다. 왜냐하면 생산기술과 운영체계의 표준화에 따라 품질에서의 차이가 없어짐에 따라 소비자는 IBM보다 저렴한 가격을 제공하는 기업들을 선호하게 되었기 때문이다. 즉 IBM이 대형컴퓨터시장에서 보유했던 핵심역량이 퍼스널 컴퓨터시장이 요구하는 핵심성공요인에 적합하지 않았던 것이다.

그러므로 전략사업단위가 경쟁우위의 창출·유지를 통해 높은 수익률을 거두기 위해서는 먼저 산업구조 및 산업특성을 분석함으로써 산업의 수익률을 결정하는 핵심성공요인(key success factor)을 파악하고 성공요인별로 자사 및 경쟁사의 강·약점을 분석한 다음, 자사의 사업단위(사업부)가 경쟁사에 비해서 경쟁우위를 확보할 수 있는 전략대안을 선택해야 한다. 가령, 필립스는 반도체 사업분야를 정리하고 TV사업을 분사하는 등 핵심역량을 갖추지 못한 전자사업 분야를 정리하고 LED 조명과 의료기기 분야에 사업의 초점을 맞추고 있다.

이하에서는 산업구조분석을 통해 산업수익률의 결정에 영향을 미치는 핵심성공요인들을 살펴보고, 사업부의 경쟁우위를 확보하기 위한 전략대안들을 설명하기로 한다.

MARKETING
FOCUS

핵심역량에 기반해 부활에 성공한 장수기업 후지필름

스마트폰은 이제 우리 생활에 없어서는 안 될 필수품이다. 출퇴근할 때 지하철을 둘러보면 대부분 사람이 스마트폰을 들여다보고 있다. 스마트폰은 전화기라기보다 손 안의 작은 컴퓨터다. 사람들은 스마트폰으로 음악을 듣고, 기사를 읽고, TV를 보고, 쇼핑을 한다. 식사를 주문하거나 택시를 부르는 일도 스마트폰으로 할 수 있다. 스마트폰 때문에 세상에서 사라져가는 제품도 늘고 있다. 손전등과 카메라, 시계, 알람, 스톱워치, 지도, 녹음기 등이 대표적인 예다. 시대가 바뀌면서 사라져가는 것은 제품만이 아니다. 스마트폰 때문에 없어진 제품을 생산하던 기업도 사라지고 있다. 코닥이 그런 기업이다. 디지털 카메라 및 스마트폰 보급이 늘자 필름산업이 붕괴됐다. 이런 변화에 적절하게 대응하지 못한 코닥은 2012년 결국 파산했다.

반면 경쟁기업인 후지필름은 '변하지 않으면 망한다'는 절박함으로 혁신에 나선 결과 부활에 성공했다. 필름사업을 통해 축적한 핵심기술을 기반으로 화장품 및 제약업체로 탈바꿈한 결과다. 후지필름은 필름생산의 주재료인 콜라겐과 사진변색 방지에 사용하던 항산화 성분인 아스타키산틴을 활용해 피부재생 및 노화방지 전문 화장품을 개발했다. 그리고 필름제조를 통해 확보한 자사 고유의 화학합성 핵심기술을 바탕으로 항인플루엔자 의약품 개발에 주력해 에볼라 바이러스 치료제를 개발하는 데도 성공했다.

| 후지필름 도쿄 본사에서 한 소비자가 이 기업의 피부재생 화장품 '아스타리프트'를 살펴보고 있다.

| 후지필름이 선보인 신개념 포토 프린터 인스탁스 미니 링크

후지필름의 성공요인은 조직 내부에서 오랫동안 쌓아온 핵심역량과 핵심기술에 기반을 두고 과감하게 관련 신제품과 신사업 개발을 추진한 데 있다. 후지필름은 화장품, 의약품 시장 이외에도 기존의 필름시장에서도 핵심역량에 기반을 둔 신제품을 출시해 성공을 거두었는데, MZ세대를 겨냥한 신개념 포토 프린터 '인스탁스 미니 링크'가 그 한 예이다. 인스탁스 미니 링크는 스마트 기기로 촬영한 사진을 고속으로 인쇄할 수 있는 포토 프린터이다.

자료원: 헤럴드경제, 2022.09.27; 조선일보, 2019.3.19.

(1) 산업구조분석

Harvard 경영대학원의 Michael Porter 교수는 산업에 참여하는 주체들을 기존기업들, 잠재적 진입자, 대체재, (원자재) 공급자, 구매자로 나누고, 이들 간의 경쟁관계에서의 우위에 따라 각 기업과 산업의 수익률이 결정되는 것으로 보았다.

첫째, 산업의 수익률은 기존기업들 간의 경쟁에 의해 영향을 받는다. 일반적으로 많은 기업들이 시장경쟁에 참여하고 (제품차별화가 이루어지지 않아) 이들 간에 경쟁이 치열할수록 산업 및 기업수익률은 낮아지게 된다.

둘째, 잠재적 진입자의 시장진출 위협 정도도 산업의 수익률에 영향을 미친다. 만일 어느 산업 내의 기존기업들이 높은 수익률을 거두고 있다면, 많은 다른 기업들이 그 산업에 진입하고 싶을 것이다. 만약 모든 기업들이 그 산업에 자유롭게 진입할 수 있다면(즉 진입장벽(entry barrier)이 낮다면), 그 산업의 수익률은 새로운 진입자와의 경쟁에 의해 낮아질 것이다. 산업 내 기존 경쟁기업들은 진입장벽 구축을 통해 잠재적 진입자의 시장진입을 저지하려고 한다. 진입장벽이란 산업 내 기존 기업들이 신규진입자에 대해서 가지는 상대적 우위를 말한다. 예를 들어, 현대자동차가 자동차시

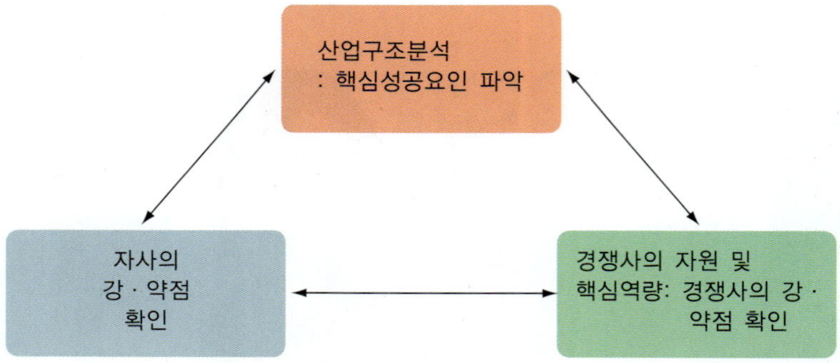

그림 2–5 사업단위별 경쟁전략 수립 시 고려요인

장에서 높은 이익을 얻는다고 해서 모든 기업들이 자동차시장에 진입할 수 있는 것은 아니다. 왜냐하면 투자설비에 소요되는 막대한 비용은 신규진입기업들에게 높은 진입장벽으로 작용하기 때문이다.

셋째, 산업의 수익률은 대체재의 유무에 의해서도 영향을 받는다. 예를 들어, 노트북, 태블릿 PC, 스마트폰은 서로 긴밀한 대체재 관계가 있다. 만일 노트북과 태블릿 PC의 구매·사용비용이 너무 비싸고 사용하기 불편하다면, 소비자들은 스마트폰으로 전환할 것이다.

마찬가지로 애플의 온라인 TV시장 진출은 삼성과 LG 등 TV 제조업체들에게 위협이 될 수 있다. 방송소비에서 애플기기와 TV가 서로 대체재 성격을 띠게 되기 때문이다. 애플은 온라인 TV 서비스를 도입하면서 강점인 하드웨어 경쟁력과 다양한 제품군을 십분 활용하려고 한다. 아이폰, 아이패드, 애플TV 등 애플 운영체제(OS)인 iOS로 구동되는 모든 기기에서 온라인 TV 서비스를 이용할 수 있도록 하는 것이다. 애플의 온라인 TV 서비스가 성공하면 케이블 업계뿐만 아니라 TV를 생산하는 가전업체들에도 위협이 될 수 있다. 그러나 대체재의 존재 여부가 산업의 수익률에 반드시 부정적인 영향을 미치는 것은 아니다. 예를 들어, 디자이너 패션의류이나 애플제품의 경우와 같이 소비자들이 특정 브랜드에 대하여 높은 충성도를 가진다면, 많은 대체재의 존재에도 불구하고 소비자들은 그 브랜드 제품을 계속 구매할 것이다.

디자이너 패션의류와 같이 소비자들이 특정 브랜드에 대하여 높은 충성도를 가진다면, 많은 대체재의 존재에도 불구하고 소비자들은 그 브랜드제품을 계속 구매할 것이다.

넷째, 구매자의 교섭력에 의해서 산업의 수익률이 영향을 받는데, 구매자의 교섭력이 강할수록 산업의 수익률은 낮아진다. 구매자의 교섭력은 여러 요인들에 의해 결정된다. 먼저, 소수의 구매자들이 산업 전체 생산량의 대부분을 구매한다면, 이들의 교섭력은 강해진다. 가령, 한국타이어나 금호타이어는 현대자동차나 GM자동차, 르노자동차에 매년 수백만 개의 타이어를 공급하고 있다. 만약 이들 자동차회사가 타이어 가격의 인하를 요구할 때, 타이어제조업체들은 이들의 요구를 들어주지 않을 수 없을 것이다.

또한 구매자들이 기존 거래선을 바꾸는 데 많은 전환비용(switching cost)이 발생할 경우에는 구매자의 교섭력이 낮아진다. 예를 들어, 마이크로프로세서 분야에서 독점적 지위를 누렸던 Intel제품은 특허권에 의한 기술보호로 인하여 호환성이 낮았다. 구매자들은 Intel제품과 호환가능한 AMD(Advanced Micro Devices)제품이 존재하더라도 이 제품으로의 전환에 대해 자신을 가질 수 없었을 것이다. 그러므로 기업구매자들은 공급선을 바꾸는 데 수반되는 높은 전환비용으로 인해 Intel과의 거래에서 교섭력이 낮을 수밖에 없었다.

다섯째, 산업의 수익률은 (원자재)공급자의 교섭력 정도에 의해서도 영향을 받는다. 공급자의 제품이 차별화되어 있거나 제품의 공급이 소수기업에게 집중되어 있다면, 공급자의 교섭력이 강해지므로 산업의 수익률은 낮아질 것이다. 예를 들어, 반도체 제조를 위한 첨단장비와 재료는 소수기업들에 의해 지배되고 있으므로 이들의 교섭력이 매우 강하다. 그러므로 이들의 높은 교섭력은 반도체 제조업체의 수익률에 부정적인 영향을 미칠 수 있다.

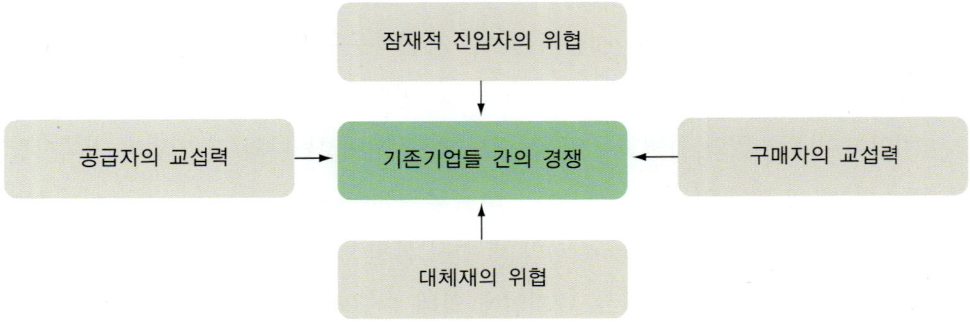

그림 2-6 산업의 수익률을 결정하는 다섯 가지 경쟁적인 세력

마케터는 산업구조분석을 통해 산업 및 기업의 수익률에 영향을 미치는 핵심성공요인을 파악하고 각 요인별로 자사 및 경쟁사의 강·약점을 분석하여야 한다. 그러나 산업 내에는 너무나 많은 경쟁사들이 존재하므로 경쟁사를 하나씩 분석하는 것이 쉽지 않을 뿐 아니라, 기업이 산업 내 모든 경쟁사들을 상대로 경쟁하는 것은 아니다. 즉 산업 내에는 아주 강력하고 직접적인 경쟁사들

이 있을 수 있고 경쟁의 강도가 약한 경쟁사들도 있을 수 있다. 그러므로 많은 기업들이 자사와 보다 직접적으로 경쟁하게 되는 경쟁사들을 파악하는 방법의 하나로 **전략집단**(strategic group)이라는 개념을 이용한다. 산업 내 경쟁자들은 전략집단별로 분류될 수 있는데, 이때 한 산업 내에서 동일한 경쟁전략을 추구하는 기업들의 집합을 전략집단이라고 한다. 특정 전략집단에 소속된 경쟁사들은 오랜 기간에 걸쳐 유사한 경쟁전략을 추구하거나(가령, 집약적 유통경로와 대규모 광고), 유사한 기업특성(가령, 기업규모, 보수성)을 가지거나, 혹은 유사한 핵심역량(경쟁우위요인)을 가진다(가령, 고품질 이미지).

산업 내에는 한 전략집단에 속한 기업이 다른 전략집단으로 이동하는 것을 방해하는 **이동장벽**(mobility barrier)이 존재한다. 예를 들어, 국내항공시장의 경우 대한항공과 아시아나항공이 하나의 전략집단을 이루며, 제주항공, 에어부산 등이 또 다른 전략집단을 구성하는 것으로 볼 수 있다. 이때 각 전략집단에 소속된 기업들은 이동장벽에 의해 다른 전략집단으로의 진입을 방해받는다. 전략집단 개념은 경쟁전략의 수립에 유용하게 활용될 수 있다. 가령 각 전략집단에 소속된 기업들은 산업의 변화에 비슷하게 영향을 받거나 대응하므로 경쟁기업의 미래전략을 예측할 수 있다. 또한 전략집단 개념은 전략적 투자결정에도 활용될 수 있는데, 가령 각 전략집단의 수익성을 평가하여 가장 매력적인 전략집단에 자사의 자원과 핵심역량을 투자할 수 있다.

(2) 경쟁우위전략의 결정

한 기업이 경쟁사들보다 높은 수익을 얻는 데에는 크게 비용우위(cost advantage)와 차별화우위(differentiation)의 두 가지 방법이 있다. 비용우위전략이란 동일한 품질의 제품을 경쟁사보다 낮은 비용에 생산하여 저렴하게 판매하는 것을 말하며, 차별화우위전략은 경쟁사들이 모방하기 힘든 차별화된 제품을 만들어 경쟁사들보다 비싼 가격으로 판매하는 방법이다.

Porter는 기업이 비용우위와 차별화우위 중 어느 것을 선택하느냐와 그 기업이 전체시장과 특정 세분시장 중 어디를 표적으로 하느냐에 따라 **비용우위전략**(cost leadership strategy), **차별화전략**(differentiation strategy), **집중화전략**(focus strategy)의 세 가지 본원적 전략(generic strategy)으로 나누었다.

비용우위전략이나 차별화전략은 주로 대기업에 의해 수행되는 전략이다. 비용우위전략은 전체 시장에서 비용선도자가 되고자 하며 매우 낮은 비용으로 제품을 생산하여 가격경쟁에서 우위를 가지려는 전략이다. 비용우위전략은 효율적인 규모의 설비투자, 경험곡선효과에 의한 원가의 감소, 간접비의 효율적 통제 및 연구개발비와 광고비에 대한 통제를 통해 경쟁우위를 달성한다. 차별화전략은 산업 내 전체 소비자들에게 경쟁사들이 제공하지 못하는 독특한 가치를 제공함으로써 경쟁우위를 확보하려는 전략이다. 차별화전략에서는 제품디자인이나 광고를 통해 차별화된 브랜드이미지를 구축하거나 높은 서비스와 품질을 제공함으로써 경쟁우위를 획득한다. 가령, 가격경쟁력을 앞세운 저비용 항공사들이 중·단거리 국제노선에 공격적으로 뛰어듦에 따라 기존 대형 항공사들은 A380과 같은 고급 새 여객기를 도입하고 전 좌석에 개인용 비디오 시스템(AVOD)을 갖추는 등 프리미엄 서비스로 차별화를 추구했다. 대한항공은 '하늘 위의 특급 호텔'이라는 초대형 여객기 A380을 국내 최초로 도입해 인천~뉴욕·로스앤젤레스·프랑크푸르트·홍콩·애틀랜타 노선 등에 투입했다. A380은 넓은 좌석공간, 기내 바 라운지, 면세품 전시공간 등 특화된 서비스를 제공함으로써 탑승객들의 만족도를 높이는 데 기여했다.

최근 커피전문점 시장은 차별화전략을 추구하는 기업과 비용우위전략을 추구하는 기업으로 양극화 현상을 보이고 있다. 글로벌 커피전문점들은 고급 브랜드이미지에 기반한 차별화전략을 통해 높은 마케팅성과를 거두고 있는데, 스타벅스가 대표적이다. 매일유업이 들여온 폴 바셋은 유명 바리스타 폴 바셋을 내세워 '커피 맛이 좋은 비싼 커피'로 포지션을 해 성공을 거두었다. 이에 반해 편의점 커피숍은 가성비(가격 대비 성능)에 기반한 원가우위전략을 추구하고 있다. CU 편의점은 큰 사이즈(12온스) 기준 1200원짜리 겟(GET) 커피를, GS25는 카페 25를, 세븐일레븐은 세븐 카페라는 이름으로 1000원대 커피를 판매한다.

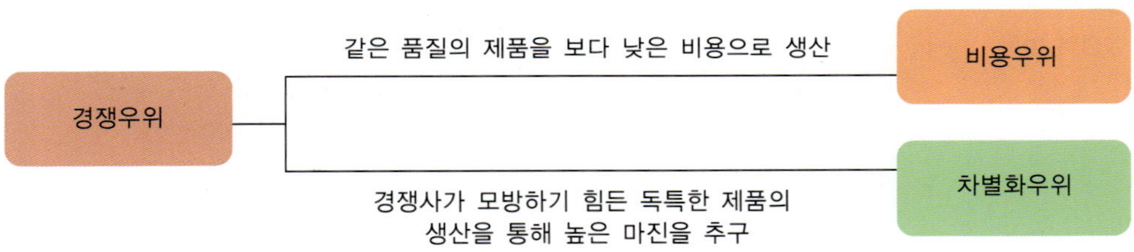

그림 2-7 경쟁우위의 원천

한편 집중화전략은 산업 내 특정세분시장에서 경쟁우위를 갖는 전략으로 중소규모의 기업에 적절하다. 집중화전략은 비용우위에 토대를 두거나 혹은 차별화우위에 토대를 둘 수 있다. 즉 집중화전략은 비용우위를 토대로 저가세분시장을 표적으로 할 수도 있고 차별화우위를 토대로 고가·고품질의 세분시장을 표적으로 할 수도 있다. 예를 들어, 독일의 히든챔피언들(초우량 중소기업들)은 차별화 우위에 기반한 집중화전략을 통해 글로벌시장에서 높은 마케팅성과를 실현하고 있다. 리모와 여행용 캐리어브랜드가 그 한 예이다. 리모와는 1898년 창업해 3대째 여행용 캐리어만을 생산하고 있는 전문기업이다. 독일 내 직원은 250여 명에 불과하지만, 항공기에 사용하는 소재를 사용해 가벼우면서도 튼튼한 제품으로 유명하다. 트레이드 마크인 홈으로 파인 세로줄 무늬와 흰색·은색·검은색 등 무채색을 많이 써 독일 특유의 단순한 디자인을 보여준다.

| 독일의 히든챔피언들(초우량 중소기업들)은 차별화 우위에 기반한 집중화 전략을 통해 글로벌 시장에서 높은 마케팅성과를 실현하고 있다.

경쟁의 범위	경쟁우위의 유형: 낮은 비용	경쟁우위의 유형: 차별화
전체시장	비용우위전략	차별화전략
특정 세분시장	집중화전략 (비용우위 집중화전략)	집중화전략 (차별적 집중화전략)

그림 2-8 Porter의 본원적 전략의 유형

Porter는 비용우위전략이나 차별화전략 중 하나만을 선택해야지, 두 가지 전략을 동시에 추구하는 기업은 높은 수익률을 거두지 못한다고 보았다. 그러나 실제로 기업들이 비용우위전략과 차별화전략을 함께 추구하여 성공을 거두는 경우를 흔히 볼 수 있다. 예를 들어, 전체 자동차시장에서 높은 시장점유율을 가지고 있는 현대자동차는 자동차시장을 소형, 중형, 대형시장으로 세분화하여 차별화된 제품을 제공하면서 각각의 세분시장에서 비용상의 우위를 추구하려고 한다. 그러므로 마케터는 비용우위전략과 차별화전략을 상호보완적으로 잘 활용하면, 높은 수익률을 올릴 수 있다. 즉 광고와 판매촉진을 통해(즉 차별화전략을 통해) 시장점유율을 확대할 수 있고, 이러한 시장점유율의 증가는 규모의 경제를 통해 생산원가를 낮출 수 있다(비용우위전략). 이와 같이 시장점유율이 높은 기업은 제품차별화를 추구하면서 동시에 비용을 낮춤으로써 경쟁기업들과 효과적으로 경쟁할 수 있는 것이다.

02 제품수준에서의 마케팅계획

기업수준에서의 전략적 마케팅계획이 수립되면, 마케팅관리자는 각 제품시장을 공략하기 위한 마케팅전략과 이를 실행하기 위한 구체적인 마케팅프로그램에 관한 계획을 수립해야 한다. 제품별 마케팅계획은 회사가 취급하는 모든 제품들의 전반적인 전략적 방향을 결정하기 위해 수립되는 전략적 마케팅계획의 한 구성요소로서, 이의 통제를 받는다.

[그림 2-9]는 제품수준에서의 마케팅계획 수립과정을 보여준다. 마케팅관리자는 제품수준에서의 마케팅계획의 수립과정에서 먼저 자사제품이 활동하게 될 제품시장의 영역을 정의해야 한다. 제품시장에 대한 정의는 어떤 제품상표들이 동일한 시장에서 경쟁하는지를 결정하는 것이다. 제품시장의 범위는 크게 **제품의 물리적 속성에 기초한 방법**과 **고객평가에 기초한 방법**에 의해 정의될 수 있다. 제품의 물리적 속성에 기초한 방법은 유사한 속성을 가진 제품(브랜드)들을 동일한 시장에 속한 것으로 보는 것이다. 예를 들어 코카콜라가 제품시장을 콜라냐 아니냐(cola vs. uncola),

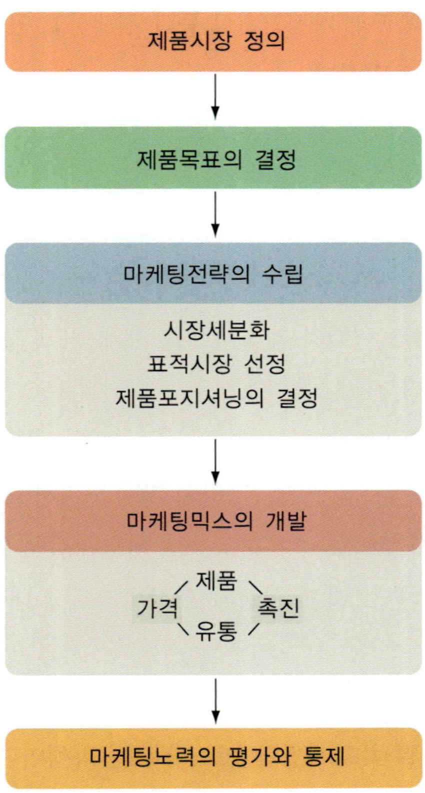

그림 2-9 제품수준에서의 마케팅계획 수립과정

다이어트용이냐 아니냐(diet vs. nondiet), 카페인이 함유되어 있느냐 아니냐(caffeine vs. noncaffeine)에 의해 분류하는 것은 제품의 물리적 속성에 기초한 방법의 한 예이다. 또한 현대자동차가 엔진사이즈에 의해 승용차시장을 분류한다면 4기통 엔진의 승용차들은 모두 4기통 승용차시장에 속하게 된다. 고객평가에 기초한 방법은 고객에 의해 유사하다고 평가된 제품들을 동일한 제품시장에 포함시키는 것으로서, 선택행동에 기초한 방법과 사용상황(용도)에 기초한 방법으로 다시 나누어진다. 선택행동에 기초한 방법은 고객들의 브랜드전환행동을 토대로 제품시장의 범위를 결정하는 것이다. 예를 들어, 게토레이 구매자에게 게토레이가 없을 때 어떤 브랜드(제품)를 구매할 것인가를 물어보거나, 커피구매자들이 커피제품의 가격이 오르면 어떤 제품(가령, 녹차)으로 전환하는지를 조사할 수 있다. 이때 대체관계가 높은 제품(브랜드)들은 동일한 제품시장에 속하는 것으로 판단된다. 사용상황(혹은 사용용도)에 기초한 방법은 소비자들로 하여금 특정제품(가령, 콜라)의 용도를 나열하도록 요구한 다음, 각 용도에 적합한 제품들을 물어봄으로써 제품시장의 경쟁범위를 파악하는 것이다. 이때 소비자들이 동일한 용도로 사용하는 제품들은 같은 제품시장에 속하는 것으로 판단한다. 가령, 국내 시리얼 시장 1위 업체인 농심켈로그는 사용상황에 기반해 시장을 정의하고 이에 따른 마케팅전략을 수립한다. 농심켈로그는 매대 앞에 제품의 당분과 나트륨 함량, 영양기준표 등을 게시해 한눈에 제품정보를 알 수 있도록 한다. 농심켈로그 관계자는 “켈로그는 직접적인 경쟁자인 포스트뿐 아니라 햇반, 맥모닝, 가정간편식 등과 경쟁하고 있다. 아침식사로 먹을 수 있는 모든 품목이 우리의 경쟁상대이다”고 말한다.

자사제품이 경쟁해야 할 시장범위가 결정되면, 마케팅관리자는 그 제품시장에서 성취해야 할 마케팅목표를 결정한다. 마케팅목표는 일반적으로 매출과 이익으로 표시된다. 가령, 삼성전자 스마트폰브랜드 갤럭시S는 연말까지 200,000개를 판매한다는 매출목표를 설정할 수 있다. 2020년 36만 대 규모이던 미국 전기차 시장은 2030년 720만 대, 2040년 1,250만 대 규모로 급성장할 전망을 보임에 따라 현대차는 2030년까지 제네시스를 ‘세계 최고 수준의 럭셔리 전기차 브랜드’로 육성한다는 마케팅목표를 세웠다.

마케팅계획 수립과정의 다음 단계는 제품목표를 달성하기 위한 마케팅전략을 개발하는 것이다. 마케팅전략은 시장세분화, 표적시장 선정, 그리고 제품포지셔닝으로 구성된다. 즉 마케팅관리자는 전체시장을 주요한 세분시장으로 구분하고, 각 세분시장의 매력도와 기업의 자원 및 능력을 고려하여 표적시장을 선정한다. 그리고 선택된 표적세분시장 내에서 가장 강력한 경쟁적 포지션을 구축한다.

시장세분화(market segmentation)란 전체시장을 기업이 제공하는 마케팅믹스에 대하여 유사한 반응을 할 것으로 추정되는 동질적 고객집단들로 나누는 과정이다(가령, 저렴한 가격의 제품을 선호하는 소비자집단과 고가격, 고품질의 제품을 선호하는 소비자집단으로 나눔). **표적시장의 결정**(selection of target market)은 여러 개의 세분시장들(market segments) 중에서 경쟁제품보다 고객의 욕구를 더 잘 충족시킬 수 있는 세분시장을 선정하는 것이다. **제품포지셔닝**(product positioning)은 소비자의 마음속에 경쟁브랜드와 비교하여 경쟁우위를 제공하는 위치에 자사브랜드를 구축하려는 노력을 말한다. 마케팅관리자는 포지셔닝된 제품을 중심으로 마케팅믹스에 대한 관리를 하게 된다. 즉 선정된 표적시장 내의 소비자의 마음속에 경쟁우위를 갖는 포지션을 구축하기 위해 제품, 가격, 촉진 및 유통과 관련된 구체적 마케팅프로그램을 수립하고 이에 따라 마케팅활동을 수행한다. 마케팅관리자는 마케팅집행의 결과가 목표와 부합되는지를 평가하고, 이 평가를 토대로 새로운 마케팅계획을 수립하게 된다. 커피문화를 느끼는 특별한 공간이라는 브랜드이미지를 기반으로 '커피제품의 상징적 아이콘'으로 자리잡은 스타벅스와는 대조적으로, 맥카페는 테이크아웃 커피시장에 진출하면서 '일용품으로서의 커피'라는 브랜드콘셉트로 차별화를 추구했다. 커피는 누구나 일상에서 쉽게 접하고 따라서 굳이 비쌀 필요가 없다는 것이다. 즉 일용품 커피브랜드 하면 맥카페를 연상시키도록 함으로써 아이콘 커피브랜드인 스타벅스와 경쟁적 차별화를 구축한 것이다. 이러한 브랜드포지션에 맞추어 맥카페는 '이제는 별(스타벅스)도 콩(커피빈)도 잊어라'는 광고카피를 사용한 광고캠페인을 도입했다. TV광고에서 같은 바리스타가 똑같이 뽑아낸 맥카페 아메리카노 커피 두 잔에 각각 2000원, 4000원의 가격표를 붙여놓았다. 그리고 피실험자들에게 "어떤 커피가 더 맛있는가"를 묻는다. 피실험자는 "더 고급스러운 맛이 나서", "탄 맛이 덜해서" 등의 이유를 대며 4000원짜리 커피가 더 맛있다고 답한다. 같은 커피인데도 말이다. 이 광고는 비싼 커피가 맛도 더 좋을 것이라는 소비자의 고정관념을 깨는 데 그 목표를 두었다. 저렴한 가격대의 맛있는 커피제품이라는 제품포지션과 이를 반영한 간접 비교광고 캠페인에 힘입어 맥카페는 테이크아웃 커피시장에 성공적으로 진출했다.

| 맥카페는 '이제는 별(스타벅스)도 콩(커피빈)도 잊어라'는 광고카피를 사용한 간접 비교광고 캠페인으로 테이크아웃 커피시장에 진출했다.

| 참고문헌 |

1. 안광호, *마케팅: 관리적 접근*, 제2판, 학현사, 2021.
2. 안광호, 한상만, 전성률, *전략적 브랜드관리*, 제5판, 학현사, 2019.
3. Philip Kotler, 안광호, Gary Armstrong, *마케팅입문*, Pearson, 2013.
4. David A. Aaker, *Developing Business Strategies*, 7th ed., New York: John Wiley, 2005.
5. Derek Abell, *Defining the Business: The Starting Point of Strategic Planning*, Englewood Cliffs, NJ: Prentice-Hall, 1980, chapter 3.
6. Theodore Levitt, "Marketing Myopia," *Harvard Business Review*, July-August 1960, pp. 45-56.
7. Michael E. Porter, *Competitive Strategy: Techniques for Analyzing Industries and Competitors*, New York: Free Press, 1980.
8. Philip Kotler, Kevin Lane Keller, and Alexander Chernev, *Marketing Management,* 16th ed., Pearson, 2021.
9. Alan Andreasen and Philip Kotler, *Strategic Marketing for Non-Profit Organizations*, 7th ed., Prentice-Hall, 2007.
10. Philip Kotler and Gary Armstrong, *Principles of Marketing*, 18th ed., Pearson, 2020.

| 생각해 볼 문제 |

1. 기업전략과 마케팅전략의 차이는 무엇인가?
새로운 사업에 진출하려는 한 기업의 예(가령, 현대차의 전기차 시장 진출)를 중심으로 하여 기업전략 계획과 마케팅전략 계획을 수립하는 데 있어 야기되는 주요 이슈들을 제시하시오.

2. Canon의 경영자들이 자사의 기업사명을 '사진을 찍으려는 욕구의 충족' 또는 '영상(image)욕구의 충족'으로 정의를 내릴 것인지에 대해 논쟁을 벌이고 있다고 가정해 보자. 이와 같은 기업사명에 대한 서로 다른 정의가 시사하는 바를 다음과 같은 요인들을 중심으로 설명하시오.

   • 신제품 기회의 파악
   • 시장범위(market boundaries)의 정의
   • 기업자원의 획득

3. 특정 기업이 판매하는 제품계열(가령, Gillette의 화장실 용품)에 대한 제품/시장매트릭스를 작성해 보고, 그 기업이 이미 진출한 제품시장을 지적하시오. 또한 앞으로 진출할 가능성이 있는 제품시장을 제시하고 그 이유를 설명하시오.

4. 치약시장에 대한 소비자조사 결과 다음과 같은 4개의 편익세분시장이 발견되었다: 충치예방 세분시장, 맛과 향을 추구하는 세분시장, 사교지향(social) 세분시장, 경제성추구 세분시장. 각 세분시장에 맞는 제품을 도입할 때 고려되어야 할 전략적 문제들을 다음의 변수들을 중심으로 설명하시오.

   • 제품특성
   • 광고소구
   • 가격

5. 최근 커피전문점 스타벅스가 커피기업에서 디지털 기업으로 사업을 재정의했다. 사업을 재정의한 이유가 무엇이며 이러한 사업 재정의가 스타벅스의 마케팅전략과 실행프로그램 수립에 미친 영향에 대해 토의해 보자.

PRINCIPLES OF MARKETING

제 2 부

시장의 이해와 기회의 발견

제 3 장

마케팅정보시스템과 마케팅조사

1. 마케팅정보시스템
2. 마케팅조사

아마존은 어떻게 1등 전자상거래 회사가 되었을까?

아마존(Amazon)은 도서, 의류, 신발, 보석, 식품 등 다양한 품목을 판매하는 미국의 온라인(Online) 커머스(Commerce) 회사다. 전자상거래 이외에도 클라우드 서비스인 아마존 웹 서비스, 전자책 킨들을 비롯한 태블릿, 스마트폰 등을 제조 판매하며 전자상거래 이외의 분야에서도 사업을 확장한 세계적인 대기업이다.

전 세계의 소비자를 대상으로 다양한 서비스를 그들에게 맞춰 적절하게 제공하는 것은 쉬운 일이 아니다. 하지만 아마존은 그들의 방대한 고객 데이터를 통해, 다시 말해 빅데이터를 활용하여 사용자에게 정교하게 맞춰진 추천 서비스를 제공한다. 소비자가 아마존 웹사이트에 들어온 순간부터 상품을 검색해 보고 구경하는 모든 과정에서, 아마존은 소비자가 보고 있는 물건이 무엇인지, 리뷰나 피드백을 남겼는지, 거주지는 어디인지 등의 모든 정보를 수집한다. 심지어 아마존은 거주지 정보를 바탕으로 수입은 어느 정도일지를 예상하고 이를 소비자의 한 가지 특징으로 파악한다. 이렇게 수집한 방대한 양의 데이터를 통해 아마존은 개인 소비자에 대한 "360도의 뷰(view)"를 확보하고 해당 소비자와 비슷한 소비자(예를 들어, "18세에서 45세 사이의 연봉 5만 불을 받고, 전셋집에서 생활하며, 해외 영화를 즐기는 직장인 남성")의 데이터를 기반으로 상품추천을 진행한다.

이보다 더 놀라운 아마존의 빅데이터 기반 시스템은 바로 예측배송 서비스이다. 아마존의 구매고객 범위를 생각해 봤을 때, 미국의 넓은 땅덩어리를 넘어서 전 세계에 물건을 빠르게 배송하는 것은 불가능하다. 하지만 아마존은 빅데이터를 사용하여 빠른 배송을 가능하게 만들었다. 소비자가 웹사이트에서 물건에 대해 구매의사결정을 하기 전, 즉 물건에 대한 구매 여부가 불확실한 상황에서, 아마존은 고객의 기존 구매내역, 검색내역, 찜한 상품, 장바구니, 반품내역, 마우스 커서가 머무른 시간 등에 대한 데이터를 분석하여, 소비자의 배송지 근처 물류창고로 미리 배송을 시작한다. 이러한 예측 배송을 통해 소비자는 빠르게 물건을 받아볼 수 있고, 아마존은 배송비의 10%에서 40%에 달하는 비용을 절감할 수 있었다.

아마존은 킨들(Kindle)이라는 전자책 서비스 단말기를 판매하는데, 킨들 사용자들이 사회연결망 계정을 킨들과 연동하여 사용할 수 있게 하였다. 사용자들은 이 연동 기능을 통해 그들이 책에서 밑줄 치고 메모한 것을 친구들과 공유할 수 있게 되었다. 아마존은 이러한 서비스를 소비자들에게 제공하면서 자신들은 사용자들이 어떤 구절에 밑줄을 쳤는지에 대한 정보를 수집할 수 있게 되었다. 이렇게 수집한 정보로 아마존은 소비자의 흥미를 파악하여 각 소비자에게 맞는 도서를 제안하는 도서 추천 서비스를 도입하였다.

또한 아마존은 '알렉사'라는 음성인식 인공지능 비서 서비스를 제공한다. 해당 서비스는 카메라와 스피커를 통해 인터넷에 익숙하지 않은 소비자들이 알렉사와의 대화를 통해 편하게 아마존 서비스를 제공받고 도움을 받을 수 있도록 도와준다. 이 서비스를 통해 아마존은 각국의 다양한 소비자들의 대화 음성 데이터를 수집하고 저장한다. 이렇게 모여진 음성 데이터는 아마존이 사람들의 각기 다른 발성, 발음, 억양 및 톤 등을 분석하여 알렉사가 더 자세하고 정확한 음성 인식 기능을 탑재할 수 있도록 사용된다.

데이터는 아마존의 성공을 이끈 비즈니스 모델로 잘 알려진 '플라이휠' 작동 방식에서 핵심적인 역할을 담당하고 있다. 플라이휠이 작동하기 위해서 필수적인 많은 제품, 많은 방문자, 많은 구매자, 많은 판매자 등이 낮은 비용구조 및 가격과 맞물려 선순환을 이루기 위해서는 데이터 분석을 통한 정교한 소비자 프로파일링이 필수적이다. 아마존이 확보하고 있는 데이터의 규모는 경쟁기업이 따라올 수 없을 정도로 방대하며, 이는 새로운 기회를 포착하거나 기존 서비스를 개선하는 데 있어 매우 유리한 기회를 제공하고 있다.

자료원: Bernard Marr, "Amazon: Using Big Data to Understand Customers", 2021.7.23. (https://bernardmarr.com/amazon-using-big-data-to-understand-customers/)
Ritesh Pathak, "How Amazon Uses Big Data?", 2020.11.4. (https://www.analyticssteps.com/blogs/how-amazon-uses-big-data)
한국경제 [디지털 이코노미], 생글생글 746호, 2022.3.21.

21세기 기업경영에서 정보(information)는 자금(money), 자재(material), 기계(machine), 인력(man power) 못지않게 주요한 핵심성공요인이며, 이는 성공적인 마케팅을 수행함에 있어서도 마찬가지이다. 그러나, 마케터들은 항상 의사결정을 내리는 데 도움을 주는 마케팅정보가 충분하지 않다는 것을 느낀다. 마케터들이 불필요한 정보와 정확하지 않은 정보에 둘러싸여 있는 경우는 매우 흔하며, 획득한 정보가 시의적절하지 않은 경우 또한 빈번히 발생한다.

마케팅의사결정에 필요한 정보는 마케팅정보시스템과 마케팅조사에 의해 효율적으로 제공될 수 있다. 마케팅정보시스템은 기업 내외부에 흩어져 있는 2차자료들을 수집하고 이를 의사결정에 유용한 정보로 가공하여 의사결정자에게 제공하는 시스템을 말한다. 마케팅정보시스템에 의해 제공된 2차자료가 의사결정을 내리는 데 직접적인 관련성이 낮거나 불충분할 경우, 마케터는 별도의 마케팅조사를 통해 관련정보를 수집한다. 본 장에서는 먼저 마케팅정보시스템의 구성요소들에 대해 설명하고, 마케팅문제를 해결하기 위해 수행되는 마케팅조사의 절차와 핵심적인 기법들에 대해 다루기로 한다.

01 | 마케팅정보시스템(Marketing Information System)

우리는 자신도 모르는 사이에 기업에 의해 소비생활이 관리되는 세상에 살고 있다. 소비자들은 금융기관의 신용카드, 백화점카드, SK주유소의 머핀멤버십카드, 항공사의 보너스카드, 슈퍼마켓의 고객카드 등 다양한 카드와 이를 디지털화한 모바일 앱들을 자연스럽게 이용하고 있다. 소비자들의 소비생활은 자신도 모르게 노출되고 있으며, 기업들은 이를 마케팅전략의 수립에 활용하고 있다. 2020년에는 신용·체크카드, 은행계좌번호, 주민등록번호, 휴대전화번호 등 1.5 테라바이트(TB) 분량의 금융·개인정보가 유출된 사고가 발생해 큰 사회적 문제로 대두되기도 하였다.

오늘날과 같은 정보사회에서 경쟁사보다 나은 정보를 가진다는 것은 경쟁에서 승리하기 위한 핵심역량이 될 수 있다. 이에 따라 마케터는 소비자 정보뿐 아니라 마케팅의사결정에 영향을 미칠 수 있는 일상적인 정보를 관리해야 할 필요성을 절감하고 있다. 많은 기업들이 의사결정자의 정보욕구를 파악하고 이를 충족시키기 위해 마케팅정보시스템을 설계한다. 마케팅정보시스템이란 마케팅의사결정자에게 필요한 정보를 수집 분석하여 적기에 이를 제공하는 시스템이다. 마케팅정보시스템은 크게 내부정보시스템, 고객정보시스템, 마케팅인텔리전스시스템, 마케팅의사결정지원시스템, 마케팅조사시스템 등의 하부요소로 구성된다.

이하에서는 각각의 하부시스템에 대해 자세히 설명하기로 한다.

1.1 내부정보시스템(Internal Information System)

내부정보는 마케팅관리자들이 의사결정을 하는 데 있어 가장 기본적인 정보이며, 상품별·지역별·판매채널별·기간별 매출, 재고수준, 외상거래, 지역별 점포 수 및 점포실적에 관한 정보, 판매가격 등을 포함한다. **내부정보시스템**은 가격반응, 광고 등의 소통활동이 마케팅성과에 미치는 효과 등을 파악하여 최적의 마케팅의사결정이 이루어지도록 정보를 지원하는 것을 목적으로 하고 있다.

한 기업의 내부정보시스템은 여러 부서에서 제공된 정보들로 구성된다. 영업부서는 특정제품에 대한 도·소매업자들의 반응이나 경쟁제품들의 가격동향 및 판매추세를 분석하며, 마케팅부서는 마케팅믹스 프로그램의 효과를 분석한다. 회계부서는 매출과 원가 관련 정보를 토대로 손익분석과 미래의 현금흐름을 분석하며, 제조부분은 생산라인의 가동률, 불량률, 그리고 재고수준 등에 대한 정보를 분석한다. 이와 같이 영업, 마케팅, 회계, 생산부서에 의해 분석 및 제공되는 내부정보들은 마케팅의사결정자들에게 유용한 정보원천이 된다.

1.2 고객정보시스템(Customer Information System)

최근 컴퓨터와 통신기술의 급격한 발전과 더불어 마케팅정보시스템은 막대한 양의 고객 개개인의 정보까지도 포함하게 되었다. 이러한 고객 개인에 대한 자료의 축적은 개별고객의 특성과 욕구에 부합하는 차별화된 마케팅노력을 제공하는 기업활동인 **데이터베이스마케팅**의 도입을 가능하게 하였다. 고객정보시스템은 금융기관으로부터 백화점, 슈퍼마켓 등에 이르기까지 거의 모든 업종에서 도입되고 있다.

고객정보시스템은 고객에 대한 인구통계적 특성, 라이프스타일, 고객이 추구하는 혜택, 구매행동 등의 정보를 포함한다. 최근 들어 구매정보는 더욱 세분화되어 제품의 구매일자(recency: R), 구매빈도(frequency: F), 구매금액(monetary value: M)까지 포함하고 있다. 이러한 RFM정보는 기존고객의 제품에 대한 충성도 제고 및 이탈방지, 신규고객의 유인을 위한 마케팅전략의 수립에 활용된다.

최근 기업들은 고객정보를 이용하여 고객행동을 이해하고, 고객이 원하는 혜택을 파악 및 제공함으로써 고객과의 장기적 관계를 구축하려는 노력을 하고 있다. 이러한 관리방법을 **고객관계관리**(customer relationship management: CRM)라고 하는데, 고객관계관리는 지속적인 성장을 유지하기 위해 수익성 높은 고객을 파악하고 이들과의 장기적 관계를 구축하고 유지하려는 노력이다. 20:80

의 법칙에서 알 수 있듯이 많은 경우 상위 20%의 고객이 매출의 80%를 점유하고 있기 때문에 상위 20%의 수익성이 높은 고객과의 관계를 구축하고 강화하는 것이 장기적 마케팅성과를 유지하는 데 중요하게 되었다. 고객의 생애가치(lifetime value)를 극대화하기 위한 노력인 CRM의 과정은 신규고객 확보(acquisition), 고객충성도 제고 및 유지(retention), 구매활성화 및 고객향상(customer enhancement)의 3단계로 나누어지는데, 이러한 고객가치 극대화 노력에 대해서는 11장에서 좀 더 상세히 설명하기로 한다.

CRM의 중요성이 대두되면서 CRM에서 마케팅정보시스템이 갖는 역할 또한 매우 중요하게 되었다. CRM을 잘 수행하기 위해서는 고객정보를 담고 있으며 이를 관리해 줄 수 있는 고객정보시스템이 필요하다. [그림 3-1]에서 제시된 바와 같이 마케팅정보시스템의 모든 구성요소들을 유기적으로 잘 활용할 때 성공적인 CRM활동이 가능하게 될 것이다.

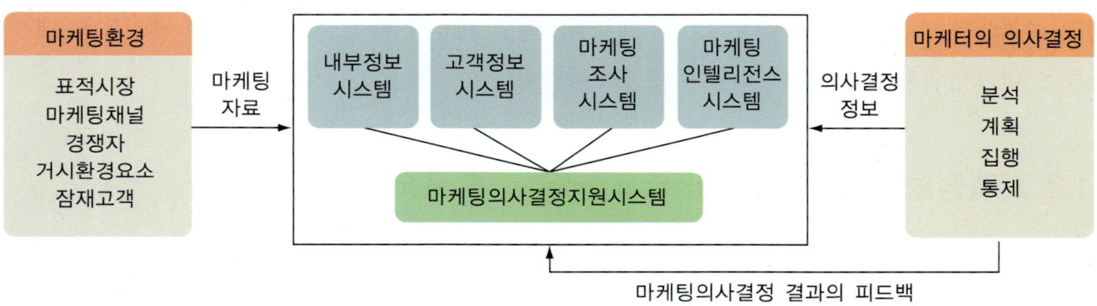

그림 3-1 마케팅정보시스템의 구성요소

예를 들어, SK에너지에서 운영하는 머핀멤버스카드(구, 엔크린보너스카드)의 경우 고객정보를 구축하기 위해서 많은 노력을 하였다. 1997년 처음 도입되기 이전에 주유소는 점포단위로 세차권, 비스킷, 1회용 타월, 생수 등의 판촉상품을 매번 주유하는 고객에게 제공하였으며, 이것이 발전하여 주유소 단위로 누적된 주유량에 따라 판촉물을 차별적으로 제공하는 주유소 전용카드가 도입되었다. 주유소별 비체계적 고객관리와 판촉활동을 개선하기 위해 당시 SK네트웍스에서는 SK주유소에서 주유하는 전 고객을 관리할 수 있는 엔크린카드를 도입하여 각 주유소의 촉진활동을 통합적으로 관리하고자 하였다. SK의 이러한 노력은 신규고객 유인, 고객충성도 제고, 그리고 추가구매의 활성화와 고객향상을 목표로 수행되는 CRM활동의 성공적 예이다.

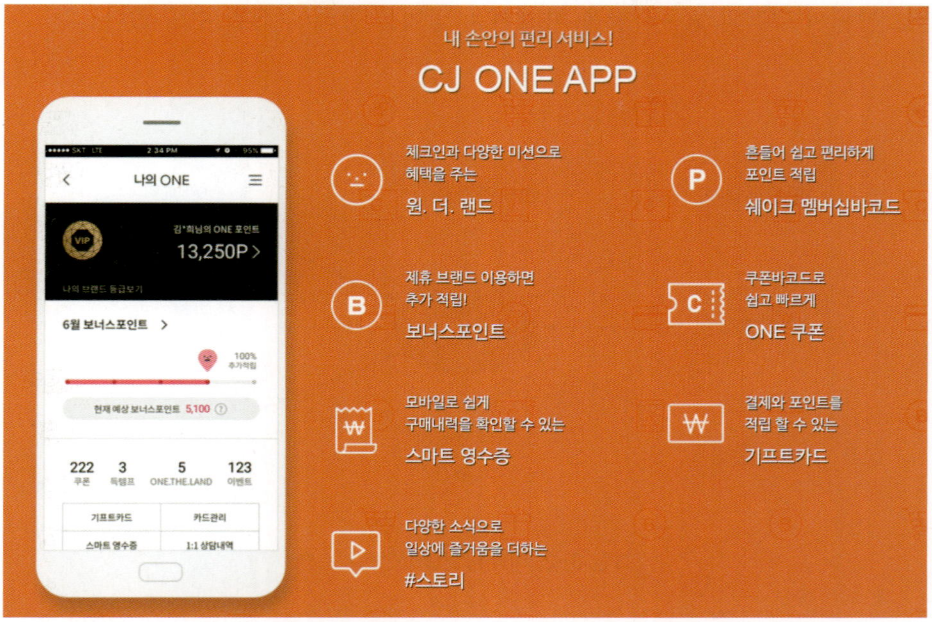

| CJ는 CJ ONE 카드와 모바일 앱을 활용하여 CGV, 올리브영, 뚜레쥬르 등 다양한 브랜드 고객정보를 통합관리하고 있다. (이미지 출처: CJ ONE)

1.3 마케팅인텔리전스시스템(Marketing Intelligence System)

마케팅인텔리전스(MI)시스템은 기업을 둘러싼 마케팅환경에서 발생되는 일상적인 정보를 수집하기 위해 기업이 사용하는 절차와 정보원의 집합을 의미한다. 내부정보시스템이 기업의 각 부서에서 발생된 자료들을 종합분석하는 것인 반면 MI시스템은 기업의 경영의사결정에 영향을 미칠 가능성이 있는 기업 주변의 모든 정보를 수집하는 것이라고 할 수 있다.

의사결정자가 여러 가지 출판물, 혹은 자신의 경험을 통해서 얻을 수 있는 정보는 매우 제한적이며 무작위로 제공되는 경우가 많기 때문에 기업은 의사결정시점에 도움이 될 수 있는 관련 외부 정보들을 일상적으로 수집할 필요가 있다. 따라서 MI시스템은 다양한 외부정보원천들로부터 마케터의 의사결정에 영향을 미칠 수 있는 정보를 체계적으로 수집하고 분석한 것이라고 할 수 있다.

기업은 다양한 정보원천을 통해 MI시스템에 투입되는 자료를 획득할 수 있다. 먼저 경쟁기업에 대한 정보는 경쟁사의 자체 보고서나 홍보용 자료들, 그리고 경쟁기업에서 근무한 적이 있었던 고용인들을 통해 수집되거나 그들의 신상품이나 광고전략과 같은 마케팅전략에 대한 분석과 토론을 통해 구체화시킬 수 있다. 또한 관련 산업의 전반적 동향은 정부가 지방자치단체에 제공하는 공공보고서들과 지침들, 산업동향이나 생활지표 조사보고서 등을 통해서 파악될 수 있다. 고객들에 대한 종합적 정보는 일반적으로 마케팅조사를 통해서 수집되지만, 위장고객을 사용하여 고객들의 자사제품에 대한 선호도를 조사하거나 고객들과의 접점에 있는 도소매업자들이나 판매사원들의 제안을 통해서 고객의 요구사항을 파악하는 방법을 통해 수집될 수도 있다.

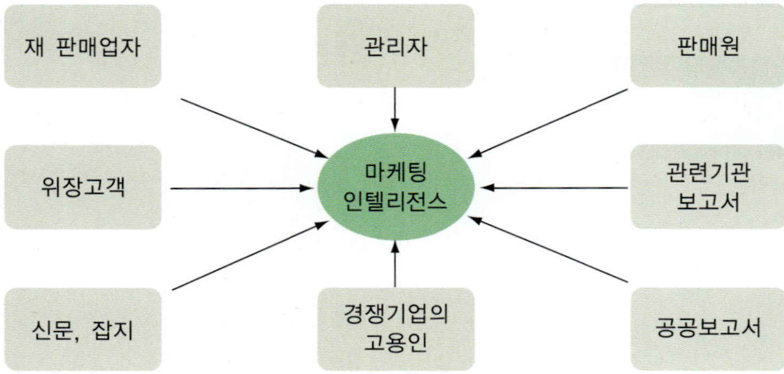

그림 3-2 마케팅인텔리전스시스템

1.4 마케팅조사시스템(Marketing Research System)

지금까지 설명한 내부정보시스템, 고객정보시스템, 마케팅인텔리전스시스템은 다른 목적으로 수집된 2차자료에 기반하고 있어 당면한 마케팅문제의 해결에 부적절하거나 직접적인 관련성이 높지 않을 수 있다. 마케팅조사는 당면한 마케팅문제의 해결에 직접적으로 관련된 1차자료를 수집하기 위해 주로 도입된다.

마케팅조사는 기업내부에서 직접 실행되거나 기업외부의 전문기관에 의뢰해 수행될 수 있는데, 바람직한 마케팅조사는 의사결정에 유용하고 시의적절한 정보를 체계적이고 객관적으로 수집할 수 있어야 한다. 먼저 마케팅조사는 체계적이어야 한다. 체계적이라고 하는 것은 마케팅조사의 설계가 사전에 완벽하게 계획되고 수집될 자료와 분석방법들이 미리 결정되어져 있어야 함을 의미한다. 마케팅조사가 객관적이어야 한다는 것은 자료의 수집과 결과의 해석을 포함하는 조사과정에서 조사자의 자의적 판단이나 편견이 개입되어서는 안 된다는 것이다. 마지막으로 마케팅조사는 마케팅의사결정에 유용한 정보만을 제공하여 당면한 마케팅문제의 해결에 도움을 주어야 한다. 마케팅조사과정은 조사목적의 결정, 조사설계, 자료수집과 수집된 자료의 분석, 보고서 작성의 4단계로 구성되는데, 이에 대한 자세한 설명은 본 장의 후반부에서 다루어진다.

1.5 마케팅의사결정지원시스템(Marketing Decision Support System)

내부정보시스템, 고객정보시스템, 마케팅인텔리전스시스템, 마케팅조사시스템에 의해 얻어진 자료는 기술적(descriptive) 정보이기 때문에 마케팅의사결정의 결과를 예측하는 데 큰 도움이 되지 않을 수 있다. 이러한 문제를 해결하기 위해 도입된 것이 **마케팅의사결정지원시스템**(marketing decision support system: MDSS)인데, MDSS는 마케팅환경으로부터 수집된 정보를 해석하고 마케팅의사결정의 결과를 예측하기 위해 사용되는 관련자료, 지원소프트웨어와 하드웨어, 분석도구 등을 통합한 것이다.

예를 들어 "자사제품 매출에 가장 크게 영향을 미치는 마케팅변수들에는 어떤 것이 있으며, 각 마케팅변수의 상대적 중요도는 얼마인가? 마케팅변수(가령, 가격, 광고 등)의 변화로 인한 자사제품의 매출변화, 자사제품을 구매할 소비자와 경쟁사 제품으로 전환될 소비자의 비율은 어떠한가?" 등의 문제에 대한 분석결과를 제공함으로써 제품, 유통, 가격, 소통 등에 대한 마케팅 의사결정을 도와주는 역할을 수행한다. 백화점이 가격할인행사를 실시할 때 가격을 몇 % 낮추고 며칠 동안 어떤 상품에 대하여 어느 시기에 가격을 할인하는 것이 바람직한가 등에 대한 의사결정은 MDSS의 도입을 통해 효율적으로 이루어질 수 있는 것이다.

02 마케팅조사(Marketing Research)

마케팅관리자는 일반적으로 내부보고시스템, 고객정보시스템, 마케팅인텔리전스시스템 들에 의해 제공되는 정보와 의사결정지원시스템에 의한 분석결과를 토대로 의사결정을 내린다. 그러나 이와 같은 정보만으로는 마케팅문제를 해결하는 데 충분하지 않을 수 있다.

예를 들어 시장환경에 큰 변화가 없는데도 불구하고 시장점유율이 5년째 감소하였다고 하자. 이 경우 광고비의 증액이나 영업사원의 사기진작을 통해 매출증대를 꾀할 수도 있을 것이다. 그러나 이러한 원인이 소비자들의 심리적 요인에서 기인하였다면 기존의 마케팅정보시스템에 축적된 정보만으로는 그 원인을 찾기 어려울 것이다.

다른 예로 신제품 개발의 경우를 생각해 보자. 신제품 아이디어의 창출로부터 시작하여 신제품 개념의 개발과 테스트, 예비시험시장(pretest market) 또는 시험시장(test market)에서의 소비자 반응, 신제품의 시장진입전략수립에 관한 일련의 의사결정은 기존의 정보시스템에 의하여 해결될 수 없는 경우가 많다. 이와 같은 마케팅문제의 해결은 마케팅조사를 통해 소비자들의 자사제품에 대한 신념과 태도의 변화를 분석함으로써 가능하다.

마케팅조사는 의사가 환자를 치료하는 과정에 비유될 수 있다. 의사는 병의 증상을 파악하고 이의 원인을 규명하기 위하여 다양한 진단방법을 도입한 다음, 수집된 진단자료를 토대로 적절한 처방을 내리는 절차를 거친다. 마찬가지로 마케팅조사도 조사문제의 파악, 마케팅조사설계, 자료의 수집과 분석, 보고서 작성의 4단계를 거친다. 이하에서는 각 단계별로 상세히 설명한다.

2.1 조사문제의 정의와 조사목적의 결정

마케팅조사에서 첫 번째 단계는 조사문제를 파악하는 것이다. 손에 염증이 생겨서 방문한 환자에 대해 의사가 효과적인 처방을 내리기 위해서는 "염증부위만의 치료로 충분한가, 영양 부족 때문인가, 간이나 대장 등의 부실 때문인가?"와 같은 질문들을 통해 문제의 원인이 어디에 있는지를 먼저 파악해야 할 것이다.

기업의 경우도 마찬가지이다. 매출부진으로 어려움을 겪고 있는 기업은 그 원인이 영업사원의 사기저하, 비효과적 광고, 경쟁사의 신제품 등 여러 가지 가능한 원인들 중에서 어디에서 비롯되는지를 파악해야 한다. 이를 위해 마케팅관리자와 마케팅조사자 간에는 긴밀한 의사소통과 협조가 이루어져야 한다. 현장경험을 갖고 있는 마케팅관리자는 마케팅문제의 가능한 원인들에 대한 자신의 의견을 전달함으로써 조사자가 마케팅조사의 방향을 정확하게 설정하도록 해야 한다.

마케팅조사자가 마케팅조사문제를 잘못 정의하거나 너무 광범위하게 정의함으로써 마케팅조사를 올바로 수행하지 못하는 경우가 흔히 있다. 너무 광범위한 문제정의는 오랜 조사기간이 소요되어 의사결정시점을 놓치거나 한정된 조사비용과 조사인력으로 인해 최적의 마케팅대안을 도출하기 어렵게 할 수 있다. 마찬가지로 너무 협소하게 정의된 조사문제는 관련성이 높은 원인들 가운데 일부를 조사에서 제외시킴으로써 잘못된 마케팅대안의 도출을 야기시킬 수 있다. 조사문제를 올바로 정의하기 위해서는 마케팅문제와 관련된 시장상황을 정확하게 파악하여야 하는데, 이를 위해 문헌조사, 전문가의견조사, 유사기업 또는 유사한 상황에서의 과거사례를 연구하는 방법을 활용할 수 있다.

마케팅조사자는 정의된 조사문제에 따라 조사목적을 결정해야 한다. 마케팅조사는 조사의 목적에 따라 크게 탐색조사(exploratory research), 기술조사(descriptive research), 인과조사(causal research)로 나누어진다. **탐색조사**는 조사문제가 명확하지 않을 때 주로 수행되며, 주로 조사문제를 찾거나 분석대상에 대한 아이디어나 가설을 도출하기 위해 사용된다. 탐색조사에서는 기존의 기사, 학회지, 통계자료 등을 이용하는 **문헌조사**(literature research), 조사문제와 관련하여 전문적 지식과 경험을 가지고 있을 것으로 판단되는 사람들의 의견을 청취하는 **전문가 의견조사**(key informant survey), 당면한 마케팅상황과 유사한 사례들을 찾아 이를 분석하는 **사례조사**(case study) 등의 방법을 통해 자료를 수집할 수 있다.

한편 기술조사와 인과조사는 조사문제가 비교적 명확할 때 실시된다. **기술조사**는 마케팅현상의 특징(가령, 소비자의 인구통계적 특성의 변화, 마케팅환경요인의 변화 등)이나 마케팅변수와 소비자반응 간의 관련성을 파악하기 위해 실시된다. 제품의 시장잠재력, 소비자의 자사제품 및 경쟁제품에 대한 태도, 인구통계적 특성에 대한 조사가 기술조사의 예이다. 기술조사는 **종단조사**(longitudinal analysis)와 **횡단조사**(cross-sectional analysis)로 나누어지는데, 종단조사는 일정한 시간간격을 두고 반복적으로 정보를 수집하는 방법이며, 횡단조사는 특정시점에 필요한 정보를 단발적으로 수집하는 방법이다.

인과조사는 마케팅변수들 간의 인과관계에 관한 잠정적 가설이 맞는지 조사하는 if-then 분석이다. 예를 들어, 제품가격을 5% 인하하였을 때 매출액이 그 이상으로 증가할 것인지를 조사하는 경우를 말한다. 따라서, 주로 인과조사에서 원인변수는 가격이나 광고 같은 마케팅의사결정변수이고, 결과변수는 매출이나 고객만족도 같은 시장반응변수이다. 흔히 조사자들은 조사문제를 명확히 정의하기 위해 탐색조사를 먼저 실시한 다음, 기술조사나 인과조사를 수행한다.

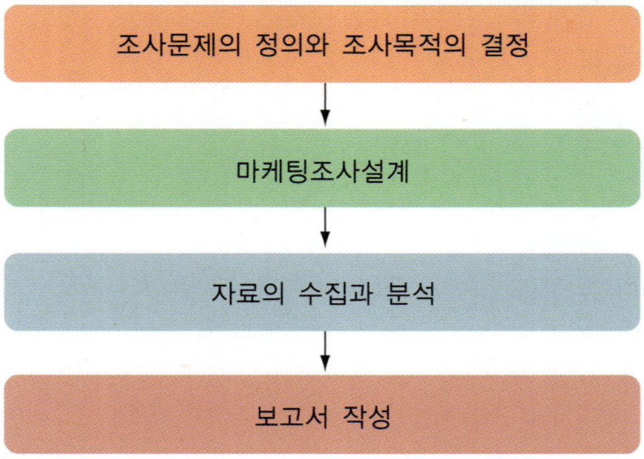

그림 3-3 마케팅조사의 4단계

2.2 마케팅조사설계

마케팅조사문제와 조사목적이 결정되면, 조사자는 마케팅조사문제의 해결에 필요한 자료를 수집하고 분석하기 위한 조사계획을 수립해야 한다. 마케팅조사설계는 조사의 구체적인 진행방향을 제시하는 청사진 역할을 한다.

마케팅조사설계 과정에서는 먼저 수집되어야 할 자료의 유형을 결정해야 하는데, 자료의 유형은 1차자료(primary data)와 2차자료(secondary data)로 나누어진다. **1차자료**는 당면한 조사목적을 위하여 조사자가 직접 수집한 자료를 말하며, **2차자료**는 다른 목적을 위해 이미 수집된 자료를 말한다. 조사자는 가능하다면 2차자료를 먼저 수집하고자 하는 경향이 있는데, 이는 2차자료가 1차자료보다 비용이 저렴하고 신속하게 수집될 수 있기 때문이다. 또한, 2차자료는 주로 전문가들에 의해 수집되므로, 자료의 질이 높은 경우가 많다. 그러나, 2차자료는 당면한 조사문제의 해결을 위해 조사자가 직접 수집한 자료가 아니기 때문에, 2차자료를 사용할 때 조사자는 그 자료가 조사목적에 적합한지, 시의적절한지, 정확한지를 반드시 평가해야 한다.

2차자료는 기업내부에서 얻을 수 있는 내부2차자료(예: 매출, 재고기록, 재무제표 등)와 외부에서 얻을 수 있는 외부2차자료(예: 정부보고서, 정기간행물, 연구기관의 발표자료, 사회연결망 같은 디지털정보원천에서 얻을 수 있는 자료 등)로 나누어지는데, 〈표 3-1〉은 기업이 이용할 수 있는 다양한 2차자료원을 보여준다.

표 3-1 2차자료의 예

1. 정부기관 간행물
- 기획재정부: 경제동향
- 통계청: 경기동향, 경기종합지수, 한국경제지표, 산업생산통계, 인구, 물가 및 가계, 노동 및 자금, 가구소비실태 보고서
- 중소벤처기업부: 창업기업동향, 중소기업기술통계
- 대한상공회의소: 소매점경영동태 조사보고, 한국의 상권, 유통통계자료집, POS정보
- 각 지역 상공회의소 : 지역경제동향
- 한국은행 : 국민총생산(GNP), 국제수지, 조사통계월보, 주요국의 경제지표, 지역금융통계, 통계분석자료
- 한국산업기술연구원(KIET) : 경제경영문헌속보, 경제동향주요지표

2. 정기간행물 및 서적
- 마케팅 관련논문집: 경영학연구(한국경영학회), 마케팅연구(한국마케팅학회), 소비자학연구(한국소비자학회), 광고연구(한국광고홍보학회)
- 연구소 및 광고대행사의 간행물
- 경제신문: 매일경제, 한국경제, 내외경제, 서울경제
- 협회지: 리테일 매거진(한국체인스토어협회), 해외경제(한국무역협회), 중소기업뉴스(중소기업중앙회), KKA저널(한국광고주협회), 가격정보(한국물가협회), 이슈리포트(한국표준협회)
- 일반적인 기업관련 자료 및 잡지: 회사연감(매일경제신문사), 한국기업체총람(한국콘텐츠미디어), 매경이코노미(매일경제신문사), 이코노미스트(이데일리M), 한경비즈니스(한국경제매거진), 광고연감(제일기획), 광고정보센터 매거진(한국광고총연합회), 마케팅(한국마케팅연구원)

3. 상업용 신디케이트 자료
- 닐슨 코리아: 시청률 순위, 잠재고객 세분화
- 칸타 코리아: 월드패널 조사 자료
- 입소스: 쇼퍼 리서치

자료원: 안광호 임병훈, 마케팅조사원론, 2017 수정

MARKETING
FOCUS

방대한 2차자료, 마이데이터

'마이데이터(my data)'란 개인이 자신의 정보를 적극적으로 관리하고 통제하는 것은 물론 이러한 정보를 신용이나 자산관리 등에 능동적으로 활용하는 일련의 과정을 말한다. 마이데이터는 흩어진 개인 신용정보를 한 곳에 모아 보여주고 재무현황 및 소비습관을 분석해 금융상품을 추천하는 등 자산관리와 신용관리를 지원한다.

마이데이터는 '본인신용정보관리업'이라고도 불리는데, 개인이 자신의 정보를 스스로 통제하고 관리하여 해당 정보들이 본인의 의사에 맞춰 활용될 수 있도록 개인의 정보 주권을 보장하는 것을 목적으로 한다. 우리나라에서는 2021년 12월 1일부터 마이데이터 시범 서비스가 시작됐으며, 2022년 1월 5일부터 전면 시행되었다. 은행들이 오픈뱅킹을 활용해 고객 100만 명을 모으는 데 약 30개월이 걸린 반면, 마이데이터는 약 3개월 만에 고객 100만 명이 모이는 등 많은 관심을 끌고 있다.

각 개인은 마이데이터를 통해 각종 기업이나 기관 등에 흩어져 있는 자신의 정보를 한 곳에서 한꺼번에 확인할 수 있고, 자발적으로 개인정보를 제공하면 이를 활용해 맞춤 상품이나 서비스를 추천받을 수 있다. 예를 들어, 소비자가 금융기관에 자신의 신용정보를 마이데이터 업체에 전달할 것을 요구하면 업체는 은행 입출금 및 대출내역, 신용카드 사용내역, 통신료 납부내역 등 관련 정보를 취합하여 소비자에게 제공한다.

마이데이터 산업이 새롭게 떠오름에 따라 기업들도 이에 맞춰 발빠르게 움직이기 시작했다. 하나은행은 최근 인공지능(AI) 기반 핀테크 스타트업인 '크래프트 테크놀로지스'와 전략적 업무 협약을 체결하였다고 밝혔다. 업무 협약식에서 하나은행과 크래프트 테크놀로지스는 최근 이종 산업 간 경계가 없어지는 '빅블러' 현상과 함께 금융과 AI 기술의 융합은 물론 급변하는 금융시장에 맞춘 AI 기술 활용 고도화 작업의 필요성에 공감하며, 향후 협력을 통해 마이데이터 관련 AI 솔루션을 도입할 뜻을 밝혔다.

현대차증권은 중소형 증권사 중 최초로 마이데이터 서비스 'THE Herb'를 런칭했다. 'THE Herb'는 기존 MTS와 별도로 개발된 현대차증권의 마이데이터 서비스 전용 앱으로, 고객 금융정보를 하나로 관리하고 마이데이터를 기반으로 통합자산관리, 은퇴설계자문, 목적자산관리 서비스 등의 개인 맞춤 서비스를 제공하여 투자 및 은퇴생활 전반을 설계해 준다. 이 중 '목적자산관리 서비스'는 고객들의 생애주기 범위 내 필요한 자금을 목적별로 관리할 수 있는 'THE Herb'의 핵심서비스다. 결혼자금, 차량구매 등의 목적을 설정하면 로보어드바이저가 투자유형과 목적에 적합한 포트폴리오를 제공해 고객들의 효율적인 자산 증식을 지원한다. 또한 정기적인 리밸런싱을 통해 안정적인 자산관리를 가능하게 해준다.

현대캐피탈 역시 캐피탈 업계 최초로 마이데이터 사업 본 허가를 취득하여 최근 자동차 자산관리 특화 마이데이터 서비스와 챗봇 서비스 등을 담은 '현대캐피탈 앱 2.0'을 새롭게 런칭할 계획을 선보였다. 현대캐피탈 앱 2.0은 중고차시세, 정비, 보증, 보험, 검사 등 차량의 핵심정보 조회를 통해 이용자가 차량을 주기적으로 관리할 수 있도록 돕는다. 여기에 자산관리 서비스는 자동차, 금융, 부동산 등 고객의 통합자산 조회 서비스를 제공해, 고객이 자신의 신용점수를 체계적으로 관리할 수 있도록 한다. 또한 앱 사용자들은 본인의 자금상황을 고려한 최적의 차량과 그 차량의 이용방법을 설계할 수 있고, 라이프스타일과 차량 주행패턴, 금융정보 등을 정밀 분석하여 각 고객에게 최적화된 차량과 이용방법 등을 추천해 주는 서비스 등을 제공받을 수 있다. 또한 현대캐피탈은 자동차 관련 비용 지출과 주행특성, 차량운행 데이터 분석 등을 기반으로 한 관리 서비스와 이를 통해 고객에게 '구매-이용-판매'로 이어지는 자동차 생애주기(Car-life)의 각각의 단계에 최적화된 서비스를 제공할 계획이다.

KB손해보험은 또한 손해보험 업계 최초로 마이데이터 서비스를 출시했다. KB손보는 기존 마이데이터 사업자들과 달리 건강과 안심을 보장하는 차별화된 보험 특화 서비스를 제공한다는 것을 강조한다. 주요 서비스로는 금융자산에 대한 원스톱 통합 조회가 가능한 '마이자산', 보험 특화 금융 플랫폼에 걸맞게 보험조회와 보장분석이 가능한 '마이보험', 건강도 챙기고 포인트도 얻을 수 있는 '마이혜택' 등을 제공한다.

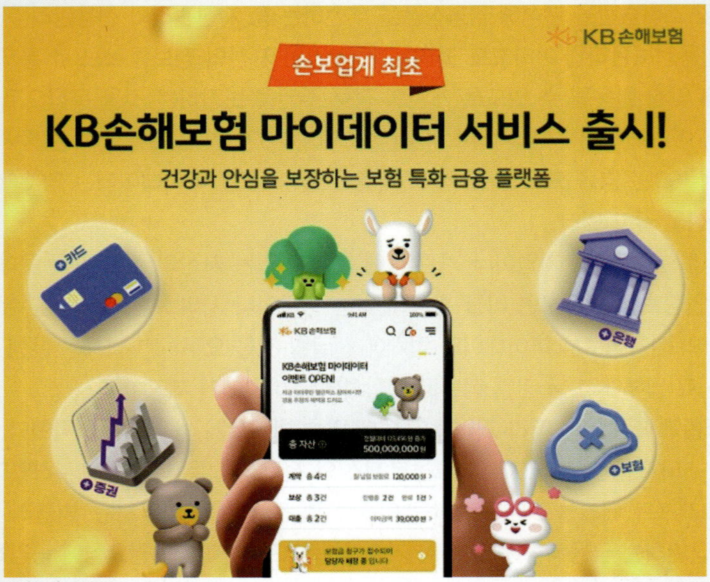

자료원: 마이데이터 종합포털; 아시아타임즈, 2022.11.21; 이코노믹리뷰, 2022.3.8.

1차자료는 자료의 적합성이나 시의적절성 등에서 2차자료보다 우수하며, 조사자가 자료수집 방법을 탄력적으로 통제하고 조사결과에 대해 비밀을 유지할 수 있다는 이점을 갖지만, 자료의 수집에 많은 비용과 시간이 투입되어야 하는 단점도 있다. 2차자료는 1차자료보다 경제적이며 조사문제의 발견에 도움이 되지만, 조사목적과 정확하게 부합되지 않거나, 시의적절하지 않은 경우가 많다. 그러므로 대부분의 경우 기업들은 당면한 마케팅의사결정을 내리기 위해 1차자료를 필요로 한다. 이하에서는 1차자료를 수집하기 위한 마케팅조사설계를 중심으로 설명하기로 한다. 1차자료를 수집하기 위한 조사계획에는 크게 조사방법, 응답자 접촉방법, 표본추출계획, 측정도구 등에 관한 의사결정이 포함된다(표 3-2 참조).

표 3-2 1차자료 수집계획에서 고려해야 할 사항들

조사방법	접 촉	표본추출계획	측정도구
관찰법 표적집단면접법 심층면접법 서베이조사 실험조사	우편조사 전화면접 대인면접	표본추출단위 표본추출방법	설문지 기 계

(1) 조사방법

1차자료를 수집하기 위한 여러 가지 방법 중에서 흔히 사용되는 방법에는 **관찰법**(observational research), **표적집단면접법**(focus group interview), **심층면접법**(depth interview), **서베이조사**(survey research), **실험조사**(experimental research) 등이 있다. 대체로 관찰법, 표적집단면접법, 심층면접법은 탐색조사에 적합한 자료수집방법이며, 서베이조사는 기술적 조사에, 그리고 실험조사는 인과관계 조사에서 많이 이용되는 자료수집방법이다.

① 관찰법

관찰법은 조사대상을 관찰하여 자료를 수집하는 것으로, 조사자가 직접 관찰하거나 기계를 이용하여 자료를 수집한다. 캐주얼의류 제조업체가 점포를 방문한 고객들을 비디오로 촬영하거나 사진을 찍어 고객이 실제로 입고 있는 의류 스타일이나 색상, 고객의 특성 등을 조사하는 것은 조사자가 직접 관찰하는 경우의 한 예이다.

일반적인 관찰법은 소비자의 내면적인 욕구나 동기를 파악하기 어려우나, 직접 현장에 참여하여 생활양식 전반을 관찰하는 문화인류학적인 방법을 동원하여 보다 심층적인 이해를 도모하기도 한다. 마케팅에서도 문화인류학적인 방법을 활용하는 경우가 있는데, 그중 하나가 **감정이입디자인**(empathic design)이다. 사용자의 환경에 참여하여 사용자의 관점에서 살펴보고 체험하며 느꼈던 공감 혹은 감정이입을 통해 시장기회를 발견하는 것이다. 생활용품 회사인 P&G는 직원들이 직접 소비자들과 일정기간 함께 지내며 생활하는 '리빙잇(Living it)' 제도를 운영하였다. 고객과 함께 있으면서 그들의 생활패턴을 관찰하고 의견을 구하는 것이다. 실제로 이 제도를 통해 멕시코에서는 열악한 경제사정으로 옷을 많이 갖고 있지 않기 때문에 세탁을 중요하게 생각하고 있지만, 세탁에 사용되는 물을 많이 아까워한다는 사실을 알아냈다. 그래서 최소한의 물로 조금만 옷을 행궈도 되는 섬유유연제를 개발하여 큰 성공을 거두었다고 한다.

한편 조사자는 기계를 이용하여 조사대상을 관찰할 수도 있다. 마케팅자극에 대한 조사대상자

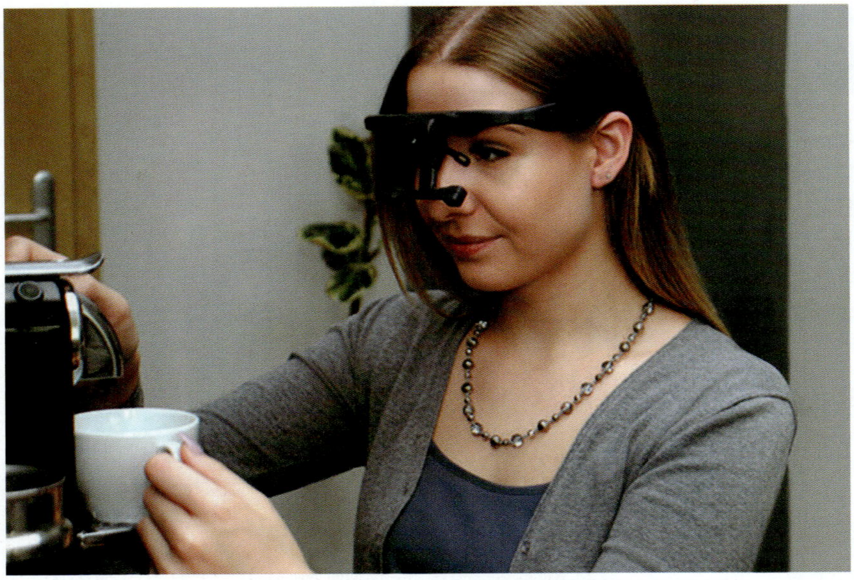

| 시선추적기를 착용하고 제품을 사용하는 모습
자료원: ergoneers.com

의 육체적 반응을 측정하는 기계로는 **검류계**(galvanometer)와 **시선추적기**(eye camera) 등이 있다. 검류계는 땀의 분비 정도, 맥박수 등을 측정하여 마케팅자극(가령, 광고나 그림)에 대해 조사대상이 보이는 관심과 감정의 정도를 조사하는 것이다. 시선추적기는 마케팅자극에 대한 응답자들의 눈의 움직임을 조사하는 것으로, 응답자의 눈이 마케팅자극(가령, 광고물)의 어떤 부분에 먼저 주목하며, 얼마나 오래 머무르는지 등을 측정하여 마케팅자극에 대한 관심 정도를 조사한다. 시선의 움직임에 대한 분석은 고객의 구매과정 및 서비스 이용 시 매장동선을 최적화하고, 효과적인 디스플레이 방안을 도출하고, 판촉물 제작 시 콘텐츠를 효과적으로 배치하고 가독성을 높이는 방안을 개발하는 데 사용된다.

이외에 기업이 소비자 반응을 측정하기 위해 흔히 사용하는 기계로는 **피플미터**(people meter)와 **광학판독기**(optical scanner)가 있다. 미국의 조사회사인 닐슨사는 표본으로 선택된 가정의 TV에 피플미터를 부착하고 구성원들 중 누가, 언제, 어느 TV채널을 시청하였는지를 기록하는 시청률 조사방법을 도입하고 있다. 시청률 조사에 참여하는 시청자가 TV를 켜면 시청한 시간과 방송국 등이 자동으로 피플미터에 기록된다. TV방송국은 이 자료를 토대로 프로그램의 인기도에 따라 광고료를 차등부과할 수 있으며, 광고주는 자신의 광고물을 방영할 프로그램을 선택하는 데 이용할 수 있다.

많은 소비재제조업체와 소매상들은 **스캐너패널데이터**(scanner panel data)를 이용하여 제품의 판매성과와 점포성과를 평가하고 있다. 여기서 스캐너패널데이터란 ID카드를 소유한 소비자 개개인의 구매활동을 소매점에 설치된 스캐너로 읽어서 수집한 자료를 말한다. 스캐너패널데이터수집 전문 조사회사인 미국의 IRI는 미국 내 여러 중소도시에 소비자 패널을 운영하면서 이들로부터 수집된 구매자료를 회원으로 가입된 소비재제조업체나 소매상들에게 판매한다. IRI사가 제공하는 데이터는 품목별 시장점유율 및 판매동향, 신제품의 성공가능성 예측, TV광고효과 분석 등의 마케팅의사결정에 활용된다. 최근 IRI는 소비자들이 이러한 구매데이터 수집에 자발적으로 참여함으로써 포인트를 쌓고 상품권 등의 보상을 받을 수 있는 쇼퍼패널(Shopper Panel)이라는 플랫폼을 구축하기도 하였다.

최근 가상공간에서의 관찰을 통해 얻을 수 있는 자료 중 각광을 받고 있는 것은 소셜미디어 데이터이다. 데이터리포털(datareportal.com)의 조사에 의하면 2022년 7월 현재 전 세계 인구의 약 60%인 47억 명이 소셜미디어를 쓰고 있다고 한다. 소셜미디어 데이터는 2차자료라고 볼 수 있으나 방대한 양을 수집할 수 있고, 사진, 동영상, 글, '좋아요'와 같은 고객참여 등 다양한 형태의 자료를 수집할 수 있는 장점이 있어 마케팅의사결정에 필요한 정보를 비교적 빠른 시간 내에 적은 비용으로 취득할 수 있다. 주로 많이 수집되는 소셜미디어 데이터는 주제별 검색량, 사용자 후기, 각종 사용상의 힌트들, 제품의 새로운 용도에 대한 아이디어 등이 있다.

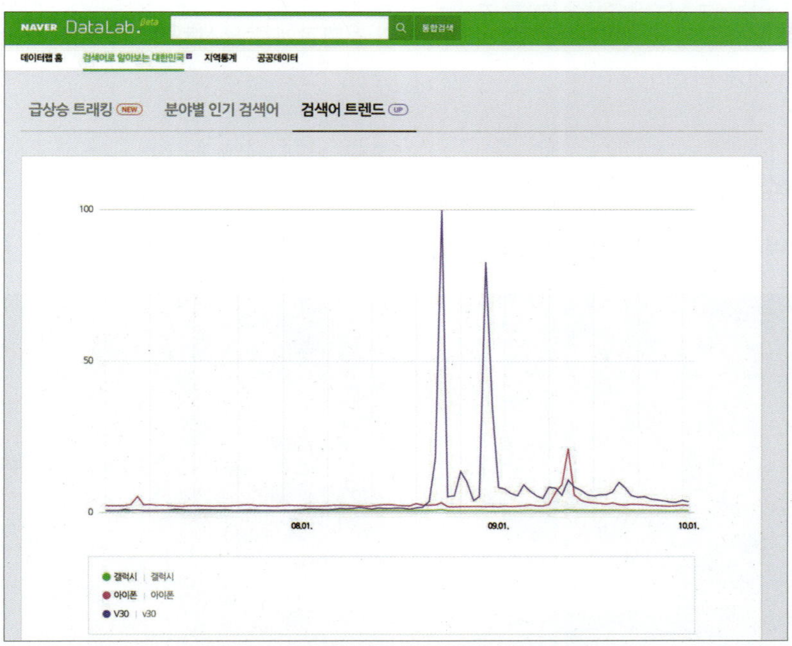

| 아이폰과 갤럭시에 대한 온라인 검색량 그래프의 예

자료원: datalab.naver.com

MARKETING
FOCUS

마케팅도 이제는 개인화 시대, 소셜빅데이터를 통해 대량생산에서 벗어나라

“기술은 언제나 이길 것이다. 법의 간섭으로 기술을 지연지킬 수 있지만, 기술은 법이 쳐놓은 장벽을 돌아 흐를 것이다.” 앤드류 그로브가 이 말을 한 후로 오랜 세월이 지났지만, 이 말은 여전히 유효하며 어쩌면 현재의 사회에서 많은 사람들이 공감할 수 있는 발언으로 들릴 수 있다. 기술은 급속도로 발전하고 있고, 그에 따라 각 개인에 대한 정보가 질적, 양적으로도 진화하였으며 그 정보를 활용하는 방법 역시 다양해지고 있다.

오늘날의 디지털 사회에서 사람들은 손가락으로 스마트폰을 몇 번 두들기는 것으로 거의 모든 일을 해결할 수 있다. 당장 오늘 먹을 식사 메뉴를 고를 수 있고, 필요한 생필품을 주문할 수도 있다. 여가시간에는 온라인 아이쇼핑을 즐기며 시간을 때울 수도 있고, 사회연결망서비스(SNS)를 통해 친구들과 소통하거나 다양한 OTT 서비스를 통해 영상물을 시청할 수도 있다. 하지만, 이러한 각각의 소소한 행동들은 행위를 하는 그 순간에 그치는 것이 아니라 축적되고 서로 연결되어 존재하게 된다. 인터넷을 하다 보면 귀신 같이 내가 관심을 가지고 있는 상품과 서비스에 대한 광고가 뜬다. 인터넷이 내 생각까지 다 읽을 수 있는 능력이 있는지, 광고회사가 나한테 도청장치를 심어둔 것은 아닌지 생각이 들 정도로 정확하고 절묘한데, 이것이 바로 빅데이터의 힘이다. 빅데이터 관련 기술이 발전함에 따라 기업은 더 이상 인구통계학에 기반을 둔 표면적인 분석을 기반으로 한 전통적인 마케팅에 얽매이지 않게 되었고, 소비자행동 이면에 존재하는 동기와의 복합적인 상관관계를 분석하여 “적절한” 타깃에게 “알맞은” 마케팅으로 대응할 수 있게 되었다.

OTT 영상 추천 서비스

요즘에는 TV나 영화관에서 영상 콘텐츠를 즐기기보단 넷플릭스, 티빙, 왓챠, 쿠팡플레이 등과 같은 OTT 서비스

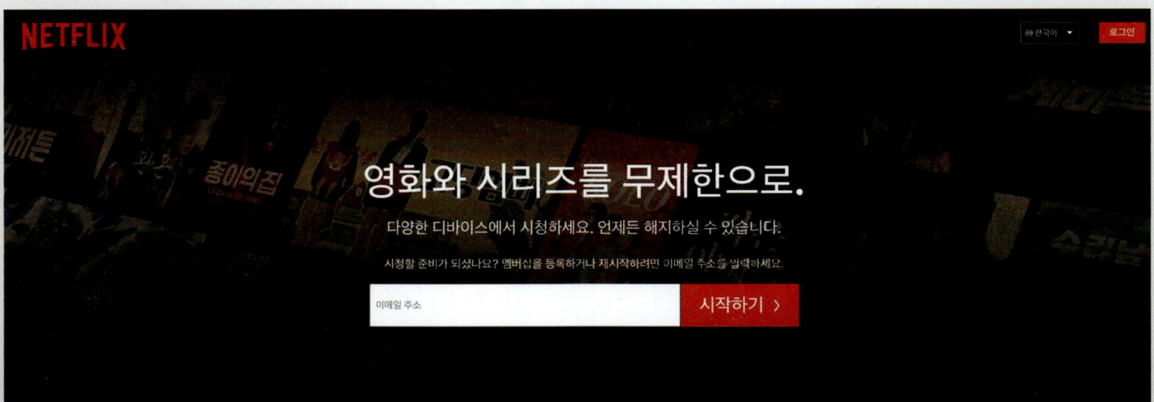

| 넷플릭스의 시작페이지 (출처: 넷플릭스)

를 통해 콘텐츠를 즐기는 사람들이 더 많아진 추세이다. 이러한 트렌드의 변화는 언제 어디서든 내가 원할 때 서비스를 이용할 수 있다는 편리함에서 오기도 했지만, 내가 시청한 콘텐츠를 기반으로 나에게 가장 적합한 콘텐츠를 추천해 주는 기능에서 비롯되었다고 볼 수도 있다. 넷플릭스의 경우 시청 이력뿐만 아니라 소비자들이 서비스를 이용하는 기기, 시청시간, 하루 중 시청시간대 등 다양한 정보를 수집하여 협업 필터링 알고리즘에 의해 콘텐츠를 추천해 준다. 넷플릭스는 이러한 의사결정과정에서 인구통계 데이터는 사용하지 않는다며 당사 홈페이지에 못박고 있다. 왓챠는 6억 개가 넘는 왓챠피디아의 리뷰 데이터를 기반으로 소비자들의 평점을 분석하여 그에 맞는 콘텐츠를 추천해 준다.

KB국민카드의 AI 기반 서비스

KB국민카드는 인공지능(AI) 기반 자동상담서비스 '큐디(Qd)'를 제공하고 있다. 챗봇 서비스 '큐디(Qd)'는 'KB국민카드 모바일홈' 앱에서 발생하는 카드 관련 각종 업무 문의에 인공지능 알고리즘을 기반으로 답변 및 업무처리까지 원스톱으로 가능한 서비스이다. KB국민카드는 이러한 AI 기반 서비스를 지속적으로 발전시켜 해당 서비스를 통해 다양한 고객별로 맞춤 혜택 및 서비스 제안을 가능하게 했고, 문자 메시지(LMS/SMS)를 통해 별도 앱 설치 없이 웹(WEB)으로 실시간 챗봇 상담을 할 수 있도록 서비스 접근성을 높였다.

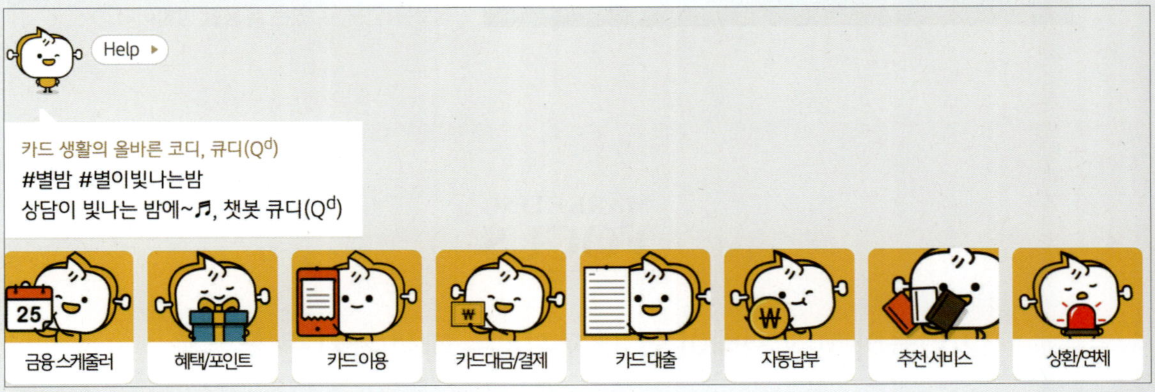

| KB국민카드 챗봇 큐디 (출처: KB국민카드)

또한, KB국민카드는 카드업계 최초로 소비자들에게 상담 서비스뿐만 아니라 AI 분석 플랫폼인 '에이옵(AiOp)'을 구축하였다. 이 플랫폼은 AI분석모델 개발에 필요한 데이터 인프라와 분석 애플리케이션을 아마존웹서비스(AWS)의 클라우드 기술 기반으로 구축하여, 클라우드의 장점인 유연한 자원활용과 최신 AI기술 기반으로 데이터 분석가, 엔지니어 등 사용자 친화적 환경을 통해 AI를 통한 분석모델 개발 및 운영에 필요한 비용과 시간을 절약할 수 있도록 했다. 또한, 사용자 편의성과 클라우드 서비스 접근 용의성을 높이기 위하여 'AI Hub 플랫폼'을 구축해 하나의 플랫폼에서 모델 개발과 운영 업무를 할 수 있도록 했다. 플랫폼 오픈에 맞춰 KB국민카드는 AI 기반 서비스 활성화를 위해 사내 직원을 대상으로 교육을 실시하고, '상품 불완전판매 모니터링 자동화 모델' 및 '고객 맞춤형 상품 추천'과 '초개인화 마케팅을 위한 AI 모델 고도화 개발' 등을 플랫폼에서 진행하고 있다.

자료원: 이코노믹리뷰, 2022.3.30, 2022.4.19.

② 표적집단면접법과 심층면접법

표적집단면접법은 소수의 응답자(일반적으로 6명에서 12명으로 구성됨)를 (가상공간을 포함한) 한 장소에 모이도록 한 다음 자유스러운 분위기 속에서 사회자(moderator)가 제시하는 주제와 관련된 정보를 대화를 통해 수집하는 방법이다. 심층면접법은 조사자와 응답자 간의 1 대 1 대면접촉에 의해 질문과 응답이 이루어지는 방법이다. 심층면접법은 질문항목이 미리 정해져 있지 않는 경우도 많으며, 응답자의 응답에 따라 질문이 변경될 수 있다. 심층면접법은 일반적인 설문조사가 밝혀내기 어려운 소비자의 잠재적 욕구 및 동기를 파악하는 데 적절한 조사방법이다.

| 표적집단면접법(FGI)은 대화를 통해서 특정 사항에 관한 정보를 얻을 수 있는 유용한 방법이다.

MARKETING FOCUS

기업들이 고객 서베이 할 때 저지르는 다섯 가지 큰 실수들

기업들은 고객과 다양한 방식으로 소통하고 있다. 그중의 하나는 고객의 쇼핑경험, 만족도, 상품에 대한 의견 등을 서베이를 통해 취합하는 것이다. 그러나, 많은 기업들은 고객 서베이를 제대로 실행하지 못하고 있고, 많은 실수를 저지르고 있다. 기업들은 어떤 실수를 주로 많이 할까? 아래의 다섯 가지 정도를 꼽을 수 있을 것이다.

1. 질문내용이 충분하지 않다.

많은 기업들이 고객들의 답변을 간단하게 만들기 위해 지나치게 간단한 내용만을 서베이에 사용한다. 그러나, 너무 간단한 질문이나 문항수가 너무 적으면 고객들의 의견을 충분히 청취하고 이로부터 통찰을 끌어내기가 불가능한 경우가 많다. 예를 들어, 어떤 극장에서 고객 서베이에 "향후 3개월간 우리 극장에 방문할 의향이 있습니까?"라고 질문하면 그 답이 "예" 이건 "아니오" 이건 그 이유에 대한 후속 질문들이 더욱 중요하다.

2. 너무 많은 것을 물어본다.

위의 경우와는 반대로 어떤 경우에는 너무 많은 질문을 물어보는 실수를 저지르기도 한다. 50개가 넘는 질문을 한다든지, 구매상황에서 발생하는 모든 상황에 대한 상세한 경험을 물어본다면 아마 응답의 질은 현저히 떨어질 것이다. 많은 경우, 고객들은 질문이 끝나기 전에 서베이를 종료하기도 한다. 적절한 수의 질문을 하는 것은 너무나 중요하지만 그것을 알아내기란 쉬운 일이 아니다. 이때 쓸 수 있는 간단한 원칙은 "네가 후속조치를 취할 수 없거나 그럴 계획이 없는 내용에 대해서는 질문하지 마라."이다. 예를 들어, 어떤 상점에서 "우리 상점에 들어온 후 5분 내에 종업원으로부터 응대를 받았습니까?"라는 질문은 답변이 중요한 의사결정에 함의를 제공하지 못하는 경우가 많다. 보통의 고객 서베이는 (1~2개의 개방형 질문을 포함한) 5개에서 9개 정도의 질문이 적당하다.

3. 다양한 해석이 가능한 내용을 물어본다.

만약 어떤 슈퍼마켓이 "우리 상점을 친지나 친구에게 추천하시겠습니까?"라고 질문하였을 때, 특정 고객이 10점 만점 중 2점이라고 답변했다 할지라도 그것이 이 고객의 만족도가 매우 낮다는 것을 의미하는 것은 아니다. 그 고객은 평소에 식료품을 사는 상점을 친지나 친구에게 추천하지 않기 때문에 그렇게 답했을 수도 있는 것이다. 즉, 고객은 질문에 솔직하게 답했으나 그 답의 해석이 다르게 내려질 수도 있는 것이다. "우리 종업원들은 메뉴에 대해 잘 알고 있고 친절했습니까?"와 같은 질문도 마찬가지이다. 불친절하지만 메뉴에 대해 잘 알고 있었을 수도 있고, 친절하지만 메뉴에 대해 잘 모르고 있었을 수도 있기 때문이다.

4. 참여한 고객에게 충분한 보상을 하지 않는다.

고객의 시간은 매우 소중한 경제적 자원이다. 특히, 오늘날과 같이 공유경제가 거의 모든 산업에 적용되고 있는 상황에서는 서베이에 참여한 고객들에게 합당한 보상을 하는 것이 통찰력을 얻을 수 있는 고객응답을 확보하는 데 있어 매우 중요하다. 예를 들어, 어떤 고객에게 약 30분 정도 소요되는 서베이를 부탁하고 1500원짜리 이모티콘을 제공하다면 그 기업은 그 고객에게 시간당 3000원을 지불한 셈이 된다. 이 경우 흔쾌히 서베이에 응할 고객은 많지 않을 것이다.

5. 너무 자주 참여를 요구한다.

상점을 방문할 때마다 서베이를 요구당한다면 아무리 간단한 설문이라도 짜증이 날 수밖에 없다. 최근에는 웹이나 이메일로 서베이를 함으로써 실행비용이 현저히 낮아져 기업 입장에서는 자주 서베이를 하는 경우가 있으나, 무엇보다 중요한 것은 참여하는 고객들의 심리를 고려해야 한다. 한 고객이 서베이에 참여한 경우에는 고객관리 데이터베이스에 "연락금지"와 같은 태그를 달아서 한동안 그 고객에게는 연락이 가지 않도록 배려하는 기업들도 있다. 한 고객에게 의견을 여러 번 받는 것보다는 다양한 고객들의 의견을 듣는 것이 더 중요한 경우가 대부분이라는 사실을 기억하자.

자료원: Utpal Dholakia, "The Five Biggest Mistakes Companies Make with Customer Surveys", *The Wall Street Journal*, 2021.5.23.

③ 서베이조사

서베이조사는 설문지를 이용하여 표본으로 선정된 조사대상자들로부터 자료를 수집하는 방법이다. 기업은 소비자들에게 자사제품에 대한 신념, 태도, 선호도, 구매행동 등을 설문지를 이용해 직접 물어봄으로써 마케팅의사결정에 필요한 자료를 수집한다. 서베이조사는 1차자료 수집에 가장 널리 사용되는 방법이며, 최근에는 이메일이나 웹페이지를 활용한 온라인 서베이가 널리 사용되고 있다.

④ 실험조사

실험조사는 인과관계를 조사하는 데 적절한 방법으로, 실험대상자들을 몇 개의 집단으로 나누고 집단별로 원인변수를 다르게 조작한 다음 각 집단들 간 반응에서 어떠한 차이가 나는지를 측정하는 것이다. 예를 들어, LG전자는 의류관리기 스타일러에 대한 새로운 광고를 개발하기 위해 실험에 참가한 소비자들을 몇 개의 집단으로 나누고 각 집단별로 서로 다른 광고시안을 보여준 다음, 집단들 간에 각 시안에 대한 소비자의 기억 정도 혹은 선호 정도가 다르게 나타나는지를 조사할 수 있다.

(2) 응답자 접촉방법

조사자가 자료를 수집하기 위해 응답자와 접촉하는 방법은 크게 **우편조사법**(mail survey), **전화면접법**(telephone interview), **대인면접법**(personal interview), **인터넷조사법**(internet survey) 등으로 나누어진다. 우편조사법은 응답자들로 하여금 우편으로 발송된 설문지에 응답하도록 한 다음 이를 반송용 봉투를 이용하여 회수하는 방법이다. 우편조사법은 자료수집에 소요되는 비용이 비교적 낮고, 조사자와 응답자 간의 상호작용에 의해 발생될 수 있는 응답상의 오류를 줄일 수 있다는 장점이 있다. 그러나, 응답률이 낮을 가능성이 크므로 조사자는 설문지 발송 전에 전화를 통해 사전허락을 받거나 설문지와 함께 답례품을 제공함으로써 응답률과 응답의 질을 높이는 것이 매우 중요하다.

전화면접법은 조사원이 전화를 통하여 응답자에게 질문하고 응답을 기록하는 방법이다. 특정 후보자에 대한 지지율이나 방송프로그램에 대한 청취율을 조사하는 데 전화면접법이 흔히 사용된다. 전화면접법은 비교적 적은 비용과 짧은 시간으로 조사를 실시할 수 있으며, 안심번호나 무작위번호생성법(Random Digit Dialing: RDD) 방식에 의해 표본대상을 쉽게 선정할 수 있다는 장점이 있다. 그러나 조사내용이 어렵거나 질문이 긴 경우에는 응답자들의 성의 있는 답변을 얻을 수 없으며, 부재 중이어서 통화가 불가능한 응답자들이 표본에서 제외되는 단점이 있다.

대인면접법은 사전에 교육을 받은 조사원이 직접 응답자와의 대면접촉을 통해 자료를 수집하는 방법이다. 쇼핑몰이나 거리를 지나가는 소비자들을 대상으로 조사하는 것이 대인면접법의 대표적

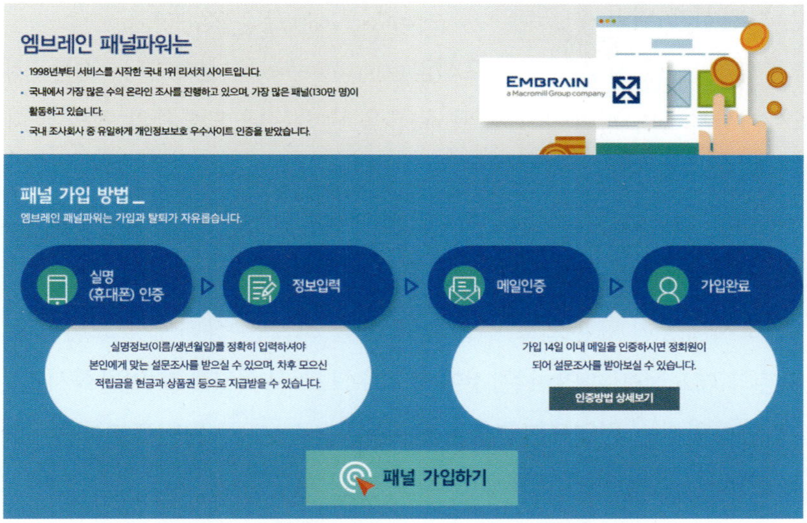

| 조사회사 엠브레인은 약 130만 명의 온라인 패널을 운영하고 있다.

인 예이다. 대인면접법은 조사원들이 응답자에게 이해하기 어려운 질문에 대해 설명해 줄 수 있어 보다 정확한 자료를 수집할 수 있는 장점이 있으나, 조사비용과 시간이 많이 들고, 조사과정에서 조사원이 응답자에 영향을 미치거나, 조사자의 임의적 판단에 의해 조사하기 편한 응답자를 선택함으로써 표본선정에 오류가 발생할 수 있는 단점이 있다.

인터넷조사법은 이메일이나 웹페이지를 활용하여 설문지를 발송하고, 응답도 파일로 전송받아 자료를 수집하는 방법이다. 우리나라의 경우 거의 대부분의 모집단이 인터넷조사법으로 접촉이 가능하지만 고령자이거나 교육수준이 낮은 소비자 집단에 대해서는 유의하여야 한다. 또한, 최근 스팸메일에 대한 규제가 강화되고 있어 대표성 있는 표본으로부터 신뢰성 있는 자료를 수집하기가 점점 더 어려워지고 있다. 이러한 단점을 극복하기 위해 많은 조사회사들은 인터넷조사를 위한 대규모 패널을 운영하는 것이 보통이다.

(3) 표본추출계획

일반적으로 마케팅조사자는 모집단에서 추출된 소규모의 표본들로부터 자료를 수집하고, 그 결과를 모집단 전체로 일반화한다. 그러므로 조사자는 모집단의 특성을 반영하는 대표성 있는 표본을 추출해야 한다. 표본추출계획은 다음의 세 단계로 수립하는 것이 일반적이다.

첫째, 조사대상의 모집단을 정의한다. 여기서 모집단이란 조사대상이 되는 소비자, 제품, 기업, 지역 등의 집합체를 말한다. 예를 들어, 특정 이동통신서비스를 현재 이용하고 있는 소비자 전원, 서울지역에 살고 있는 20대 소비자, 최근 3개월간 영화관에서 영화를 1회 이상 관람한 소비자 등 모집단의 정의는 다양하게 내릴 수 있다.

둘째, 표본을 추출하는 데 사용될 **표본프레임**(sample frame)을 선정한다. 표본프레임이란 모집단 내에 포함된 조사대상자들의 명단이 수록된 목록을 말하는데 모집단의 정의에 따라 표본프레임의 확보가 불가능한 경우도 있다.

셋째, 모집단에 대한 정의와 표본프레임의 선정이 이루어지면, 조사자는 표본을 추출하는 방법을 결정한다. 표본추출방법에는 크게 비확률표본추출방법과 확률표본추출방법이 있다. **비확률표본추출방법**은 각 조사대상이 표본으로 추출될 확률을 모르는 상태에서 표본이 선정되는 방법으로서, 추출된 표본의 대표성을 파악하는 것이 어려우므로 분석결과를 일반화시키는 데 한계가 있다. 비확률표본추출방법에는 **편의표본추출**(convenience sampling), **판단표본추출**(judgment sampling), **할당표본추출**(quota sampling) 등 3가지 방법이 주로 많이 활용된다.

편의표본추출은 조사자의 편의대로 표본을 선정하는 방법으로, 신제품을 테스트하기 위해서 시제품 사용에 참여하기를 원하는 지원자를 대상으로 조사를 한다든지, 길거리에서 우연히 마주치는 사람에 대해 조사를 행하는 것이 이에 해당한다. 판단표본추출법은 조사목적에 가장 적합할 것으로 판단되는 특정집단을 표본으로 선정하는 방법이다. 예를 들어 신제품을 출시하기 전에 제품의 시장성을 조사하기 위해서 제품의 시장잠재력을 가장 잘 반영할 것으로 판단되는 특정도시를 선택하는 것이나, 경쟁회사의 영업상태를 파악하기 위해서 자사의 영업사원을 대상으로 조사하는 것 등이 판단표본추출법의 예라고 볼 수 있다. 할당표본추출은 모집단의 특성(가령, 나이)을 기준으로 이에 비례하여 표본을 추출함으로써 표본의 대표성을 높이려는 추출방법이다. 예를 들면 모집단이 30세 이상과 30세 이하로 대별되고 각 집단의 구성비율에 대하여 사전정보를 가지고 있는 경우 그 비율에 따라 표본을 추출하는 것이 대표적인 예라고 할 수 있다.

확률표본추출방법은 연구대상이 표본으로 추출될 확률을 미리 알 수 있는 표본추출방법으로서, 추출된 표본이 모집단을 얼마나 잘 대표하는지를 알 수 있으므로 표본분석결과를 일반화할 수 있다. 확률표본추출방법에는 **단순무작위표본추출**(simple random sampling), **층화표본추출**(stratified sampling), **군집표본추출**(cluster sampling)이 대표적이다.

단순무작위표본추출은 각 표본들이 동일하게 선택될 확률을 가지도록 선정된 표본프레임 안에서 각 표본단위들을 난수표나 컴퓨터 프로그램을 이용하여 무작위로 추출하는 방법이다. 층화표본추출은 모집단을 통제변수에 의해서 서로 배타적(exclusive)이고 포괄적인(exhaustive) 소그룹(subsets, strata)으로 구분한 다음 각 소그룹별로 단순무작위표본추출하는 방법이다. 예를 들면 모집단을 남성과 여성으로 분류하고 각 소그룹에 대해 다시 무작위로 표본을 추출하는 것이 그 예이다. 층화표본추출법은 비확률표본추출방법의 일종인 할당표본추출법과 추출과정이 거의 비슷하지만 표본프레임 확보 여부가 중요한 차이라고 할 수 있다. 군집표본추출은 모집단을 여러 소그룹으로 나눈 다음 특정 소그룹을 표본으로 추출하고 선택된 소그룹 전체를 조사대상으로 삼거나, 그 소그룹의 상당부분을 표본으로 다시 추출하는 표본추출방법이다. 예를 들어, 전국 대학생들의 자사브랜드 인지도를 조사하기 위해 특정 학교를 선택하여 표본을 추출할 수 있다.

(4) 측정도구

마케팅조사자는 1차자료를 수집하는 데 있어 자료수집을 위한 측정도구를 설계해야 한다. 예를 들어, 설문조사에 사용하는 설문지, 신체반응조사를 위한 다양한 측정기계들을 말한다. 설문지는 마케팅조사에서 가장 보편적으로 사용되는 측정도구로서, 응답자들이 적절히 응답할 수 있는 일련의 질문들로 구성된다. 충분한 사전점검 없이 작성된 설문지는 여러 가지의 응답오류를 발생시키므로, 마케팅조사자는 추출된 표본에 대해 조사를 실시하기 앞서 신중을 기하여 설문지를 개발하고, 개발된 설문지에 잘못된 것이 없는지를 점검하기 위해 표본으로서의 자격을 갖춘 소수의 응답자들에게 사전조사(pretest)를 실시해야 한다. 마케팅조사자는 설문지를 작성하는 데 있어 다음과 같은 사항들을 고려해야 한다.

첫째, 어떤 내용을 질문할 것인지를 결정한다. 조사자는 조사문제와 관련하여 반드시 포함되어야 할 질문 중에서 빠진 것은 없는가, 응답자들이 대답하기 어려운 질문은 없는가, 응답자들이 응답을 회피하고자 하는 질문은 없는가, 불필요한 질문은 없는가 등을 검토해야 한다.

둘째, 적절한 질문형태를 결정한다. 질문형태는 응답자의 응답방식에 따라 **선택형 질문**(closed question)과 **개방형 질문**(open-ended question)으로 나누어진다. 〈표 3-3〉은 선택형 질문과 개방형 질문의 구체적 예를 보여준다. 선택형 질문은 응답자로 하여금 주어진 응답항목들 중 하나 또는 그 이상을 선택하도록 하는 질문방법으로, 자료수집 후 자료처리가 용이하며 응답자들에게 응답할 내용들을 제공함으로써 응답을 얻어내기 용이하다는 장점을 갖는다. 개방형 질문은 조사자가 응답내용을 제시하지 않아도 되기 때문에 쉽게 설문지를 작성할 수 있다는 장점이 있지만, 자료수집 후 자료분석이 가능하도록 복잡한 사후처리과정을 거쳐야 하는 번거로움이 있다. 개방형 질문은 탐색적 조사에 유용한 질문형태이다.

셋째, 질문에 사용되는 단어의 선택과 질문항목들의 순서에 대해 신중해야 한다. 설문지에서는 가능하면 간단하면서 조사목적과 직접 관련성이 있고, 응답자의 편견이 개입되지 않는 단어를 사용해야 한다. 질문의 순서를 결정하는 데 있어서도 여러 가지 요인이 고려되어야 한다. 최초의 질문은 가능하다면 응답자들의 흥미를 끌 수 있는 것이어야 하며, 쉽게 대답할 수 있는 질문들은 설문지의 전반부에 배치하고 응답하기 어려운 질문들은 후반부에 배치하는 것이 바람직하다. 그리고 응답자들이 응답하기 꺼려하는 사적인 질문(소득, 학력, 직업 등)은 설문지의 마지막 부분에 배치하는 것이 좋다.

표 3-3 질문의 유형

1. 선택형 질문		
구분	**설명**	**예**
이분형	선택 대안이 2개인 경우	귀하께서는 향후 3년 이내에 냉장고를 구입할 예정이십니까? (1) 예__________ (2) 아니오__________
선다형	선택 대안이 셋 이상인 경우	귀하께서는 현재 어느 회사 제품의 냉장고를 보유하고 계십니까? (1) LG전자 (2) 위니아전자 (3) 삼성전자 (4) 월풀 (5) GE
리커트 척도 (Likert Scale)	응답자의 동의 정도를 묻는 질문	귀하께서 경험해 본 냉장고의 만족 정도를 평가하여 주십시오. 매우불만족 불만족 보통 만족 매우만족 (1) LG전자 ① ② ③ ④ ⑤ (2) 삼성전자 ① ② ③ ④ ⑤
어의 차이 척도 (Semantic Differential Scale)	양쪽 끝에 상이한 형용사를 표시한 질문	삼성전자의 냉장고는 경제적이다 ① ② ③ ④ ⑤ 소음이 적다 ① ② ③ ④ ⑤
중요성 척도	속성의 중요도를 나타낸 질문	냉장고 구매 시 냉장고의 가격은? 전혀 중요치 않다 ① 중요치 않다 ② 보통이다 ③ 중요하다 ④ 매우 중요하다 ⑤
구매 의도 척도	구매의도를 평가하기 위한 질문	냉장고 가격이 20% 상승한다면 구입하시겠습니까? 반드시 구입한다 ① 아마 구입한다 ② 확실치 않다 ③ 아마 구입안한다 ④ 절대 구입안한다 ⑤
서열 척도	속성별로 개별 상표를 평가하기 위한 질문	귀하께서는 선호하시는 냉장고의 상표를 평가하여 주십시오. LG전자 ( )위 위니아전자 ( )위 삼성전자 ( )위
2. 개방형 질문		
완전 비체계형	형식에 상관없이 답하도록 하는 질문	삼성전자의 냉장고에 대한 귀하의 의견은? ____________________
단어 연상형	응답자에게 단어를 제시하고 연상되는 생각을 묻는 질문	다음 단어를 들었을 때 가장 먼저 떠오르는 생각은 무엇입니까? (1) 삼성전자________________ (2) 비스포크 냉장고________________
문장 완성형	미완성 문장을 완성하도록 하는 질문	비스포크 냉장고의 개선사항은________________
그림 완성형	대화하고 있는 두 사람의 그림을 제공하고 대화를 완성해 보도록 하는 질문	

2.3 자료의 수집과 분석

조사계획의 수립이 완료되면, 마케팅조사자는 자료수집단계인 실사로 들어간다. 실사란 조사원을 선발하여 교육시키고, 표본계획에 맞는 응답자를 찾아 자료를 수집한 다음, 수집된 자료의 코딩과 같은 자료처리과정을 거쳐 분석가능한 상태로 편집하는 과정이다. 마케팅조사에서 발생되는 오류의 상당부분이 실사과정에서 발생될 수 있으므로, 조사자는 조사원의 선발과 교육에 세심한 주의를 기울이고 수집된 자료의 코딩을 위한 가이드라인을 마련할 필요가 있다. 실사를 통하여 수집된 자료들은 수치화되어 컴퓨터에 입력된다. 입력된 자료들은 조사목적과 수집된 자료의 특성에 맞는 분석기법에 의하여 분석된다.

마케팅조사에 자주 활용되는 계량적 분석기법을 몇 가지 소개하면 다음과 같다.

- **회귀분석**(regression analysis): 회귀분석은 둘 이상의 독립변수가 하나의 종속변수에 미치는 영향의 정도와 방향을 파악하기 위해서 사용되는 분석기법이다. 예를 들면 광고비의 증감과 가격변화가 매출에 어느 정도의 영향을 미치는가를 알아보는 데 사용된다.
- **상관관계분석**(correlation analysis): 광고비와 매출액 간의 관계와 같이 두 변수들 간의 관련성 정도를 측정하는 분석기법이다.
- **분산분석**(analysis of variance: ANOVA): 분산분석은 집단들 간에 특정변수의 평균값이 서로 차이가 있는지를 검증하는 통계기법이다. 예를 들면 남녀 간에 선호하는 청바지의 가격대에서 차이가 있는지를 검증한다든지, 연령별로 선호하는 자동차 속성에서 차이가 있는지 등을 검증하는 데 사용된다.
- **요인분석**(factor analysis): 요인분석은 조사에 사용된 여러 가지 변수들을 유사한 변수들끼리 한 요인으로 묶어서 적은 수의 요인으로 축소시키는 데 사용되는 통계기법이다. 예를 들어 소비자들이 백화점을 선택하는 기준으로 주차공간의 편리함, 취급제품의 신뢰성, 매장의 분위기, 백화점의 유명도, 취급하는 상품의 종류, 상품교환 및 반환의 용이성, 판매원들의 친절도, 백화점의 광고, 부대시설 등의 여러 가지 변수가 있다면, 이러한 변수들 가운데서 관련성이 높은 것들끼리 묶어서 소수의 요인으로 줄이는 데 사용될 수 있다.
- **군집분석**(cluster analysis): 군집분석은 유사한 특성을 갖는 조사대상자들을 묶어주는 통계기법으로 시장세분화에 많이 사용되어진다. 예를 들면 맥주의 구매행태에서 소비자들을 순한 맛을 좋아하는 집단, 가격을 중시하는 집단, 분위기를 찾는 집단 등으로 구분하는 데 사용된다.

MARKETING
FOCUS

새로운 데이터분석 기법의 등장: 머신러닝

기술이 발전함에 따라 현대사회에서 기업이 얻을 수 있는 데이터 역시 질적, 양적으로 모두 변화했다. 하지만 이렇게 방대하고, 빠른 속도로 축적되며, 다양한 형태를 가진 빅데이터를 사람의 힘으로 일일이 수집하고 처리해서 결론을 도출하기는 여간 비효율적인 일이 아니다.

새로운 데이터분석 기법으로 인공지능의 한 분야인 기계학습, 즉 '머신러닝(Machine Learning)'이 각광받고 있다. 컴퓨터게임 및 인공지능 분야의 선구자인 아서 사무엘(Arthur Samuel)은 1959년에 머신러닝을 "컴퓨터에 명시적인 프로그램 없이 배울 수 있는 능력을 부여하는 연구 분야"라고 정의하였다. 더 쉽게 이해할 수 있도록 오레곤 주립대 토마스 디트리히(Thomas Dietterich) 교수는 머신러닝을 교실 내 학습상황에 비유하였다. 교실의 선생님이 학생(컴퓨터)에게 경험을 전달하고 피드백이 이뤄지는 과정에서 학생이 학습하여 새로운 지식을 얻어내는 것이 바로 머신러닝인 것이다.

세계적인 항공 택배 서비스 기업인 FedEx에서는 따로 영업 데이터 사이언스 및 엔지니어링 팀을 운영하며 머신러닝 기법을 알차게 활용하고 있다. 팀 내의 데이터 전문가들은 머신러닝에 기반한 예측 응용 프로그램을 개발하여 영업 전문가가 더 나은 전략을 수립하고, 조직의 성장을 주도하는 것에 일조한다. 이들이 생산한 프로그램은 머신러닝 기법으로 구매자 성향을 예측하여 외부고객 확보를 촉진시키고, 고객유지전략의 일환으로 영업활동, 구매, 서비스 품질 등의 데이터를 분석하여 기존고객의 이탈을 예측하기도 한다. 또한 지역 및 산업 GDP, 기업 통계 및 판매량에 대한 과거 추세를 분석하여 고객의 성장성향을 예측할 수도 있다.

현대모비스의 중고차 거래 플랫폼 '오토벨'은 '글로비스 프라이싱 시스템'을 통해 시장가와 가장 근접한 중고차 매입가를 제시한다. 플랫폼을 통해 중고차를 처분하려는 소비자들은 플랫폼의 간편성과 신속성의 이점을 생각하여 서비스를 이용하고 싶어하지만, 직접 발품을 팔아 판매하는 것보다 더 싸게 판매되지 않을까 우려하기 때문에 매입가를 높게 쳐주는 플랫폼을 선호한다. 이러한 소비자들의 고민에 응답하여 오토벨은 머신러닝 기법을 사용하여 시세 빅데이터를 분석하여 매입가를 고객들에게 제시해 준다. 오토벨의 매입 데이터분석에 따르면 2022년 1분기 오토벨 매입가는 소비자의 차량 매각 희망가보다 평균 8% 높았다. 머신러닝을 통한 정교한 시세 산출 덕에 2022년 1월 오토벨 플랫폼에서는 론칭 후 1만3000여 건이 넘는 시세 조회가 이뤄졌다.

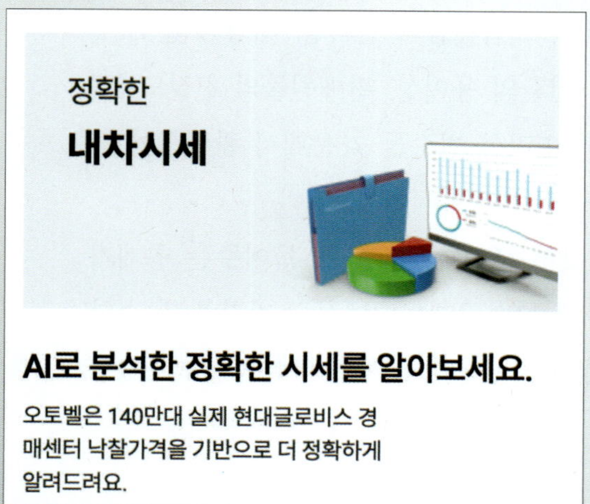

마켓컬리는 2015년 사업 초기부터 빅데이터 분석 역량을 고도화한 결과 신선식품 폐기율을 1% 미만으로 유지하고 있다. 이는 통계청 추산 대형마트의 폐기

율인 3%, 슈퍼마켓의 폐기율인 7~8%에 비해 상당히 낮은 수치이다. 일평균 주문건수, 물류센터 수, 지방 권역 샛별배송, 극신선식품 상품 수 증가 등으로 인해 유입되는 주문 규모 증가와 다양해지는 고객 유형 및 상품 종류 등 관리 난이도가 높아진 상황에서 이러한 성과를 이뤄내고 있는 것은 놀라운 일이다. 이는 마켓컬리의 자체 개발 데이터 수집 분석 시스템 '데이터 물어다 주는 멍멍이(데멍이)'를 통해 고객 주문을 정교하게 예측할 수 있었기에 가능했다. 데멍이는 머신러닝을 기반으로 고객 구매 데이터를 분석하여 미래에 발생할 수요 및 주문을 예측하고 이를 토대로 상품 발주를 진행한다. 머신러닝 기법은 일간, 주간, 월간 단위로 상품의 단위 및 연령별 수요, 날씨, 시기별 이슈, 고객반응률, 프로모션 등 여러 요소를 두루 고려해 주문량을 정교하게 예측한다. 데멍이를 통해 상품이 물류센터에 입고된 뒤에는 실시간 모니터링 및 빅데이터 분석을 통해 시간대별 지역별 주문 현황 및 향후 판매량을 예측하고, 아울러 재고정보를 실시간으로 트래킹하며 상품 프로모션을 제안하기도 한다.

자료원: 매일경제, 2022.4.27; 한국경제, 2022.4.26; 이코노믹리뷰, 2022.3.11.

2.4 보고서 작성

조사자는 분석된 결과를 보고서로 작성하여 조사의뢰자에게 제출하고 조사결과에 대해 설명한다. 마케팅조사보고서는 다음과 같은 요건을 갖추는 것이 바람직하다. 첫째, 보고서는 명확하면서도 간단해야 한다. 대부분의 의사결정자들은 조사결과의 세부적인 사항까지 읽으려고 하지 않기 때문에 생략해야 할 것과 포함시켜야 할 것을 충분히 고려하여 의사결정자가 쉽고 빠르게 이해할 수 있도록 보고서를 작성해야 한다. 둘째, 보고서는 객관적이어야 한다. 만약 조사결과가 의사결정자의 경험이나 판단에 배치된다면 의사결정자는 조사결과에 대하여 강한 불신을 표현할 수 있으므로, 조사자는 논리적 근거와 객관적 자료를 바탕으로 보고서를 작성해야 한다. 조사보고서

표 3-4 조사보고서의 구성요소

1. 제목
2. 보고서 목차
3. 연구결과의 요약 및 결론
4. 서론
5. 조사방법
6. 조사결과의 분석
7. 전략적 제안점(결론 및 권고사항)
8. 부록
   ① 조사설문지
   ② 표 및 도표

는 대체로 〈표 3-4〉와 같은 항목들로 구성된다.

조사자가 조사의뢰인에게 조사결과를 설명하기 위해 발표를 준비할 때는 다음과 같은 사항에 주의해야 한다. 첫째, 조사자는 노트북, 프로젝터, 마이크 등의 발표보조기구를 미리 점검해야 하고 이러한 보조기구들이 고장이나 부재인 상태를 대비하여 2차적인 발표도구를 준비해 놓아야 한다. 둘째, 조사의뢰인의 성향을 분석하여 조사결과에 대해서 조사의뢰인이 어떠한 반응을 보일 것인지를 예측해보고 각 상황에 맞는 시나리오를 작성해 놓아야 한다. 셋째, 여러 번에 걸친 예행 연습을 통해서 실전감각을 익혀야 한다. 넷째, 프레젠테이션을 진행하는 과정에서 서두에 가장 흥미있는 조사결과를 설명함으로써 주의를 환기시킬 필요가 있으며 청중을 계속 주시함으로써 자신 있는 모습을 보여주어야 한다. 다섯째, 단순히 보고서의 내용을 읽기보다는 도표나 그림, 차트 등을 통해서 간략하고 명쾌하게 설명하는 것이 바람직하다. 여섯째, 프레젠테이션이 끝나고 질문을 받는 시간에는 질문에 대해 핵심내용만을 간결하게 답변함으로써 청중들의 호의적 반응을 유도할 필요가 있다.

| 참고문헌 |

1. Burns, Alvin C. and Ann F. Veeck, *Marketing Research*, 9th ed., Pearson, 2020.
2. Hair Jr., Joseph F., Barry J. Babin, Rolph E. Anderson, and William C. Black, *Multivariate Data Analysis*, 8th ed., Prentice−Hall, 2018.
3. Lilien, Gary L., Philip Kotler and K. Sridhar Moorthy, *Marketing Models*, Prentice−Hall, 1995.
4. Malhotra, Naresh K., *Marketing Research: An Applied Orientation*, 7th ed., Prentice−Hall, 2019.
5. 김상용, 송태호, *비즈니스 애널리틱스를 위한 마케팅조사*, 제2판, 창명, 2019.
6. 안광호, 임병훈, *마케팅조사원론*, 제6판, 창명, 2017.

| 생각해 볼 문제 |

1. 전사적인 입장에서 마케팅정보가 효율적으로 관리되려면 어떤 점에 주의를 기울여야 하는가?

2. SK나 GS칼텍스 같은 정유사에서는 고객카드를 운영하고 있다. 이와 같은 고객카드는 기본적으로 대금결제를 하는 백화점카드 및 신용카드와는 다르다. 기본적으로 고객카드는 고객을 관리하여 자사의 휘발유를 보다 많이 팔고자 하는 데 목적이 있을 것이다. 고객카드에는 다양한 정보들이 관리되는데 이에는 어떤 자료들이 포함되어 있으며, 이와 같은 자료들은 매출극대화를 위하여 어떻게 활용되어야 할 것인가?

3. 마케팅조사자는 흔히 의사에 비유된다. 의사의 진찰 및 치료과정을 마케팅조사자의 시장조사 및 전략수립과정과 비교하여 보자.

4. 매출은 증대되는데 시장점유율은 떨어지는 경우가 있다. 어떤 경우인가? 실제 예를 들어보고, 이 경우에 문제정의로부터 시작하여 마케팅조사의 범위를 규정하여 보자. 마찬가지로 시장점유율은 확대되는 데 매출이 감소되는 경우도 있다. 어떤 경우인가? 예를 들고, 문제정의로부터 시작하여 시장조사의 범위를 규정하여 보자.

5. 중저가 의류시장에서 소비자들의 브랜드 선택행위에 관하여 500명을 대상으로 조사하고자 한다. 표본을 어떻게 추출하겠는가? 표본추출계획을 수립하고 조사상의 어려운 점들을 토론해 보자.

6. 최근 소비자들의 정보취득 채널과 의사결정 행태가 사회연결망이나 이동통신의 급격한 보급으로 많이 바뀌고 있다. 최근에 관찰되는 변화를 정리하고 이것이 마케팅조사에 미치는 영향에 대해 토론해 보자.

7. 기술의 발전으로 과거에는 불가능하거나 수행하기 어려웠던 마케팅조사들이 가능해지고, 보다 효율적으로 조사결과를 도출할 수 있는 기법들이 등장하고 있다. 이렇게 최근 새롭게 나타나고 있는 조사기법들에 대해 알아보고, 미래에는 어떤 조사가 각광을 받을 것인지 토론해 보자.

제 4 장

마케팅환경분석

1. 내적 환경요인
2. 외적 환경요인

COVID-19가 초래한 소비행동 변화

2019년 말에 첫 발생하여 우리 사회 전반에 엄청난 변화를 가져온 COVID-19로 인해 소비자들의 소비패턴도 다양하게 변화하였다. 이런 변화에 발빠르게 대응한 기업들만이 팬데믹이 가져온 경제 침체기에서 살아남을 수 있었다.

통계청 인구총조사(KOSIS)에 따르면 2021년 1인가구의 비율은 31.7%이며, 2019년 대비 약 50만 가구가 증가하였다. 1인가구의 비율이 매년 증가하는 추세에 맞추어, 다양한 산업군에서 1인가구를 새로운 소비층으로 겨냥하여 그들이 '혼밥(혼자 밥먹기)', '혼술(혼자 술먹기)', '혼놀(혼자 놀기)' 등을 즐길 수 있도록 도와주는 '일코노미(1인과 이코노미의 합성어)' 서비스와 제품을 출시해 오고 있다.

이러한 추세에 더해 COVID-19으로 인해 사회적 거리두기가 강화되고 비대면 활동의 중요성이 증가하면서 이른바 '홈코노미(Home과 Economy의 합성어)' 시대가 도래하였다. 다시 말해, '홈족(집에서 주로 시간을 보내는 사람들을 일컫는 말)'의 범위는 더 이상 1인가구에 국한되지 않게 되었고, 주거공간은 휴식의 공간뿐만 아니라 사회경제적 활동 공간으로 확대되었다. 이러한 변화에 맞춰 다양한 기업들이 관련 서비스와 제품을 출시하였다. 집에서 다양한 운동 콘텐츠를 접할 수 있는 '모두의 피트니스'와 같은 피트니스 앱, 집에서 간단하지만 건강하게 챙겨 먹을 수 있는 밀키트 제품, 집에서 여가시간을 즐길 수 있게 도와주는 '넷플릭스', '티빙', '왓챠', '쿠팡플레이'와 같은 OTT 서비스가 그 예이다.

COVID-19로 인해 해외 관광객들이 급격히 감소하면서 역대 최악의 위기를 직면한 국내 호텔 업계에서도 전화위복으로 홈코노미족을 새로운 타깃으로 변경하여 불황을 극복하고자 하였다. 고객들이 호텔을 '숙박'의 장소에서 '여가'의 장소로 인식할 수 있도록 새로운 마케팅전략을 세운 것이다. 재택근무자가 많아지면서 직장인들은 시간과 장소의 구애를 받지 않고 업무를 볼 수 있게 되었다는 점을 활용하여, 호텔로 그들이 일하는 환경을 바꾸어 일상으로부터 탈피해 기분전환을 할 수 있다는 점을 강조했다. 글래드 호텔의 '호텔로 출근해'라는 데이유즈 패키지가 그 예이다.

집에 머무는 시간이 늘어나며 사람들이 주거공간을 꾸미기 위한 소비도 자연스레 증가하였다. 이러한 수요를 파악하여 더 플라자 호텔, 인천 파라다이스 호텔 등은 호텔에서의 특별한 경험을 집에서 상기시킬 수 있는 자체 제품을 런칭하였고, 롯데 호텔과 워커힐 호텔앤리조트 역시 온라인 및 오프라인 매장을 열어 다양한 상품을 판매하기 시작했다.

| 출처: 글래드 호텔

COVID-19 상황으로 인해 변화한 젊은 층의 소비패턴도 주목할 만하다. 우선, 해외여행 제약 등으로 2030대의 명품 소비가 증가하였다. 그에 맞춰 각 백화점에서는 2030 VIP를 잡기 위한 새로운 마케팅을 선보이고 있다. 대표적인 예로 현대백화점의 '클럽YP'가 있는데, 이는 업계 최초 2030세대 전용 VIP 멤버십 제도이다. 이러한 2030대의 명품 소비의 증가와 더불어 COVID-19로 인해 더욱더 가속화된 온라인 쇼핑 수요의 증가는 새로운 명품 소비의 형태를 만들어냈다. 오랫동안 불황을 겪던 삼성물산은 수익성이 부진한 비효율 브랜드와 해당 오프라인 점포를 정리하고,

MZ세대로부터 주목받는 유럽 컨템포러리 브랜드인 '아미', '메종키츠네', '르메르' 등을 '신(新)명품'으로 육성시키는 전략을 취했다. 또한, 온라인몰인 SSF샵을 전면 리뉴얼하고, 인플루언서 라이브 커머스 및 인공지능(AI) 바탕 고객별 추천 코디제안 기능 등 MZ세대를 타깃으로 한 온라인 집객에 힘쓰고 있다.

온라인 명품 거래 플랫폼 역시 2030세대의 온라인 명품 소비 증가에 따라 새롭게 부상하였다. 이들은 백화점에 비해 저렴한 가격을 내세워 명품을 판매하여 2030세대의 마음을 사로잡고 있다. 유명 명품 거래 플랫폼인 머스트잇의 조사에 따르면, 2020년 머스트잇 MZ세대 거래액 비중은 87%를 차지한다. MZ세대가 온라인 명품 거래 플랫폼의 주요 고객층으로 명품 시장에서 활발히 활동하고 있다는 사실이 여실히 드러난다.

이러한 COVID-19이 가져온 소비행동의 변화를 Think with Google에서는 다음과 같이 정리하고 있다.

- 유용하고 의미있는 쇼핑경험에 대한 기대 증가
- 내가 사는 지역에 대한 관심과 공동체 의식 향상
- 개인의 가치를 기준으로 구매 결정
- '집콕'생활에 대한 공감대를 광고 소재에 반영

자료원: 소비자 평가, 2022.3.3., 3.7, 3.17; 이코노믹 리뷰, 2021.7.29., 2022.2.22; Think with Google, 2021.6.

마케팅과 관련된 의사결정이 이루어지고 실행에 옮겨지는 현장인 기업을 둘러싼 마케팅환경은 마케팅계획이 수립되고 실행되는 데 있어 매우 중요한 의미를 가진다. 예컨대 자연환경보호에 대한 일반대중의 관심과 이와 관련된 새로운 법적 규제의 증가는 기업이 수동적으로 이러한 추세에 순응하는 차원을 넘어서 보다 적극적으로 마케팅활동을 통해 이를 선도해 나갈 것을 요구한다.

1997년 말 외환위기를 거치면서 기업과 금융권의 구조조정 등 많은 변화를 겪은 국내의 경제환경은 우리 기업들이 과거에 추구했던 성장 일변도의 전략에서 탈피하여 수익성 위주의 전략으로 전환할 것을 요구하였고, 기업의 마케팅전략도 이에 발맞추어 점유율이나 판매 위주의 전략에서 고부가가치 창출을 위한 전략으로 변화하였다.

미국의 비우량담보대출(subprime mortgage loan) 사태로 촉발된 금융위기는 2008년 9월 세계적인 금융회사 리먼 브라더즈(Lehman Brothers)의 도산으로 이어지면서 전 세계 경제를 침체의 늪에 빠지게 만들었고, 저물가·저성장·저금리로 대표되는 뉴 노멀(New Normal) 시대로 이끌었다. 이 같은 환경변화는 마케팅전략 수립에서 실행에 이르기까지 엄청난 영향을 미칠 수밖에 없다. 예를 들어, 현대자동차는 이 같은 경제위기를 기회로 활용하여 현대차 구매자가 실직할 경우 구입한 자동차를 다시 반환할 수 있는 현대 어슈어런스(Hyundai Assurance) 프로그램을 통해 미국시장에서 많은 호평과 매출의 신장을 기록한 바 있다.

2019년 말 발생하여 전 세계를 강타한 COVID-19 팬데믹 사태는 거의 모든 산업에서 기존의 틀을 무너뜨렸고, 이를 극복하기 위해 많은 정부에서 공급한 통화량은 필연적으로 인플레이션을 초래하였고, 우크라이나-러시아 전쟁 등 불확실성 증가로 많은 기업들이 공급망 관리에도 어려움을 겪었다. 비약적으로 증가한 비대면 소비로 인해 줌(Zoom), 쿠팡, 배달의민족, 넷플릭스(Netflix) 등에게는 오히려 팬데믹 상황이 호재로 작용하기도 하였다.

이 장에서는 기업에서 마케팅계획을 수립하고 실행하며 이를 통제해 나가는 데 바탕이 되는 마케팅환경에 대해 살펴보기로 한다. 마케팅환경을 구성하는 요인들은 내적 환경요인과 외적 환경요인의 두 가지 큰 범주로 나눌 수 있다. 내적 환경요인은 기업과 마케팅담당자들에 의해 주도되면서 기업에 의해 통제될 수 있는 요인들을 말한다. 기업의 최고경영층은 기업의 전반적인 정책을 제시하며 이는 마케팅담당자들이 의사결정을 내림에 있어 지침 역할을 수행한다. 또한 마케팅담당자들은 이 같은 지침에 따라 구체적인 마케팅계획을 수립한다. 예컨대 기아자동차의 최고경영진이 모빌리티 서비스시장에 진입하기로 결정하면 기아자동차의 마케팅담당자에게는 그 의사결정이 내적 환경을 구성하는 하나의 요인이 되며, 마케팅담당자들이 수립한 모빌리티 서비스시장 침투를 위한 마케팅계획은 상품기획부서에게 하나의 내적 환경요인으로 작용한다. 외적 환경요인은 개별기업이 통제할 수 없는 환경요인들을 말한다. 예를 들면 법적·정치적 요인, 경제적 요인, 기술적 요인 등이 그것이다. 이 장에서는 우선 내적 환경요인과 외적 환경요인들을 이해하고 이들이 어떻게 상호작용을 일으키며, 나아가 기업이 외적 환경요인들의 변화에 대해 어떻게 적응해 가는가를 살펴보기로 한다.

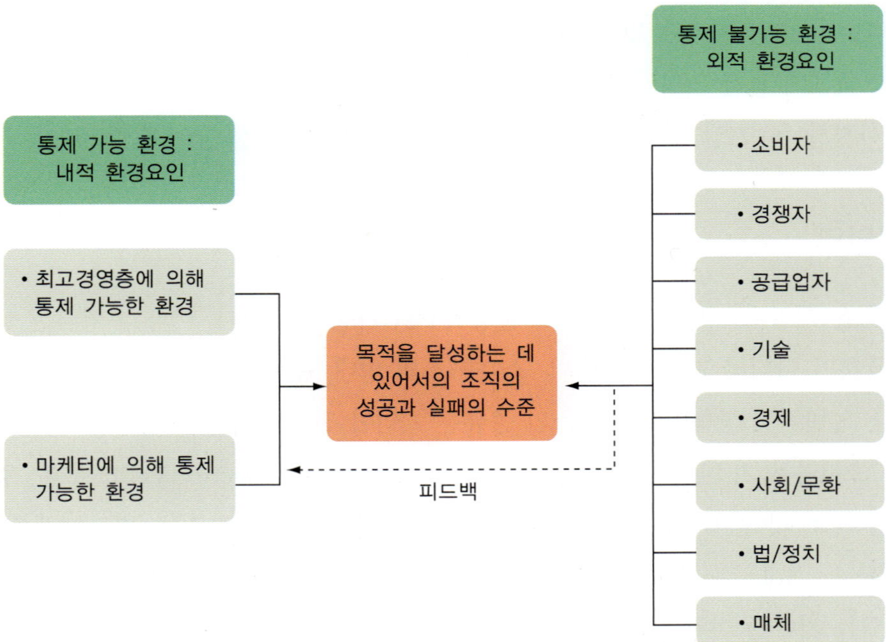

그림 4-1 기업의 마케팅활동에 영향을 주는 환경요인들

01 내적 환경요인

내적 환경요인은 기업과 마케팅담당자들에 의해 주도되며 기업이 통제할 수 있는 요인들이다. 내적 환경요인들 중의 일부는 최고경영층이 통제하며 기업 전반을 지배하는 정책적 의사결정들에 의해 좌우된다. 마케팅담당자들은 전반적인 기업의 목표를 달성하기 위해 마케팅계획을 수립하고 이를 수행하므로 기업의 전반적인 목표나 정책은 내부적인 환경요인의 하나로 받아들이지 않으면 안 된다.

중소기업의 경우에는 전반적인 정책수립이나 구체적인 마케팅의사결정이 최고경영층에 의해 동시에 이루어지는 사례도 흔히 볼 수 있지만, 그러한 경우에도 전반적인 정책이 먼저 결정된 다음 마케팅계획이 그에 준해서 수립되는 것이 보통이다. 이하에서는 내적 환경요인을 최고경영층에 의해 주도되는 요인들과 마케팅부서에 의해 통제되는 요인들로 나누어 살펴보기로 한다.

1.1 최고경영층이 주도하는 내적 환경요인들

최고경영층이 내리는 의사결정은 여러 가지이지만 그중에서도 다음의 다섯 가지 분야에 관한 의사결정들이 마케터에게 결정적인 영향을 미치게 되는데, (1) 사업영역에 관한 의사결정, (2) 기업의 전반적인 목표에 관한 의사결정, (3) 기업문화에 관한 의사결정, (4) 기업 내 마케팅부서의 역할에 관한 의사결정, (5) 기업 내 기타 부서들의 역할에 관한 의사결정 등이 그것이다.

(1) 사업영역

최고경영층은 기업이 어떤 영역 내에서 활동할 것인가를 결정한다. 이때의 영역은 상품이나 서비스의 종류뿐만 아니라 지역적인 범위, 소유구조의 형태, 구체적인 사업분야 등을 모두 포함하는 개념이다. 일반적인 상품이나 서비스의 종류는 기업이 진출하고 있는 업종을 의미한다. 예컨대 삼성전자는 소비자용 가전제품을 제조 및 판매하는 Consumer Electronics(CE) 부문, 컴퓨터와 스마트폰 등을 제조 및 판매하는 IT & Mobile Communications(MC) 부문, 반도체제품을 제조 및 판매하는 Device Solutions(DS) 부문으로 나누어져 있으며, 이 같은 사업영역은 사내의 마케터가 활동할 수 있는 커다란 범위를 설정해 준다.

사업의 지역적인 영역은 가장 작은 범위인 이웃에서 시작하여 시·도·전국, 나아가서 세계시장을 그 무대로 할 수 있으며 이는 마케터들이 주로 활동하는 공간적인 범위를 확정해 준다. 소유구조의 형태는 순수한 개인사업에서부터 주식회사에 이르기까지 다양한 형태를 취할 수 있으며 기업이 어떤 소유구조를 갖느냐가 마케터의 활동에 지대한 영향을 미치게 된다. 예컨대 주식회사는 개인사업에 비해 상대적으로 공공성을 띤 조직이므로 기업의 마케팅활동 역시 주식회사가 갖는 사회적인 책임의 테두리 내에서 이루어지게 된다. 기업에 따라서는 구체적인 사업분야가 미리 확정되어 있는 사례를 볼 수 있는데, 예컨대 가자주류처럼 주류상품의 수입과 판매에 주력하고 있는 경우가 그러하다.

(2) 기업의 전반적인 목표

기업의 전반적인 목표는 최고경영층에 의해 제시되는 기업 전반과 관련된 측정 가능한 목표를 말한다. 기업의 성과는 제시된 목표와 실적을 비교함으로써 평가된다. 보통 기업의 목표로는 매출액, 시장점유율, 이윤 등이 사용되는데, 최근에는 매출액이나 시장점유율보다 이윤의 중요성이 증가하고 있는 추세이다. 또한 자사제품이나 서비스의 고객만족 수준이 매출액이나 이익에 많은 영향을 주게 되므로 최근에는 자사제품이나 서비스에 대한 고객만족 수준의 제고를 매출액이나 이익과 함께 기업의 목표로 삼는 경우도 자주 볼 수 있다. 예컨대 신라호텔은 재무적인 목표 외에도 우리나라 최고의 서비스를 통한 고객만족 수준의 제고를 목표로 삼고 있는데, 이는 매출액이나 이익 이외의 지표를 목표로 삼고 있는 한 가지 예이다.

기업의 마케팅활동은 기업의 전반적인 목표가 무엇으로 설정되는가에 의해 지대한 영향을 받게 된다. 기업의 단기적인 목표뿐만 아니라 장기적인 목표 역시 마케팅에 영향을 주지만, 기업의 장기적인 목표가 마케팅활동에 의미 있는 영향을 미치기 위해서는 구체적이고 측정 가능해야 하며 확정된 기간이 주어지지 않으면 안 된다. 예컨대 필기구시장에 새로 진입한 업체가 5년 이내에 30%의 시장점유율을 획득하는 것을 목표로 삼을 수 있을 것이다. 또한, 전반적인 목표를 달성하기 위한 보다 구체적인 목표를 사업부의 상황에 맞게 설정하는 것이 중요한데 기업들은 보통 핵심성과 지표(Key Performance Indicator: KPI)를 설정하고 이를 관리하고 있다.

(3) 기업문화

최고경영층은 **기업문화**에 결정적인 영향을 미친다. 기업문화는 조직구성원들이 공유하고 따르는 가치, 규범, 그리고 관행들로 구성된다. 우리나라의 기업문화는 물론 기업마다 큰 차이가 있으나, 외국 기업들에 비해서는 인간중시, 집합주의와 명분주의적 행동양식, 상하 간 위계질서의 중시 등으로 특징지을 수 있다. 이 같은 우리 기업들의 문화적 특징은 인적자원관리 면에 있어 전인주의적 가치의 선호와 어느 한 분야에 전문성을 가지는 스페셜리스트(specialist)보다는 다양한 직무를 수행할 수 있는 제네럴리스트(generalist)를 우대하는 경향으로 연결되고 있으며, 조직행동 면에서는 집합주의적 의사결정방식과 체면의 중시로 나타나고 있기도 하다.

이러한 특징을 갖는 우리 기업들의 기업문화는 경영의 안정성과 장시간의 작업시간을 통한 산출물의 증대에 결정적인 기여를 해온 것이 사실이지만 중간경영층 및 조직의 하위구성원들이 창의성을 발휘할 수 있는 기회를 제약하고, 조직구성원 개인의 능력이나 성과에 대한 평가와 보상을 어렵게 함으로써 조직의 효율을 떨어뜨리는 결과를 초래하는 부정적인 측면도 동시에 가지고 있다. 따라서 이를 극복하기 위해 파격적이고 창의적인 새로운 시도를 많이 하는 기업들의 모습도 관찰된다.

마케팅과 관련된 의사결정과 활동들은 기업문화에 의해 큰 영향을 받게 된다. 예를 들면 마케팅활동 중 가장 중요한 분야의 하나인 신제품 개발에 있어서도 기업문화는 결정적인 요인이 되는 경우를 흔히 볼 수 있다. 즉 조직의 분위기가 고객을 중시하면서 동시에 효율을 강조하는 시장지향적인 특성을 가지는지, 전통적인 관행과 위계질서를 중시하는지에 따라 신제품 아이디어 창출에서 신제품 설계에 이르기까지의 신제품 개발과정은 크게 달라지게 된다.

점점 더 치열해지는 시장에서의 경쟁을 이겨내기 위해서는 우리 기업들도 빠른 시간 내에 창의

성과 실험정신이 평가받을 수 있고 고객이 중시되며 전문성과 효율이 강조되는 시장지향적 기업문화를 구축하지 않으면 안 된다. 그러한 기업문화 아래서만 합리적이고 과학적인 마케팅의사결정과 마케팅활동이 수행될 수 있다.

(4) 마케팅부서의 역할

마케팅의사결정과 마케팅활동의 내용은 기업 내에서 마케팅부서가 어떤 위상을 갖고 있는가에 따라 크게 좌우된다. 최고경영층이 마케팅의 중요성을 인식하고 적절한 인적 및 재무적 자원을 배정하며 마케팅부서를 이끌어 나가는 책임자의 위치가 임원급인 경우에는 마케팅활동이 기업 내의 다른 기능들과 조화를 이루면서 효과적으로 수행되어 나갈 가능성이 커진다.

이에 반해 마케팅담당자들의 조직 내 위치가 다른 기능분야 담당자들에 비해 하위직급이고 마케팅의 역할을 영업지원이나 광고 등으로 한정하는 경우 마케팅활동은 활발하게 전개될 수 없을 뿐만 아니라 마케팅부서는 조직 내에서 인정받는 부서로 자리를 잡기도 어려워진다. 따라서 마케팅활동을 중시하는 많은 기업들은 최고마케팅책임자(Chief Marketing Officer: CMO)를 두고 기업 내의 마케팅부서와 다른 부서들이 협업을 통해 제대로 의사결정을 내릴 수 있도록 하고 있다. 특히 초기 단계의 기술기업의 경우 CMO의 역할은 더욱 중요하여 월스트리트저널의 보도(2022년 9월 28일)에 따르면 CMO들의 2022년 8월 기준 연봉이 전해보다 9.6% 상승한 것으로 조사돼 C-Level 경영자들 중 가장 높은 상승률을 기록했다고 한다.

(5) 기타 부서들의 역할

마케팅부서가 다른 관련부서들과의 업무상의 중복이나 충돌을 피하기 위해서는 조직 내에서 마케팅이 담당하는 업무의 영역과 다른 부서들과의 관계가 명확하게 규정되어 있어야 한다. 예컨대 마케팅부서는 제품을 개발함에 있어 연구개발을 담당하는 연구소나 생산을 담당하는 생산부서와 유기적인 관계를 가지면서 의사소통과 조정을 지속해 나가지 않으면 시장에서 성공하는 신제품을 만들기 어렵다. 많은 학자들은 기업이 시장지향성(market orientation)을 확보하기 위해서는 고객지향(customer orientation), 경쟁지향(competitor orientation)과 함께 부서 간 조화(interfunctional coordination)를 확보해야 한다고 지적한다. 따라서 성공적인 마케팅활동을 수행하기 위해서는 최고경영층이 마케팅의 영역을 명확하게 규정하고 타 부서와의 조정을 원활하게 수행할 수 있는 제도적인 장치를 마련해야 한다.

1.2 마케팅부서에 의해 통제되는 내적 환경요인들

마케팅부서에 의해 통제되는 요인들은 표적시장과 마케팅목표의 선택, 마케팅조직의 구축, 마케팅믹스의 구성과 마케팅계획의 통제 등이다. 이 같은 내적 환경요인들이 마케팅의사결정과 마케팅활동에 어떻게 영향을 주는가를 살펴보면 다음과 같다.

(1) 표적시장과 마케팅목표의 선택

마케팅부서에서 내리는 가장 중요한 전략적 의사결정들 중의 하나는 기업에서 판매하는 제품이나 서비스의 표적시장과 마케팅목표를 정하는 일이다. **표적시장**은 기업이 마케팅프로그램을 통해서 만족시키고자 하는 특정의 고객집단을 말한다. 표적시장을 선택함에 있어 마케팅부서는 시장을 몇 개의 세분시장으로 나누게 되며 그 세분시장들 중 하나 이상의 세분시장을 표적시장으로 삼게 된다. 이 같은 표적시장의 선택은 다른 모든 마케팅의사결정에 영향을 주게 된다. 예컨대 경제성과 합리성을 중시하는 소비자들을 표적시장으로 삼는 자주(JAJU) 같은 기업은 제품의 설계, 가격결정, 출점전략, 촉진방법 등 모든 면에 있어 표적시장의 욕구와 필요를 고려하여 의사결정을 내리지 않으면 안 된다.

일단 표적시장이 정해지면 마케팅부서에서는 표적시장과 관련된 마케팅목표를 설정하게 되는데, **마케팅목표**는 최고경영층이 설정하는 기업의 전반적인 목표보다는 훨씬 더 구체적이고 고객과 관련된 목표를 설정하는 것이 보통이다. 예컨대 마케터들은 제품별 매출 또는 이익목표와 함께 고객들이 자사브랜드에 대해 가지고 있는 이미지의 제고나 반복구매율을 향상시키는 것을 목표로 삼는 경우를 볼 수 있는데, 이 같은 목표들은 마케터가 내리는 의사결정에 많은 영향을 미치게 된다. 12장에서는 이러한 목표설정을 위해 많이 사용되는 마케팅성과지표에 대해 보다 자세히 설명하고 있다.

(2) 마케팅조직의 구축

마케팅조직은 마케팅과 관련된 제반활동을 수행하기 위해 기업이 갖추고 있는 인적 구조를 말한다. 마케팅조직은 각 조직구성원의 권한과 책임, 그리고 해당업무를 규정한다. 마케팅조직은 마케팅조사, 판매촉진, 물류, 제품계획 등 마케팅의 기능별로 나누어진 기능별 조직과 제품을 중심으로 구성된 제품별 조직, 그리고 시장에 따라 나누어진 시장별 조직 등 몇 가지 유형을 생각해 볼 수 있다. 기업의 마케팅조직이 어떻게 구성되어 있는가에 따라 구성원들의 활동영역과 활동내용은 크게 달라질 수 있다.

예컨대 제품별 조직의 **제품관리자**(product manager)나 **브랜드관리자**(brand manager)는 자기가 맡고 있는 제품이나 브랜드의 모든 마케팅활동에 대해 권한과 책임을 갖는 반면, 시장별 조직 하에서는 지역별로 시장을 나누어 지역별로 관리자를 두고 지역별 관리자가 그 지역에 관한 권한과 책임을 갖는 것이 보통이다. 마케팅과 영업이 분리되어 있는 기업에서는 마케팅은 제품별 조직, 영업은 시장별 조직을 갖고 있는 경우를 흔히 볼 수 있다. 아이스크림, 유음료, 스낵 등을 생산하고 있는 한 국내회사의 경우 마케팅부서는 제품별로 빙과류 팀, 유음료 팀, 상온식품 팀 등으로 나뉘어져 있고, 영업부서는 경인지역 사업본부, 영남지역 사업본부 등 지역별 조직으로 구성되어 있다.

(3) 마케팅믹스의 구성과 마케팅계획의 통제

마케팅믹스는 표적시장과 관련된 마케팅목표를 달성하기 위해 제품, 가격, 촉진, 유통 등의 구성요소들을 결합한 것을 말한다. 마케팅믹스를 구성할 때에는 표적시장의 욕구를 적절히 반영할 수 있어야 하며, 마케팅믹스의 구성요소들 사이의 조화를 이루어야 한다. 또한 마케팅믹스는 기업이 가진 자원의 한계 내에서 실현될 수 있어야 하며 분명한 차별적 우위를 가질 수 있도록 구성되어야 한다. 일단 마케팅믹스가 구성되면 기업의 마케팅활동은 그 테두리 내에서 이루어지게 된다. 마케팅계획이 수립되고 그에 따른 마케팅활동이 수행되기 시작하면 마케팅활동의 성과를 검토하고 평가하는 마케팅통제기능이 그 역할을 수행하게 된다. 보통 마케팅활동에 대한 평가는 정기적으로 수행되며, 기업의 외부환경에 관한 자료와 기업내부의 자료 또한 지속적으로 갱신된다. 성과의 측정은 일 년에 적어도 1~2회 심층적으로 수행되어야 하며 기업내외의 환경변화에 따라 전략의 수정이 이루어진다.

02 | 외적 환경요인

기업 외부적 요인으로서 기업이 전혀 통제할 수 없거나 매우 통제가 어려운 환경요인으로 소비자, 경쟁자, 공급업자, 기술, 경제, 사회·문화, 법, 매체 등이 있다. 위의 환경요인들은 일반적으로 기업이 통제할 수 없기 때문에 기업이 적절하게 대응하기 위해서는 기업 내외부적으로 이를 감시(monitoring)하기 위한 주기적인 조사가 수반되어야 한다. 이하에서는 이러한 외적 환경요인의 내용 및 특성에 대하여 살펴보고자 한다.

2.1 소비자

기업이 그들의 주 표적시장을 선정할 수는 있지만 선정된 표적고객들의 특성을 통제할 수는 없다. 즉 기업은 소비자들의 나이, 소득, 직업, 인종, 학력, 주거지 등의 특성변화에 대하여 적절히 대응하는 마케팅전략을 수행할 수는 있어도 위의 소비자 특성들을 결정하고 통제할 수는 없다. 한 개인이 제품을 구매할 때에는 그가 속한 사회의 문화, 가족, 친지, 관습, 종교 등에 영향을 받는다.

기업이 소비자들의 마음에 드는 제품 및 서비스를 생산하여 판매하는 것은 마케팅에 있어 가장 기본적인 활동이다. 즉 소비자가 원하는 것이 무엇인지를 파악하고, 또한 소비자가 아직 인식하고 있지 못한 욕구는 어떠한 것이 있는가를 알아내어 그에 적합한 제품 및 서비스를 제공하는 것이다. 따라서 기업이 효과적인 마케팅전략을 수립하고 전개해 나가기 위해서는 무엇보다도 소비자 및 소비자가 속한 집단에 대한 충분한 이해가 선행되어야 한다. 이에 대해서는 이 책의 5장에서 자세히 살펴볼 것이므로 여기서는 간략하게 소개하도록 한다.

소비자들은 제품 및 서비스의 특성에 따라 다양한 구매패턴을 보인다. 일상 소모품과 내구재, 저가품과 고가품 등 제품 및 서비스의 특성에 따라 소비자의 구매패턴은 다르게 나타난다. 일반적으로 소비자들은 고가품 혹은 내구재처럼 고관여제품(high involvement goods)의 구매 시에는 비교적 신중한 반면, 저가품이나 소모품처럼 저관여제품(low involvement goods)인 경우에는 덜 신중한 의사결정을 내린다.

기업은 제품 및 서비스의 특성에 대한 차별적 마케팅을 전개해 나감과 동시에 소비자 간의 특성

| 가정적이고 아웃도어 활동을 즐기는 고객층을 타깃으로 하는 기아자동차 카니발 광고

차이에 대해 확실히 인식할 필요가 있다. 이는 동일한 제품에 대해서도 각 소비자가 가지고 있는 특성 차이에 따라 차별적인 마케팅이 필요하기 때문이다. 예컨대 건성 피부로 고민하고 있는 여성들에게는 유분이 적은 화장품의 장점에 대하여 아무리 지속적 광고를 하더라도 어떠한 긍정적 효과도 기대하기 어려울 것이다.

최근 들어 소비자권익 옹호단체가 상당히 적극적으로 활동하고 있으며, 이와 함께 기업에 대한 소비자의 권리를 주장하는 목소리가 높아지고 있다. 이 같은 양상은 기업의 마케팅활동에 영향을 미치게 되는데, 제품에 대한 교환, 반품 및 환불에 대한 규정의 준수, 계약조건에 대한 확실한 이행 등이 기업에게 엄격한 제약조건으로 작용하게 되었다.

2.2 경쟁자

경쟁환경은 기업의 마케팅활동에 큰 영향을 주며, 경쟁환경에 대한 분석은 표적시장에 성공적으로 접근하기 위해 기업이 필수적으로 수행해야 한다. 기업은 전반적 시장구조에 대한 이해와 함께 경쟁자의 마케팅전략에 대한 분석, 국내외 경쟁자에 대한 분석, 경쟁자의 규모별 분석, 그리고 유통경쟁 등에 대한 분석 등을 수행한다. 기업이 당면하게 되는 4가지 경쟁형태에 대하여 요약하면 다음과 같다.

(1) 독점(monopoly)

오직 하나의 기업이 제품 또는 서비스 시장에서 활동하고 있는 경우를 말한다. 예컨대 한국전력공사처럼 우리나라에서의 전력공급을 독점하고 있는 기업이 이에 해당한다. 독점상황 하에서의 기업은 일반적으로 별다른 마케팅노력을 기울이지 않고도 높은 판매실적을 올릴 수 있다. 주로 어떤 기업이 기존에 시장에 없었던 새로운 상품을 출시한 경우나, 지하철, 담배, 수도사업 등과 같이 공공기관에서 운영하면서 법적으로 독점적 위치가 보장되어 있는 사업의 경우가 그 예이다.

독점시장은 기업이 가장 바라는 상황이라고 할 수도 있다. 그러나 시장 크기가 어느 정도 이상으로 크고 수익성이 좋으면 법적 또는 행정적 규제가 없는 한 독점의 시장형태는 지속적으로 유지되기 어렵다. 왜냐하면 독점인 상태로 일정기간이 지나면 곧 경쟁업체들이 그 시장에 참여하여 경쟁시장을 형성하려 하기 때문이다. 또한, 제품이나 서비스의 범주 사이에도 경쟁이 존재할 수 있기 때문에 한 산업에서 독점기업이라고 할지라도 다른 산업과의 경쟁을 염두에 두어야 한다. 철도시장을 독점하고 있는 코레일이 항공사나 버스회사와 승객 유치를 두고 경쟁하는 것을 예로 들 수 있다.

(2) 과점(oligopoly)

시장에서 소수의 기업들이 대부분의 시장을 점유하고 있는 경우를 말한다. 과점시장의 기업들은 규모가 상당히 크며 비가격경쟁이 이루어지는 것이 일반적이지만, 무한 가격경쟁에 돌입하여 시장점유율을 지키려는 사례도 종종 발견된다. 경우에 따라서는 이미 참여한 기업들 간에 담합이 이루어져 후발업체들의 진입을 억제하기도 한다. 또한 규모가 상당히 큰 기업들이 선점하고 있는 시장이기 때문에 후발업체로서 성공하기 위해서는 투자비용이 과다하게 많이 소요되는 등 어려움이 많기 때문에 쉽게 경쟁이 확대되지 않는다.

예컨대 우리나라의 정유산업은 SK, GS칼텍스, 에스오일, 현대오일뱅크의 정유4사가 참여하고 있는데, 신규업체의 시장진입을 정부에서 규제하고 있기도 하지만, 초기 시설투자가 워낙 방대하고 판매망 확보가 어렵기 때문에 시장에 새로운 경쟁자가 생겨나기가 쉽지 않다. 다만, 우리나라의 시장이 지금보다 더 큰 폭으로 개방된다면, 쉘(Shell), 엑슨모빌(ExxonMobil) 등 다국적 석유회사들이 국내시장에 새로 진입할 가능성은 항상 존재한다.

(3) 독점적 경쟁(monopolistic competition)

시장에서 많은 기업들이 차별적 마케팅믹스를 가지고 경쟁을 하고 있는 상태를 말하며 가장 일반적인 경쟁형태이다. 이때 사용되는 차별적 마케팅믹스는 가격 관련 요인이 될 수도 있고 비가격 관련 요인이 될 수도 있다. 이러한 경쟁상황 하에서는 같은 제품 및 서비스에 대해서도 마케팅믹스에 따라 시장이 여러 개로 형성되어질 수 있으며, 기업이 취하는 마케팅믹스 전략에 따라 경쟁자가 정해지게 된다.

예컨대 가구의 경우 용도에 따라 가정용 가구와 사무용 가구로 나누어지고, 가격에 따라서 고가격대, 중가격대, 저가격대 시장이 형성되어 각각의 경우에 따라서 기업은 차별적 마케팅믹스 전략을 구사하며 시장경쟁에 대응하고 있다. 경우에 따라서 하나의 기업이 다양한 제품구색을 가지고 있을 경우에는 각 제품종류에 따라 경쟁자가 다르기 때문에 실질적으로 각 구색상품별로 사업부를 형성하고 있는 경우도 있다.

이렇게 경쟁자의 수가 상당히 많고 그들 간의 치열한 경쟁이 이루어지고 있는 상황 하에서 경쟁우위를 누리기 위해서는 소비자에게 자사제품을 구입할 이유를 제공해 주는 것이 중요하다. 이때 차별적 요인으로 사용할 수 있는 것은 제품 그 자체뿐만 아니라 유통, 광고, 포장, 가격 등 모든 마케팅믹스 변수들이 차별화의 도구가 될 수 있을 것이다.

(4) 순수경쟁(pure competition)

시장에서 무수히 많은 기업들이 실질적으로 동일한 제품이나 서비스를 가지고 경쟁을 하고 있는 상태를 말하며, 이러한 순수경쟁 상황 하에서 기업들은 지속적인 차별성을 확보하기가 어렵다. 따라서 소비자들은 제품이나 서비스에 대한 차별성보다는 가격을 더 중요하게 여기는 경우가 많다. 순수경쟁 시장에서도 기업들은 경쟁우위를 얻기 위하여 차별적 마케팅전략을 시도하지만 빠른 시간 내에 경쟁자들에게 따라잡히는 것이 보통이다. 차별적 가격전략을 구사하는 것도 어려운데, 무수한 경쟁기업 간의 치열한 경쟁으로 인하여 이미 가격은 그다지 큰 이익을 얻을 수 없을 만큼 내려간 상태이기 때문이다. 수많은 공급자들이 경쟁하고 있는 외식서비스 산업이 순수경쟁에 가까운 예이다. 각각의 경쟁구조에 대한 특성을 요약하면 〈표 4-1〉과 같다.

기업에서 마케팅전략을 구사해 나갈 때 경쟁자의 범위를 규정짓는 것은 매우 중요하다. 경쟁은 반드시 동일한 제품군에 의해서만 이루어지는 것이 아니기 때문에 경우에 따라서 기업들은 경쟁자의 범위를 대체재 및 유사제품까지 확장하여 고려할 필요성이 있다. 더 나아가서 대체재 및 유사제품조차 아닌 제품과도 경쟁이 일어나는 경우도 있다.

예컨대 한 소비자가 영화 관람을 고려하고 있을 때, 경쟁제품이 될 수 있는 것은 다양한 영화들은 물론이며 야구경기 관람이나 테마파크 방문도 경쟁제품이 될 수 있다. 또한 선물용으로 상품을 구매하고자 하는 경우에는 핸드백이나 구두, 휴대전화 등 제품 성격상 그다지 유사성이 높지 않은 제품들이 소비자의 예산을 두고 경쟁하는 상황이 생길 수도 있다. 동일한 제품군 내에서 벌어지는 경쟁만을 고려할 경우 자칫 경쟁근시(competitive myopia)에 빠져 더 중요한 경쟁을 등한시할 수 있는 위험이 있으므로 유의하여야 한다.

표 4-1 경쟁구조의 유형

경쟁형태 / 속 성	경쟁구조			
	독 점	과 점	독점적 경쟁	순수경쟁
경쟁자 수	하 나	소 수	여러 개	아주 많음
시장점유율	한 기업이 100%	소수가 높은 점유율 획득	각각의 기업이 낮은 점유율 획득	각각의 기업이 매우 낮은 점유율 획득
시장진입 용이성	어려움	어려움	쉬 움	쉬 움
차별적 우위	제품/서비스의 유일한 제공자	비가격적 마케팅 요인들	모든 마케팅 요인들	없음
주요 마케팅과업	독점적 위치 고수	비가격적 요인들의 차별화	모든 요인들의 차별화	가능한 한 넓은 유통망, 저가 공급에 대한 보장

2.3 공급업자

대부분의 기업들은 다양한 공급업자들에게 원료 및 부품들을 제공받아 제품 및 서비스를 생산하여 소비자들에게 판매한다. 일반적으로 **공급업자**는 시장의 욕구를 조절하는 역할을 수행하는데, 제한된 자원을 배타적으로 소유하고 있는 경우가 많으며 제품 및 서비스를 유지 및 보수하는 데에도 영향을 준다. 공급업자와의 관계는 기업의 성패에 매우 중요한 영향을 미치게 되며, 따라서 공급업자들과 호의적인 관계를 유지하지 못하는 기업은 호의적인 관계를 유지하고 있는 기업에 비하여 경쟁력을 잃기 쉽다. 기업들은 공급업자를 효과적으로 선정·관리하기 위한 노력을 하게 되는데, 이때 배달의 신속성, 제품의 유용성, 가격, 일정한 제품품질의 유지, 반품 처리방법 등의 기준을 통해 공급업자에 대한 분석을 수행한다.

원유, 플라스틱, 화학섬유, 알루미늄, 크롬, 은, 텅스텐, 니켈, 강철, 유리, 농산물 등 기초원료의 가격변동이 기업들에게 미치는 영향에서 알 수 있듯이 공급업자들의 행동은 기업들의 정책변화를 가져올 만큼 매우 중요한 영향을 미친다. 예컨대 2022년 러시아-우크라이나 전쟁으로 네온 가격이 급등하자 SK하이닉스는 반도체 필수원료인 네온가스를 국산화하여 공정 도입 비중을 40%까지 높였다. 이 같은 영향력은 자원의 희소성이라는 문제로부터 시작되며 기업들은 대체물질의 개발, 대체물질로 생산이 불가능한 제품에 대한 고가격 적용, 희소자원이 사용되는 제품에 대한 수요감소를 유도하는 디마케팅(demarketing) 등의 방법을 사용하여 문제의 해결을 시도하기도 한다.

2.4 기술

21세기의 많은 기업은 제품 및 서비스를 생산하고 판매하는 데 있어서 다양한 기술에 의존하고 있다. 제품생산을 위한 고성능 설비, 신속한 유통을 위한 운송기술, 다양한 판촉을 가능케 하는 새로운 미디어의 도입 등 기업에 있어서 기술은 매우 결정적이고 중요한 역할을 수행하고 있다.

기업의 활동은 자신이 개발한 기술 및 타 기업이 개발한 새로운 기술에 영향을 받는다. 현재 많은 기업들은 클라우드 컴퓨팅, 사물인터넷, 인공지능 등의 신기술을 업무의 효율성 제고와 시장에서의 새로운 가치 창출을 위해 사용하고 있다. 이러한 기술은 기업의 생산 및 판매활동에 직접적으로 영향을 주기 때문에 기업들은 신기술의 개발 및 수용에 대하여 민감하게 반응한다. 특히 진부화가 급격히 일어나는 기술의 경우에는 제품의 수명주기에 직접적으로 영향을 주며 기업의 제품 및 판촉정책의 수립에 영향을 미친다.

기술의 개발은 상당히 많은 비용이 소요되고 개발자는 독점력을 행사하려 하기 때문에 개발이 끝난 지 얼마 안 되는 기술을 도입하기 위해서 기업은 높은 대가를 지불한다. 특히 이러한 현상은 급격한 진부화가 일어나며 경쟁이 치열한 첨단기술의 경우 더욱 두드러지게 나타난다. 따라서 각 기업들은 자체 기술개발팀을 구성하여 새로운 기술개발에 힘쓰고 있지만 특정기업이 개발할 수 있는 기술에는 한계가 있기 때문에 타 기업 및 공공기관의 연구 등의 외부기술에 의존하게 되는 경우를 많이 볼 수 있다.

장기적인 효과를 고려했을 때 기업은 자체기술 개발능력을 높이는 것이 매우 중요하다. 다른 기업에게 비싼 로열티를 지불하며 기술을 도입하는 경우 시장에서 독점적인 지위를 확보할 수 있게 해주기 때문에 기업에게 높은 이익을 주는 효과를 기대할 수는 있지만, 경쟁이 치열해지게 되어 가격경쟁이 나타날 경우 비싼 로열티 때문에 경쟁력을 잃게 되는 경우를 종종 볼 수 있다.

마케팅환경으로서 기술적 환경이 중요한 또 하나의 이유는 전혀 다른 방식으로 소비자의 니즈를 충족시켜 줄 수 있는 대안이 새로운 기술에 의해 생겨날 수 있기 때문이다. 공유경제의 대표적인 기업인 우버(Uber)나 에어비앤비(Airbnb)도 검색, 모바일 인터넷, GPS 등에서 개발된 새로운 기술을 잘 활용하여 높은 고객가치를 실현하고 있는 사례라고 할 수 있다. 음악소비에 대한 니즈를 스트리밍 서비스로 충족시켜 주는 멜론이나 스포티파이(Spotify)도 기술의 변화가 업계의 판도를 바꾼 좋은 예이다.

2.5 경제

국가 및 지역의 경제성장률은 기업의 마케팅활동에 중요한 변수로 작용한다. 경제의 고성장은 큰 시장잠재력을 나타내며 저성장은 판매율의 저하를 예측하게 한다. 예를 들어 경기가 호황일 때에는 소비는 증가되며 경기가 침체되었을 경우에는 전반적인 소비감소와 함께 특정 제품이나 서비

공유경제의 대표적 기업인 Uber와 Airbnb는 검색, 모바일 인터넷, GPS 등에서 개발된 새로운 기술을 잘 활용해 높은 고객가치를 실현하고 있다.

MARKETING
FOCUS

떠오르고 있는 메타버스 기반의 마케팅

2020년 엔비디아의 CEO인 젠슨 황이 메타버스의 시대가 오고 있다고 강조한 이래 많은 기업들은 메타버스를 다양한 영역에서 활용하려 하고 있고, 이를 기반으로 한 마케팅은 특히 주목받고 있다. 2021년 10월에는 페이스북이 메타로 사명을 변경하고 메타버스를 선도해 나가겠다는 비전을 발표하는 등 관심은 날로 뜨거워져 가고 있다.

IT와 게임업계뿐 아니라 유통업과 제조업까지도 메타버스 시장에 뛰어들고 있고, 시장 주도권 잡기에 나서고 있다. 메타버스 트렌드에 적극 대응하는 기업으론 현대차그룹이 꼽힌다. 정의선 현대차그룹 회장은 CES2022에서 메타버스와 이동성이 결합된 '메타모빌리티'라는 개념을 소개하기도 했다. 주로 가상현실 기반의 게임이나 소셜미디어 플랫폼에 치중했던 일반적인 메타버스 사업과는 달리 하드웨어 기반 메타버스를 모빌리티까지 확장한 것이다. 현대차의 메타버스 비전은 다양한 모빌리티가 메타버스 플랫폼에 접속하는 스마트기기 역할을 한다는 것이다. 사용자들은 자동차에 내장된 디스플레이로 메타버스 플랫폼에 접속할 수 있고, 자동차 안에 구현되는 실제 같은 가상공간에 접속해 회의를 하는 등 업무를 보거나 3D 비디오 게임을 즐길 수 있다. 다양한 방식으로 메타버스를 적용해 소비자 경험을 확장한다는 전략이다.

삼성전자는 메타버스로 가상 매장을 열었다. 삼성전자 미국법인은 이더리움 기반의 부동산 메타버스 플랫폼인 '디센트럴랜드'에 미국 뉴욕시 워싱턴스트리트 837번지에 소재한 삼성전자 제품 체험 전시장 '삼성 837'을 가상세계에 그대로 옮긴 가상매장 '삼성 837X'를 개설하기도 하였다. 이 가상매장은 현실에서처럼 각종 삼성 제품을 체험할 수 있고, 공연 등 다양한 콘텐츠도 경험할 수 있다.

메타버스의 확산은 리테일에 많은 변화를 가져올 것으로 예상되고 있다. 우선 메타버스 상에서 거래되는 상품은 기존의 분류와는 전혀 다른 접근이 필요한 디지털 상품이다. 메타버스 플랫폼의 하나인 로블록스에서 5달러50센트에 판매된 구찌 디지털 핸드백이 4000달러에 다시 팔린 사례에서 볼 수 있듯이 실체가 없는 가상의 상품이지만 브랜드 이미지는 그대로 유지할 수 있기 때문이다. 메타버스 상의 디지털 상품은 생산에 있어 환경파괴도 없기 때문에 ESG와 관련된 각종 인증이나 규제로부터도 자유로울 수 있다는 장점이 있다.

| 가상인플루언서인 릴 미켈라의 인스타그램 페이지

메타버스 상에서는 대고객 커뮤니케이션 채널에도 많은 변화가 있을 것으로 예상되고 있다. 예를 들어, 인공지능을 활용한 가상인플루언서(Virtual Influencer)의 역할이 크게 늘어날 것이며, 이미 미국의 릴 미켈라(Lil Miquela), 한국의 루이 등 팬덤을 거느린 가상인플루언서들이 활

발하게 활동하고 있다. 또한, 가상공간과 현실공간을 넘나드는 진정한 옴니채널이 마케팅에 커다란 시너지를 가져올 것으로 예상되고 있다. 2021년 미국 치폴레(Chipotle)가 실시했던 핼러윈 프로모션에서는 로블록스 내에 가상 레스토랑을 열고 이곳을 방문한 고객들에게 쿠폰을 지급하고 이 쿠폰을 실제 매장에서도 사용할 수 있도록 함으로써 큰 인기를 끌었다. 역으로 가상공간에 기반을 둔 메타는 '페이스북 스토어'라는 오프라인 매장을 검토하고 있다고 발표하기도 하였다.

그러나, 메타버스에 소비자들을 효과적으로 참여시키기 위해서는 새로운 마케팅 방식이 필요한데 이를 정리하면 다음과 같다.

- 명확한 목표의 설정이 필요함(예: 잠재고객에게 인지도 높이기)
- 기존 브랜드와 시너지를 창출할 수 있는 메타버스 플랫폼을 테스트하고 선정해야 함
- 혁신적인 경험에 대한 기대가 높은 소비자를 대상으로 몰입도 높은 경험을 제공해야 함
- 수익성 창출 기회를 찾아야 함(예: 오프라인 판매로 전환)
- 메타버스 자체의 리스크, 기존 브랜드에 대한 리스크 등 위험을 고려해야 함

자료원: 포스코 경영연구원 "메타버스 마케팅, 성공을 위한 요건은?" (2022.9.14.); 황지영 "메타버스, 제대로 따져 보고 올라타라", DBR 2022.1. Issue2; 이코노미스트, 2022.1.20

스에 대한 선별적인 소비성향이 나타난다. 경기의 침체 여부는 기업의 제품 및 판촉활동에 영향을 주게 되는데, 불황일 경우에 기업들은 저가의 제품을 대형 할인매장을 통해 유통시키려는 정책을 사용하기도 하며, 고가품에 대한 저가형 대체품 개발 등의 노력이 이루어지기도 한다.

기업활동에 영향을 미치는 경제환경 요인으로서 원재료가격, 임금, 세금, 이자율, 임대료 등 기업이 조절할 수 없는 기업활동에 소요되는 비용항목들이 있다. 이들 가격이 안정적이지 않을 경우 기업은 그들의 마케팅목표를 수립하는 데 있어서 장기적인 목표를 세우고 안정적인 투자를 하기 어렵다. 또한 물가상승은 기업뿐만 아니라 소비자들의 구매력에도 영향을 미치게 된다. 그러므로 기업활동에 소요되는 생산요소가격의 상승은 기업활동에 제약요인으로 작용하게 된다.

소득의 변화 및 실업률은 기업의 활동에 영향을 미치는 경제환경 중 제품의 판매에 가장 직접적인 영향을 미치는 요인들이다. 소비자들은 일반적으로 수입에서 세금 등의 지출분을 뺀 가처분소득이 높은 경우에는 높은 구매력을 보이며 낮은 경우에는 필수적인 제품 이외의 제품에 대하여 낮은 구매력을 보이게 된다. 높은 실업률은 실업자뿐만 아니라 그 외의 소비자들에게도 영향을 미치게 되는데, 사회분위기가 침체되고 불안정할 경우에는 고가품이나 실생활에 꼭 필요하지 않은 제품의 판매율이 저조하게 된다.

| 고소득층 소비자를 위해 회원자격에 제한을 두는 현대카드의 블랙에디션2

2.6 사회 · 문화

우리나라의 한 제화회사에서 미국의 젊은 여성용 단화시장이 상당히 매력적임을 파악하고 기존 단화의 주 소비층이었던 40대 이후의 여성층에 대한 마케팅노력을 감소시키고 젊은 여성들을 주 타깃으로 하는 광고 및 기타 마케팅노력을 경주하였다. 그러나 그 결과는 실패로 돌아가고 다시 주 타깃층을 40대로 올려 종전대로 마케팅을 실시하는 결과를 초래하였다. 위에 예로 든 기업의 새로운 시도는 왜 실패했을까? 그것은 기업이 마케팅계획을 수립할 때 각 국가 간의 사회·문화적 차이에 대한 인식에 충분한 노력을 기울이지 못했기 때문이다. 기업이 각 시장의 문화적 환경을 간과하고서는 성공하기 어렵다.

| 싸움의 고수는 혼자 밥 먹는 사람이 늘어나는 사회·문화적 변화를 반영한 외식 브랜드이다.

기업의 마케팅활동에 영향을 주는 사회·문화적 환경으로는 연령, 인종, 성별, 종교, 관습, 가치관, 예술 등이 있다. 사회·문화적 환경은 고객의 구매 및 소비행태를 상당 부분 결정하게 되며 결과적으로 고객을 대상으로 활동하는 기업의 행태를 결정하는 것이다. 이러한 사회·문화적 환경은 국가와 같은 큰 집단 사이에서 차이를 주로 보이지만 한 국가, 한 도시 내에서도 이질적인 집단 간에 큰 차이를 보이는 경우가 많다. 예컨대 우리나라 안에서도 소비자들이 선호하는 음식이나 의복 등은 지방과 사회계층에 따라 많은 차이를 보이

MARKETING
FOCUS

제품만 잘 만들면 끝? 기업에게 요구되는 ESG

ESG란 환경, 사회, 지배구조를 뜻하는 environmental, social, governance의 약자로서, 사회적 · 윤리적 가치를 반영하는 기업에 투자하는 방식인 '사회책임투자' 혹은 '지속가능투자'의 관점에서 기업가치를 평가하는 데 사용되는 비재무적 요소이다. 기업의 재무적인 성과만을 판단하던 전통적 방식과 달리, 최근에는 기업활동에 친환경, 사회적 책임 경영, 지배구조 개선 등을 고려해야 지속가능한 발전을 할 수 있다는 철학이 담겨 있다. 사회적 관점에서만 아니라 개인적 관점에서도 기업의 ESG 경영이 점차 중시되는 추세에 따라, 기업에서는 다양한 ESG 마케팅 활동을 추진하고 있다.

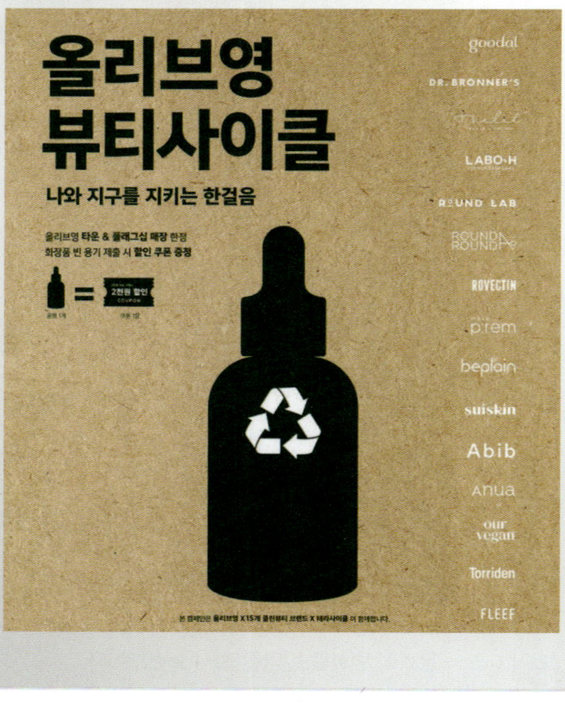

바쁜 하루에 커피 한 잔은 피곤한 현대인들에게 단비 같은 존재이다. 하지만 그들이 카페에서 사용하는 일회용 용기는 환경오염의 주범이고, 정부에서도 법적으로 일회용기 사용을 제제하려 한다. 스타벅스는 일회용 컵의 사용을 줄이기 위해 개인 컵을 사용하는 고객에게 300원 할인 혹은 에코별 1개 추가 적립 혜택 등을 제공하며 다회용 컵 사용을 장려한다. 또한, 환경과 다회용 컵에 대한 고객의 인식 개선 및 경험 확대를 위해 '리유저블 컵 데이', '일회용 컵 없는 날' 등 특별한 행사를 진행하기도 하였다. 개인 다회용 컵 혜택 관련 시스템 집계가 시작된 2007년부터 2021년까지 15년간 데이터를 분석한 결과 스타벅스 고객들의 개인 다회용 컵 사용 건수는 누적 8,189만 건에 이르렀다. 스타벅스의 꾸준한 다회용 컵 장려 마케팅이 성과를 보인 것이다.

국내 대형 드러그스토어 체인인 CJ올리브영은 다 쓴 화장품 용기를 새로운 자원으로 활용하는 고객참여형 캠페인인 '뷰티 사이클' 캠페인을 진행하고 있다. 화장품 용기의 90%가 일반 분리배출 시 재활용이 어렵기 때문에 접근성이 좋은 올리브영 매장에 수거함을 비치해 공병 수거율을 높이고 재활용 실천을 독려한다는 취지이다.

유행의 변화에 따라 빠르게 소비되는 '패스트 패션(Fast Fashion)'에 대항하여 등장한 '업사이클링(Up-cycling)'을 통한 지속가능한 패션 역시 ESG 관점에서 눈여겨볼 만하다. 가방 브랜드인 '프라이탁(Freitag)'은 트럭의 방수천으로 가방의 본체를 만들고, 자동차의 안전벨트로 가방 끈을 만든다. 이렇게 만들어진 프라이탁 가방은 세상에서 단 하나밖에 존재하지 않는 고유의 디자인을 갖는다는 점과 업사이클링을 통한 친환경적 제품이라는 점으로 고객들에게 어필하여 성공하였다. 더 나아가 프라이탁은 장애인, 외국인 이민 노동자 등을 적극적으로 채용하며 사회적 책임 경영을 하고 있다.

동물 실험을 하지 않고 동물성 원료를 배제하여 제조된 비건 화장품도 ESG 측면에서 각광받고 있다. 대표적인 기업은 '러쉬'이다. 러쉬 제품의 90%는 식물성 원료로만 만든 비건 제품이다. '동물과 환경, 사람이 조화로운 세상을 만드는 것'이라는 브랜드 미션 하에 러쉬는 동물 실험을 하지 않는다는 점을 강조하며 꾸준히 마케팅을 해오고 있다. 또한, 불필요한 포장을 제거한 '네이키드(Naked)' 제품을 판매하거나 공병 다섯 개를 매장에 들고오면 새 상품으로 교환해 주는 서비스 등 환경보호 마케팅에도 힘쓰고 있다.

현대자동차그룹은 최근 ESG 경영의 중요성이 높아지는 상황에 응답하여 ESG 경영의 진행과정과 성과를 시장에 더욱 적극적으로 공유하기 위해 홈페이지를 개편했다. 홈페이지 개편과 함께 최근 새롭게 준비한 ESG 경영 메시지인 '지속가능한 미래를 위한 올바른 움직임(The Right Move for the Right Future)'을 공개하기도 했다. 이처럼 기업이 사회와 함께 지속적으로 성장하기 위한 활동과 성과를 고객에게 꾸준히 제시하는 마케팅활동이 다양한 형태로 진행되고 있다.

자료원: 이코노믹 리뷰, 2021.11.16., 2022.3.8., 2022.3.23; 중앙일보, 2022.8.22; 조선미디어 더나은미래, 2021.11.12.

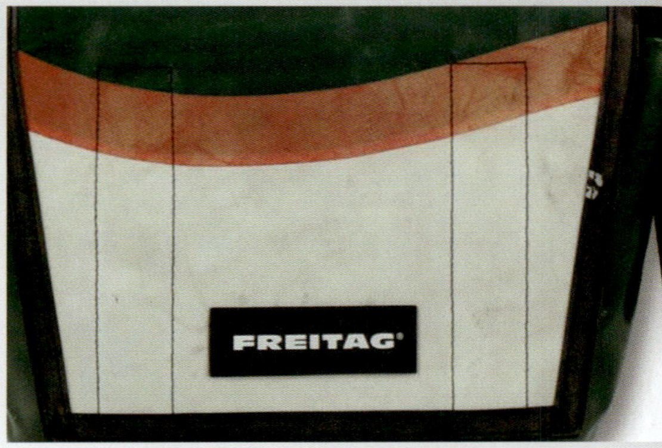

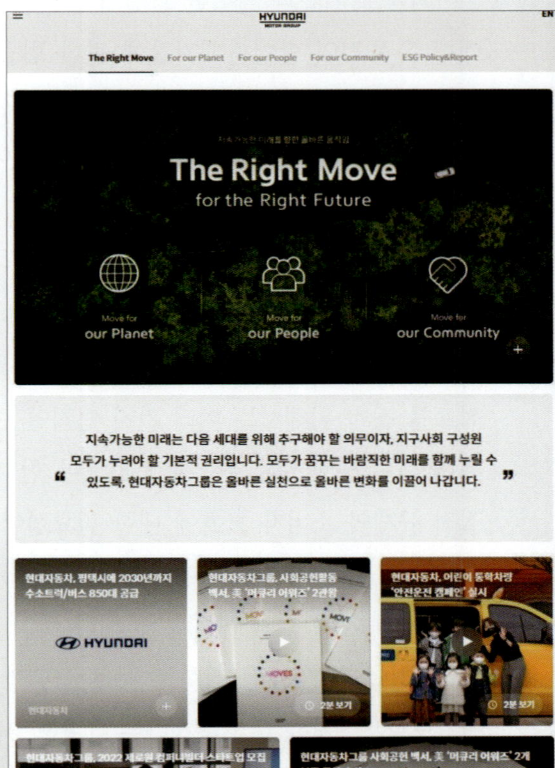

는 경우가 종종 있다. 이러한 특성에 따라 기업은 마케팅전략의 차별화를 시도하게 된다.

사회·문화적 환경은 다른 환경과 마찬가지로 꾸준히 변화하는 모습을 나타낸다. 즉 인구 증가율, 성별 구성비, 결혼 적령기, 미혼자 비율 등이 지속적으로 변화하고 있다. 사회·문화적 환경의 변화는 곧 소비자의 소비행태의 변화를 초래하기 때문에 기업활동도 이러한 사회·문화적 환경의 변화에 발맞춰 함께 변화되어야 한다. 이를 위하여 기업은 환경의 변화에 대한 깊은 관심을 가지고 소비자의 의식구조, 소비행태 변화 등에 대한 지속적인 연구를 하지 않으면 안 된다.

2.7 법 · 정치

기업의 활동은 **법률에 의한 규제**를 받는다. 기업활동의 법적인 근간을 제공하고 있는 상법을 비롯하여 독점거래 및 공정거래에 관한 법률, 소비자보호법 등이 그 예이다. 독점규제 및 공정거래에 관한 법률은 기업의 독과점적 지위의 남용을 억제하고 기업 간의 공정한 경쟁을 촉진하기 위한 내용을 담고 있으며, 소비자보호법은 소비자의 기본권익을 보호하기 위한 내용을 담고 있다. 경우에 따라 법적 규제는 기업을 지원하는 경우도 있는데, 중소기업의 창업을 지원하기 위한 중소기업창업지원법, 특허나 기타 지적재산권을 보호하기 위한 내용을 담고 있는 법률 등이 이에 해당한다.

이외에도 기업과 밀접한 관련이 있는 법률로서는 가격규제에 관한 법률 또는 시행령, 백화점 및 대형 유통점의 할인판매기간에 관한 법규, 기타 유통법규 등이 있다. 이러한 법적 규제는 시대에 따라서 변화를 거듭하는데, 우리나라의 경우 법적으로 연간 할인행사의 횟수와 기간을 규제해 왔던 백화점의 가격할인에 대한 규제가 없어진 것이나, 대형 유통업체가 월2회 반드시 휴무하도록 한 것 등이 그 예이다.

교통유발 분담금 제정, 원산지 표기법 등 법적 환경은 자연환경 및 여타 사회·경제적 환경 변화에 따라 새로 생겨나기도 하며 강화되기도 한다. 기업이 새로운 본사 사옥을 신축하려 할 때, 또는 백화점이나 대형 유통점 등 교통혼잡을 야기시키는 업종의 기업이 교통이 복잡한 위치에 대형 점포를 짓기 위해서는 여러 가지 법적인 규제를 받게 된다. 또한 기업이 수입농수산물을 판매하기 위해서는 원산지를 포장에 표기해야 한다. 이는 농수산물 수입 확대로 인하여 수입농수산물의 질적 규제와 소비자 보호에 대한 필요성이 높아졌기 때문이다.

법적 규제는 기업이 수행하는 마케팅활동 중 광고에 대한 규제로도 나타난다. 경쟁사를 비방하는 광고나 자사의 제품 내용에 대한 허위 및 과장 광고는 그 정도에 따라서 법적으로 규제를 받게 된다. 기업 간 경쟁의 심화로 서로 상대방을 비방하는 내용의 광고를 한 기업들이 법적인 제재를 받고 시정 조치를 준수하겠다는 내용의 사과문을 게재한 것을 일간신문 등에서 흔히 볼 수 있다.

이 같은 법적 규제는 소비자 보호적 차원에서 점차 강화되고 있다. 우리나라를 비롯한 많은 국가에서 소비자를 보다 적극적으로 보호하려는 취지에서 제조물책임법(product liability: PL)을 제정하고 있다. 과거에 소비자가 불이익을 당하였을 경우에 주로 소비자 보호단체 등의 중재를 통하여 문제를 해결하려 했으나, 제조물책임법의 제정으로 보다 강력한 규제를 통하여 기업의 부당한 행위로부터 소비자의 권익을 보호하는 것이 가능하게 되었다.

법적 환경 이외에 **정치적 환경** 역시 기업의 활동에 영향을 미친다. 어떤 나라는 민주적인 정체를 갖고 있는 경우가 있는가 하면, 어떤 나라는 몇몇 정치인들의 손에 의해 자의적으로 국가의 정책이나 법률이 만들어지기도 한다. 또한 정치권과 기업이 밀착되어 불법적 또는 비윤리적인 방법으로 시장에서의 경쟁을 인위적으로 제한하거나 기업이 부당한 이득을 취할 수 있도록 하는 경우도 많이 볼 수 있다. 그러나 이 같은 바람직하지 못한 관행들은 기업의 경쟁력을 약화시켜서 세계시장에서 그 기업이 경쟁하는 것을 불가능하게 만들며, 내수시장에서도 외국으로부터 진입하는 경쟁자들에 비해 결국 경쟁열위에 빠지도록 만든다. 정경유착이 심화되면 해당 기업의 경우 최소한 국내시장에서는 비정상적인 독과점적 위치가 확보되므로, 마케팅능력의 배양과 기술개발을 통한 기업성장 의지를 상실하게 되며, 정치권으로부터 소외당한 기업의 경우 경제외적인 이유로 시장에서의 경쟁을 포기할 수밖에 없는 결과를 초래하게 된다.

민주적인 정치 및 행정체제가 정착된 국가의 법적 환경과 정치적 환경은 기업의 창의성 있는 마케팅활동에도 도움을 줄 것이다. 그밖에도 정부가 펼치는 정책에 따라서 기업은 정책변화를 모색하게 되는데, 예컨대 수출입 자유화, 중소기업 육성정책의 시행 등에 따라 기업들은 이에 대응하는 마케팅전략을 수립하게 된다.

2.8 매체

기업들은 제품 및 서비스에 대한 촉진의 수단으로 TV, 라디오, 신문, 잡지, 인터넷, 스마트폰 등 다양한 매체를 사용한다. 최근 계속 다양한 매체가 등장하면서 기업의 대고객 마케팅활동의 변화가 관찰되고 있다. 케이블 TV시대의 개막과 함께 과거 공중파 TV광고로는 부적합했던 광고들이 전파를 탈 수 있게 되었으며, 유튜브나 페이스북과 같은 사회연결망을 통해 기업의 메시지를 소비자에게 전달할 수 있게 되었다.

기업이 마케팅활동에 활용가능한 **매체환경의 변화**는 기업의 촉진활동뿐만 아니라 기업의 이미지를 전달하는 방식에도 변화를 가져오게 한다. 또한, 기업의 마케팅활동을 용이하게 하거나 어렵게 할 수 있는 요인이 되기도 한다. 기업이미지 전달의 보다 적극적인 방법으로 인터넷에 홈페이지를 개설하거나 모바일 앱을 통해 자사의 정보를 제공하는 방법을 사용하기도 하는데, 이때 주로 기업에서 다루는 제품 및 서비스에 관한 내용과 함께 기업이미지를 제고하기 위한 내용을 같이 다루게 된다.

이러한 매체환경의 변화를 반영하여 최근 마케터들은 다양한 매체들을 **판매미디어**(paid media), **평가미디어**(earned media), **자사미디어**(owned media) 등으로 구분하여 관리하고 있는데, 이를 트리플 미디어라고 한다. 판매미디어는 기업이 미디어 회사에 돈을 지급하고 원하는 콘텐츠를 콘트롤하는 TV나 라디오 같은 전통적인 매체를 의미하며, 평가미디어는 기업의 바이럴 마케팅이나 홍보활동에 활용될 수 있는 트위터나 페이스북과 같은 사회연결망서비스를 의미한다. 그리고 자사미디어는 기업이 자체적으로 보유한 자사의 웹사이트, 블로그, 모바일 앱 등을 의미한다.

이러한 매체의 다양화에 의한 매체환경변화 이외에도 소비자들의 매체에 대한 태도의 변화 또한 기업의 마케팅활동에 영향을 미친다. 예컨대 인터넷을 통한 온라인쇼핑의 경우 소비자들의 수요가 지속적으로 높아져 한국온라인쇼핑협회에 따르면 2021년 우리나라 온라인 쇼핑 시장규모는 약 200조 원에 이른다고 한다. 특히, 최근에는 스마트폰을 이용한 모바일 쇼핑의 규모가 비약적으로 커져 전체 온라인 쇼핑의 60% 이상을 모바일 쇼핑이 차지하고 있다.

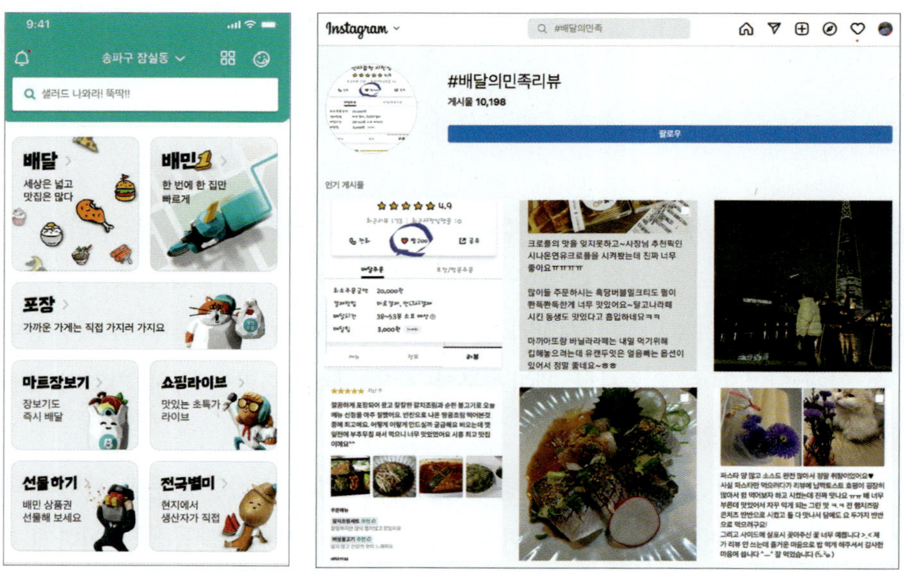

| 배달전문 온라인 포털 배달의 민족 등 매체의 다양화는 소비자들의 매체 이용행태와 기업의 마케팅 활동에 영향을 미친다.

| 참고문헌 |

1. Kotler, Philip and Gary Armstrong, *Principles of Marketing*, 18th ed., Pearson, 2021.
2. Kotler, Philip, Kevin Lane Keller, Alexander Chernev, *Marketing Management*, 16th ed., Pearson, 2021.
3. Solomon, Michael R., *Consumer Behavior*, 13th ed., Prentice Hall, 2020.
4. 이학식, 안광호, 하영원, 석관호, *소비자 행동: 마케팅전략적 접근*, 제7판, 집현재, 2020.

| 생각해 볼 문제 |

1. 기업의 마케팅환경에는 어떠한 것들이 있는가?

2. 마케팅환경요인으로는 통제 가능한 내적 환경과 통제 불가능한 외적 환경이 있다. 이러한 내적 환경에서 마케팅부서에 의해 통제되는 내적 환경요인들은 어떠한 것들이 있으며, 이는 마케팅의사결정과 마케팅활동에 어떠한 영향을 주는가?

3. 제4차 산업혁명은 마케팅에 어떤 영향을 가져올지 생각해 보고 마케터들은 어떻게 대응해야 할지 토론해 보자.

4. 기업이 직면할 수 있는 4가지 경쟁형태인 독점, 과점, 독점적 경쟁, 순수경쟁에서 각각의 경우 수행해야 할 주요 마케팅과업은 무엇이라고 생각하는가?

5. 최근 사회연결망서비스(SNS), 스마트폰, 메타버스 등 많은 새로운 매체들이 성장하고 있다. 과연 미래에는 어떠한 매체가 가장 중요한 촉진의 수단이 될지 생각해 보자.

제 5 장

소비자 구매행동의 이해

1. 소비자 구매행동의 유형
2. 구매의사결정과정
3. 구매의사결정에 영향을 미치는 요인들
4. B2B 시장에서의 구매행동

고객이 원하는 핵심가치를 파악해 신제품 개발에 반영한 노트북 브랜드 LG그램

2011년 말 글로벌 IT기업인 HP가 PC사업을 매각하거나 분사하겠다는 방침을 밝혔다. 비슷한 시기, 상대적으로 실적이 나쁘지 않았던 삼성전자도 PC사업부를 축소해 모바일 사업부에 편입시켰다. 스마트폰 사용이 보편화되고 태블릿PC가 등장한 마당에 노트북, 데스크톱 등을 포함한 PC 시장의 전망이 어둡다는 판단 때문이었다. 노트북 시장의 경쟁도 격화되고 있었다. 중국 · 대만을 거점으로 한 글로벌 노트북 회사들은 저가경쟁을 본격화하면서 가성비가 높은 제품을 쏟아냈다. 프리미엄 노트북 시장도 마찬가지였다. 애플이 2000년대 후반 메탈 소재의 슬림한 노트북을 출시한 데 이어 소니도 경쟁력을 인정받은 바이오 제품을 출시하는 등 치열한 경쟁이 이어졌다.

노트북 시장에 대한 우울한 전망도 이어졌다. IT 업계에선 이미 2010년 이후 노트북 사양은 더 이상 개선할 수 없을 정도로 정점에 달했다는 판단이 지배적이었다. 데스크톱과 비슷한 성능과 저장장치를 갖췄기 때문에 성능만으로 차별화하기란 쉽지 않았다. 그러나 LG전자는 '노트북 시장은 망하지 않는다'고 판단했다. 노트북 시장을 적극 공략하기로 결정한 LG전자는 이 문제에 집중했다. 당시 노트북 시장의 최신 트렌드는 '초슬림 노트북'이었다. 인텔이 2011년 처음 제시한 초슬림 노트북 '울트라북'의 기준은 13.3인치 화면 기준 두께 18㎜ 이하에 배터리 수명이 5시간 이상이다. 울트라북은 이처럼 얇기와 사용시간 등에 대해서는 큰 관심을 기울였지만 '무게'에 대해서는 상대적으로 큰 관심을 기울이지 않았다. LG전자는 바로 이 지점에서 힌트를 얻었다. 당시 대부분 노트북 업체들은 인텔이 제시한 '얇고 오래가는' 울트라북의 조건에 집착했다. '더 가벼운 노트북'을 상상하지 않았다. 가격경쟁에서 승리한 글로벌 노트북 업체들은 이미 확보한 시장을 유지하는 데 주력했다. 사양이 평준화된 상황에서 대부분 기업들은 얇기와 가격 등 기존 경쟁 구도에만 집착한 것이다. 하지만 시장 확대가 절실했던 LG전자의 입장은 달랐다. 기존 노트북 사용자를 LG전자로 끌어들일 수 있는 요인을 찾아야 했다. 무게는 빈곤 속에 찾아낸 혁신의 단서였다.

◆ 물리적으로 줄일 수 있는 것부터 줄여라

공간을 효율적으로 사용하고 필요 없는 무게를 감량하는 작업이 1차적으로 이뤄졌다. LG전자 그램의 내부를 뜯어보면 경쟁사들의 노트북의 부품 배치보다 복잡한 모양이 전개된다. 가벼움을 위해 경쟁제품인 태블릿PC의 강점도 빌려왔다. 노트북 부품에 비해 상대적으로 가볍고 전력도 적게 쓰는 태블릿PC의 회로와 부품을 활용하기로 한 것이다. 본체 안에 부품을 넣었다 뺐다 하며 성능을 테스트하는 작업이 한 달 반 동안이나 이뤄졌다. 0.1g도 아까웠던 개발팀은 컴퓨터에 붙일 로고 스티커까지 레이저로 각인했다.

다이어트의 두 번째 과제는 노트북 덩치를 최대한 줄이는 것이었다. 노트북에서 가장 쓸모없는 공간으로 꼽히는 화면 주변 '베젤' 폭을 최대한 얇게 만드는 작업이 진행됐다. 베젤폭을 줄일 때 가장 중요한 점은 디스플레이의 안정성이다. 디스플레이를 얇은 베젤로 잘 지탱을 해줘야 뒤틀림 현상이나 디스플레이 파손을 막을 수 있기 때문이다. 노트북 외장에는 가격이 비싸 좀처럼 사용되지 않던 마그네슘 소재를 적용했다. 마그네슘 소재 연구는 그램의 크기와 함께 진화했다. 해마다 마그네슘에 새로운 물질을 넣어 더 가벼운 외관 소재를 개발했다. 카본 마그네슘, 희토류 마그네슘 등 새로운 소재로 더 얇고 가벼운 노트북을 만들 수 있었다. 그 줄어든 무게만큼 노트북 화면과 키보드의 크기를 늘렸다. 그램13에 그치지 않고 매해 새로운 제품을 내놓을 수 있었던 이유다.

◆ 밸류 업&다운 전략

2016년 선보인 그램15에는 어디에도 볼 수 없는 새로운 부분이 눈에 띄었다. 모니터 상단 베젤에 위치한 웹캠이 사라진 것이다. 자세히 살펴봤더니 웹캠은 노트북 모니터와 키보드를 이어주는 힌지 중앙에 위치했다. 웹캠의 위치를 아래로 바꾸면 베젤 폭이 줄어들어 노트북 크기가 작아진다. 개발자들 사이의 논란은 제품개발 마지막 단계까지도 이어졌다. 격론 끝에 LG전자는 웹캠의 위치를 바꾸기로 결정했다. 스마트폰의 영상통화 기능이 크게 발달하면서 컴퓨터의 웹캠 사용 빈도가 적다는 점을 들었다. 즉 15인치 컴퓨터의 무게를 대폭 낮춰 달성할 수 있는 소비자의 효용이 웹캠의 위치를 바꿔 느끼는 소비자의 불편함보다 더 크다고 본 셈이다. 두 마리 토끼를 다 잡기 어려운 상황에서 전략적으로 가치를 조정한 것이다.

그렇다고 무게를 줄이기 위해 소비자들에게 가장 큰 편의를 주는 요소들까지도 포기한 것은 아니다. 소비자들에게 꼭 필요한 편의사양은 최대한 유지하기 위해 노력했다. 대표적인 게 USB 포트의 개수다. 울트라북에는 1~2개만 있던 USB 포트가 그램에는 일반 노트북과 동일하게 3개를 장착했다. 울트라북 유저들이 가장 불편해하던 요소를 놓치지 않은 것이다.

◆ 비용을 낮춰라

그램 개발이 진행되는 동안 LG전자는 또 다른 문제에 직면했다. 신소재 및 디스플레이, 새로 개발된 배터리 등이 사용되면서 비용이 크게 늘어난 것이다. 애초부터 프리미엄 노트북을 지향해 어느 정도의 가격 상승은 예상했지만 비용 자체가 감당하기 어려운 수준까지 늘어났다.

LG전자가 선택한 방법은 크게 3가지다. 개발과정에서 비용이 늘어날 경우 해당 팀이 그 비용을 상쇄할 수 있는 방법도 함께 모색하도록 했다. 사실상 무게감량에 비용절감의 과제도 포함됐던 것이다. 비용문제를 함께 고려하자 실현 불가능한 기술개발을 최대한 자제할 수 있었다. 제품개발주기가 빨랐던 LG전자에겐 비용을 함께 고려한 것은 오히려 제품순환주기를 줄이는 데 긍정적으로 작용했다.

부품 공급업체들을 이원화해 부품원가도 절감했다. 이전에는 특정 부품을 한 회사에서 납품받았다면 그 거래처를 2개 이상으로 늘렸다. 독점체제에서 경쟁체제로 바뀌면서 원가도 자연스럽게 줄어들었다.

그램 내부 부품을 '표준화'한 것도 도움이 됐다. 그램 시리즈는 개발된 시점이 각기 다르고 일부 부품은 무게를 가볍게 하면서 교체됐다. 하지만 컴퓨터 본체 내부 부품 대부분을 그램 시리즈에 공통적으로 적용했다. 규모의 경제를 달성해 신제품을 내놓을 때마다 발생하는 추가비용을 줄였다.

◆ 무게는 더 이상 고객의 가치가 아니다

고객 만족도에도 한계효용의 법칙이 작용하는 사례가 많다. 무조건 성능이 개선된다고 고객가치가 선형적으로 증가하지는 않는다. 예를 들어, 자동차 최고 속도가 50㎞에서 100㎞로 높아졌을 때 고객만족도는 크게 올라간다. 하지만 250㎞에서 300㎞로 높아졌다고 해서 운전자의 만족도가 같은 비율로 높아지지는 않는다. 노트북 무게도 마찬가지다.

980g보다 더 가볍게 만들기 위해서는 상당한 비용이 투자되지만 소비자의 만족도가 생각보다 크게 높아지지 않을 수 있다. 그램15 성공 이후 LG전자는 노트북 무게만으로 고객가치를 크게 높이기는 어렵다고 판단했다.

이들은 노트북 본체가 아닌 노트북을 구성하는 보조 액세서리인 어댑터에 주목했다. 소비자들이 노트북뿐만 아니라 어댑터의 무게에도 부담을 느낀다는 점에 착안했다. 만약 어댑터 없이 하루 종일 쓸 수 있다면? 노트북 가방 안의 부피와 무게를 동시에 줄일 수 있고 귀해진 커피숍 콘센트를 찾아 이리저리 헤매는 일도 없어진다. 이 정도면 소비자의 효용을 좀 더 확대할 수 있을 것이라 내다봤다. 오래가는 배터리는 크기가 더 크기 마련이다. 같은 크기를 유지하면서 더 오래가는 배터리가 필요했다. LG화학과 손을 잡고 개발한 탄소나노튜브 배터리가 15인치 '그램 올데이'에 들어갔다. 그램 올데이의 배터리 사용시간은 24시간으로 기존 그램 시리즈보다 11시간 넘게 늘어났다.

LG전자 그램 첫 출시 직후 디스플레이에 세로줄이 생긴다는 불만사항이 접수됐다. 설상가상으로 인터넷 블로그를 중심으로 인터넷 통신에 장애가 있다는 소비자 평가가 삽시간에 퍼졌다. LG전자 마케팅부는 이런 평가글이 올라온 즉시 감지했다. 2015년 1월 11일, 그램이 출시된 지 일주일이 채 지나지 않은 시점이었다. 며칠 뒤 개발실은 이 원인이 인텔 양산 드라이브 업데이트 문제였다는 사실을 밝혀냈다. 인텔과 곧바로 협의한 후 1월 24일 신제품 기자 발표회를 사흘 앞두고 문제를 해결했다.

고객의 불만을 혁신의 '힌트'로 활용했다는 점도 눈여겨볼 만하다. 올데이 그램 개발 전 LG전자 내부에서도 배터리 사용시간을 늘릴 수 있는 방안을 두고 치열한 논쟁이 벌어졌다. 첫 번째는 지금과 같이 배터리를 업그레이드해 절대 사용시간을 늘리는 것이었고, 두 번째는 휴대폰 충전기를 통해 사용시간을 늘리는 것이었다. 개발 효율성과 소비자의 효용성을 저울질하면서 가장 최적화된 결론을 물색했다. 해법은 고객에게서 찾았다. 무게가 조금 더 늘더라도 배터리 사용시간이 늘어났으면 좋겠다는 소비자 니즈를 토대로 배터리 업그레이드를 추진했다.

무게에 대한 소비자들의 니즈가 확인되자 경쟁사들도 가벼운 노트북을 출시했다. 하지만 경쟁사 제품은 노트북 무게에만 집중해 성능이나 견고함 측면에서 경쟁력이 떨어진다는 평가를 받고 있다는 게 LG 측의 분석이다. 휴대폰 충전기로 노트북 배터리 충전이 가능한 경쟁사 제품도 출시됐으나 24시간 사용 가능한 배터리를 장착해 충전기 자체를 들고 다닐 필요가 없게 만든 LG의 그램에 대한 소비자들의 선호도가 더 높다는 판단이다.

그램의 인기로 인해 노트북의 무게에 대한 소비자들의 기대치가 크게 높아졌다. 실제 한 외국 유명 브랜드의 노트북 신제품이 출시됐는데 제품의 무게가 2㎏이 넘는 것으로 나타나자 시장에서는 '혁신이 부족하다'는 불평이 나왔을 정도다. 이동한 차장은 "우리가 그램을 개발할 때 어떤 제품이나 회사를 염두에 두지 않았다"며 "전혀 새로운 차원의 제품을 내놓는다는 확신이 있었기 때문이다. 일종의 시장에서 넘어올 수 없는 선 긋기를 실현했다고 자부한다"고 평가했다.

◆ LG 그램의 다음 전략은?

LG 그램은 LG 노트북을 대표하는 하나의 시그니처 제품라인으로 자리 잡았으며, 매년 LG전자는 그램 노트북 신제품을 발표하고 있다. 2022년에는 LG 그램+뷰(LG gram+view)라는 휴대용 모니터를 함께 재구성해 자칫 뻔할 수 있는 신제품 업데이트에 사용성을 확장했다. 이러한 꾸준한 개발의 결과 LG 그램은 미국 유력 소비자 전문지 컨슈머리포트 평가에서 애플의 맥북 프로 16을 제치고 2년 연속 최고의 노트북으로 선정됐다. 맥북이 북미를 중심으로 하는 프리미엄 노트북 시장에서 넘기 힘든 벽으로 평가받는 만큼 이와 같은 결과는 고무적인 성과로 볼 수 있다. LG전자는

생활가전이나 TV와 달리 노트북 시장에서는 글로벌 점유율이 높지 않은 만큼 LG 그램을 앞세워 프리미엄 노트북 시장을 중심으로 입지를 다지려는 시도로 보여진다. 아직 글로벌 경쟁에서 LG전자는 제품에 대한 신뢰도나 영향력이 부족한 것이 현실이기 때문에 글로벌 시장 공략을 위해 새로운 고객경험을 어떻게 전달할 것인지에 대한 고민이 필요하다.

자료원: "가벼운 혁신이 전부가 아니었네 고객 가치 받든 '그램'의 묵직함" Dong-A Business Review July 2017 중 발췌; 한경, 2022.2.15.

마케팅전략과 계획을 수립하고 이를 실천에 옮기는 마케팅활동을 수행해 나가는 데 있어 가장 기본적으로 선행되어야 할 전제조건은 소비자와 구매자의 행동에 대한 철저한 이해라 할 수 있다. 소비자의 구매행동은 매우 다양한 모습으로 나타나기 때문에 우리는 우선 소비자들의 구매를 몇 가지의 유형으로 나누어 이해하고 난 다음 구체적으로 구매의사결정과정에 대해 살펴볼 필요가 있다. 따라서 이 장에서는 우선 소비자의 구매유형들을 소개하고 구매의사결정과정 그리고 구매의사결정에 영향을 미치는 요인들에 대해 설명하기로 한다. 이와 함께 산업재의 구매행동에 대해서도 알아보기로 한다.

01 | 소비자 구매행동의 유형

소비자들은 일상생활에서 여러 가지 제품이나 서비스를 구매하는데, 이때 각각의 제품구매 시 소비자의 구매행동은 다양한 양상을 띠게 된다. 비교적 빈번하게 구매하는 비누, 세제, 펜 등의 구매와 한번 구매하면 수년간 사용하는 자동차, 가구, TV 등과 같은 제품의 구매 시 소비자들은 매우 다른 구매행동을 보인다. 또한 같은 제품에 대하여도 각 소비자들이 처해 있는 상황, 소비자 특성 등에 따라 구매행동에 있어서 차이를 보일 수도 있다. 예컨대 테니스 라켓을 구매할 경우 배우기 시작한 지 얼마 안 된 소비자는 좀 더 저렴한 제품을 선택할 것이며 또한 제품선택에 있어서 그다지 많은 노력을 기울이지 않을 가능성이 높다. 반면 국가대표 테니스 선수는 세계적으로 유명한 상표의 프로선수용 고급제품을 선택할 것이며 테니스 라켓의 구매가 경기 성패에 매우 중요한 요인으로 작용하기 때문에 상당히 신중한 구매행동을 보일 것이다. 이렇게 소비자의 구매행동은 제품의 성격 및 제품에 대한 소비자의 관여도에 따라 다양한 양상을 보이게 되기 때문에 이 장에서는 소비자의 구매행동을 관여도와 제품의 특성에 따라 분류하여 설명하고자 한다.

표 5-1 소비자 구매행동의 유형

소비자 구매행동의 유형	
고관여 구매행동	저관여 구매행동
1. 복잡한 구매행동 2. 부조화 감소 구매행동	1. 습관적 구매행동 2. 다양성 추구 구매행동

1.1 고관여 구매행동(High-Involvement Buying Behavior)

소비자들은 제품이나 서비스를 구매하는 의사결정과정에 있어서 그 의사결정이 중요하다고 생각하거나 개인적인 관심을 많이 갖고 있는 경우에는 신중한 의사결정을 하려고 노력한다. 예컨대 앞으로 다니게 될 대학교를 선택한다든지 자동차를 구입하는 경우 등이 이에 해당한다. 관여도는 일반적으로 소비자가 그 제품이나 서비스에 대해 얼마나 개인적인 관심을 갖고 있는가 하는 개인적 요인과 구매하려는 제품이 갖는 중요성과 지각된 위험에 의해 좌우되는 제품요인, 그리고 구매의 긴급을 요하는 정도 등의 소비자가 처해 있는 상황적 요인 등에 의해 결정된다. 소비자가 제품에 대해 많은 관심을 가질수록, 제품의 구매가 개인적으로 중요하고 지각된 위험이 높을수록, 소비자가 처한 구매관련 상황이 긴박할수록 소비자의 구매의사결정에 대한 관여도는 높아지기 때문에 고관여 구매행동을 보이게 된다. **고관여 구매행동**은 구매하려는 제품의 특성에 따라 다시 **복잡한 구매행동**과 **부조화 감소 구매행동**으로 나누어 볼 수 있다.

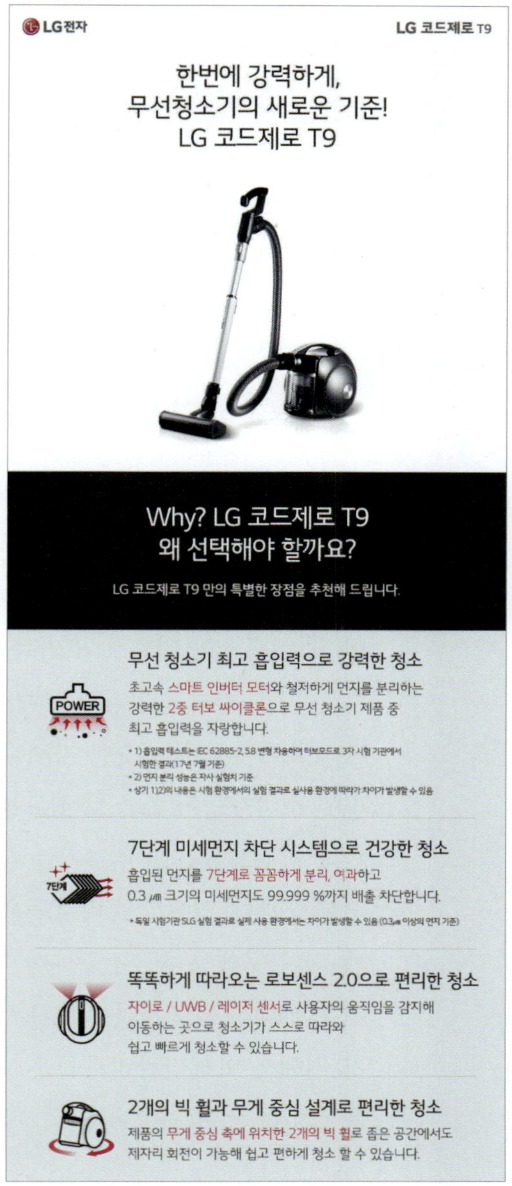

고관여 구매행동을 고려한 제품광고의 예

(1) 복잡한 구매행동(Complex Buying Behavior)

소비자들이 제품의 구매에 있어서 높은 관여를 보이고 각 상표 간 뚜렷한 차이점이 있는 제품을 구매할 경우의 구매행동은 일반적으로 매우 복잡한 양상을 띠게 된다. 소비자들은 제품의 가격이 비교적 높고 상표 간의 차이가 크며, 일상적으로 빈번히 구매하는 제품이 아닌, 소비자 자신에게 매우 중요한 제품을 구매할 때 높은 관여를 보인다. 복잡한 구매행동을 요구하는 구매 시 소비자들은 제품구매를 위하여 많은 것을 알아야 한다. 예를 들어, 자동차 구매 시 제조사, 디자인, 색상과 같은 내용뿐만 아니라 연비, 엔진 소음, 승차감, 고속력 주행 시 차체의 흔들림 정도 등의 내용을 함께 고려하게 된다. 이때 제조사, 디자인, 색상 등은 그냥 쉽게 선택할 수 있는 내용들이지만 연비, 엔진 소음, 승차감 등은 직접 시승해 보거나 자동차 전문 잡지를 살펴보거나 자동차에 대하여 잘 알고 있는 주변 사람들을 만나는 등의 노력을 기울여야 평가할 수 있는 내용들이다. 여기서 중요한 점은 자동차와 같은 제품의 경우에는 각 제조사의 제품 간 차이가 비교적 뚜렷하기 때문에 소비자들은 자신이 합리적 선택을 위하여 충분히 노력을 기울일 준비가 되어 있는 경우가 많다는 점이다. 이렇듯 복잡한 제품을 구매하는 경우 구매자는 첫 번째로 제품에 대한 지식에 근거하여 그 제품에 대해 주관적으로 갖게 되는 생각인 **신념**(belief)을 개발하고, 그 다음으로 그 제품을 좋아하거나 싫어하는 정도를 말하는 **태도**(attitude)를 형성하고 마지막으로 가장 합리적이라고 생각하는 구매대안을 **선택**(choice)하는 학습과정을 거치게 된다.

고관여 제품의 마케팅관리자들은 고관여 소비자들의 정보수집행동과 그들의 구매행동 및 구매 후 평가 등에 대해 정확하게 이해하고 있어야 한다. 따라서 소비자들이 제품구매 시 중요하게 고려하는 속성들과 각 속성의 상대적 중요성을 알아야 하고 자사제품이 어떠한 속성에서 경쟁사 제품에 비하여 차별적 이점을 제공하고 있는지에 대하여 소비자들에게 알려야 한다. 마케팅관리자들은 자사상표 차별화의 필요성을 느끼기 때문에 긴 문구의 지면광고를 사용하여 상표의 편익을 알리는 방법을 주로 사용한다. 또한 최종적으로 구매의사결정에 영향을 미치는 판매원들에게 충분한 동기를 부여하기도 하며 구매자의 주변 사람들이 자사제품에 대하여 호의적 태도를 형성할 수 있도록 촉진노력을 기울인다.

(2) 부조화 감소 구매행동(Dissonance-Reducing Buying Behavior)

부조화 감소 구매행동은 소비자들이 구매하는 제품에 대하여 비교적 관여도가 높고 제품의 가격이 비싸며 평소에 자주 구매하는 제품이 아니면서 구매 후 결과에 대하여 위험부담이 있는 제품에서 각 상표 간 차이가 미미할 때 일어난다. 카펫을 구입하는 경우가 그 좋은 예가 될 수 있는데, 카펫은 일반적으로 고가품이며 소비자 자신에게 매우 중요한 제품이기 때문에 구매 시 소비자는 높은 관여를 가지고 구매의사결정을 하게 된다. 이때 지각되는 상표들의 차이가 매우 미미하다면 소비자들은 비슷한 가격대의 제품은 각 상표 간 차이가 거의 없는 것으로 인식하게 된다. 이렇듯 소비자들이 스스로 상표들의 차이를 판단하기 어려운 경우 소비자들은 유용한 정보를 얻기 위하여 점포들을 둘러보기는 하지만 최종적으로 구매는 비교적 빨리 이루어진다. 일반적으로 이러한 구매에 있어서 소비자들은 적절한 가격이나 구매 용이성과 같은 내용에 우선적으로 반응하게 되며 구매를 한 뒤 구매한 제품에 대한 불만사항을 발견하거나 주변으로부터 구입하지 않은 제품에 대한 호의적인 정보를 얻게 되면 구매 후 부조화를 경험하게 된다. 이러한 부조화를 줄이기 위해서 마케팅관리자들은 소비자들이 구매 후 구매에 대한 확신을 갖게 하기 위한 촉진활동을 벌이는 것이 보통이다.

1.2 저관여 구매행동(Low-Involvement Buying Behavior)

소비자들이 제품이나 서비스를 구매함에 있어 항상 높은 관여도를 보이지는 않는다. 예컨대 소비자들이 껌을 구매하는 경우 미리 껌에 관한 정보를 자발적으로 수집하기 위해 노력하는 경우도 드물 뿐만 아니라 슈퍼마켓 등의 소매상에서 거의 습관적으로 어떤 상표를 구입하거나 심지어는 아무 제품이나 손에 잡히는 대로 구입하는 경우도 있다. 이처럼 소비자들이 그 제품이나 서비스에 대해서 관심이 적거나, 별로 중요한 구매의사결정이라고 생각하지 않거나, 제품의 구매가 긴급한 상황이 아닌 경우에는 저관여 구매행동을 보이게 된다. **저관여 구매행동**은 다시 제품의 특성에 따라 **습관적 구매행동**과 **다양성 추구 구매행동**으로 나누어 볼 수 있다.

(1) 습관적 구매행동(Habitual Buying Behavior)

습관적 구매는 제품에 대하여 소비자가 비교적 낮은 관여도를 보이며 제품의 상표 간 차이가 미미할 경우에 일어난다. 예를 들어 오렌지 주스를 구매하는 경우 소비자는 슈퍼마켓에 들어가서 상표에 대한 특별한 인식 없이 손에 잡히는 한 상표를 선택할 수 있다. 이때 소비자가 만약 같은 상표를 지속적으로 구매하게 된다면 이는 높은 상표충성도 때문이 아니라 습관적인 구매로 볼 수 있다. 제품의 가격이 비교적 낮으며 일상적으로 빈번히 구매하는 저관여 제품에 대하여 일반적으로 소비자들은 습관적 구매행동을 보인다.

습관적 구매 시 소비자들은 고관여 상황에서 일반적으로 거치는 신념-태도-행동의 과정을 거치지 않는다. 소비자들은 상표들에 대하여 그다지 많은 정보를 얻으려 노력하지 않을 뿐만 아니라 상표 간 특성들의 차이를 꼼꼼하게 평가하지도 않으며 또한 어떤 상표를 구매할 것인가에 대하여 그다지 신중하게 고려하지 않는다. 소비자들은 TV나 잡지를 정보획득의 매체로서 적극적으로 활용하지 않는다. 즉 TV나 잡지의 광고를 볼 때 제품특성을 제시하는 내용에 대하여 그다지 열심히 주의를 기울이지 않는다. 소비자들은 어떤 상표에 대하여 강한 신념을 가지고 선택하는 것이 아니라 단지 그 상표가 친숙하다는 이유로 선택하게 되는 것이 보통이다. 따라서 반복적인 광고는 상표에 대한 확신을 심어주기보다는 상표 친숙성을 이끌어내기 위한 도구로서 적합하다. 소비자들은 제품에 대하여 낮은 관여를 보이기 때문에 제품구매 후에조차 자신의 선택에 대한 평가를 하지 않는 경향을 보인다. 결과적으로 구매과정은 적극적으로 수집한 정보를 통한 지식으로 형성된 것이 아닌 수동적으로 획득한 지식으로 형성된 상표신념에 따라 구매가 이루어지고 다시 상표에 대한 평가가 이를 뒤따르는 순서를 거치게 된다.

상표의 차별성이 거의 없는 저관여 제품에 대해서는 많은 경우 소비자들이 어떤 상표에 대하여도 확신을 갖고 있지 않기 때문에 마케팅관리자들은 시험구매를 유도하기 위하여 가격할인이나

| 저관여 구매행동을 고려한 제품광고의 예: 저관여 제품에 대한 광고는 몇 개의 중요사항만을 광고문구로 사용하며 제품패키지와 브랜드명을 연결시켜 보여줌으로써 소비자의 기억에 도움을 준다.

판촉 등의 방법을 주로 사용한다. 저관여 제품을 위한 광고는 몇 개의 중요사항만을 강조하는 광고문구를 사용하는 것이 효과적이며 특징적인 symbol 등의 사용은 상표와의 연합이나 기억을 쉽게 해 줄 수 있기 때문에 매우 중요한 요소로 사용될 수 있다. 광고는 짧은 문구를 자주 반복하는 형태가 효과적이며 소비자의 수동적인 학습을 유도해 내기 위해서는 TV가 인쇄매체보다 적합한 매체이다.

이 같은 경우 마케터들은 저관여 제품을 어떤 중요한 내용과 연결시켜 고관여 제품으로 소비자의 인식을 전환시키려 노력하기도 한다. 예컨대 후라보노 껌은 입냄새 제거라는 기능과 자신의 제품을 연결시키려는 노력을 통해 소비자의 관여수준을 높이려 하고 있다. 또한 중요한 개인적 상황과 제품을 연결시킬 수도 있는데, 이를 위해 맥심커피는 따뜻한 인간관계를 그려내는 드라마식의 시리즈 광고를 하고 있다. 다른 방법으로 제품에 중요한 속성을 가미하는 경우로서 자일리톨 껌은 껌에 무설탕이라는 속성을 첨가하여 껌 구매에 대한 소비자들의 관여도를 저관여에서 중간 정도의 관여상태로 끌어올리려는 노력을 하고 있다.

(2) 다양성 추구 구매행동(Variety-Seeking Buying Behavior)

구매하는 제품에 대하여 비교적 저관여 상태이며 제품의 각 상표 간 차이가 뚜렷한 경우에 소비자들은 다양성 추구 구매를 하게 된다. 따라서 다양성 추구 구매를 하기 위하여 소비자들은 잦은 상표전환(brand switching)을 하게 된다. 예를 들어, 라면을 구매할 때 소비자는 일단 제품에 대한 다양한 평가 없이 농심 '신라면' 같은 어떤 라면 상표를 선택하고 그것을 소비하는 동안 그 상품에 대한 평가를 한다. 그러나 그 다음에 또다시 라면을 구매할 경우에 소비자는 삼양 '수타면' 같은 다른 상표의 라면을 선택하게 되는데, 이때 소비자는 단지 이번에는 전에 구매했던 것과 다른 상표를 사보겠다는 생각만으로 타 상표를 구매한다. 다양성 추구 구매에 있어서 상표전환은 기존상표에 대한 불만족 때문이라기보다는 다양성을 추구하기 위하여 일어나게 된다.

이러한 제품군들에 있어서 시장선도 상표와 추종 상표 간의 마케팅전략이 뚜렷이 다르게 이루어져야 하는데, 농심 신라면 같은 시장선도 상표는 넓은 진열면적을 점유하고, 재고 부족을 없애고 빈번한 광고를 통하여 소비자로 하여금 습관적 구매를 유도하는 전략을 사용하는 것이 유리하다. 반면 삼양 된장라면과 같은 추종 상표는 낮은 가격, 할인 쿠폰, 무료 샘플 등을 활용하여 시장을 선도하는 제품을 사용하고 있는 소비자들로 하여금 삼양 된장라면을 시험구매하도록 하여 상표전환을 유도하는 전략을 사용하는 것이 유리하다.

02 구매의사결정과정(The Buying Decision Making Process)

위에서 살펴본 여러 가지 구매행동들은 의사결정과정의 관점에서 보면 다양한 모습을 띠게 되지만 이들 중 가장 표준적인 의사결정과정을 거치게 되는 복잡한 구매행동(complex buying behavior)을 상정하여 구매의사결정과정을 살펴보기로 한다.

소비자들은 매일 여러 가지 제품이나 서비스를 구매한다. 아침에 출근하기 위해 버스를 탈 것인가, 지하철을 이용할 것인가, 아니면 택시를 이용할 것인가에 대한 의사결정을 내리는 것을 시작으로 점심식사를 위한 음식점 및 메뉴의 선택, 퇴근 후 백화점에 가서 어떤 옷을 살 것인가에 대한 결정, 슈퍼마켓에서 다음날 아침에 마실 오렌지 주스 선택을 위한 구매의사결정 등 다양한 제품 및 서비스에 대한 구매의사결정 상황에 직면한다. 기업들은 설문조사, 소비자 관찰 등 여러 가지 방법을 통하여 소비자들이 제품을 구매하는 과정을 이해하려 노력한다. 그러나 소비자의 구매행동의 동기와 구매의사결정과정을 이해하기란 쉽지가 않다.

소비자들의 구매의사결정과정은 [그림 5-1]과 같이 필요의 인식, 정보의 탐색, 대안의 평가, 구매의사결정, 구매 후 행동의 5단계로 설명할 수 있다. 소비자의 구매과정은 구매행동 이전부터 구매 후 과정 등 지속적으로 연결되어 있다. 최근 마케터들은 소비자가 제품이나 브랜드와 관계를 맺으면서 온라인과 오프라인에서 여러 가지 경험을 하게 되는 일련의 과정을 **소비자 여행**(consumer journey 또는 customer journey)이라는 말로 표현하며, 이를 도표화하여 **고객여행지도**(customer journey map)를 그려서 분석한다. 따라서 마케팅관리자들은 소비자들의 제품구매의사결정 단계에 대한 이해뿐만 아니라 필요인식 단계에서부터 구매 후 행동의 전 과정에 걸친 이해를 갖지 않으면 안 된다. 경우에 따라서 소비자들은 위의 5단계들 중 어떤 단계를 생략하거나 단계 간 순서를 바꾸기도 하는데 주로 습관적인 구매에 있어서 그러한 행동을 보인다. 예를 들어 자동차와 같은 제품을 구매할 경우에는 일반적으로 5단계를 모두 거치게 되지만 비누, 세제와 같은 제품을 구매할 경우에는 기존에 사용하던 제품이 떨어짐을 인식하는 필요의 인식 단계를 거쳐 평소에 주로 사용하던 상표를 구매하여 직접 구매 단계를 밟게 되어 이 구매의사결정에 있어서는 정보의 탐색과 대안의 평가가 생략된 것이다. 그러나 일반적으로 소비자들이 신제품을 구매하거나 복잡한 제품을 구매하려는 상황 하에서는 구매의사결정 5단계를 모두 거치는 경향이 있기 때문에 각 단계에 대하여 살펴보는 것은 의미 있는 일일 것이다.

필요의 인식 → 정보의 탐색 → 대안의 평가 → 구매의사결정 → 구매 후 행동

그림 5-1 구매의사결정과정의 5단계

필요의 인식을 유발하는 광고의 예: 화재 대비에 대한 필요를 유발하는 화재보험 광고

2.1 필요의 인식(Need Recognition)

소비자는 자신이 처해 있는 현 상황과 바라는 이상적인 상황과의 괴리가 심할 때 문제를 인식하거나 필요를 인식하게 되는데 이 단계가 구매의사결정과정의 첫 단계이다. 필요는 배고픔, 목마름 등의 내부적 자극에 의해서 발생할 수도 있으며, 만두가게 옆을 지나가다가 금방 찐 만두를 보고 시장기를 느끼거나 친구의 새로 산 옷이나 액세서리 등을 부러워하게 되는 것과 같이 외부적 자극에 의하여 발생할 수도 있다. 이러한 내부적 또는 외부적 자극들은 소비자들로 하여금 자신의 필요나 문제를 인식하게 하고, 이는 구매행동을 유발할 수 있기 때문에 마케팅관리자는 소비자들이 필요를 인식하게 하는 요인과 상황을 잘 이해하고 있어야 한다. 소비자의 상품 필요에 대한 인식이 마케팅을 전개하는 데 가장 중요한 요소가 되는 상품들 중에는 손해보험이나 생명보험 상품이 있다. 예컨대, 일반 가정집에서는 자신의 집이 불에 타서 없어지는 상황을 상상하기 어렵기 때문에 화재보험에 대한 필요를 크게 인식하지 못하는 것이 보통이다. 따라서 화재보험 상품의 마케터에게는 소비자들로 하여금 그들 자신의 집에 화재가 발생할 수도 있다는 것을 인식시켜 화재보험 상품에 대한 필요성을 갖게 만드는 것이 마케팅에서 가장 중요한 과업이라고 하겠다.

2.2 정보탐색(Information Search)

필요를 인식한 소비자는 만약 욕구가 강하고 그 욕구를 채울 수 있을 만큼 만족스러운 제품이 머리에 떠오른다면 직접 그 제품을 구매할 것이다. 그러한 상황은 정보탐색이 **내적 탐색**(internal search)에서 그친 경우이다. 그러나 일반적으로 소비자들은 자신의 욕구를 만족시킬 수 있는 해결책을 위한 정보를 기억 속에 충분히 갖고 있지 못한 경우가 많은데, 그런 경우 외부에서 정보를 찾는 **외적 탐색**(external search)에 나설 것이다.

만약 기존에 소유하고 있는 승용차가 계속적으로 고장을 일으켜서 새로운 차에 대한 필요성이 인식되면 그 소비자는 자동차와 관련된 정보에 대하여 보다 많은 수용력을 나타내는데, TV나 잡지 등의 자동차 광고에 대하여 높은 주의를 기울이며 또한 주변 사람들이 타고 다니는 자동차에 대하여 깊은 관심을 갖게 된다. 뿐만 아니라 주위 사람들과 자동차와 관련된 주제를 가지고 많은 대화를 나누기도 한다. 어떤 경우에는 보다 적극적인 정보획득 행동을 보이기도 하는데, 자동차 관련 자료를 읽거나, 친구들에게 전화를 걸어 정보를 얻고, 직접 자동차 전시장에 들러 유인물 등을 가져다 상세하게 읽어보고 판매원에게 질문을 하기도 한다.

소비자들은 다양한 정보원천으로부터 외부의 정보를 획득한다. 그 첫 번째 원천이 **개인적 정보원천**(personal sources)으로서 가족, 친구, 이웃, 친지들이고, 두 번째 원천은 **상업적 원천**(commercial sources)으로 광고, 판촉사원, 중간상, 포장, 진열 등이 있으며, 세 번째 원천은 **공공적 원천**(public sources)으로 신문기사나 방송의 뉴스, 한국소비자원에서 운영하는 웹사이트인 '스마트 컨슈머'(www.smartconsumer.go.kr) 등이 있으며, 네 번째 원천은 **경험적 원천**(experiential sources)으로 시험구매, 제품의 직접사용 등이 있다.

이러한 정보원천의 영향력은 제품과 소비자의 직업 등의 특성에 따라서 다르게 나타난다. 일반적으로 소비자들은 마케팅관리자들에 의해서 통제되는 상업적 원천으로부터 많은 정보를 얻지만 무엇보다도 가장 효과적인 정보원천은 개인적 정보원천이다. 개인적 원천은 제품구매에 가장 크게 영향을 미치는데 상업적 원천은 일반적으로 소비자들에게 단순한 정보나 편견이 개입된 정보를 전달하는 반면 개인적 원천은 정보를 전달할 뿐만 아니라 제품에 관한 주관적 평가를 함께 전달한다.

많은 정보를 획득할수록 소비자들은 그들에게 유용한 상표나 제품에 대한 인지와 지식은 증가하게 되는데, 소비자에게 유용한 여러 가지 상표를 알게 되기도 하고 경우에 따라서는 대안들 중에서 어떤 상표를 제거할 수 있는 지식을 얻기도 한다.

소비자들은 [그림 5-2]에서 보는 바와 같이 자동차 구매 시 우리나라에서 구매할 수 있는 모든 자동차들의 집합인 전체집합에 속한 모든 대안들을 고려하는 것은 아니다. 소비자들은 그들이 인지할 수 있는 자동차들 중에서도 경제적인 조건 등 몇 가지 전제조건에 맞는 대안들을 구매 시 고려하게 되는데, 이를 **고려대안집합**(consideration set)이라고 하며 이들 중 쉽게 한두 개의 대안을 제거한 뒤 **선택집합**(choice set)을 형성하여 다양한 속성들을 평가하는 과정으로 넘어가게 된다.

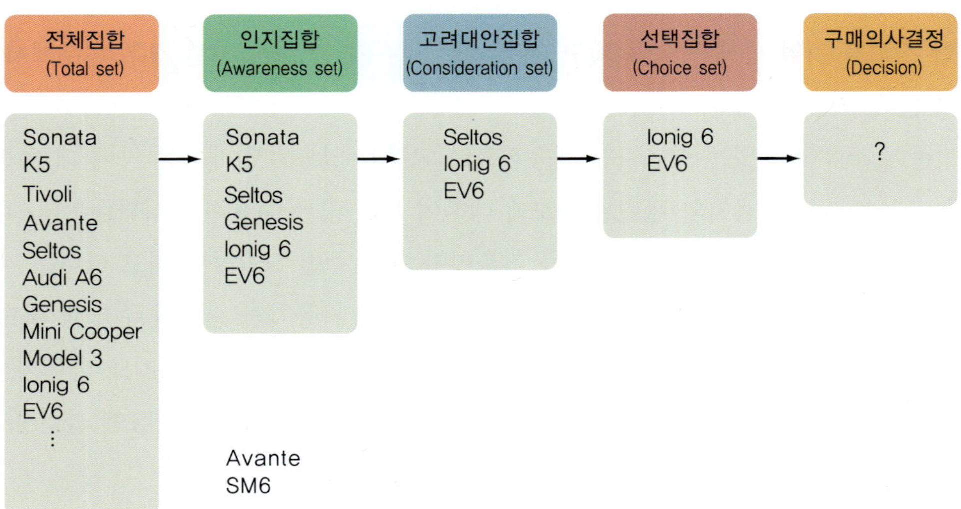

그림 5-2 소비자들의 자동차 구매의사결정 시 선택집합의 결정과정

2.3 대안의 평가(Alternative Evaluation)

소비자들은 정보탐색과정을 거친 뒤 많은 상표들 중 어떠한 상표를 선택할 것인가의 문제에 부딪치게 되는데, 이러한 단계가 바로 **대안의 평가** 단계로서 소비자가 상표선택에 도달하기 위하여 대안들에 관한 정보를 처리하는 단계이다. 소비자들은 모든 구매상황에서 단순하고 동일한 평가과정을 사용하지 않고 다양한 평가과정을 거치지만 소비자들이 일반적으로 대안의 평가단계에서 거치는 과정을 살펴보면 다음과 같다.

대안의 평가과정을 살펴봄에 있어 몇 가지 기본적인 개념들을 먼저 설명할 필요가 있다. 첫째, 우리는 소비자가 자신의 어떤 필요를 만족시키기를 원하고 그 필요를 제품의 획득을 통해서 만족시킬 수 있으며, 제품을 그들의 필요를 만족시켜 줄 수 있는 **제품속성들의 묶음**(bundle of product attributes)으로 본다고 가정한다. 예컨대 자동차의 경우 제품속성으로는 안전성, 경제성, 내부공간의 크기, 가격 등을 들 수 있다.

둘째, 소비자들은 각 속성의 중요도를 고려한다. 여기서 **속성의 중요도**는 **속성의 현저성**(salience)과 확실히 구별해야 하는 개념이다. 현저한 속성들은 소비자에게 제품의 특성에 대하여 질문했을 때 소비자의 마음속에 쉽게 떠오르는 속성들이다. 그러나 이러한 현저한 속성들은 반드시 소비자들에게 가장 중요한 속성은 아니다. 단지 현저한 속성은 잦은 광고의 결과로 소비자의 기억 속에 두드러지게 각인되었을 때 또는 소비자가 현재 그 속성에 대하여 문제점을 느끼고 있을 때 소비자의 의식 속에 떠오르기 쉬운 위치에 자리한 속성이다. 예컨대 어떤 자동차회사가 '우리 차는 소음이 없습니다'라는 광고를 자주 하게 되면 소비자들은 자동차와 관련된 속성들 중에서 '소음이 없다'는 속성을 쉽게 머리에 떠올리게 되지만 그 속성이 소비자에게 반드시 중요한 속성은 아닐 수도 있다. 따라서 마케팅관리자들은 속성의 중요성을 속성의 현저성과 확실히 구별하여 소비자가 제품구입 시 진정으로 중요하게 고려하는 내용이 무엇인지를 파악하고 있어야 한다.

셋째, 소비자는 각 제품들이 각 속성상 어떤 위치를 차지하고 있는지에 대한 **상표신념들**(brand beliefs)을 갖게 된다. 소비자들은 일반적으로 각 속성에 대하여 효용함수를 갖고 있다고 가정할 수 있는데, 이는 제품의 각 속성수준의 조합에 대하여 소비자가 제품에 관하여 기대하는 총효용을 결정한다. 예를 들어 한 소비자가 연비가 좋고 배기량은 1,800cc~2,000cc 정도의 자동차의 구매를 고려하고 있을 때 그 소비자가 고려할 수 있는 속성수준으로서 제조사는 현대자동차, 한국GM자동차, 기아자동차, 르노코리아자동차의 네 수준으로 나눌 수 있고, 각 제조사별로 현재 제공하고 있는 연비는 상, 중, 하의 세 수준으로, 그리고 배기량은 1,800cc와 2,000cc의 두 수준으로 나누어 볼 수 있다. 이때 소비자는 자신이 가장 큰 효용을 얻을 수 있는 속성수준의 조합을 만들어 낼 수 있다. 예컨대 소비자가 제조사는 기아, 연비는 상, 2,000cc의 배기량을 가진 자동차를 가장 이상적으로 생각한다면, 그와 같은 자동차 속성의 조합이 실재하고 경제적으로도 문제가 없는 경우 그 소비자는 그러한 조합의 자동차를 선택하게 될 것이다.

표 5-2 중형차에 대한 소비자 속성평가의 가상적인 예

자동차	속성			
	제조사 명성	연 비	엔진성능	가 격
Sonata	10	7	6	8
Malibu	9	6	8	9
K5	6	8	7	7
SM6	7	6	10	5

좀 더 일반적인 예로 어떤 소비자가 중형차를 구입하는 상황에서 Sonata, Malibu, K5, SM6의 4개 선택대안으로 좁혔을 경우를 가정하자. 그 소비자가 제조사의 명성, 연비, 엔진성능, 가격이라는 4개의 속성을 중요하게 고려한다고 할 때 〈표 5-2〉는 각 상표의 각 속성에 대한 신념을 나타낸다. Sonata의 경우에 제조회사의 명성은 10점 척도에서 10점을 주고 있으며 연비는 7점, 엔진성능은 6점 그리고 가격의 적절성은 8점을 가진 제품으로 볼 수 있다. 같은 방법으로 다른 상표의 제품에 대한 평가가 이루어질 수 있다. 마케팅관리자는 이러한 소비자의 각 제품에 대한 속성별 평가로 구성된 상표신념의 구조를 파악함으로써 소비자가 어떠한 제품을 선택할 것인지 예상할 수 있다.

아래의 예에서 만약 한 자동차가 모든 속성에 대하여 다른 어떤 자동차보다도 높은 평가를 받는다면 소비자는 그 제품을 선택할 것이다. 그러나 각 상표들은 서로 다른 우위점을 가지고 차별적으로 소구하는 것이 일반적이므로 소비자의 선택은 쉽지 않다. 이때 소비자들은 상표를 선택하기 위하여 간단한 방법을 사용하기도 하는데, 예를 들어 어떤 소비자들은 그들의 구매의사결정을 오직 하나의 속성에 의하여 내리기도 한다. 만약 한 소비자가 자동차 제조회사의 명성을 다른 어떤 속성보다 중요하게 여긴다면 그는 Sonata를 구입할 것이며, 엔진성능만을 고려한다면 SM6를, 연비만을 고려한다면 K5를, 가격의 적절성을 원하면 Malibu를 구입할 것이다. 그러나 대부분의 소비자들은 제품구매 시 다양한 속성을 함께 고려하며 각각의 속성에 대하여 서로 다른 중요도를 부여하게 된다. 따라서 소비자의 각각의 4개의 속성에 대한 가중치를 알 수 있다면 그 소비자가 어떤 자동차를 선택할지를 보다 정확하게 예측할 수 있다. 즉 어떤 소비자가 자동차의 제조회사의 명성에 대하여 그 중요도를 40%로 주고, 연비에 30%, 엔진성능에 20%, 가격에 10%의 가중치(weight)를 준다고 가정하면, 소비자의 각 상표에 대한 속성수준에 각각의 중요도를 곱하여 그 소비자의 각 자동차에 대하여 평가하고 있는 가치를 얻어낼 수 있다.

〈표 5-3〉의 식에서 그 소비자는 Sonata를 가장 선호할 것이라고 예측할 수 있다. 이와 같은

표 5-3 소비자의 각 자동차 상표별 주관적 가치

Sonata의 주관적 가치 = 0.4(10)+0.3(7)+0.2(6)+0.1(8) = 8.1
Malibu의 주관적 가치 = 0.4(9)+0.3(6)+0.2(8)+0.1(9) = 7.9
K5의 주관적 가치 = 0.4(6)+0.3(8)+0.2(7)+0.1(7) = 6.9
SM6의 주관적 가치 = 0.4(7)+0.3(6)+0.2(10)+0.1(5) = 7.1

소비자들의 대안 평가모형은 한 가지 속성에서 낮은 점수를 받은 대안이 다른 속성에서 점수를 만회할 수 있는 방식의 평가모형이므로 이를 **보완적 평가모형**이라고 부른다. 그러나 소비자들은 이와는 다른 방법으로 대안들을 평가할 수도 있다. 예를 들어, 한 소비자가 어떤 속성의 최소수준 이상을 만족시킬 수 있는 자동차만을 대안으로 결정할 수도 있는데, 제조사 명성은 9점 이상, 엔진성능은 8점 이상을 제공하는 자동차를 구매하기로 결정하였다고 하자. 이때 Malibu만 두 가지 속성에서 만족시켜야 할 최소수준을 넘고 있기 때문에 소비자가 Malibu를 선택하리라고 예측할 수 있다. 이와 같은 평가모형을 **결합식**(conjunctive) **모형**이라고 부른다. 이에 반하여 어떤 소비자는 제조사 명성에서 10점 이상이거나 혹은 가격이 10점 이상인 대안을 선택하기로 했다면 Sonata가 선택될 것이다. 이 같은 의사결정모형을 **분리식**(disjunctive) **모형**이라고 한다. 결합식 모형이나 분리식 모형은 보완적 모형과는 달리 일단 어떤 속성에서 최소수준에 미달하여 고려대상에서 제외되는 경우 다른 속성에서 만회할 기회가 주어지지 않으므로 **비보완적 평가모형**이라고 부른다.

소비자들이 구매에 있어서 제품을 어떻게 평가하는지는 소비자의 개인성향과 구매상황에 많은 영향을 받는다. 어떤 경우에 소비자들은 매우 조심스럽고 논리적인 사고로 대안들을 평가하기도 하지만 또 어떤 상황에는 신중하지 않은 결정을 내리고 충동구매나 직관에 의한 구매를 하기도 한다.

| 안전을 강조한 자동차 광고: 비보완적 평가방식에 기반한 제품 광고의 예

마케팅관리자들은 소비자들이 어떻게 상표들을 평가하는지를 확실히 이해하고 있어야 하는데, 소비자가 어떤 평가과정을 거치는지 알게 되면 소비자의 구매의사결정이 자사의 제품에 유리한 방향으로 이루어질 수 있는 효과적인 방안을 모색할 수 있기 때문이다. 예를 들어 준중형 승용차를 구매하고자 하는 어떤 소비자가 연비와 안전성을 중요하게 생각하여 현대 Avante를 선택하기로 결정하였다면, 르노코리아자동차와 같은 타 자동차 제조회사

는 만약 자사제품인 XM3가 현대 Avante보다 실질적으로 연비와 안전성에 있어서 문제가 있는 경우에는 소비자가 원하는 수준으로 XM3의 안전성과 연비를 높이는 노력을 기울여야 할 것이다. 그러나 소비자가 XM3를 실제 안전성과 연비수준보다 낮게 평가하고 있는 것으로 판단된다면 소비자의 XM3에 대한 속성별 인식을 바꾸기 위해 노력해야 한다. 또 다른 방안으로는 소비자들이 구매 시 고려하는 속성들 자체를 바꾸거나 속성들에 부여되는 중요도를 바꾸려는 노력을 할 수도 있는데, 예를 들어 르노코리아자동차는 광고를 통하여 모든 1,600cc급 자동차들은 거의 동일한 연비와 안전성을 가지고 있기 때문에 각 제조사 간 차이는 전혀 없으며 오히려 엔진성능이 탁월한 자동차를 구매하는 것이 보다 효과적인 구매의사결정을 내리는 것이라고 주장하여 현대자동차가 르노코리아자동차에 비해 이점을 갖고 있지 못한 속성 쪽으로 소비자의 주의를 전환시킬 수도 있다.

2.4 구매의사결정(Purchase Decision)

평가단계에서 각 상표들에 대한 평가가 이루어진 후 소비자는 구매의사를 결정하게 된다. 일반적으로 소비자의 **구매의사결정**은 가장 선호하는 상표를 구매하는 것을 말하는데 자신이 구매하기를 원하는 제품과 실제 구매하는 제품은 주로 다음과 같은 두 가지 요인 때문에 서로 달라질 수 있다.

그 첫 번째 요인은 **주변사람들의 대안에 대한 태도**이다. 자동차 구매의사결정 단계에서 만약 어떤 여성 구매자의 남편이 부부가 공동으로 사용할 승용차의 엔진배기량이 1,500cc 이하인 연비가 높은 자동차를 구매하기 원한다면, 그 여성 구매자는 연비가 상대적으로 낮은 엔진배기량 1,600cc 이상의 자동차를 선호하더라도 그 자동차를 구매할 가능성은 낮다. 이러한 경우 구매자는 특히 자기와 가깝거나 영향력을 갖고 있는 가족, 친지, 동료 등의 **'의미 있는 다른 사람들'**(significant others)의 의견에 의해 영향을 받는다.

두 번째로 구매는 **예기치 않은 상황변수**들에 의해서도 영향을 받는다. 예를 들어 자동차를 구매하기로 한 어떤 소비자가 갑자기 직장을 잃을 수도 있고, 집 장만 등 더 긴급한 다른 구매가 필요하게 될 수도 있다. 또한 자신이 구매하려고 마음먹은 상표가 품절되어 살 수 없게 되어 다른 상표의 제품을 구입하게 되는 경우도 있다.

따라서 제품에 대한 선호와 구매의도가 언제나 실질적인 구매행동으로 반드시 이어지지는 않는다. 일반적으로 소비자가 구매하려는 상표의 변화, 구매시기의 지연, 또는 구매결정의 회피는 소비자가 구매와 관련하여 지각하는 위험성 정도에 따라 크게 영향을 받는다. 대부분의 구매는 어느 정도의 위험 부담을 포함하고 있기 때문에 구매결과에 대하여 확신을 할 수 없다면 소비자는 두려움을 느낀다. 여기서 지각되는 위험의 정도는 가격, 구매결과에 대한 불확실성의 정도, 그리고 소비자 자기 확신의 정도에 따라 다르게 나타난다. 소비자들은 이 같은 지각된 위험수준을 감소시키기 위해 유명상표를 선택하거나 보증수리를 해주는 상표를 선택하기도 한다. 기업의 마케팅관리자의 입장에서는 소비자들의 지각된 위험수준을 높여주는 요인들을 알아내어 이를 제거하거나 감소시키기 위해 소비자에게 추가적인 정보를 제공하거나 제품에 대한 보증을 실시하기도 한다. 예컨대 자동차와 같은 고가품의 경우에는 제조사에서 신차 구매 후 3년 또는 주행거리 6만km가 될 때까지 주요 부품에 대하여 무상으로 교환해 주거나 보증수리를 해주는 제도를 채택하고 있는 경우를 흔히 볼 수 있다.

2.5 구매 후 행동(Postpurchase Behavior)

제품을 구매한 후 소비자들은 제품에 대하여 만족 또는 불만족 등의 반응을 나타내며 이는 다시 **구매 후 행동**으로 이어지게 된다. 소비자들의 구매에 대한 만족, 불만족은 소비자들의 기대와 제품의 지각된 성능 간의 관계에 의하여 결정된다. 만약 제품의 성능이 제품을 구매하기 전에 가지고 있던 기대에 못 미친다면 소비자는 실망할 것이고, 제품의 성능이 기대에 부응하게 되면 소비자는 만족을 느끼게 되며 더 나아가서 제품의 성능이 기대했던 것보다 뛰어나면 소비자는 매우 기뻐할 것이다.

소비자들은 그들의 제품에 대한 기대를 판매자, 친구 및 다른 정보원천으로부터 획득한 정보에 근거하여 형성한다. 지나치게 높은 기대의 형성은 오히려 구매 후 불만족의 원인으로 작용할 수도 있는데, 만약 판매자가 제품/서비스의 성능을 과장하면 그에 따라 소비자는 기대를 높게 형성한 채로 제품/서비스를 구매하기 때문에 그 결과로 불만족을 느낄 가능성이 높다. 기대와 성능 간의 차이가 크면 클수록 소비자들의 불만족은 높아지기 때문에 소비자의 만족을 높이기 위해서는 판매자들이 제품/서비스의 성능을 솔직하게 밝히는 것이 효과적이다. 어떤 판매자들은 소비자의 만족을 높이기 위해서 제품/서비스의 성능을 일부러 낮추어 전달하기도 한다. 그 이유는 소비자들은 기대보다 높은 성능을 얻게 되면 재구매가 쉽게 일어나고 잠재적 소비자들에게 호의적 구전을 전달하는 효과를 얻을 수도 있기 때문이다.

제품의 구매 후, 특히 고가품을 구매한 소비자의 대부분은 자기의 의사결정이 옳았는지에 대한 확신의 부족으로 **인지부조화**(cognitive dissonance) 또는 **심리적인 불편**(psychological discomfort)을 경험한다. 구매한 제품에 대하여 완전히 만족하는 소비자는 자신이 구매하지 않은 제품의 결점을 회피할 수 있었던 것에 대해 다행으로 생각하겠지만, 대부분의 제품이 결점과 장점을 동시에 가지고 있기 때문에 소비자들이 자신이 구매한 제품에 대해 완전히 만족하는 경우는 드물다. 따라서 소비자들은 거의 모든 구매에 있어서 어느 정도의 구매 후 부조화를 느끼게 된다. 따라서 기업은 자사제품 구매자의 불만족을 극소화하기 위한 노력을 게을리해서는 안 된다.

기업의 매출은 신규구매와 반복구매로부터 발생하는데 반복구매 여부를 결정하는 소비자의 만족/불만족은 기업에게 매우 중요하다. 일반적으로 기존의 고객들을 유지하는 것보다는 신규고객을 유치하는 것이 훨씬 더 어렵고 비용도 많이 든다. 특히 성숙기에 접어든 상품의 경우 기존고객들을 유지하는 것은 신규고객을 유인하는 것보다 더 중요하며 이를 위해서는 기존소비자들이 자사상품에 만족을 느끼게 하는 것이 가장 좋은 방법이다. 만족한 소비자는 재구매를 할 가능성이 높으며 다른 사람들에게 호의적인 구전을 행하고 경쟁상표의 광고에 관심을 덜 갖는 경향이 있으며 자사에서 나온 다른 제품도 구매하게 된다.

미국에서 실시된 한 조사에 의하면 소비자의 불만족은 기업에게 매우 불리하게 작용한다. 만족한 소비자들은 평균적으로 3명에게 호의적인 구전을 행하고 불만족한 소비자들은 11명에게 그들의 불만족을 전하기 때문에 비호의적 구전이 호의적 구전보다 더 멀리 그리고 더 빠르게 전달되며 소비자들의 기업과 제품에 대한 태도에 치명적인 손상을 줄 수 있다. 따라서 기업들은 소비자 만족을 정기적으로 측정할 필요가 있다. 불만족한 소비자가 그 기업의 만족/불만족 조사에 참여하는 일이란 매우 드물다. 사실, 불만족한 소비자들 중 96%는 그들의 문제를 해당 기업에 절대로 이야기하지 않는다. 기업은 소비자가 불만을 이야기할 수 있도록 하는 제안제도를 사용하기도 하는데 이 같은 방법을 통하여 기업의 문제점이 얼마나 개선되고 있는지를 알 수 있다. 일반적으로 불만족한 소비자들은 여러 가지 행동을 취함으로써 그들의 부조화를 줄이려 노력한다. 예를 들면 자신이 구매한 제품을 판매자에게 반환하고 환불하거나 다른 제품과 교환하기도 한다. 또한 경우에 따라서는 구매한 제품의 독특한 편익을 전달하는 광고내용에 귀를 기울이거나 자신이 구매한 제품을 좋아하는 친구와 이야기를 하는 등의 **합리화 과정**(rationalization process)을 거치는 경우도 관찰할 수 있다.

소비자의 욕구와 구매과정을 이해하는 것은 성공적인 마케팅의 기초가 된다. 소비자가 어떻게 필요를 느끼게 되고, 어떤 정보를 어떻게 탐색하며, 대안들을 어떻게 평가하고, 구매의사결정을 어떻게 내리고 어떤 구매 후 행동을 하게 되는가를 이해하는 것은 표적시장에 효과적인 마케팅 프로그램을 만들어내는 데 결정적인 단서로 작용하게 된다.

03 | 구매의사결정에 영향을 미치는 요인들

위에서 살펴본 소비자들의 구매의사결정과정은 많은 요인들에 의해 영향을 받는다. 예컨대 어떤 소비자가 휴대전화기를 구입한다고 했을 때 그 소비자가 휴대전화기에 대한 필요를 느끼게 되는 과정에서 시작하여 휴대전화기에 대한 정보의 탐색, 대안평가기준의 선정, 구매 및 구매 후 행동의 전 과정에 걸쳐 소비자 자신의 성격, 자아개념 등의 개인적인 요인을 비롯하여 그 소비자가 속해 있는 문화, 사회계층 등의 문화적인 요인에 이르기까지 많은 요인들의 영향을 받게 된다. 그중에서도 중요한 요인들을 열거해 보면 개인적 요인, 심리적 요인, 사회적 요인, 문화적 요인 등을 들 수 있는데 이를 자세히 서술하면 다음과 같다.

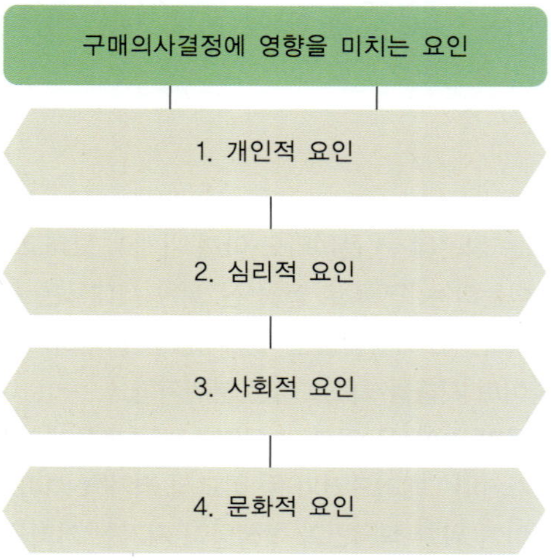

그림 5-3 구매의사결정에 영향을 미치는 요인

3.1 개인적 요인(Personal Factors)

(1) 나이와 생애주기단계

사람들의 제품이나 서비스의 구매양상은 그들이 나이를 먹어가면서 변한다. 일반적으로 음식, 옷, 가구, 레저활동 등에 대한 기호는 나이에 따라 변화하며 소비자들이 구매하는 제품은 가족의 **생애주기단계**(life cycle stage)에 따라서 변화하기도 한다. 즉 결혼 여부나 자녀의 유무, 결혼한 지 얼마나 되었는가 등에 따라 제품이나 서비스의 구매행동이 달라진다. 예컨대 신혼부부들은 BIF 보루네오 가구처럼 비교적 실용적인 가구에 많은 관심을 갖는 것이 보통이지만 중년 부부들은 이탈리아에서 수입한 고가의 가구에도 관심을 갖게 된다. 따라서 마케팅관리자들은 그들의 표적시장을 생애주기에 따라 정의하고 각 생애주기의 단계에 있는 소비자에게 적합한 제품을 개발하고 각 시장에 맞는 마케팅계획을 수립하여야 한다.

MARKETING
FOCUS

고물가 시대 MZ세대의 양극화된 소비현상

기록적인 물가상승에 경기침체 우려까지 겹치면서 새로운 소비 트렌드를 이끌고 있는 MZ세대(밀레니얼+Z세대)들이 양극화된 소비패턴을 보이고 있다. 중간 가격 소비재 수요는 감소하고 명품과 초저가 제품 수요는 증가하는 'K자형 소비'가 나타나고 있다. 최대한 아껴 쓰는 '무지출 챌린지'가 유행하는 반면 고비용이더라도 자신의 취향을 반영한 제품이나 사치재 소비행태도 점점 확장되고 있다.

무지출 챌린지의 확산

피부로 느끼는 물가 상승폭이 거세지는 가운데 한 푼이라도 아껴 가계에 보태고자 하는 흐름이 커지고 있다. 특히 지난해 영혼까지 끌어모아 대출을 받는다는 '영끌'로 집을 산 젊은 세대들은 하루가 다르게 상승하는 금리에 '짠테크'는 선택이 아닌 필수라고 입을 모은다. 회사원들은 구내식당을 이용하거나 편의점 도식락으로 점심값을 최대한 줄이고 불필요한 사교모임을 줄이며 지출을 최소화하는 분위기다.

이 같은 사태를 잘 반영해 보여주는 곳이 커피시장이다. 스타벅스와 투썸플레이스, 커피빈 등 고가 커피 브랜드 이용자 수가 줄어드는 추세다. 반면 메가커피 · 매머드커피 등 비교적 저가형 커피브랜드의 이용자 수가 상대적으로 크게 늘어나고 있다. 외식비용을 줄이기 위한 직장인과 학생들이 저가형 커피 쪽으로 소비패턴을 옮겨가고 있는 것으로 분석된다. 빅데이터 플랫폼 기업 아이지에이웍스에 따르면 스타벅스의 앱 주간 활성 사용자 수(MAU, 안드로이드 및 iOS 사용자 합산 · 중복 포함)는 올 초 대비 10.7% 줄어들었다. 커피빈 또한 같은 기간 17.4% 이용자 수가 감소했다. 투썸플레이스 · 할리스 역시 지난 6월과 7월 고점을 찍은 뒤 각각 6%와 14% 하락했다. 이와 달리 저가형 커피브랜드인 메가커피와 매머드커피, 컴포즈커피 등의 앱 사용자 수는 상승세다. 메가커피 앱 '메가MGC커피 멤버십'의 이용자 수는 연초 대비 40.5% 증가했다. 늘어난 이용자만 약 20만 명에 달한다. 매머드커피의 '매머드 오더'는 71.5% 급증했다. 매머드커피는 올 초 이용자 수 35만 명을 돌파해 경쟁 브랜드 중 가장 많은 회원 수를 확보했다. 컴포즈커피 앱 이용자 수 역시 51.8% 증가했다.

적금으로 목돈만들기 도전

MZ세대는 시장 불확실성을 극복할 수 있는 투자로 이자가 높은 예적금 상품에도 눈을 돌리고 있다. 소비를 줄여 소액이라도 지속적으로 적금을 들어 목돈을 만드는 것이다. 매달 새로운 적금에 가입해 1년 후부터 순차적으로 원리금을 회수해서 목돈을 마련하는 소위 '적금 풍차 돌리기'가 MZ세대들 사이에서 유행처럼 번지고 있다. 벌써 다섯 개째 적금에 가입했다는 자영업자 고모(37)씨는 "적금이 현재 총 5개로 한 달에 100만 원이 넘는다"라며 "매달 붓기가 빠듯해서 깰까 말까 고민하기도 하지만 차곡차곡 쌓이는 금액을 보면 뿌듯하다"라고 전했다. 이에 발맞춰 은행권에서는 고금리 적금을 앞다퉈 출시하며 MZ세대를 타깃으로 마케팅을 강화하고 있다.

식을 줄 모르는 명품 수요

그러나 이 같은 짠테크 열풍과 정반대의 양상을 보이는 플렉스(flex: 과시형 소비행태) 소비도 여전히 식을 줄 모르는 채 오히려 증가하는 추세다. 시장조사업체 유로모니터에 따르면 2021년 국내 명품 시장 규모는 19조 3437억 원으로 2015년(12조 2100억 원)과 비교하면 약 58.4% 성장한 수치다. 세계 최대 명품 소비재 기업 LVMH는 2022년 2분기 '어닝서프라이즈(깜짝 실적)'를 기록했다. 매출이 전년 동기 대비 19% 늘었고 순이익은 지난해 대비 34% 급증했다. 패션 보석, 시계, 화장품, 와인 등 모든 사치재 분야가 두 자릿수 성장세를 보였다. 에르메스와 케어링그룹도 20%대 매출 증가율을 나타냈다. 전체적 물가상승의 여파로 명품 업체들이 잇달아 가격을 인상하고 있음에도 소비는 오히려 늘어나는 '베블렌 효과'(사치재 가격 인상 시 수요도 증가하는 현상)가 이어지고 있다는 분석이다.

MZ세대를 중심으로 고가 명품 구입이 대중화하면서 온라인 명품 판매처도 늘어나고 있다. 롯데쇼핑의 통합 온라인 쇼핑몰 롯데온은 명품 전용 라이브방송 '럭셔리 톡파원'을 시작하였고, 신세계그룹의 SSG닷컴도 명품 전문관을 신설해 라이브방송에서 명품을 판매하고 있다. 중고 명품 수요도 폭발적으로 늘면서 명품 중고거래 플랫폼도 늘어나고 있다. 온라인쇼핑몰 11번가는 중고 명품 전문 플랫폼 '구구스'와 손잡고 중고 명품 판매를 시작하였고 현대백화점은 서울 여의도 더현대서울에 중고거래 플랫폼 오프라인 매장인 브그즈트랩을 입점시키기도 했다.

젊어지는 위스키 시장

고가 주류로 분류되는 위스키는 중년 이상의 남자들이 선호하는 술로 알려졌지만 최근 젊은층 사이에서 큰 인기를 끌고 있다. 신종 코로나바이러스감염증(코로나19) 이후 집에서 혼자 술을 마시는 '홈술' 문화가 확산하면서 고급 주류에 대한 소비도 늘어나고 있는 것이다. 관세청 수출입무역통계에 따르면 2022년 1~6월 위스키 수입액은 1억 2365만 달러로 전년 동기(7639만 달러) 대비 61.9% 늘었다. 수입량도 지난해 같은 기간 대비 63.8% 증가했다. 이런 변화는 판매 채널에서도 확인할 수 있다. 한 대형마트의 지난 6월 위스키 매출은 전년 동기 대비 27.5% 증가했다. 2년 전인 2020년과 비교하면 무려 92.6%나 상승한 수치다.

자신이 선호하는 위스키를 구매하기 위해 새벽부터 줄을 서는 '위스키 오픈런' 현상도 새로운 문화로 자리를 잡고 있다.

위스키 수요는 하이볼, 칵테일의 인기가 견인하고 있다는 분석이다. 코로나 이후 위스키에 탄산수를 섞어 마시는 '하이볼' 문화가 고급스럽고 차별화된 경험에 열광하는 MZ세대를 중심으로 빠르게 확산됐다. 명용진 이마트 양주 바이어는 "중년층 전유물이었던 양주가 하이볼 등 본인만의 이색적 칵테일을 선호하는 MZ세대 사이에서 큰 인기를 누리고 있다"고 말했다.

최근 젊은세대들 사이에서는 오를 대로 오른 집값과 고물가 시대에 비혼을 자처하며 '스스로의 행복을 위해 살겠다'는 트렌드도 늘어나고 있다. 미래를 위한 대비에 현재를 할애하기보다는 지금 바로 자신을 만족시켜 줄 소비에 집중하겠다는 것이다. NH투자증권 정여경 이코노미스트는 "인플레이션 시대의 소비는 양극화되는 모습"이라고 분석했다. "인플레이션으로 실질구매력이 감소됨에 따라 가격에 부담을 느끼는 계층에서는 최소비용으로 최대만족을 추구하는 '불황형 소비'가 늘어날 가능성이 있다"라며 "한편에서는 비싼 가격을 감수하는 럭셔리 소비가 이어질 것"이라고 전망했다.

자료원: 장서윤, "고물가 시대를 사는 MZ세대 소비 양극화", 「주간한국」, 2022.09.25; 노승욱, "와인 이어 위스키에 맛 들인 MZ세대…'하이볼 바'프랜차이즈 뜨나", 「매일경제」, 2021.09.24. 중 발췌

(2) 직업과 경제적 상황

한 개인의 직업은 제품이나 서비스 구매에 영향을 미친다. 운동선수는 다른 사람들보다 편한 운동복을 많이 구매하고 변호사는 정장을 주로 구매할 가능성이 높다. 또한 직업에 따라서 같은 제품을 구매할 경우에도 고려하는 제품의 속성에 차이를 보이기도 하는데, 자동차 구매 시 자동차를 많이 타고 다니는 영업사원의 경우에는 무엇보다도 경제성을 주로 생각하며 젊은 여대생의 경우에는 외형이나 디자인에 대한 중요도가 상대적으로 높게 나타날 가능성이 크다.

소비자의 경제적 상황 역시 제품선택에 영향을 미친다. 경제적 상황은 특히 품목선택 후, 특정 상표의 선택에 중요한 영향을 미치게 된다. 특정제품의 경우에는 경제적 상황에 따라 소비자와 비소비자로 확실하게 구분되어지기도 하는데, 예를 들어 BMW7 Series와 같은 고급 수입자동차를 판매하는 경우에는 표적 소비자를 일반 대중에까지 확대할 필요는 전혀 없으며 일부 고소득층만을 표적시장으로 삼는 것이 보다 효과적이다.

(3) 라이프스타일(Lifestyle)

동일한 사회적 지위나 직업을 가진 사람들이라 하더라도 그들의 라이프스타일은 상당히 다를 수 있다. **라이프스타일**은 한 개인의 생활패턴으로서 이는 개인의 행동, 관심, 의견(activities, interests, & opinions; AIO) 등을 표현하는 것으로 이해할 수 있다. 이러한 라이프스타일은 소비자 가치의 변화를 이해하고 마케팅관리자들이 시장세분화의 변수로 이를 활용함으로써 어떻게 소비자 구매행동에 영향을 미칠 수 있는지에 대한 문제의 해결에 사용하기도 한다. 이에 대해서는 다음 장에서 좀 더 상세하게 서술하기로 한다.

(4) 성격과 자아(Personality and Self-concept)

성격(personality)은 한 개인의 비교적 지속적인 독특한 심리적 특성으로서 자기 확신, 사회적응성, 방어성, 적응성, 공격성 등으로 표현된다. 성격은 특정제품이나 상표를 선택하는 소비자행동을 분석하는 데 유용하다. 예를 들어 커피 제조사들은 커피를 많이 마시는 사람들이 다른 사람들과 어울리는 것을 좋아하는 경향이 있음을 발견하였다. 따라서 네스카페 커피는 다른 사람과 함께 한 잔의 커피를 마시면서 휴식을 취하고 있는 소비자를 보여주는 광고를 자주 실시하고 있다. 또한, 많은 마케터들은 제품의 개념을 소비자의 자아개념과 관련지어 규정한다. 활동적이고 창조적인 여성을 등장시킨 화장품 광고는 그러한 **자아개념**(self-concept)을 가지고 있는 여성들로 하여금 자신과 그 제품의 특성 간에 일체감을 느끼게 하여 구매를 유도할 수도 있다.

그러나 이러한 자아개념을 마케팅에서 활용하는 것이 반드시 쉬운 것만은 아니다. 한 개인의 현재 자아개념은 이상적인 자아(자신이 어떻게 되기를 원하는가)와는 상당히 다른 경우가 많기 때문이다. 따라서 소비자가 현재의 자아와 향후 그렇게 되고 싶어 하는 자아 간에 차이가 있는 경우에는 제품구매 시 소비자가 두 개의 자아개념 중 어떤 자아를 충족시키려 할 것인지가 확실하지 않기 때문에 이 개념에 근거한 마케팅은 성공을 거두는 경우도 있고 그렇지 못한 경우도 있는 것이 사실이다.

3.2 심리적 요인(Psychological Factors)

(1) 동기(Motivation)

소비자는 다양한 욕구(needs)를 가지고 있다. 배고픔, 목마름 등의 신체적 긴장상태에서 오는 생리적인 욕구가 있는가 하면, 존경, 소속감 등에 대한 욕구에서 볼 수 있듯이 심리적인 것도 있다. 이러한 욕구들은 대부분의 경우 즉각적으로 행동을 불러일으킬 만큼 강하지는 못하다. 따라서 욕구는 충분한 수준의 강도를 가지고 있을 때 비로소 하나의 **동기**(motive)가 된다. 예컨대 배고픔이라는 생리적인 욕구가 어느 정도 높은 수준에 이르면 소비자는 그 욕구를 충족시키고자 하는 동기를 갖게 되는데, 동기는 소비자로 하여금 자신의 배고픔을 해소하기 위하여 식당이나 제과점 또는 식품 등에 관한 정보탐색이나 대안의 평가 등 어떤 행동을 취하도록 유도할 수 있는 욕구이다.

(2) 지각(Perception)

충분히 동기가 부여된 소비자는 행동을 취하게 된다. 개인의 행동은 그의 상황과 제품정보에 대한 지각으로부터 영향을 받는다. 제품을 구매하려는 동기가 부여되어 있고 같은 상황에 처해 있는 사람들도 상당히 다른 행동을 취하기도 하는데 이는 그들 각자가 주어진 상황을 다르게 지각하기 때문이다. 사람들은 선택적 주의, 선택적 왜곡, 그리고 선택적 기억의 세 가지 지각과정 때문에 같은 자극에 대하여 다르게 인식할 수 있다.

① **선택적 주의**(selective attention): 사람들은 매일 방대한 양의 자극에 노출되어 있다. 따라서 모든 자극에 대하여 주의를 기울일 수 없다. 사람들은 대부분의 정보에 대하여 선택적으로 주의를 기울이기 때문에 어떤 제품을 구매할 의사가 없는 소비자들에게는 정보가 인식되지 않을 수 있고 경우에 따라서는 정보가 주변의 다른 광고들에 비하여 특별한 차이를 보이지 않아서 그 제품을 구매하려는 의사가 있는 사람들에게도 인식되지 않는 경우가 많다.

② **선택적 왜곡**(selective distortion): 정보가 소비자들에게 전달되었다고 하더라도 꼭 의도한 대로 전달되어지는 것은 아니다. 사람들은 주어지는 정보를 기존에 자신이 가지고 있던 신념에 동

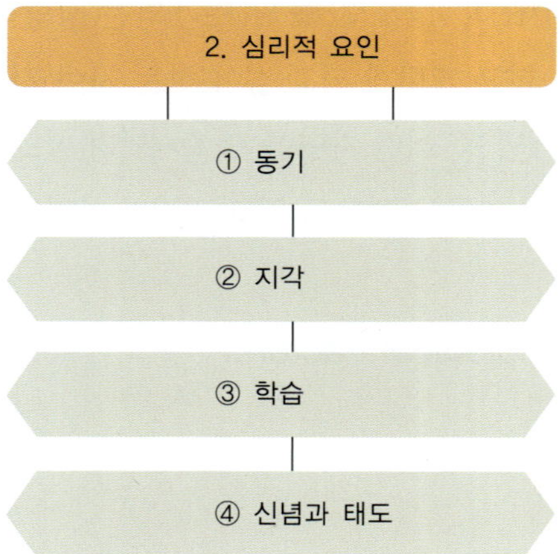

그림 5-4 심리적 요인

화시키려는 경향이 있다. 예컨대 현대자동차를 구입하기로 이미 결정한 사람은 한국GM자동차, 기아자동차, 르노코리아자동차 및 현대자동차 제품들의 장점과 단점을 열거하면서 각 사 자동차의 성능이 거의 비슷하다는 것을 전달하기 위한 신문기사를 보고서도 이를 주관적으로 해석하여 역시 현대자동차가 제일 뛰어나다는 평가를 갖게 될 가능성이 높다.

③ **선택적 기억**(selective retention): 사람들은 또한 자신들이 얻은 정보의 내용을 상당수 잊게 된다. 사람들은 그들의 태도와 신념에 맞는 정보만을 기억하는 경향이 있다. 현대자동차를 구입한 사람은 현대자동차에 대한 호의적 정보를 기억하고 경쟁사 제품에 대한 호의적 내용은 잊게 된다. 왜냐하면 그 소비자는 자동차 구매에 대한 생각을 할 때마다 현대자동차에 대한 호의적 내용을 기억하여 떠올리기 때문이다.

(3) 학습(Learning)

일반적으로 사람들의 행동에는 학습이 뒤따른다. **학습**(learning)이란 어떤 사람의 경험으로부터 신념이나 행동의 변화가 일어나는 것을 말하는데, 이는 일반화(generalization)와 차별화(discrimination)의 둘로 나누어 설명할 수 있다. 어떤 사람이 현대 Avante를 구입하여 타고 다니면서 매우 만족하였다면 그 사람은 현대자동차에 대한 긍정적인 태도가 강화될 것이다. 그리고 다음번에 자동차를 새로 구입하게 될 때 또다시 현대의 Sonata를 구매할 가능성이 높아진다. 위와 같은 경우 유사한 자극에 대하여 반응을 일반화시켰다고 볼 수 있다. 일반화의 반대개념이 차별화로서 만약 위의 소비자가 K5에 대한 정보를 입수한 결과 중형차들 중에서는 기아의 K5가 현대 Sonata보다 훨씬 승차감이 좋고 연비가 우수하다고 판단한다면 차별화(discrimination)가 일어나게 된다. 차별화란 제품품목 간의 차이(예컨대 준중형차와 중형차의 차이)를 인식하고 그에 따라 적절히 반응할 수 있게 되는 것을 말한다.

(4) 신념과 태도(Beliefs and Attitudes)

신념이란 소비자의 어떤 대상에 대한 설명적인(descriptive) 생각으로서 어떤 제품이나 서비스에 대한 이미지를 형성시키며 구매행동에 영향을 미친다. 예컨대 어떤 소비자가 현대자동차는 연비가 높고 수리비용이 덜 들고 승차감이 좋다고 믿는다면, 그 믿음은 그 소비자의 자동차 구매의사결정에 결정적인 영향을 미친다. 이러한 믿음은 객관적인 증거에 근거해 있는 경우도 있지만 경우에 따라서는 다른 사람의 의견이나 소비자 본인의 막연한 추측에 근거한 경우도 흔히 볼 수 있다. 따라서 마케팅관리자들은 소비자들이 자사제품이나 상표에 대하여 정확한 지식을 가질 수 있도록 정보를 올바르게 전달할 수 있어야 한다.

태도는 한 개인의 어떤 대상에 대한 비교적 지속적이면서 일관성 있는 평가와 감정으로서, 사람들로 하여금 그 대상을 좋아하게 되거나 싫어하게 되는 결과를 낳게 된다. 태도는 일단 형성되면 바꾸기가 매우 힘들다. 따라서 대부분의 기업들은 자사제품에 대하여 태도를 바꾸려는 노력보다는 일단 형성된 태도에 적합한 제품을 판매하는 것을 택하게 된다. 예컨대 이랜드라는 상표는 소비자들에게 중저가의 상표로 인식되어 있으며 이랜드를 좋아하는 그룹과 싫어하는 그룹으로 비교적 명확하게 나뉘어져 있다. 이 같은 상황에서 이랜드는 굳이 기존 브랜드인 이랜드를 가지고 중저가 상표를 싫어하는 고객들을 끌어들이려는 전략을 구사하기보다는 이랜드를 선호하는 고객들을 그대로 유지하면서 뉴발란스 같은 새로운 브랜드를 인수하거나 SPAO 같은 자체 브랜드를 키움으로써 새로운 세분시장을 공략하는 것이 더 유리하다고 하겠다.

3.3 사회적 요인(Social Factors)

(1) 소집단

개인의 행동은 다양한 소집단으로부터 영향을 받는다. 이러한 집단들에는 가족, 친구, 동료 등과 같은 1차적 집단이 있고 보다 형식적이고 교류가 빈번하지 않는 2차적 집단으로서 종교적 집단, 변호사 협회와 같은 전문가 협회, 노동조합 등이 있다.

준거집단(reference group)은 한 개인의 태도와 행동을 형성하는 데 직접적 또는 간접적으로 비교의 기준이 되거나 준거점으로 작용한다. 사람들은 종종 자신이 속하지 않은 준거집단으로부터 영향을 받기도 하는데, 예를 들어, 한 중학생 야구선수가 언젠가 LG Twins의 프로야구 선수가 되기를 원한다면 이 선망집단(aspirational group)에 의해 영향을 받게 된다.

마케팅관리자들은 그들의 표적시장의 준거집단을 파악하는 데 노력을 기울여야 하는데, 그 이유는 준거집단은 개인이 새로운 행동과 생활양식을 갖게 하는 데 영향을 주고 개인의 태도와 자

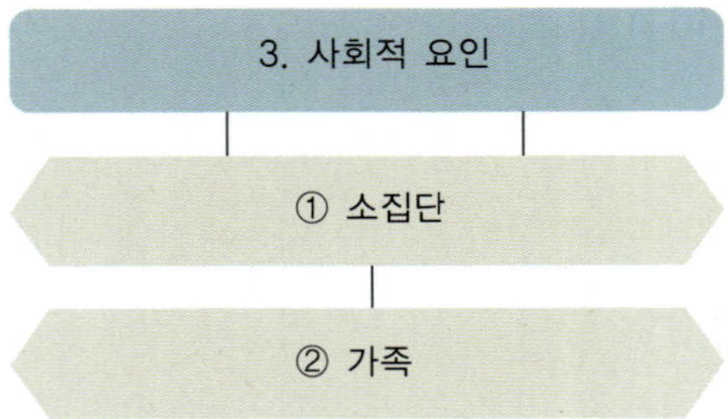

그림 5-5 사회적 요인

아개념에도 영향을 미치며 나아가서는 제품 및 상표선택에 영향을 줄 수도 있기 때문이다.

마케터들은 준거집단 안의 **의견선도자**(opinion leaders)에게 접근하기 위하여 많은 노력을 기울인다. 의견선도자들은 특별한 기술, 지식, 또는 성격 등의 특성을 가지고 있기 때문에 다른 사람들에게 영향을 미칠 수 있는 사람들이다. 의견선도자는 사회 모든 계층에 퍼져 있으며 어떤 제품에 대하여 의견선도자가 다른 어떤 제품들에 대하여는 추종자가 되기도 한다. 예컨대 대학교수들은 정치나 경제문제에 있어 의견선도자일 수는 있지만 의류제품에 관해서는 단순히 유행을 따르는 추종자이거나 유행과는 아무 상관이 없는 소비자일 가능성이 높다. 따라서 마케팅관리자들은 자신의 제품에 대한 의견선도자들의 특성을 파악하고 그들이 주로 접하는 매체가 어떠한 것인지를 파악하여 의견선도자들에게 직접적인 촉진활동을 수행하여야 한다.

(2) 가 족

가족은 구매행동에 매우 크게 영향을 미칠 수 있다. 부모는 자녀들에게 종교, 경제, 개인적 야망, 가치관, 사랑 등에 대하여 방향을 제시해 주는 역할을 한다. 만약 구매자가 더 이상 그들의 부모와 연락을 하지 않고 지낸다고 하더라도 부모가 갖는 구매자의 행동에 대한 영향력은 지속되며 물론 부모와 자식이 같은 집에서 계속 사는 경우에는 그 영향의 정도가 훨씬 크게 나타난다. 마케팅관리자들은 다양한 제품과 서비스들을 구매할 때 남편, 부인, 자녀들의 역할과 상대적 영향력에 많은 관심을 가지고 있는데 남편과 부인의 관여도는 제품과 구매과정단계에 따라 다양하게 나타난다. 남편과 부인의 가정에서의 구매자로서 역할은 소비자의 라이프스타일의 변화에 따라 함께 변화한다. 우리나라의 경우 과거에는 가정용 소모품의 경우에는 부인이 단독으로 구매의사결정을 하고, 자동차와 같은 고가 제품의 경우에는 남편의 영향력이 상당히 높게 작용하는 것이 일반적이었다. 그러나 현재 결혼한 여성의 사회참여도가 높아지고 또한 가정에서의 여성의 발언권이 높아짐에 따라 자동차나 주택구매 시에 남편과 부인의 참여도가 거의 50%씩 동일하게 나타나는 사례가 증가하고 있다. 이 같은 여성소비자의 가정 내 영향력의 증가에도 불구하고 우리나라의 경우를 미국의 일반적인 가정과 비교해 본다면 아직도 중요한 구매의사결정은 남성이 주도하는 경우가 더 많을 것이다. 이처럼 가정 내에서 구성원들의 구매과정상의 역할은 국가나 사회에 따라 다르게 나타난다.

3.4 문화적 요인(Cultural Factors)

(1) 문화와 하위문화(Culture and Subculture)

문화는 사람들의 욕구와 행동을 유발하는 가장 근본적인 영향 요인들 중의 하나이다. 어떤 문화의 영향권 안에서 성장하면서 한 어린이는 그 문화가 명시적 또는 묵시적으로 강조하는 기본적 가치와 인식, 욕구, 그리고 행동양식을 그들의 가족이나 주변 사람들로부터 배운다. 서울에 사는 어린이는 일반적으로 성취와 성공, 활동과 참여, 효율과 실용성, 자유, 젊음, 그리고 건강 등과 같은 가치들을 배우며 그러한 가치에 노출될 기회를 자주 갖게 된다.

어떤 소비자가 컴퓨터를 갖기를 원하게 되는 것은 현대사회가 기술적으로 컴퓨터를 생산할 수 있도록 발전되어 있기 때문이지만 그 소비자가 그러한 제품의 가치에 대하여 알고 있기 때문이기도 하다. 만약 아프리카의 원시부족들에게 컴퓨터가 무엇인지 물어본다면 그것이 무엇을 뜻하는지, 어떠한 용도로 사용하는 것인지를 전혀 알지 못할 것이며 단지 호기심만을 나타낼 것이다.

마케팅관리자들은 신제품 기회를 노리기 위하여 항상 문화적 변화의 마케팅적 시사점을 포착하려고 노력한다. 예를 들어 다이어트와 건강에 대한 관심이 높아짐에 따라 기업들은 운동장비와 운동복, 저칼로리 자연 음식 등과 관련된 산업을 개발하였고, 여가문화의 수요가 증가함에 따라 다양한 레저, 스포츠 산업이 발달하게 되었다.

문화는 국적, 종교, 인종 등과 같은 좀 더 작은 **하위문화**들로 구성된다. 다수의 하위문화들은 시장세분화의 중요한 변수가 되기도 하고 이들은 소비자들의 식습관, 의복 선택, 여가시간의 활용 등에 영향을 미치기 때문에 마케팅관리자들은 종종 각각의 하위문화의 특성에 따라 그에 맞는

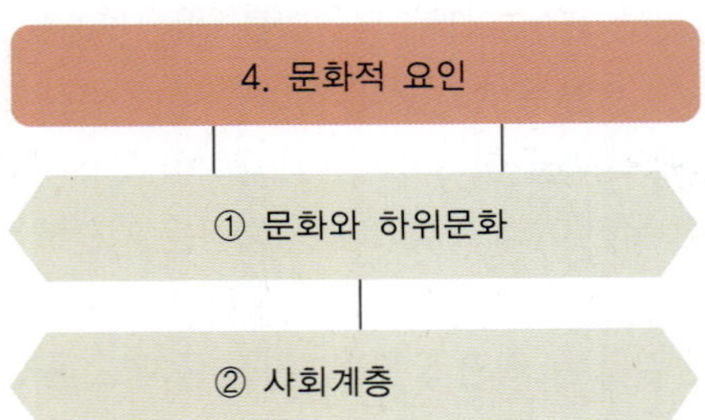

그림 5-6 문화적 요인

MARKETING
FOCUS

새로운 소비권력 디지털 네이티브를 잡아라

태어날 때부터 스마트폰에 노출되고 디지털 콘텐츠를 소비하며 자란 Z세대는 앞으로의 시대를 선도하는 가장 중요한 소비자로 지칭된다. 최근의 라이프스타일 트렌드가 이들을 중심으로 전개되고 있다고 해도 과언이 아니기 때문이다. 그들은 문화를 디지털에 투영하고, 여론을 만들고, 유행을 선도하며 경제활동과 소비패턴의 새로운 법칙을 만들어가고 있다. 여기에서 Z세대는 1995년부터 2015년 사이에 태어난 사람들로, 미국의 경우는 'M'이라 지칭되는 세대보다 'Z'라 불리는 인류가 (2020년 통계 기준) 약 5% 이상 많다.

Z세대는 코로나19로 인한 팬데믹 콘텍스트 속에서 예측하지 못한 삶의 전환을 경험했다. 약 2년간의 팬데믹 기간 동안 거의 모든 게 온라인과 모바일로 옮겨지며 오늘날 Z세대는 '스스로를 팬데믹에게 가장 큰 영향을 받은 세대'라 생각한다. 가장 단적인 예로 코로나19가 발발한 2020년에 대학에 입학한 이들은 동기의 얼굴조차 잘 모르는 경우도 많다. 소비의 측면에서도 팬데믹과 동시에 펼쳐진 온라인 커머스의 비대칭적 급성장은 바로 위와 같은 Z세대의 특성을 고스란히 반영하고 있다고 말할 수 있다. 대한민국 전체 인구의 17.5%를 차지하는 미래 소비권력을 놓칠 수 없기에 기업은 Z세대를 이해하고 그들의 특성을 활용해 마케팅을 펼치는 노력을 하고 있다. 기업들은 '디지털 네이티브'인 Z세대가 만들어낸 어떤 트렌드에 집중하고 있을까.

SNS를 활용한 기업-소비자 간의 소통

Z세대 트렌드의 근원지는 소셜네트워크서비스다. 틱톡, 인스타그램, 트위터, 유튜브, 트위치 등 Z세대가 가장 많은 시간을 할애해 사용하는 앱들이 모두 이 카테고리에 속한다. 각종 '밈'과 챌린지들이 여기에서 나온다. 1020이 자유롭게 활용하는 데다, 전 세계에서 같은 플랫폼을 이용하기 때문에 해외에서 유행하는 콘텐츠가 무엇인지 포착하기도 쉽다. 특히 유튜브 쇼츠나 틱독과 같이 짧고 강렬한 영상이 최근 늘어나는 추세다. TV나 컴퓨터를 이용해 동영상을 시청하던 이전 세대와는 달리 Z세대는 처음부터 스마트폰으로 영상을 접하다 보니 상대적으로 분량이 짧은 콘텐츠에 익숙하고, 또 그것을 선호한다. 기업은 이 숏폼 시장을 활용해 브랜드 홍보를 시도하고 있다. 오리온은 15년 전 출시됐던 와클이라는 과자를 재생산하면서 인스타그램 릴스를 통해 제조방식을 공개했다. 쿠팡은 제품이 탄생되는 과정, 로켓프레시로 주문한 재료로 만들 수 있는 간단한 음식 레시피를 유튜브 쇼츠를 활용해 보여줬다. 마치 짧은 광고처럼, 흥미를 가질 수 있는 스토리를 통해 브랜드를 각인시키는 것이다.

SNS 활용에 자유로운 Z세대는 어떤 현상이나 이슈에 대해 목소리를 내는 것에도 거부감이 없다. '스밍'을 통해 자신이 좋아하는 아이돌을 키우는 데 익숙한 이들은 자신들의 참여를 통해 브랜드를 키우는 데도 인색하지 않다. 기업이 기획이나 유통, 홍보 등의 과정에 고객을 참여시키는 배경이다. Z세대의 목소리가 제품이나 굿즈 출시에 반영되는 사례도 많다. 국순당의 '파전 우산'이 대표적이다. 국순당은 지난해 막걸리 제품 리뉴얼을 준비하면서, '파전 우산'이라는 이벤트 제품에 대한 의견을 인스타그램을 통해 고객들에게 물었다. '빗방울이 떨어지는 소리와 파전을 굽는 소리가 비슷해 좋을 것 같다'는 의견과 함께, '간장 종지도 올려주세요', '김치전도 출시해 주세요'라는 요청도 올라왔다. 이후 인스타그램을 통해 제품을 판매해 달라는 요청이 줄을 이었고, 국순당 마케팅 팀은 최근 와디즈를 통해 파전 · 김치전 · 애호박전 우산에 대한 크라우드펀딩을 진행했다. 펀딩은 1881%의 달성률을 보이며 성공적으로 종료됐다. 이렇게 SNS를 통한 이벤트는 '참여'를 중시하는 Z세대를 움직이게 한다.

가상과 현실을 넘나드는 메타버스 마케팅

모바일 게임과 함께 성장한 Z세대에게 경험은 가상과 현실을 모두 아우른다. SNS에서 게임 영상도 활발하게 공유됐고, 그러면서 게임은 서브컬처가 아닌 하나의 주류문화로 올라섰다. 게임과 게임 영상이 유통되는 플랫폼에서 '하드캐리', '알잘딱깔센' 등 신조어가 만들어지기도 했다. 이미 로블록스나 마인크래프트 등에서 가상세계를 다방면으로 경험한 이들에게 메타버스는 또 하나의 놀이공간이 되었다. 특히 코로나 기간 동안 학교 수업이나 오리엔테이션과 같은 행사가 메타버스에서 진행되며 오히려 메타버스 안에서 보내는 시간은 더 늘어났고, 그 안에서 더 다양한 생활을 하게 됐다. 때문에 코로나를 기점으로 다양한 산업 분야가 메타버스 전환에 나서며 기업의 입장에서는 기회의 장이 열렸다.

기업들은 메타버스라는 플랫폼 안에 오프라인 공간을 재현한 가상 공간들에서 마케팅 활동을 펼치고 있다. 아디다스, 키르시 등 패션 브랜드가 제페토에 문을 열었고, CU는 제페토 한강점을 설치했다. Z세대들이 가상 공간에서 브랜드를 자유롭게 체험하고 즐기게 한 것이다. 명품 브랜드의 메타버스 진입도 주목할 만하다. 아직 Z세대의 구매력은 약한 편이지만, 명품 매출에서 차지하는 비중은 무시할 수 없다. 이미 2020년부터 신세계백화점의 명품 매출에서 20대 소비자 매출 비중이 10%를 넘어섰다. 이들이 성장하면서 구매력은 더 커지기에, 잠재적 '큰손'이다. 구찌는 제페토에 이탈리아 피렌체 본사를 배경으로 한 가상 매장 '구찌 빌라'를 오픈해 브랜드를 경험할 수 있는 다양한 이벤트들을 마련하고 메타버스 한정판 제품들도 판매했다. '부캐'라고도 할 만큼 자신의 또 다른 자아를 아바타를 통해 표현하는 것을 즐기는 Z세대의 성향과 맞물리면서 구찌의 메타버스 마케팅 전략은 큰 인기를 끌었다. 구찌는 이 외에도 가볍고 재밌는 밈들을 만들어 내며 Z세대가 선호하는 명품 브랜드 상위권에 이름을 올렸다.

| 서울 강남구에서 여린 오뚜기 팝업 스토어

| 제페토에서 오픈한 구찌 빌라(Gucci Villa)

오프라인이 특별한 Z세대를 위한 체험형 매장

온라인과 가상 공간이 더 자연스러운 Z세대에게 오히려 오프라인은 새로운 공간이다. 기업들은 그동안 온라인에 그쳤던 경험을 현실 공간으로 확장하여 '체험'할 수 있는 오프라인 스토어를 주목하였다. 오프라인에서 브랜드가 가진 가치를 경험하고, 그 경험은 다시 온라인을 통해 공유할 수 있도록 기획하였다. 브랜드 정체성을 담은 공간을 온라인 상에서 입소문을 내어 자발적으로 방문하도록 하는 것이다. 이에 따라 SNS 인증샷을 부르는 다양한 콘텐츠를 제공하는 게 백화점에서도 화두다. 대전 신세계는 '대신아싸'라 불리는 아트사이언스를 운영하면서 문화, 예술 콘텐츠를 가득 채웠고, 브랜드 정체성을 담은 공간을 구성해 Z세대의 자발적인 방문을 유도했다. 신세계백화점은 1층은 명품관이라는 공식을 깨고 '아뜰리에 드 보떼'라는 체험형 매장을 구성했다. 서울 여의도의 더현대서울은 판매공간을 줄이고 실내 조경과 휴식공간을 대폭 늘리면서 '판매'보다 '경험'에 초점을 맞췄다.

자료원: 조유빈, "디지털 네이티브'Z세대, 기업이 주목하는 Z트렌드'", 「시사저널」, 2022.07.07; 이주영, "펜데믹 맞은 디지털 네이티브족... Z세대의 소비트렌드", 「매일경제」, 2022.09.02. 중 발췌

마케팅목표를 설정하여 마케팅 프로그램을 실행하기도 한다. 예를 들면 Kentucky Fried Chicken(KFC)의 경우 매콤한 맛의 핫윙(Hot Wing)이라는 제품을 한국시장에 내놓아 성공하고 있는데, 이는 한국 사람들이 매운 맛을 즐기는 식문화를 제대로 파악했기 때문에 성공할 수 있었다고 하겠다.

(2) 사회계층(Social Class)

대부분의 사회는 계층적 구조를 형성하고 있다. **사회계층**은 사회의 지속적이고 순서적인 구분으로서 같은 계층에 속한 사람들은 유사한 가치를 지니고 있고 비슷한 흥미와 행동양식을 가지고 있다. 사회계층은 소득과 같은 하나의 변수로 결정되어질 수 없고, 직업, 소득, 교육수준, 재산 등과 같은 여러 변수들을 종합하여 결정된다.

마케팅관리자들은 사회계층에 대하여 많은 관심을 기울일 필요가 있는데, 이는 같은 사회계층에 속한 사람들은 유사한 구매행동을 나타내기 때문이다. 각 사회계층별로 의복, 가구, 여가활동, 자동차 등과 같은 제품들에 대하여 각 계층 간 확실히 구별할 수 있는 제품 및 상표에 대한 선호를 보이는 경우가 흔하다.

04 | B2B 시장에서의 구매행동

4.1 B2B 시장의 특성

마케터들은 제품이나 서비스의 최종사용자(end user)인 불특정 다수의 소비자를 대상으로 마케팅하는 경우가 많으며 이를 B2C(Business to Consumer) 마케팅이라고 부른다. 이에 반해 제품이나 서비스의 최종사용자가 아닌 조직이나 기업 구매자들을 상대로 하는 마케팅을 B2B(Business to Business) 마케팅 또는 산업재 마케팅이라고 부른다. 예컨대 컴퓨터의 부품인 반도체를 생산하는 삼성전자의 반도체 사업부는 반도체 그 자체를 최종소비자에게 판매하지는 않으며, PC나 노트북을 만드는 기업 또는 조직에게 생산된 제품을 마케팅한다. 어떤 측면에서 B2B 시장(산업재 시장)은 B2C 시장(소비재 시장)과 유사하다. 두 종류의 시장 모두 욕구나 필요를 충족시키기 위하여 구매의사결정을 내리고 제품을 구매하는 과정을 거치는 구매자들을 갖고 있다. 그러나 B2B 시장은 B2C 시장과 몇 가지 측면에서 차이를 보이고 있는데, 그 주된 차이점은 시장구조와 수요, 구매단위, 그리고 구매의사결정과정을 포함한 의사결정 형태에서 나타난다. 이를 상술하면 다음과 같다.

(1) 시장구조와 수요

B2B 시장은 일반적으로 B2C 시장보다 수적인 면에 있어서는 적고 구매량은 많은 구매자들로

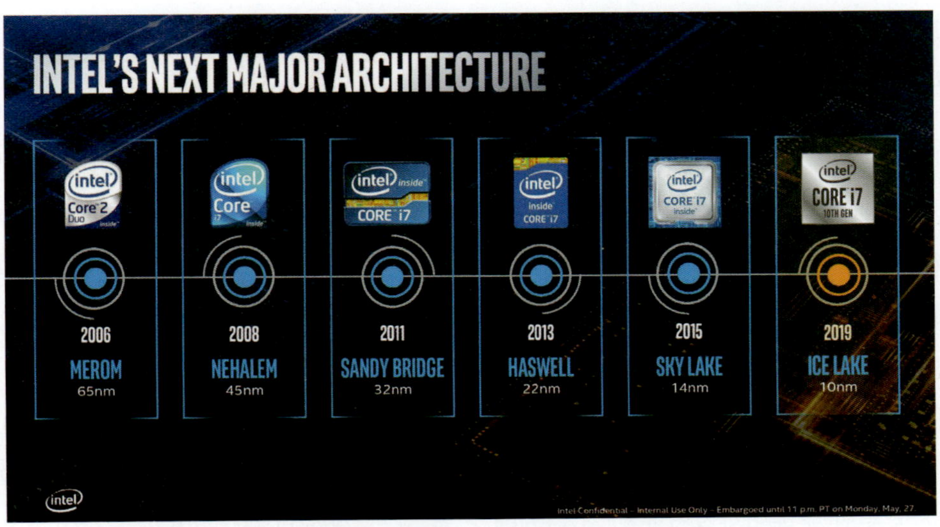

| 산업재를 생산하는 Intel사의 유도된 수요를 창출하기 위한 광고

구성되어 있다. 예를 들어 지퍼 제조사의 성패는 몇몇 의류 제조사의 주문에 달려 있다. 산업재의 수요는 궁극적으로 소비재에 대한 욕구로부터 **유도된 수요**(derived demand)이다. LF, 삼성물산 패션부문 등은 소비자들이 그들의 의류제품을 구매하기 때문에 지퍼 제조사인 YKK Korea로부터 지퍼를 구매한다. 만약 소비자들의 의류제품에 대한 수요가 줄어들게 된다면 지퍼, 단추, 원단 등 의류제조에 필요한 부품 및 원자재들에 대한 수요도 같이 줄어들게 된다. 따라서 어떤 경우에는 산업재 마케팅관리자들은 그들이 판매하는 산업재의 수요를 증가시키기 위하여 그들의 상품을 최종소비자들을 상대로 촉진하기도 한다. 예컨대 노트북의 필수부품인 마이크로프로세서를 제조하는 Intel사의 'Intel inside' 광고는 결과적으로 Intel의 제품을 부품으로 사용하는 삼성전자 노트북의 판매를 촉진하는 결과를 낳게 된다.

대부분의 B2B 시장들은 비탄력적 수요를 가지고 있다. 즉 대부분 산업재들의 총수요는 가격의 변동에 그다지 영향을 받지 않는다. 단추의 가격이 떨어졌다고 의류제품 제조회사들이 갑자기 단추의 구매량을 대폭 늘리지는 않는다. 의류제품에 대한 소비자의 수요가 증대되지 않는 한 의류제품 제조회사의 단추에 대한 수요는 증가하지 않을 것이다.

(2) 구매조직의 특성

소비재 구매와 비교하여 산업재 구매에는 보통 더 많은 사람들이 구매에 참여하게 되며 보다 전문적인 구매노력을 기울인다. 산업재 구매는 종종 경험이 많은 구매 중개인에 의하여 이루어지기도 하며 복잡한 구매일수록 보다 많은 사람들이 구매의사결정에 참여하게 된다. 구매의사결정 조직은 일반적으로 중요한 제품을 구입할 때 기술적 전문가와 최고경영자가 포함되어진다. 따라서 산업재를 판매하는 기업은 경험이 많고 잘 훈련된 판매사원의 확보가 필수적이다.

(3) 구매의사결정과정과 형태

산업재 구매자는 소비재 구매보다 복잡한 구매의사결정을 거치는 것이 보통이다. 산업재 구매에는 많은 금액이 들고, 제품이 기술적으로 복잡하고, 여러 부서에 속한 다양한 위치의 사람들과 관련되어져 있기 때문에 구매의사결정에 시간이 많이 소요된다. 또한 산업재 구매과정은 소비재 구매과정보다 공식적인 성격을 갖는데 대량 또는 고가의 산업재 구매는 일반적으로 상세한 제품명세서 작성, 문서화된 주문, 광범위한 공급자 탐색, 그리고 공식적인 승인과정을 거친다.

산업재 구매과정에 있어서 구매자와 판매자들은 서로 의존적인 관계를 갖게 된다. 소비재 시장과 달리 산업재 시장에 있어서 판매자는 고객의 문제를 규정하고 해결안을 찾고 구매 후 서비스를 제공하는 등의 구매의사결정과정 전 단계에 걸쳐 고객 가까이에서 소비자와 같이 협력하지 않으면 안 된다.

4.2 B2B 제품 구매의 특성

(1) 구매의사결정 상황

B2B 제품(산업재)의 구매의사결정 상황은 세 가지로 크게 나누어 볼 수 있다. **신규구매**, **순수 재구매**, **변형된 재구매**가 그것이다.

① **신규구매**: 기업에서 어떤 제품이나 서비스를 처음 구매할 때 신규구매상황에 처하게 된다. 신규구매상황에서는 비용이나 위험이 크면 클수록 의사결정 참여자의 수도 많아질 뿐만 아니라 정보수집도 광범위하게 이루어진다. 신규건물의 건축을 위한 발주나 대형컴퓨터시스템의 구매 등이 이에 해당한다.

② **순수 재구매**: 구매자가 아무런 변형 없이 똑같은 상품에 대한 재주문을 내는 경우이다. 이 경우는 구매부서에서 정형화된 과정을 거쳐 손쉽게 처리되는데 전기, 수도, 가스, 사무용품 등의 재구매가 여기에 해당된다.

③ **변형된 재구매**: 구매자가 재구매 시 제품의 명세를 수정하거나 가격, 구매조건, 공급업자 등을 바꾸고 싶어하는 경우이다. 변형된 재구매는 순수 재구매보다는 더 많은 의사결정자가 참여하는 것이 보통이다. 새로운 자동차나 PC의 구매 등이 이에 해당한다.

(2) 구매의사결정 참여자

산업재 구매의사결정에 참여하는 사람들로 구성된 구매조직을 보통 **구매센터**(buying center)라고 부르는데, 이러한 구매센터는 다음과 같은 5가지 역할을 하는 사람들로 구성되어 있다.

① **사용자**: 구매할 제품이나 서비스를 사용하게 될 사람들로서 많은 경우에 구매제안을 하고 구매품목을 결정하는 데 도움을 준다.

② **영향력 행사자**: 구매의사결정에 영향을 미치는 사람들로서 제품 품목을 결정하고 대안들을 평가하는 데 필요한 정보를 제공한다. 특히 엔지니어와 같은 조직 내의 기술적 전문가는 영향력 행사자(influencer)로서 중요한 역할을 하게 된다.

③ **구매자**: 공급업자 선택과 구매조건에 대한 공식적인 권한을 가지고 있는 사람들로서 구매자들은 공급업자를 선택하고 협상하는 역할을 주로 한다.

| 구매의사결정 참여자에게 긍정적 영향을 미치기 위한 SK하이닉스와 포스코의 기업이미지 광고

④ **의사결정자:** 최종적으로 공급업자를 선택하거나 승인하는 데 있어서 공식적 또는 비공식적 권한을 가지고 있는 사람들로서 일상적인 구매에 있어서는 구매자가 바로 의사결정자의 역할을 수행하게 되지만 중요한 구매에서는 최고경영자가 의사결정자의 역할을 하는 경우도 있다.

⑤ **문지기:** 구매와 관련된 정보의 흐름을 관리하는 사람들을 말한다. 예컨대 구매담당자가 산업재를 판매하는 회사의 영업사원들이 자사 내의 산업재 사용자나 의사결정자와 직접 접촉하는 것을 막을 수 있는 권한을 갖는 경우도 있다. 어떤 경우에는 기술자나 비서가 문지기(gatekeeper) 역할을 담당할 수도 있다.

산업재의 구매의사결정은 조직 내의 여러 사람들이 참여하는 과정이며, 보통 비공식조직인 구매센터를 통해서 의사결정이 이루어지므로 산업재 마케팅담당자는 누가 어떤 의사결정에 참여하고 각 참여자의 상대적인 영향력은 어떠하며, 각 참여자가 어떤 평가기준을 가지고 있는지를 정확하게 파악할 필요가 있다. 다음 절에서는 산업재를 구매하는 구매센터가 거쳐가는 구매의사결정과정을 살펴보기로 하자.

4.3 B2B 제품(산업재) 구매의사결정과정

B2B 제품(산업재)의 구매의사결정과정은 8단계로 나누어 볼 수 있다. 신규구매의 경우에는 이 여덟 단계를 모두 거치는 것이 보통이지만, 순수 재구매나 변형된 재구매의 경우에는 8단계 중 몇

단계를 생략하는 경우가 많을 것이다. 여기서는 신규구매를 가정하고 8단계를 모두 살펴보기로 한다.

(1) 문제인식(Problem Recognition)

산업재의 구매과정은 기업이나 정부기관 등의 조직이 특정상품이나 서비스에 관한 문제나 필요를 인식하는 데에서부터 시작한다. 문제인식은 내적 또는 외적 자극으로부터 일어나게 되는데 내적 요인의 예로서 기업이 신제품을 만들 계획을 세우는 경우를 들 수 있다. 이 경우 기업은 신제품 생산을 위하여 제조 설비나 자재 등을 구입해야 할 필요성을 느끼게 된다. 또 다른 내적 자극으로 기존에 보유하고 있는 특정기계가 고장이 나서 새로운 것으로 교체할 필요성을 느끼는 경우가 있으며 구매담당자가 기존의 공급업자들의 제품이나 서비스의 품질에 불만을 느끼는 것으로부터 문제가 인식되기도 한다. 외적 요인으로는 구매담당자가 광고나 판매사원의 전화로부터 지금 자사가 보유한 제품이나 시설보다 더 좋은 품질의 제품이나 시설을 제공할 수 있다거나 좀 더 저렴한 가격으로 제품을 공급하겠다는 정보를 얻었을 경우에 문제의 인식이 발생하게 된다.

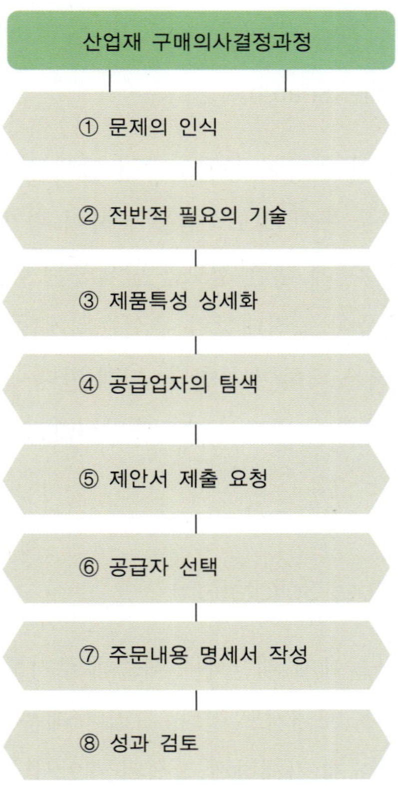

그림 5-7 산업재 구매의사결정과정

(2) 전반적인 필요의 기술(General Need Description)

문제를 인식하고 나면 구매담당자는 필요로 하는 품목의 특성이나 수량을 기술하는 과정을 거치게 된다. 표준화된 제품의 경우에는 이 단계가 그다지 어렵지 않으나 복잡한 품목일 경우 구매자는 품목을 정의하기 위하여 기술자, 사용자, 컨설턴트 등과 공동작업을 수행하여야 한다. 이러한 구매담당자, 기술자, 사용자 등으로 구성된 팀은 신뢰성, 내구성, 가격 등과 같이 그 품목에서 중요하게 고려해야 할 특성들에 대한 상대적 중요도를 결정한다. 이 경우 유능한 산업재 마케팅 관리자는 구매자의 욕구를 잘 정의내려 주고 서로 다른 제품특성들의 가치에 대한 정보를 제공하기도 한다.

(3) 제품특성 상세화(Product Specification)

구매조직은 필요한 품목들의 기술적 특성들을 상세화하는데 이는 주로 기술부서의 가치분석 자료를 근거로 실시한다. 가치분석은 비용절감을 위한 하나의 접근방법으로서 적은 비용이 들 수 있는 방법을 결정하는 연구가 수반되며 기술부서는 최상의 제품특성들을 결정하며 이를 순차적으로 상세화 해나간다.

(4) 공급업자의 탐색(Supplier Search)

구매자는 최상의 거래처를 찾기 위하여 공급업자를 탐색한다. 구매자는 거래실적 장부를 검토하거나 컴퓨터 통신, 인터넷 등을 통한 정보탐색을 통하여 평가한 공급업자들에 대한 목록을 정리한다. 새로운 구매일수록 공급자에 대한 정보를 탐색하는 데 드는 시간이나 비용이 많이 소요된다. 공급업자들은 자사의 제품이 고려대상의 우선순위에 들 수 있도록 하여야 하고 시장에서 호의적인 평가를 얻을 수 있도록 노력하여야 한다. 이때 판매사원은 구매자들의 공급업자 탐색과정을 잘 파악하여야 하며 자사제품이 반드시 **고려대안집합**(consideration set)에 포함되도록 노력하여야 한다.

(5) 제안서 제출 요청(Proposal Solicitation)

이 단계에서 구매자는 공급자들에게 제안서를 제출해 주기를 요청한다. 어떤 공급업자는 카탈로그를 보내기도 하고 영업사원을 보내기도 한다. 그러나 제품이 복잡하거나 고가일 경우에는 일반적으로 구매자는 공급업자들에게 자세하게 작성된 제안서나 공식적인 제안발표(presentation)를 요청한다.

산업재 마케팅관리자는 구매자들의 제안서 요청에 대하여 효과적으로 대응할 수 있도록 조사, 제안서 작성, 그리고 발표 기술을 갖추고 있어야 한다. 여기서 제안서는 단지 기술적인 내용만 포함하고 있는 것이 아니라 자사제품을 선택할 수 있도록 유도할 수 있는 마케팅적 내용을 담은 문서가 되어야 한다. 제안서의 발표는 구매자들에게 확신을 줄 수 있으며 경쟁자들로부터 자사가 뛰어남을 알릴 수 있어야 한다.

(6) 공급자 선택(Supplier Selection)

구매센터의 구성원들은 제안서를 검토한 후 공급업자를 선택하게 된다. 공급업자 선택 단계에서 일반적으로 구매센터는 바람직한 공급업자 특성들을 열거하고 그들의 상대적 중요도를 기입한 목록을 작성한다. 일반적으로 구매담당자들이 공급업자와 고객 사이의 관계에서 가장 중요하게 생각하는 항목들은 제품이나 서비스의 품질, 약속시간 내 배달, 기업의 도덕성, 경쟁적 가격 등이다. 그 외에 중요한 항목들로는 고장 수리 능력, 기술적 협조 및 충고, 지리적 위치, 회사의 경력, 명성 등이 있다. 구매센터의 구성원들은 각 공급업자들을 각 항목들에 대하여 평가하여 가장 우수한 공급업자를 선택한다. 구매센터는 〈표 5-4〉에서 보여주는 바와 같은 공급업자 평가방법을 사용하기도 한다.

표 5-4 공급업자 분석의 예

속성	평가점수				
	중요도	나쁨(1)	보통(2)	좋음(3)	뛰어남(4)
가격	0.30				*
공급업자의 명성	0.20			*	
제품의 신뢰성	0.30				*
서비스의 신뢰성	0.10		*		
공급업자의 융통성	0.10			*	
총점: 0.30(4)+0.20(3)+ 0.30(4)+0.10(2)+0.10(3) = 3.5					

자료원: Kotler et al., *Marketing Management*, 16th ed., Pearson, 2021.

(7) 주문내용 명세서 작성(Order-Routine Specification)

주문내용 명세서는 선택한 공급업자와 기술적 명세서, 필요한 수량, 기대되는 배달시간, 반품정책, 그리고 보증 등에 대한 내용을 포함한다. 유지, 보수 등이 관련된 경우에 구매자들은 정기 구매 주문보다는 **포괄적 계약**(blanket contracts)을 사용한다. 포괄적 계약은 일정기간 동안 동의한 가격으로 지속적으로 상품을 공급하도록 함으로써 공급업자와 구매자와의 보다 긴 기간 동안의 관계가 이루어질 수 있으며, 이러한 계약을 통하여 공급업자들은 재고를 비축해 두고 구매자들이 물품이 필요한 시기에 제때에 공급할 수 있도록 한다. 포괄적 주문은 제품이 필요할 때마다 다시 협상을 하는 번거로움을 줄일 수 있으며 소규모로 구매를 할 수 있기 때문에 재고수준을 낮추고 운송비용을 줄일 수 있는 이점을 얻을 수 있다. 포괄적 계약은 한 공급업자에게 지속적으로 구매가 이루어지기 때문에 다른 공급업자와의 비교가 적게 일어나며 따라서 현 계약 공급업자가 가격이나 서비스 등에 대하여 불만족을 주지 않는다면 경쟁공급업자가 끼어들 수 있는 여지가 없게 된다.

(8) 성과 검토(Performance Review)

구매자는 공급업자의 성과를 검토하는 과정을 거치는데 구매담당자는 사용자들을 만나서 그들의 만족도를 살펴보기도 한다. 성과 검토를 통하여 기존의 공급업자들과 지속적으로 계약을 하거나, 조정을 하거나, 재계약을 하지 않는 등의 선택을 하게 된다. 공급업자들은 구매자들이 구매 후 만족을 하고 있는지에 대한 지속적인 검토가 요구되고 구매자 자신의 구매에 대한 확신을 심어줄 수 있는 마케팅노력을 기울여야 한다.

위에서 우리는 산업재의 구매와 관련된 의사결정과정을 신규구매를 가정하여 여덟 단계로 나누어 살펴보았다. 그러나 실제로 신규구매과정은 이보다 더 복잡할 수도 있으며 단계별 순서가 반드시 지켜지지 않는 경우도 많다. 또한 순수 재구매나 변형된 재구매의 경우에는 위의 여덟 단계 중 몇 단계가 축약되거나 생략되는 경우가 흔히 있다. 대개 각 구매조직은 그 조직 나름대로의 구매의사결정 방식을 가지고 있으며 특정 구매상황에 따라서도 독특한 구매조건을 내세우기도 한다. 구매센터 참여자들도 의사결정의 각 단계마다 다른 영향력을 가지고 있는 것이 보통이며 산업재의 마케터는 각 조직별로 이를 잘 파악하여 마케팅 프로그램을 만들어 나가는 데 활용하지 않으면 안 된다.

| 참고문헌 |

1. 이학식·안광호·하영원·석관호, *소비자행동: 마케팅 전략적 접근*, 제7판, 집현재, 2020.
2. 하영원, *의사결정의 심리학: 합리적인 인간의 비합리적인 선택심리*. 21세기북스, 2022.
3. 하영원, "한국형 소비자 의사결정 연구를 위한 서설(序說): 비교문화적 접근을 중심으로," *경영학연구, 46*(5), 2017, pp. 1229–1245.
4. 하영원, "소비자 의사결정–정보처리적 접근을 중심으로," *소비자학연구*, 11(2), 2000, pp. 1–38.
5. 하영원, "소비자 의사결정 연구의 과거, 현재, 그리고 미래: 행동의사결정론적 접근을 중심으로," *소비자학연구*, 31(5), 2020, pp. 123–143.
6. Young–Won Ha, Sehoon Park, and Hee–Kyung Ahn, "The Influence of Categorical Attributes on Choice Context Effects," *Journal of Consumer Research*, 36(October), 2009, pp. 463–477.
7. Young Doo Kim and Young–Won Ha, "Who is Afraid of Disposition of Financial Assets? The Moderating Role of Regulatory Focus in the Disposition Effect," *Marketing Letters*, 27, 2016, pp. 159–169.
8. Michael D. Hutt and Thomas W. Speh, *Business Marketing Management: B2B*, 11th ed., South–Western Cengage Learning, 2012.
9. James R. Bettman, *An Information Processing Theory of Consumer Choice*, Addison–Wesley, 1979.
10. Malcolm Gladwell, *The Tipping Point: How Little Things Can Make a Big Difference*, Boston: Little, Brown & Company, 2000.
11. Rajdeep Grewal, James M. Comer, and Raj Metha, "An Investigation into the Antecedents of Organizational Participation in Business–to–Business Electronic Markets," *Journal of Marketing*, 65(July), 2001, pp. 17–33.
12. Michael Solomon, *Consumer Behavior: Buying, Having, and Being*, 13th ed., Pearson, 2019.

| 생각해 볼 문제 |

1. 소비자 구매행동의 유형에서 고관여 구매행동(high–involvement buying behavior)와 저관여 구매행동(low–involvement buying behavior)의 차이점에 대해 논하시오.

2. 습관적 구매행동의 특징은 무엇이며, 이러한 습관적 구매를 하는 제품의 경우 마케팅은 어떠한 촉진활동을 해야 할 것인가?

3. 소비자의 구매의사결정과정의 각 단계에서 마케팅은 어떠한 역할을 해야 할지 생각해 보자.

4. 우리나라의 경우 구매의사결정에 영향을 미치는 요인들 중 하나인 사회적 요인의 영향이 크다고 볼 수 있다. 개인의 구매의사결정과정에 영향을 미치는 사회적 요인은 어떤 것들이 있는지 생각해 보자.

5. 혼수용 가구를 고르는 구매의사결정과정과 사무실에서 집기로 쓰기 위한 가구를 구매하기 위한 구매의사결정과정은 어떻게 다를지 생각해 보자.

6. B2B시장에서 구매자의 구매의사결정은 구매상황에 의해서도 많은 차이를 보이는데, 신규구매, 순수 재구매, 변형된 재구매의 경우 각각 어떠한 특성을 보이는가?

7. B2B시장에서 구매의사결정의 경우 의사결정 참여자는 다수가 된다. B2B시장에서 마케팅하고 있는 특정한 제품 또는 서비스를 예로 들어, 그 상품의 경우 구매의사결정에 참여하는 사람들로 구성된 구매센터(buying center)는 어떠한 사람들로 구성되어 있으며, 각 구성원의 역할은 무엇인지에 대해 알아보자.

사례연구

저관여 소비자 구매행동 분석을 토대로 면도기 시장에서 빠른 성장을 거둔 와이즐리

산업재부터 소비재까지 모두 가격이 오르는 고물가 시대에 면도기 구독 서비스 업체 '와이즐리(Wisely)'는 최근 전 품목 가격을 최대 43% 인하했다. 와이즐리에서 판매하는 기본 면도기 세트는 4900원, 리필 면도날 세트는 5900원에 불과하다. 이미 경쟁사에 비해 저렴한 제품 가격이지만 와이즐리는 생산량이 늘면서 생산 단가가 낮아지자 제품 가격을 내렸다. 현재 와이즐리는 빠른 점유율 성장을 보이며 면도용품 시장에 안정적으로 안착했다. 재구매율은 93%에 달하고 신규고객 중 약 30%가 기존고객의 추천으로 유입되는 등 막강한 충성고객을 확보하고 있다. 김동욱 와이즐리 대표는 경쟁 면도기 제조업체들의 불합리한 비용구조의 틀을 깨고 더 많은 생필품을 파괴적인 가격으로 제공하는 것을 목표로 하고 있다.

유통구조의 혁신을 통한 저비용 구조 달성

와이즐리가 면도기를 저렴하게 판매할 수 있었던 비결은 '유통구조 혁신'에 있다. D2C(Direct to Customer) 방식으로 유통업체에 지불하는 비용을 줄인 것이다. 면도기와 같은 저관여 소비재 시장에서는 외부 유통망과 광고비에 천문학적인 비용을 들여 소비자들이 매장에서 쉽게 집도록 하는 것이 성공 공식이었다. 이러한 고비용 구조는 고스란히 제품 가격에 반영되어 일주일에 수차례도 사용하는 면도날이 시중에서 비싼 값에 판매될 수밖에 없었다. 이러한 구조에 문제의식을 갖고 처음 면도날 D2C 구독 모델을 시작한 기업이 2010년 창업한 미국의 '달러셰이브클럽(Dollar Shave Club)'이다. 달러셰이브클럽은 월 구독료 1달러라는 파격적인 가격에 기본 기능을 갖춘 면도날을 판매했다. 창업자 마이클 더빈은 직접 광고에 출연하여 "유명 면도기 브랜드를 사용하기 위해 소비자들이 지출하는 비용 20달러 중 19달러가 광고 모델에게 돌아간다'는 사실을 폭로했고, 해당 광고가 큰 관심을 끌며 이틀만에 1만 2000명의 신규구독자를 확보했다. 2013~2015년 달러셰이브클럽의 연간 매출이 2000만 달러에서 1억 5300만 달러까지 급성장하는 사이, 압도적 시장 1위였던 질레트의 시장점유율은 67%에서 54%까지 떨어졌다.

이러한 달러셰이브클럽의 성공 신화가 알려지자 비슷한 면도날 구독 서비스 회사가 전 세계적으로 많이 생겨났다. 그러나 로컬 소비자의 통찰 없이 달러셰이브클럽을 모방한 업체들은 모두 고전을 면치 못했다. 김대표는 한국 소비자들에게 달러셰이브클럽 모델의 큰 소구점이 가성비라고 판단하였다. 베타 서비스를 통해 시장의 가능성을 확인한 후, 해당 실적을 바탕으로 본격적으로 독일의 면도날 납품 공장과 계약하여 2017년 9월 와이즐리를 창업했다.

이후 짧은 시간에 시장의 호응을 얻어 성장하자 2021년 5월에는 브랜드 확장을 하여 남성 화장품 구독 서비스 '오픈워크(Openwork)'를 론칭했다. 제품이 다양해지자 물류비 절감은 교차 구매를 통해 실현했다. 국내에선 무게가 크게 차이나지 않으면 한 번 상품을 보내는 비용이 부피와 상관 없이 일정하기 때문에 객단가가 높아질수록 물류비를 아낄 수 있는 구조다. 면도기, 면도날, 셰이빙젤, 에프터셰이즈 등 면도용품만 다룰 때의 객단가는 1만 원 안팎이지만 오픈워크 제품을 함께 이용하는 경우 그 비용이 3만 원 수준까지 올라간다. 객단가가 높아지면 물류비는 더욱 줄어드는 구조인 것이다. 와이즐리는 더 효과적인 물류비 감축을 위해 고객별 소비패턴을 파악해 제품별 재구매 시기를 최대한 맞추는 시도를 하고 있다. 최적화된 주문 플랜을 고객에게 먼저 제안하는 인공지능 알고리즘을 개발해 제품 가격에서 제품 원가가 차지하는 비중을 절반 수준까지 끌어올렸다.

스토리텔링 기반 바이럴 홍보 활용

D2C기업은 사업 초기에 인지도가 없은 자사 판매 페이지에 사람들이 찾아오도록 스스로를 홍보해야 한다. 다시 페이스북, 인스타그램 등 소셜미디어에서 한 카드 뉴스 콘텐츠 마케팅이 성행했는데, 와이즐리는 이를 활용해 경쟁 업체 대비 저렴한 가격과 독일산 고품질의 제품을 강조한 스토리텔링을 하였다. “현명한 소비자들이 동참해 달라”는 와이즐리의 카드 뉴스는 소셜미디어에서 큰 호응을 받으며 와이즐리가 세상에 첫 발을 내딛는 데 기여를 했다. 와이즐리 홈페이지에서 제품을 구매한 고객들에게는 가격 거품을 뺀 제품으로 소비자들에게 혜택을 돌려주겠다는 창업자의 일관된 메시지를 제품과 함께 넣어 전달했다. 브랜드의 진정성을 응원하는 소비자들은 자신의 소셜미디어에 사용 후기를 올려 간접적으로 홍보를 하자 네티즌들 사이에서 자연스럽게 바이럴이 이뤄졌다.

오픈워크를 선보였을 때도 자발적 홍보 덕을 봤다. 이 서비스를 정식 론칭하기 전, 기존의 와이즐리 고객 모두에게 신청을 받아 공짜로 체험 세트를 배송했다. 충성도 높은 고객들은 소셜미디어에 자발적 추천 후기를 남기며 신규고객 유입에 동참했다. 실제 2021년 6월 말 기준, 오픈워크의 체험 세트를 받은 고객 중 77%가 구독을 유지하고 있고 신규고객들의 30%가 기존사용자들의 추천을 통해 제품을 구매한 것으로 밝혀졌다. 기존고객 추천을 통한 신규 구매율이 10%에 머무르는 경쟁사에 비하면 큰 성과다. 데이터를 통해 바이럴의 효과가 입증되자, 와이즐리는 전체 매출액 대비 광고비를 30%에서 10%로 줄이는 과감한 결정을 내릴 수 있었다.

맞춤형 제품 제안

소비자들의 데이터를 바탕으로 맞춤형 구독 제품을 제안하는 것도 와이즐리만의 특징이다. 소비자들은 와이즐리 홈페이지에 가입할 때 ‘하루에 면도를 몇 번 하는지’ ‘면도할 때 겪는 어려움이 뭔지’ ‘피부 트러블이 있는지’를 입력한다. 이후 와이즐리가 해당 답변에 맞는 애프터셰이브 제품과 면도날, 구독 주기 등을 추천해 준다. 이 외에도 면도날 교체 시기를 문자로 알려주고, 면도날이 떨어질 때쯤 새 제품을 배송해 주는 등 정기 구독 서비스의 장점을 극대화했다. 와이즐리는 이 모델을 스킨케어 등 화장품을 판매할 때도 적용한다.

현재 와이즐리는 추천을 독려하기 위해 순추천고객지수(NPS, Net Promoter Score)로 측정한 고객만족도를 기준으로 고객 경험을 개선하고 있다. 3개월에 한 번 전체 고객을 대상으로 이메일, 카카오톡 등을 통해 브랜드 전체의 NPS를 측정하고 있다. 또한 첫 결제를 했을 때, 처음 제품을 받아봤을 때, 배송 완료 후 2주가 지났을 때 등 주요 고객 여정별 NPS를 랜덤 샘플링한 고객을 대상으로 설문 분석한다. 구독 회차에 따라 고객 여정 NPS가 어떻게 달라지는지 분석하고 베타테스트를 거쳐 개선사항을 반영하고 있다.

| 질레트–와이즐리 제품품질 비교(자료: 와이즐리)

자료원: 신유경, "와이즐리 '5분의 1값' 면도기 돌풍...생리대 · 치약 가격 거품도 걷어낸다", 「매일경제」, 2022.04.04; 강신형, "면도날 유통비 아껴 고객에게 혜택을' 구독 고객들, 재구매율 93%로 답하다", 「동아비즈니스리뷰」, 2021.07. issue 2 중 발췌

1. 와이즐리가 빠른 시간에 많은 충성고객을 모을 수 있었던 이유가 무엇이라고 생각하는가?
2. 와이즐리는 가격거품을 뺀 면도기를 강점으로 두고 있다. 와이즐리가 앞으로 등장할 신규 경쟁기업에 경쟁우위를 갖기 위해 어떤 마케팅전략을 구사해야 하는지 토론해 보자.

PRINCIPLES OF MARKETING

제 3 부

마케팅전략과 마케팅프로그램의 개발 및 실행

제 6 장

시장세분화, 표적시장 선택 및 포지셔닝

1. 시장세분화
2. 표적시장 선택
3. 포지셔닝

MZ 세대를 표적시장으로 해 숏폼(short-form) 플랫폼 포지셔닝으로 경쟁우위를 구축한 틱톡

2021년 하반기 오징어게임이 전 세계적인 인기를 얻으며 달고나와 구슬치기와 같은 한국 놀이문화 열풍이 불었다. 오징어게임이 파급력을 가질 수 있었던 이유 중에 하나는 틱톡(Tiktok)을 통해 콘텐츠가 재생산되었기 때문이다. 실제 틱톡에서 오징어게임의 영어 제목인 #squidgame를 검색하면 영상의 총 조회 수가 774억(22년 9월 30일 기준)을 넘어서는 것을 확인할 수 있다.

틱톡은 중국 바이트댄스에서 서비스하는 동영상 플랫폼으로, 2016년에 출시되었다. 현재 월 이용자 10억 명을 넘어서며 숏폼 플랫폼 1인자로 자리를 지키고 있다. 이용시간 측면에서도 빠른 성장세를 보이고 있다. 모바일 앱 분석 기업인 앱애니에 따르면 2021년 5월 기준 미국에서의 1인당 틱톡 평균 이용시간은 26시간으로, 이는 1인당 유튜브 평균 사용시간을 앞지른 수치다. 틱톡은 미국시장 퇴출 위협론, 개인정보 유출 문제 등의 위기들이 있었음에도 유튜브 숏츠와 인스타그램 릴스 등의 쟁쟁한 경쟁자들을 제치고 꾸준한 저력을 보여주고 있다.

◆ 숏폼 콘텐츠 시장을 견인한 플랫폼

기성세대의 소셜미디어 놀이터가 싸이월드에서 메타(페이스북), 인스타그램으로 이어졌다면, 지금 Z세대가 가장 활발하게 모이는 공간은 틱톡이다. Z세대는 한 콘텐츠에 집중하는 시간이 기성세대보다 상대적으로 더 짧아 '짧고 간단한 동영상'에 대한 선호가 강하다. 틱톡은 15초에서 10분 길이의 숏폼(short-form) 비디오 형식의 영상을 제작 및 공유할 수 있다. 단순하고 강렬한 유희를 즐기는 Z세대에게 틱톡의 숏폼 콘텐츠가 인기를 얻을 수 있었던 이유다.

틱톡이 다른 소셜미디어 플랫폼과 다른 점은 관계가 아닌 재미를 기반으로 하고 있다는 점이다. 과거 페이스북이나 트위터 같은 소셜미디어는 '관계 맺기'에 초점을 맞췄다. 기존 소셜미디어가 지인과의 관계를 관리하고 넓혀가는 '네트워킹'에 집중하였다면 틱톡은 누군가와 관계를 맺는 데서 오는 부담을 줄이고 콘텐츠 자체만을 오롯이 즐기도록 하였다. 친구의 틀을 벗어나 '재미'라는 가치에만 집중한 것이다. 실제 코로나19로 인한 팬데믹 기간 동안 콘텐츠 소비가 늘어나자, 틱톡은 밈과 챌린지 숏츠를 소비하는 것을 넘어 제작하고 자신의 취향을 표현할 수 있도록 기능을 강화했다. 이를 통해 사용자들이 틱톡 생태계에 더 적극적으로 참여하도록 한 것이다. 백선아 틱톡 한국 마케팅 총괄은 "MZ세대가 가지고 있던 표현에 대한 욕구, 창작에 대한 에너지, 소통하고자 하는 의지 등이 스마트폰 하나면 누구나 쉽게 영상을 만들 수 있다는 틱톡의 강점을 만나 다양한 형태로 분출되고 있다"며 "이 같은 자발적 참여는 놀이와 즐거움이라는 측면과 맞닿아 틱톡 커뮤니티에 대한 소속감으로 연결되고 사용자들을 열성 팬으로 만든다"고 설명했다.

◆ 누구나 크리에이터가 될 수 있는 간편한 시스템 설계

틱톡이 짧은 시간에 사용자 수를 늘릴 수 있었던 이유들 중 하나는 다양한 편집 기능들을 앱 자체에서 제공하여 숏폼 콘텐츠 제작에 대한 진입장벽을 낮췄다는 것이다. 15초라는 짧은 길이와 누구나 쉽게 동영상을 제작할 수 있는 다양한 툴을 제공함으로써 누구나 쉽게 도전할 수 있도록 했다. 특히 앱 내에서 무료로 사용 가능한 다양한 사운드와 음원을 제공해 영상 제작에 편의를 더했다. 21년 3월 국내 틱톡 크리에이터 110명을 대상으로 진행한 설문조사에서 틱톡의 가장 큰 장점으로 '쉬운 콘텐츠 제작 환경'이 꼽힌 바 있다. 50만 명 이상의 팔로워를 보유한 크리에이터의 85%는 영상 제작에 1시간이 걸리지 않고 마이크로 크리에이터(팔로워 1만 이하)의 경우에도 53%가 하나당 제작 소요시간이 30분 이하라고 답했다. 별도의 편집자를 둬야 원활하게 채널을 유지할 수 있는 다른 동영상 플랫폼과의 차이를 보여주는 지점이다.

그 결과, 틱톡은 유명 연예인이나 인플루언서들뿐만 아니라 일반인 크리에이터들의 콘텐츠가 많은 편이다. 크리에이터의 입장에서는 꼭 대중적이고 완성도 높은 콘텐츠가 아니어도 소소한 취향을 사랑해 주는 유저들을 만나 팔로워를 늘릴 수 있다. 백 총괄은 "틱톡은 내가 어떤 콘텐츠를 얼마나 보는지를 파악해 나에게 딱 맞는 콘텐츠를 제공해 주는데 이 경험이 '틱톡이 나를 알아주는 느낌'을 준다"며 "다른 플랫폼과 다르게 실제 나의 모습, 즉 '리얼 미(real me)'를 재치 있게 보여주는 것만으로도 주목을 받을 수 있다는 점에서 조금 더 크리에이터의 본질에 가깝다"고 말했다.

◆ 알고리즘에 기반한 챌린지 영상의 최적화

틱톡이 가장 큰 영향을 미치는 영역은 단연 엔터테인먼트 산업이다. 국내에서 틱톡이 대중적으로 알려진 계기는 2019년 가수 지코의 '#아무노래챌린지'였다. 해당 챌린지가 큰 인기를 끌자 이후 가수들은 신곡을 발표할 때 틱톡 챌린지 영상을 만드는 것을 하나의 관례처럼 여기게 됐다. 챌린지와 같은 숏폼 형태의 협업은 정교하게 설계된 알고리즘을 기반으로 타깃 사용자에게 노출된다. 콘텐츠와 그 콘텐츠를 보는 사용자의 행동패턴을 분석하고 관심사를 학습해 이를 기반으로 사용자에게 최적화된 콘텐츠를 '추천피드'를 통해 보여주는 것이다. 새롭게 노출되는 추천피드에 대한 사용자의 반응을 알고리즘이 학습하여 콘텐츠를 사용자의 취향에 맞게 최적화한다. 이러한 과정을 통해 카테고리 적합성은 자연스럽게 강해지고 이는 틱톡의 경쟁력이 된다.

◆ 기업들이 주목하는 새로운 마케팅 커뮤니케이션 채널

틱톡의 영향력이 커지면서 최근 기업들도 틱톡을 마케팅 커뮤니케이션 채널로 활용하는 움직임이 늘고 있다. 대표적으로 삼성전자는 글로벌 사용자를 대상으로 틱톡 챌린지를 통한 마케팅 커뮤니케이션을 진행했다. 작년 1월에 갤럭시 A 시리즈 출시를 맞아 진행한 #DanceAwesome 캠페인은 총 470만 건의 영상이 202억 뷰 이상의 조회 수를 기록했고, 5월에는 우리나라 어버이날과 같은 '마더스데이'를 기념하는 #MakeMonEpic(엄마를영웅으로만들자) 캠페인으로 약 120억 뷰를 달성했다. 현대자동차 역시 광고 모델인 BTS와 함께 'Positive Energy Challenge(파지티브 에너지 챌린지)'를 진행해 91만 건 이상의 콘텐츠 생성, 20억 조회 수를 달성한 바 있다.

기업들이 틱톡을 마케팅 커뮤니케이션 채널로 주목하는 이유는 다른 소셜미디어에 비해 젊은 세대 중심이므로 타게팅이 더 수월하기 때문이다. 또한 Z세대가 틱톡을 통해 접한 브랜드를 실제 검색하거나 오프라인 상점을 찾아가는 경향이 높아 실질적인 마케팅성과로도 이어진다. 글로벌 리서치 회사 칸타의 조사에 따르면 틱톡 사용자의 55%가 틱톡에서 접한 브랜드의 오프라인 상점을 방문하는 것으로 나타났다. 또한 틱톡이 사용자를 대상으로 한 조사에서는 73%가 다른 플랫폼보다 틱톡에서 상호작용하는 브랜드와 더 깊은 유대감을 느낀다고 답했다. 많은 사용자들이 틱톡을 통해 공유되는 기업의 진정성을 느끼고 유대감을 형성하는 것을 알 수 있는 결과이다.

숏폼 플랫폼의 선두주자인 틱톡은 글로벌 플랫폼 기업들이 제공하는 유사 서비스들이 등장하면서 치열한 경쟁환경에 놓이게 됐다. 과열된 경쟁은 숏폼 제작 크리에이터와 콘텐츠 수가 늘어나는 등 전체 생태계를 확장시키는 순기능도 있지만 다른 소셜미디어와의 명백한 차별점이 사라지는 순간 선점 효과를 잃을 위험도 있다. '짧고 재밌고 음악이 버무러진 영상=틱톡영상'이라는 숏폼 플랫폼으로서의 강력한 포지션을 유지하기 위해서 유사 서비스와 어떻게 경쟁할지 틱톡의 행보를 지켜볼 필요가 있다.

자료원: 최진홍, "'틱톡 심층 보고서 3' 어떻게 성공했나? 5개의 카드", 「이코노믹 리뷰」, 2022.06.10; 장재웅, "관계가 아닌 재미에 집중한 동영상 세계, 놀이 문화와 함께 마케팅 방식을 바꾸다", 「동아비즈니스리뷰」, 2021. 12, Issue 2 중 발췌

| 삼성전자가 갤럭시 A 신제품 출시를 맞아 진행한 #DanceAwesome 챌린지

| 현대자동차 BTS와 협업한 글로벌 수소 캠페인 #PositiveEnergyChallenge

마케팅전략 수립의 핵심은 소비자행동에 대한 이해에 근거하여 시장을 세분화(segmentation)하고 표적시장을 선정(targeting)하며 표적시장에 적절하게 제품을 포지셔닝(positioning)하는 과정으로서 마케팅에서 가장 기본적이면서도 중요한 일이다. 이 세 가지 단어의 머리글자를 따서 STP마케팅이라고도 부르는 이 과정은 현대적 마케팅의 핵심이라고도 할 수 있는데, 이 장에서는 이 세 가지 과정에 대해 살펴보기로 한다.

01 시장세분화(Market Segmentation)

1.1 세분시장 마케팅의 배경

한 기업이 모든 소비자들이 만족할 수 있는 제품이나 서비스를 제공한다는 것은 사실 불가능한 일이다. 사회의 발달과 함께 소비자들의 욕구나 구매행동은 매우 다양해졌으며 또한 현재 소비자들의 수는 하나의 기업이 모든 소비자들을 관리하기에는 너무 많을 뿐만 아니라 지역적으로도 넓게 분포되어 있다. 또한 동일한 제품을 구매하는 상황에서도 소비자들은 각 개인의 선호, 자신이 처한 위치, 구매상황 등에 따라서 서로 다른 제품을 구매하는 양상을 보이기 때문에 기업들은 전체시장을 다 공략하기보다는 자사가 가장 성공적으로 공략할 수 있는 세분시장을 선택하는 방식을 취하게 되었다. 이러한 방식의 채택은 역사적으로 다음과 같은 3단계를 거쳐 이루어져 왔다.

(1) 대량 마케팅(Mass Marketing)

대량 마케팅 상황 하에서 기업은 대량생산, 대량유통 그리고 대량촉진을 통해서 한 종류의 제품을 모든 구매자들에게 판매하는 방식을 취한다. 그 예로 과거에 농심라면은 오직 하나의 제품을 가지고 전체시장에 접근하였다. 대량 마케팅은 동일한 제품을 생산하기 때문에 생산원가 및 마케팅비용의 절감효과를 얻을 수 있으며, 그 결과로 낮은 가격을 실현시키면서 큰 잠재시장을 공략하는 것을 가능하게 만들어 준다. 이는 주로 생산개념(production concept)을 가지고 시장에 접근하는 기업들에서 볼 수 있는 마케팅방법이며 **규모의 경제**(economies of scale)나 **경험효과**(experience effect)를 충분히 활용하려는 마케팅방법이다.

(2) 제품다양화 마케팅(Product-Variety Marketing)

제품다양화 마케팅 상황 하에서 판매자는 제품의 형태, 질, 크기 등에서 차이를 보이는 2개 또는 그 이상의 제품을 생산하여 소비자에게 접근하는 방식을 채택한다. 예컨대 농심라면은 쇠고기맛, 매운맛 등의 라면을 서로 다른 포장을 가진 제품으로 생산하였다. 이때 다양한 제품들은 서로 다른 세분시장에 소구하기 위해서라기보다는 단지 소비자들에게 라면선택에 있어 다양성을 제공하기 위해서 생산되는 것이다. 이러한 제품다양화 마케팅을 실시하는 이유는 소비자들은 시간이 지남에 따라 다른 취향을 갖게 되므로 한 가지 제품만 지속적으로 시장에 내놓게 되면 소비자들이 쉽게 싫증을 내기 때문에 다양한 제품을 소비하는 것이 가능하도록 하기 위함이다. 즉 소비자들은 항상 다양성과 변화를 추구한다는 논리에 근거한 마케팅전략이 바로 제품다양화 마케팅이다.

(3) 표적시장 마케팅(Target Marketing)

표적시장 마케팅에서 판매자는 세분시장을 인식하고 그들 중 하나 또는 복수의 세분시장을 표적시장으로 선택한 뒤 각각의 시장에 적합한 제품 및 마케팅믹스를 개발한다. 예컨대 농심라면의 경우, 라면 시장을 매운맛 선호 시장(신라면류), 담백한 맛 선호 시장(안성탕면), 건강 고관여 시장(생생면류)으로 나누어 각 시장에 적합한 차별적인 제품과 차별적인 마케팅전략으로 각 세분시장을 공략하고 있다.

1.2 표적시장(세분화) 마케팅의 단계

현대적 기업들은 대량 마케팅과 제품다양화 마케팅에서 시장세분화에 기반을 둔 표적시장 마케팅으로 전환하고 있다. 표적시장 마케팅은 판매자들이 전체시장을 공략하기 위하여 마케팅노력을 분산시키는 것을 피해 상대적으로 구매욕구가 높은 소비자들에게 초점을 맞추어 마케팅노력을 집중할 수 있기 때문에 판매자에게 보다 확실한 시장기회를 제공할 수 있으며 따라서 기업은 각각의 세분시장에 적절한 제품, 가격, 유통, 광고정책을 사용할 수 있게 된다.

표적시장(세분화) 마케팅은 시장의 세분화, 표적시장 선정, 포지셔닝의 3단계로 이루어져 있다. [그림 6-1]은 표적시장 마케팅의 주요 3단계를 보여주고 있다. 그 처음 단계가 시장을 서로 다른 욕구, 특성, 구매행동 등의 특성에 따라서 구매자를 구분하는 시장세분화이고, 두 번째는 표적시장 선정 단계로서 각각의 세분시장의 매력도를 평가하여 진입 가능한 하나 또는 그 이상의 세분시장을 선정하는 단계이다. 세 번째 단계는 자사의 제품을 경쟁적 우위를 가질 수 있는 곳에 위치시키고

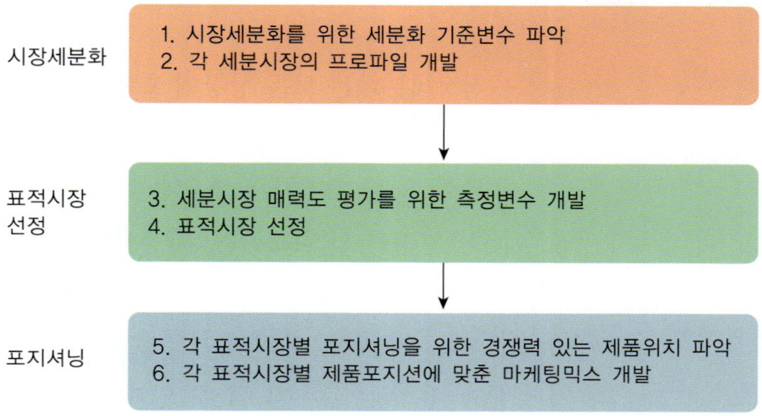

그림 6-1 표적시장(세분화) 마케팅의 수립과정

각 표적시장에 맞는 마케팅믹스를 개발해 내는 포지셔닝 단계이다.

1.3 시장세분화의 의의

시장은 서로 다른 특성을 지닌 소비자들로 구성되어 있다. 소득, 나이, 직업 등의 개인적 특성뿐만 아니라 제품을 구매할 때 고려하는 속성, 구매행동에 있어서도 각기 다른 모습을 보인다. 그러나 기업이 이렇게 서로 다른 소비자 개개인에게 완전히 개인화된(customized) 마케팅믹스를 가지고 각기 다른 방식으로 접근하는 것은 그에 따르는 비용의 증가 때문에 대개의 경우 불가능한 일이다. 또한 소비자 개개인의 특성 간 차이를 전혀 무시하고 오직 하나의 마케팅전략을 가지고 시장을 공략하는 것 또한 매우 위험한 일이다. 따라서 이러한 문제를 해결하기 위하여 소비자들을 일정한 기준에 따라 크게 몇 개의 세분시장(segment)으로 나누어 각각의 시장에 차별적인 마케팅전략을 구사하는 방법이 바로 **세분화 마케팅**이다. 즉 집단 내에서는 제품에 대한 욕구와 구매행동이 서로 유사하고 집단 간에는 상이하도록 몇 개의 소비자 집단으로 소비자들을 군집화하는 방법이 바로 시장세분화인 것이다. 예컨대 진로소주의 경우 소비자들을 선호하는 알코올 도수에 따라 나누고, 비교적 독한 소주를 좋아하는 소비자 집단을 위해 진로 골드(알코올 25%)를 마케팅하는 한편, 순한 소주를 좋아하는 소비자 집단을 위해서는 참이슬 Fresh(알코올 16.9%)를 마케팅하는 방법으로 각 세분시장별로 서로 다른 제품과 차별적 마케팅전략을 가지고 각 시장을 공략하고 있다.

1.4 시장세분화의 기준

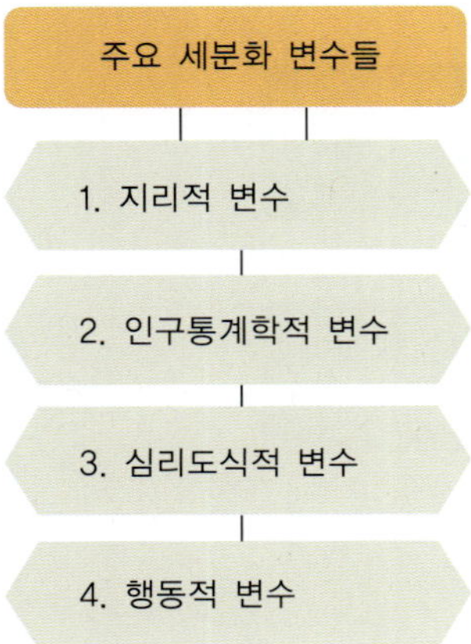

그림 6-2 주요 세분화 변수들

시장세분화는 모든 상황에 효과적인 하나의 방법만 있는 것은 아니다. 어떤 제품에 대하여는 가장 효과적인 세분화 기준이 되는 것이 다른 제품에 대하여는 그다지 효과적이지 못한 기준이 되기도 한다. 자동차와 같은 제품의 경우에는 소득이 매우 중요한 세분화 변수가 될 수 있지만 소주에 있어서는 오히려 음용량이나 음용횟수가 시장을 명확하게 구분할 수 있는 변수가 될 수 있다. 따라서 기업들은 시장을 세분화할 수 있는 다양한 변수를 기준으로 세분화를 실시하여 시장구조를 가장 잘 나타내는 세분화 변수를 채택하게 된다. 시장세분화를 할 수 있는 변수들은 지리적 변수, 인구통계학적 변수, 심리도식적 변수 그리고 행동적 변수로 대별할 수 있다.

(1) 지리적 변수(Geographic Variables)

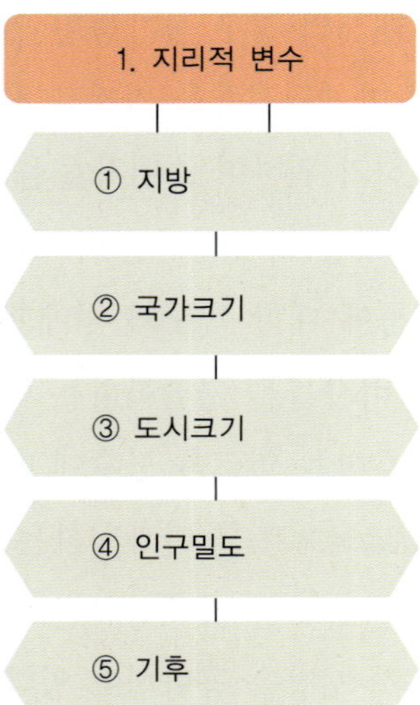

그림 6-3 지리적 변수

국가, 지방, 도시 등의 지역에 따라 소비자를 세분화할 수 있는데, 어떤 기업은 자사제품의 판매가 유리한 하나 또는 몇 개의 지역에 대해서만 마케팅활동을 할 수도 있고 또 다른 기업은 전 지역을 자사제품에 대한 시장으로 고려하고 각 지역마다 다른 소비자의 욕구를 파악하여 각 지역의 소비자 욕구에 맞는 마케팅전략을 구사하기도 한다. **지리적 세분화**는 다른 세분화 방법보다 시장을 구분하는 것이 용이하다는 이점이 있으며 각 지역마다 소비자들 간의 뚜렷한 차이를 보이는 경우에는 매우 효과적인 세분화가 될 수 있다. 그러나 일반적으로 지리적 변수 하나만을 가지고 시장을 구분하는 데에는 위험이 따르게 된다. 그 이유는 비록 지역적으로 떨어져 있더라도 기후환경이나 생활·문화가 그다지 차이를 보이지 않는 경우에는 지리적 변수만 가지고 소비자 구매행동의 차이를 규명하기는 어려운 일이기 때문이다. 예컨대 콜라의 구매 및 소비행태가 강원도와 전라도 사이에 큰 차이가 있으리라고 보기는 어렵다.

(2) 인구통계학적 변수(Demographics)

시장은 나이, 성별, 가족구성원의 수, 가족생애주기, 소득, 직업, 교육수준, 사회적 계층, 종교, 인종 그리고 국적 등의 인구통계학적 변수에 따라 세분화가 가능하다. 일반적으로 소비자들의 욕구나 사용빈도들은 인구통계학적 변수들에 따라 잘 나누어지는 경우가 많으며 다른 변수들에 비하여 측정하기가 용이하기 때문에 인구통계학적 변수는 소비자들을 세분화하는 데 가장 널리 사용된다. 즉 개성이나 행동적인 변수들에 의하여 시장이 정의되었다 하더라도 표적시장의 크기를 측정하고 그 표적시장의 구체적인 특성을 밝히는 데에는 인구통계학적 변수가 유용하게 사용될 수 있다.

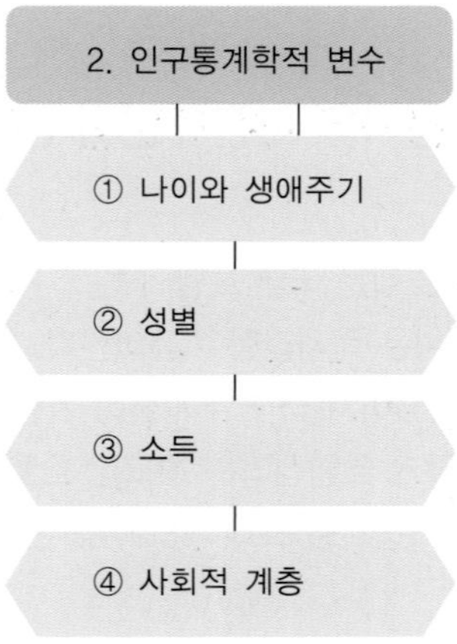

그림 6-4 인구통계학적 변수

① 나이와 생애주기

일반적으로 소비자들의 욕구와 구매행태는 나이에 따라 다르게 나타날 수 있으며 또한 결혼 여부 등의 생애주기의 단계(life-cycle stage)에 따라서도 다르게 나타난다. 따라서 기업은 소비자들의 나이나 생애주기에 따라 변화되는 욕구를 파악하여 각각의 연령대에 맞는 제품을 생산하는 등의 차별적 마케팅활동을 수행하여야 한다. 예를 들어 신발의 경우 초등학생은 활동적인 운동화를 선호하고 20대는 멋을 주로 추구하고 노년층에 이르게 되면 무엇보다 편안함을 추구하게 된다. 또한 집안 장식을 위한 제품을 사는 경우에는 미혼여성이 선택하는 것과 신혼인 여성이 선택하는 것 그리고 결혼한 지 20년이 넘은 주부가 선택하는 것은 확실히 다를 수 있다.

그러나 마케팅관리자들은 나이나 생애주기의 단계에 따른 세분화를 사용할 때 틀에 박힌 생각(stereotype)에서 오는 오류를 조심해야 한다. 즉 같은 60대 노인의 경우에도 항상 집안에만 있는 사람도 있지만, 주말마다 야구장에 가서 젊은이들과 같이 경기를 관람하는 사람들도 있다. 또한 30대 여성의 경우 자녀가 초등학교에 다니는 경우도 있지만 독신으로 지내는 경우도 있다. 더구나 소비자의 실제 나이와 정신적인 연령이 일치하지 않는 경우도 있다. 따라서 나이가 소비자들의 생애주기, 건강, 욕구, 구매력, 구매 및 소비행태 등을 예측하는 데 유용하지 않은 사례도 종종 찾아볼 수 있다.

MARKETING
FOCUS

호텔 신라의 시장세분화 전략-최고급 호텔부터 럭셔리 리조트, 비즈니스 호텔까지

서울신라호텔은 국내 호텔의 원조 격이다. 전통적이고 고풍스러운 외관과 달리 내부는 현대적인 세련미가 넘치고 가볍지 않은 럭셔리함이 묻어난다. 이에 서울신라호텔은 세계 각국의 국빈과 기업 리더들이 선호하는 국내 대표 5성급 호텔이자 국내 부자들이 가장 선호하는 호텔로 손꼽힌다. 한국을 대표하는 호스피텔리티(Hospitality) 업계의 리더답게 호텔신라는 최고급 호텔부터 아름다운 천혜 자연을 지닌 제주를 근간으로 한 럭셔리 리조트형 호텔, 그리고 스마트한 스테이(Stay)를 콘셉트로 한 프리미엄 비즈니스 호텔까지를 아우르고 있다.

국내 대표 5성급 서울신라호텔

서울신라호텔은 한국을 대표하는 호텔에서 세계적인 명문호텔로 도약하고 있다. 우리나라를 방문하는 국빈들과 대규모 국제행사를 성공적으로 치러냄으로써 해외에서도 럭셔리 명문호텔로 인정받고 있다. 서울신라호텔은 지난 2015년 4월 국내 최초 5성호텔로 선정되었다. 이에 같은 해 5월에 '5성호텔 1호 현판식'을 진행했다. 서울신라호텔의 경쟁력은 무엇보다 최고의 레스토랑으로 인정받는 식음업장들이다. 올 초 한국에서 처음으로 발간되는 '미쉐린 가이드'에 서울신라호텔의 한식당 '라연'이 미쉐린 3스타 레스토랑으로 선정된 것이 이 같은 사실을 뒷받침해 준다. '미쉐린 가이드 서울 2017'에서 미쉐린 3스타로 선정된 호텔레스토랑은 '라연'이 유일하다. 서울신라호텔은 세계적 경쟁력을 갖춘 한식의 세계화를 목표로 단순한 한식당을 넘어서 한국의 품격 있는 식문화를 세계에 알릴 수 있는 국내 대표 한식당을 만들기 위해 지난 2013년 8월 '라연'을 오픈했다. 서울신라호텔 측에 의하면 '라연'을 오픈하기 전부터 한식의 전통성을 잇기 위해 김성일 대표 셰프를 위시한 담당자들은 전통음식의 조리법은 물론 한식에 담겨 있는 문화적 요소, 시기별 식기류, 상차림 방식까지 세세하고 깊이 있게 연구를 해 왔다. 특히 도쿄 · 홍콩 · 뉴욕 등지에서 해당 지역을 대표하는 레스토랑을 중심으로 수십 차례의 해외 벤치마킹과 전문분야 연수를 시행하는 등 한식의 세계화를 위한 준비도 병행했다. 이러한 고민과 연구를 바탕으로 '한 번의 식사로 예(禮)와 격(格)을 갖춘 한국의 기품 있는 식문화를 느낄 수 있는 한식을 차려 드린다'는 콘셉트와 '신라에서 갖는 격식 있는 향연'이라는 의미인 '라연(羅宴)'이라는 이름으로 재탄생했다.

| 서울신라호텔

이와 함께 서울신라호텔은 종가음식과 궁중음식을 발굴하고 재현하는 등 전통 한식 조리법을 끊임없이 연구해온 것이 미쉐린 3스타 선정에

핵심 역할을 했다고 자체 평가하고 있다. 서울신라호텔은 종가음식 상품화 프로젝트인 '미미정례(味美情禮)'와 '고택관광 활성화'를 적극 지원해 전통 문화유산에 창조경제를 접목하여 전통문화의 대중화에 앞장서고 있다. 서울신라호텔이 전 객실을 리노베이션하여 지난 2013년 8월 1일 재개관했다. 2013년 1월 10일부터 전면 휴관한 가운데 객실을 중심으로 이그제큐티브 라운지, 야외 수영장, 피트니스 클럽 등을 새 단장했다. 리노베이션의 핵심 콘셉트는 '일상이 최고의 순간이 되는 곳'이다. 서울신라호텔은 리노베이션을 통해 해외 럭셔리 호텔을 능가하는 세계 최고 수준의 '글로벌 럭셔리 호텔'로 재도약하고 있다.

럭셔리 리조트의 대명사 제주신라호텔

| 제주신라 플로팅 시네마

제주신라호텔은 APEC 회의를 비롯해 PATA, ADB총회 등 국제행사와 한·미, 한·일, 한·중 정상회담을 개최한 것으로도 유명하다. 밤이 되면 제주의 달빛과 이국적인 야자수 아래, 라이브 뮤직을 들으며 밤 12시까지 야간 수영과 스파를 즐길 수 있는 사계절 온수 풀을 운영하고 있다. 또한 북미와 유럽에서 인기 많은 럭셔리 캠핑, 글램핑(Glamorous와 Camping의 합성어)을 선보여 호텔 이용객들에게 큰 호응을 얻었고 이러한 성공사례를 바탕으로 호텔·레저 업계에서 럭셔리 여행 트렌드를 선도하고 있다. 제주신라호텔은 2016년 6월 어른들을 위한 공간인 어덜트 풀을 새롭게 오픈했다. 제주신라호텔 '어덜트 풀'은 어른들만을 위한 수영장이 필요하다는 고객들의 의견을 적극 반영해 새롭게 조성한 것으로, 아열대의 이국적인 분위기와 숨비가든의 아름다운 정원 속에서 낭만과 힐링을 즐길 수 있는 핫 플레이스다. 어른 전용 수영장 옆에 위치한 '풀사이드 바'는 지중해 요트에서 영감을 얻어 디자인한 것으로 1층은 바, 2층은 '루프탑'으로 구성해 제주지역의 시그너처 시설이라는 평가를 받고 있다. 특히 어른만을 위한 차별화된 서비스에 대한 고객만족도가 매우 높은 것으로 파악됐다. 또한 비가 와도 야자수 우거진 이국적인 분위기의 성인 수영장에서 비를 맞으며 수영과 라이브 콘서트를 즐기는 이색 체험이 고객들에게 많은 인기를 끌고 있다.

또한 제주신라호텔은 '맛있는 제주 만들기'를 통해 사회공헌을 실천하고 있다. 임직원들이 제주도 내 소규모 음식점을 운영하는 영세자영업자들을 대상으로 재능기부를 통해 조리법, 손님 응대서비스 등에 대해 맞춤형 컨설팅을 실시하고, 주방 설비 등 환경을 개선해 주는 사회공헌 프로그램 '맛있는 제주만들기'를 2014년부터 진행하고 있다. '맛있는 제주만들기' 식당들은 지난 2014년 2월 1호점 '신성할망식당' 오픈을 시작으로 2022년 6월까지 총 24개의 가게를 재개장했다. '맛있는 제주만들기' 식당들은 제주도 동서남북에서 보말 등 제주 로컬 식자재를 활용해 각각 특색 있는 메뉴를 운영하고 있으며, 올레길 등 제주도 여행을 하는 관광객들에게 입소문이 나면서 먹거리 여행 코스로 인기를 얻고 있다. 2015년부터 '맛있는 제주만들기'를 통해 재기에 성공한 업주들이 자발적으로 봉사모임을 결성해 어려운 노인들에게 식사를 제공하는 봉사활동을 해 사회공헌활동의 선순환 모델이라는 평도 받고 있다.

프리미엄 비즈니스호텔 신라스테이

호텔신라는 프리미엄 비즈니스 호텔인 신라스테이를 2017년 현재까지 총 9개 오픈하면서 비즈니스 호텔사업 본격화 및 호텔사업의 경쟁력을 강화하고 있다. 신라스테이는 호텔신라가 새롭게 선보이는 프리미엄 비즈니스 호텔로, '스마터 스테이(Smarter Stay)'를 콘셉트로 한다. 신라호텔의 상품과 서비스 가치 위에 새로운 감성을 더한 공간으로 합리적인 가격에 신라호텔의 가치를 경험할 수 있다. 로비는 비즈니스 고객들을 위해 편안한 소파와 커뮤널테이블(공유식탁)을 배치해 간단한 미팅과 업무공간으로 이용할 수 있다. 분위기는 호텔의 최상층에 위치한 E.F.L.(Executive Floor Lounge)을 로비로 옮겨 놓은 것처럼 연출해 낮에는 카페처럼 커피를 마시며 편안하게 모임을 갖고, 밤에는 음악과 와인을 즐길 수 있는 장소로 바뀐다. 신라스테이의 로비는 '사람이 모여 즐기는 공간'이라는 콘셉트로 자유로운 분위기의 뉴욕 호텔의 로비스타일을 느낄 수 있다. 객실은 특1급 호텔 수준의 고급 침구와 고급 어메니티인 AVEDA 제품이 객실마다 비치되어 품격을 높였다. 특히 침구는 뛰어난 수분 흡수력과 복원력을 가진 헝가리산 거위털을 사용해 가볍고 포근한 수면환경을 제공한다.

| 신라스테이 광화문

특히 신라스테이는 지역의 관광지를 소개하며 연계한 상품을 개발하는 등 지역 관광 활성화에도 힘쓰고 있다. 신라스테이 동탄은 화성시와 지역관광 · 문화 콘텐츠를 개발하고 알리기 위해 지자체가 개발한 캐릭터 '코리요'를 소재로 테마공간을 만들었다. '코리요 캐릭터룸'은 신라스테이 동탄의 13층 13개 전 객실의 룸도어, 욕실, 침구류 등 내부공간과 엘리베이터, 복도 등 공용공간을 '코리요' 캐릭터로 꾸미고 체험할 수 있는 테마공간으로 만들었다. 신라스테이는 '코리요 캐릭터룸'을 소재로 한 다양한 상품과 프로모션을 통해 '코리요' 알리기에 적극 나설 계획이다.

자료원: 파이낸셜 뉴스, 2022.12.27; 매일경제, 2017.02.23.

② 성별

전통적으로 **성별에 따른 세분화**는 화장품, 헤어 디자인, 의류상품 그리고 잡지 등의 산업에서 많이 사용되어 왔다. 최근에 남녀 공용의 옷이 많이 등장하여 청바지 같은 옷의 경우에는 성별에 따라 소비자의 욕구가 그다지 차이를 보이지 않는 경향을 띤다. 이러한 성별에 따른 차이가 갖는 마케팅적인 의미는 사회의 변화에 따라 많이 달라져 왔으며 그에 따라 소비자들의 구매행동에도 많은 변화가 있었다. 특히 남녀평등 주장과 여권신장의 움직임으로 여성들의 사회참여도가 높아지면서 여성의 구매의사결정에의 영향력이 한층 높아지게 되었다. 과거에는 자동차 사용 및 구매 의사결정은 거의 남성위주로 이루어졌지만 최근에는 여성이 차를 소유하고 있는 경우가 상당히 많아졌으며 또한 남녀 공동구매에 있어서 여성의 영향력이 상당히 높아졌다. 이에 따라 현대자동차의 경우 외관과 인테리어를 여성들의 취향에 맞게 설계한 '뉴 EF Sonata Elegance'를 2003년에 출시하기도 하였다.

③ 소득

소득은 곧 구매력을 나타낼 수 있기 때문에 소비자들 간 소득차이는 확실한 세분화 변수가 될 수 있다. 특히 소득은 고가품에 대하여는 기업에 있어서 시장성의 유무를 확실하게 판단할 수 있는 척도로서 작용한다. 즉 Gucci 같은 수입 명품 의류나 가방, Mercedes Benz나 BMW 같은 고급 수입 자동차 등을 판매하는 기업에서는 일정소득 이상의 소비자들만이 잠재고객으로서의 가치를 갖게 되는 것이다.

④ 사회적 계층(social class)

소비자들은 일반적으로 사회적 계층에 따라 자동차, 의류, 가구, 레저활동, 독서습관 등에 대한 선호에 큰 차이를 보인다. 그러나 사회적 계층은 어떤 하나의 변수에 의하여 형성되어진 것이 아니라 교육수준, 직업 등의 여러 변수들이 복합적으로 관련되어 있기 때문에 사회적 계층을 명확히 구분하는 것은 쉽지 않은 일이다. 따라서 사회적 계층을 주요 세분화 변수로 사용하는 기업들은 각각의 사회적 계층에 속한 소비자들의 인구통계학적 특성의 파악을 통하여 각 계층을 정의하는 경우가 많다. 또한 사회적 계층을 가지고 세분화하는 기업들은 각 계층에 대하여 차별적인 마케팅을 수행하기보다는 오직 하나의 특정계층을 자사의 표적시장으로 선택하여 배타적 마케팅전략을 구사하는 것이 일반적이다.

(3) 심리도식적 변수(Psychographics)

소비자를 차별적인 시장으로 세분화할 수 있는 심리도식적 변수로는 라이프스타일, 성격 등이 있다. 이러한 심리도식적 변수에 의한 세분화가 중요한 것은 동일한 인구통계학적 집단에 속한 사람들이 서로 다른 심리도식적 집단을 형성할 수도 있기 때문이다.

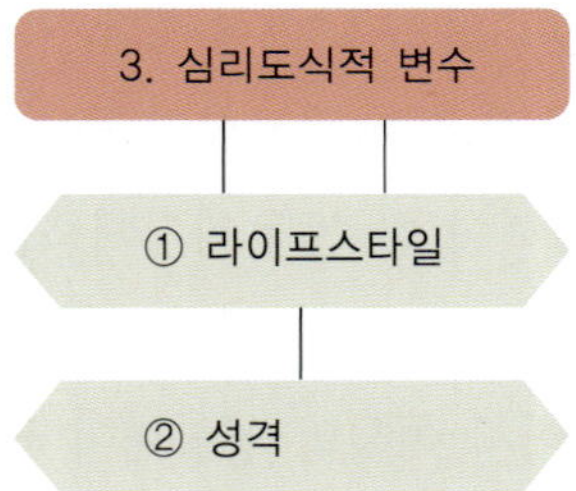

그림 6–5 심리도식적 변수

① 라이프스타일(Lifestyle)

마케팅관리자들은 소비자들의 라이프스타일에 따른 세분화를 점차적으로 많이 사용하고 있다. 특히 오래된 기업들은 제품의 정체성과 오래된 이미지를 탈피하기 위한 하나의 방법으로 라이프스타일 분석을 통하여 자사제품을 성공적으로 재포지셔닝하려고 노력한다. 라이프스타일을 통한 세분화는 일반적으로 광고를 통하여 특정 라이프스타일 집단에 속한 사람의 생활을 묘사하여 같은 라이프스타일에 속하거나 속하고 싶어 하는 소비자들로 하여금 동질성을 느끼게 하여 제품구매를 유도하는 방식을 사용한다.

② 성격

마케팅관리자들은 소비자들의 성격차이를 인식하고 그 차이에 따라 시장을 세분화하기도 한다. 특히 의류상품, 담배, 화장품, 보험 또는 주류제품과 같은 상품들은 소비자들을 그들이 가지고 있는 독특한 성격에 따라 시장을 세분화하여 표적고객들의 성격에 부합하는 상품으로 성공한 경

| 라이프스타일에 기반한 현대카드 광고

| 성격에 기반한 IBK 광고

우가 많다. 예컨대 패션 내의제품인 '제임스 딘'은 남성들의 일상적인 것에 반항하고 싶어 하는 숨은 욕구를 가진 소비자들에 호소하여 성공한 브랜드이다.

(4) 행동적 변수(Behavioral Variables)

위에 소개한 변수들이 주로 소비자들의 특성에 따라 시장을 나누어 볼 수 있는 세분화 변수라면, 상품과 관련된 소비자행동과 연관이 있는 변수들로도 시장을 세분화할 수 있다. 최근에는 뚜렷이 소비자의 특성에 따라 세분화가 가능한 상품들(예컨대, 남성용 화장품, 노인용 주택 등)을 제외하고는 일단 행동적 변수를 기준변수(base variables)로 하여 시장을 세분화한 다음 소비자들의 프로파일을 나타내는 변수로 소비자들의 특성변수를 사용하는 것이 일반적이다. 소비자를 세분화할 수 있는 행동적 세분화 변수로는 상품에 대한 지식, 태도, 사용상황, 제품에 대한 반응 등이 있다.

① 구매 또는 사용상황(Purchase or Usage Occasions)

소비자들은 언제 그들이 제품구매에 대한 생각을 떠올리게 되며, 언제 구매를 하게 되며, 언제 구입한 제품을 사용하게 되는지에 따라 나누어질 수 있다. 사용상황에 따른 세분화는 기업들로 하여금 제품 사용상황을 개발하거나 확장시키는 데 도움을 줄 수 있다. 예를 들어, 오렌지 주스

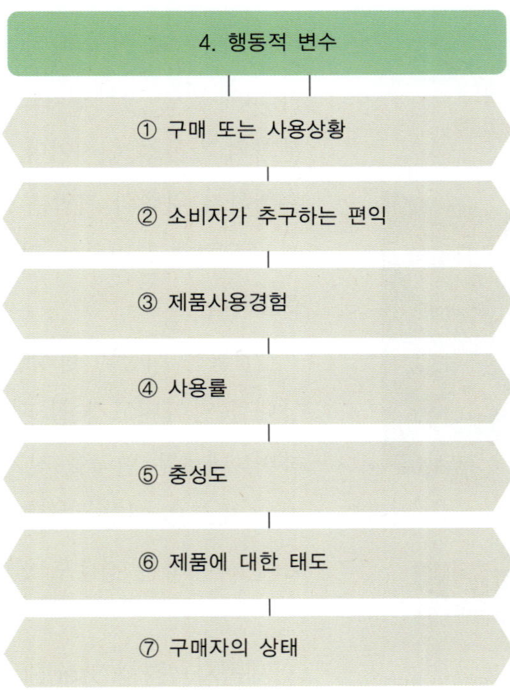

그림 6-6 행동적 변수

는 일반적으로 아침에 빵으로 식사를 하는 경우에 빵과 함께 주로 마시는 음료이다. 그러나 오렌지 주스의 판매를 확대하기 위하여 하루 중 다른 시간에 갈증을 해소하고 또한 재충전을 위한 음료로 촉진할 수도 있다. 반대로, 코카콜라사는 "아침에 Coke를"이라는 광고캠페인을 통하여 이른 아침에 콜라를 음료수로 마시는 것을 권하여 소비를 증대시키려 하였다. 제과업체에서 발렌타인데이나 화이트데이에 초콜릿이나 사탕을 선물하도록 권유하거나, 매년 11월 11일을 '빼빼로데이'로 정하여 촉진활동을 실시하는 것도 사용상황에 따른 세분화의 한 예이다.

② 소비자가 추구하는 편익(Benefits Sought)

같은 품목의 제품이라 하더라도 모든 소비자들이 동일한 편익을 얻고자 제품을 구매하지는 않는다. 또한 동일한 편익을 추구하는 소비자들이라 하더라도 제품의 각 편익들에 대하여 중요하게 생각하는 정도에 있어서는 많은 차이를 보인다. 따라서 **편익세분화**(benefit segmentation)는 소비자들이 제품을 구입할 때 고려하는 주요 편익의 차이에 따라서 소비자들을 몇 개의 차별적 집단으로 나누는 방법이다. 예컨대 같은 치약 제품이라고 하더라도 어떤 소비자들은 충치예방을 상대적으로 중요하게 생각하고, 어떤 소비자들은 치약의 미백효과를 더 중요하게 생각한다. 아마도 또 다른 소비자들은 치약의 맛을 중시할 수도 있으며, 치약은 기본적으로 모두 같은 상품이므로 가격만 싸면 된다고 생각하는 소비자들도 있을 수 있다. 이처럼 소비자들이 어떤 상품에서 추구하는 편익이 다르다는 점에 착안하여 시장을 나누고 그중 하나 또는 그 이상의 세분시장을 표적시장으로 삼아 그에 맞는 마케팅믹스를 제공하려는 것이 편익세분화의 기본적 취지이다. 편익세분화를 효과적으로 수행하기 위해서 기업은 소비자들이 제품을 구입할 때 중요하게 고려하는 편익들을 찾아내는 것이 매우 중요하다.

| 조리의 간편함이라는 편익을 강조한 오뚜기 카레 광고

기업들은 시장의 특성을 명확히 밝히고 주된 경쟁상대를 알아내고자 할 때 편익세분화를 실시하기도 하며, 새로운 편익을 찾거나 신제품 아이디어를 가지고 새로운 시장기회를 확보하기 위하여 편익세분화를 사용하는 경우도 있다.

③ 제품사용경험(User Status)

소비자들은 제품사용경험에 따라 사용경험이 전

혀 없는 소비자들, 과거에 사용한 경험이 있지만 지금은 사용하지 않는 소비자들, 향후에 잠재적으로 사용할 가능성이 있는 소비자들, 처음으로 구매하여 사용하고 있는 소비자들 그리고 정기적으로 사용하고 있는 소비자 등으로 나누어 볼 수 있다. 기업은 각 소비자들의 사용경험 상태에 따라 차별적인 마케팅계획을 수립하여 진행시킬 수 있는데, 예를 들어 사용경험이 전혀 없는 소비자들과 잠재적 사용자들에게는 우선적으로 자사제품을 시용(trial)해 보도록 유인하는 마케팅전략이 요구되어진다. 반면 정기적으로 사용하는 소비자들에게는 자사제품의 소비자가 타 경쟁사 제품으로 상표를 전환하는 것을 막을 수 있도록 판매 후 소비자관리 등의 마케팅활동이 요구된다.

기업이 시장 내에서 차지하는 위치는 제품사용경험에 따른 세분화 전략에 영향을 미친다. 일반적으로 시장점유율이 높은 기업의 경우에는 상품 전반의 수요확대를 위하여 잠재적 소비자를 상대로 촉진활동을 수행하는 것이 중요한 반면, 시장점유율이 상대적으로 낮은 기업의 경우에는 시장점유율이 높은 경쟁사의 소비자들로 하여금 자사제품으로 상표를 전환하도록 유도하는 전략이 보다 효과적인 것이 보통이다. 따라서 콜라 시장의 선두주자인 코카콜라는 소비자들이 콜라 이외의 다른 음료로 소비를 전환하는 것을 방지하는 것을 주된 마케팅목표로 삼을 수 있지만, 콜라 시장에 새로 진입한 '이마트콜라'의 경우에는 코카콜라나 펩시콜라 소비자들로 하여금 상표를 전환하여 '이마트콜라'를 구매하도록 유도하는 것이 마케팅의 주된 목표가 될 것이다.

④ 사용률(Usage Rate)

소비자들은 제품의 사용 정도에 따라서 소량, 중량, 다량 사용자 등으로 나누어질 수 있다. 다량 사용자들의 경우에 일반적으로 시장의 작은 부분만을 차지하고 있을 뿐이지만 전체 매출에 있어서는 매우 높은 비율을 차지한다. [그림 6-7]은 미국시장의 경우에 소비자들이 자주 사용하는 소비재의 사용률을 도식화한 것이다. 가령, 알코올음료 구매가 가능한 소비자들 가운데 41%가 맥주음용자들인데, 이들을 다량소비자와 소량소비자로 반반씩 나누었을 경우 다량소비자집단이 맥주소비량의 87%를 차지한다. 기업들은 제품의 다량소비자를 많이 확보하는 것이 매우 유리하다. 그 이유는 다량소비자들이 수적으로는 소량이나 중량소비자들에 비하여 적지만 제품 총매출의 대부분이 소수의 다량소비자들의 구매로 이루어져 있는 경우가 많기 때문이다. 예컨대 소주라는 상품을 구매하는 사람은 상당히 많지만 사실 소주의 대부분은 소수의 소주 애주가들이 소비하고 있다. 결과적으로 진로와 같은 소주 제조회사는 한 명의 다량소비자를 진로의 고객으로 만드는 것이 여러 명의 소량소비자를 유인하는 것보다 효과적임을 판단하고 판매촉진을 위한 모든 활동을 다량소비자 위주로 집행하고 있으며 그 외의 다른 소주회사들도 다량소비자를 표적으로 마케팅활동을 수행하고 있다. 스칸디나비아 항공(SAS)은 자주 여행하는 사업가들을 타깃으로 해 그 세분시장에서 세계 최고의 항공사가 되려고 한다.

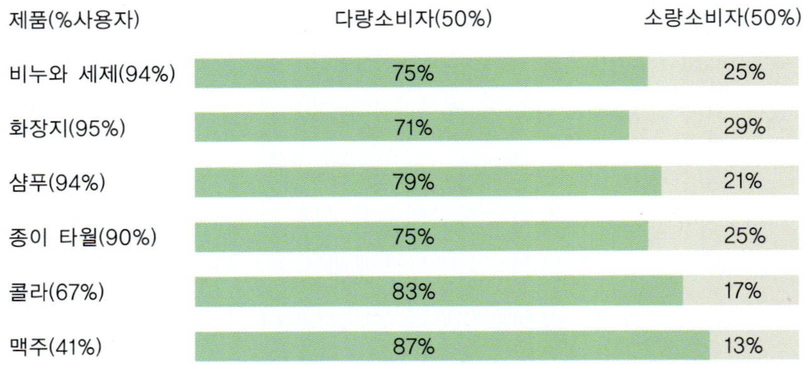

그림 6-7 소비재의 다량소비자와 소량소비자

자료원: Victor J. Cook and William A. Mindak, "A Search for Constants: The 'Heavy User'Revisited!" *Journal of Consumer Marketing*, Vol. 1, No. 4 (Spring 1984), p. 80.

⑤ 충성도(Loyalty)

시장은 소비자들의 충성도에 따라 세분화할 수도 있다. 소비자들은 상표(예컨대 비트), 점포(롯데백화점) 그리고 제조회사(기아자동차)에 대하여 충성도를 가질 수 있으며 기업들은 이러한 소비자들의 충성도에 따라서 소비자를 세분화한다. 첫 번째 유형으로 어떤 소비자들은 항상 동일한 한 가지 상표(예컨대 칠성사이다)를 구입하여 특정상표에 대하여 매우 높은 충성도를 보이며, 두 번째 유형으로는 충성도가 약간 높은 경우로서, 이들은 어떤 상품에 대하여 두세 개 정도의 상표에 대하여 충성도를 갖고 있으며 가끔은 다른 상표를 구입하기도 하지만 전반적으로 하나의 특정상표를 선호하는 경우를 말한다. 세 번째 유형은 전혀 충성도가 없는 경우로서, 이러한 소비자들은 매번 구입할 때마다 다른 상표들을 구입하기를 원하거나 가격을 할인하는 상표 위주로 구입하는 경우를 말한다.

각각의 시장은 충성도가 높은 소비자들이 많은 경우도 있고 그렇지 않은 경우도 있다. 예를 들어 맥주 시장은 일반적으로 높은 상표충성도를 보이는 시장이다. 소비자들이 강한 상표충성도를 보이는 시장에서 시장점유율을 확대하는 것은 매우 어려운 일이며 특히 시장에 후발주자로 새로 진입하려는 기업에게 소비자들의 높은 상표충성도는 심각한 진입장벽이라고 할 수 있다.

기업들이 상표충성도를 세분화 변수로 사용할 때는 매우 조심스럽게 접근할 필요가 있다. 왜냐하면 상표충성도가 높은 경우의 구매행동 패턴은 습관적인 행동일 수도 있고, 경우에 따라서는 상표 간 차이가 없다는 소비자의 판단에 기인할 수도 있으며, 낮은 가격 때문일 수도 있고, 유통상의 문제 때문에 다른 브랜드를 구입할 수 없어서 일어나는 결과일 수도 있기 때문이다. 따라서 빈번하고 규칙적인 구매가 반드시 상표충성도를 반영하는 것은 아니기 때문에 마케팅관리자들은 구매패턴에 대한 관찰뿐만 아니라 구매동기에 대한 조사도 동시에 수행하여야 할 필요성이 있다.

⑥ 제품에 대한 태도(Attitude)

소비자들은 제품에 대하여 열성적, 호의적, 보통, 부정적, 적대적일 수 있다. 이러한 소비자들의 제품에 대한 태도는 기업이 자신의 마케팅 자원을 어떻게 분산시켜 사용하는 것이 적합한지에 대한 해답을 제시하기도 한다. 즉 열성적이거나 호의적인 소비자들에 대하여 기업들은 가끔 자사제품의 우수성을 확인시킬 수 있을 정도의 판촉활동만으로도 충분한 효과를 얻을 수 있다. 그러나 자사제품에 대하여 부정적인 소비자들을 자사 소비자로 만들기 위해서 기업은 상당히 많은 시간을 들여 다양한 매체를 통한 촉진활동으로 소비자의 태도를 전환시키고자 노력하여야 한다.

⑦ 구매자의 구매과정 단계(Buyer's Stage)

소비자들은 제품에 대한 인지 여부, 지식이나 관심의 정도, 구매의사의 강도 등에 따라 나누어질 수 있는데, 어떤 소비자들은 특정제품의 존재를 인식하지 못하고 있는 경우도 있고 어떤 경우는 그런 제품이 있다는 정도만 인식하고 있는 경우, 제품내용을 알고 있는 경우, 제품에 흥미를 가지고 있는 경우, 제품의 필요를 느끼고 있는 경우, 제품에 대한 구매의사가 있는 경우 등이 있다. 기업들은 소비자들이 구매과정에서 현재 어떠한 상태에 속하고 있는지를 파악하여 각각의 단계에 따라 적합한 마케팅노력을 기울여야 하는데, 예를 들어 중형승용차인 K5 Hybrid의 경우 기아자동차는 제품의 존재 여부를 아직 모르고 있는 소비자들에 대하여 높은 인지도를 구축하기 위한 간단한 메시지를 활용하는 빈번한 고지광고를 통하여 제품의 존재를 알리는 노력이 필요하다. 어느 정도 소비자들의 인지가 확보되면 높은 연비와 환경친화성 등 K5 Hybrid의 장점을 강조하여 소비자들의 흥미를 유발할 수 있는 마케팅노력이 필요하며, 그 다음 단계로는 소비자들의 단순한 흥미를 구매의사로 전환시킬 수 있는 촉진활동이 필요하다. 이 단계에서는 소비자들에게 신문이나 잡지광고 등을 통하거나 직접적인 접촉을 통하여 K5 Hybrid의 구체적 속성과 장점에 대하여 알리는 것이 중요한 마케팅활동이라고 할 수 있다.

(5) B2B 시장의 세분화

소비재 시장(B2C 시장)에서와 마찬가지로 산업재 시장(B2B 시장)에 있어서도 마케팅관리자들은 지리적 변수, 구매자가 추구하는 편익, 사용률, 충성도, 상품에 대한 태도, 상품경험 유무 및 다과 등을 세분화 변수로 사용할 수 있다. 또한 산업재 시장에서는 산업의 종류, 회사(또는 조직)규모, 운영상 특성, 구매 접근방식, 상황적 요인 등과 같은 변수를 추가적으로 사용하기도 한다.

〈표 6-1〉은 산업재 시장의 주요 세분화 변수를 요약하고 있다. 소비재 세분화와 마찬가지로 산업재에 있어서도 구매행동과 편익이 가장 기본적인 세분화 변수로 사용될 수 있으며 이와 병행하여 다른 기준변수들을 활용할 수 있다.

표 6-1 산업재 시장의 주요 세분화 변수

구분	내용
1. 인구통계학적 변수	① 산업: 어떤 산업에 중점을 두어야 하는가? ② 회사 규모: 어떤 규모의 회사에 중점을 두어야 하는가? ③ 위치: 어떤 지역에 중점을 두어야 하는가?
2. 운영 변수	① 기술: 어떤 소비자 기술에 중점을 두어야 하는가? ② 사용자 비사용자: 다량, 중량, 소량사용자 및 비사용자 중 누구에게 중점을 두어야 하는가? ③ 소비자의 능력: 다양한 서비스를 원하는 소비자들에게 중점을 두어야 하는가? 아니면 한두 가지 서비스만을 원하는 소비자들에게 중점을 두어야 하는가?
3. 구매 접근방식	① 구매조직: 고도로 집중화된 구매조직을 둔 회사에 중점을 두어야 하는가? 아니면 비교적 분산된 구매조직을 둔 회사에 중점을 두어야 하는가? ② 권력구조: 엔지니어링이 힘을 발휘하는 회사, 재무부서가 강한 회사, 마케팅부서가 강한 회사들 중 어떤 회사에 중점을 두어야 하는가? ③ 기존의 관계양상: 기존에 좋은 관계를 가지고 있는 회사에 중점을 두어야 하는가? 아니면 유망한 회사 쪽으로 새로운 시장기회를 엿볼 것인가? ④ 구매정책: 리스를 선호하는 회사에 중점을 두어야 하는가? 서비스 계약자 또는 시스템 구입자들에게 중점을 두어야 하는가? ⑤ 구매 시 고려하는 속성: 제품의 질, 가격, 서비스 중 어떤 내용을 중요하게 고려하는 기업에게 중점을 두어야 하는가?
4. 상황적 요인	① 긴급성: 빠른 배달이나 서비스를 원하는 기업에게 중점을 두어야 하는가? ② 특별한 용도: 상품의 모든 용도에 다 중점을 둘 것인가? 아니면 몇몇 용도에 초점을 맞출 것인가? ③ 주문의 양: 다량 주문자에게 중점을 두어야 하는가? 아니면 소량 주문자에게 중점을 두어야 하는가?
5. 개인적 특성	① 구매자-판매자 유사성: 사람들이나 가치가 자사와 유사한 기업에게 중점을 두어야 하는가? ② 위험에 대한 태도: 위험 감수형 소비자, 위험 회피형 소비자 중 어떤 기업에게 중점을 두어야 하는가? ③ 충성도: 공급자에게 높은 충성도를 보이는 기업에게 중점을 두어야 할 것인가?

자료원: Thomas V. Bonoma and Benson P. Shapiro, *Segmenting the Industrial Market*, Lexington Books, 1983.

(6) 효과적 시장세분화의 요건

시장을 세분화할 수 있는 방법은 매우 다양하다. 그러나 모든 세분화가 다 효과적인 것은 아니다. 예를 들면 아이스크림 시장을 키가 큰 소비자 집단과 작은 소비자 집단으로 세분화할 수 있지만 키가 크고 작은 것은 아이스크림의 구매에 아무런 영향을 미치지 않으며, 더 나아가서 만약 모든 아이스크림 소비자들이 매주 비슷한 양의 아이스크림을 소비하고 또한 모든 아이스크림은 서로 다를 것이 없다고 생각하여 상표에 관계없이 동일한 가격에 아이스크림을 구입하기를 원한다면 기업은 이 시장을 세분화하여 얻을 수 있는 효과가 전혀 없다고 할 수 있다. 따라서 시장세분화가 유용하게 사용되기 위해서는 갖추어야 할 몇 가지 조건이 있다. 효과적인 시장세분화의 조건을 요약하면 다음과 같다.

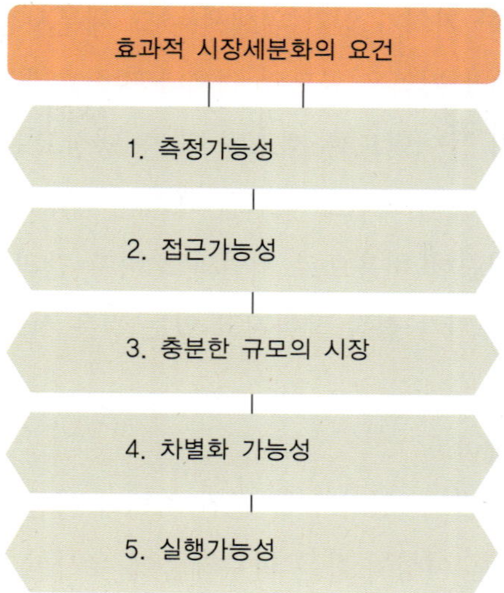

그림 6-8 효과적 시장세분화의 요건

① 측정가능성(Measurability)

세분시장의 규모, 세분시장에 속한 소비자들의 구매력과 같은 세분시장의 특성들이 측정가능해야 한다. 예컨대 여러 권의 종이책으로 이루어진 백과사전의 판매자는 '장식용으로 책을 구매하기 원하는 소비자들'이라는 세분시장을 표적시장으로 삼으면 효과적인 마케팅을 수행할 수 있을 것으로 생각할 수도 있지만 실제로 그들의 수나 그들의 구매력 등을 측정하기가 거의 불가능하기 때문에 효과적인 세분시장이라고 보기는 어렵다. 세분시장의 규모나 소비자들의 구매력을 측정하는 것이 중요한 이유는 표적시장을 선택함에 있어 그 같은 자료가 가장 중요한 의사결정의 기준이 되기 때문이다.

② 접근가능성(Accessibility)

세분시장은 기업의 입장에서 접근이 용이해야 한다. 이 경우 접근은 유통경로나 매체를 통해 이루어진다. 예컨대 어떤 커피 제조회사가 조사를 통해서 자사제품의 다량소비자가 사회생활을 적극적으로 수행하고 밤 늦게까지 야근을 자주 하는 특성을 가진 미혼의 여성임을 밝혀냈을 때, 이러한 특성을 가진 여성들이 특정한 곳에 많이 거주하거나, 특정지역에 직장을 갖고 있는 사례가 많다거나, 특정한 매체에 자주 노출되지 않는 한, 기업은 이 세분시장에 접근하기가 매우 어려울 것이다.

③ 충분한 규모의 시장(Substantiality)

세분시장은 충분히 커서 이익을 얻을 수 있을 정도라야 한다. 기업이 어떤 세분시장에 진입하여 특정한 마케팅노력을 기울일 만한 가치가 있기 위해서는 그 세분시장이 충분히 큰 동질적인 소비자들의 집단이어야 한다. 그래야만 기업은 규모의 경제나 경험효과를 충분히 활용할 수 있다. 예컨대 각 소비자의 기호에 정확히 들어맞도록 제조된 '맞춤 냉장고'는 소비자의 만족도는 높일 수 있겠지만 기업의 입장에서 생산비용의 과다로 이익을 내기는 매우 어려울 것이다. 그러나 최근 정보통신 기술의 발달로 비교적 저렴한 비용으로 기업과 소비자 간의 쌍방향 커뮤니케이션이 가능해지면서 효과적인 세분시장의 크기가 점점 작아지고 있는 것은 사실이다.

④ 차별화 가능성(Differentiability)

세분시장들이 개념적으로 구분될 수 있어야 할 뿐만 아니라 다른 마케팅믹스에 다른 반응을 보여야 한다. 만일 미혼 여성과 기혼 여성이 같은 향수제품에 유사한 반응을 보인다면 결혼 여부는 시장을 나누는 효과적인 기준이 될 수 없다.

⑤ 실행가능성(Actionability)

세분시장을 공략하기 위한 효과적인 마케팅 프로그램을 개발할 수 있어야 한다. 예를 들어 어떤 자동차 회사가 충분히 시장성이 있는 5개의 세분시장 기회를 발견하였다고 하더라도 자사의 여건상 각각의 세분시장에 적합한 마케팅 프로그램을 따로 개발할 수 없다면 이러한 세분화는 의미가 없다.

그런데 많은 마케터들이 이러한 요건들을 고려해 시장을 세분화하는 과정에서 큰 딜레마에 부딪힌다. 기업이 흔히 사용하는 인구통계학적 변수나 지리적 변수는 비교적 쉽게 관찰/측정할 수 있고 접근성이 용이하지만, 소비자행동과의 관련성이 낮은 경우가 많다. 이에 반해 행동적 변수들은 대체로 측정/관찰이 어렵고 그러한 행동적 특성을 보이는 소비자집단에 접근하기가 쉽지 않다. 따라서 전략적으로 의미있는 행동적 변수로 시장을 먼저 세분화한 다음, 표적시장에 속한 고객의 프로필을 인구통계학적 변수나 지리적 변수를 이용하여 얻어내는 것이 바람직하다.

02 표적시장 선택(Market Targeting)

기업은 일단 전체시장을 몇 개의 시장으로 세분화한 다음 각각의 세분시장을 평가하고 몇 개의 세분시장을 공략할 것이며 또한 어떠한 세분시장을 표적시장으로 선택할 것인지를 결정해야 하는 문제에 직면하게 된다. 일반적으로 바람직한 시장세분화과정은 먼저 전체시장을 행동적 변수에 기반해 나눈 후 행동적 변수와 측정하기 쉬운 인구통계학적 변수나 지리적 변수와의 상관관계를 조사한다. 그런 다음 행동적 변수와 상관관계가 높은 인구통계학적 변수나 지리적 변수를 사용해 표적시장의 성격을 표현하는 것이 마케팅전략 수립에 효과적이다.

2.1 세분시장의 평가

세분시장의 매력도를 평가하기 위해서 기업은 세분시장의 규모와 성장률, 세분시장의 구조, 기업의 목표와 자원과 같은 요인을 살펴보아야 한다.

(1) 세분시장 규모와 성장률

기업은 제일 먼저 세분시장들에 대한 현재 판매량, 예상성장률 그리고 예상수익률에 대한 자료를 수집하고 분석하여야 한다. 즉 기업이 선택할 수 있는 세분시장은 충분한 규모와 높은 성장률을 보이는 시장이어야 한다. 일반적으로 기업들은 큰 규모의 시장에 진입하기를 원할 것이다. 그러나 어느 기업에게나 큰 규모와 높은 성장률을 보이는 세분시장이 매력적인 것은 아니다. 소규모의 기업은 큰 규모의 세분시장을 감당하기에는 기술이나 자원이 부족하며 또한 규모가 큰 세분시장은 기업 간 경쟁이 치열하기 때문에 소규모의 기업이 성공할 가능성이 낮을 수 있다. 따라서 이러한 기업들은 잠재적으로 높은 수익률을 얻을 수 있는 보다 작고 덜 빠르게 성장하는 시장을 선택하기도 한다.

(2) 시장구조

세분시장이 충분한 규모와 성장률을 가지고 있더라도 수익성 측면에서 덜 매력적인 시장일 수 있기 때문에 기업은 장기적인 세분시장 매력도에 영향을 주는 구조적 요인들을 고려해 보아야 한다. 일반적으로 그러한 구조적 요인들 중에 가장 영향을 많이 주는 요인은 시장에 있어서의 경쟁상황이다. 따라서 기업은 현재와 잠재적인 경쟁자들에 대한 분석을 실시하여야 하며 그 결과 해당 세분시장에 강하고 공격적인 경쟁자들이 많다고 판단되면 그 세분시장은 그다지 매력적이지 못하다고 판단하게 된다.

마케팅관리자들은 또한 대체제품의 위협을 고려해야 한다. 실질적인 대체제품이 있거나 잠재적 대체제품이 있다면 그 세분시장은 덜 매력적이다. 대체제품들은 세분시장에서 얻을 수 있는 수익과 기업이 소비자들에게 제시할 수 있는 가격에 제한을 가하게 된다. 예컨대 우리나라에서 시티폰이라는 발신자 전용 이동전화 서비스는 PCS(personal communication service, 개인휴대통신 서비스)가 시장에 출현하면서 자취를 감추고 말았으며 PC통신 서비스의 경우에도 초고속 인터넷 서비스 때문에 자취를 감추고 말았다. 시티폰이나 PC통신의 경우처럼 강력한 대체제품이 이미 출시되었거나 곧 출시될 것으로 보이는 시장은 매력적인 시장이라고 보기 어렵다.

구매자의 힘 또한 세분시장의 매력도에 영향을 미친다. 만약 세분시장에서의 구매자들이 판매자에 비하여 높은 구매자 교섭력을 가진다면, 가격할인에 대한 압력을 줄 수도 있고, 기업에 대하여 보다 좋은 제품의 질이나 서비스 제시를 요구할 수도 있다.

마지막으로, 세분시장의 매력도는 공급자(supplier)의 상대적인 힘에 의해 좌우된다. 세분시장에서 원료, 자재, 노동력 그리고 서비스 등의 공급자가 마음대로 가격을 올리거나 제품의 질 또는 수량을 낮출 수 있을 정도로 큰 공급자 교섭력을 갖고 있다면 그 세분시장은 덜 매력적이다. 공급자들은 그 규모가 매우 크고 독점적일 때, 대체상품이 거의 없을 때 또는 공급하고 있는 제품이 매우 중요한 원료일 때, 강력한 힘을 갖게 된다.

표 6-2 세분시장 매력도의 평가기준

세분시장 매력도의 주요 평가기준
세분시장의 규모와 성장률
세분시장의 구조
기업의 목표와 자원

(3) 기업의 목표와 자원

세분시장의 규모가 충분히 크며 성장률이 빠르고 시장구조적으로도 매력적이라 하더라도 기업은 세분시장과 관련된 자사의 목표와 자원을 고려하여 시장의 매력도를 평가해야 한다. 세분시장이 그 자체로서 매우 매력적이더라도 기업의 주요 목표와 부합되지 않는 시장이라면 기업은 그 시장을 선택할 수 없을 수도 있으며, 경우에 따라서는 환경적·정치적·사회적 책임이라는 시각에서 볼 때 세분시장이 그다지 바람직하지 못하다면 기업은 그 세분시장에의 진입을 포기할 수도 있다. 예컨대 삼성이나 LG와 같은 대기업은 중소기업에서 운영하기에 적절하다고 생각되는 사업에는 이익을 낼 수 있다고 판단되어도 진입을 자제하는 경우가 있다. 그것은 법적인 규제 이외에도 그 시장에 진입했을 때 여론의 비난을 받아 기업의 이미지를 해치는 것을 두려워하기 때문이다.

일단 세분시장이 기업의 목표에 부합된다면 기업은 그 세분시장에서 성공할 수 있는 자사의 기술과 자원이 있는지를 평가해 보아야 한다. 만약 기술과 자원 측면에서 기업이 세분시장에서 성공적으로 경쟁할 수 없다고 판단된다면 그 시장에는 참여하지 말아야 한다. 기업이 세분시장에서 요구하는 만큼의 자원과 기술을 가지고 있다 하더라도 세분시장에서 경쟁적 우위를 누릴 수 있을 만큼 경쟁자들보다 기술이나 자원이 풍부하지 않은 경우에는 기업은 그 세분시장에의 진입을 신중히 고려해야 한다. 따라서 기업은 그 세분시장에서 경쟁자들보다 우위를 얻을 수 있고, 시장에 참여했을 경우 잃는 것(cost)보다 얻는 것(benefit)이 더 많다고 판단할 때, 그 세분시장에 진입해 성공할 수 있다.

2.2 표적시장 선택

세분시장들에 대한 평가가 수행된 뒤 기업은 어떤 시장을 공략해야만 하는가, 그리고 몇 개의 세분시장을 공략할 것인가의 문제를 해결해야 한다. 기업이 선택할 수 있는 시장공략전략은 무차별적 마케팅, 차별적 마케팅, 집중적 마케팅의 세 가지가 있다. [그림 6-9]는 기업이 채택할 수 있는 무차별적 마케팅, 차별적 마케팅 그리고 집중 마케팅의 세 가지 시장공략전략을 보여준다.

(1) 무차별적 마케팅(Undifferentiated Marketing)

무차별적 마케팅전략은 세분시장 간의 차이를 무시하고 하나의 제품으로 전체시장을 공략하는 전략이다. 이 전략을 구사하는 기업은 소비자들 간의 차이보다는 공통점에 대하여 중점을 두게 되며 다수의 구매자에게 소구하기 위해서 기업은 하나의 상품과 하나의 마케팅 프로그램으로 시장을 공략한다. 따라서 기업은 대량유통과 대량광고 방식을 채택하는데 이는 소비자들의 마음속에 우수한 자사제품의 이미지를 심어주기 위해 수행된다. 예컨대 오리온 초코파이는 시장을 세분

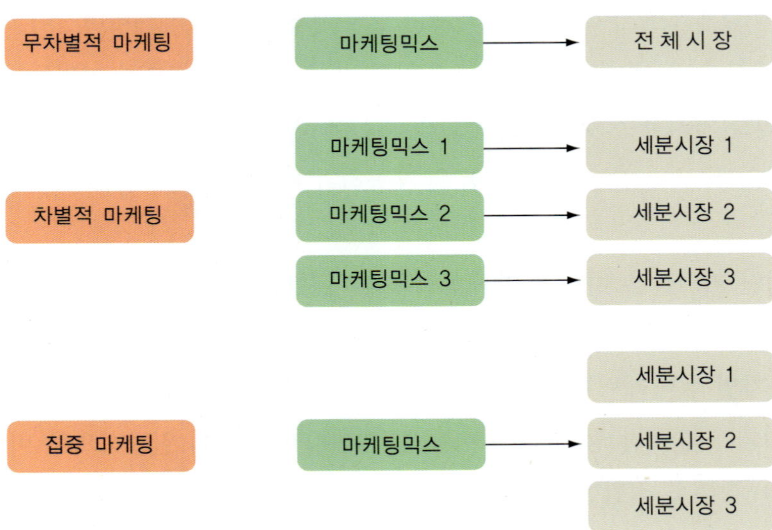

그림 6-9 세 가지 시장공략전략

화하지 않고 같은 제품을 초코파이를 원하는 모든 소비자들을 상대로 판매하고 있다. 이 같은 전략은 다음과 같은 두 가지 측면에서 효과적이라고 할 수 있다. 우선 단순한 생산라인은 제조 및 재고관리, 유통 등의 비용을 절감시키는 효과를 낳기 때문에 무차별적 마케팅은 비용절감의 효과를 얻을 수 있다. 또한 단일 광고 프로그램은 광고비용을 절감시키며 세분시장에 대한 조사와 기획의 필요성이 없기 때문에 마케팅조사비용과 제품관리비용을 절약할 수 있다.

무차별적 전략이 오리온 초코파이의 경우처럼 대단히 성공적일 수도 있지만 대부분의 현대 마케팅관리자들은 무차별적 전략이 효과적인 경우는 매우 제한적이라고 생각하고 있다. 즉 모든 소비자들을 만족시킬 수 있는 하나의 제품이나 상표의 개발에 따르는 어려움이 문제가 되는 것이다. 무차별적 마케팅전략을 구사하는 기업들은 일반적으로 시장에서 가장 큰 세분시장을 공략한다. 그러나 여러 기업들이 같은 시장에서 같은 전략을 구사한다면 격심한 경쟁이 일어나게 되며 그 결과 큰 세분시장은 심한 경쟁의 양상을 보이기 때문에 오히려 수익을 얻기가 더 어려울 수도 있다. 이러한 문제에 대한 인식은 기업들로부터 보다 적은 세분시장에 대하여 관심을 갖게 한다.

(2) 차별적 마케팅(Differentiated Marketing)

차별적 마케팅전략을 구사하기 위해서 기업은 여러 개의 표적시장을 선정하고 각각의 표적시장에 적합한 마케팅전략을 개발해야 한다. 일반적으로 현대자동차와 같은 자동차 제조회사들은 소비자의 경제력과 연령 등에 따라 소비자들을 나누고 각 시장의 특성에 맞는 제품을 생산하여 판매한다. 현대자동차의 경우 승용차만 하더라도 아반테, 쏘나타, 그랜저, 제네시스 등 많은 제품을 생산하고 있다. 이렇게 함으로써 기업들은 제공하는 제품과 여타 마케팅믹스의 다양성을 통하여 각 세분시장 안에서 높은 판매고와 강력한 위치를 차지할 수 있다. 또한 기업들이 각 세분시장에서의 강력한 위치를 차지하는 것은 소비자들의 회사에 대한 전반적인 인식을 제고시킬 수 있으며 기업들이 소비자의 욕구에 잘 부합된 제품을 제공하기 때문에 높은 재구매 효과를 기대할 수도 있다.

다수의 현대적인 기업들은 차별적 마케팅전략을 구사하고 있다. 그 중요한 이유는 차별적 마케팅은 일반적으로 무차별적 마케팅보다 높은 매출과 이익을 올리는 것을 가능하게 해주기 때문이다. 그러나 차별적 마케팅은 각각의 세분시장에 적합한 차별적 마케팅전략을 구사하기 위해서 마케팅조사와 기술개발 등에 많은 비용을 사용하기 때문에 일반적으로 비용의 증가를 가져온다. 각 세분시장별로 적합한 마케팅계획을 수립하기 위해서는 각 세분시장별로 조사, 예측, 촉진계획 그리고 유통관리 등이 이루어져야 하며 경우에 따라서는 각각의 세분시장에 차별적 광고를 제작하기도 하기 때문에 상당히 비용이 많이 들 수밖에 없다. 따라서 기업은 차별적 마케팅전략을 구사하기 위해서는 증가된 비용을 고려한 예상수익의 증가를 무엇보다 먼저 생각해 보아야 할 것이다.

(3) 집중 마케팅(Concentrated Marketing)

세 번째 마케팅전략으로서 **집중 마케팅전략**은 기업의 자원이 제한되어 있을 경우에 주로 사용되는 방법으로서 큰 시장에서의 작은 시장점유율을 누리기보다는 하나 또는 소수의 적은 시장에서 높은 시장점유율을 누리기 위한 전략이다. 집중 마케팅전략을 통하여 기업은 자사가 공략하고 있는 특정한 시장에 속한 소비자의 욕구를 매우 잘 알고 있기 때문에 그 시장 안에서 강력한 위치를 얻을 수 있다. 그 외에도 기업은 생산, 유통 그리고 촉진의 특화를 통하여 운영의 경제성을 누릴 수도 있다.

그러나 집중 마케팅전략을 구사하기 위해서는 기업이 보다 높은 위험을 감수하지 않으면 안 된다. 일반적으로 집중 마케팅전략을 구사하는 기업들은 매우 작은 규모의 시장을 공략하기 때문에 그 시장에 속한 소비자들의 구매행동이 변화하게 되면 더 이상 그 시장은 시장성을 갖지 못하게 된다. 또한 경우에 따라서는 보다 큰 경쟁자가 동일한 시장에 진입할 수도 있다. 이러한 이유들 때문에 다수의 기업들은 하나의 시장을 선택하여 집중 마케팅전략을 구사하기보다는 복수의 세분시장에 접근하는 것을 보다 선호하게 된다.

2.3 시장공략전략의 선택

시장공략전략을 선택하기 위해서는 여러 가지 요인에 대한 검토가 필요하다. 첫째, 기업의 자원을 고려해 보았을 때 어떤 전략이 가장 적절한가를 검토해 보아야 하는데 기업의 자원이 매우 제한적일 경우에는 집중 마케팅전략을 구사하는 것이 적합하다. 둘째, 제품다양성의 정도 또한 매우 중요한 고려사항이다. 과일이나 쌀 등과 같이 제품의 질이 어느 정도 균일한 제품의 경우에는 무차별적 마케팅이 보다 적합하며, 자동차, 오디오 등과 같이 제품구색이 복잡한 경우에는 차별적 마케팅이나 집중 마케팅전략이 적합하다. 셋째, 기업의 시장공략전략을 선택하는 데 있어서 제품의 수명주기상 위치 또한 매우 중요한 고려 변수가 된다. 하나의 제품구색을 지닌 새로운 상품을 시장에 진입시키기 위해서는 무차별적 마케팅전략이나 집중화 마케팅전략을 구사하는 것이 보다 유리하다. 넷째, 시장다양성을 고려해야 한다. 만약 모든 구매자가 같은 취향을 지니고 있고, 같은 양을 구매하고 기업의 마케팅노력에 대하여 같은 반응을 나타낸다면 무차별적 마케팅전략이 적합하다. 다섯째, 경쟁자의 마케팅전략도 고려해 볼 필요가 있는데 경쟁자가 무차별적 마케팅전략을 구사하고 있다면 기업은 차별적 또는 집중 마케팅전략을 사용하여 이익을 얻을 수도 있다.

03 | 포지셔닝(Positioning)

일단 기업이 어떤 세분시장에 진입할 것인지를 결정하고 나면 기업은 그 세분시장에서 자사의 제품을 어떠한 자리에 위치시킬 것인가의 문제에 대한 해결이 필요하다. 그것이 포지셔닝의 문제인 것이다.

3.1 포지셔닝의 의의

제품포지션은 소비자들의 인식 속에 자사의 제품이 경쟁제품에 대비하여 차지하고 있는 상대적 위치를 말한다. 예컨대 소비자들의 마음속에 진로소주는 톡쏘는 맛을 가진 소주로 포지셔닝되어 있고, 빙그레는 맛있는 아이스크림 제조회사로 포지셔닝되어 있다.

소비자들은 제품과 서비스에 대한 많은 정보에 노출되어 있다. 따라서 소비자들은 그들이 구매의사결정을 내릴 때마다 제품을 재평가할 수 없기 때문에 구매의사결정을 단순화하기 위해서 소비자들은 제품들을 몇 개의 카테고리로 묶는 경향이 있다. 즉 소비자들은 제품, 서비스와 제조회사들을 그들의 마음속의 특정위치에 저장한다. 기업은 선택한 표적시장의 소비자들 마음속에서 경쟁사에 대비하여 최대한의 경쟁적 우위를 누릴 수 있는 위치를 개발하는 과정인 포지셔닝 전략을 기획하고 이에 맞는 구체적인 실행프로그램인 마케팅믹스를 개발한다.

3.2 포지셔닝 전략

기업은 다양한 방법으로 제품을 포지셔닝시킬 수 있다. 첫째, 기업은 특정한 제품 속성에 따라 포지셔닝시키는데, 예를 들어 McDonald's는 우리나라에서 저가격의 햄버거 상표로 포지셔닝을 시도하고 있다. 둘째, 제품은 소비자들이 추구하는 편익에 따라 포지셔닝시킬 수 있는데, 후라보노 껌은 입냄새 제거라는 소비자 편익을 가지고 포지셔닝시키고 있다. 넷째, 제품은 사용상황에 따라서도 포지셔닝할 수 있다. 예를 들어 게토레이는 목이 마를 때 마실 수 있는 갈증해소음료로 포지셔닝하고 있다. 넷째, 특정 사용자 집단을 위한 상품으로서 포지셔닝하는 방법이 있다. Johnson & Johnson사는 베이비 샴푸를 머리를 자주 감고 순한 샴푸를 원하는 성인들을 위한 제품으로 재포지셔닝함으로써 시장점유율을 3%에서 14%로 향상시킬 수 있었다.

3.3 포지셔닝 전략의 수립과정

기업이 포지셔닝 전략을 선택하고 선택한 전략을 시장에 적용하기 위해서는 자사의 경쟁사 대비 경쟁적 강점 파악, 적절한 경쟁우위의 선택, 선택한 포지션의 전달과정을 거쳐야 한다.

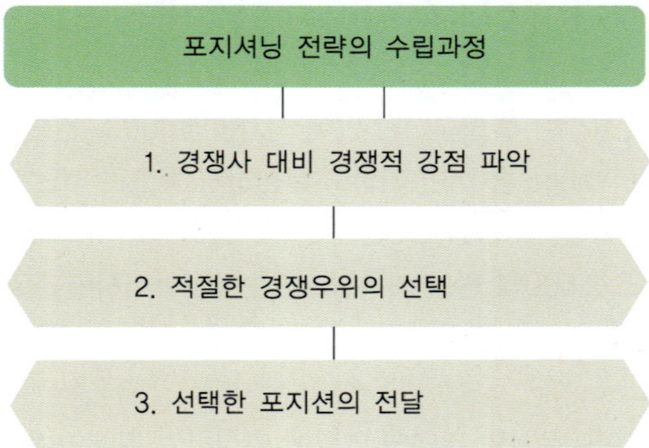

그림 6-10 포지셔닝 전략의 수립과정

(1) 경쟁사 대비 경쟁적 강점 파악

소비자들은 일반적으로 그들에게 가장 높은 가치를 가져다줄 수 있는 제품이나 서비스를 선택하게 된다. 따라서 소비자들이 자사의 제품을 구매하도록 유도하고 지속적인 자사제품 고객으로 유지시키기 위해서 기업은 소비자들의 욕구와 구매과정에 대하여 경쟁사들보다 잘 이해하고 있어야 하며 그 결과로 경쟁사들보다 높은 가치를 소비자들에게 줄 수 있어야 한다. 기업은 제품, 서비스, 인력 또는 이미지 등으로 경쟁사에 대비하여 차별적인 우위를 누릴 수 있다.

① 제품 차별화(Product Differentiation)

기업은 성능, 디자인 등과 같이 제품의 물리적 특성을 가지고 차별화할 수 있다. 예컨대 1990년대에 국내에 출시되어 관절염 치료제 시장에서 선두주자로 부상했던 케토톱은 그 이전의 관절염 치료제들이 먹는 약이었던데 반해 케토톱은 붙이는 패치형의 관절염 치료제라는 점을 강조하여 소비자들에게 어필할 수 있었다.

② 서비스 차별화(Services Differentiation)

제품의 물리적 특성 이외에 기업들은 제품의 서비스에 대하여도 차별화가 가능하다. 어떤 기업은 빠르고도 조심스러운 배달을 통하여 경쟁적 우위를 누리고 있다. 그 예로 Donimo's 피자는 주문

MARKETING
FOCUS

IT 업계의 강자 Google의 타겟마케팅전략

Google은 2004년 8월 Nasdaq에 상장한 후 불과 1년 만에 시가총액 100조 원을 넘기는 엄청난 성장을 실현하였다. 이는 인텔, IBM, HP, Microsoft, Yahoo 등 어떤 기업도 달성하지 못했던 대단한 기록을 세운 것으로 Google (Alphabet Inc)은 2022년 10월 현재 시가총액 1,777조 5천억 원(약 1.25조 달러)을 기록하고 있다. 참고로 네이버가 2022년 10월 현재 시가 총액 약 26조 2,500억 원을 기록하고 있는 것에 비하면 실로 천문학적인 액수라고 할 수 있다. 과연 Google이 이처럼 무서운 속도로 성장하게 된 비결은 무엇일까? 그것은 몇 가지 핵심 포인트로 요약될 수 있을 것이다.

첫째, Google은 철저하게 검색 사이트로서의 본연의 역할에 충실하기 위해 노력하고 있다는 점을 들 수 있다. 초기에 단순했던 네이버의 화면이 점차 복잡해지면서 인터넷 토탈 서비스를 지향하는 사이트로 변모해 가고 있는 것에 반해 Google은 철저하게 포털 서비스로서의 역할을 수행하고 있다. 이는 Google이 아직도 초기화면의 대부분을 흰색의 여백으로 남겨두는 데서도 잘 나타나고 있다. Google 초기화면의 광고효과는 대단히 높겠지만, 광고로 인해 사용자들이 검색에 방해를 받는다면 Google 검색에 대한 신뢰는 약화될 것이고 이는 장기적으로 부정적인 영향을 줄 것이라는 것을 Google은 잘 알고 있다. 결과적으로 Google은 초기화면에 광고를 하나도 싣지 않으면서도 사용자 우선의 철학을 가진 세계 최고의 광고 매체로 성장하고 있는 것이다.

둘째, 마케팅전략 측면에서 보면 Google의 성공은 targeting의 성공이라고 할 수 있다. 예를 들어 SBS TV 8시 뉴스의 시청자 수는 대단히 많겠지만 그중에서 '합기도'에 관심을 가지고 있는 시청자는 극히 일부분에 지나지 않을 것이다. 그러나 Google에서 합기도라는 검색어를 치고 들어온 사람들은 분명히 다른 사람들에 비해 합기도에 관해서 남다른 관여수준을 가진 소비자일 가능성이 매우 높다. 따라서 합기도장을 경영하는 사람의 입장에서 SBS 8시 뉴스에 광고를 내보내는 것은 전혀 수익성이 없는 마케팅활동이겠지만 Google에 광고를 올리거나 검색 결과 아이템들 중에서 상위를 차지하기 위해서 노력하는 일은 수익상으로도 상당히 큰 효과를 나타낼 가능성이 높다. 이는 바로 소비자의 자기선택(self selection)에 의한 targeting을 이용한 광고전략이 성공할 수 있는 예를 보여주는 것이다. Google의 핵심 수익 모델의 하나인 AdWords는 바로 이러한 원리에 기초를 두고 있다.

셋째, Google은 검색엔진과 관련하여 세계 최고의 기술력을 자랑하고 있지만 신규사업에 관해서는 기업 인수 · 합병(M&A)에 크게 의존하고 있다. 2006년에만도 MeasureMap, Writely, YouTube 등 수십 개가 넘는 기업을 인수하였으며, 끊임없는 M&A는 그 이후에도 계속되어 2016년 현재까지 인수한 회사의 수만 해도 200개가 넘는다. 이 같이 활발한 M&A를 통해서 Google은 새로운 서비스로 사업영역을 넓혀가고 있다. Google은 필요한 서비스를 직접 만드는 방식보다는 창의적인 아이디어를 높은 가격으로 평가해 주고 이를 사들이는 전략으로 성공을 거두고 있다. 이는 다른 기업에서 만드는 최고의 콘텐츠를 활용하되, 이들에 접근하기를 원하는 사용자들에게 Google 자신이 세계 최고의 강점으로 가지고 있는 검색 기술을 제공함으로써 신속하고도 정확하게 접근할 수 있도록 도와줌으로써 가치를 창조하겠다는 "열린 철학"의 산물이라고 할 수 있다. 궁극적으로 Google이 지향하는 바는 전 세계에 존재하는 모든 유형화된 지식을 체계화하여 언제 어디서나 사용자가 이를 찾아낼 수 있도록 하겠다는 것이다.

넷째, Google은 내부고객인 자사의 임직원들을 위해 최대한의 창의성을 발휘할 수 있는 환경을 조성함으로써 독특한 기업문화를 만들어 내고 이를 외부를 향해 브랜딩하는 것을 통해 자연스럽게 기업의 브랜드가치를 높여가고 있다. 예컨대, "20% 룰"을 만들어 일주일에 나흘은 상사가 지시하는 일을 하지만 하루는 직원 자신이 선택한 프로젝트를 마음대로 수행하게 하여 직원들로 하여금 최대한의 창의성을 발휘하도록 장려한다. 실제로 Google에서 자체 개발로 성공한 대부분의 새로운 서비스가 이 같은 개인 프로젝트의 결과물을 기반으로 얻어낸 것이라고 한다. 또한, 사원들의 선발에 있어서도 다른 기업들과는 달리 독특한 장점을 가진 최고의 인재를 선발하기 위해 노력한다. 실제로 Google의 엔지니어링을 총괄하는 부사장은 천체물리학을 취미로 가지고 있으며, 수리를 담당하는 직원 중에는 외과의사를 하다가 전직한 사람도 있다고 한다. 그 밖에도 올림픽에 참가했던 선수 등 무언가 독특한 개성을 가지고 있으면서 자기 아이디어를 가지고 세상을 바꾸고 싶어하는 사람들을 채용하는 것이 기본적인 인사 정책이다. Google은 이들을 선발하여 최상의 능력을 발휘할 수 있도록 근무처에 최고의 식사, 운동시설, 세탁 서비스, 의료 서비스, 심지어 발레 파킹 서비스를 직원들에게 제공하여 업무 이외의 잡무에 전혀 신경을 쓰지 않고 생활할 수 있도록 배려하는 것으로도 유명하다.

| 구글 오피스 내부

| 구글 본사, 구글플렉스(Googleplex)

후 30분 내에 배달이 되지 않으면 가격을 할인해 주는 정책을 사용하고 있다. 또한 삼성전자의 경우에는 A/S사원들의 철저한 친절교육을 통하여 서비스 차별화를 시도하고 있다. 한 조사결과에 의하면 실제로 삼성전자의 경우 국내 가전 3사 중에서 A/S에 대한 소비자의 만족도는 가장 높게 나타나고 있으며 이러한 만족도가 구매의사결정에 직접적으로 영향을 미치기도 하는 것으로 나타나 삼성전자의 서비스에 의한 차별화는 어느 정도 성공적임을 알 수 있다.

③ 인적 차별화(Personnel Differentiation)

기업들은 그들의 경쟁사들보다 직원의 선발 및 훈련에 있어서 많은 노력을 기울여 강한 경쟁적 우위를 누릴 수 있다. 싱가포르 항공사의 경우 승무원들의 뛰어난 친절에 대하여 고객들이 높은 평점을 주어 우수 항공사로서 세계적인 명성을 드높이고 있다. 인적 차별화를 위해서 기업들은 특히 소비자들과 접촉하는 직원들의 선발과 교육을 매우 중요하게 고려해야 한다. 이러한 직원들은 소비자들에게 매우 친절해야 하며, 소비자들을 이해하려고 노력해야 하며 소비자의 요구에 즉각적으로 대응할 수 있어야 한다.

④ 이미지 차별화(Image Differentiation)

기업들이 똑같은 제품을 제공하더라도 소비자들은 기업이미지나 상표이미지로 인해서 그 제품들을 매우 다르게 인식하게 되는 경우가 많기 때문에 기업들은 그들의 경쟁사에 대비하여 차별적 이미지를 구축하기 위한 노력을 기울인다. 기업이나 상표이미지는 단순하고 차별적인 제품의 주요 편익과 포지셔닝을 잘 표현할 수 있는 내용을 전달할 수 있어야 한다. 강력하고 차별적인 이미지를 개발하기 위해서 기업은 창조적이고 부단한 노력을 하여야 한다.

심벌이나 로고 등은 이미지 차별화를 위한 중요한 수단으로 사용될 수 있는데 기업이나 상표의 차별성을 강하게 전달할 수 있는 이점이 있다. 성공적인 심벌이나 로고는 기업에게 상당한 자산적 가치를 누릴 수 있도록 해준다. 그러나 기업의 심벌이나 로고의 경우에도 기업환경이 변화함에 따라 적응해 나가는 것이 필요하다. 예컨대 진로소주의 경우 과거에는 두꺼비가 진로를 상징하는 자산적 가치를 지닌 심벌이었지만 시간이 갈수록 많은 소비자들에게 진부하다는 느낌을 주고 있다. 따라서 진로에서는 레이블에서 두꺼비 그림을 작게 처리하는 등 부정적인 인상을 극소화하려는 노력을 기울이고 있으며 참이슬과 참이슬 Fresh 등 새로운 브랜드를 시장에 출시하여 주력제품으로 삼고 있다.

(2) 적절한 경쟁우위의 선택

가능한 경쟁적 강점 파악이 끝난 다음 기업은 그 다음 단계로 과연 어떠한 경쟁우위점을 선택할 것인지, 몇 개의 우위점을 가지고 차별적 포지셔닝을 시도할 것인지를 결정해야 한다.

① 포지셔닝에 사용할 차별점의 수

다수의 마케팅관리자들은 표적시장에 오직 하나의 편익을 집중적으로 촉진시켜야 한다고 생각한다. 또한 소비자들은 많은 정보들 속에서 "1등"을 보다 잘 기억해내는 경향이 있기 때문에 많은 기업들은 각 상표마다 그 자체로서 "1등"이 될 수 있는 제품속성을 찾아내고자 노력한다. 기업들이 하나의 편익을 사용하여 효과적으로 포지셔닝하기 위해서는 사용되는 편익은 소비자들이 그 제품을 구입할 때 매우 중요하게 고려하는 내용이어야 하며 확실히 타 경쟁사 대비 우위점이 있어야 한다.

다른 마케터들은 기업은 하나의 차별적 요인으로 포지셔닝시키기보다는 몇 개의 차별점을 이용해야 한다고 생각한다. 예컨대 Volvo자동차는 "최고의 안전성"과 "최고의 내구성"을 주장하고 있다. 현재 기업들은 보다 많은 수의 세분시장에 소구하기 위하여 자사제품의 보다 다양한 차별점을 포지셔닝에 사용하고 있다. 그러나 기업들이 상표에 대한 다양한 주장을 할수록 소비자들이 신뢰하지 않을 수도 있으며 하나의 확실한 포지션을 얻을 수 없는 경우도 있다.

② 차별점의 선택

제품의 모든 차별점이 기업의 효과적 포지셔닝에 가치 있는 것은 아니다. 각 차별점은 소비자에게 편익을 제공함과 동시에 기업의 비용증대를 가져오기도 한다. 따라서 기업은 경쟁사들로부터 차별적 우위를 얻을 수 있는 경쟁적 강점이 어떤 것인지를 신중하게 선택하여야 한다. 차별점이 의미 있는 차별화를 위한 도구가 되기 위해서는 〈표 6-3〉과 같은 사항을 만족시킬 경우에 가능하다.

표 6-3 성공적 차별점을 선택하는 데 고려요소

1. 중요성 : 차별점은 표적시장의 소비자들에게 확실히 가치가 있는 편익을 제공해야 한다.
2. 차별성 : 경쟁자들이 똑같은 차별점을 제공할 수 없거나 보다 확실히 차별된 방법으로 그 차별점을 제공할 수 있어야 한다.
3. 우수성 : 차별점은 소비자들이 같은 편익을 얻을 수 있는 다른 방법보다 확실히 뛰어나야 한다.
4. 전달성 : 차별점은 소비자들에게 전달할 수 있어야 하고 보여줄 수 있어야 한다.
5. 선점성 : 차별점은 경쟁자들이 쉽게 모방할 수 없어야 한다.
6. 가격 적절성 : 차별점은 구매자들이 구입을 꺼릴 정도로 가격의 인상을 초래하지 않아야 한다.
7. 수익성 : 차별점은 기업에게 이익을 제공할 수 있어야 한다.

MARKETING
FOCUS

역발상 서비스 차별화로 카드시장에 혁신을 가져온 현대카드

현대카드는 카드업계의 후발주자다. 경쟁사보다 한 발 늦은 2001년에 시장 진출을 선언했지만, 이후 카드업계에 돌풍을 일으키며 현재는 업계를 이끄는 강자의 반열에 올라 있다. 이 같은 성장의 비결은 차별화된 마케팅에서 찾을 수 있다. 현대카드는 기존에 없던 새로운 마케팅활동을 통해 카드업계를 넘어 국내 산업계 전반에 '마케팅의 힘'을 각인시키고 있다.

마케팅 패러다임을 바꾼 차별화 전략

지난해 11월 23일 정오 무렵, 국내 주요 온라인 커뮤니티 사이트는 온통 '콜플'이라는 단어로 도배가 되어 있었다. 콜플은 영국 출신 유명 록밴드 '콜드플레이(Coldplay)'의 준말이다. 콜드플레이의 공연을 성사시킨 주역은 바로 현대카드였다. 현대카드는 지난 2007년부터 '현대카드 슈퍼콘서트'라는 문화마케팅 브랜드를 운영하고 있다. 국내에서 쉽게 접할 수 없는 해외 유명 아티스트들을 섭외해 공연을 제공하는 행사로, 4월 예정인 콜드플레이를 포함해 지금까지 총 22팀의 국내외 아티스들이 이 슈퍼콘서트를 거쳐 갔다. 현대카드는 슈퍼콘서트의 효과를 톡톡히 보고 있다. 슈퍼콘서트의 성과는 슈퍼콘서트 티켓 결제 시 현대카드를 사용하는 비율에서도 확인할 수 있다. 첫 슈퍼콘서트 때 64% 가량이었던 현대카드 결제 비율은 세 번째 콘서트에선 74%, 이후 콘서트에선 90% 내외를 기록했다. 슈퍼콘서트는 현대카드로 결제해야 한다는 인식이 확실하게 자리 잡으면서, 자사 카드의 고객 유인 효과가 나타나고 있는 셈이다.

이뿐만이 아니다. 현대카드의 슈퍼시리즈 마케팅은 현대카드가 문화공연 애호가들의 필수 아이템으로 자리 잡는 데에도 큰 기여를 했다. 그동안 국내에 쇼핑이나 주유, 금융 등에 특화된 카드는 있었지만, 문화공연에 특화된 서비스로 성공을 거둔 카드는 없는 상황이었다. 문화이벤트에 대한 수요가 늘고 있는 건 분명했지만, 쇼핑이나 주유처럼 생활 체감도가 높은 건 아니었기 때문이었다. 현대카드는 여기에 주목해 각 카드별 특화 혜택에 추가로 슈퍼시리즈 할인 혜택을 전 고객에게 조건 없이 제공했다. 현대카드의 '지갑 내 점유율'이 높아지는 건 당연한 수순이었다. 슈퍼콘서트는 국내 산업계 전반을 통틀어 가장 극적이면서도 놀라운 마케팅 성공 사례로 손꼽히고 있다.

기발한 마케팅과 통념을 깨는 디자인 혁신

2001년 출범한 현대카드는 초기만 해도 그리 큰 주목을 받지 못했다. 무엇보다 모기업인 현대차의 그늘에서 벗어나지 못했다. 당시만 해도 현대카드는 그룹 내 금융 서비스사로 주로 자동차 관련 금융서비스를 담당하고 있었다. 현대카드의 차별화된 마케팅은 정태영 부회장이 현대카드 경영 전면에 나선 2003년부터 본격적으로 시작됐다. 그해 현대카드는 이른바 '알파벳 마케팅'을 처음 선보였다. 2003년 현대카드 M을 시작으로 C, T, K, A 등 고객의 라이프스타일에 따라 시장을 세분화하고, 이를 상징하는 알파벳을 브랜드 전면에 내세웠다. 이 같은 알파벳 마케팅은 소비자가 각 카드의 혜택을 쉽게 인지할 수 있게 해줬을 뿐만 아니라, 카드 종류별 상품의 특성을 명확히 전달하는 데에도 기여했다. 예를 들어 현대카드 C는 '체크(Check)' 카드의 C를 의미하고, 현대카드 M은 다양한 곳(Mutiple)에서 혜택을 받을 수 있다는 것을 의미했다. 그 후 현대카드는 각각의 알파벳 특성에 따라 다양한 회사와 제휴를 맺고 혜택을 주는 독특한 마케팅으로도 세간의 이목을 집중시켰다. 예컨대 현대카드 S의 경우 샘소나이트, 소니 같은 알파벳 'S'로 시작되는 브랜드에서 사용하면 할인혜택을 주는 방식이었다.

현대카드의 마케팅전략은 카드시장 경쟁구도에도 지각변동을 일으켰다. 당시만 해도 카드업계에선 각각의 개별 상품이 아닌 기업 브랜드를 앞세워 마케팅을 하는 것이 일반적이었다. 그 같은 상황에서 각각의 카드에 알파벳을 입힌 현대카드의 전략은 경쟁사와 명확히 구별되는 강력한 차별화 포인트로 작용할 수 있었다. 이후 현대카드는 금색, 은색 일변도였던 카드 색깔에 변화를 주는 이른바 '컬러 마케팅'에도 뛰어들었다. 네온, 망고, 체리 같은 감각적인 비비드 컬러의 현대카드 디자인에 젊은 소비자들의 관심이 쏟아진 건 당연한 결과였다.

2005년 9월 현대카드는 '슈퍼시리즈'로 불리는 문화마케팅 이벤트도 본격적으로 선보였다. 첫 스타트는 이른바 '현대카드 슈퍼매치'였다. 여자 테니스계 월드스타 마리아 샤라포바와 비너스 윌리엄스의 맞대결을 한국에서 개최한 것이었다. '카드사가 웬 테니스 경기?'냐는 냉소가 쏟아져도 전혀 이상한 일이 아니었다. 하지만 슈퍼시리즈를 고안한 정태영 현대카드 사장의 생각은 달랐다. 테니스는 인기 스포츠는 아니지만 동호회를 중심으로 충성도 높은 팬들을 많이 확보하고 있었다. 유럽 귀족과 성직자들이 즐긴 스포츠라는 프리미엄 이미지도 갖고 있었다. 결론적으로 슈퍼매치는 언론의 뜨거운 관심 속에 대성공을 거둘 수 있었다. '슈퍼매치'라는 이름은 흥행과 재미를 동시에 제공한다는 용어로 지금도 라이벌 구단이 맞붙는 프로 스포츠 경기에서 널리 활용되고 있다.

현대카드의 이 같은 혁신은 지금도 계속되고 있다. 최근에 선보인 '세로 카드'는 알파벳, 컬러, 문화에 이어 '디자인'에 포커스를 맞춘 새로운 마케팅 시도로 주목을 받고 있다. 세로 카드는 말 그대로 기존 가로 개념으로 정형화돼 있는 카드에 전면 세로형 디자인을 도입한 깜짝 리뉴얼 카드였다. 현대카드 관계자는 "가로로 마그네틱을 긁던 방식에서 벗어나 최근에는 IC칩을 삽입하는 방식으로 실물카드 결제 방식이 변경돼 이에 걸맞은 변화를 준 것"이라고 설명했다. 현대카드의 디자인 혁신은 세로 카드에서 멈추지 않았다. 카드번호와 글로벌 제휴 브랜드 로고를 뒷면에 배치한 신선한 도전도 카드업계의 큰 주목을 받았다. 카드업계가 '핀테크' 등을 활용한 상품 및 서비스 개발에 집중하고 있는 상황에서, 디자인에 승부를 건 현대카드의 역발상 전략은 소비자들의 관심을 모으기에 충분했다.

자료원: Fortune Korea, 2017, April 발췌

(3) 선택한 포지션의 전달

일단 포지셔닝에 사용할 차별점이 선택되고 나면 기업은 표적소비자들에게 바람직한 포지셔닝이 될 수 있도록 차별점을 전달해야 한다. 이때 모든 기업의 마케팅믹스 노력은 포지셔닝 전략을 뒷받침해야 하며 포지셔닝을 위해서는 기업의 실질적인 행동이 요구되어지는데, 만약 기업이 좋은 제품의 질과 서비스로 포지셔닝을 시도한다면 우선 자사제품의 질과 서비스의 질을 높여서 소비자들에게 전달해야 한다. 즉 기업은 포지셔닝 전략에 맞는 제품, 가격, 유통, 촉진의 마케팅믹스를 기획하여야 한다. 일단 바람직한 포지셔닝이 이루어지고 나면 기업은 이를 지속적으로 유지할 수 있도록 제품의 성능에 대한 주기적인 검사 등의 노력과 함께 경쟁사들의 전략변화나 소비자의 욕구변화에 대하여도 지속적으로 살펴보아야 한다.

(4) 지각도(Perceptual Map)

지각도란 여러 가지 평가할 수 있는 차원에 따라 제품이나 상표의 위치를 나타내는 것이다. 바꾸어 말하면 지각도는 제품의 심리적인 포지셔닝을 위한 하나의 강력한 도구로 사용되는 기법으로, 소비자가 제품, 상표 등에 대한 신념과 선호도를 형성하는 데 고려하는 여러 가지 제품속성을 두세 개의 차원(dimension)으로 압축하여 차원들 사이의 제품지각공간(product perceptual space)을 형성한 다음 제품들의 전반적인 유사성이나 선호도에 대한 소비자 조사를 근거로 각 제품, 상표 등을 기하학적인 거리로 환산하여 공간상에 표시하는 것이다. 지각도 상에서의 각 대상들의 위치는 고려되는 속성 차원에서 그 대상들이 얼마나 강점과 약점을 지니고 있는가를 보여주며 표시된 제품들 간의 거리로 미루어 제품들 간의 유사성 정도를 판단할 수 있다.

지각도 분석을 통하여 소비자가 제품을 평가하는 데 사용하는 기본적인 인식 차원(가령, 승용차 평가 시의 안정성이나 경제성)을 알 수 있으며 이러한 차원 상에서 기존제품과 잠재적 제품의 상대적 위치를 알 수 있다. 지각도를 이용한 포지셔닝을 우리나라의 소주시장을 예를 들어 설명하면 다음과 같다.

[그림 6-11]에서 보는 바와 같이 지각도 상에 소비자들이 소주를 지각함에 있어 가장 중요한 두 차원인 세련성/고급성과 친숙성/소주특유성에 근거하여 수도권 소비자들이 구입 가능한 여러 가지 소주상표들이 위치하고 있다. 진로골드는 세련성/고급성 측면에 있어서는 상대적으로 부(−)의 평가를 받고 있으며 친숙성/소주특유성에 대하여는 매우 높은 평가를 얻고 있다. 시원소주, 잎새주는 세련성/고급성은 상대적으로 정(+)의 평가를 얻고 있으며 친숙성/소주특유성에 대하여는 부(−)의 평가를 얻고 있다. 이에 반해 참소주(금복주)는 두 축에 대하여 모두 부(−)의 평가를 얻고 있으며 참이슬, 처음처럼의 경우에는 세련성/고급성과 친숙성/소주특유성 두 차원에서 모두 정(+)의

평가를 얻고 있다. 여기서 소비자들이 가장 이상적으로 생각하고 있는 제품의 방향인 'ideal vector'에는 참이슬이 가장 근접해 있는 것으로 보인다.

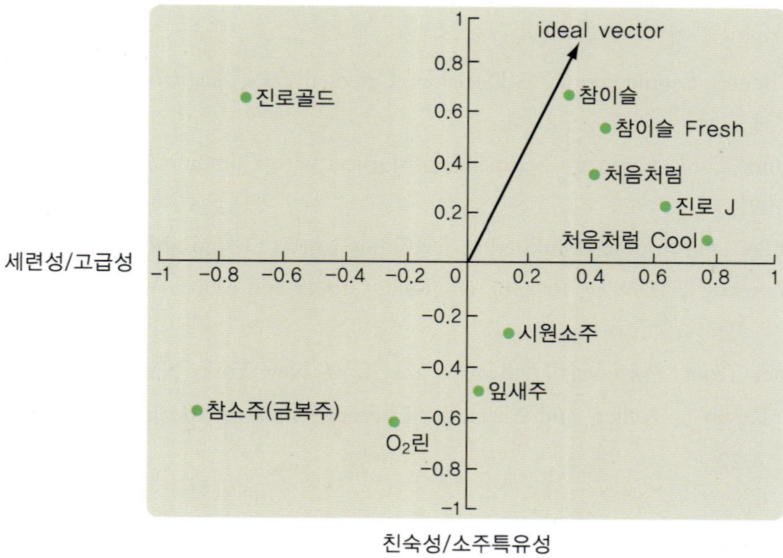

그림 6–11 우리나라 소주시장의 지각도

| 참고문헌 |

1. 안광호, 마케팅: 관리적 접근, 제2판, 학현사, 2021.
2. Yoram Wind, "Issues and Advances in Segmentation Research," *Journal of Marketing Research*, 15(August), 1978, pp. 317–37.
3. R. I. Haley, "Benefit Segmentation: A Decision–Oriented Tool," *Journal of Marketing Research*, 32(July), 1968, pp. 30–35.
4. P. E. Green and A. M. Krieger, "Segmenting Markets with Conjoint Analysis," *Journal of Marketing*, 55(October), 1991, pp. 20–31.
5. William R. Dillon and Soumen Mukherjee, "A Guide to the Design and Execution of Segmentation Studies," in *Handbook of Marketing Research*, ed. Rajiv Grover and Marco Vriens, Thousand Oaks, CA: Sage, 2006.
6. Al Ries and Jack Trout, *Positioning: The Battle for Your Mind*, New York, NY: McGraw–Hill, 2001.
7. Philip Kotler, Kevin L. Keller, and Alexander Chernev, *Marketing Management*, 16th ed., New York, NY: Pearson, 2022.

| 생각해 볼 문제 |

1. 국내 맥주회사들은 얼마 전까지도 비세분화 마케팅전략을 지속해 오다가 근래에 들어와 시장세분화 전략을 추구하는 경향을 보이고 있다. 어떠한 이유 때문에 시장세분화를 하게 되었다고 생각하는가?

2. 모든 시장이 다 시장세분화가 가능한가? 시장세분화 전략이 적합하지 않은 경우로는 어떠한 것이 있을지 생각해 보자.

3. 앞에서 설명한 시장세분화의 여러 가지 변수들 중에서 가장 이상적인 변수는 무엇이라고 생각하는가? 또 그 이유는 무엇인가?

4. 일단 시장을 세분화하였다면 표적시장을 선택해야 한다. 표적시장 선택을 위해 세분시장을 평가할 때 고려해야 할 요인들은 무엇이 있는가?

5. 무차별적 마케팅(undifferentiated marketing), 차별적 마케팅(differentiated marketing), 집중 마케팅(concentrated marketing)의 차이는 무엇인가?

6. 포지셔닝(positioning)이란 무엇인가?

7. 포지셔닝에 쓰일 수 있는 경쟁적 강점들로는 어떠한 것들이 있는가?

8. 포지셔닝 전략은 불변하는 것이 아니라 필요에 따라 마케터에 의해 변화되기도 한다. 주변에서 재포지셔닝을 통해 성공한 제품들로 어떠한 것들이 있는지 생각해 보자.

사례연구

디지털시대의 럭셔리 브랜드의 표적시장 마케팅: 개인화 마케팅전략

루이뷔통이나 파텍 필립, 에르메스와 같이 오랜 기간 역사를 이어온 럭셔리 브랜드들은 19세기 후반에 부유층 고객을 타깃으로 개인화 서비스를 선보이며 명성을 쌓았다. 대량생산 시스템이 본격화된 시기에 오히려 역으로 부유층 고객을 타깃으로 특별 주문품을 제작하는 전략으로 다른 패션브랜드에 차별화하였다. 20세기에 들어서며 중산층이라는 구매층이 급부상하자 서유럽을 중심으로 이들을 위한 사치품을 기성품으로 생산하고 판매하며 글로벌 브랜드로 규모를 성장시켰다. 하지만 최근 나만의 취향을 중시하는 새로운 시대가 부상하며 제품 수요가 다양해지자 명품 산업의 DNA, 즉 개인화 서비스가 부활하고 있다.

개인화 서비스는 최근 디지털 기술의 발전과 글로벌 공급망의 확대 속에서 누구나 누릴 수 있는 서비스로 탈바꿈하고 있다. 소비자가 좋아할 만한 콘텐츠를 추천해 주는 소셜미디어 알고리즘이나 검색데이터를 바탕으로 소비자에게 필요한 제품을 추천해 주는 서비스에 익숙한 젊은 소비자들은 사치재에 있어서도 취향에 꼭 맞는 제품을 구매하고 싶어한다. 부모 세대로부터 물려받은 재산과 높은 구매력을 바탕으로 럭셔리를 기꺼이 향유하려는 MZ세대는 럭셔리 시장의 과반을 넘보는 주 소비층으로 떠오르고 있다. 유서 깊은 럭셔리 브랜드들도 점점 더 개인화된 제품을 원하고, 디지털에 더 익숙하고, 구매보다는 경험을 기대하는 젊은 세대들의 목소리에 답해 변화하고 있다.

럭셔리 패션의 개인화

2018년 구찌는 '구찌DIY' 프로그램을 통해 가방, 지갑, 니트 등에 소비자가 원하는 이니셜을 붙일 수 있는 서비스를 선보였다. 루이뷔통 역시 비슷한 시기에 품목을 더 넓혀 '나우 유얼즈'라는 맞춤 서비스를 시작했고 버버리는 '트렌치 비스포크' 프로그램에서 자사의 대표 상품인 트렌치코트 맞춤 서비스를 제공했다. 이 외에도 디오르와 발렌시아가 등 다양한 브랜드에서 커스터마이징 서비스를 체험할 수 있다. 개인화된 제품을 수령하기 위해 매장에 갈 필요성이 생긴다는 점은 명품 브랜드의 옴니채널 전략과 부합한다. 개인화 서비스를 받기 위해 매장에 온다면 그만큼 고객이 브랜드를 체험할 여지가 많아지기 때문이다. 오프라인 매장이 더 이상 판매만을 위한 공간이 아닌 만큼 더 많은 소비자가 오프라인 매장에서 브랜드의 가치를 경험하도록 이를 개인화 서비스와 연관지어 생각해 볼 수 있다.

패션 브랜드의 개인화 서비스는 MZ세대를 집중적으로 타깃한 시도로 보여진다. 자기 자신의 개성을 적극적으로 표현하는 MZ세대의 수요에 따라 명품 브랜드에도 자신의 기호에 따라 몇 가지 요소를 더할 수 있도록 하여 취향에 따른 선택권을 넓힌 것이다. 개인화 서비스를 이용하는 소비자들의 심리는 흥미롭다. 명품을 비롯해 유명 브랜드의 제품을 구입하는 소비자들은 두 가지 상반된 마음을 가지고 있다. 하나는 내가 가진 것을 알아봐 줬으면 하는 인정욕구이고 다른 하나는 남들과는 달라 보이고 싶은 차별화 욕구다. 개인화 제품은 자신의 재력을 과시할 수 있을 만큼 충분한 인지도가 있으면서도 자신만의 차별점을 만들 수도 있기 때문에 이러한 소비자의 모순적인 심리를 해결할 수 있는 제품인 셈이다.

고급 자동차의 개인화 서비스

개인화는 패션 비즈니스만의 경향이 아니다. 양적 성장에 한계를 맞은 21세기에 고부가가치 산업이 돌파구가 될 수 있음은 제조업과 서비스 비즈니스에도 적용된다. 롤스로이스, 벤틀리, 메르세데스벤츠 등 고급 자동차 브랜드들은 개인화 서비스를 제공해 고급화로 부가가치를 높이고 궁극적으로는 대당 수익률을 높이는 시도를 하고 있다. 특히 눈여겨볼 브랜드는 '포르쉐'다. 포르쉐는 처음부터 높은 수준의 개인화 서비스를 제공한 기업 중 하나다.

포르쉐가 처음 시장에 등장한 1960년대의 스포츠카는 사이드미러나 와이퍼도 달려 있지 않은 경주용 차에 가까웠다. 하지만 포르쉐는 고객의 요청에 따라 고객이 원하는 별도 부품을 차에 설치하여 전달했다. 포르쉐 개인화의 시작이다. 1986년에 시작한 특별 요청이라는 뜻의 '손더분치(sonderwunsch)'는 자동차 업계 최초의 개인화 특화 서비스 조직이다. 현재는 전 세계 개인화 고객을 담당하는 '포르쉐 익스클루시브팀'이 이어받고 있다.

포르쉐의 개인화는 세밀하게 설계되어 개인화 경험 자체가 별도의 상품이 된다. 포르쉐를 대표하는 911은 패션 브랜드의 의류처럼 전체 매출은 낮으나 브랜드 이미지를 형성하는 핵심 모델이다. 포르쉐는 쿠페, 타르가, 컨버터블 등의 지붕 개폐 여부와 후륜구동, 4륜구동의 구동 방식, 터보차저 포함과 불포함 등 다양한 요소를 조합해 나만의 911을 만들 수 있도록 한다. 이 정도의 서비스가 가능하다는 사실 자체가 브랜드 이미지에 긍정적으로 작용한다. 소비자들은 포르쉐 본사가 자리한 슈투트가르트로 직접 가서 내가 원하는 차를 맞춤 주문할 수도 있고, 내 차가 만들어지는 과정을 볼 수도 있으며, 차가 출고됐을 때 그 차를 바로 몰고 나갈 수도 있다. 이 모든 것이 고객 경험의 일부이자 포르쉐 브랜드 이미지를 차별화하는 역할을 한다.

시계의 개인화

스위스를 필두로 하는 기계식 시계 시장은 고정밀 계측기에서 고가 액세서리로의 리포지셔닝에 성공했다. 고가의 시계 브랜드 중에서는 포르쉐 911 수준의 커스터마이징이 가능한 브랜드가 적지 않다. 케이스 소재, 케이스 모양, 무브먼트 기능, 다이얼의 색, 기타 등등 거의 모든 부분을 소비자가 원하는 사양으로 맞출 수 있다. 그러다 보면 가격이 오르고 제품을 주문하고 전달하기까지 특별한 고객관리가 필요할 수밖에 없다.

귀금속의 개인화 전략은 결국 VIP 마케팅으로 귀결된다. 고가 시계나 귀금속은 매출의 큰 부분을 VIP들의 구매가 큰 부분을 차지하는 경우가 있다. 단순히 초호화 상품과 서비스만으로는 만족하지 못하는 중요 고객들의 소비를 끌어내기 위해 소수의 인원만을 위한 개인화 서비스를 전략적으로 제공한다. VIP 고객들이 소비행위를 통해 충족하려는 것은 차별성이다. 그들은 남들과 명확하게 구분되는 소비행위를 통해 자기 신분과 지위를 확인하고자 한다. 고가의 개인화된 시계는 이런 니즈를 충족시킬 수 있는 제품 중 하나다. 이러한 고객의 니즈를 흥미로운 도전과제로 받아들이는 풍조 역시 시계 업계의 유서 깊은 전통이다. 이러한 전통은 100여 년 전으로도 돌아가 볼 수 있는데, '헨리 그레이브스 시계'는 뉴욕의 은행가 헨리 그레이브스 주니어가 당시 경마 시간을 맞추기 위해 호화로운 사양을 맞춤 주문한 것으로 기계식 시계 역사상 가장 비싼 가격으로 경매에서 낙찰된 것으로 기록된다.

개인화 서비스는 다양한 취향에 부합해 고객만족도를 높이면서도 변화하는 소비자 니즈에 탄력적으로 대응하는 새로운 마케팅수단이 됐다. 명품 수요층이 다양해지며 럭셔리 브랜드들은 표적시장을 더 세분화하여 개인 맞춤 서비스로 브랜드를 차별화시키고 이에 더불어 개별 제품의 마진을 높이고 있다. 결국 럭셔리 산업에 내재됐던 전통적 DNA가 다시 현재와 미래를 견인하는 주역이 된 것이다.

자료원: 박찬용, "럭셔리 시장은 개인화 전략의 교과서", 「동아비즈니스리뷰」, 2022.02. Issue 2 중 발췌

1. 현재 럭셔리 시장은 어떠한 형태로 세분화되어 있다고 생각하는가?
2. 럭셔리 브랜드가 MZ세대를 겨냥해 포지셔닝한 개인화 전략이 적절하다고 생각하는가?
3. 고가 이미지를 가지고 있는 럭셔리 브랜드 제품과 MZ세대들의 니즈를 반영한 트렌디한 제품의 브랜드 전략은 서로 다를 수 있다. 이를 해결할 수 있는 마케팅전략은 무엇인지 토론해 보자.

제 7 장

제품전략을 통한 고객가치 창출

1. 제품의 개념과 구성요소
2. 제품의 분류
3. 제품의사결정
4. 서비스마케팅
5. 신제품 개발과 제품수명주기관리

냉장고 브랜드 비스포크의 브랜드콘셉트인 맞춤형 생활가전을 모든 가전제품으로 확대한 삼성전자

삼성전자가 맞춤형 냉장고 브랜드 비스포크(BESPOKE)를 생활가전 전체로 확대했다. 기존 프리미엄 주방가전인 셰프컬렉션을 없애고 프리미엄 비스포크 라인업 '인피니트'를 선보이는 등 '삼성 생활가전=비스포크'라는 브랜드전략을 추구하겠다는 것이다. 2021년 삼성전자는 비스포크의 큰 성공에 힘입어 역대 최고 매출을 기록했다.

삼성전자는 2019년 비스포크 냉장고를 출시해 국내에 맞춤형 생활가전을 도입했다. 명품, 고급 자동차에서 사용하고 있던 '개인 맞춤' 제품콘셉트를 생활가전으로 가져온 것이다. 프리미엄 이미지를 유지/강화하기 위해 이름도 비스포크를 그대로 사용했다.

삼성 비스포크는 코로나19 사태로 억눌렸던 소비가 분출되는 일명 '펜트업(pent-up · 억눌림)' 효과와 맞물리면서 인기를 끌었다. 비스포크 냉장고는 출시 6개월 만에 삼성전자 국내 냉장고 매출의 50%를 넘었고, 2021년 삼성전자 전체 매출에서 비스포크 제품이 차지하는 비중은 80%를 넘었다. 삼성전자 CE(소비자 가전) 부문은 비스포크의 높은 인기에 힘입어 역대 최고 마케팅성과를 거뒀다. 2021년 매출과 영업이익은 각각 55조 8300억 원, 3조 6500억 원으로 전년 대비 매출 15.9%, 영업이익 225.9%가 늘었다.

2022년 삼성전자는 비스포크의 브랜드콘셉트가 적용된 제품을 17종에서 24종으로 늘리고, 프리미엄 라인 '인피니트'를 추가했다. 인피니트는 제품에 대한 신뢰, 경험, 생태계를 무한하게 늘리겠다는 의미를 담고 있다. 비스포크 인피니트 가전제품(BESPOKE Infinite Product Line)은 알루미늄 · 세라믹 · 스테인리스 등 천연소재를 사용해 고급스러운 느낌을 더했다. 특히 국내 시장에 처음으로 출시한 와인냉장고와 스마트 후드는 고급스러운 마감과 똑똑한 기능을 갖춰 소비자들의 주의를 끌었다. 와인냉장고는 한 번에 101병까지 보관가능한 넓은 공간을 갖추고 와인 종류에 따라 위

| 서울 강남구 삼성디지털프라자 강남본점에 마련된 비스포크 홈 체험공간

아래를 별도 온도로 설정할 수 있다.

나아가 삼성전자는 비스포크 인피니트 제품을 구매한 고객들을 대상으로 전담 고객서비스인 '인피니트 서비스'를 도입했다. 인피니트 서비스는 제조에서 설치, 사후관리(AS)까지 전 단계에 걸쳐 한 차원 높은 고객서비스를 제공하는 것이 특징이다. 제품제조 단계에서는 핵심 제조공정에 10년 이상 경험을 가진 전문인력을 배치해 세밀한 부분까지 완벽을 추구했다. 또 설치 단계에서도 우수한 기술과 경력을 갖춘 '인피니트 전담팀'이 투입돼 제품 설치뿐만 아니라 홈 사물인터넷(IoT)에 익숙하지 않은 고객들을 위해 '스마트싱스 홈 라이프(SmartThings Home Life)' 연결을 지원한다. 소비자 불편사항이나 고장이 발생했을 때는 전담 수리기사가 '1일 이내 방문'을 원칙으로 빠르게 대응할 수 있는 시스템도 구축했다.

삼성전자는 기존 프리미엄 주방가전 셰프컬렉션을 대신해 비스포크 인피니트를 선보였다.

삼성전자 경영층은 "비스포크 인피니트는 기존 프리미엄 주방가전 브랜드인 셰프컬렉션을 대체하게 될 것이다. 주방을 넘어 거실 등 다양한 제품으로 생활가전 생태계를 확대해 나갈 계획이다"라고 말했다. 삼성 비스포크 인피니트는 경쟁사인 LG전자의 오브제 컬렉션과 경쟁할 것으로 보인다.

삼성전자는 비스포크 사용자들이 시간이 지나도 변하지 않는 제품가치를 얻을 수 있도록 '공간 · 시간 · 경험의 한계를 극복하는 제품관리를 하려고 한다. 하드웨어는 물론 소프트웨어를 업그레이드해 소비자가 겪을 수 있는 불편과 불만족을 적극적으로 해소해 나가겠다는 것이다.

이의 일환으로 삼성전자는 서울 강남구 삼성디지털프라자 강남본점에 비스포크 홈 체험공간을 마련했다. 비스포크 홈 체험공간은 라이프스타일 쇼룸 형식으로 마련됐다. 거실과 주방, 세탁실과 안방 등으로 꾸며 비스포크 제품이 다양한 공간에서 활용되는 사례를 직접 체험할 수 있다.

삼성전자는 개별 비스포크 제품에 대한 성능 개선과 더불어 인공지능(AI) 네트워크를 통한 비스포크 생태계 구축을 위해서도 노력하고 있다. 생활가전을 한 번에 묶어 구매하는 소비패턴을 고려한 조치다. 이를 위해 삼성전자는 소비자들이 집 안에서 가장 필요로 하는 6개 홈 라이프 서비스를 개선하는 데 집중했다. 쿠킹(요리), 에어 케어(공기 질), 펫 케어(반려동물), 클로딩 케어(의류관리), 에너지, 홈 케어가 대표적이다. 삼성전자 경영층은 "소비자들이 가장 필요로 하는 서비스를 제공하기 위해 6대 서비스를 통합한 스마트싱스 홈 라이프 서비스를 내놨다. 스마트폰과 태블릿, 냉장고 등 다양한 기기에서 모든 제품을 제어할 수 있도록 개발하고 있다"라고 말했다.

자료원: 조선비즈, 2022.6.22; 조선일보, 2022.2.17.

제품이란 무엇인가? 우리가 자주 마시는 맥주를 놓고서 생각해 보자. 시원한 여름에 동네의 구멍가게 앞의 파라솔 밑에서 맥주 한 병을 마시기도 하며, 포장마차, 시장터의 주막집, 노래방, 단란주점 등의 다양한 곳에서 술을 마실 수 있다. 판매되는 맥주는 동일한데도 불구하고 구멍가게에서는 1,000원으로, 고급음식점에서는 5,000원 또는 그 이상으로 값이 매겨져 있음을 대부분의 독자들은 경험하였을 것이다.

이런 사례는 단지 맥주에만 국한되는 것이 아니다. 일상 필수품의 가격은 동대문시장, 지하철 지하상가, 동네가게, 할인점, 백화점 등에 따라서 동일한 상품인데도 불구하고 가격은 천차만별이다. 그렇다면 왜 소비자들은 동일한 상품인데도 불구하고 서로 다른 가격을 지불하고 있는 것인가?

1970~1980년대 경제수준이 낙후된 시절에 소비자들의 제품선택기준은 실용성 중심으로 단순했었다. 당시 소비자들은 구두나 옷을 오래 사용할 수 있으면 좋다고 생각하였고, 1개의 시계를 1년 사계절 동안 차고 다니면서 시간을 확인할 수 있으면 만족하였다. 그러나 2000년대 들어 소비자의 가처분 소득수준이 높아짐에 따라 제품에 대한 소비자욕구에 상당한 변화가 생겼다. 소비자들은 시계를 시간을 확인하는 실용적 욕구뿐 아니라 패션욕구를 충족시키는 수단으로 간주했다. 즉, 색상과 디자인이 다른 여러 개의 시계를 구비하고 사용상황에 맞추어 바꾸어 사용하는 시대로 들어선 것이다.

기업들은 이와 같은 소비자 욕구의 변화를 관찰하면서 제품은 본원적 기능 이상의 것을 포함하고 있다는 것을 알게 되었다. 이에 따라 마케터는 차별적 우위를 제공하는 제품을 개발·관리하기 위해서 타깃고객이 갖고 있는 주요욕구의 유형을 파악하고, 이를 충족시키는 제품의 핵심 구성요소를 체계적으로 관리하고 있다.

본 장에서는 제품에 대한 정의를 먼저 살펴보고 제품의 주요 구성요소들에 대한 관리를 설명한다. 그리고 제품유형을 분류하고 제품유형별 전략적 시사점을 다룬다. 다음으로 제품믹스 및 제품계열의 관리, 개별제품의 관리에 관해 서술한다. 마지막으로 서비스 마케팅관리에 대해 살펴본다.

01 | 제품의 개념과 구성요소

1.1 제품의 개념적 정의

기업들은 흔히 제품을 유형적인 제품속성들로 구성된 재화라고 생각한다. 하지만 리바이스를 구매하는 소비자들은 청바지라는 유형적 제품뿐 아니라 미국문화라는 무형적 이미지를 구매할 수 있다. 따라서 마케터는 제품관리의 영역은 물리적 제품속성뿐 아니라 추상적인 이미지(가령, 우아함, 쾌활함 등) 등을 포함해 고객관점에서 제품을 정의하고 이를 관리해야 한다.

제품에 대한 정의를 보다 정확히 내리기 위해서 우리는 생산자와 소비자 입장을 함께 고려해 볼 필요가 있다. CASS 맥주를 예로 들어 보자. OB 맥주의 마케터는 CASS 맥주를 신선하고 톡쏘는 맛을 가진 비열처리 맥주라고 정의한다. 그러나 소비자들은 CASS 맥주를 대화와 친목 또는 우정을 나누거나 스트레스를 해소하기 위한 도구로 생각할 수 있다. 즉, 소비자들은 맥주를 마시면서 물리적 제품속성뿐만 아니라 심리적 속성까지도 소비하고 있는 것이다. 맥주의 예에서 본 바와 같이 생산자 관점에서 단순히 유형적 제품속성 중심으로 제품을 정의하고 이를 토대로 제품관리를 하는 것은 시장기회를 파악하고 탁월한 마케팅성과를 창출하는 데 충분하지 않다.

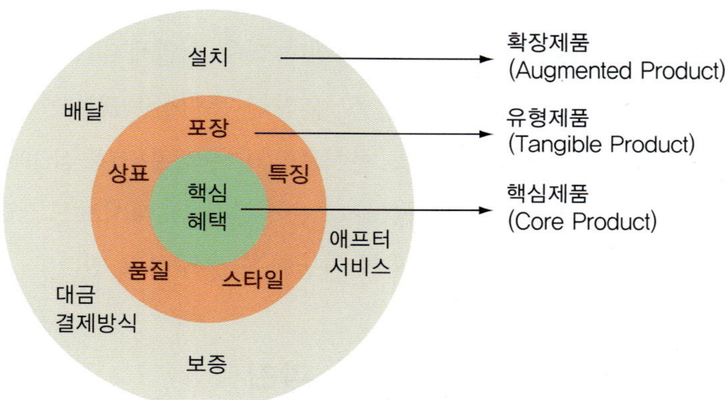

그림 7–1 다차원적 관점에서의 제품 정의

마케터는 타깃소비자들이 다양한 욕구를 충족시키기 위해 제품을 구매한다는 것을 인식하고, 다차원적인 관점에서 제품을 정의하고 관리할 필요가 있다. [그림 7–1]은 다차원적 관점에서 접근한 고객지향적 제품 정의를 보여주는데, 제품은 **핵심제품**, **유형제품**, **확장제품**으로 구성된다.

핵심제품(core product)의 관점에서 보면 소비자들은 제품이 주는 혜택을 구매하고 있는 것이다. 예를 들어, 소비자는 사용하기 편리하고 선명한 화질을 구현하는 TV제품(기능적 혜택을 제공하는 TV)을 원하거나 자신의 라이프스타일을 반영하는 서비스와 콘텐츠를 제공하는 TV제품(상징적 혜택을 제공하는 TV)을 원할 수 있다. 혹은 거실과 어울리는 홈인테리어용으로 적절한 TV제품(쾌락적 혜택을 제공하는 TV)을 구매할 수도 있다.

핵심제품은 유형제품으로 구체화되는데, **유형제품**(tangible product)은 유형적 제품속성들의 결합을 말한다. 소비자는 유형적 제품특성에서 서로 다른 경쟁제품들 가운데서 하나를 구매할 수 있다. 유형제품의 구성요소에는 상표, 품질, 제품특성, 스타일, 포장 등이 있다. 유형제품 관점에서 보면 마케터는 유형제품의 구성요소를 경쟁사와 다르게 결합함으로써 표적 소비자의 욕구를 충족시키는 차별화된 제품을 제공할 수 있다. 예를 들어, LG전자는 초대형 화면, 자발광하는 디스플레이, 높은 색 재현력, 부품 재활용, 설치공간에 따른 설치형태(벽걸이용, 스탠드용 TV 등), 사용하기 편리한 인공지능 리모컨 등을 갖춘 고급 TV제품 LG 올레드 플렉스 TV브랜드, 즉 유형제품 구성요소에서 차별화를 통해 경쟁우위를 실현하려고 한다.

그러나 시장경쟁이 치열해짐에 따라 마케터는 소비자가 원하는 핵심제품과 유형제품을 제공하는 것만으로 경쟁우위를 확보하기 어렵게 되었다. 소비자는 우수한 제품속성을 가진 유형제품의 구매만으로 만족하지 않고 신속한 배달, 장기간의 품질보증 등을 추가적으로 제공하는 제품을 원하게 되었다. 이와 같이 유형적 제품속성 이외의 부가적인 서비스 제공물들이 포함된 제품을 **확장제품**(augmented product)이라고 한다. 확장제품에는 제품의 설치, 배달, 대금결제방식, 보증, 애프터서비스 등이 포함된다. 예를 들어, TV시장에서 경쟁이 더욱 치열해지고 유형제품에서의 차별화가가 어려워짐에 따라 LG전자는 메타버스 플랫폼, 온라인 동영상(넷플릭스, 디즈니+ 등), 클라우드 게이밍(별도의 게임기기 없이 즐기는 게이밍 경험), Live 콘서트(인기가수의 콘서트를 집안에서 즐기는 영상 스트리밍 서비스), 맞춤형 운동 콘텐츠, 인공지능 씽큐(ThinQ) 음성인식, 홈대시보드(집안 LG가전 제어서비스) 등 다양한 부가서비스들이 결합된 확장제품에서의 차별화를 추구하고 있다.

1.2 다차원적 관점에서 본 제품구성요소 관리

소비자들은 제품을 구입할 때 제품의 주요 구성요소들을 비교·평가하거나 이들의 결합에 의해 형성된 전반적 이미지를 경쟁제품과 비교하여 의사결정을 내린다. 따라서 차별적인 제품구성요소의 개발과 관리는 소비자의 자사제품 선택에 긍정적 영향을 미친다. 이하에서는 제품의 구성요소인 핵심제품, 유형제품 및 확장제품을 어떻게 관리할 것인지에 대해 보다 자세히 살펴보기로 한다.

(1) 핵심제품의 관리

소비자들은 제품을 소비하는 것이 아니라 제품이 주는 혜택을 소비한다. 제품으로부터 기대하는 혜택은 소비자마다 다를 수 있으므로 마케터는 표적소비자 집단이 주로 기대하는 혜택을 파악하고 이를 집중적으로 관리할 필요가 있다. 가령, 소비자는 호텔로부터 어떤 혜택을 기대하는가? 타 지역을 여행하는 비즈니스맨을 예로 들어보자. 바쁜 일정 속에서 밤에 편히 잠잘 수 있기를 바라는 여행객도 있으며, 사람들을 만나 교제를 하기 위한 장소, 즉 카페테리아, 레스토랑, 헬스클럽 등의 부대시설이 잘되어 있는 호텔을 원하는 여행객도 있을 것이다. 가령, 프랑스 Accor사의 Formule 1 호텔은 잠을 편하게 잘 수 있는 혜택을 원하는 소비자들을 대상으로 핵심혜택을 제공한 결과 수익을 실현할 수 있었다. 편한 잠을 원하는 투숙객들에게 불필요한 여러 가지 시설을 없애고 대신 방을 조용하고 깨끗하게 하고 좋은 침대를 제공한 것이다.

이처럼 시장지향적 기업은 소비자 입장에서 제품을 정의한다. 소비자 입장에서 제품을 정의하기 위해서는 먼저 소비자가 제품구매를 통해 충족시키고자 하는 기본욕구의 유형을 파악할 필요가 있는데, 구매욕구는 크게 기능적 욕구, 감각적 욕구, 상징적 욕구로 나누어진다.

소비자들은 주로 실용적(기능적) 욕구를 충족하기 위해 구매한다. 시계는 정확한 시간을 알려주기 때문에, 옷은 사람의 신체를 감싸주는 기능을 제공하기 때문에, 자동차는 편리하게 이동할 수 있는 교통수단을 제공하기 때문에 구매하는 것이다. 이들은 소비자의 **기능적 욕구**(functional needs)를 만족시켜 주는 제품에 해당한다. 한편 어떤 소비자는 쾌락적 욕구의 충족을 위해 제품을 구매할 수도 있는데, 쾌락적 욕구란 제품사용과정에서 즐거운 느낌 혹은 감정을 경험하고자 하는 경우를 말한다. 상쾌한 냄새를 주는 치약, 보송보송하고 올록볼록하며 예쁜 그림이 그려져 있거나 향기가 나는 화장지, 아름다운 그림이나 향기를 가진 공책 등과 같이 오감에 소구해 소비자의 **쾌락적 욕구**(hedonic needs)를 만족시켜 주는 제품이 이에 해당한다. 최근 자동차가 놀이공간으로 진화하고 있는 것은 쾌락적 욕구의 충족을 통해 차별화를 추구하는 한 예이다. 최고급 오디오를 설치해 공연장 수준의 음향을 제공하거나 게임기 같은 자동차를 만드는 등 자동차의 오락성을 극대화하려고 한다. 운전의 즐거움을 내세우는 브랜드 미니(MINI)는 운전 자체를 게임처럼 즐길 수 있도록 만들었다. 제공되는 애플리케이션은 운전자의 운전습관을 채점한 다음 차량 중앙화면에 점수를 표시한다. 운전자는 자신이 얼마나 부드러운 가속과 감속을 했는지, 또 본인의 운전습관이

| 최근들어 자동차회사들은 쾌락적 욕구충족을 통한 제품차별화를 추구하기 위해 자동차를 놀이공간으로 만들고 있다.

| 블랙야크 등산화는 기능적 욕구를, 빅토리아 시크릿 란제리는 쾌락적 욕구를, 그리고 몽블랑 만년필은 소비자의 상징적 욕구를 잘 충족시켜 성공을 거두었다.

연비에 얼마나 효율적인지를 점수로 확인할 수 있다.

한편 소비자는 상징적 욕구의 충족을 위해 제품을 구매할 수도 있는데, 상징적 욕구란 제품구매를 통해 자신의 정체성이나 특정집단에 대한 소속감을 표현하거나 사회적 위상을 강화하려는 경우를 말한다. 몽블랑 만년필, 샤넬 No.5 향수, 버버리(Burberry) 양복, BMW자동차 등은 소비자의 **상징적 욕구**(symbolic needs)를 충족시키는 제품의 예이다.

소비자는 제품의 구매로부터 얻을 수 있는 혜택을 토대로 특정제품을 선택하게 되므로, 마케터는 표적 소비자가 기대하는 주요혜택을 파악하고 이를 충족시킬 수 있는 제품속성(특성)과 고객서비스를 개발하는 데 제품관리의 초점을 맞추어야 하며, 이를 위해서 그들과 지속적으로 의사소통을 하여야 한다.

(2) 유형제품의 관리

유형제품의 주요 구성요소에는 제품의 품질, 특성, 스타일과 디자인, 포장, 브랜드명 등이 있는데, 소비자들은 이러한 요소의 차이에 따라 제품성능이나 제품품질에서 차이가 있는 것으로 지각할 수 있다. 빙그레의 RTD(Ready to Drink) 커피음료 '아카페라'는 유형제품 차별화를 통해 시장진출에 성공했다. 원두는 감칠맛이 뛰어나고 향이 풍부한 아라비카만 사용했다. 그리고 강배전 방식인 프렌치 로스팅을 통해 잡미를 최소화하고 커피의 깊은 맛을 살렸으며, 커피원두를 다양하

| 빙그레 아카페라는 아라비카 원두의 맛을 살리고 컵 · 캔커피의 단점을 보완한 페트용기를 도입하는 등 유형제품에서의 차별화를 통해 RTD(Ready to Drink) 커피시장에서 성공을 거두었다.

게 배합해 찾아낸 EXTRA-Gold Blend 방식을 적용했다. RTD(Ready to Drink) 커피시장에서 처음으로 페트용기를 패키지로 사용했다. 페트용기는 매력적인 디자인의 개발과 휴대 용이성에서 캔, 컵, 병, 알루미늄 등에 비해 우수하며 컵커피와 캔커피의 단점을 보완해 주는 이점을 갖는다. 페트커피 유통기한은 컵커피(12주)와 캔커피(1년)의 중간 정도인 6개월인데, 컵커피는 신선한 반면 유통기한이 짧고, 캔커피는 유통기한이 길지만 장시간 고온살균을 해 신선함이 떨어진다는 단점을 보완한다. 용기 디자인은 동일하게 하되, 커피종류에 따라 용기 색상을 다양화했는데, 카페라테는 흰색, 아메리카노는 블랙, 카라멜마끼아또는 메이플오렌지 등의 색상을 적용했다. 제품브랜드명인 아카페라는 이탈리아어로 커피와 함께 라는 의미로 고급스러운 연상이미지를 제공한다.

이하에서는 유형제품의 주요 구성요소들에 대하여 자세히 살펴보기로 한다.

① 제품품질(Product Quality)

제품품질(product quality)은 마케터가 제품포지셔닝에 이용하는 주요도구이다. 품질은 제품/서비스 성과에 직접적인 영향을 준다. 즉 우수한 품질은 고객이 지각하는 가치와 고객만족에 강한 긍정적 영향을 미친다. 좁은 의미로 보면 품질은 결점이 없는 정도로 정의될 수 있다. 그러나 대부분의 고객중심적 기업들은 품질의 의미를 좁게 보지 않으며, 이를 고객가치와 고객만족을 창출하는 전략적 도구로 본다. The American Society for Quality는 품질을 '표현된 혹은 암시적인 고객욕구를 충족시키는 능력을 가진 제품 혹은 서비스 특성들'로 정의한다. 독일의 지멘스(Siemens)사도 이와 유사한 정의를 내리고 있는데, 이 회사는 품질을 우리 고객들이 다시 찾아오도록 하는 것이고 우리 제품이 되돌아오지(반품되지) 않도록 하는 것이라고 말한다.

전사적 품질관리(TQM: Total Quality Management)는 기업의 모든 구성원들이 제품, 서비스, 비즈니스 프로세스의 품질을 끊임없이 향상시키기 위해 기울이는 노력을 말한다. 대부분의 선도기업들에게 있어 고객지향적 품질은 사업수행의 기본이 되고 있다. 오늘날 많은 기업들이 품질수익률의 개념을 도입하고 있는데, 이는 품질을 투자로 보고 제품품질을 유지하기 위한 지속적 노력을 주요 성과지표로 간주하는 것이다.

제품품질은 품질수준과 품질의 일관성이라는 두 개의 차원으로 나눌 수 있다. 제품개발과정에서 마케터는 먼저 제품 포지셔닝을 지원해 줄 품질수준을 선택해야 하는데, 여기서 품질수준이란 제품이 그 기능들을 제대로 수행할 능력, 즉 성능품질(performance quality)을 의미한다. 예를 들어, 제네시스G90 승용차는 쏘나타보다 더 우수한 성능품질을 제공하는데, 이 승용차 브랜드는 더 부드러운 운전, 더 나은 승차감, 더 높은 내구성 등을 제공한다. 그러나 가능한 한 최고의 성능품질 수준을 제공하려고 하는 기업들은 별로 많지 않는데, 그 이유는 소수의 고객들만이 제네시스 G90 승용차, 바이킹(Viking) 레인지, 롤렉스(Rolex) 시계 등과 같이 매우 높은 수준의 품질을 제공하는 제품들을 원하거나 혹은 이를 구매할 여력이 있기 때문이다. 그러므로 기업들은 목표시장의 욕구와 경쟁제품의 품질수준에 부합되는 품질수준을 선택한다.

높은 제품품질은 높은 품질수준뿐 아니라 높은 품질 일관성도 포함한다. 즉 제품품질은 결점(제품불량)이 없는 것과 목표로 삼은 성능수준을 일관되게 전달하는 것 모두를 포함하는 **품질 일관성**(conformance quality)을 의미한다. 모든 기업들은 높은 수준의 품질 일관성을 갖도록 노력해야 한다. 이런 의미에서 보면 쏘나타 승용차는 제네시스G90과 대등한 품질을 가진 것으로 볼 수 있다. 쏘나타가 제네시스G90 만큼 우수한 성능을 갖고 있지는 않지만, 해당 고객들이 지불하는 가격과 그들의 기대에 상응하는 품질을 일관성 있게 전달할 수 있는 것이다.

② 제품특성(Product Features)

제품특성(product features)은 제품이 수행하는 기본적·부수적 기능들을 말하는데, 자사제품을 경쟁제품들과 차별화시키기 위한 핵심도구이다. 따라서 고객들이 원하고 가치있게 생각하는 새로운 특성을 가진 제품을 개발하는 것은 효과적인 경쟁방법의 하나이다. 예를 들면 모든 미국 자동차 회사들이 컵받침을 차내에 장착하고 있지만, 과거 GM이 이 분야에서 가장 경쟁력 있는 제조사였다. 그런데 운전자들의 통근거리가 길어지고 패스트푸드를 차 안에서 주문받는 경향이 생겨나면서 컵받침은 단순히 장식품이 아니라 차내에 반드시 필요한 부속품이 된 것이다.

제품특성은 제품 포지션을 실제로 고객들에게 전달하는 데 사용된다. 예를 들면 스포츠용으로 포지션된 시계는 거친 야외활동에 적합하도록 스테인리스로 된 외장과 방수기능, 내구성, stopwatch 기능 등의 제품특성을 갖추어야 한다. 테그 호이어(TAG Heuer)는 이러한 특성을 갖춘 시계를 제조함으로써 스포츠 시계로서의 자사의 차별적 포지션을 정립시킬 수 있었다.

③ 제품 스타일과 디자인

고객가치를 추가하는 또 다른 방법의 하나는 독특한 **제품 스타일**(style)과 **디자인**(design)을 활용하는 것이다. 스타일은 제품의 외양을 서술하는 것이다. 제품은 소비자의 눈을 끌거나 혹은 단조로움을 유발하는 스타일을 가질 수 있다. 화제를 불러일으키는 스타일은 사람들의 주의를 끌고

| 1990년 사용하기에 매우 효과적인 굿 그립(good grips) 야채썰개를 개발한 이후, OXO는 일상의 삶을 더 편리하게 만드는 현명한 디자인으로 명성을 구축해 왔다.

미적 즐거움을 줄 수 있지만, 제품성능을 더 우수하게 만드는 데 기여하지 않을 수 있다.

디자인은 스타일보다 더 넓은 개념으로, 제품의 외관과 성능을 모두 포함한다. 좋은 디자인은 매력적인 제품 외관과 제품 유용성 모두에 기여한다. OXO가 개발한 부엌용 및 정원용 도구는 매우 세련되어 보인다. 그러나 OXO에게 있어 훌륭한 디자인은 멋있는 외양 그 이상의 의미를 갖는다. 훌륭한 디자인은 OXO 도구들이 그 누가 OXO 도구를 사용하더라도 잘 작동한다는 것을 의미한다.

좋은 디자인은 고객욕구를 잘 이해하는 것에서 시작된다. 가령, OXO의 디자인 영감의 상당 부분은 사용자들로부터 직접 얻은 것이다. 부엌용 및 정원용 도구를 디자인하는 데 있어 글로벌 명성을 갖고 있는 OXO는 소비자 및 요리사와 많은 대화를 나눈다. 그리고 가능한 모든 사용상황에서 제품아이디어를 테스트하기 위해, OXO 내에 설치된 부엌, 종업원의 집, 그리고 요리학교를 이용하거나 혹은 뉴욕 맨하탄의 첼시마켓(Chelsea Market) 근처에 위치한 가게를 지나는 쇼핑객들을 끌어들여 이들의 사용상황을 관찰한다. 가령, 전통적인 파이렉스(Pyrex) 계측 컵을 이용하는 데 어려움을 겪는 모습을 관찰하면서 OXO는 눈높이까지 컵을 올리지 않으면 양이 어느 정도 채워졌는지를 알 수 없다는 것을 발견했다. 이러한 문제점을 해결하기 위해 개발된 OXO 계측컵은 컵 내부에 눈금을 표시함으로써 위에서 내용물의 양을 읽을 수 있도록 하고 숫자를 크게 표시해 안경을 쓰지 않고도 읽을 수 있도록 했다.

좋은 디자인은 고객이 원하는 제품 혹은 서비스 속성과 긍정적 제품사용경험을 창출하는 데 기여한다. 따라서 제품디자이너는 디자인 개발과정에서 제품속성과 기술적 사양보다는 고객이 제품을 어떻게 사용하고 제품으로부터 어떤 편익을 얻고 싶어 하는지에 대해 더 많이 생각해야 한다. 성공적인 제품 디자인은 기능적인 면이나 미적인 면에서 다른 제품들과 차별화된 특성을 지닌다. 그러므로 스타일과 디자인을 계획할 때 디자이너나 마케터들은 먼저 이 제품의 디자인이 기능적·

MARKETING
FOCUS

사용하기 쉽고 러브스토리를 담은 와인 병따개를 디자인해 지속적인 베스트셀러 제품으로 만든 주방기구 전문업체 알레시

와인 병을 딸 때 코르크 마개가 부서져서 낭패를 보는 경우가 많다. 보통 와인 병따개의 사용법이 여간 까다롭지 않기 때문이다. 이탈리아의 주방기구 전문업체인 알레시의 와인 병따개 '안나 G'와 '알레산드로 M'은 누구나 사용하기 쉽게 디자인되어 그런 어려움을 말끔히 해소시켜 준다.

안나 G는 1994년 기자회견의 기념품으로 쓰려는 전자회사 필립스의 의뢰로 알레시가 개발했다. 이탈리아의 거장 알레산드로 멘디니가 디자인했는데, 원래 5000개만 한정판으로 만들 계획이었다. 그러나 대중의 구매문의가 쇄도함에 따라 대량생산하기로 했다. 당시 63세였던 멘디니는 손잡이를 돌리면 스크루가 코르크 속으로 파고들어 가면서 두 팔이 올라가고, 다 올라간 팔을 양손으로 잡고 내리면 코르크가 쉽게 빠지도록 디자인했다. 미소를 띤 얼굴에서는 단발머리 소녀의 분위기가 묻어나고, 가늘고 긴 목과 날씬한 몸매는 조신한 발레리나의 자태이다.

안나 G라는 이름은 그 무렵 멘디니와 열애 중이던 젊은 연인 '안나 질리'에서 따왔다 하여 큰 화제가 되었다. 특히 소비자들이 취향대로 색상을 고를 수 있게 하는 등 고객지향적인 제품디자인으로 2003년까지 10년 동안 1000만 개나 팔렸다. 그러자 "안나의 짝을 만들어 달라"는 요구가 커져, 멘디니는 자신의 이름과 키 작고 단정한 외모를 딴 '알레산드로 M'을 디자인했다. 구조와 사용법이 단순한 알레산드로 M은 루이비통이나 샤넬이 디자인한 옷을 즐겨 입는다. 또 해마다 개성 있는 도시나 인물의 특성이 잘 나타나도록 디자인하여 한정판으로 출시하고 있다.

| 알레시 와인 병따개 커플 세트 – 알레산드로 멘디니가 1994년 디자인한 안나 G(왼쪽, 높이 24.5㎝, 직경 7㎝)와 2003년 디자인한 알레산드로 M(높이 21㎝, 직경 6㎝)의 다양한 모습

안나 G의 가격은 63달러, 알레산드로 M은 50달러로 고가(高價)이지만, 커플을 세트로 구입하는 사람들이 늘어나고 있다. 사람의 마음을 당기는 유머러스한 디자인에 러브 스토리까지 담겨 있기 때문이 아닐까?

자료원: 조선일보, 2012.7.16.

미적 측면에서 표적소비자들에게 소구될 수 있는지를 고려해야 한다. 또한 제품 디자인의 개발·제작에 소요되는 비용과 그 대가로 소비자가 지불하고자 하는 가격 간에 균형을 이루는지도 고려하여야 한다.

제품 디자이너는 우수하고 편리한 제품기능을 담은 제품을 설계해야 한다. 제품기능은 주기능과 부가적 기능으로 분류된다. 예를 들어서 신발은 인간의 발을 보호하고, 컴퓨터는 자료를 입력·가공하여 이를 저장하는 본질적인 기능을 가지고 있다. 이러한 본질적 기능 이외에 표적소비자들의 요구에 따라 부가적 기능이 추가될 수 있는데, PC의 소형화라든지 신발의 패션화 등이 그 예이다. 이와 더불어 제품의 색, 무게, 모양 등과 같은 외형적인(시각적인) 부분도 고려되어야 한다. 애플이 아이맥, 아이팟, 아이폰 등의 잇따른 성공을 통해 적자에서 화려하게 부활한 것은 기능적/시각적으로 고객이 선호하는 디자인의 개발을 통해 경쟁우위를 실현한 것에서 비롯되었다.

④ 제품포장(Packaging)

포장은 용기를 포함하여 제품을 감싸는 물체를 총칭하는 것이다. 포장은 제품의 안전성과 사용편의성을 높인다는 점에서 제품의 주요 구성요소이다. 또한 포장은 제품에 대한 고객의 호의적 태도와 구매의사결정에 많은 영향을 미친다. 예를 들어 일반 소비자는 병이나 캔에 들어 있는 케첩보다는 사용하기 편한 튜브형 제품을 보다 선호할 것이다.

포장은 여러 가지 기능을 가지고 있다. 첫째, 포장의 본원적 기능은 제품보호이다. 우유나 오렌지 주스, 헤어스프레이 등과 같은 액체제품의 경우 제품보호가 그 제품의 가치를 결정하기 때문에 제품의 보호와 보관기능이 중요하다. 둘째, 포장은 소비자들에게 편리함을 제공한다. 예를 들어 플라스틱 용기에 담겨져 있는 음료수는 활동적인 소비자들에게 운반을 용이하게 해 준다. 셋째, 포장은 제품이미지를 향상시키고 제품차별화에 기여하는 기능을 갖는다. 예를 들어 재활용 포장은 그 제품이 매우 환경친화적일 것이라는 인상을 줄 수 있다. 아모레퍼시픽 이니스프리의 '에코레시피' 라인은 무(無)파라벤, 無인공향, 無인공색소, 無광물유 원칙을 살려 만든 이른바 4無 제품인데, 프랑스 유기농 인증기관 에코서트로부터 인증받은 제품답게 화장품 용기도 친환경적이다. 재활용이 가능한 저밀도 폴리에틸렌(LDPE) 및 신문지를 펄프로 개어 굳혀 만든 종이곽이 포장의 전부다.

포장을 개발하는 데 있어서 개발자는 여러 요인을 고려해야 한다. 첫 번째로 고려해야 할 요인은 원가이다. 다양한 포장 재료와 고급스러운 디자인은 제품의 가치를 높이는 데 기여하지만 소비자가 추가로 부담해야 하는 비용이 너무 높을 수 있다. 따라서 마케팅관리자들은 시장조사를 통해서 소비자들이 포장에 지불하고자 하는 원가수준을 찾아내야 한다. 두 번째로 고려해야 할 요인은 포장의 안전성이다. 뛰어난 포장 재질이나 주의를 끄는 패키지디자인이 고객의 안전성을 저해한다면 이는 포장으로서의 본원적 기능을 상실하는 것이다. 테트라팩은 전 세계 무균팩 시장에서 80%의 점유율을 갖고 있다. 탁월한 저장용기 안정성 때문이다. 사실 소비자들이 일상생활에서 접하는 수많은 음료는 무균팩 그것도 한 회사의 제품에 담겨 있다. 출출할 때 허기를 채워주는 허쉬 초콜릿 드링크, 영양 균형을 위해 마시는 하루야채, 최근 유행하는 뚜껑을 돌려 여는 각종 우유팩과 주스팩은 대부분 스웨덴 무균팩 제조회사 테트라팩 제품이다. 테트라팩은 아무도 환경과 안전에 관심을 갖지 않던 1950년대 초반에 방부제 없이 식음료 본연의 맛과 영양을 지킨다는 구호를 내걸고 위생과 식품안전에 대한 소비자 욕구를 충족시킴으로써 오랜 기간 무균팩 시장에서 선도적 지위를 유지하고 있다. 소비활동에서 재미를 중요하게 여기는 펀슈머(funsumer)를 겨냥해 개발된 컬러버 제품과 패키지 디자인이 소비자 안전을 위협할 수 있다. '서울우유 바디워시'가 그 한 예이다. LG생활건강·서울우유가 협업해 개발한 '서울우유 밀크 파우더향 바디워시'는 몸을 씻는 비누다. 독특한 발상으로 소비자의 주의을 끄는 데는 성공했지만 논란도 불러일으켰다. 바디워시를 우유인 줄 알고 잘못 구매할 위험이 크기 때문이다. 실제로 일부 마트에서 우유 판매라인에 같이 진열하면서 이러한 우려가 커졌다. 이에 따라 마트는 바디워시 제품에 "마시지 마세요. 바디워시입니다"라는 경고문구 스티커를 붙여 다른 진열공간으로 옮겼다. 세 번째로 고려해야 할 요

| 테트라팩은 '방부제 없이 식음료 본연의 맛과 영양을 지킨다'는 구호를 내걸고 위생과 식품안전에 대한 소비자 욕구를 충족시킴으로써 오랜 기간 무균팩 시장에서 선도적 지위를 유지하고 있다.

| 소비자들에게 재미를 유발하기 위해 개발된 컬래버 제품인 서울우유 밀크 파우더향 바디워시는 소비자 안전을 위협할 수 있다. 우유제품으로 오인하고 먹을 경우 인체에 해를 끼칠 수 있기 때문이다.

MARKETING
FOCUS

브랜드자산의 주요원천인 티파니만의 패키지 색상 - 티파니 블루

2019년 말 세계 최대 명품업체인 프랑스 루이비통모에헤네시(LVMH)가 미국의 보석업체 티파니앤드컴퍼니(Tiffany & Co.)를 162억 달러(약 19조 원)에 인수했다. LVMH 역사상 가장 큰 규모의 인수이기도 하지만, 티파니는 유럽계 회사가 장악한 세계 명품 보석업계에서 보기 드물게 미국에 기반을 둔 회사라 관심이 쏠렸다.

1837년 설립된 티파니는 소품을 파는 잡화상으로 시작했다. 1848년 프랑스 2월 혁명을 겪은 파리 상류층이 처분한 보석을 사들이고 1851년 은세공업체를 인수하면서 티파니는 본격적으로 귀금속 분야로 진출한다. 당시 미국 부호들은 유럽에서 사치품을 수입했는데, 티파니가 다량의 보석을 구입하고 다시 디자인해 판매하면서 보석상으로서 명성이 높아졌다. 특히 1940년 뉴욕 5번가에 개설한 매장이 영화 '티파니에서 아침을'(1961)에서 세기의 여배우 오드리 헵번이 매일 아침 위안을 얻는 꿈과 낭만의 장소로 묘사되면서 티파니는 전설적인 보석 브랜드가 되었다.

고품질의 원석, 세련된 디자인 외에도 당시 티파니의 성공에 결정적인 역할을 한 요인은 바로 색깔이다. 사람들은 티파니 하면 자연스럽게 티파니 고유의 색, '티파니 블루'를 떠올리는데, 옅고 맑은 푸른색에 약간의 녹색 기운이 감돌아 청자를 연상시키는 색이다. 티파니 블루는 1845년 상품을 살펴보고 주문할 수 있는 카탈로그의 표지를 이 특유의 푸른색으로 제작하면서 시작되었다. '티파니 블루 북'이라 불린 이 카탈로그는 1면부터 전부 컬러면으로 제작돼 미국 전역에 무료로 배포되었다. 이후 쇼핑백과 상자, 액세서리에도 이 색을 사용하면서 티파니를 상징하는 색으로 거듭났다. 티파니 블루 상자를 보는 것만으로도 여성들의 심장박동 수가 22% 증가한다는 연구결과까지 있을 정도로 강력한 브랜드가치의 원천이 되었다.

그런데 티파니는 왜 푸른색을 선택했을까? 19세기 세계 최강국이었던 영국에서는 결혼식이 열리면 신부 측에서 방문객에게 제공하는 인기선물이 있었는데 바로 비둘기 모양으로 세공한 터키석 브로치였다. 이 브로치의 청명한 푸른색은 '나를 잊지 말아요 푸른색(forget-me-not blue)'으로 불렸는데, 티파니는 여기서 착안해서 티파니 브랜드를 각인시키는 색으로 발탁했다. 하지만 티파니 블루는 법적으로 보호되기란 쉽지 않았는데, 한 기업이 특정 색깔을 독차지해 상업적으로 쓴 전례가 없었기 때문이다. 하지만 색의 중요성과 그 영향력이 점점 높아지면서 미국 대법원은 1995년 판례를 통해 색채도 상표의 일부로 등록할 수 있도록 했다. 티파니는 2000년 티파니 블루를 상표 등록해 이 색상이 탄생한 지 150여년 만에 티파니의 고유 브랜드자산으로 인정받게 되었다.

| 티파니를 상징하는 '티파니 블루' 색상의 포장상자들

자료원: 조선일보, 2020.02.12.

인은 포장의 일관성이다. 특정제품의 포장은 회사 내 타 제품들과 조화를 이루어 소비자들에게 일관된 기업이미지를 제공하도록 해야 한다.

이 밖에도 제품의 특성, 용도, 이점 등에 관한 정보를 제공해 줄 수 있는 커뮤니케이션 기능과 유통경로 상에서의 운반과 저장의 편의성을 제공하는 기능도 포장개발에 있어 고려해야 할 요인이다.

⑤ 브랜드명(Brand Name)

브랜드명은 문자, 단어, 혹은 숫자 등으로 표현된 제품의 이름이다. Coca-Cola, SONY, IBM 등 널리 알려진 상표명은 소비자의 제품선택에 큰 영향을 미친다. 브랜드명은 자사제품을 경쟁제품들과 구별하게 해주며 소비자들에게 제품개념을 전달하는 기능을 한다.

브랜드명은 제품특성, 표적소비자에게 제공해야 할 제품편익, 마케팅전략(가령, 제품포지션) 등을 함께 고려해서 결정되어야 하므로 기업은 최적의 브랜드명을 개발하기 위해 체계적인 노력을 기울여야 한다. 일반적으로 브랜드명은 발음하거나 기억하기 편리해야 하고, 제품의 특성과 효익을 효과적으로 전달할 수 있어야 한다. 브랜드명 전략은 개별브랜드전략, 공동브랜드전략, 혼합브랜드전략으로 구분할 수 있는데, 이에 대한 자세한 내용은 본 장의 후반부 브랜드관리부분에서 설명하기로 한다.

(3) 확장제품의 관리

확장제품 관점에서 보면 고객지원서비스(customer support service)는 제품의 또 다른 주요 구성요소이다. 최근들어 고객지원 서비스는 제품의 차별적 우위를 구축하는 데 있어 핵심성공요인이 되고 있다. 고객지원 서비스는 고객의 전반적 브랜드경험에서 중요한 부분을 차지한다.

확장제품인 고객지원 서비스의 주요 구성요소에는 보증, 대금결제방식, 배달, 애프터서비스 등이 있다. 이하에서는 각 구성요소의 관리에 대해 살펴보기로 한다.

① 보증(Warranty)

보증(warranty)은 제품에 문제가 있거나 제품성능이 소비자의 기대에 미치지 못할 경우 환불이나 교환과 같은 보상을 제공하겠다는 약속이다. 예를 들면 현대차는 미국 자동차시장에서 실직자 차량을 되사주는 실직자 보장 프로그램의 도입, 쏘나타 하이브리드 모델에 대해 하이브리드카 배터리를 평생 교환해 주는 보증 프로그램의 도입 등 확장제품 차원에서의 차별화를 통해 고객충성도와 매출을 높이는 데 성공했다.

MARKETING
FOCUS

"새로 안 사셔도 됩니다, 업그레이드 해드릴게요": 확장제품 관점에서 제품 차별화를 추구하려는 가전업체들

2022년 삼성전자는 갤럭시S22를 선보이면서 기존 3년이었던 안드로이드 운영체제(OS) 업그레이드를 4년으로 늘린다고 밝혔다. 운영체제는 스마트폰을 구동하는 핵심 프로그램으로, 운영체제 업그레이드를 연장해 주면 스마트폰 교체주기가 길어질 수도 있어 제조사로서는 손해인데도 연장 결정을 한 것이다.

LG전자는 냉장고 · 세탁기 등 생활가전을 소프트웨어뿐 아니라 하드웨어까지 꾸준히 업그레이드 해주는 '업(UP) 가전'이란 새로운 제품개념을 내놨다. 작년에 산 구형 세탁기라도, 올해 신제품에 들어간 기능을 쓸 수 있게 해주겠다는 것이다. 삼성이 가전 핵심부품인 디지털 인버터 모터, 컴프레서의 '평생 무상 수리'를 선언한 이후 LG가 반격에 나선 셈이다.

전자업계에 '더 쓰세요' 전략이 유행처럼 번지고 있다. 업계에선 이에 대해 "산토끼 잡는 것보다, 집토끼 지키는 게 더 중요해지고 있기 때문"이라고 말한다. 업체 간 경쟁이 치열해지면서 스마트폰이나 가전 모두 기존고객을 꽉 붙들어놓는 '록인(lock-in) 전략'이 중요해졌다는 것이다.

애플은 확실한 업그레이드에 기반한 제품차별화로 유명하다. 2021년에 내놓은 자체 운영체제 iOS15를 6년 전(2015년) 모델인 아이폰6S에까지 지원해 줬을 정도다. 이런 고객 배려심 때문에 애플 팬(fan)으로 남은 이도 많다. 스마트폰 세계 3위인 중국 샤오미도 마찬가지다. 샤오미는 이용자 의견을 취합해 매주 운영체제를 업데이트하는 전략으로 '미펀(米粉 · 샤오미팬)'을 광범위하게 구축했다.

가전업체들도 스마트폰 업계의 전략을 빠르게 접목하고 있다. 가전에도 무선 인터넷이 속속 연결되면서, 손쉬운 업데이트가 가능해진 것도 영향이 크다. 가전업계 관계자는 "가전은 소문과 이용기간의 만족도가 다음 제품구매에 큰 영향을 미친다. 기존고객의 만족도를 높이는 게 최대과제"라고 했다. 꼭 손해 보는 장사도 아니다. 제품 교체주기가 길어지더라도 기존소비자에게 업그레이드용 하드웨어 부품을 팔 수 있고 자사제품을 계속 사용하는 록인 효과까지 감안하면 장기적으로는 기업에 이익이라는 것이다.

자료원: 조선경제, 2022.02.21.

② 대금결제방식

기업은 편리한 대금결제방식의 도입을 통해 제품차별화를 추구할 수 있다. 가령, 자동차, 가전제품, 가구 등과 같은 고가제품의 경우 편리하고 부담을 덜어주는 대금지불방식이 구매의사결정에 영향을 미친다. 이에 따라 최근 국내 쇼핑몰, 유통회사, 제조업체 등은 정보기술(IT) 기업들과 협력해 간편결제 서비스를 강화함으로써 고객의 구매편의성을 높이려고 하고 있다. 이들 간편결제 서비스의 특징은 소비자들이 원하는 제품을 탐색하고 구매하기까지의 과정을 최소한으로 줄이는 데 초점을 맞추는 것이다. 즉 검색–쇼핑–구매에 이르기까지 이른바 원스톱 서비스를 구현하려는 것이다. 네이버는 간편결제 기능이 가능한 네이버페이 서비스를 도입했는데, 네이버페이는 쇼핑몰 등 네이버페이 가맹점에서 별도로 회원가입을 하거나 로그인할 필요 없이 네이버 아이디만으로 결제를 할 수 있도록 한다. 다음카카오는 간편결제 서비스 카카오페이를 모바일 메신저 카카오톡 안에 구현함으로써 '카카오 선물하기' 등 카카오톡 플랫폼 안에 있는 쇼핑몰을 카카오페이와 연계해 구매와 결제에 있어 사용자 편의성을 높였다.

| 최근 유통업체와 제조업체는 정보기술(IT) 기업들과 협력해 간편결제 서비스를 강화함으로써 고객의 구매편의성을 높이려고 하고 있다.

③ 배달(Delivery)

신속하고 이용하기 편리한 배달시스템의 도입도 자사제품 선택과 구매에 긍정적인 영향을 미칠 수 있다. 가령, 스타벅스, 맥도날드 등은 자체 앱을 통해 배달서비스를 이용할 수 있도록 함으로써 고객의 구매 및 소비의 편의성, 그리고 브랜드충성도를 높였다. 그동안 스타벅스는 집과 회사가 아닌 '제 3의 장소'라는 포지셔닝을 기반으로 오프라인 판매만 유지해 왔다. 그러나 코로나19 사태로 인해 오프라인 매장에서 온라인 중심으로 수요가 이동함에 따라 자사 스타벅스 앱에 배달서비스인 '딜리버스 서비스'를 도입했다. 수도권으로 한정되었던 딜리버스 서비스 이용 매장은 전국적으로 확대되었는데, 이러한 스타벅스의 배달서비스 도입은 매출증대에 크게 기여했다.

④ 판매 후 서비스(A/S; After-sale Service)

판매 후 서비스도 제품의 또 다른 주요 구성요소이다. 기업의 시장제공물은 통상적으로 판매 후 서비스를 포함하는데, 이는 전체 제공물 중에서 중요한 부분이 될 수 있다. 판매 후 서비스는

| 현대자동차는 직영 서비스센터와 서비스 협력사로 이뤄진 프리미엄 서비스 네트워크인 블루핸즈(BLUhands)를 도입해 차량 정비 서비스 부문에서도 최고가 되기 위해 노력하고 있다.

고객의 전반적인 브랜드경험에서 중요한 부분을 차지한다. 가령, 탁월한 고객서비스로 명성이 높은 미국의 고급백화점 Nordstrom은 훌륭한 마케팅활동이 매출을 실현하는 데서 끝나는 것이 아님을 잘 알고 있다. 판매 후에도 고객들을 계속 행복하게 유지하는 것이 지속적인 관계를 구축/유지하는 데 핵심요인임을 알고 있는 것이다. Nordstrom의 모토는 판매 전, 과정, 후에 걸쳐 최선을 다해 고객을 보살피는 것이다. Nordstrom은 주문한 상품을 고객의 집에 직접 배달해 주거나 고객이 쇼핑하는 동안 승용차를 따뜻하게 만들어 주는 등 뛰어난 고객지원 서비스로 명성이 높다. 현대자동차는 직영 서비스센터와 서비스 협력사로 이뤄진 프리미엄 서비스 네트워크인 블루핸즈(BLUhands)를 도입해 차량정비 서비스 부문에서도 최고가 되기 위해 노력하고 있다. 블루핸즈는 고객만족도를 향상시키고 고객불만을 제로화하는 다양한 서비스프로그램을 도입하고 있다. 정비 서비스 전 과정을 기록으로 남겨 차량정비에 익숙하지 않은 고객에게 정비과정을 투명하게 설명

하고, 차량정비 서비스가 완료된 후 해피콜을 통해 고객이 느끼는 만족도를 조사해 고객이 겪는 불편을 즉시 시정하는 것이 한 예이다.

탁월한 고객지원 서비스를 설계하는 데 있어 출발점은 기존 고객지원 서비스들의 가치를 평가하고 새로운 고객서비스 아이디어를 얻기 위해 정기적으로 고객 서베이를 실시하는 것이다. 고객지원 서비스들의 품질수준에 대한 평가가 이루어지면, 문제점을 개선하고, 고객을 감동시키면서 기업에게도 수익을 제공할 신규 고객지원 서비스를 추가할 조치를 취할 수 있다.

02 | 제품의 분류

제품은 여러 가지 기준에 의해서 다양한 유형으로 구분된다. 제품은 물질적 형태의 유무에 따라서 **유형제품**과 **무형제품**(서비스)으로 구분된다. 유형제품은 다시 사용자의 구매목적에 따라서 조직구매자가 생산·관리과정에 사용하기 위해 구매하는 **산업재**와 개인 소비자가 자신이 소비하기 위해 구매하는 **소비재**로 나누어진다.

2.1 사용자의 구매목적에 따른 분류

(1) 소비재

소비재는 최종소비자들이 자신들의 소비를 위해서 구매하는 제품을 말한다. 소비재는 소비자들이 구매과정에 보이는 쇼핑행동에 의해 다시 **편의품**, **선매품**, **전문품** 등으로 나누어진다.

① 편의품(Convenience Goods)

편의품은 소비자가 제품구매를 위해 많은 노력을 기울이지 않는 제품으로서 가격이 저렴하다. 편의품은 설탕, 커피, 화장지, 케첩, 치약 등과 같이 정규적으로 구매되는 **필수품**(staple goods)과 슈퍼마켓이나 약국, 할인점 등에서 사전계획 없이 충동적으로 구매되는 잡지나 껌과 같은 **충동품**(impulsive goods), 정전 시 플래쉬나 폭설 시 부츠, 비올 때 우산처럼 비상시에 즉각적으로 구매되어야 하는 제품인 **긴급품**(emergency goods)으로 나누어진다. 편의품은 구매욕구가 발생할 때 별다른 노력을 기울이지 않고 많은 소비자들에 의해 구매될 수 있어야 하므로 폭넓은 유통망과 대량촉진의 마케팅전략이 요구된다.

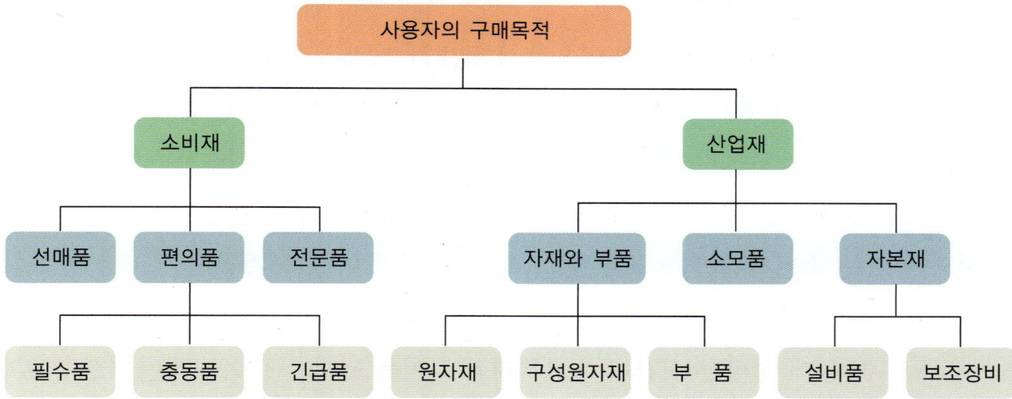

그림 7-2 제품의 유형

② 선매품(Shopping Goods)

선매품은 소비자들이 제품의 질, 디자인, 포장 등과 같은 제품특성을 토대로 제품대안들을 비교 평가한 다음 구매하는 제품을 말하는데, 가구나 냉장고, 텔레비전 등이 그 예이다. 선매품은 대체로 고가격이며 편의품에 비해서 구매빈도가 그리 높지 않다. 또한 소비자가 구매계획과 정보탐색에 많은 시간을 할애하는 제품이다. 선매품은 상대적으로 고가격이기 때문에 지역별로 소수의 판매점을 통해 유통되는 선택적 유통경로전략이 유리하며, 불특정다수에 대한 광고와 특정 구매자 집단을 표적으로 하는 인적판매가 사용된다.

표 7-1 소비재의 제품특성

소비재의 특성	제품의 유형		
	편의품	선매품	전문품
구매 전 제품지식	많다	적다	많다
구매노력	적다	보통	많다
대체제품 수용도	높다	보통	낮다
구매빈도	높다	보통	매우 낮다
구매정보 탐색정도	낮다	높다	낮다
구매행동 성향	손쉽게 구입할 수 있는 제품을 구매함	구매시점에서 제품들 간 비교를 통한 최적제품의 구매	충성도가 높은 특정 브랜드를 구매함

③ 전문품(Specialty Goods)

전문품은 소비자가 그 제품을 구매하기 위해서 특별한 노력을 기울이는 제품으로서, 높은 제품차별성, 높은 소비자 관여도, 특정상표에 대한 강한 상표충성도(brand loyalty)로 특징지어진다. 예를 들면 고급 향수, 스포츠카, 디자이너의 의류 등이 이에 해당된다. 전문품은 일반적으로 고가격 제품이며 소비자들이 구매를 위해 많은 노력을 기울이기 때문에 제조업자나 소매업자 등은 구매력이 있는 소비자들만을 표적시장으로 선정해서 이들을 겨냥한 광고나 판촉활동을 실시해야 한다. 전문품을 구매하는 소비자들은 특정상표에 높은 충성도를 보이므로 그 상표를 취급하는 점포의 방문에 상당한 시간이 소요되더라도 이를 기꺼이 감수하려는 경향이 있다. 그러므로 소수의 전속대리점이 넓은 상권을 포괄하는 전속적 혹은 선택적 유통경로전략이 바람직하다.

(2) 산업재

산업재는 조직(혹은 기업)이 추가적인 가공을 목적으로 구매하거나 혹은 사업활동을 영위하기 위해 구매하는 상품들을 말한다. 가령 자동차를 개인이 자신의 교통수단으로 구입했다면 소비재가 되지만 기업이나 단체, 정부 등의 기관에서 업무용으로 구입했다면 산업재가 되는 것이다.

산업재는 기업이나 조직, 개인이 구입한 제품을 생산과정에 어떻게 이용하느냐에 따라서 자재와 부품, 자본재, 소모품으로 나누어진다.

① 자재(Materials)와 부품(Parts)

자재와 부품은 제조업자가 완전한 제품을 생산하기 위해서 제품의 한 부분으로 투입하는 부분품이라고 할 수 있다.

자재는 가공 정도에 따라서 **원자재**(raw materials)와 **구성원자재**(component materials)로 구분할 수 있다. 원자재는 밀, 면, 가죽, 채소 등의 농산품과 목재, 원유, 철광석 등과 같이 천연재료를 경작·추출한 것으로 가공처리되지 않은 자재를 의미한다. 반면 구성원자재는 추가적인 가공과정에서 그 형태가 변화하는 것으로, 완전한 제품이 되기 위한 추가적인 가공에서 사용되는 자재를 말한다. 철광석을 가공한 강철, 누에에서 뽑은 실 등이 이에 속한다.

부품(parts)은 최종제품을 만들기 위해서 완성단계에 있는 제품에 추가적으로 투입되는 것으로 완제품의 외형을 바꾸지 않는다는 특성을 갖는다. 예를 들어 진공청소기라는 완제품을 만들기 위해 추가되는 소형모터와 자동차에 장착하는 타이어가 이에 속한다.

대부분의 자재와 부품은 산업재 고객들에게 주로 구매되는데, 산업재에서는 상표나 광고보다는 가격과 서비스 등이 보다 중요한 마케팅요소이다.

② 자본재(Capital Items)

자본재는 제품의 일부분을 구성하지는 않지만 제품생산을 원활히 하기 위해 투입되는 것으로, **설비품**(installation)과 **보조장비**(accessory equipment)로 나누어진다. 먼저 설비품은 공장, 사무실 등과 같은 건물이나 전동기, 대형 컴퓨터, 엘리베이터 등과 같은 고정장비로 구성된다. 설비품은 일반적으로 구매단가가 매우 높고 구매의사결정이 장기간에 걸쳐 영향을 미치므로 구매 여부에 상당한 노력이 요구된다.

보조장비는 공장의 이동장비들이나 사무실 집기 등을 포함하는 것으로, 예를 들어 지게차, 팩시밀리, 책상 등이 이에 해당된다. 보조장비는 완제품의 한 부분이라기보다는 완제품의 생산을 보조하기 위해 사용되며 설비품에 비해서 내용연수 또한 짧다.

③ 소모품(Supplies)

소모품은 완제품 생산에 전혀 투입되지 않고 공장이나 회사의 운영을 위해 사용된다. 소모품에는 윤활유, 컴퓨터용 용지, 볼펜, 잉크 등의 운영소모품과 페인트, 못, 청소용구와 같은 수선소모품이 있다. 소모품은 다른 산업재에 비해 상대적으로 구매노력이 적기 때문에 산업재의 편의품으로 비교되기도 한다.

표 7-2 산업재의 제품특성

산업재의 특 성	제품의 유형					
	설비품	보조장비	원자재	구성원자재	부품	소모품
구매결정자의 지위	높다	보통	낮다	낮다	낮다	매우 낮다
단위당 가격	높다	보통	낮다	낮다	낮다	매우 낮다
소비속도	매우 낮다	낮다	높다	높다	높다	높다
최종제품으로 변화 여부	변화 없음	변화 없음	가끔 변화	변화 있음	변화 있음	변화 없음
형태의 변화 여부	변화 없음	변화 없음	변화 있음	변화 있음	변화 없음	변화 없음
구매 시 주요 고려요인	장기적인 이용	현대적 장비 구입	저가, 수급의 연속성	저가, 수급의 연속성	수급의 연속성, 저가, 가공 정도	수급의 연속성, 제품의 유용성

03 | 제품의사결정

기업은 타사와의 치열한 시장경쟁에서 우위를 유지하기 위해 다양한 제품을 개발·판매하고 있다. 그러므로 마케팅관리자에게는 자사 내 여러 제품들 간에 일관성을 유지하면서 마케팅목표를 달성하는 것이 제품관리의 핵심과제가 된다. 이하에서는 제품관리의 세 가지 중요한 영역인 제품믹스관리, 제품계열관리, 브랜드관리에 대해 설명하기로 한다.

3.1 제품믹스 및 제품계열관리

(1) 기업의 제품구성에 대한 분석

기업의 전체 제품구성은 제품믹스와 제품계열에 의해 효과적으로 분석될 수 있다. 제품믹스는 기업이 제공하는 모든 개별제품(혹은 제품계열)들의 집합을 말하며, 제품계열은 제품의 기능이 유사하거나, 동일한 고객집단에게 판매되거나, 같은 유통경로를 이용하기 때문에 서로 밀접하게 관련된 제품들의 집합을 말한다. 한 기업의 제품믹스 구조는 **제품믹스의 넓이**(breadth), **제품믹스의 길이**(length), **제품믹스의 깊이**(depth)로서 분석될 수 있다. 제품믹스의 넓이는 회사가 취급하는 제품계열의 수를 말하며, 제품믹스의 길이는 각 제품계열의 제품 수로 정의된다. 제품믹스의 깊이는 특정 제품계열 내의 각 제품이 제공하는 품목(version)의 수로서, 각 제품 내에서 얼마나 다양한 품목들이 판매되는지를 나타낸다.

제품믹스 및 제품계열관리를 설명하기 위하여 LG생활건강의 사례를 들어 보기로 하자. 〈그림 7-3〉은 LG생활건강이 Beautiful, Refreshing, Healthy 사업 등 세 개의 전략적 사업단위(strategic business unit: SBU)로 구성되어 있음을 보여준다. 그 가운데 Refreshing SBU는 스파클링계열, 주스계열, 커피&티계열, 스포츠음료계열, 생수계열 등의 5개의 제품계열로 구성되어 있으며, 스파클링계열은 다시 코카콜라를 포함하여 11가지 제품으로 구성되어 있다. 코카콜라는 다시 코카콜라 210mL, 코카콜라 355mL, 코카콜라 500mL, 코카콜라 1.5L로 구성되어 있다. 그러므로 LG생활건강 Refreshing SBU의 경우 제품믹스의 넓이는 5, 스파클링계열에 대한 제품믹스 길이는 11, 스파클링계열 내 코카콜라 제품의 제품믹스 깊이는 4인 제품구조를 가지고 있다.

제품계열의 관리자를 일반적으로 제품관리자(product line manager: PM)라고 부르는데, 그 산하에는 여러 명의 브랜드관리자(brand manager)를 두고 있다. 빙그레는 냉동제품 PM, 냉장제품 PM, 상온제품 PM 등을 거느리고 있다. PM은 제품의 매출, 수익성, 경쟁력을 분석한 후 새로운 제품들

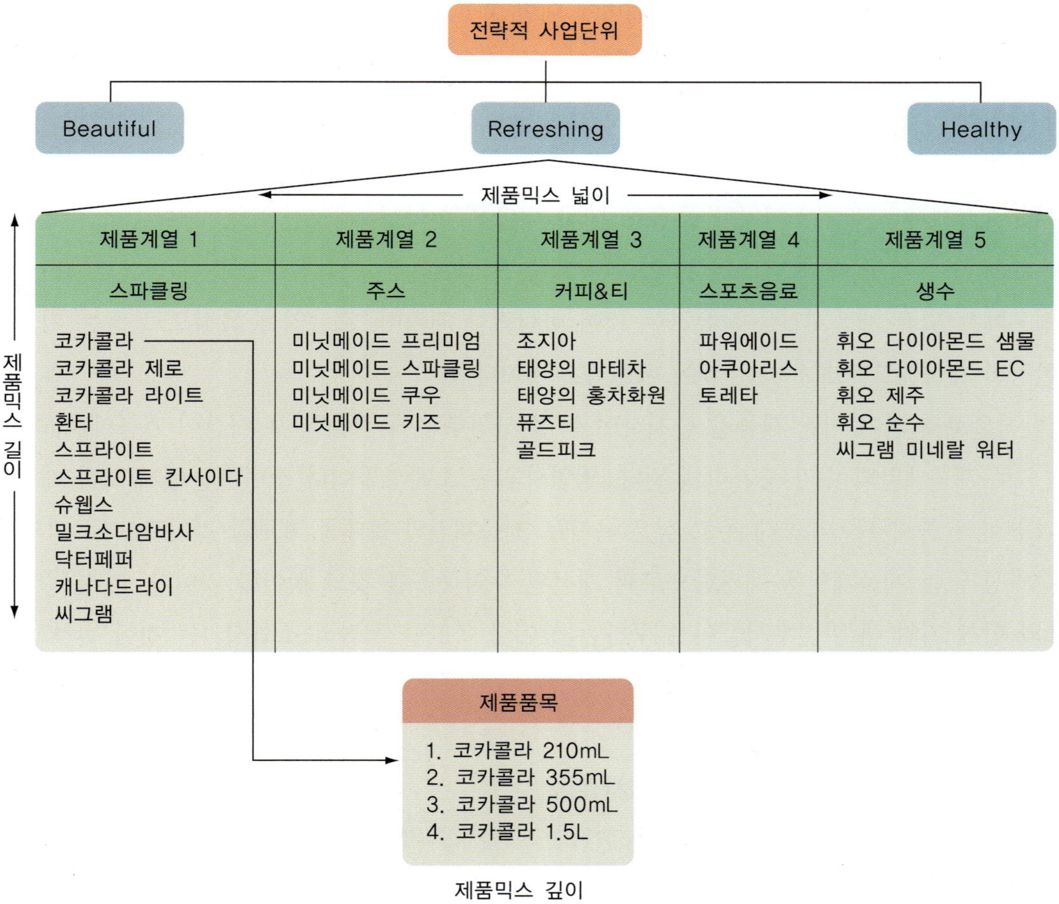

그림 7-3 LG생활건강 Refreshing 사업부의 제품믹스 넓이, 길이 및 깊이

의 추가, 포지셔닝 전략의 수립, 기존제품의 수정, 수익성이 없는 제품의 철수 등 제품계열에 관한 종합적인 의사결정을 내린다.

① 제품믹스의 넓이에 관한 의사결정

일반적으로 기업은 하나의 사업(제품)으로부터 시작하여 기업성장에 따라 여러 제품분야로 진출한다. 그러므로 마케터는 각 제품계열의 시장매력도를 정기적으로 분석하여 각 제품계열을 키울 것인가, 현상유지할 것인가, 철수시킬 것인가 등의 결정을 내림으로써 최적의 제품믹스를 유지해야 할 것이다. 빙그레의 경우 아이스크림 사업으로부터 시작하였으나 기업의 매출확대와 손익구조 개선을 위하여 냉장제품 라인이 추가되었다. 그러나 냉동과 냉장제품에 의존하다 보니 제품의 매출액이 여름에 집중되고 겨울에는 매출실적이 저조하였다. 이에 따라 겨울철에 비교적 소비수준이 높은 스낵과 같은 상온제품이 추가되었다. 그 결과 계절에 따른 매출 불안정을 해소함으로써 수익성 개선과 영업사원 및 회사의 설비에 대한 효율적인 활용이 가능하였다.

너무 적은 숫자의 제품계열은 기업의 매출과 시장점유율 정체의 중요한 원인이 될 수 있고 그 반대의 경우에는 수익성 악화의 원인을 제공한다. 따라서 적정수준의 제품계열을 유지하는 것이 기업의 마케팅성과를 유지하는 데 바람직하다. 그러면 어떤 수준에서 제품계열의 수, 즉 제품믹스의 넓이를 결정해야 하는가? 이러한 물음에 대한 대답은 수익성, 시장점유율, 매출증대 중 어느 것을 목표로 하는지에 따라 달라진다. 완벽한 제품구색과 높은 시장점유율을 목적으로 하는 기업의 경우에는 넓은 제품계열을 보유하는 것이 바람직할 것이며, 고수익을 목적으로 하는 기업에서는 한정된 제품계열을 보유하는 것이 바람직할 것이다.

일반적으로 기업이 어떤 제품을 출시하여 특정 사업부분에 진출한 후 시간이 흐름에 따라서 점차적으로 제품계열의 수가 증가하게 된다. 영업사원은 소매상들이나 소비자들에게 보다 매력적이고 다양한 제품계열을 제공해 주고 싶은 욕구로 제품계열의 확대를 요구할 것이고, 재무담당자들은 수익성 없는 제품계열을 제거함으로써 개선된 수익구조를 갖고 싶어할 것이다. 따라서 기업의 목표와 함께 기업 내 관련부서들이 추구하는 상이한 목표를 적절히 조화시키는 것이 최적의 제품믹스 넓이를 결정하는 데 있어 중요하다.

② 제품믹스의 길이 및 깊이에 관한 의사결정

제품관리자들의 중요한 의사결정 중의 하나는 제품믹스의 길이를 어느 정도로 유지할 것인가이다. 각 제품계열 내 품목 수가 너무 적으면 매출기회를 놓칠 수 있으며, 품목 수를 너무 늘리면 수익성이 감소될 수 있다. 제품계열의 길이확장전략에는 **하향확장전략**(downward stretch), **상향확장전략**(upward stretch), **쌍방확장전략**(two-way stretch)의 3가지 유형이 있다. 또한 3가지 유형의 제품계열 확장전략 이외에도 기존의 제품계열 내에서 제품품목을 추가시킴으로써 제품계열의 깊이를 확장하는 제품확충(product filling)이 있다.

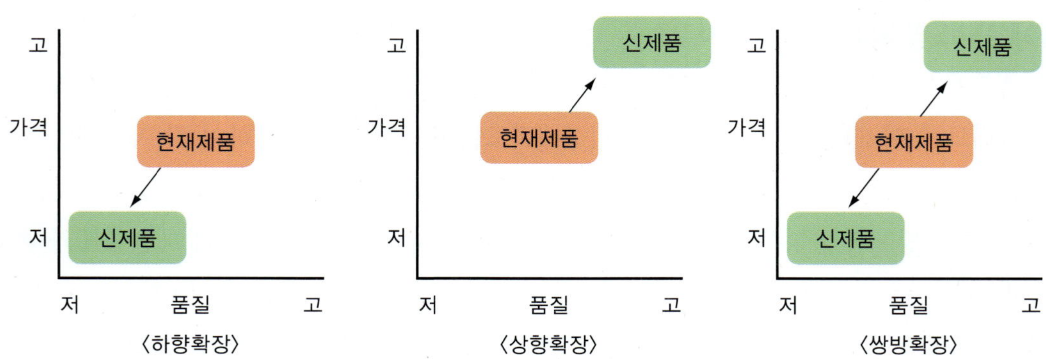

그림 7-4 제품확장의 유형

가. 하향확장전략(Downward Stretch)

이 전략은 초기에는 고품질·고가의 제품을 출시시켰다가 제품계열의 길이를 확장시키면서 저가의 신제품을 추가하는 전략이다. 고가격-고급형 스마트폰만을 출시해 왔던 애플 아이폰은 고급형 아이폰5S와 저가형 아이폰5C를 동시에 출시함으로써 높은 성장을 보이고 있는 중저가 보급형 스마트폰시장에 진출했다. 고가격-고급형 스마트폰인 갤럭시S에 역점을 두었던 삼성전자도 보급형 스마트폰 시장이 확대됨에 따라 갤럭시 중저가 라인업인 A·E·J 시리즈 제품을 출시했다. A·E·J는 순서대로 스펙(부품 구성)과 가격이 조금씩 떨어진다. 기업이 하향확장전략을 선택하는 이유는 초기에 고급 이미지를 소비자에게 심어준 다음 저가의 제품으로 확장함으로써 기존의 고품질 이미지가 저가제품에도 확산될 수 있을 것으로 믿기 때문이다. 이 밖에도 저가제품의 성장가능성이 높거나 잠재시장의 선점을 통해 경쟁자의 진출을 막을 수 있기 때문에 이러한 전략이 사용되기도 한다.

하향확장전략은 기존의 고품격 브랜드이미지에 부정적 영향을 미쳐 기존고객을 이탈시키게 만들 수 있다. 고급 귀금속 브랜드 티파니는 1990년대 말 브랜드를 하향확장해 펜던트 은팔찌를 110달러에 판매했다. 처음에는 중산층 10대 소녀소비자들이 줄지어 팔찌를 구매하면서 매출이 증가했다. 그러나 고급제품에 충성도를 보인 기존고객들이 이탈함에 따라 티파니는 부유한 성인이 아니라 10대를 타깃으로 하는 브랜드라는 인식을 심어주었다. 이에 따라 티파니의 높은 자산적 가치가 하락하는 위험에 처했다. 티파니는 다시 대다수 10대 소녀들이 구매할 수 없도록 비싼 가격의 보석제품을 생산·판매함으로써 고급시장을 대상으로 한 매출이 천천히 회복되기 시작했다.

| 하향확장전략으로 고품격 브랜드이미지에 타격을 입었던 고급 귀금속 브랜드 티파니

나. 상향확장전략(Upward Stretch)

상향확장전략은 초기에는 중저가의 대중적 제품을 출시시켰다가 제품계열의 길이를 확장시키면서 고가의 신제품을 추가시키는 전략이다. 기업이 상향확장전략을 선택하는 이유는 고가의 제품들이 상대적으로 높은 이익률과 매출상승을 동반하기 때문이다. 이 밖에 LG전자가 고급소비자들을 대상으로 한 가전제품라인인 'LG시그니처 에디션'을 내놓은 경우와 같이 고품질의 기업이미지를 형성하기 위한 노력의 일환일 수도 있다. 한국시장에서 저가의 대중적 의류제품을 판매했던 이랜드는 중국시장에 진출하면서 중고가 전략을 추구해 성공을 거두었다.

다. 쌍방확장전략(Two-way Stretch)

쌍방확장전략은 중간수준의 품질·가격을 가진 제품에다 고가와 저가의 신제품을 추가하는 전략이다. 이러한 전략은 고소득 소비자들과 저소득 소비자들 모두에게 소구함으로써 매출증대와 시장점유율의 증가를 실현할 수 있다.

라. 제품확충전략(Product Filling)

위에서 설명된 세 가지 유형과는 달리 기존의 제품계열 내에서 새로운 품목을 추가시킴으로써 제품계열의 깊이를 확대하는 것이 제품확충전략이다. 가령, 오뚜기 식품은 라면 제품범주의 진라면 제품라인 내에서 맛에 따라 매운 맛과 순한 맛, 패키지 유형에 따라 봉지면과 컵라면, 그리고 컵라면에서 대용량 110그램과 소용량 65그램 등 매우 다양한 품목을 제공하고 있다. 이 전략은 잉여설비의 활용, 매출의 증대, 여러 세분시장에의 침투, 다양성 추구 소비자의 욕구충족 등의 긍정적인 효과도 있지만 품목 간 차이에 대한 소비자들의 혼돈을 불러일으킬 만큼의 과다한 확충은 오히려 비용상승과 수익성 감소를 불러일으킬 수 있다.

3.2 개별제품(브랜드)관리

마케팅관리자는 제품믹스관리 및 제품계열관리와 아울러 제품믹스와 제품계열을 구성하는 개별제품(브랜드)에 관한 여러 가지 의사결정을 내려야 한다. 이하에서는 먼저 브랜드의 개념과 역할을 설명한 후 브랜드에 관련된 의사결정들을 다루기로 한다.

(1) 브랜드의 개념과 역할

브랜드(brand)란 특정기업의 제품이나 서비스를 소비자에게 식별시키고 경쟁자들의 것과 차별화하기 위하여 사용되는 독특한 이름과 상징물(로고, 디자인 등)들의 결합체를 의미한다. 우선 브랜드와 관련된 용어들을 알아보기로 한다. **브랜드명**(brand name)은 브랜드를 구성하는 요소들 중 말로 표현될 수 있는 부분(즉, 글자, 단어, 숫자 등)으로, 예를 들어 코카콜라, 페리오, 맥도날드 등이 이에 해당된다. **브랜드마크**(brand mark)는 브랜드구성요소들 중 말로 표현되지 않고 눈으로 볼 수 있는 부분으로 로고, 디자인, 특이한 글자들의 조합 등이 포함된다. 예를 들어, 라코스테의 악어, 해태제과의 해태 등이 이에 해당된다. 브랜드구성요소 전체 또는 일부분이 특허청에 상표등록이 되었다면, 이를 **등록상표**(trade mark)라고 부른다. 등록상표는 브랜드명일 수도 있고, 브랜드마크일 수도 있으며, 혹은 둘을 모두 포함한 것일 수도 있다. 등록상표는 보통 등록되었다(registered)는 뜻을 나타내는 영문자의 첫머리를 따서 Ⓡ이라고 표시하거나 TM(trade mark)으로 표시한다. 등록상표는 법적인 보호를 받아 상표등록을 한 기업만이 독점적으로 사용할 수 있다. 브랜드와 등록상표는 동일한 의미로 사용될 수 있다. 단지 차이점은 브랜드는 일상적으로 사용되는 용어인 반면 등록상표는 법률적 의미를 갖는다는 것이다.

브랜드는 소비자에게 누가 제품생산자인지를 식별할 수 있게 하므로 유사제품을 판매하는 경쟁자들로부터 소비자와 생산자를 보호한다. 중세 유럽의 상인조합은 고객들에게 제품품질을 확신시키고 생산자들을 법적으로 보호하기 위해 브랜드를 사용하는 등 상표는 오래전부터 시장에서 중요한 역할을 수행하여 왔다. 강력한 브랜드는 기업을 위해 다양한 역할을 수행한다. 첫째, 강력한 브랜드는 소비자의 브랜드충성도를 높여, 경쟁브랜드의 공격적인 촉진활동과 저가격 공세에도 불구하고 소비자의 브랜드전환을 어렵게 한다. 둘째, 강력한 브랜드는 중간상의 협조를 쉽게 얻을 수 있어, 보다 나은 진열공간을 확보하거나 중간상들의 가격할인요구를 막을 수 있다. 셋째, 강력한 브랜드는 높은 브랜드인지도를 가지므로, 그 브랜드를 부착한 신제품을 도입하는 데 드는 마케팅비용을 절감할 수 있다.

(2) 브랜드의사결정

브랜드는 제품구성요소 중에서 가장 중요한 부분의 하나이므로 마케터는 체계적인 브랜드의사결정을 내려야 한다. 브랜드에 관한 의사결정은 크게 브랜드 후원자 결정, 브랜드명 전략, 브랜드명 결정으로 나누어진다. [그림 7-5]는 브랜드의사결정과정의 단계들을 보여준다. 이하에서는 각 단계에 대해 자세히 살펴보기로 한다.

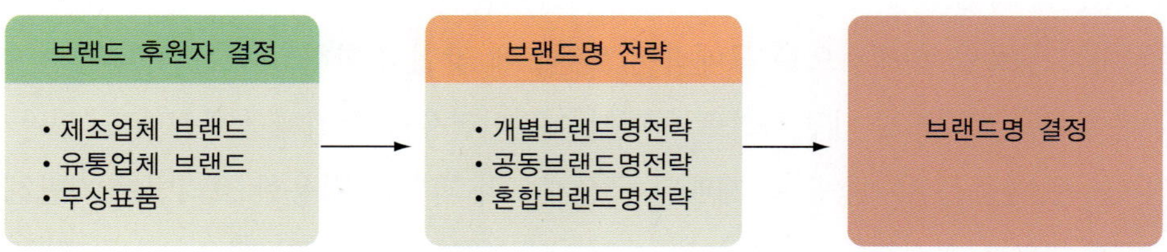

그림 7-5 브랜드의사결정과정

① 브랜드 후원자 결정(Brand Sponsor Strategy)

마케터는 먼저 브랜드를 부착할 것인가의 여부와 부착한다면 브랜드의 후원자를 누구로 할 것인가 등을 결정해야 한다. 브랜드 소유 및 후원과 관련해 마케터가 고려할 수 있는 대안에는 제조업체 브랜드, 유통업체 브랜드, 무상표품 등의 세 가지 대안이 있을 수 있다.

| 유통업체 브랜드의 예: 롯데라면은 롯데마트가 하청을 주어 생산된 제품에 자체 개발한 브랜드명을 개발/부착한 것이다.

제조업체 브랜드(manufacturer's brand)는 제조업체 자신이 소유한 브랜드로서, 제조업자는 생산된 제품의 브랜드 마케팅전략을 직접 통제한다. 이 경우 제조업자는 브랜드이미지의 차별화를 위해 촉진 및 유통에 많은 마케팅비용을 투입한다. 국내시장은 제조업체 브랜드가 지배적인 경향이며, 코카콜라, IBM, 농심라면, 애플 등은 널리 알려진 제조업자 브랜드의 예이다.

유통업체 브랜드(private brand, distributor brand)는 도소매업자가 하청을 주어 생산된 제품에 도소매업자가 개발한 브랜드명을 부착하는 브랜드전략으로, 도소매업자들이 제품브랜드에 대한 마케팅전략을 통제한다. 최근들어 대형소매상들이 유통업체 브랜드를 개발하려는 노력이 두드러짐에 따라 제조업체 브랜드와 유통업체 브랜드 간의 경쟁이 치열해지게 되었는데, 이를 브랜드전쟁(battle of the brands)이라고 한다.

유통업체 브랜드와 제조업체 브랜드 간의 시장경쟁에서 유통업체 브랜드는 제조업체 브랜드보다 우위를 점하는 경우가 많은데 그 이유는 다음과 같다.

첫째, 소매업자가 자신이 개발·판매하는 유통업체 브랜드를 제조업체 브랜드보다 나은 위치에 진열할 수 있다. 둘째, 유통업체 브랜드는 제조업체 브랜드보다 저렴한 가격에 판매되므로 가격에 민감한 고객집단들을 유인할 수 있다.

과거에는 값싼 유통업체 브랜드로 승부하는 유통업체가 많았지만, 최근에는 품질도 좋으면서 가격도 적정한, 즉 가성비가 높은 제품을 출시하는 유통업체가 늘고 있다. 유통업체 브랜드도 합리적인 가격대의 상품을 선택적으로 구매하는 트렌드에 맞춰 진화하고 있는 것이다. 가령, 이마트는 최고급 유통업체 브랜드를 개발하기로 하면서 어린이전용 유통업체 식품브랜드 '엄마기준'을 출시했다. 엄마기준 제품은 유기농으로 재배된 국산채소와 과일을 활용한 요리법에 기반해 '오색 푸드'라는 제품콘셉트를 설정했다. 가령, '엄마기준' 냉동 밥과 냉장 과일 잼은 5가지 색상 콘셉트로 출시됐는데, 냉장 잼은 딸기, 배, 감귤, 키위, 블루베리로 만들었고, 볶음밥에는 피망, 토마토, 흑미, 파인애플, 새송이가 각각 들어갔다.

제조업체가 고려할 수 있는 또 다른 브랜드후원 전략의 하나는 **무상표품**(generic brand)전략이다. 무상표품은 생산된 제품에 브랜드를 붙이지 않고, 맥주, 콜라, 설탕 등 단지 제품의 내용만을 표시하는 브랜드후원 전략이다. 무상표품은 평범하게 포장되어 있고 제품광고를 하지 않으므로, 제

| 이마트가 최고 품질의 어린이 전용 식품라인 브랜드로 도입한 피코크 '엄마기준'의 냉장 잼 제품

조업체 브랜드나 유통업체 브랜드보다 훨씬 저렴한 가격에 판매된다. 무지는 무인양품(無印良品·MUJI, mujirushi ryohin)을 줄인 말로 생활용품, 의류, 부엌용품, 가구, 식품에 이르기는 7,000여 가지의 아이템을 생산하는 제조 겸 유통회사다. 무지는 자신의 이름을 드러내지 않는 노브랜딩(No Branding) 전략으로 성공을 거뒀다. 넘쳐나는 제품브랜드들 속에서 오히려 제품의 로고를 없애는 역발상이 효과를 거둔 것이다. 무지의 제품에는 로고나 라벨, 심지어 작은 탭조차 붙어 있지 않고, 디자이너의 이름도 드러내지 않는다. 그러나 무지는 미니멀리즘과 친환경이라는 제품콘셉트를 일관성 있게 추구하며, 지나친 브랜드 구축 활동에 의존하지 않으면서도 브랜드정체성을 제대로 확립했다. 우수한 제품품질과 서비스를 토대로 소비자들에게 더 많은 가치를 제공하기 위해 노력했다.

② 브랜드명 전략(Brand Name Strategy)

마케터가 자사제품에 부착할 수 있는 브랜드명 전략으로 개별브랜드명전략, 공동브랜드명전략, 혼합브랜드명전략의 세 가지 대안이 있다.

가. 개별브랜드명전략(Individual Brand Name Strategy)

개별브랜드명전략은 생산된 제품에 각각 다른 브랜드명을 부착시키는 전략이다. 미국의 Proctor & Gamble사가 개별 브랜드명을 사용하는 대표적인 기업으로 알려져 있다. LG생활건강의 경우에도 생산된 생활용품들에 대해 개별브랜드명을 채택하고 있다. 예를 들어 세탁세제 내에도 테크, 샤프란 등 다른 브랜드명을 사용한다. 개별브랜드명의 이점은 한 브랜드가 시장에서 실패하더라도 다른 브랜드에 영향이 거의 없다는 점이다. 마케터가 같은 제품군 내에서 두 개 이상의 개별브랜드명을 사용하는 전략을 **복수브랜드**(multibrand)전략이라고 한다. 앞의 예에서와 같이 LG생활건강이 세탁세제 내에서 테크, 샤프란 등 서로 다른 브랜드명을 사용하거나, 이랜드가 캐주얼 의류 내에서 이랜드, 브랜따노, 언더우드, 헌트 등의 경쟁브랜드들을 도입한 경우가 복수브랜드전략의 예이다.

MARKETING
FOCUS

PB(자체브랜드) 개발과 강화를 통해 수익을 창출하려는 쿠팡

쿠팡의 PB 식품브랜드 '곰곰'을 자주 이용한다는 직장인 안수진 씨는 "물가가 오르고 혼자 살다 보니 점점 가성비를 따지게 됐다. 평소 로켓배송 때문에 쿠팡을 자주 이용하는데, 유독 '곰곰' 브랜드에서 나온 물건들이 저렴해 검색해 봤더니 쿠팡 자체 브랜드였다. 저렴해서 신선도나 맛을 기대하지 않았는데 마트에서 파는 상품과 다를 바 없었다"고 말했다.

쿠팡은 수익성 제고의 일환으로 자체브랜드(PB: Private Brand) 사업 강화에 적극 나서고 있다. 쿠팡은 2017년 처음으로 PB브랜드 '탐사'를 선보였다. 2020년에는 쿠팡은 PB사업을 분할해 자회사 'CPLB'를 설립했다. 이후 쿠팡의 PB사업은 반년만에 매출 1000억을 넘어선 후 2021년 매출 1조 원을 돌파했다.

현재 쿠팡은 생활용품 '코멧 · 탐사', 식품 '곰곰', 생활가전 '홈플래닛', 여성 데일리 패션 '메종드디자인'과 빅사이즈 패션 '102102' 등 여러 PB 브랜드를 운영하고 있다.

쿠팡이 PB 상품과 CPLB 사업부를 더욱 강화하는 주요이유는 PB 상품이 소비자를 끌어모으는 일종의 미끼상품이 될 수 있다고 판단했기 때문이다. 실제 쿠팡 앱 내 '빠른장보기' 탭에서 판매량이 가장 많은 상품을 살펴보면 쿠팡의 물 PB 브랜드 '탐사수'가 1위다. 2위는 서울우유, 5위 남양우유, 8위 곰곰 달걀로 탐사수를 구매하면서 다른 상품들을 함께 구매한다는 것을 확인할 수 있다.

| 쿠팡이 운영하고 있는 PB 브랜드

가격경쟁력을 기반으로 한 PB 상품을 강화하는 또 다른 이유는 적자를 기록하고 있는 쿠팡의 수익성 제고를 위해서이다. 기존 오프라인 유통업체가 PB사업을 시작한 이후 대형마트와 편의점의 PB상품 비율이 30%까지 증가했다. 특히 이마트 PB '노브랜드'는 이마트가 다양한 전문점으로 사업을 확장하는 데 주도적인 역할을 했다.

마진이 많이 남고 수익성 제고에 도움이 되기 때문에 이커머스를 포함한 유통업체들의 PB상품 개발은 더욱 강화될 것이다.

자료원: 아시아경제, 2022.8.1.; 한국금융, 2021.12.14

MARKETING
FOCUS

개별브랜드전략을 기반으로 다양한 제품포트폴리오를 구축함으로써 시장위기에 대한 대응력을 키운 장수기업 P&G, 코카콜라, 켈로그

섬유 유연제 브랜드 '다우니'로 유명한 다국적 소비재 기업 프록터앤드갬블(P&G)은 코로나19 사태 속에서도 꾸준히 높은 마케팅성과를 거둔 장수기업이다. 2021년 1분기 P&G의 순이익은 32억7000만 달러(약 3조7000억 원)로 전년 동기(29억2000만 달러)보다 11.9% 증가했다. 이러한 성과의 주요원인 중 하나는 다양한 제품범주로 구성된 제품(사업)포트폴리오이다. 1837년 아이보리 브랜드 비누를 만드는 회사로 시작한 P&G는 인수합병(M&A) 등을 통해 탈취제 브랜드인 페브리즈, 면도기 브랜드인 질레트, 섬유유연제 브랜드인 다우니 등을 선보였다. 프록터앤드갬블(P&G)은 신사업에 진출하면서 다른 이름의 브랜드를 사용함으로써 그 브랜드가 실패했을 경우 우려되는 부정적 파급효과를 차단해 왔다.

글로벌 마케팅전략 전문업체인 리스 앤드 리스의 알 리스 회장은 "단일 브랜드만으로 기업이 오래 살아남기는 어렵다. 기업이 사업영역을 확장할 때, 새로운 제품카테고리에는 반드시 새로운 브랜드 이름을 부여해야 한다. 기업의 가치는 다양한 제품카테고리를 가지고 있음에서 나온다. 하나의 브랜드로 다른 사업영역까지 확장하겠다고 고집을 부린다면 해당 브랜드에서 발휘된 시장리더십이 다른 사업영역에서는 제대로 발휘되기 어려울 뿐 아니라 과도한 브랜드 확장으로 인해 전체 브랜드이미지만 약해진다"고 주장했다.

P&G의 다양한 제품포트폴리오 역시 위기 대응능력을 키운 것으로 보인다. 미국 노스이스턴대의 '글로벌적응유연성기관(Global Resilience Institute)'이 2020년 발표한 보고서는 "위기상황에서 빠르게 적응하고 전환점을 찾을 수 있는 능력이 필요"하다고 강조했다. 언제든 사업방향을 전환할 수 있도록 다양한 제품포트폴리오를 확보하고,

| 진출한 제품범주별로 독립된 브랜드를 사용하는 개별브랜드전략을 추구하는 코카콜라컴퍼니의 다양한 제품브랜드. 왼쪽부터 코카콜라, 스프라이트, 환타, 파워에이드, 미닛메이드, 코스타 커피, 슈웹스.

민첩하게 움직일 수 있는 몸집을 갖고 있어야 한다는 것이다.

사업영역을 확장할 때, 기존 브랜드의 이미지와 자산적 가치에 부정적 영향을 미치지 않도록 않기 위해 제품별로 별도의 브랜드를 사용한 제품포트폴리오를 구축해 성공한 사례는 P&G만이 아니다. 개별브랜드전략을 통해 사업영역을 확장해 성공을 거둔 또 다른 대표적인 장수기업의 예로 코카콜라컴퍼니와 켈로그를 들 수 있다. 1892년 설립된 코카콜라컴퍼니는 탄산음료 코카콜라에서부터 시작해 탄산 · 스포츠음료, 먹는 샘물, 주스, 차, 커피, 우유 등 다양한 제품영역으로 확장했다. 개별브랜드전략을 추구하는 코카콜라컴퍼니는 대중적인 인지도가 높은 코카콜라의 브랜드 이름을 활용하지 않고 개별 정체성을 가진 스프라이트, 환타, 미닛메이드 등 개별브랜드를 사용해 각 제품시장에 성공적으로 안착시켰다. 코로나19 사태에도 불구하고 2021년 1분기 코카콜라 매출은 전년 동기보다 5% 증가한 90억2000만 달러(약 10조2000억 원)의 매출성과를 거두었고, 개별 정체성을 가진 21개의 제품브랜드들도 모두 연간 매출규모가 각각 10억 달러(약 1조 1300억 원)를 웃돌았다.

다국적 소비재 기업 프록터앤드갬블(P&G)은 페브리즈, 질레트, 다우니 등 다양한 제품브랜드를 확보해 장수기업으로 성공했다.

1906년 세워진 장수 식품회사 켈로그 역시 새로운 제품범주로 사업을 확장할 때마다 별개의 제품브랜드로 승부하면서 살아남았다. 콘플레이크 시리얼로 시작했으나, 대체육 브랜드인 모닝스타팜스, 감자칩 브랜드인 프링글스 등 채식주의 · 건강식 분야까지 다양한 제품브랜드를 선보였다. 인기가 많은 시리얼 브랜드 '스페셜K'에만 매달리지 않은 것이다. 2021년 1분기 켈로그는 시리얼뿐 아니라 과자, 냉동식품, 국수 및 기타류의 매출에서 한 자릿수 이상의 성장률을 기록했다.

자료원: 이코노미조선, 402호, 2021.6.28.

나. 공동브랜드명전략(Blanket Family Name Strategy)

공동브랜드명전략은 생산된 모든 제품에 기존의 기업 브랜드명 또는 제품 브랜드명을 사용하는 전략이다. 예를 들어 오뚜기 식품은 오뚜기 카레, 오뚜기 마요네즈, 오뚜기 케첩 등 모든 제품에 동일한 기업 브랜드명을 부착하고 있다. 공동브랜드명의 이점은 신제품 도입 시 저렴한 마케팅비용으로 소비자들에게 상표명을 인식시킬 수 있다는 것이다.

공동브랜드명전략을 변형시킨 전략으로 최근 기업이 많은 관심을 보이는 브랜드명 전략이 **브랜드확장전략**(brand extension strategy)이다. 브랜드확장전략은 한 제품시장에서 성공을 거둔 기존 브랜드명을 다른 제품시장의 신제품에도 사용하는 브랜드전략이다. LG생활건강에서 드봉화장품이 성공하자, 드봉비누와 드봉치약을 출시했던 경우가 그 예이다. 브랜드확장전략에 관한 보다 자세한 설명은 제8장 브랜드자산의 개념 및 관리를 참고하기 바란다.

많은 기업들이 복수의 제품계열에서 여러 제품들을 생산하고 있으므로, 개별브랜드명과 공동브랜드명을 조합하여 사용하는 **혼합브랜드명전략**을 채택하기도 한다. 혼합브랜드명전략은 다시 제품계열별 공동브랜드명전략과 개별브랜드명·공동브랜드명 혼용전략으로 나눌 수 있다.

제품계열별 공동브랜드명전략은 여러 제품계열들을 생산하는 기업이 각 제품계열에 대해 상이한 브랜드명을 부착하고, 각 제품계열 내의 모든 제품에는 공동브랜드명을 이용하는 전략이다. 이러한 상표명을 채택하는 기업의 예가 미국의 대중 백화점인 Sears백화점인데, Sears는 가족용 내구제품에는 Kenmore, 여성의류에는 Kerry brook, 공구류에는 Craftsman이라는 브랜드명을 사용한다. **개별브랜드명·공동브랜드명 혼용전략**은 소비자에게 이미 친숙한 기업명을 개별브랜드명들과 결합시키는 브랜드명 전략이다. 예를 들어 농심은 농심 신라면, 농심 안성탕면, 농심 너구리, 농심 해물탕의 경우와 같이 각 제품의 독특성을 반영한 브랜드명과 소비자의 인지도가 높은 기업명을 연계시킴으로써 상승효과를 얻는 브랜드명 전략을 채택하고 있다.

③ 브랜드명의 결정

좋은 브랜드명은 시장경쟁에서 우위를 확보하는 데 상당한 기여를 한다. 좋은 브랜드명은 여러 가지 바람직한 특성을 가져야 한다.

브랜드명은 제품과 잘 어울려야 한다. 즉 브랜드명은 시각적·언어적으로 제품과 잘 어울리고 매력적이어야 한다. 예를 들어, 풀무원이라는 브랜드명은 생산되는 제품이 자연식품들이라는 사실을 암시하며, 경쟁이 치열한 식품업계에서 경쟁자와 쉽게 차별화될 수 있다는 이점이 있다. 구강청정제 가그린, 샴푸와 린스 공용의 하나로, 농축세제 한스푼 등과 같은 브랜드명은 제품의 기능이나 편익을 잘 묘사하므로 소비자들이 브랜드명을 인지하기 용이할 것이다. 또한 브랜드명은 발음하기 쉽고 기억하기 용이해야 한다. 애경의 2080 치약 브랜드명은 '20개의 건강한 치아를 80세까지'라는 의미를 담고 있어 경쟁브랜드보다 강하게 소비자 기억 속에 자리잡았다. 그리고 가능한 한 브랜드명이 짧은 것이 바람직하다. 브랜드명이 짧을수록 포장에 표시된 브랜드명의 크기가 보다 커져 소비자에게 쉽게 식별되고 기억하기 용이하기 때문이다. 그러나 식음료업체와 같은 일부 기업들은 차별적인 제품속성과 제품의 신뢰성을 소비자에게 자세히 전달하기 위해, 그리고 주의를 유발하기 위해 긴 브랜드명을 도입하기도 한다. 오뚜기의 즉석식품 브랜드명 '오뚜기 컵밥 김치

| 제품속성을 자세히 설명하기 위해 긴 브랜드명을 사용한 CJ제일제당

참치 덮밥', CJ제일제당의 냉장소시지 브랜드명 '계란을 입혀 부쳐 먹으면 정말 맛있는 소시지', 롯데칠성음료의 녹차브랜드명 '지리산이 키운 생녹차 순한맛'과 남양의 '몸이 가벼워지는 시간 17차' 등이 그 예이다. 물론 이러한 조건들이 부합되지 않음에도 불구하고 시장에서 성공한 브랜드들도 많이 있으므로 앞에서 언급된 기준들을 브랜드명 결정의 절대적 기준으로 사용하기보다는 하나의 지침으로 보는 것이 좋다.

04 서비스마케팅

현대는 서비스 경제의 시대이다. 소비자는 제품구매보다 서비스구매에 더 많은 비용을 지출한다. 서비스 경제의 출현은 직장여성 비율의 급격한 상승, 독신가구 및 노인층의 증가 그리고 맞벌이 부부의 증가에 따른 가처분소득의 상승 등과 같은 요인에서 비롯되었다. 직장여성이 늘어감에 따라 요리, 집안청소, 자녀양육에 투입해야 할 시간이 줄어들었고, 이는 패스트푸드점, 1회용 세탁기, 육아센터, 카탈로그 쇼핑 등과 같은 서비스의 급속한 성장을 촉진하였다. 또한 충분한 가처분소득을 가진 맞벌이 부부와 독신가구의 증가는 개인적 서비스(정원관리, 미용, 자동차 관리 등), 여행과 레저(호텔, 렌트카, 항공), 건강(피트니스센터, 건강진단센터), 금융서비스(financial service)와 관련된 서비스의 팽창을 유발하였다.

서비스 경제의 출현에 따라, 서비스기업들은 마케팅지향적 관리의 중요성을 인식하게 되었다. Holiday Inns, Hyatt 등과 같은 호텔체인은 시장을 소득수준에 따라 세분화하고, 각 세분시장에 따라 최고급, 중간가격대, 경제적 가격대의 설비를 갖춘 숙박시설을 제공한다. 병원과 금융기관은 소비자들을 대상으로 광고를 시작하였으며, 변호사, 회계사, 의사 등과 같은 전문직 종사자들도 자신들이 제공하는 서비스에 대해 광고를 하기 시작하였다.

지금까지 본서는 유형제품을 중심으로 마케팅관리를 설명하였으며, 설명된 많은 부분이 서비스에 대한 마케팅에 적용된다. 그러나 서비스는 유형제품과 많은 차이가 있다. 대한항공이 직면한 마케팅문제는 죽염치약을 제조·판매하는 LG생활건강의 마케팅문제와 같을 수 없다. 이하에서는 먼저 서비스의 기본적 특성과 분류방법을 살펴보고, 서비스에 대한 마케팅전략을 설명하기로 한다.

MARKETING
FOCUS

높은 고객만족과 강력한 고객관계구축을 위해 의료시스템 혁신에 나선 세계최고 병원 '메이요 클리닉'

모든 산업에 걸쳐 가장 까다롭고 힘든 소비자는 누구일까? 아마 병원을 찾는 환자일 것이다. 자동차나 휴대전화 같은 제품이나 호텔, 금융 같은 서비스 상품은 개인의 기호(嗜好)에 따라 선택하지 않아도 그만이다. 하지만 중병(重病)으로 고통받는 환자들은 치료를 받기 위해 자기 생명을 걸고 그만큼 절박하다. 이들이야말로 세상에서 가장 까다로우면서 가장 특별하고 섬세한 서비스를 원하는 고객이다.

미국 미네소타주에 있는 로체스터시는 인구가 10만 명 남짓한 작은 도시로, 시내를 조금만 벗어나면 드넓은 목초지가 펼쳐져 있고 겨울이면 섭씨 영하 20도를 밑도는 혹한과 수십㎝씩 쌓이는 폭설로 외출조차 힘들다. 그런데도 유럽 · 중동의 왕족과 부호(富豪), 귀족들은 전용기를 타고 이곳을 자기 집 안방처럼 찾아온다. 지리적 불리함이란 한계에 아랑곳없이 글로벌 의료 성지(聖地)로 우뚝 선 메이요 클리닉(Mayo Clinic)이 있기 때문이다. 미국 메이요 클리닉은 세계적으로 의사와 환자로부터 가장 존경받는 병원으로 꼽힌다.

메이요 클리닉(Mayo Clinic) 병원의 1층 로비에 들어서면 고급호텔에 온 듯한 상쾌함이 밀려들어 온다. 널찍한 로비에는 온통 대리석이 깔려 있고, 천장에는 샹들리에 같은 화려한 전등이 달려 있다. 로비에 배치된 의자는 모두 쿠션이 달린 편안한 의자다. 특히 기다란 복도 모퉁이에는 후안 미로와 앤디 워홀 등 세계적 미술가의 그림과 조각이 전시돼 있다. 유명한 작품을 보려는 방문객을 대상으로 가이드 투어도 진행되고 있다. 메이요 클리닉이 내부장식에 엄청난 돈을 투자한 목적은 사세(社勢) 과시용이 아니다. "메이요에선 병원 로비를 들어서는 순간부터 진료가 시작된다"는 환자중심 철학에 따라 환자가 최대한 안락한 느낌이 들도록 하려는 특별배려인 것이다.

메이요 클리닉은 환자중심 철학과 오픈 이노베이션(open innovation · 열린 혁신)으로 세계에서 환자와 의사로부터 가장 존경받는 병원이라는 명성을 얻었다. 환자의 경험을 중시하는 메이요의 환자중심 철학은 유별나다. 의사는 초진(初診)환자를 최소 45분 동안 진료한다. 환자나 보호자와 충분히 대화해야만 제대로 진단을 내릴 수 있다는 판단에서다. 또 모든 의사는 돌보던 환자가 퇴원하면 72시간 이내에 환자를 보낸 다른 병원 의사에게 진료경과와 회복상태에 대해 연락을 해줘야 한다. 연락을 하지 않으면 병원 경영진으로부터 경고 이메일을 받는다. 이러한 환자지향적 경영과 마케팅의 결과로 연인원 2000만 명이 넘는 환자를 매년 맞는 메이요는 세계에서 환자만족도가 가장 높은 병원으로 첫손 꼽힌다.

4.1 서비스의 차별적 특성

서비스는 유형제품과 다른 4가지 특성을 갖는다. 서비스는 유형제품과 비교하여 비유형적이고(intangible), 표준화가 어려우며(more variable), 즉시 소멸되며(perishable), 생산과 소비가 동시에 이루어지는 차별적 특성을 갖는다.

(1) 비유형성(Intangibility)

소비자는 코카콜라의 맛을 보거나 크리스찬 디올 향수의 향을 맡아볼 수 있다. 이와 같이 유형제품의 경우에는 소비자는 구매 전에 경쟁제품들을 비교할 수 있으며, 구매 후에 자신이 지불한 대금을 증명할 어떤 것을 소유하게 된다. 그러나 서비스의 경우 소비자는 구매 전까지 서비스를 보거나 만져볼 수 없다(즉 성능을 평가할 수 없다). 그리고 서비스를 구매했음을 보여줄 구체적 대상이 없다. 이러한 무형적 특성은 서비스기업이 극복해야 할 주요한 과제이다.

서비스기업은 다음과 같은 방법을 통해 서비스를 보다 유형적으로 보이게 하여 무형성을 극복할 수 있다. 첫째, 서비스제공자는 소비자들로 하여금 가치 있는 무엇인가를 제공받고 있다는 느낌을 갖도록 노력한다. 예를 들어, 보험회사는 불입된 보험료로 자녀의 대학교육비나 은퇴 후 생활비 지급의 혜택을 누릴 수 있음을 강조하는 촉진전략을 흔히 사용한다.

둘째, 유명인을 광고모델로 활용하여 제공되는 서비스를 유형화한다. 예를 들어, DB(전 동부화재) 손해보험은 배우 지진희를 광고모델로 이용하여 서비스의 신뢰성을 전달함으로써 보험서비스의 무형적 특성을 보다 유형화하는 데 성공했다. 셋째, 무형적인 서비스를 유형화하는 또 다른 방법은 서비스제품을 드라마화(dramatization) 하는 것이다. 이는 광고를 통해 서비스를 사용하여 얻어지는 혜택을 직접 보여주는 것이다. 예를 들어, 놀이공원이 TV광고에서 롤러코스트를 탄 소비자가 짜릿함을 느끼는 장면을 보여주거나 신용카드 회사가 광고를 통해 자사의 서비스를 이용하지 않은 소비자가 불쾌한 경험을 겪는 장면을 드라마화하여 보여준다. 넷째, 유형적인 심벌(symbol)을 서비스와 연계시킨다. 예를 들어, 미국의 대표적인 증권회사인 Merill Lynch사는 재무적 성공을 상징하는 황소(bull)를 기업의 심벌로 이용하여 소비자편익을 전달하고자 한다. 메리츠화재는 자사의 보험서비스를 메리츠 걱정인형 캐릭터와 연결시켜 예기치 않은 사건으

| 재무적 성공을 상징하는 황소(bull)를 기업의 심벌로 이용한 Merill Lynch

로 인한 부정적 결과(사망이나 신체손상 등)에 대한 고객들의 두려움과 걱정을 메리츠화재가 잘 해결해 줄 수 있다는 메시지를 효과적으로 전달하고 있다.

(2) 비표준화(Variability)

페리오치약과 같은 유형제품을 구매하는 소비자는 매번 같은 품질의 제품을 구매할 것으로 기대한다. 그러나 서비스는 사람에 주로 의존하므로, 일관되고 표준화된 서비스가 제공되기 어렵다. 의사에 따라 의술에 차이가 있을 수 있으며 미용사의 머리손질이 방문 때마다 달라질 수 있다. 형편없는 서비스를 경험한 소비자는 그 서비스를 반복구매하지 않을 것이며 주위사람들에게 부정적 구전을 퍼뜨릴 것이다. 미국의 Federal Express는 자체항공기의 소유와 (모든 소포들을 미국의 멤피스에 집결시킨 다음 최종목적지로 배달하는) 혁신적 수송체계(hub-spoke concept)의 도입을 통해 정시배달을 보장함으로써 항공화물 배달분야에서 선도기업이 되었다. 이준 헤어숍의 각 체인점은 소비자들에게 동일한 가격으로 표준화된 헤어커트(haircut)를 제공함으로써 미용서비스를 표준화하고 있다.

서비스 마케터는 서비스제공물을 표준화하기 위해 다음과 같은 노력을 기울여야 한다. 첫째, 보다 신뢰성 있는 서비스를 제공하기 위해, 서비스제공자의 선발과 교육에 많은 투자를 한다. 둘째, 서비스제공자를 사람에서 기계로 대체함으로써 비일관적인 서비스가 제공될 가능성을 낮춘다. 은행은 Automatic Teller Machine(현금자동입출금기)과 온라인 금융서비스의 도입으로 창구직원의 비표준적인(비일관적인) 서비스를 개선하고 있다.

(3) 소멸성(Perishability)

서비스는 판매될 때까지 저장될 수 없다. 소비자가 서비스가 제공되는 시점에 이를 소비하지 않으면, 그 서비스는 사라져 버린다. 비행기 좌석은 재고로 저장될 수 없으며, 채워지지 않은 좌석은 그대로 사라져 버리고 만다. 항공사는 어제의 비행에서 재고로 남은 빈 좌석을 내일의 초과수요를 채우기 위해 재고로 유지할 수 없는 것이다. 의사들이 예약시간을 지키지 않은 고객들에게도 비용을 부과하는 것은 서비스의 이러한 소멸성 때문이다(서비스 제공시점에 환자가 없으면 서비스가치가 상실되기 때문이다).

수요가 지속적이고 안정적이면 서비스의 소멸성은 크게 문제가 되지 않는다. 그러나 수요의 변동이 심하면, 서비스제공자는 효율적인 자원활용을 위한 의사결정(예를 들어, 비수기의 비행기 운항횟수를 얼마로 할 것인가)을 내리기 어렵게 된다. 그러므로 서비스마케터는 최적의 자원배분을 위해 수요·공급의 특성을 분석해야 한다. 다음은 안정적인 서비스수요의 확보를 위한 방법들이다.

| 도미노피자는 30분 이내의 가정배달을 보장함으로써 미국 피자시장에서 선도적 피자체인이 되었다.

- **서비스가격의 차별화**: 전화회사나 극장은 수요가 별로 없는 시간에 서비스를 이용하는 고객들에게 보다 낮은 요금을 적용함으로써 피크타임의 초과수요를 비피크타임으로 이전시키고자 한다.
- **비성수기 수요의 개발**: 스키리조트는 눈이 없는 기간 동안에 인공잔디 슬라이드를 설치하거나 리프트를 이용하여 아름다운 경관을 볼 수 있게 함으로써 수요를 창출한다.
- **보완적 서비스의 제공**: 많은 은행들이 보통예금이나 저축예금과 같은 기본적인 서비스를 보완하기 위해 다양한 투자성 서비스를 제공한다. 최근 들어 증권회사들이 종합금융기관으로 변신하고 있다. 그동안의 주식중개 중심의 증권사 영업이 다양한 금융상품들의 도입으로 영역이 확대되고 있다. 수수료 자유화로 주식매매를 통해 얻는 수수료 폭이 크게 줄어들게 됨에 따라 증권회사들은 다양한 금융상품들을 개발·취급하고 있다. 즉, 수익증권뿐만 아니라 종금사에서나 볼 수 있었던 기업어음(CP), 양도성 예금증서(CP), 환매조건부 채권매매(RP) 등의 상품도 판매되고 있다. Domino피자는 30분 이내의 가정배달을 보장하고 배달에 45분 이상이 걸리면 무료로 제공함으로써 미국 내 피자시장에서 선도적 피자체인이 되었다.
- **예약시스템의 도입**: 예약판매(production and consumption preselling service)는 수요의 사전확보에 유용한 방법으로, 항공사, 철도, 호텔, 식당 등에서 이용되고 있다.

(4) 생산과 소비의 동시성(Simultaneous production and consumption)

서비스는 흔히 생산과 소비가 동시에 이루어진다. 가령, 내과의사는 환자의 이야기를 듣고, 증상의 원인을 파악한 다음 처방을 내리며(생산), 환자는 증상을 설명하고 의사의 치료를 받는다(소비). 그러므로 유형제품과는 달리 서비스의 경우에는 소비가 발생될 때 서비스제공자가 그 자리에 존재해야 한다. 이러한 서비스 특성은 유통과 관련된 시사점을 제공한다. 유형제품의 경우에는 소비자가 원하는 시간과 장소에 상품을 공급하기 위해서 수송·저장과 같은 유통기능이 중요하다. 그러나 무형적 특성의 서비스는 재고로 유지될 수 없으므로, 시간 및 장소효용을 창출하는 수단인 수송과 저장은 별로 중요하지 않다. 서비스의 유통에서 중요한 것은 고객의 면전에서 서비스제공자가 직접 제공하는 서비스 질이며, 이는 고객의 반복구매에 큰 영향을 미친다. 앞에서 설명하였듯이 생산과 소비의 동시성으로 인해 발생되는 문제를 해결하는 방법의 하나는 기계의 도입으로 대인접촉에 의한 서비스제공을 줄이는 것이다. 그러나 대부분의 서비스가 사람에 의존해야 하므로, 서비스제공의 질을 향상시키는 다른 방법들도 강구되어야 한다. American Express 신용카드사는 분실한 카드에 대한 처리속도가 느림을 발견하고, 카드처리에 있어서의 구체적 성과기준(예를 들어, 단순한 신상적 질문으로부터 보다 복잡하고 세분화된 질문에 이르기까지)을 마련하였다. 그 결과, 잃어버린 카드를 대체하는 데 소요되는 시간이 평균 2주로부터 2일로 단축되었다.

4.2 서비스마케팅의 세 가지 유형

서비스마케팅은 지금까지 설명한 고객대상의 전통적인 **외부마케팅**뿐 아니라 내부마케팅과 상호작용마케팅의 병행을 필요로 한다([그림 7-6] 참조). **내부마케팅**(internal marketing)은 각각의 서비스종업원이 고객만족을 충족시키기 위해 팀의 한 구성원으로서 자신의 역할을 잘 수행할 수 있도록 서비스종업원들에 대한 효과적인 훈련 및 동기부여와 이들에 대한 지원서비스를 제공하는 과정을 말한다. 가령, 리츠칼튼호텔은 탁월한 서비스 성과를 보인 종업원들에 대해 공개적인 인정과 보상을 제공함으로써 자부심과 동기부여를 유발한다. 그리고 페덱스는 화물기에 사원이름을 새기고 배달원을 교육시켜 사장으로 만드는 등 내부마케팅을 통해 종업원(내부고객)의 충성도를 높여 글로벌 물류회사로 성장했다.

| 팀원들의 자녀 이름을 따서 항공기의 이름을 정하는 등 내부마케팅을 통해 내부고객 충성도를 구축하고 이를 기반으로 높은 외부고객 만족과 마케팅 성과를 실현한 페덱스

상호작용마케팅(interactive marketing)은 서비스제공의 순간에 이루어지는 구매자-판매자 상호작용의 품질을 높임으로써 높은 지각된 서비스품질을 달성하려는 기업의 마케팅노력을 말한다. 고객과 현장 서비스종업원들은 서비스를 창출하는 과정에서 상호작용이 이루어진다. 효과적인 상호작용이 이루어지기 위해서는 현장 서비스종업원들의 숙련된 기술과 이들을 지원하는 지원과정(support processes)이 필요하다. Four Seasons 호텔은 선천적으로 다른 사람들을 배려하는 사람들만을 선발

MARKETING
FOCUS

스타벅스 팬덤의 비밀:
뛰어난 상호작용 마케팅 기법을 종업원들에게 교육시키는 소공아카데미

| 서울 중구에 있는 스타벅스 소공아카데미에서 직원들이 교육을 받고 있다.

1년 내내 '굿즈 대란'이 일어날 정도로 국내에서 강력한 팬덤을 확보하고 있는 커피 브랜드 스타벅스. 사람들은 왜 스타벅스에 열광할까. 그 이유 가운데 하나로 뛰어나고 일관된 맛과 서비스의 품질을 빼놓을 수 없다.

전국 어느 매장에 가도 실패할 리 없는 맛과 서비스가 탄생하는 곳은 서울 중구에 있는 스타벅스 소공아카데미다. 스타벅스 파트너를 키우는 곳이다.

총면적 2314㎡ 규모의 소공아카데미는 세계 스타벅스 교육시설 가운데 최대 규모다. 스타벅스커피코리아는 2020년 5월 본사를 중구 스테이트타워남산으로 옮기면서 본사이던 이곳에 교육시설을 구축했다. 커피를 제조해 소비자에게 제공하는 파트너가 회사의 핵심 경쟁력이라고 판단했기 때문이다.

아카데미는 리저브존, 드립존, 에스프레소존 등 커피 종류별로 별도의 교실을 갖추고 있다. 세계 최고 에스프레소 머신으로 불리는 블랙이글 전자동 에스프레소 머신 마스트레나 등 최상의 커피품질을 구현하기 위한 장비도 갖췄다. 노윤정 스타벅스아카데미 스토어트레이닝파트장은 "마스트레나에서 에스프레소를 추출했을 때 추출 시간, 굵기, 온도 등이 최상의 조건이 아니면 표시 창에 별 표시가 나타나지 않는데 이런 커피는 버리고 새로 추출한다. "별이 뜬 최상의 커피만 소비자에게 제공한다"고 했다.

파트너들이 일하는 매장을 그대로 옮겨놓은 교실도 있다. 효율적인 매장동선을 연구하는 곳이다. 축소 설계한 도로와 화상주문시스템, 결제단말기(POS)를 갖춘 드라이브스루 매장도 마련돼 있다. 노 파트장은 "실제 소비자를 응대하는 시뮬레이션을 통해 서비스 교육을 강화하고 있다"고 설명한다.

세계 다섯 곳만 운영하는 음료 랩에선 연간 100개 이상의 음료를 테스트하고 출시한다.

자료원: 한경, 2021.11.03.

하며, 고객들의 모든 욕구를 충족시키기 위해 그들과 상호작용하는 방법에 대해 종업원들을 신중하게 교육시킨다. 그리고 직위에 상관없이 모든 신규채용자들은 3개월 동안 고객충성도 구축을 위한 훈련프로그램을 이수해야 한다.

따라서 성공적인 서비스기업들은 고객과 종업원 모두의 만족을 높이기 위해 외부마케팅, 내부마케팅, 그리고 상호작용마케팅 간에 균형을 맞추기 위해 노력을 기울인다. 〈그림 7-6〉은 서비스마케팅이 외부마케팅뿐 아니라 내부마케팅과 상호작용 마케팅을 함께 요구함을 보여준다

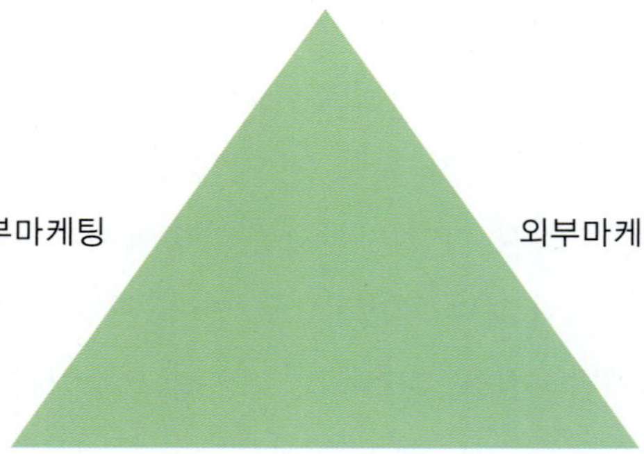

그림 7-6 서비스마케팅의 세 가지 유형

05 | 신제품 개발과 제품수명주기관리

기업은 신제품을 개발하고 관리하는 일에 뛰어나야 한다. 모든 제품은 태어나서 몇 단계를 거치다가 소비자의 요구를 더 잘 충족시키는 새로운 경쟁제품에 밀려 결국은 소멸되고 만다. 이러한 제품수명주기(product life cycle)는 기업에게 두 가지 중요한 도전적 과제를 제시한다. 첫 번째는 신제품 개발이라는 도전적 과제이다. 모든 제품은 결국 쇠퇴하게 되므로, 기업은 오래된 제품을 대체할 수 있는 신제품을 개발하는 데 뛰어나야 한다. Scotch 테이프로 알려진 3M은 공업용 사포부터 접착용 테이프, 가정용 걸레포, 정수필터, 의료용 시료, LCD(액정화면표시장치) 부품까지 3만 5000여 개 제품을 만들고 있다. 3M의 경우, 최근 5년 동안에 개발된 신제품들의 매출비중(신제품 활력지수)이 전체매출의 30% 이상을 차지하고 40%를 경영목표로 삼고 있으며, 총매출의 5~6%를 신제품 개발에 투자한다. 그리고 스마트폰, PC, TV 등에 들어가는 최첨단 부품으로 세계 시장점

유율 50% 이상을 차지하고 있는 일본의 초우량 전자부품업체 무라타제작소는 총매출에서 차지하는 신제품 비율이 30%를 넘는다. 기업들은 엄청난 비용을 감수하면서 신제품 개발에 몰두하는 이유는 소비자의 필요와 욕구가 변화하고 경쟁이 치열해지고 있는 시장환경 속에서 영원한 제품은 없기 때문이다.

기업이 신제품을 개발하는 방법은 두 가지가 있다. 첫째는 인수(acquisition)를 통한 것이다. 이 방법은 한 기업, 제품특허, 혹은 다른 제품을 생산할 수 있는 라이선스를 사는 것을 말한다. 또 다른 방법은 기업의 자체 R&D 부서에서 이루어지는 **신제품 개발**(New-Product Development)이다. 여기서 신제품이란 기업이 자체 연구개발 노력을 통해 만들어낸 독자적인 제품이거나 개량제품, 보완제품, 또는 새로운 상표를 말한다.

두 번째는 제품수명주기 단계별 마케팅전략을 개발하는 일이다. 기업은 제품이 수명주기의 각 단계를 거칠 때 그에 따라 바뀌는 소비자 취향, 기술, 경쟁수준에 적응하기 위한 마케팅전략을 개발하는 데도 뛰어나야 한다. 따라서 기업은 신제품 개발에서부터 시작하여 그 제품이 시장에서 소멸될 때까지의 전 과정에 대하여 보다 체계적으로 연구·관리할 필요가 있다.

본 절에서는 먼저 신제품 개발과정을 설명하고, 그 다음으로 제품수명주기(product life cycle)의 단계별 마케팅전략에 관하여 서술하고자 한다. 신제품 개발에서는 신제품이 시장에 출시되기 전까지의 각 단계에 대해 상세히 다루게 된다. 제품수명주기관리에서는 제품이 시장에 도입되어서 성장·성숙한 다음 쇠퇴하는 과정에서 각 단계별 시장특성과 이에 따른 마케팅전략이 서술된다.

MARKETING
FOCUS

끊임없는 부품혁신을 통해 '자전거계 인텔'로 자리잡은 日 자전거 부품 제조사 시마노

2021년 도쿄올림픽 도로와 산악자전거(MTB) 부문에서 금메달을 딴 두 명의 선수에겐 공통점이 있다. 일본 기업 시마노(7309)의 부품을 장착한 자전거를 탔다는 것이다. 도로를 달리는 자전거부터 산악을 달리는 자전거까지 전 세계 80%의 자전거에는 시마노 부품이 들어간다. 과거 웬만한 컴퓨터에 인텔의 중앙처리장치(CPU)가 들어갔듯 대부분 자전거에 시마노의 부품이 들어가 '자전거계의 인텔'이라는 별명이 붙었다.

| 도쿄올림픽 사이클 금메달리스트 리차드 카라파즈(사진 왼쪽), 방탄소년단(BTS) 멤버 진(사진 오른쪽).

시마노는 독보적인 시장점유율로 2021년 사상 최대 이익을 올렸다. 주가도 이에 반응해 코로나19 발생 후 기록한 저점(1만 2930엔) 대비 2배 이상으로 올랐다.

1921년 설립된 시마노는 1972년까지만 해도 평범한 주문자상표부착생산(OEM) 업체였다. 시마노는 앞으로 고급 자전거가 인기를 끌 것이란 생각에 브랜딩을 시작했다. 1973년 '듀라에이스(Dura-ace)'라는 이름을 붙인 컴포넌트 방식의 부품이 그 시초다. 그 전까지 자전거는 변속기와 체인 등 각각 다른 회사에서 나온 부품을 조립해 만들었다. 이런 방식으로는 시마노가 아무리 좋은 변속기를 만들어도 좋지 않은 체인을 쓰면 최상의 결과를 내지 못했다. 그래서 시마노는 변속기와 체인 등 부품을 한꺼번에 묶어 파는 컴포넌트 방식을 세계 최초로 도입했다. 이 방식을 통해 자전거 부품의 상당 부분을 시마노가 독점하는 효과를 누릴 수 있었다.

이후에도 이용자의 시선에서 제품개발을 게을리하지 않았다. 대표적인 게 변속기 혁신이다. 자전거의 기어를 바꾸면 손가락 끝에 '틱' 하는 감각이 느껴진다. 이 감각을 1984년 처음 도입한 게 시마노였다. 그 전까지 자전거 변속은 감에 의존했다. 그러다 보니 레이스 막바지에 선수들이 지치면 변속을 잘못하는 실수가 왕왕 발생했다. 시마노는 손끝의 감각을 추가해 이 문제를 해결했다. 1990년엔 변속기를 손잡이 근처에 놓는 발상의 전환도 이뤄냈다. 과거 변속기 레버는 주로 자전거 바퀴 위 프레임에 달려 있었다.

제품개발에서 혁신에 혁신을 거듭한 끝에 시마노는 대체 불가능한 자전거 부품회사가 됐다. 올림픽 메달리스트부터 방탄소년단 RM과 진의 자전거까지 전 세계의 80% 넘는 자전거에 시마노 부품이 장착돼 있다. 시마노의 미래 마케팅성과도 긍정적이다. 실적에 대한 낙관의 근거는 한창 개발을 거듭 중인 전동어시스트다. 전동어시스트는 자전거에 부착하는 모터로, 페달을 약하게 밟아도 모터가 힘을 보태준다. 이 모터를 달면 노약자도 편하게 자전거를 즐길 수 있다. 2021년 이 부품의 매출은 전년 대비 45% 증가했을 것으로 추산되고 있다.

| 자전거 부품 제조사 시마노가 만든 자전거 휠

자료원: 한경, 2022.02.16

5.1 신제품 개발(New Product Development)

(1) 신제품의 정의 및 분류

Zenith가 컬러 TV를 개발한 이후 Sony의 Trinitron, 화면의 가로와 세로의 비율을 3:6에서 4:9로 변환시킨 HDTV, 그리고 3D TV, 스마트 TV 등 다양한 혁신제품이 지속적으로 개발되어 왔다. 그리고 기업은 개선된 신제품을 출시하는 노력도 게을리하지 않는다. 예를 들어, 삼성전자는 고선명 화면(Full HD)과 입체영상기능(3D)을 갖춘 LED(발광 다이오드) TV제품, 인터넷 기능과 다양한 앱 프로그램을 갖춘 스마트 TV 등 향상된 신제품을 지속적으로 개발·출시한다.

그러면 어떤 제품을 신제품으로 보는가? 신제품의 유형은 기업의 관점과 소비자의 관점에 기반해 분류될 수 있다.

[그림 7-7]에서 볼 수 있듯이 신제품의 가장 단순한 유형은 제품개선으로서, 기업과 소비자 모두가 참신성이 낮다고 생각하는 신제품이다. 기업은 지속적으로 기존제품을 개선하고 있지만 소비자들은 이를 느끼지 못하는 경우가 많다. 예를 들어 1960년대에 도입된 농심라면은 소비자의 입맛에 부응하기 위하여 여러 차례 제품개선을 통하여 오늘날의 농심라면에 이른 것이다.

혁신제품은 기업과 소비자 모두에게 참신성이 높은 신제품을 말하는데, Polaroid의 즉석카메라, 컴퓨터와 자동차의 발명 등이 이에 해당된다. 소비자들에게는 이미 널리 알려진 제품이지만 기업에게는 신제품으로 분류되는 경우가 제품계열의 추가 또는 제품계열의 확장이다. 예를 들어서 샴푸로 유명한 '비달사순(Vidal Sasson)'이 드라이어 제품을 출시함으로써 미용도구사업에 처음으로 참여한 경우(제품계열의 추가)나 이후 헤어롤, 파마도구 등을 추가한 경우(제품계열의 확장)가 이에 해당

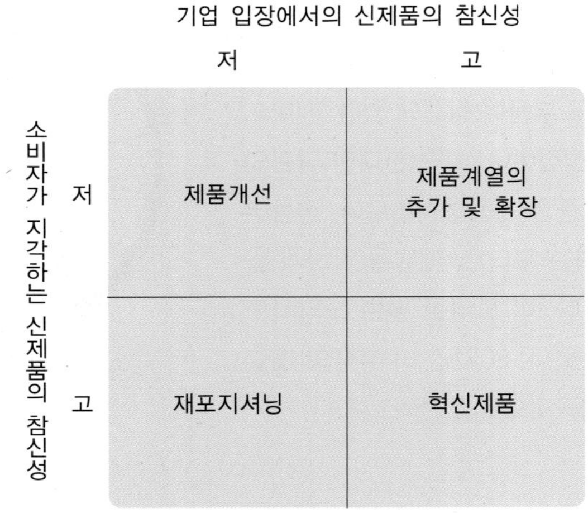

그림 7-7 신제품의 참신성 정도에 따른 신제품 분류

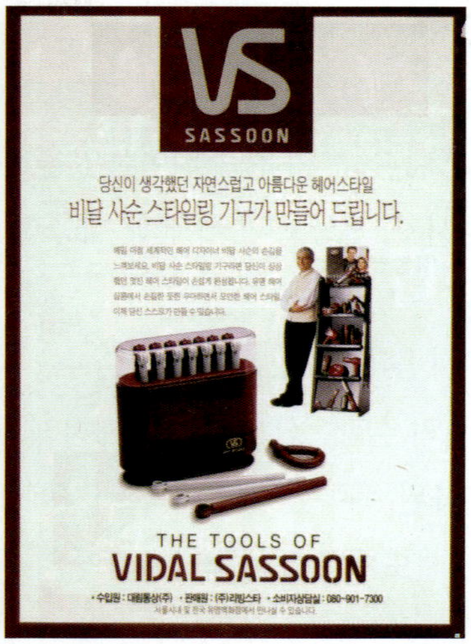

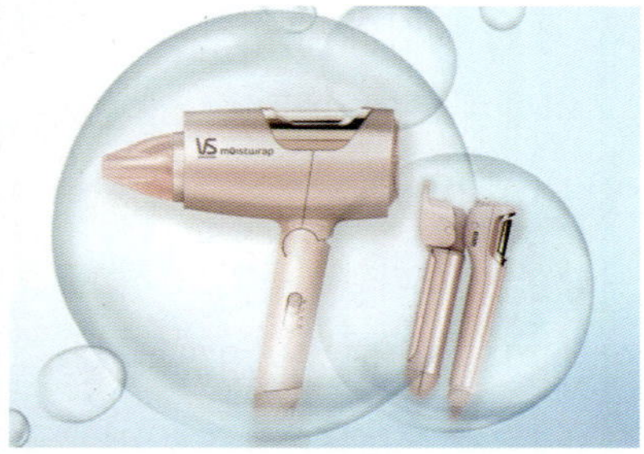

| 샴푸에서 드라이어 및 미용도구로 제품 계열을 확장한 비달사순

된다. 제품계열 확장 및 추가는 자사의 입장에서는 신제품으로 취급되나 소비자 입장에서 보면 기존제품을 모방한 모방신제품에 해당된다. 마지막으로 기존제품을 새로운 사용자나 용도에 이용되도록 재포지셔닝하는 것은 기업에게는 참신성이 낮지만 소비자에게는 참신성이 높은 신제품의 경우이다. 대표적인 사례가 Arm & Hammer의 베이킹 소다로서 원래 빵제조에 사용되는 상품을 하수구나 냉장고의 악취제거제로 이용한 경우이다. Arm & Hammer는 지속적으로 베이킹 소다의 새로운 용도(가령, 목욕물의 세정제, 배터리의 부식방지용품, 치약대용품 등)를 개발함으로써 매출을 증대시켰다. 이는 기업이 기존제품을 가지고 소비자들로부터 새로운 용도를 찾아 신시장에 진입한 사례이다.

(2) 신제품 개발의 실패요인

성공적인 신제품을 개발·출시하는 것은 매우 어려운 일이다. 매년 기업들이 많은 신제품을 계속해서 개발·출시하지만, 그 가운데 극히 일부분의 제품만이 시장에서 성공을 거둔다. 잘 알려진 기업에서조차도 많은 마케팅비용을 들여 만든 제품들이 실패하는 경우가 많다. 코카콜라 회사에서 출시했던 New Coke이라든가, Anheuser-Busch(버드와이저를 만드는 회사)에서 출시한 Eagle Snacks, FedEx의 잽메일(Zap Mail) 전자메일, R. J. Reynolds사의 Premier 연기 없는 담배 등이 실패한 제품의 좋은 예이다. 연구에 따르면 미국에서 출시되는 새로운 소비재 중 90%가 실패한다고 한다. 이는 매년 출시되는 3만 개의 새로운 식품, 음료, 그리고 미용제품 중 70%에서 90%가 12개월 안에 실패한다는 것을 의미한다.

왜 많은 신제품이 시장에서 실패하는 것일까? 여기에는 여러 가지 이유가 있을 수 있다. 아이디어가 좋더라도 기업이 시장규모를 과대평가했거나, 실제 제품이 형편없이 디자인되었을 수도 있고, 혹은 시장에 부정확하게 포지셔닝(positioning)되었거나, 잘못된 시기에 출시되었거나, 가격이 너무 비싸게 책정되었거나, 홍보가 잘 안 되었을 수도 있다. 그리고 마케팅조사에서 결과가 좋지 않았던 아이디어를 회사 고위직이 선호한다는 이유로 밀어붙였을 수도 있다. 가끔 제품개발비용이 예상한 것보다 더 들기도 하고 경쟁사가 예상보다 거세게 대응할 수도 있다. 그러나 신제품 실패의 원인들은 대부분 명확하다.

신제품이 실패하는 주요원인들은 다음과 같다.

- **소비자 욕구와 기호 파악과 충족의 실패**: 신제품이 실패하게 되는 요인들 중에서 가장 빈번히 언급되는 것이 기존제품과 차별화된 독특한 편익을 소비자에게 제공하지 못하는 경우이다. 모방신제품이 시장기반을 구축한 선도제품을 따라잡는 것은 거의 불가능하다. 독특한 편익의 신제품도 소비자들의 기호가 바뀌어 성공을 거두지 못할 수 있다. 1인용 전동 스쿠터인 세그웨이(Segway)는 소비자 욕구를 제대로 충족시키지 못해 실패한 예이다. 미국 발명가 딘 카멘이 만든 1인용 전동 스쿠터인 세그웨이가 등장한 건 2001년이었다. 오뚝이 같은 균형 메커니즘을 이용해 자동으로 중심을 잡고, 몸의 움직임만으로 전진·후진·회전이 가능한 최첨단 스쿠터였다. '인터넷보다 위대한 문명의 이기', '도시의 출퇴근 풍경을 바꿀 획기적인 제품'이라는 찬사가 전문가들 사이에서 쏟아졌다. 하지만 시장의 반응은 차가웠다. 이 제품은 2002년 출시 후 18개월 동안 6000대가량만 팔렸다. 당초 판매목표의 10%에도 못 미치는 수준이었다. 도로에서 이용하기 쉽지 않고, 배터리 지속성에 문제가 있다는 지적이 나오면서 도시 직장인을 수요자로 끌어들이지 못했다. 고객이 무엇을 원하는지, 무엇을 불편해하는지 제대로 살피지 못한 결과였다. 이 제품은 지금도 미국 소비자들을 끌어들이지 못하고 있으며, 빠른 출동을 원하는 경찰이나 경비원 등이 제한적으로 쓰고 있을 뿐이다.

| 1인용 전동 스쿠터인 세그웨이(Segway)는 소비자 욕구를 제대로 충족시키지 못해 실패한 예이다.

- **잘못된 마케팅전략**: 신제품의 실패는 표적시장과 그에 적합한 포지셔닝을 잘못 선정했기 때문에 발생될 수 있다. 물리적으로 훌륭한 제품을 만들어 놓고서도 마케팅전략상의 실수로 인해 신제품이 실패하는 경우를 종종 볼 수 있다. 1960년대 말에 Meisterbrau가 개발한 저칼로리 맥주 Meisterbrau Light는 살이 찔 것을 두려워하는 여성들을 표적으로 하여 출시되었다가 시장규모가 너무 작아 고전을 면치 못하고 있었다. 그런데 Meisterbrau를 인수한 Miller사

가 표적시장을 다량음용자인 남성 근로직 종사자로 바꾸어 Miller Lite를 새로 출시함으로써 큰 성공을 거두었다.

- **불충분한 마케팅커뮤니케이션/유통 지원**: 광고, 판촉, 유통에서의 지원이 충분하지 못한 것도 신제품 실패의 한 원인이다. 가령, 사내의 영업조직이나 유통경로 구성원들이 신제품의 취급을 꺼리는 경우 신제품이 시장에서 성공을 거두기 어려울 것이다. 그러므로 광고, 판촉 및 영업활동 그리고 적절한 after-sales service는 신제품의 성패에 영향을 미치는 중요한 마케팅요소이다.
- **사내 조직과 관련된 요인들**: 성공적인 제품개발을 위해서는 전사적 품질관리와 고객지향적인 기업문화를 추구하고, 연구개발부서, 마케팅부서, 생산부서, 그리고 영업부서 간에 긴밀한 협조가 이루어져야 한다. 따라서 부서 간의 불충분한 의사소통과 이견에 대한 조정의 실패는 신제품 실패의 주요원인이 될 수 있다.

  흔히 신제품이 실패하는 이유로 연구개발부서에서 소비자의 필요와 무관하게 제품을 설계하거나, 마케팅부서가 자사의 기술적 능력을 파악하지 못한 채 충족시키기 어려운 소비자욕구를 기반으로 제품개념을 설정하는 경우를 들 수 있다. 이를 방지하기 위해서는 관련부서들 간의 의사소통이나 조정이 자연스럽게 이루어질 수 있는 공식적 또는 비공식적 의사소통 경로를 마련하거나, 주요 관련자들로 구성된 신제품 개발팀(special task force)이나 위원회를 만드는 것이 바람직하다.
- **기타 요인들**: 그 밖에 기술의 진부화 속도가 빠른 제품분야에서 기술개발의 속도가 느린 경우, 출시의 타이밍이 너무 늦거나 빠른 경우, 수요예측이 잘못되어 과다생산을 한 경우, 신제품 출시 시점에 경쟁자의 대응이 강력하고 효과적이어서 소비자들이 경쟁상품을 더 선호하는 경우, 기업을 둘러싼 경제적·법적·정치적 환경 등이 신제품에 불리하게 바뀌는 경우 등을 들 수 있을 것이다.

(3) 신제품 개발과정

신제품 개발과정은 [그림 7-8]에서 보는 바와 같이 아이디어를 창출하는 단계에서부터 시작하여 상업화에 이르기까지 7단계를 거친다. 먼저 마케터는 신제품 아이디어를 창출하고 이를 평가하여 시장잠재력이 있는 아이디어들만을 선별한다. 이를 토대로 제품개념을 개발하고 개발된 제품개념에 대한 소비자반응을 조사한다. 테스트에 통과된 제품개념을 가지고 개략적인 마케팅전략의 수립과 사업성 분석을 실시한다. 사업성이 있다고 판단되면 제품개발단계에 들어가고 개발된 제품에 대해 특정 소비자층을 대상으로 시험마케팅을 실시한다. 시험마케팅을 통과한 신제품은 전국시장에 진출한다. 이러한 과정은 기업의 형태나 규모에 상관없이 적용될 수 있으며, 유형의 제품

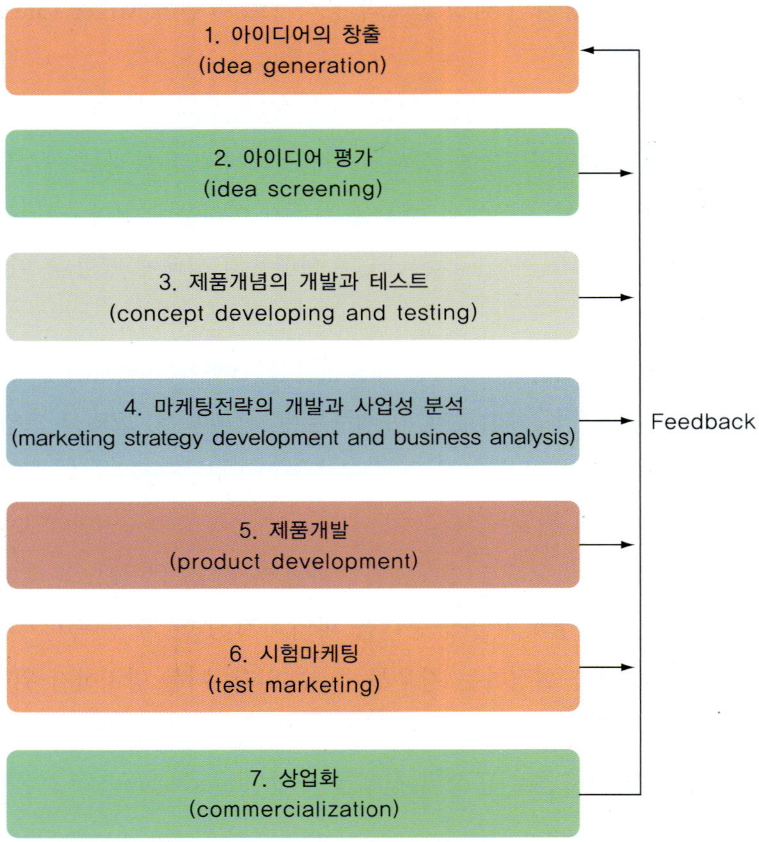

그림 7-8 신제품 개발 프로세스

뿐만 아니라 무형의 서비스제품에도 적용될 수 있다. 이하에서는 각 단계에 대해 자세히 설명하기로 한다.

① 아이디어의 창출(Idea Generation)

신제품 개발은 신제품 아이디어에 대한 탐색과정에서부터 시작한다. 한 가지의 성공적인 신제품을 얻기 위해서는 많은 아이디어들을 창출해내야 하며 신제품 아이디어에 대한 탐색과정은 체계적이어야 한다. 그렇지 않으면 찾아낸 많은 아이디어들이 사업의 유형이나 특성에 맞지 않거나 아이디어의 관리 부족으로 인하여 폐기될 수 있다.

가. 신제품 아이디어의 원천

신제품 아이디어의 원천은 크게 내부적 원천(판매사원, 제품엔지니어, 경영자 등)과 외부적 원천(고객, 경쟁사)으로 나누어진다. 기업은 다음과 같은 원천을 통해 신제품 아이디어를 얻을 수 있다.

| 고객의 욕구를 신제품 개발에 반영하여 지속적 성장에 성공한 3M

첫째, 많은 신제품 아이디어의 개발은 고객에 대한 조사를 통해서 이루어진다. 기업은 소비자조사를 통해서 고객의 필요와 욕구를 파악하거나 기존제품에 대한 고객의 불만사항을 물어보고 이를 해결하는 과정에서 신제품에 대한 아이디어를 얻을 수 있다. 미국의 다국적 가전업체인 GE의 비디오제품 사업부서에서는 엔지니어들이 최종고객들과의 대화를 통해서 새로운 가전제품 아이디어를 얻는 모임을 정례화하고 있다. 한국3M은 고객들이 생활 속에서 겪는 불편함을 신제품 개발의 아이디어로 활용한다. 가령, 주부들이 그릇에 담았던 음식종류에 따라 부드러운 스펀지와 까칠한 수세미를 번갈아 사용해야 하는 불편함을 발견하고, 두 소재를 결합한 양면 수세미를 만들어 이런 고민을 해결했다. 한국3M이 히트상품을 지속적으로 개발할 수 있는 것은 신제품 개발 때 반드시 고객의 목소리(voices of customers)를 듣고 반영하는 시스템 덕분이다. 1999년부터 2년에 한 번씩 주부 아이디어 공모전을 열어 고객의 의견을 상품개발에 반영한다. 삼중 양면 수세미와 후레쉬 매직 랩커터 등은 실제로 주부들이 제안한 아이디어를 모티브로 해 만든 제품들이다.

둘째, 경쟁기업의 제품을 분석하는 과정에서 신제품 아이디어를 발견할 수 있다. 경쟁 신제품이 어떻게 작동하는지를 분석함으로써 경쟁제품에 대한 강점과 약점을 파악하고 이를 토대로 신제품 아이디어를 창출할 수가 있다. 예를 들면 최근 일본기업이 전기·전자, 자동차 업계를 중심으로 한국기업의 제품전략에 대해 활발히 연구하고 있다. 도요타와 닛산자동차는 현대자동차 차량을 구입해 분해하고, 부품의 품질과 내구성, 비용 등을 철저히 분석하며, 소니도 전담팀을 구성해 삼성전자와 LG전자 제품을 벤치마킹하고 새로운 비즈니스 모델을 연구하고 있다.

셋째, 기업은 영업사원이나 판매원들을 통해 신제품 아이디어를 얻을 수 있다. 이들은 고객과 직접 접촉하기 때문에 고객욕구, 제품 콘셉트, 새로운 재질 등에 관한 많은 조언을 얻을 수 있다. 예를 들어, 스마트폰, PC, TV 등에 들어가는 최첨단 부품을 생산하는 글로벌 전자부품업체인 무라타제작소는 자체 개발된 경영정보시스템 글로미스를 신제품개발에 활용하는데, 글로미스는 무

MARKETING
FOCUS

고객경험 관찰을 통해 고객의 고민을 들어주는 '신가전'을 탄생시킨 LG전자

가전제품이 본래의 기능에도 충실할 뿐 아니라, '내 마음'에 공감까지 해주면 어떨까. LG전자의 고민이자 제품 개발의 출발점이다. LG전자는 실제로 고객경험을 새로운 경영 캐치프레이즈로 내세워 소비자 개개인의 라이프스타일을 적극적으로 반영한 '신(新)가전'을 출시해 호응을 얻고 있다.

이를 위해 LG전자는 고객경험을 연구하는 'LSR(Life Soft Research)연구소'를 만들고, 1990년대 중반 이후 태어난 Z세대와 소통하는 '디자인크루'를 운영하는 등 차별화한 노력과 투자를 기울인다. 이는 "고객은 '제품이 아닌 경험을 구매한다'는 관점으로 우리 시각을 바꿔야 한다"는 LG전자 최고경영자의 신년 메시지에도 녹아 있다.

| LG 스탠바이미는 'TV는 고정돼 있다'는 고정관념을 깼다.

TV에는 '나만의 장소'와 '내가 원하는 자세'라는 경험을 입혔다. TV와 태블릿PC의 경계를 오가는 LG 스탠바이미는 모바일 경험이 많은 MZ세대 고객의 TV 시청 경험을 반영해 이동식 무선 스크린TV로 탄생했다. 최근 급증한 캠핑족의 요구를 반영한 LG 룸앤TV는 야외에서 잘 보이도록 시야각이 탁월한 디스플레이를 적용하고, 반사 밝기를 20% 높였다.

9년여 동안 연구 · 개발한 LG 스타일러는 고객의 패인(pain) 포인트(불편사항)를 공략했다. 매일 빨래를 하거나, 드라이클리닝을 맡기기 어려운 이들 사이에서 특

| LG전자의 창호형 에어컨은 공기 흡입구를 전면에 배치, 인테리어에 주는 간섭을 최소화했다.

| 신가전의 대표주자인 LG 스타일러는 최근 효과적인 어린이 옷 관리를 위해 '키즈 전용 옷걸이'를 더했다.

히 인기다. 최근에는 '어린이 옷 관리가 어렵다'는 의견을 반영, 업계 최초로 키즈 전용 옷걸이를 출시했다.

LG전자의 고객경험 연구는 '새로운 가전' 개발로 이어진다. '홈술 문화'에 맞춰 출시된 LG 홈브루와 LG 디오스 오브제컬렉션 와인셀러가 대표적이다. LG 홈브루는 캡슐형 맥주 원료 패키지에 물을 넣으면 발효부터 숙성 등의 과정을 통해 열흘 만에 '나만의 맥주'를 만들 수 있도록 했다. 오브제컬렉션 와인셀러는 와인 라벨을 촬영하면 이름과 종류 · 생산지 · 가격은 물론, 풍미와 어울리는 음식, 평점까지 한번에 확인할 수 있다.

창호형 에어컨에서도 LG만의 색깔을 보여준다. "아무리 더워도 '앞툭튀(창문 앞으로 툭 튀어나온 형태의)' 창문형 에어컨은 싫다"는 고객경험은 기존 창문형 에어컨 시장의 틀을 깨는 디자인으로 재탄생했다. 기존제품은 공기 흡입구가 측면에 있어 어쩔 수 없이 창문 밖으로 돌출돼야 했다. LG전자는 공기 흡입구를 전면에 배치하는 방식으로 이를 해결했다. 덕분에 창문과 깔끔하게 연결돼 인테리어를 해치지 않고, 커튼과 블라인드도 그대로 사용할 수 있다. 방안에서도 무리 없는 34dB의 저소음을 구현한 것도 장점이다.

자료원: 중앙경제, 2022.06.14.

라타제작소의 전 영업조직과 연구·개발(R&D), 생산 조직을 연결한 온라인 네트워크다. 글로미스에는 영업직원들이 수집한 신제품 개발에 관련된 다양한 고객정보가 입력된다. R&D팀은 이를 분석해 미래의 제품수요를 예측하고 신제품 개발에 착수한다. 이러한 개발과정을 통해 글로미스는 R&D과정에서의 낭비요인을 최소화하고, 고객이 원하는 신제품을 신속하게 개발·공급한다. 그리고 폴라로이드 카메라에 대한 아이디어를 제공한 Edwin H. Land 회장, 1인치가 더 넓어진 명품 TV의 아이디어를 제공했던 삼성의 이건희 회장과 같은 최고경영자과 엔지니어도 신제품 아이디어를 제공하는 주요 기업내부원천이 된다. 하버드대학에서 화학을 공부했던 에드윈 랜드(Edwin Land)는 편광기술을 이용한 여러 사업을 하고 있었다. 어느 날 가족과 함께 해변으로 놀러 가서 사진을 찍던 중, 어린 딸에게서 "아빠, 사진을 찍으면 왜 금세 볼 수 없는 거예요?"라는 질문을 받는다. 그에 대한 대답이 4년 후인 1947년에 발명된 폴라로이드라는 즉석카메라 브랜드였다. 3M은 직원들의 신제품 아이디어 창출을 유도하기 위해 많은 노력을 기울이고 있다. 3M은 15%규칙을 도입해, 모든 연구직원이 근무시간의 15%를 자신이 생각하는 창조적 활동을 위해 사용하도록 한다. 그리고 미네소타 본사에서 매년 9월 글로벌 테크 포룸(Global Technology Forum)을 개최하고 있는데, 1만 명이 넘는 3M의 연구개발 인력 중 3분의 1 정도가 한 자리에 모여 각자 진행하는 기초 기술연구와 제품개발 현황 등을 발표하고 아이디어를 공유하는 행사이다. 그밖에 정부기관, 신제품 컨설턴트, 대학의 연구기관, 제품설명회, 박람회 등도 신제품 아이디어에 대한 주요 정보원이 될 수 있다.

나. 아이디어 창출기법

기업은 여러 가지 아이디어 창출기법을 활용하여 아이디어를 얻을 수 있는데, 흔히 이용되는 아이디어 창출기법들은 다음과 같다.

첫째, 소비자들로부터 아이디어를 얻기 위하여 대표성을 띤 소비자 표본을 선정하여 표적집단면접(focus group interview)을 실시한다. 표적집단은 보통 8~10인의 해당 제품 소비자들로 구성된다. 예를 들면 세탁세제를 사용하는 가정주부들, 라면을 자주 먹는 중고등학생, 청바지를 즐겨 입는 10대 또는 20대의 대학생층이 각각 해당되는 표적집단이 될 것이다. 표적집단면접에서의 토론은 각자가 제품을 사용하는 방법이나 마지막 구매했던 시점 등을 기억해내는 등의 가벼운 화제로부터 시작한다. 토론을 통하여 소비자들은 제품에 대한 의견, 만족 또는 불만족 사항, 구매과정 등에 대하여 자유스럽게 이야기를 나누며 상대방의 의견에 대한 평가는 하지 않는다. 표적집단면접은 소비재의 경우에 자주 활용되지만 새로운 서비스나 산업재의 개발에도 활용될 수 있다.

둘째, 소비자들이 제품을 어떻게 사용하고 그 과정에서 어떤 문제점을 경험하는지를 분석·관찰함으로써 신제품 아이디어의 단서를 발견할 수 있다. 재무관리 소프트웨어회사인 인튜이트(Intuit)의 창업자 스콧 쿡(Scott Cook)의 신제품 아이디어는 2가지 관찰에서 시작됐다. 첫째, 그는 부인이 가계부를 정리하느라 고생하는 것을 지켜봤다. 그냥 스쳐갈 수 있는 생각이었지만, 그는 골똘히 고민하기 시작했다. '왜 저렇게 고생하지? 뭔가 다른 효율적 방법은 없을까?' 둘째, 어느 날 애플에서 일하던 그의 친구 한 명이 아직 출시되기 전인 '리사(Lisa)'라는 프로그램을 슬쩍 보여줬다. 그는 친구가 보여준 프로그램을 잊어버리지 않기 위해 그와 헤어지고 돌아오던 길에 가까운 식당에 들러 리사에 대해 보았던 것들을 모두 써내려간다. 스콧은 이 2가지 관찰을 기반으로 개인 재무관리 프로그램인 '퀴큰(Quicken)'을 개발했다.

경우에 따라서는 소비자가 제품을 새로운 용도로 사용하거나 변형해서 사용하는 것을 관찰해 보는 것도 제품개선을 위한 중요한 정보가 될 수 있다. 소비자들이 Arm & Hammer의 베이킹 소다를 제조업자의 의도와 달리 냉장고 탈취제로 사용했던 사례는 소비자가 개발한 해결책으로부터 많은 신제품 아이디어를 얻었던 경우이다. 따라서 소비자들의 제품소비행태를 지속적으로 파악하는 것은 신제품 아이디어를 얻는 데 바람직한 방법이 될 수 있다.

셋째, 기업은 창조적 집단을 활용하거나 개방형 혁신을 도입해 신제품 아이디어를 얻을 수 있다. 제품개발부서의 각 개인이 독립적으로 신제품 아이디어를 제안할 수도 있지만, 소수의 인원으로 구성된 창의적 집단을 활용하거나 기업외부의 다른 사람들로 하여금 자발적으로 아이디어를 제안하도록 유도하는 것은 매우 효과적인 아이디어 창출방법이 될 수 있다. 창조적 집단 활용방법의 대표적인 예로는 **두뇌선풍**(brainstorming)이 있다. 두뇌선풍은 6~10명의 인원이 다양한 아이디어를

| 소비자의 제품사용에 대한 분석과 관찰을 통해 개발된 재무관리 프로그램 퀴큰(Quicken)

제안하고 이에 대한 비판은 삼가면서 자유로이 토론을 통해 다른 사람의 아이디어를 수정·보완하는 과정에서 보다 발전적인 아이디어들을 찾아가는 방법이다.

강제적 관계맺기 기법(forced relationship technique)도 신제품 아이디어를 얻는 데 유용한 기법이다. 강제적 결합 관계맺기 기법은 기존의 관련상품들을 구성하는 여러 요소들을 다양하게 결합시켜 보는 방법으로, 노트북과 휴대전화를 결합한 스마트폰, 인터넷과 TV를 결합한 IPTV, 전화와 복사기를 결합한 팩시밀리, 전화와 녹음기를 결합한 자동응답전화기 등의 복합상품이 이러한 기법을 이용하여 개발된 제품이다. LG전자 가전사업부는 드럼세탁기와 미니 통돌이 세탁기를 결합한 혁신제품인 트롬트윈워시를 개발해 큰 성공을 거두었다.

창조적 집단 활용방법의 일환으로 삼성전자는 직원들의 창의성을 북돋우기 위해 개방형 연구공간인 C랩(Creative-Lab)을 도입했는데, 사업부별로 C랩(Creative-Lab) 과제가 선정되면 직원들은 C랩 과제 공모전에 참가한다. 공모전에서 창의적인 신제품 아이디어로 뽑힌 직원에 대해서는 현업에서 1년간 빼주고 공간과 자금을 지원하는데, 그 직원은 팀을 구성해 제품개발 프로젝트를 진행하게 된다.

최근 들어 많은 기업들의 관심을 끌고 있는 개방형 혁신(open innovation)은 기업외부에 있는 사람들의 혁신역량을 기업내부의 신제품 개발과정에 연결시킴으로써 훨씬 폭넓은 신제품 개발기회를 창출하는 것인데, 레고의 '레고 디지털 디자이너' 프로그램이 그 한 예이다. 덴마크의 블록쌓기 왕국 레고(LEGO)는 디지털 비즈니스 환경에 맞추어 소비자들로부터 신제품 아이디어 창출과 신제품 설계를 유도하는 개방형 혁신을 통해 부활하는 데 성공했다. 레고는 '레고 디지털 디자이너' 프로그램을 도입해 고객 스스로 온라인에서 레고 모델을 설계할 수 있도록 했다. 레고는 이들 중에서 활동이 활발하고 아이디어가 뛰어난 고객들을 가려 '레고 대사(deputy)'로 임명한다. 그리고 이들을 본사로 초청해 디자이너와 직접 만나 신제품 아이디어를 나눌 기회를 제

| 강제적 관계맺기 기법의 예: LG전자는 드럼세탁기와 미니 통돌이 세탁기를 결합한 혁신제품인 트롬트윈워시를 개발해 큰 성공을 거두었다.

공하고, 좋은 아이디어는 실제상품으로 만든다. 레고는 신제품 개발과정에 고객의 참여를 유도함으로써 신선한 신제품 아이디어를 얻을 뿐만 아니라 고객의 브랜드충성도도 높이는 일석이조의 효과를 거두었다.

전 세계 최종 우승자는 1주일간 레고 본사에 머물며 자신의 작품을 제품으로 만드는 업무를 체험해 볼 수 있다. 레고 공식 홈페이지 내 프렌즈 디자이너 코너에 작품사진 4장을 올려 참가신청을 할 수 있는데, 실제 조립해 사진을 찍거나 레고 디지털 디자이너 프로그램을 사용해 작품을 만들면 된다.

② 아이디어의 평가(Idea Screening)

아이디어의 창출이 가능한 한 많은 아이디어들을 찾아내는 것이라면, 아이디어 평가의 목적은 아이디어의 수를 축소시켜 나가는 데 있다. 기업은 아이디어 평가를 통해서 좋은 아이디어를 채택하고 그렇지 못한 아이디어는 버리는 작업을 수행한다.

마케터는 아이디어 평가과정에서 좋은 아이디어임에도 불구하고 제외되거나 부적절한 아이디어가 채택되는 2가지 오류가 발생할 수 있음에 유의해야 한다. 많은 기업들이 이러한 오류를 방지하기 위해 신제품 아이디어에 대한 체크리스트를 작성한다.

[그림 7-9]는 아이디어 평가에 활용될 수 있는 체크리스트를 보여주는데, 신제품 아이디어들을 평가하기 위한 기준으로 신제품의 일반적 특성, 마케팅특성, 제품특성으로 나누고, 각 기준별로 세부적인 항목들을 기술하고 있다. 이와 같은 세부적인 항목들은 제품과 기업이 처한 시장상황에 따라 달라질 수 있다. 마케터는 각 항목에 대해 상대적 중요도에 따라 가중치를 부여하고 신제

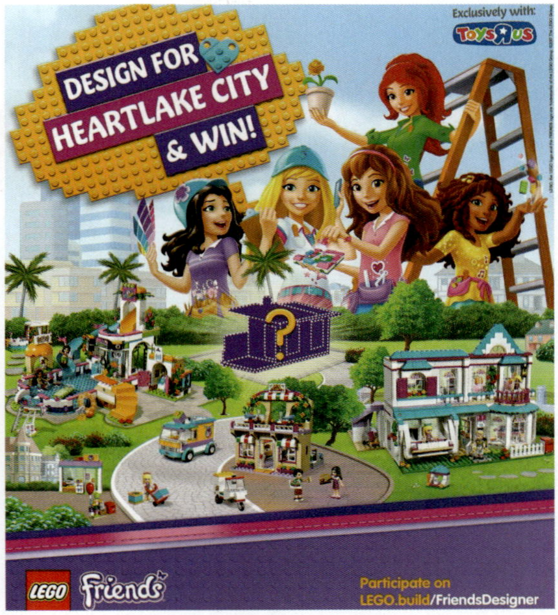

| 레고는 소비자들로부터 신제품 아이디어 창출과 신제품 설계를 유도해 부활에 성공했다. 가령, 레고 프렌즈 디자이너는 레고그룹과 토이저러스가 어린이가 만든 응모작품을 선정해 실제 제품으로 출시하는 캠페인이다.

	가중치(A)	만족정도(B)	종합점수(A×B)
신제품의 일반적 특성			
• 이익잠재력			
• 현재경쟁상황			
• 잠재적 경쟁상황			
• 시장의 크기			
• 투자의 크기			
• 특허여부			
• 위험의 수준			
신제품의 마케팅적 특성			
• 시장능력과의 적합성			
• 계절적 요소의 정도			
• 차별화 이점의 존재여부			
• 제품수명주기의 잠재적 길이			
• 현재 소비자들의 소구점			
• 제품의 이미지			
• 가격경쟁력			
신제품의 제품특성			
• 생산능력의 적합성			
• 상업화 기간			
• 생산의 용이성			
• 노동력의 가용성			
• 원자재의 가용성			
합 계			

그림 7-9 아이디어의 평가를 위한 신제품 체크리스트

품 아이디어가 실제로 이러한 기준을 어느 정도 만족시키는지를 측정해서 점수화하고, 이들을 곱하여 합산한 종합점수를 토대로 각 아이디어의 매력도를 평가하게 된다. 예를 들어, 일본의 생활용품회사인 가오(Kao)는 신제품 아이디어를 평가하는 데 있어 ① 이 제품이 소비자와 사회에 유용한가 ② 이 제품이 자사에 기여하는가 ③ 이 제품이 자사의 목표와 전략에 부합되는가 ④ 이 제품을 성공시키기 위한 기술과 자원을 충분히 확보하고 있는가 ⑤ 이 제품이 고객들에게 경쟁사보다 더 많은 가치를 제공하는가 ⑥ 차별적 광고와 유통의 도입이 용이한가 등의 기준을 고려한다.

③ 제품개념의 개발과 테스트

아이디어 평가과정을 통과한 매력적인 아이디어는 제품개념의 개발과 테스트를 통해 구체화된다.

가. 제품개념의 개발

제품개념(product concept)은 제품 아이디어를 소비자가 사용하는 단어로 전환시킨 것이다. 예를 들어 자동차를 만드는 사업자가 소비자들에 대한 여러 가지 불만사항을 조사하였더니 현재 가솔린 자동차에 대해서 가지고 있는 가장 큰 불만사항이 유지비용이었다고 하자. 그 회사는 이를 해결하기 위해 유지비가 가솔린 자동차의 절반 정도밖에 들지 않는 전기자동차를 생각해 낼 수 있을 것이다. 하지만 소비자들은 이러한 제품 아이디어를 구매하지는 않는다. 따라서 마케팅담당자들은 이러한 제품 아이디어를 소비자의 관점에서 보다 구체화시킨 여러 가지 제품개념들을 개발하고 이들 중에서 가장 매력적인 대안을 발견해 나가야 한다. 가령 마케터는 다음과 같은 전기자동차의 제품개념을 생각해 볼 수 있다.

- 개념 1 : 단거리에 다닐 수 있는, 가정의 두 번째 차(second car)
- 개념 2 : 다목적으로 사용할 수 있는 경제성을 지닌 차량
- 개념 3 : 움직임이 편리한 활동적 차량

기업은 개발된 제품개념들이 소비자들에 의해 어떻게 인식되는지를 조사할 필요가 있는데, 이를 위해 지각도(perceptual map)를 작성해 볼 수 있다. 마케터는 지각도상에서 새로운 제품개념들이 기존제품들과 비교해서 어떠한 위치를 차지하고 있는지를 알아냄으로써 이를 직접적인 경쟁제품의 파악과 이에 대처한 마케팅전략의 수립에 활용할 수 있다.

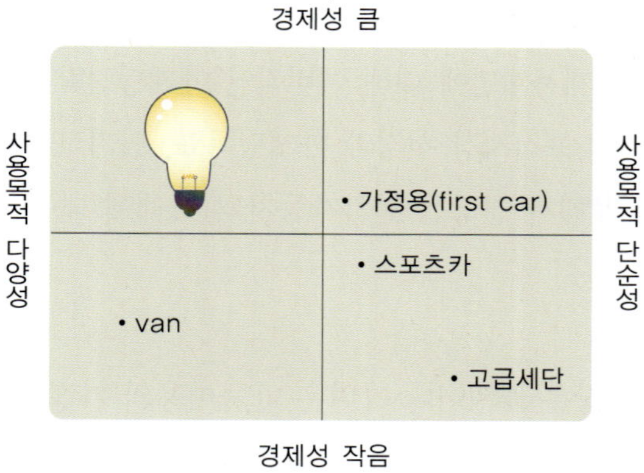

그림 7-10 자동차 제품군의 지각도

나. 제품개념의 테스트(Concept Testing)

제품개념의 테스트는 소비자 조사를 통하여 제품개념의 적합성을 검증하는 것이다. 제품개념의 테스트에서는 각각의 제품개념이 글이나 그림으로 소비자에게 제시된다. 예를 들면 위에서 제시된 첫 번째 제품개념은 "일주일 연료비는 30,000원 정도로 쇼핑이나 근거리 이동에 적합한 차량으로 가솔린 차량에 비해 절반 정도의 비용으로 재충전 없이 100km 정도를 운행하며 가격은 약 2000만 원 정도"라는 식으로 소비자에게 제시된다. 마케터는 각각의 제품개념을 소비자들에게 보여준 후 〈표 7-3〉에 제시된 질문들에 대해 응답하도록 한다.

표 7-3 제품개념 테스트를 위한 설문지

제품개념 테스트를 위한 질문항목
1. 전기자동차의 개념을 확실하게 이해할 수 있는가?
2. 이 차가 제시한 성능을 신뢰할 수 있는가?
3. 가솔린자동차와 비교하여 어떤 장단점이 있는가?
4. 이 차에서 개선되어야 할 점은 무엇인가?
5. 이 차가 가솔린자동차보다 나은가?
6. 이 차의 가격은 어느 정도가 적절하다고 보는가?
7. 누가 이 차의 구매를 결정하는가?
8. 누가 이 차를 이용할 것인가?
9. 이 차의 크기는 어느 정도가 적당한가?
10. 이 차의 연료비는 적절한가?
11. 이 차의 주행거리는 만족스러운가?
12. 당신은 전기자동차를 구매할 의향이 있으십니까?

④ 마케팅전략의 개발과 사업성 분석

신제품 담당자들은 선택된 제품개념에 대해 예비적인 마케팅전략을 수립하고 사업성을 평가하여야 한다. 마케팅전략은 크게 표적시장 선정과 마케팅목표, 단기적인 마케팅전략, 장기 마케팅전략의 3부분으로 구성된다. 앞에서 설명한 전기자동차의 사례에 대해 다음과 같은 마케팅전략이 수립될 수 있다.

- **표적시장의 선정**: 표적시장은 쇼핑이나 가벼운 나들이용의 가정용 두 번째 차로서 작동이 간단하고 경제적인 차를 원하는 고객이어야 한다. 또한 출시 첫해 약 100,000대 정도의 판매량과 손익분기점을 상회할 정도의 이익을 마케팅목표로 한다.
- **단기 마케팅믹스전략 수립**: 3가지 정도의 색깔로 생산라인을 구성하고 에어컨과 파워핸들 등을 선택사양으로 제공한다. 가격은 2,000만 원 정도로 책정하고 자동차 대리점들에게는 15% 정도의 마진을 주고 한 달에 10대 이상을 판매하는 딜러는 추가로 5% 정도를 더 보장한다. 또한 전국방송과 지방방송을 통해서 월 15억 원 정도의 광고예산을 책정하고 전기자동차의 경제성과 편의성을 강조한다.
- **장기적 마케팅전략 수립**: 전체시장에서 약 3% 정도의 시장점유율과 15% 정도의 투자이익률을 목표로 한다. 광고예산을 향후 3년 동안 매년 10% 정도 늘려잡고 가격도 경쟁여건이 허락하면 약간씩 올린다. 또한 매년 제품개선을 위한 시장조사에 1억 원 정도를 지출한다.

제품개념과 마케팅전략이 결정되면 마케터는 신제품 사업계획의 매력도를 평가해야 한다. **사업성 분석**(business analysis)은 신제품의 매출액, 비용, 이익 등에 대한 추정치를 토대로 이 사업이 기업목적과 현금흐름에 기여하는지를 판단하는 것이다. 사업성 분석은 수요예측, 제품원가분석, 총이익 추정 등으로 구성된다.

수요예측(매출액 추정)은 유사한 제품들의 과거 판매기록을 살펴보거나 시장조사를 통해서 표적고객의 구매의도를 측정함으로써 얻어질 수 있으며, 최대의 매출액과 최소의 매출액을 함께 추정하여 신제품 개발에 수반되는 위험수준을 분석해야 한다.

추정된 매출이 얻어지면, 마케터는 연구개발비, 마케팅비용, 제조비용, 재무적 비용 등과 같은 모든 원가요소들을 포함한 예상제품원가를 추정하고, 추정된 매출액과 비용을 토대로 예상이익을 계산한다. 마케터는 신제품의 사업매력도를 분석하기 위해 〈표 7-4〉와 같은 현금흐름 추정방법을 활용할 수 있다.

표 7-4 사업성 분석을 위한 현금흐름 추정방법의 예

	1년차	2년차	3년차	4년차	5년차
1. 매출액 2. 매출원가					
3. 매출총이익					
4. 연구개발비 5. 마케팅비용 6. 기타 제조간접비					
7. 순이익					
8. 세후이익					
9. 누적 현금흐름					

MARKETING
FOCUS

튼튼한 제품을 만들기 위해 시제품에 대해 30여 가지 실험을 수행하는 삼성전자 휴대폰 실험실

"쾅!쾅!" "철퍼덕 철퍼덕."

경기도 수원시 삼성전자 디지털시티(수원 사업장) 내 파일럿센터 건물의 실험실에 들어서면 뭔가를 바닥에 패대기치는 듯한 소리가 연이어 요란하게 귀를 찌른다. 이곳에서는 갤럭시S를 비롯해 삼성이 만드는 각종 휴대전화의 낙하 내구성(耐久性) 테스트를 진행한다. 실험실 안에 있는 기계 다섯 대는 휴대전화를 정신없이 바닥에 떨어뜨린다. 한 기계는 180㎝ 정도 높이에서 휴대전화를 바닥으로 투하하고 있고, 이보다 키가 좀 작은 기계는 바닥에서 긁어모은 휴대전화를 사람 무릎 정도 높이로 끌어올려 네 개씩 세트로 떨어뜨리고 있다.

옆에서는 중국 음식점의 배달용 철제 가방보다 조금 더 커 보이는 철판상자가 계속해서 360도 회전 중이다. 철판상자 옆에 조그맣게 달린 투명 플라스틱 창(窓)을 통해 들여다 보면 그 안에서 휴대전화들이 이리저리 튕겨 다니고 있다. 삼성전자 관계자는 "제품별 특성이나 사양에 따라 수십 회에서 수백 회씩 낙하 테스트를 진행한다. 소비자가 떨어뜨렸을 때 절대 고장이 나지 않는다고 장담할 순 없지만 최대한 그런 휴대전화를 만들어내기 위해 노력하고 있다"고 말했다. 세계시장에서 폭발적 인기를 누리고 있는 스마트폰 갤럭시S도 이 실험실의 까다로운 내구성 실험을 거쳐 탄생했다.

삼성 갤럭시S의 글로벌 성공은 상품기획 · 개발 · 생산 · 영업 등 각 부서의 노력이 시너지를 낸 결과로 평가된

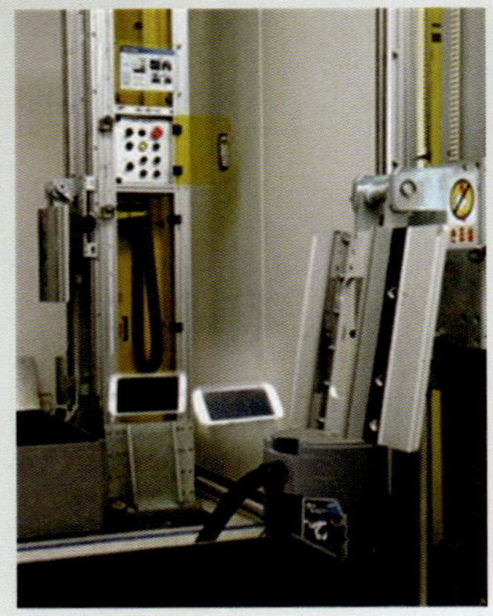

| 휴대전화를 일정 높이에서 바닥에 떨어뜨리는 낙하 내구성 실험 모습

| 삼성전자 수원사업장 안에 있는 파일럿 센터에서는 각종 휴대전화의 내구성 실험을 진행한다. 한 삼성전자 직원이 다양한 온도와 습도의 전자 실험 장비 안에 넣어두었던 휴대전화를 살펴보고 있다.

다. 파일럿센터의 철저한 내구성 관리도 큰 역할을 했다. 1000여 평 규모의 파일럿센터는 낙하 내구성 외에도 테스트 공정 30개 이상을 진행한다. 가령, 온도 · 습도 테스트실에선 휴대전화를 다양한 온도와 습도 조건에 드러낸 뒤 이상 없이 작동하는지를 실험한다. 가령, 휴대전화를 꺼놓은 상태에선 영하 40℃ 조건에서, 켠 상태에선 영하 20℃에서 몇 시간씩 놓아뒀다가 나중에 꺼내 정상 작동되는지를 점검한다. 비가 시간당 수십mL씩 많이 오는 상황에서도 통화나 인터넷이 제대로 작동하는지를 실험하는 방도 있다. 어떤 실험실에선 스마트폰 왼쪽 볼륨 버튼이나 하단의 홈버튼 같은 외부 돌출 버튼을 기계를 사용해 계속 눌러보기도 하는데, 대개 한 번 작동에 10만 회 이상 눌러보는 것으로 알려졌다.

삼성전자에서 기획하는 휴대전화는 파일럿센터 내 수십 개 실험실로 나누어 진행하는 각종 실험을 모두 통과해야만 생산할 수 있다. 삼성전자 관계자는 "주로 기획단계의 시제품이 들어오지만 갤럭시S3처럼 공장에서 양산 중인 제품도 일정 생산단위별로 한두 개씩 들어와 내구성 테스트를 받는다. 이곳에서 점검하는 휴대전화가 연간 수백여 가지에 이른다"고 말한다. 센터에선 300명 이상이 장비 수백 개를 사용해 점검을 진행한다. 내구성 테스트에서 불합격된 시제품은 즉각 설계에 재반영되고, 양산모델에도 이상이 있을 땐 즉시 생산현장에 문제점이 피드백된다.

⑤ 제품개발

제품개념의 사업성이 충분하다고 판단되면, 마케터는 실제로 물리적 형태의 제품을 개발하는 제품개발단계로 들어간다. 지금까지 설명된 제품개념은 단순히 글이나 그림, 간단한 모형 등의 형태로 제시되었다. 따라서 제품개발단계에서 R&D부서나 엔지니어링부서는 제품개념을 실제의 제품으로 구체화하는 작업을 수행한다. 제품개발단계는 막대한 연구개발비가 소요된다.

연구개발부서는 제품개념에 따라 여러 가지 형태의 원형을 제작·시험하는데 제품에 따라서 몇

달 혹은 몇 년씩 걸리는 경우도 있다. 성공적으로 개발된 원형은 기능테스트와 소비자테스트를 거친다.

기능테스트는 실험실에서 원형이 제대로 작동되는지, 소비자들이 실제로 손쉽고 안전하게 사용할 수 있는지를 검사하는 것이다. 의약품 개발에서의 다양한 동물실험은 기능테스트의 한 예이다. 소비자테스트는 실험실 내에서 소비자들을 대상으로 직접 사용해 보도록 하거나 표본을 소비자의 가정으로 보내서 일정기간 동안 사용해 보도록 한 다음 이들의 선호 정도를 측정하는 방법을 통해서 소비자반응을 조사해 볼 수 있다.

⑥ 시험마케팅(Test Marketing)

기능테스트와 소비자테스트를 거친 다음, 기업은 시험마케팅 단계로 들어간다. **시험마케팅**은 신제품 및 마케팅 프로그램을 실제로 시장에 도입하여 소비자반응을 시험하는 것이다. 시험마케팅은 시장진입 초기에 잠재적으로 나타날 수 있는 많은 문제점들을 큰 비용을 들이지 않고 사전에 해결하고자 하는 데 그 목적이 있다. 따라서 시험마케팅에는 시장세분화, 목표시장설정, 포지셔닝, 가격정책, 제품정책, 경로정책, 광고정책 등과 같은 전반적인 마케팅 프로그램에 대한 테스트가 포함된다. 시험마케팅을 통해 마케팅관리자는 소비자나 경로구성원들의 신제품에 대한 태도와 구매 여부 등을 파악할 수 있고 향후 마케팅전략의 수립·변경에 큰 도움을 받을 수가 있다.

| 증강현실, 디지털 마네킹 등 다양한 디지털 소통 경험을 제공하는 나이키 홍대 매장: 최근 한국의 서울이 글로벌 브랜드의 시험마켓이 되고 있다. 트렌드에 빠르고 디지털에 능숙한 데다 소비 경험이 많은 한국의 MZ세대가 최고의 테스트 베드(test bed · 시험대)로 통하기 때문이다.

시험마케팅은 상당한 비용이 투입되며 시험에 소요되는 시간이 길어 그 기간 동안 경쟁사들이 이에 대처할 수 있는 기회를 제공할 수 있는 문제점이 있다. 그러므로 제품개발비용 혹은 초기 시장진입비용이 낮거나, 기존제품에 대한 부분적 수정만이 이루어졌거나 성공한 경쟁제품을 모방한 것이어서 신제품의 성공에 어느 정도 자신감을 가지고 있는 경우에는 시험마케팅을 실시하지 않을 수도 있다. 그러나 신제품 개발에 많은 투자비용이 소요되거나, 제품의 성공 여부가 불확실한 경우, 경쟁사의 제품개발에 상당한 기간이 소요될 것으로 판단될 경우에는 시험마케팅을 실시하는 것이 바람직하다. 시험마케팅에 상당한 비용이 소요되지만, 시험마케팅을 거치지 않고 출시되어 실패한 경우에 발생될 막대한 손실을 고려한다면 그 비용은 정당화될 수 있다.

기업이 시험마케팅을 실시할 때 흔히 쓰는 방법에는 특정 도시를 선정하고 전국시장에 출시될 때 실행될 마케팅 프로그램을 그대로 적용한 다음 소비자반응을 조사하는 표준 시험마케팅, 소매업 종사자들로 구성된 일정 규모의 통제된 패널을 운영하면서 시장반응을 조사하는 통제 시험마케팅, 실험실 내에 가상점포를 설치하고 그 점포 내에 신제품 및 경쟁제품을 진열한 다음 신제품에 대한 소비자들의 반응을 조사하는 모의 시험마케팅의 세 가지 형태가 있다.

⑦ 상업화(Commercialization)

시험마케팅의 결과를 토대로 마케터는 최종적으로 전국시장에 신제품을 도입할 것을 결정한다. 신제품의 상업화를 결정하면, 기업은 제조설비의 건설, 광고, 판촉 등을 위해 이전 단계보다 훨씬 많은 투자비용을 지출해야 한다. 기업은 신제품의 시장도입과정에서 다음과 같은 의사결정을 내려야 한다.

가. 신제품 출시시기의 결정

마케터는 신제품 도입의 적절한 시기를 결정해야 하는데, 신제품의 출시전략에는 다음과 같은 세 가지가 있다.

- **초기진입전략**: 경쟁제품보다 먼저 진입함으로써 유리한 유통경로를 선점하거나 특정제품군에서 리더의 이미지를 확립하는 등의 독점적 지위를 누리고자 하는 전략이다.
- **동시진입전략**: 이는 시장에 경쟁기업과 동시에 진입하는 전략으로 경쟁기업이 신제품의 출시를 서두를 경우에는 출시시기를 앞당기고, 경쟁기업의 출시시기가 늦어지면 역시 출시시기를 연기하는 진입전략을 사용하는 것이다.
- **후발진입전략**: 경쟁기업이 시장에 먼저 진입한 후에 진출하는 전략으로, 초기진입에 드는 막대한 마케팅비용을 줄이고 시장에서 나타난 문제점들을 해결할 수 있는 기회를 제공하는 이점을 갖는다.

나. 신제품 출시지역의 결정

기업은 단일지역에 제품을 출시할 것인지, 몇몇 지역에 다발적으로 진출할 것인지, 전국시장 혹은 국제시장에서 동시에 출시할 것인지를 결정해야 한다. 과거 애플은 아이폰 5S를 출시했을 때 신제품 1차 출시국으로 미국, 독일, 영국, 중국, 일본 등 11개국을 선정하고 이들 국가에서 신제품을 동시에 출시했다. 자본력이 있는 대기업은 몇 개의 지역이나 전국시장으로 신제품을 동시에 출시할 수 있으나, 대부분의 중소기업들은 성공할 가능성이 높은 특정지역에 먼저 진출한 다음 점차 진출시장의 범위를 확대시켜 나간다.

최근들어 국제기업들은 세계시장에 신제품을 동시에 출시하는 공격적인 진입전략을 추구하고 있다. 예를 들어 P&G사는 미국시장에 신제품을 출시한 다음 점차 세계시장으로 유통망을 확대하는 과거의 방식을 사용하는 대신, 1회용 기저귀 신제품 Pampers Phase를 미국시장에 출시한 후 1년 내에 90개국에 그 제품을 판매함으로써 외국의 경쟁사들이 이에 대응하기 전에 브랜드의 시장지위를 구축하려고 하였다.

5.2 제품수명주기관리(Product Life Cycle Management)

매년 수많은 제품들이 시장에 쏟아져 나오고 있으나 이들 중 대부분은 흔적 없이 사라지고 있다. 일단 신제품이 출시되면 그 제품은 시장환경의 변화라는 물결을 타게 된다. 새로운 기술이 개발되고 소비자들의 욕구와 기호가 변함에 따라 보다 나은 신제품이 기존제품을 대체하게 되는 것이다.

1980년대 우리나라 소프트드링크시장을 뒤흔들었던 맥콜을 생각해 보자. 보리탄산음료는 한때 전체 소프트드링크시장의 25% 이상을 점유하면서 코카콜라의 아성에 도전하였으나 지금은 소비자의 기억에서 사라져가고 있다. 맥콜이 급속도로 성장하면서 보리보리, 보리텐 등의 경쟁제품이 연속적으로 출시되었으나 이들도 마찬가지로 자취를 감추었다. 그러나 오리온의 초코파이는 수십년이 지난 오늘에도 연간 4백억 원이 넘게 매출을 올리면서 롯데의 초코파이와 더불어서 굳건히 시장을 지키고 있다.

신제품이 출시된 후의 진화과정을 설명하는 데 유용한 분석틀이 제품수명주기(product life cycle; PLC)이다. **제품수명주기**는 하나의 제품이 시장에 나온 후 성장과 성숙과정을 거쳐 결국은 쇠퇴하여 시장에서 사라지는 과정을 말한다. 다음에서는 제품수명주기의 다양한 형태를 살펴본 다음 수명주기의 각 단계별 특성과 마케팅전략을 설명하기로 한다.

MARKETING
FOCUS

생활용품 기업 P&G가 보유한 글로벌 파워 제품브랜드들의 장수비결

| P&G로고

| P&G 초기 아이보리 비누

P&G는 팬틴 · 질레트 · 페브리즈 · 오랄비 · 위스퍼 등의 생활용품과 미용 및 소형 가전제품 등 300종 이상의 글로벌 브랜드 제품을 전 세계 180개국에서 44억 명의 소비자에게 공급하며 연간 100조 원에 가까운 매출을 자랑하는 세계 1위 생활용품 기업이다.

2023년 창립 185년을 맞은 P&G가 돈과 존경을 한몸에 받을 수 있었던 배경은 무엇일까. 오랜 시간 동안 전 세계 소비자의 사랑을 받아온 세기의 기업 P&G의 장수와 성공의 비밀을 알아본다.

P&G는 프록터 & 갬블(Procter & Gamble)의 약자다. 회사를 세운 두 창업자의 이름에서 따왔다. P&G는 1837년 영국 출신 양초 제조업자 윌리엄 프록터와 아일랜드 출신 비누 제조업자 제임스 갬블이 만나 탄생한 세계 최대 생활용품 기업이다.

프록터와 갬블은 회사 초기부터 “현재와 다음 세대를 위해 전 세계 소비자의 삶의 질을 향상시키는 최상의 품질과 가치를 지닌 브랜드와 서비스를 제공한다”는 일관된 경영목표를 추구해 왔다. 소비자가 일상에서 느끼는 불편함을 해소해 좀 더 편안하고 즐거운 삶을 누릴 수 있도록 끊임없이 제품혁신을 추구해 온 것이다.

P&G는 이를 위해 창업 초부터 지금까지 소비자의 일상을 개선하려는 노력에 기반을 둔 혁신적인 제품을 개발해 왔다. 첫 번째 혁신제품은 바로 1879년 탄생한 아이보리 비누다. 당시 끈적끈적한 큰 덩어리를 작게 잘라 파는 것이 일반적이었던 것과 달리 아이보리는 브랜드를 달고 포장까지 돼 판매된 최초의 비누였다. 특히 옷에 얼룩진 자국을 씻어낼 만큼 세안능력이 강하면서도 피부에 닿아도 안전한 비누로 선풍적인 인기를 끌었다. 아이보리가 물에 뜨는 비누였다는 점도 폭발적인 인기의 배경이었다. 당시 판매되던 대다수 비누는 무거워 강가에서 목욕하다가 물에 빠트리던 일이 많아 소비자들은 물에 뜨는 비누 아이보리의 탄생을 반겼다.

1901년 출시된 질레트도 소비자의 일상 속에서 불편함을 해소한 혁신적인 제품이다. P&G는 날카롭고 위험한 면도칼을 대신 남성들이 안전하게 면도할 수 있는 세계 최초의 안전면도기를 선보였다. 남성들이 더는 일자 면도날에 상처입지 않고 아침을 더욱 부드럽게 시작할 수 있도록 한 것이다.

P&G는 1955년도에는 미국 인디애나 대학교와 공동연구를 진행해 최초의 불소함유 치약인 크레스트 치약을 출시했다. P&G는 당시 미국 전역에서 두 번째로 흔한 질병이었던 충치를 예방하는 데 효과적인 불소를 치약에 접목시켜 치약시장에 큰 반향을 일으켰다.

1961년은 P&G에 제품혁신의 해였다. P&G는 이 해 세계 최초의 가정용 섬유유연제인 다우니, 세계 최초 일회용 기저귀 팸퍼스, 샴푸에 비듬완화 성분을 추가한 두피 관련 전문 샴푸 헤드앤숄더를 한꺼번에 선보였다. 다우니는 빨래가 세탁한 뒤 뻣뻣해지는 것을 방지했고, 팸퍼스는 아기가 밤에 잘 때 더 편안할 수 있게, 헤드앤숄더는 비듬으로 걱정하던 소비자에게 자신감을 선사했다.

P&G는 지금도 개방성 혁신 프로그램 'C+D'(Connect+Develop)를 통해 혁신작업을 진행 중이다. 'C+D'는 기업 내부의 연구개발에만 의존하는 것은 한계가 있기 때문에 창의적이고 혁신적인 성과를 위해선 외부 지식과 기술을 내부의 연구개발과 연계해야 한다는 믿음에서 출발했다. P&G의 혁신은 제품에만 국한하지 않는다. 1924년 P&G는 기업 최초로 소비자에 대한 철저한 데이터 기반 시장조사를 실시했고, 이러한 미래지향적인 사고방식은 현재 P&G가 소비자를 이해하고 소비자 니즈를 예측하는 초석이 됐다. 1941년에는 고객서비스 부서를 만들어 고객들의 문의와 불만에 체계적으로 대처할 수 있는 시스템을 고안했다.

| 질레트 면도기

광고라는 개념을 처음 만들어낸 것도 P&G다. 아이보리 브랜드를 위해 1만 달러의 예산을 잡아 다양한 프로모션을 진행했으며, 잡지 · 라디오 광고, TV 야구중계 방송에서 최초의 컬러 광고 캠페인을 단행했다. 이런 노력의 결과 오후 TV 드라마 전후 방영되는 아이보리 비누 광고 '솝 오페라(Soap Opera)'는 드라마를 일컫는 별칭이 됐을 정도로 파급력은 대단했다.

본토인 미국을 벗어나 당시에는 생소했던 글로벌 기업으로서의 기반을 개척한 것도 P&G다. P&G는 1915년 캐나다, 1930년 영국을 시작으로 유럽 · 남미 · 아시아 · 아프리카 등으로 진출했다. 우리나라에는 1989년에 서통과 합작법인 형태로 진출해 1992년도에 지사를 설립했고, 다양한 브랜드와 제품을 통해 소비자들의 꾸준한 사랑을 받고 있다. 한국P&G는 국내 생활용품 시장에서 질레트 · 페브리즈 · 다우니 · 오랄비 · 위스퍼 · 브라운 · 헤드앤숄더 · 팬틴 · 듀라셀 등 글로벌 파워브랜드들을 판매하고 있다.

자료원: 조선비즈, 2013.07.21.

(1) 제품수명주기의 형태

제품수명주기의 형태는 매우 다양해서 일반적으로 단정짓기는 어려우나 전형적인 제품수명주기는 [그림 7-11]과 같이 S자형을 가진다.

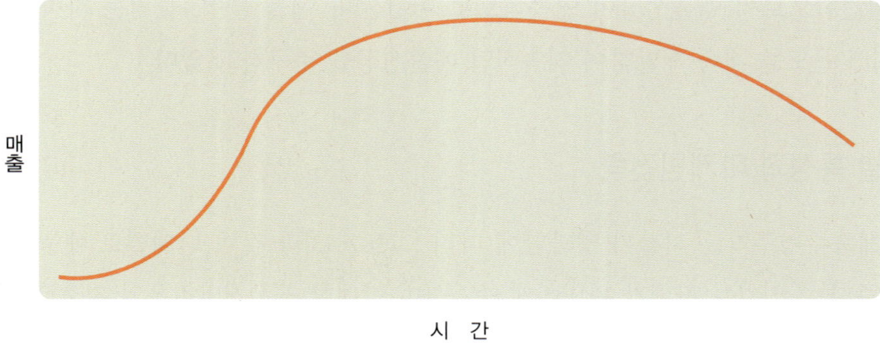

그림 7-11 전형적인 제품수명주기

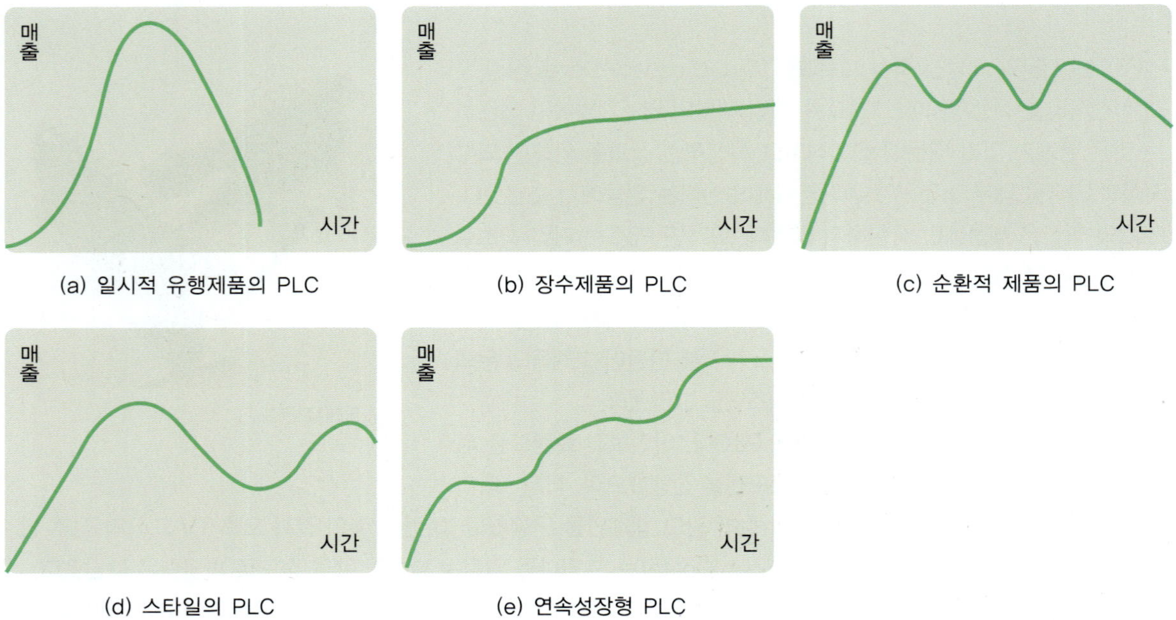

그림 7-12 특수한 제품수명주기

전형적인 제품수명주기는 도입기, 성장기, 성숙기, 쇠퇴기의 4단계로 나누어진다. 제품수명주기는 S자형 이외에도 다양한 형태를 가질 수 있다([그림 7-12] 참조).

[그림 7-12]에서 보면 일시적 유행상품(fad)은 짧은 시간 내에 소비자들에 의해 급속하게 수용되었다가 매우 빨리 쇠퇴하는 형태의 수명주기를 가지며, 장수상품은 출시된 후 오랜 기간 동안 꾸준히 많은 소비자들에 의해 지속적으로 구매되는 형태의 수명주기를 가진다.

순환적 상품은 계절에 따라 매출의 증가와 감소가 반복되는 수명주기 형태를 가지며, 스타일의 수명주기곡선은 한 스타일이 출현하면 한때 유행하였다가 일정기간이 지나 다시 유행하는 형태로 오랜 기간 지속되는 모양을 보인다. 연속성장형의 수명주기곡선은 새로운 제품특성이나 용도, 사용자 등을 발견함으로써 매출성장이 연속적으로 이어진다. 예를 들어, 물먹는 하마는 습기 제거에 필요한 여러 용도를 계속 개발하여 지속적인 매출성장을 추구하고 있다.

(2) 단계별 특성과 마케팅전략

전형적인 제품수명주기는 시간이 경과함에 따라 [그림 7-13]과 같이 단계별로 매출과 이익이 변화함을 보여준다. 도입기는 판매가 완만하게 증가하며 막대한 제품개발비용의 지출로 인해 이익이 나지 않는 단계이고, 성장기는 매출과 이익이 급속하게 증가하는 기간이다. 성숙기는 매출성장이 둔화되고 이익은 정체되거나 하락하는 단계이며, 쇠퇴기는 매출과 이익이 모두 감소하는 기간이

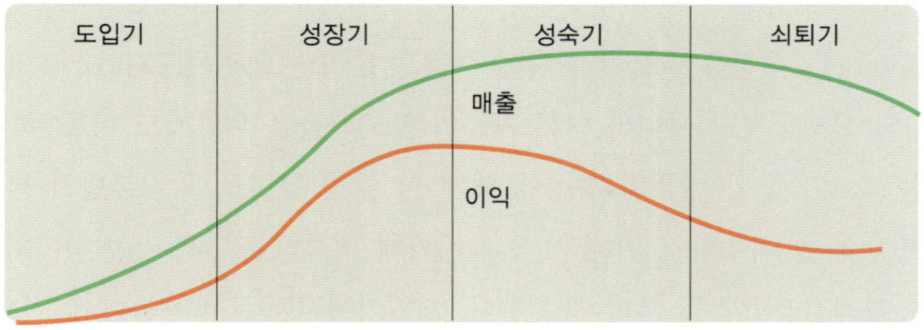

그림 7-13 제품수명주기 단계별 매출, 이익

다. 이하에서는 각 단계별 특징과 각 단계에 적합한 마케팅전략을 설명하기로 한다.

① 도입기

신제품이 출시되면서 도입기가 시작된다. 도입기에는 소비자들의 신제품에 대한 인지도가 낮고 기존제품의 구매로부터 형성된 소비습관의 저항에 의해 완만한 매출증가를 보이며, 그 기간이 오랫동안 지속될 수도 있다. 우리에게 익숙한 인스턴트 커피, 냉장 오렌지 주스, 이동전화 등도 상당 기간 동안의 도입기를 거쳤다.

도입기에서는 높은 유통개척비용과 광고 및 판촉비용의 지출로 인해 손실을 보거나 이익이 매우 낮다. 기업은 주로 고소득층이나 의견선도층, 혁신층을 표적시장으로 설정해 마케팅커뮤니케이션 활동을 벌인다. 최근들어 많은 마케터들이 신제품에 대한 의견선도자들을 파악해, 이들을 대상으로 마케팅노력을 기울이고 있다. 그들은 자사제품에 대한 입소문을 확산시키기 위해 기존의 의견선도자나 새로운 의견선도자를 통해 신제품을 홍보하도록 하는 마케팅커뮤니케이션 활동인

P&G는 학부모층 또는 다른 어머니들과 교류가 활발한 어머니들에게 초점을 맞춘 대규모 구전 네트워크인 Vocalpoint를 도입했다. Vocalpoint 회원 어머니들은 평균적인 어머니들이 갖고 있는 친구 또는 지인들의 수보다 5배 내지 6배를 보유하고 있다.

버즈 마케팅(buzz marketing)을 사용한다. 예를 들어, Proctor & Gamble의 독립된 마케팅조직인 Tremor와 Vocalpoint는 구전을 일으키기 위해 수많은 **온라인 의견선도자**(buzzer)를 확보하고 있는데, 이들은 P&G의 신제품뿐만 아니라 다른 제조업체 고객들을 위해서도 이용된다.

제품도입기에는 소비자들이 제품의 특성에 대해 잘 알지 못하므로 기본형의 제품을 판매하며, 높은 신제품 개발비용을 회수하기 위해 가격을 비싸게 책정하는 것이 일반적이며 원가에 일정마진을 포함시키는 가격결정방법을 흔히 사용한다. 도입기에서는 소비자들에게 신제품을 인지시키고 사용구매를 유도하기 위해 상대적으로 높은 광고비와 판매촉진비가 투입되어야 한다.

도입기에 기업은 계획된 제품포지션에 맞는 마케팅믹스전략을 수립해야 하며, 도입기에 내려진 적절한 마케팅의사결정은 수명주기의 다음 단계에서 시장선도력을 구축하는 데 매우 중요하다.

② 성장기

신제품이 목표시장 내 고객들을 만족시키면, 판매가 급속하게 증가하는 성장기로 들어간다. 성장기에서는 혁신소비자층과 조기수용자층(early adopters) 등의 호의적 구전(口傳, word-of-mouth)이 시장확대에 매우 중요한 역할을 한다. 이익이 높아 새로운 경쟁기업들이 보다 향상된 제품으로 진입함에 따라 시장의 규모는 급속도로 확대된다.

성장기에 들어선 제품에 대해서 기업은 다음과 같은 마케팅전략의 도입이 바람직하다.

- **제품전략**: 제품의 질을 향상시키고 새로운 속성을 추가해서 경쟁제품의 진입에 대응해야 한다. 또한 새로운 표적시장을 개발함으로써 고객층의 범위를 확대시켜야 하고, 자사제품을 모방한 경쟁제품의 출시에 대처하기 위해 고객의 선택적 수요를 자극하는(즉 많은 경쟁제품 가운데 자사제품이 선택되도록 하기 위해) 제품 차별화전략이 필요하다.
- **가격전략**: 급속하게 확대되는 시장 내에서 시장점유율을 높이기 위해 저가격정책을 도입하거나 혹은 기존의 가격을 그대로 유지함으로써 높은 이익을 실현하는 방법 중에서 하나를 선택할 수 있다.
- **광고 및 판매촉진전략**: 신제품을 인지시키기 위한 정보제공형 광고로부터 자사제품 선호형 광고로 전환한다. 판매촉진비는 도입기와 동일하거나 약간 높은 수준으로 설정한다. 전체매출에서 차지하는 판매촉진비의 비중은 다른 단계들보다 상대적으로 낮다.
- **유통경로전략**: 시장이 급속하게 성장하므로 가능한 한 점포 수를 늘려야 한다. 제품성장기에 들어선 기업은 높은 시장점유율의 추구와 높은 단기적 이익의 실현 중의 하나를 선택해야 할 어려움에 직면한다. 제품개선, 촉진, 유통경로 구축에 많은 비용을 투자하면 성숙기에 들어서 지배적 시장점유율을 확보할 수 있지만 단기적으로 높은 이익의 실현을 포기해야 한다.

③ 성숙기

제품의 매출성장률이 지속적으로 둔화되기 시작하는 시점이 제품의 성숙기에 해당된다. 성숙기 단계에서는 판매량의 절대적 크기는 증가하지만 증가율은 감소하며, 가장 높은 매출을 실현하게 된다.

경쟁기업들이 가격을 인하하고 광고와 판촉비용을 증가시키는 공격적 마케팅을 실행하고 보다 고급스럽고 우수한 제품의 개발을 위해서 연구개발비용을 늘릴 것이기 때문에 자사제품의 이익은 줄어들게 된다. 이 단계에서는 취약한 경쟁제품들은 시장에서 도태되고 경쟁구조가 재조정된다. 따라서 기업은 성숙기 제품을 방어하기 위해 시장개발, 제품개선, 마케팅믹스 수정 등의 적극적인 전략이 요구된다.

- **시장개발**: 시장개발은 자사제품에 대한 매출을 증가시키기 위해서 새로운 소비자를 찾거나 기존소비자들의 사용빈도를 증가시키거나 혹은 새로운 용도를 개발하는 것이다. Johnson & Johnson사가 유아용 샴푸시장을 성인시장으로 확대한 사례나 바셀린의 용도를 공업용에서 일반 소비자용으로 전환시켜 새로운 소비층을 발견한 경우가 이에 해당된다. 동서식품 프리마는 성숙기에 들어선 국내 커피프리머 제품시장을 확대하기 위해 러시아, 카자흐스탄, 동남아 등 해외시장으로 진출했다. 동서식품은 커피에 넣는 크리머로서뿐 아니라 음료첨가제 등 다양한 제품용도 개발을 통해 해외매출을 증대시켰다. 가령, 극한(極寒)의 러시아에서 프림은 열량을 보충해 주는 음료첨가제로 활용된다. 러시아인들은 코코아를 마시면서 보통 열량이 높은 아이스크림이나 분유를 첨가하는데, 여기에 프림을 대신 넣는 식이다.
- **제품개선**: 기업은 제품의 품질, 특성, 스타일 등의 수정을 통해 신규고객을 유인하거나 기존 고객의 사용빈도를 높일 수 있다. 즉 마케터는 제품품질이나 성능을 더욱 향상시키거나, 제품의 편의성, 안정성, 유용성 등을 높이는 새로운 제품특성을 추가하거나, 제품의 스타일을 개선함으로써 매출을 확대할 수 있을 것이다. 가령, 충치예방에 뛰어난 자일리톨 껌을 출시해

| 러시아에서 동서식품은 프리마제품에 대한 전차광고를 통해 브랜드인지도를 구축하고 있다.

큰 성공을 거둔 롯데제과는 오리온과 해태제과 등 경쟁업체들이 개선된 자일리톨 껌을 선보이면서 2,000년대 중반 매출하락을 경험했다. 이에 따라 롯데제과는 자일리톨의 매출을 회복하기 위해 자일리톨 알파프로젝트 껌을 개발했는데, 자일리톨 알파프로젝트는 자일리톨 껌이 갖는 충치예방 효과뿐 아니라 치주질환을 예방하는 기능까지 갖춘 기능성 껌이다. 인스턴트 커피시장 선도브랜드 맥심 등을 보유한 동서식품은 원두커피 중심으로 소비행태가 바뀌어 인스턴트 커피시장이 위협을 받게 됨에 따라 이에 대응해 인스턴트 커피에 들어가는 원료 가운데 아라비카(고급 원두커피 원료로 사용됨)의 비율을 60%에서 80%로 높여 고급 인스턴트 커피를 출시했다. 또한 커피 추출과정에서 저온 단시간 공법을 사용해 원두커피 본래의 맛이 최종제품에 남도록 하고 로스팅 및 추출과정에서 공기 중에 사라지는 향을 포집해 이 향을 포장과정에 활용함으로써 원두커피의 향에 가까운 인스턴트 커피를 만들었다.

- **마케팅믹스의 수정**: 마케터는 마케팅믹스의 구성요소들을 수정하여 정체된 매출을 증대시킬 수 있다. 신규고객이나 경쟁제품의 고객들을 유인하기 위해서 가격할인정책을 사용한다든지, 경품이나 콘테스트와 같은 공격적인 판촉활동의 강화, 비교광고의 실행, 급성장하는 할인유통업체와의 거래확대, 다양한 고객서비스의 제공을 통해서 매출을 끌어올릴 수 있다.

④ 쇠퇴기

대다수의 상품은 성숙기를 지나 절대적 판매량이 감소하는 쇠퇴기에 접어들게 되는데, 그 속도는 상품에 따라 느릴 수도 급격할 수도 있다. 쇠퇴기의 원인에는 여러 가지가 있지만 시장수요의 포화, 신기술과 대체재의 출현, 사회적 가치의 변화, 고객욕구의 변화 등을 주요원인으로 들 수 있다.

판매량과 이익이 감소함에 따라 많은 기업들이 시장에서 철수한다. 시장에 남아 있는 기업들은 경쟁력이 취약한 제품을 제거하는 등 제품의 수를 축소시킨다. 그리고 시장규모가 작은 세분시장과 성과가 저조한 중간상들을 제거하며, 촉진예산도 충성고객들만을 유지하는 수준으로 줄이고 가격도 계속 인하한다.

쇠퇴기에 들어선 제품을 보유한다는 것은 기업에게 여러 가지 측면에서 부정적인 영향을 미칠 수 있다. 첫째, 취약한 제품의 유지는 기업 평판에 부정적인 영향을 미치며 소비자들은 경쟁력이 있는 다른 제품에 대해서도 부정적 평가를 내릴 수 있다. 둘째, 취약한 제품에 투입되는 판매원과 광고비 등은 비용낭비이며, 이들을 수익성이 높은 다른 제품에 집중하는 것이 보다 효과적이다. 그러므로 기업은 각 제품의 판매량, 비용, 이익 등을 정기적으로 검토하여 쇠퇴기에 들어선 제품을 파악해야 하며, 이에 대해 적절한 의사결정을 내려야 한다.

가령, 쇠퇴기에 들어선 디지털카메라(디카) 시장에서 기존의 시장선도 기업들이 이에 대응한 마케팅전략을 수립하느라 고심하고 있다. 최근 스마트폰의 보급과 초소형 카메라 기술이 발달하면서 디카 판매량이 빠른 속도로 감소하고 있다. 역사 속 뒤안길로 사라진 필름카메라의 뒤를 디카가 따라가고 있는 것이다. 이에 따라 캐논·니콘·소니·파나소닉과 같은 디카산업을 주도하던 기업들이 대규모 사업 구조조정에 나섰다. 카메라 사업에서 부진한 마케팅성과를 보인 니콘은 카메라·반도체·현미경 등 3개 사업부로 나눴던 광학기술 설계사업을 통합해 광학부품의 생산효율성을 높이려고 한다. 캐논은 디카의 매출비중을 줄이고 축적된 광학기술을 기반으로 디스플레이 장비, 의료기기 같은 신규사업을 강화하고 있다.

마케터는 쇠퇴기 제품에 대해 유지, 수확, 혹은 철수전략 중 하나를 선택할 수 있다. 첫째, 기업은 자사제품을 그대로 유지하는 방법을 선택할 수 있다. P&G는 쇠퇴기에 들어선 액체비누시장에서 다른 경쟁기업들이 철수했을 때 그대로 존속하여 독점적 이익을 실현하였다. 둘째, 마케터는 수확(harvest)전략을 선택할 수도 있는데, 이는 비용지출을 지속적으로 줄이고 판매는 유지함으로써 단기적 현금흐름(수익성)을 높이는 전략이다. 셋째, 기업은 철수전략을 고려할 수 있는데, 이는 쇠퇴기 제품을 다른 기업에게 매각하거나 잔존가치로 감가상각함으로써 사장시키는 전략이다.

| 참고문헌 |

1. 안광호, *마케팅: 관리적 접근*, 제2판, 학현사, 2021.
2. 안광호, 한상만, 전성률, *전략적 브랜드관리*, 제5판, 학현사, 2019.
3. Philip Kotler, 안광호, Gary Armstrong, *마케팅입문*, Pearson, 2013.
4. 김해룡, 안광호, *서비스마케팅*, 제3판, 학현사, 2021.
5. Robert G. Cooper, *Winning at New Products*, Basic Books, 2011.
6. Donald R. Lehmann and Russell S. Winer, *Product Management*, 3rd ed., McGraw–Hill, 2003.
7. Glen L. Urban and John R. Hauser, *Design and Marketing of New Product*, 2nd ed., Englewood Cliffs, NJ: Prentice–Hall, 1993.
8. Kotler, Philip and Kevin Lane Keller, *Marketing Management: Analysis, Planning, Implementation, and Control*, 15th ed., Pearson, 2016.

| 생각해 볼 문제 |

1. 임의의 제품군(예: 자동차, 볼펜, 우동 등)을 선택하여 시장에 나와 있는 브랜드들을 기능적 제품, 감각적 제품 및 상징적 제품으로 분류하여 보자. 각 상품들은 핵심제품, 유형제품 및 확장제품 상에서 어떤 차이를 지니고 있는지 파악해 보자.

2. 하나의 브랜드가 일류제품이 되기 위해서는 핵심제품, 유형제품과 확장제품의 개별요소들을 어떻게 관리하여야 할 것인가? 몇 가지 브랜드들을 비교하여 설명하시오.

3. 산업재와 소비재는 구매자, 가격, 품질, 정보탐색, 구매경향 등의 관점에서 어떤 차이를 가지고 있는가? 하나의 제품이 용도에 따라서 산업재도 될 수 있으며 소비재도 될 수 있다. 이와 같은 경우를 예를 들어 살펴보고, 구매자, 가격, 품질, 정보탐색, 구매경향 등의 관점에서 어떤 차이를 지니고 있다고 생각하는가?

4. 자신이 잘 알고 있는 회사를 선정하여 [그림 7–3]과 같은 제품믹스의 넓이, 길이 및 깊이에 관한 그림을 그려보시오. 제품믹스의 넓이, 길이, 깊이에 관한 제품 관리의사결정을 내리고 필요하다면 제품 퇴진전략을 포함한 개별제품관리에 이르기까지 선정한 회사들의 전반적인 제품전략에 관하여 논하시오.

5. 자신의 주변에서 실패상품과 성공상품의 각각을 선택하여 실패원인과 성공요인들을 비교하여 보자.

6. 신제품의 아이디어를 확보하기 위하여 일차적으로 소비자들의 불만사항을 조사하기도 한다. 서울의 한 라면 제조업체는 고객 불만사항을 조사한 결과, '라면이 느끼하다', '영양가치가 너무 낮다',

'먹고 나면 찜찜하다', '수프가 마음에 안 든다' 등의 4가지 중요한 사항을 파악할 수 있었다. 이와 같은 문제점을 해결할 수 있는 라면을 개발하기 위해서는 어떤 절차를 거쳐야 할 것인가? 제품개념 개발 및 테스트로부터 시작하여 상업화 단계에 이르는 신제품 개발과정을 상세히 토론하여 보자.

7. 전체 소프트드링크시장의 25%를 넘어섰던 맥콜은 보리보리, 보리텐과 직접 경쟁하였으며, 스프라이트는 스프린트 등과 백색음료시장에서 직접적으로 경쟁관계에 있었다. 이와 같은 제품들은 오늘날 우리 시장에서 사라져 가고 있는 상품이 되었다. 그러나 오리온의 초코파이는 롯데의 초코파이와 더불어서 장수상품이 되었다. 어떤 이유로 이와 같은 결과를 초래하였다고 생각되는가? 제품수명주기 관점에서 시장의 특성, 마케팅목표 및 마케팅전략에 관하여 비교·평가하여 보자.

8. 현재 우리나라 맥주시장은 OB, HITE, CASS, 롯데 클라우드 등이 경쟁하고 있다. 이와 같은 경쟁관계는 앞으로 새로운 제품에 의하여 변화를 가져올 수 있을 것으로 예상된다. 성공적 신제품을 개발하기 위해서는 아이디어 창출 단계에서부터 과학적인 신제품 마케팅관리가 선행되어야 한다. 5~6명의 학생을 한 조로 하여 맥주시장의 제품변화에 관하여 토론하고 새로운 맥주의 제품개념을 개발하여 보자.

제 8 장

촉진전략을 통한 고객가치 소통

1. 마케팅 커뮤니케이션 과정
2. 촉진예산 결정
3. 촉진믹스의 결정
4. 광고
5. PR
6. 판매촉진
7. 인적판매
8. 구전

브랜드 가치 차별화를 위한 테슬라의 마케팅 커뮤니케이션 전략

코로나 팬데믹 위기상황을 경험하며 ESG(환경, 사회 및 지배구조)의 중요성이 주목받고 있다. 이에 따라 기업은 사회적 문제에 더 적극적으로 대처하고 있다. 일반적으로는 사회적 기업, 소셜벤처를 비롯한 많은 기업이 주로 환경, 빈곤, 여성, 건강과 관련된 사회적 문제를 해결하는 것에서 기업의 가치 창출 활동들을 홍보하는 경우가 많다. 그러나 일련의 활동들이 차별화된 고객가치를 제공한다 할지라도 이를 브랜드전략으로 사용하는 것은 이윤에 도움이 되지 않을 수도 있다. 소비자들은 이러한 '착한 브랜드'보다는 자신의 니즈를 충족시켜 주는 제품이나 서비스 경험을 찾기 때문이다. 고객이 원하는 브랜드 가치는 경쟁자와는 차별화되는 제품 및 서비스를 강조하는 브랜드 커뮤니케이션 전략을 통해 달성된다. 기업은 타깃이 되는 고객의 니즈, 산업의 특성, 그리고 제품의 가치를 고려해 이에 맞는 독자적인 브랜드 전략을 세워야 한다. 사회적 가치를 핵심 역량화하고 브랜드화하는 과정은 다른 기업에서는 모방할 수 없는 차별화된 브랜드 가치나 이미지를 창출해 경쟁우위로 이어질 수 있기에 매우 중요하다.

'사회적 가치를 브랜드 가치에 어떻게 자리매김해야 하는가'에 대한 해답은 친환경 전기차 생산업체 테슬라 사례를 통해 설명할 수 있다. 테슬라의 친환경 전기차는 시장 진입–기술 혁신–브랜드 전략에 이르기까지 사회적 가치를 지향하는 많은 기업과는 차별화된 모습을 보여주고 있다. 생산을 중심으로 하는 비즈니스 모델을 실행하고 있음에도 테슬라는 사회적 기업이나 소셜벤처로 소개되지 않는다. 오히려 고성능의 값비싼 전기차를 만드는 기업으로, 자율주행을 선도하는 기업으로, 시장가치가 800조 원에 달하는 기업으로 강하게 인식되어 왔다.

◆ 환경규제 준수에 집중했던 기존 전기자동차 시장

자동차 산업은 대표적인 기술집약적 산업으로, 진입장벽이 높아 신생 기업이 성공적으로 연착륙하기란 대단히 어렵다. 전 세계적으로 전기자동차가 관심을 받는 현재의 분위기와는 달리 2009년 테슬라가 자사의 첫 번째 모델인 1세대 로드스터를 출시하던 당시에는 시장의 방향이 다른 곳을 향했다. 자동차 제조업계가 가진 관심의 초점은 내연 기관의 연비를 개선시킬 수 있는 하이브리드 자동차 개발에 맞춰져 있었으며, 순수하게 전기로만 구동하는 자동차(Battery Electric Vehicle; 이하 BEV)는 짧은 주행거리, 긴 충전시간 및 높은 차량가격 등의 이유로 별다른 주목을 받지 못하고 있었다. 일부 BEV가 시장에 등장하기 시작한 것은 정부 당국의 환경 규제가 강화되면서부터다. 1990년대 초 미국 캘리포니아대기자원위원회(CARB)에서 캘리포니아주 내에서 자동차를 판매하기 위해서는 배출 가스가 전혀 없는 무공해자동차(Zero Emission Vehicle; 이하 ZEV)를 일정수 판매해야 한다는 규정이 신설됐다. 이에 따라 크라이슬러의 TEVan, 포드의 Ranger EV 픽업트럭, GM의 EV1. 도요타의 RAV4EV 등이 생산되었으나 판매에는 큰 관심을 두지 않았다. 한 예로, GM은 정부가 ZEV 의무 판매 규제를 철회하자 EV1의 생산을 중단하고 리스 형태로 판매됐던 EV1마저 모두 수거해 폐기했는데, 이는 GM의 전기자동차 개발의 초점이 환경 규제 준수에만 맞춰져 있었음을 짐작하게 한다.

◆ 하이엔드 시장을 겨냥한 테슬라의 포지셔닝 전략

이런 분위기에서 테슬라는 사업 초반 어떤 고객층을 대상으로 전기차를 판매해야 했을까? 자동차 업계는 전통적으로 최초로 시장에 진입할 때 저렴한 제품을 만들어 시장점유율을 넓히면서 점차 고가 제품 라인으로 확장하는 방법을 고수해왔다. 소비자들이 처음에는 저가 제품을 구매하지만 시간이 지나며 고가 제품으로 이동할 것이라는 생각을 가지고 있기 때문이다. 클레이튼 크리스텐슨 전 하버드대 교수는 이러한 저가 업체들의 성장과정을 '파괴적 혁신'이라 명명한 바 있다. 하지만 테슬라는 이런 시장 진입과정을 거치지 않고 곧바로 하이엔드 시장을 겨냥한 전략을 폈다. 이 시장의 타깃 고객은 포르셰를 구입할 수 있을 정도의 경제적 여유를 가진 소비자들이었다.

| 테슬라의 Roadster 초기 모델

테슬라가 이러한 결정을 한 이유는 두 가지 배경에서 해석할 수 있다. 먼저, 테슬라는 사업 초기 값이 싸고 대중적인 전기차를 만드는 자동차 제조기술이 없었기 때문에 스포츠 자동차 기업인 로터스와 협력하여 첫 자동차를 제작했다. 대중적인 전기차를 만드는 데에는 배터리 품질 및 조립능력 등이 갖춰져야 하기 때문에 테슬라의 입장에서 전통적인 제조업체와 경쟁하는 것이 부담스러웠을 수도 있다. 이에 따라 테슬라는 대중 시장을 공략하기보다는 상대적으로 시장이 작은 스포츠카 시장에 집중하여 브랜드 이미지를 구축하고자 했다. 둘째, 테슬라는 하이엔드 시장에 집중함으로써 다양한 전기자동차 기술적 한계를 자유롭게 실험할 수 있었다. 전기자동차 시장을 개척하기 위해서는 전기자동차가 내연기관차보다 더 우수한 성능과 안전성이 있다는 것을 입증하는 것이 필요하다는 전략적 판단 때문이었다. 예컨대 처음 로드스터를 생산하는 과정에서 전기자동차로 가능한 기술적 한계들을 실험한 결과 150여 개의 기술 및 디자인 특허를 남겼다. 이런 기술적 혁신을 통해 구현된 로드스터는 모델 S-X-3-Y로 이어졌으며 테슬라는 2019년 10월 배터리 데이 행사에서 3년 내에 2만 5000달러 가격의 전기차를 생산하겠다고 공언한 바 있다. 즉, 테슬라는 로드스터 전기차를 '콘팩트한 친환경 시티카라는 틀 안에 가두지 않고 고출력 전기 구동 스포츠카로 'Fun-to-Drive'에 초점을 맞춰 시장의 이목을 잡았다.

◆ 전기스포츠카의 우월한 성능을 내세운 브랜드 가치 창출전략

테슬라 이전의 전기차는 짧은 주행거리와 배터리 안정성 등 기술적 제약으로 인해 친환경 가치라는 브랜드 가치를 전면적으로 내세울 수밖에 없었다. 따라서 조금 불편하더라도 '전기차는 장기적으로 지구를 살릴 수 있다'는 시민의식에 호소한 마케팅 및 홍보를 내세우는 경우가 많았다. 이에 반해 테슬라는 처음부터 고출력 스포츠카로 우수한 기동력을 중점적으로 부각시켰다. 테슬라는 화석연료를 사용하는 자동차에 의한 환경오염을 해결하고자 했지만 전기자동차의 경제적/친환경적 특성에 주목하기보다는 전기모터와 배터리 등을 활용한 기술의 우수성을 강조하는 데 방점을 뒀다. 그 결과 자동차 소비자들의 기능적, 심미적 기대치에 부합하는 전기자동차가 생산될 수 있었다. 로드스터의 시제품은 2006년 산타모니카 공항 격납고에서 공개됐는데, 이 역시 기동력이 좋다는 특성을 강조하고자 한 것이다. 가솔린이 아닌 고무를 태워라(Burn rubber, not gasoline)'라는 홍보 문구에서 볼 수 있듯 테슬라는 전기차를 만드는 회사임을 알리는 동시에 전기스포츠카가 지닌 우월한 성능을 브랜드 가치로 내세웠다.

모델S(2012년), 모델 X(2015년), 모델3(2017년)과 모델Y(2020년)를 통해 보여준 테슬라의 전기차는 내연기관차의 기술로서는 구현할 수 없을 정도의 빠른 제로백을 제공한다. 엔진과 변속기 없이 직접적으로 동력을 전달하는 전기차

| 테슬라 서울 스토어

의 특성 때문이다. 전기차는 마력에서도 내연기관차를 압도한다. 모델S는 1020마력을 제공하는데, 페라리 등 슈퍼카가 보통 600~700마력임을 감안할 때 이는 매우 높은 수준임을 알 수 있다. 전기차는 모터 수를 조절해 동력을 쉽게 늘릴 수 있으며 모터에서 바퀴까지 전달하는 과정에서 동력누수가 적게 나타나기 때문에 가능하다. 넓은 실내 역시 전기자동차의 또 다른 장점이다. 전용 플랫폼을 적용해 설계한 전기자동차는 내연기관 자동차의 부품 중 엔진, 변속기, 연료/배기라인 등이 필요하지 않아 동급 내연기관차와 비교했을 때 실내 공간 설계 자유도가 증가한다. 전기자동차에 내장된 배터리는 충분한 용량을 갖추고 있어 캠핑장 등 전력 공급이 어려운 공간에서 사용할 수도 있다. 이처럼 테슬라가 가진 특징들은 하이엔드 시장의 고객들에게 기존 내연기관차의 브랜드 가치 이상의 가치를 제공하고 자동차의 역할을 확장시켜 소비자의 라이프스타일에도 변화를 가져오고 있다.

◆ 긍정적인 화제를 모으는 브랜드 이미지 관리

테슬라가 기존 자동차 기업들과 다른 행보를 걷는 또 하나는 광고나 판촉활동을 목적으로 비용을 지출하지 않는다는 점이다. 일반적으로 자동차 제조업체들이 브랜드 이미지 관리를 위해 매년 큰 예산을 할당하는 것과는 다르다. 광고비를 지출하지 않는 대신 회사 자체가 사람들의 입에 오르내리도록 했다. 대표적으로 BBC의 자동차 전문 프로그램 톱기어와의 논쟁을 들 수 있다. 테슬라가 1세대 로드스터를 출시했을 당시 톱기어는 기계적 문제점이 발견됐다는 내용을 방송하여 테슬라가 허위 사실 유포로 톱기어 측에 소송을 제기한 바 있다. 2년이 넘는 재판 끝에 테슬라의 청구는 결과적으로 기각됐지만 이 과정에서 언론매체를 통해 테슬라의 제품 관련 여러 의혹을 적극적으로 소명함으로써 큰 홍보효과를 볼 수 있었다. 2018년에는 스페이스X 팰콘 헤비로켓에 로드스터를 탑재해 우주에 쏘아 올리면서 자사제품이 우주 공간에 떠 있는 모습을 전 세계에 중계하여 그 어떤 광고보다 인상적인 장면을 연출했다. 현재 이 차량은 기네스북에 우주에서 가장 빠른 차로 등재돼 있어 '빠른 전기차'라는 브랜드 이미지를 일관되게 표현했다고 볼 수 있다.

업그레이드된 제로백, 고마력, 안정성 등의 새로운 브랜드 가치는 전기자동차라는 원천에서 기인한다. 10억 대에 달하는 전 세계 자동차가 궁극적으로 전기차로 바뀔 것이라는 기대감은 바로 이런 사실 때문이다. 기존에는 trade-off로 인식되던 전기차의 친환경적 가치와 브랜드 가치는 이제 시너지를 창출하는 관계로 재설정됐다. 테슬라는 기술 혁신을 통해 이런 긴장관계를 해소하고 전기차의 미래를 보여줬다. 이 점이 바로 자동차 산업에서 테슬라가 게임체인저로서의 지위를 가지게 한 요인이며 폴크스바겐, GM, 포드, 현대차 등이 전기차로 올인할 수밖에 없는 이유이기도 하다.

자료원: 김태영&이건영, "테슬라는 고객 가치를 어떻게 차별화했나", 「동아비즈니스리뷰」, 2021. 04. Issue 2 중 발췌

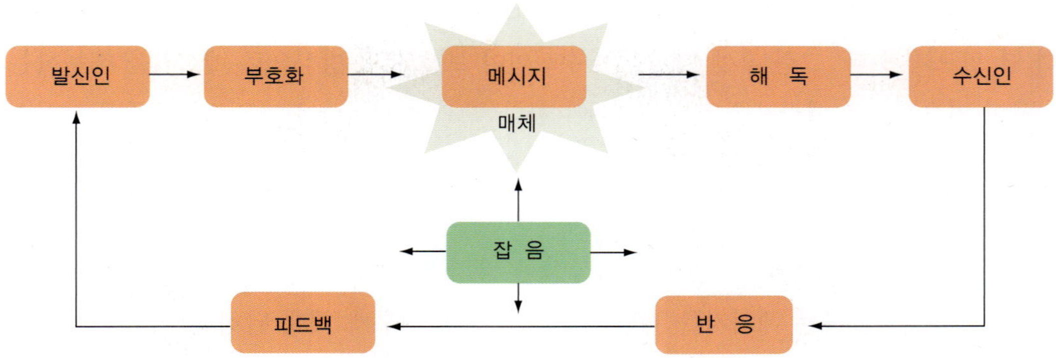

그림 8-1 마케팅 커뮤니케이션 과정의 구성요소들

자료원: George E. Belch and Michael A. Belch, *Advertising & Promotion: An Integrated Marketing Communications Perspective*, 11th ed., New York: McGraw-Hill, 2017.

면 TV라는 매체와 특정 TV 프로그램처럼 삼성전자가 갤럭시 Z플립4 휴대폰 광고를 내보내기 위해 선택한 경로

⑤ **해독**(decoding): 발신인이 부호화하여 전달한 의미를 수신인이 해석하는 과정 → 예컨대 ㈜삼성전자의 갤럭시 Z플립4 휴대폰 광고를 소비자가 보고 광고에서 사용된 말이나 그림 또는 사진 등을 해석하는 과정

⑥ **수신인**: 메시지를 전달받는 당사자 → 예를 들면 삼성전자의 갤럭시 Z플립4 휴대폰 광고를 보는 사람들

⑦ **반응**: 메시지에 노출된 후 일어나는 수신인의 행동으로서, 예를 들면 삼성전자의 갤럭시 Z플립4 휴대폰을 좀 더 좋아하게 된다거나 갤럭시S8 휴대폰을 구매하겠다는 생각이 강화되는 등의 다양한 반응이 나타날 수 있다.

⑧ **피드백**(feedback): 발신인의 메시지에 대해 수신인이 보인 반응들의 한 부분으로서, 예컨대 삼성전자의 소비자 조사결과 소비자들이 갤럭시 Z플립4 휴대폰 광고를 기억하거나 광고에 대하여 호의적이라는 응답을 하거나, 삼성전자, 갤럭시 Z플립4 휴대폰 제품 또는 광고에 대하여 비판적인 반응을 나타내는 것 등을 말한다.

⑨ **잡음**(noise): 의사전달 과정에서 계획되지 않은 현상이나 왜곡이 일어나는 것으로서 수신인은 발신인이 전달하고자 하는 내용을 수신하지 못하거나 발신인의 의도와는 다른 메시지를 획득하게 된다. 예컨대 수신인이 갤럭시 Z플립4 휴대폰 광고를 시청하던 당시의 TV수신 상태가 나쁘거나 다른 사람이 말을 시켜 수신인의 주의가 분산되는 경우 등이 있다.

마케팅 커뮤니케이션 과정모형은 효과적인 의사전달의 중요 요소를 보여주고 있다. 발신인들은

우선 누구에게 자신의 메시지가 전달되기를 원하고 또한 어떤 반응을 획득하기를 원하는지를 확실히 할 필요가 있다. 그런 후에 발신인은 수신인이 보통 어떤 방식으로 메시지를 해독하는가를 고려하여 기술적으로 메시지를 부호화하여야 한다. 그러고 나서 발신인은 표적청중을 효율적으로 만날 수 있는 매체를 통해 메시지를 보내고 수신인의 메시지에 대한 반응을 알아낼 수 있도록 피드백 채널을 확보해야만 한다.

커뮤니케이션 과정을 둘러싼 환경에는 상당한 양의 잡음이 존재한다. 소비자들은 그들이 선택해서 주의를 기울이는 메시지를 제외하고도 하루에도 수백 개에 달하는 상업적인 메시지들을 접하게 된다. 소비자들이 발신인이 의도한 대로 메시지를 수용하지 못하는 데는 대체로 세 가지 원인이 있다. 첫째, 소비자들은 선택적으로 주의를 기울이기 때문에 그들이 접하는 자극들을 모두 감지한다는 것은 불가능하다. 둘째, 소비자들은 그들이 듣고 싶어 하는 것을 듣는 경향이 있기 때문에 메시지를 자의적으로 변형하여 수용하는 경우가 많다. 셋째, 소비자들은 그들의 장기기억 속에 그들이 접하는 메시지들 중의 일부만을 간직할 뿐만 아니라 정보를 선택적으로 검색해 내는 경향이 있기 때문에 노출된 정보 중 일부만을 기억해 낼 수 있을 뿐이다.

이 같은 점들을 고려할 때 마케팅 의사전달자의 입장에서는 소비자들을 둘러싼 수많은 잡음에도 불구하고 주의를 끌 수 있으면서도 설득력이 있는 메시지를 만들어 가장 효과적이고도 효율적인 매체를 통해 소비자들에게 전달해야 하는 어려운 과업을 수행해 내야 한다. 그러기 위해서 마케팅 의사전달자는 우선 표적청중을 파악해 내고, 그들로부터 원하는 반응이 무엇인지를 결정하고, 그에 맞는 메시지를 개발한 다음, 메시지를 보낼 경로를 선택하고, 메시지를 전달할 메시지 원천(message source)을 선택하고 마지막으로 커뮤니케이션의 효과를 측정하는 과정을 거친다.

1.1 표적청중(Target Audience)의 파악

마케팅 의사전달자가 효과적인 마케팅 커뮤니케이션을 수행하기 위해서는 우선 메시지 전달의 대상이 되는 표적청중을 명확히 하는 데서 출발해야 한다. 청중은 제품의 잠재적 구매자나 현재 사용자들로서, 직접 구매의사를 결정하거나 의사결정에 영향을 줄 수 있는 사람이며 개개의 소비자들일 경우도 있고 집단일 수도 있다. 표적청중이 누구냐 하는 것은 의사전달자가 어떤 메시지를 전달할 것이며, 어떻게 전달하고, 언제 그리고 어디서 메시지를 누가 전달할 것인지를 결정하는 데 큰 영향을 준다.

마케팅 의사전달자가 표적청중을 결정하는 데는 이 책의 제6장에서 다루었던 시장세분화와 표적시장의 선택 등의 마케팅전략이 중요한 지침을 제공한다. 예컨대 우리나라의 맥주시장에서 맥

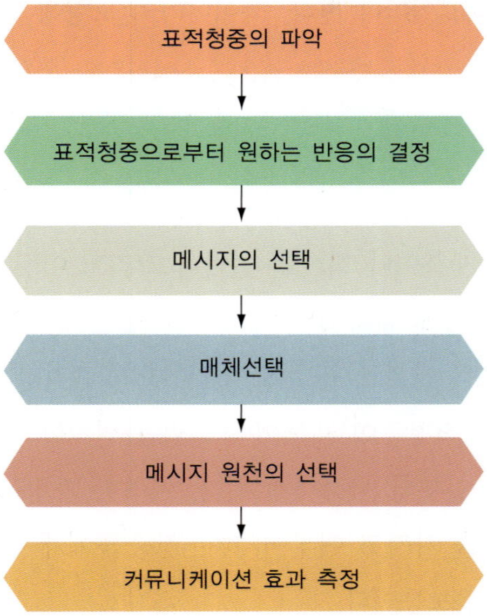

그림 8-2 효과적 마케팅 커뮤니케이션의 개발을 위한 여러 단계들

주회사들의 표적시장이 되고 있는 맥주의 다량음용자들은 주로 25~34세에 속하는 남자들로 구성되어 있는데, 이 같은 경우 마케팅 의사전달자들은 마케팅 커뮤니케이션을 수행함에 있어 자연스럽게 맥주의 다량음용자인 각 25~34세에 해당하는 남자들을 주요 표적청중으로 삼아야 할 것이다.

1.2 표적청중으로부터 원하는 반응의 결정

일단 표적청중이 결정되고 나면 의사전달자는 커뮤니케이션을 통하여 표적청중들로부터 어떠한 반응을 얻고자 하는지를 결정하여야 한다. 물론 대부분의 경우 기업의 마케팅 커뮤니케이션의 최종적인 목표는 소비자의 구매다. 그러나 구매는 상당히 긴 소비자 의사결정과정의 결과로서 나타나는 경우가 많으며 특히 고관여 구매행동의 경우 소비자들은 보통 몇 개의 단계를 거쳐 구매에까지 이르게 된다. 이는 **촉진효과의 하이어라키 모형**(the hierarchy-of-effects model)에 잘 나타나 있는데, 이 모형에 따르면 소비자들은 기업의 촉진노력에 의해 우선 상표에 대해서 알게 되는 **인지**(awareness)단계로 접어들게 되며, 그 다음으로는 상표에 대한 **지식**(knowledge)을 갖게 되는 두 번째 단계, 상표에 대한 **호감**(liking)을 갖게 되는 세 번째 단계, 상표에 대한 **선호**(preference)를 갖는 네 번째 단계, 상표의 구매에 대한 **확신**(conviction)을 갖는 다섯 번째 단계, 그리고 그 상표를 실제로 **구매**(purchase)하는 마지막 단계를 거치게 된다([그림 8-3] 참조). 따라서 마케팅 의사전달자는 소비자들이 현재 제품구매 과정에서 어떤 단계에 속해 있는지에 따라 마케팅 커뮤니케이션의 목표를 달리 설정할 필요가 있다. 마케팅 의사전달자는 표적청중이 현재 어떠한 단계에 있으며 어떠한 상태로 이동시켜야 하는지를 파악하고 있어야 한다. 하이어라키 모형에 있어서의 각 단계를 좀 더 자세히 설명하면 다음과 같다.

(1) 인지(awareness)

의사전달자는 표적청중이 제품이나 회사를 얼마나 그리고 어떻게 인지하고 있는지를 알고 있어야 한다. 청중은 제품이나 회사에 대하여 전혀 모르고 있을 수도 있고, 단지 이름만 알고 있을 수도 있으며, 어느 정도의 정보를 갖고 있을 수도 있다. 만약 표적청중이 제품을 인지하지 못하고 있는 상태라면 의사전달자는 표적청중이 제품이나 기업을 인지할 수 있도록 노력해야 하는데, 보통 제품의 상표명 등을 알리는 일부터 시작하게 된다. 이러한 과정은 주로 상표나 회사명을 반복하는 단순한 메시지 전달활동을 가지고 이루어지며, 청중들에게 이를 인지시키는 데 상당히 많은 시간과 비용이 소요되는 것이 보통이다.

(2) 지식(knowledge)

표적청중은 회사명이나 상표명은 알고 있으나 그 이상의 내용에 대하여는 모르고 있을 수 있다. 이때 의사전달자는 회사나 제품에 대하여 이미 지식을 가지고 있는 청중이 어느 정도 되고 또 그들이 어느 정도 알고 있는지를 파악하여 그에 맞는 의사전달 과정을 진행해야 한다. 예컨대 기아자동차의 중형 승용차인 K5에 대해 표적고객들이 이름은 알고 있으나 다른 중형 모델들과 대비한 K5의 특징에 대해서는 전혀 모르고 있다면 마케팅 커뮤니케이션의 목표는 표적청중들에게 K5에 대한 지식을 심어주는 것이 될 것이다.

(3) 호감(liking)

표적청중들이 제품에 대하여 지식이 있다고 가정할 때 과연 그들은 제품에 대하여 어떻게 느끼고 있을까? 경우에 따라서 어떤 사람들은 그 제품을 매우 좋아할 수도 있고, 별다른 감정이 없을 수도 있고, 매우 싫어할 수도 있다. 따라서 의사전달자는 일단 청중들의 제품에 대한 호감도를 측정하여야 하며 그 결과에 따라서 적합한 의사전달 프로그램을 개발할 수 있어야 한다. 만약 제품에 대하여 표적청중이 비호의적인 평가를 갖고 있다면 의사전달자는 표적청중들이 이러한 비호의적 감정을 왜 갖게 되었는지를 파악하여 이를 개선할 수 있는 커뮤니케이션 전략을 세워야 할 것이며 현재 호의적인 상표태도를 가지고 있다면 이를 지속적으로 유지 내지 제고시킬 수 있는 커뮤니케이션 노력이 필요하게 된다.

(4) 선호(preference)

표적청중은 제품을 좋아하기는 하지만 다른 제품에 비하여 특별히 선호하지 않을 수 있다. 이러한 경우에 의사전달자는 제품의 질, 가치, 성능 등이 경쟁제품보다 우수함을 알려 소비자의 해당 제품에 대한 선호를 높일 수 있으며, 캠페인 후 소비자의 제품선호도를 측정하여 캠페인 전과 비교함으로써 캠페인의 성공 여부를 평가할 수 있다. 예컨대 새로 출시된 기아의 중형 승용차인 'K5 Hybrid'라는 제품에 대해 소비자들이 막연한 호감을 갖고 있기는 하지만 아직 현대자동차의 쏘나타나 르노삼성의 SM5에 비해 특별히 더 좋아하지는 않고 있는 단계라면, 촉진의 목표를 다른 중형 승용차에 대비하여 연비가 높고 환경친화적인 K5 Hybrid의 상대적 우위를 표적청중에게 알림으로써 K5 Hybrid에 대한 소비자들의 차별적 선호를 제고하는 데 둘 수 있다.

(5) 확신(conviction)

표적청중이 자사제품에 대한 선호가 형성되어 있더라도 제품을 구매하려는 확신이 없을 수 있다. 이 경우 의사전달자는 청중들에게 제품구매가 좋은 결과를 가져다 줄 수 있다는 믿음을 가질 수 있도록 구매에 대한 확신을 심어줄 필요가 있다. 예컨대 자동차를 구매하고자 하는 소비자가 르노코리아의 SM6에 대해 호감을 갖고 다른 자동차에 비해 더 선호한다고 하더라도 SM6를 구매한 후 르노코리아에서 지속적으로 애프터서비스나 기타 사후 고객관리를 철저하게 해줄 것이라는 데 대한 확신이 없는 경우 구매를 망설이게 된다. 이러한 경우에는 르노삼성에서 앞으로 어떠한 기업환경상의 변화가 있더라도 고객들에게 구매 시의 약속을 지키겠다는 메시지를 가지고 소비자들에게 확신을 심어주는 것이 매우 중요하다.

(6) 구매(purchase)

마지막으로 어떤 표적청중들은 구매에 대한 확신을 가지고 있지만 구매를 즉시 하지는 않는다. 좀 더 많은 정보를 구하고 있거나 나중에 구매하려는 계획을 가지고 있는 경우로서 이때 의사전달자는 가격할인이나 경품을 제공하는 방법을 사용하여 즉각적인 구매를 유도할 수 있다.

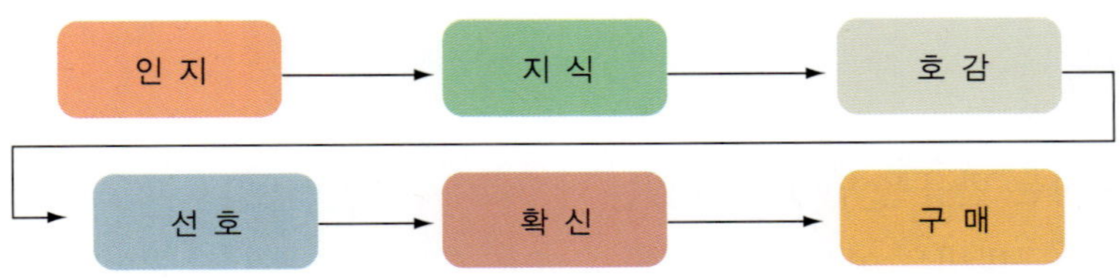

그림 8-3 촉진효과의 하이어라키 모형

구매자들은 광고 등의 촉진활동이 진행되면서 인지적(인지, 지식), 감성적(호감, 선호, 확신), 그리고 행동적(구매) 단계를 순차적으로 거치게 된다. 이러한 '**학습－느낌－행동**(learn–feel–do)'의 순차적 행동은 구매자들이 제품에 대한 높은 관여를 가지고 있고 각 상표 간 뚜렷한 차이를 지각하고 있을 때 일어나며 자동차와 같은 고가 제품의 구매 시에 종종 관찰되는데, 이를 **학습 하이어라키**라고 한다. 그러나 제5장에서 이미 설명한 바와 같이 구매자들은 종종 '**행동－느낌－학습**(do–feel–learn)'과 같은 과정을 거치기도 하는데, 이를 **인지부조화 하이어라키**라고 부른다. 이는 고관여 제품이면서 상표 간 차이가 미미한 제품인 경우에 일어난다. 인지부조화 하이어라카는 대중매체를 통한 커뮤니케이션에서보다는 인적판매에서 주로 관찰된다. 세 번째로 소비자는 '**학습－행동－느낌**(learn–do–feel)'의 과정을 거칠 수도 있는데, 이는 청량음료와 같이 상표 간 차이가 미미하며 저관여적인 제품구매 시에 주로 많이 관찰된다. 이를 **저관여 하이어라키**라고 부르는데 저관여 하이어라키는 학습 하이어라키와 함께 대중매체를 통한 마케팅 커뮤니케이션에서 흔히 관찰된다.

커뮤니케이션의 목표를 결정함에 있어 표적청중이 학습 하이어라키를 거치리라고 생각되는 촉진캠페인의 경우에는 그들이 구매에까지 이르게 하는 중간적인 목표로서 인지적인 목표와 선호도 또는 태도의 변화와 같은 감정적인 목표가 모두 중요하지만, 표적청중이 저관여 하이어라키를 거치는 경우에는 인지적인 목표만이 중간적 목표로서 적절할 수 있다. 이처럼 마케팅 의사결정자는 표적청중이 거치는 구매단계와 현재의 상태를 정확히 이해함으로써 의사전달 계획을 보다 효과적으로 수립하고 또 이를 실행에 옮길 수 있다.

1.3 메시지의 선택

촉진을 통해 얻고자 하는 표적청중의 반응을 결정하고 나면, 의사전달자는 효과적인 메시지를 개발하는 데 힘을 기울여야 한다. 효과적인 메시지는 주의를 끌 수 있어야 하고, 흥미를 유발하고, 구매욕구를 자극하며, 그리고 마지막으로 행동을 이끌어 낼 수 있어야 한다. 효과적 메시지를 개발해 내기 위하여 의사전달자는 무엇을 말할 것인가(메시지 내용), 내용을 어떻게 논리적으로 전달할 것인가(메시지 구조), 그리고 어떤 메시지 형태로 전달할 것인가(메시지 형태)에 대한 문제를 해결해야 한다.

(1) 메시지 내용

의사전달자는 원하는 반응을 얻어낼 수 있는 메시지의 소구방향이나 주제를 찾아내야 한다. 이때 주로 사용하는 소구방법은 이성적, 감성적, 그리고 도덕적 방법의 세 가지가 있다. **이성적 소구**(rational appeals)는 소비자 자신이 많은 관심을 갖고 있는 내용을 전달하는 것으로서, 제품의 구매

| 이성적 소구를 사용한 광고의 예

| 정서적 소구를 사용한 광고의 예

는 곧 소비자가 얻고자 하는 편익을 제공한다는 내용의 메시지를 사용한다. 즉 이성적 메시지는 제품의 질, 경제성, 가치, 또는 성능에 대한 내용을 담고 있는 것이 보통이다. **정서적 소구**(emotional appeals)는 구매를 억제하거나 유도할 수 있는 부정적 또는 긍정적 감정들을 유발하는 메시지를 사용하는 것이다. 이러한 정서적 소구에 사용되는 방법 중 공포, 죄책감, 부끄러움 등의 부정적 정서를 유발하는 메시지를 사용하는 것은 사람들로 하여금 어떠한 행동(양치질, 구충제 먹기, 화재보험 가입 등)을 하게 하거나, 그들이 하지 말아야 할 일들(흡연, 과음, 과식 등)을 그만두게 한다. **도덕적 소구**(moral appeals)는 청중들로 하여금 어떻게 하는 것이 옳은지를 생각하게 하는 메시지를 사용하는 것이다. 이러한 접근방법은 '불우이웃을 돕자', '자연환경을 보호하자' 등의 사회적으로 요구되는 내용을 주로 다루어 청중들로 하여금 이를 지지하도록 만든다.

(2) 메시지 구조

의사전달자는 메시지 구조와 관련해 다음과 같은 것들을 결정하여야 한다. 첫째는 메시지의 결론을 제시할 것인가 아니면 그냥 청중들에게 맡겨둘 것인가를 정해야 한다. 초기의 연구들은 결론을 제시하는 것이 일반적으로 보다 효과적이라는 결과를 얻어내었다. 그러나 최근의 여러 연구결과 메시지 안에 정확한 결론을 포함시켜 전달하는 것보다 구매자들이 스스로 결론을 내리게 하는 내용이 조건에 따라 효과적일 수 있음을 밝혀냈다. 예컨대 정치광고에서 '요즈음 살림살이 나아지셨습니까?' 등의 메시지를 통해 결론은 소비자 자신이 내리도록 하는 경우를 볼 수 있는데, 이는 메시지에 대한 신빙성을 높이려는 시도라고 할 수 있다. 둘째는 제품의 장점만 이야기하는 **일면적 주장**(one-sided argument)과 제품의 장점뿐만 아니라 단점도 같이 이야기하는 **양면적 주장**

| 일면적 주장을 사용한 광고의 예: 한 가지 제품 장점만을 광고에서 전달하는 테라

| 양면적 주장을 사용한 광고의 예: 파스퇴르 우유

(two-sided argument) 중 어떠한 것을 선택할 것인가를 고려해야 한다. 일반적으로 광고주들은 자신의 단점을 광고에 포함함으로써 얻게 되는 손실과 부정적 정보를 제시함으로써 얻을 수 있는 소비자의 신뢰를 비교하여 이득이 손실보다 더 크다고 판단될 때에만 양면적 광고를 사용하는 것이 바람직하다. 세 번째로는 메시지 제시 순서에 대한 문제로서 강한 주장이 담긴 광고내용을 광고 처음에 제시할 것인가 아니면 마지막에 제시할 것인가에 대한 문제를 고려해야 한다. 그 밖에도 메시지의 구조와 관련하여 주장(argument)의 수, 주장들 간의 관계 등을 고려하여 메시지를 구성해야 한다.

(3) 메시지 형태

의사전달자는 메시지 전달 시 소비자들의 주의를 끌 수 있는 강한 형태(format)의 광고내용을 개발할 필요가 있다. 인쇄매체를 통한 광고에 있어서 의사전달자는 표제, 광고문안, 삽화(illustration) 그리고 색상 등의 광고 구성요소를 결정해야 한다. 소비자들의 주의를 끌기 위해서 광고주들은 눈에 띄는 그림과 표제를 사용하기도 하고, 특이한 구성의 광고를 제작하기도 하며, 다른 광고와 차별화되는 메시지의 크기나 위치를 선택하기도 하고, 색상, 모양 등을 차별적으로 사용하기도 한다. 라디오 광고에 있어서는 의사전달자가 독특한 대사, 음향, 목소리 등을 활용하여 소비자의 주의를 끌기 위해 노력한다.

TV광고의 경우에 광고주는 인쇄매체를 이용한 광고나 라디오 광고에서 사용되는 요소들 이외에 광고모델의 행동, 표정, 의상, 머리 모양 등을 함께 고려해야 한다. 광고에 사용되는 광고요소가 제품의 특성을 직접적으로 반영할 수도 있기 때문에 제품을 보여주는 광고를 제작할 경우 광고주들은 제품의 특성을 소비자들에게 제대로 전달할 수 있어야 한다. 예를 들어 커피광고에 있어서 색상이 매우 중요한 역할을 할 수 있는데 일반적으로 소비자들은 브라운색 컵에 들어 있는 커피가 강한 맛을 가지고 있을 것이라고 생각을 하고 파란색 컵에 있는 커피는 순한 맛일 것이라는 생각을 가질 수 있다. 따라서 커피 제조회사에서 자사제품을 순한 맛으로 소비자들에게 포지셔닝하고자 한다면 브라운색보다는 부드러운 파란색 컵을 사용하는 것이 의사전달에 있어서 보다 효과적일 것이다.

1.4 매체선택

촉진을 위해 사용될 메시지가 정해지고 나면 기업은 메시지를 어떠한 방법을 통하여 소비자들에게 전달할 것인가를 결정하여야 한다. 이 과정이 매체선택 과정으로서 기업에게 매체선택은 매우 중요한데 그 이유는 각 매체별로 기대할 수 있는 효과가 다르기 때문이다. 기업이 사용할 수 있는 매체는 크게 **인적 경로**(personal channel)와 **비인적 경로**(nonpersonal channel)로 나누어 볼 수 있다.

(1) 인적 의사전달경로

인적 의사전달경로는 두 명 이상의 사람들이 직접적으로 서로 의사소통을 하는 방법으로서 일대일 면접식의 방법으로 이루어질 수도 있고 청중들에 대하여 한 사람이 이야기하는 형태, 전화를 통하는 방법, 우편을 통하는 방법, 그리고 인터넷을 이용하는 방법 등이 있을 수 있다. 인적 의사전달경로는 직접적인 반응을 얻을 수 있다는 점에서 매우 효과적인 의사전달 방법이다.

어떤 인적 의사전달경로는 의사전달자에 의해서 직접적으로 통제가 가능하다. 회사의 영업사원들이 표적시장의 구매자들과 직접 접촉하는 경우를 예로 들 수 있다. 반면 다른 어떤 경우에는 기업이 의사전달에 대한 통제를 할 수 없는 경우가 있는데 소비자보호원과 같은 전문기관의 소비자 상담요원을 통하여 정보가 전달되는 경우나 표적구매자들에게 주변사람들, 친구, 가족 등이 정보를 제공하는 경우 등을 예로 들 수 있다. 이 같이 가족이나 친지에 의해 개인적으로 정보가 전달되는 경우를 구전(word-of-mouth)이라고 하며 많은 제품들에 있어서 매우 중요한 의사전달경로의 역할을 수행한다.

인적 의사전달경로는 일반적으로 제품의 성격이 고가이며 많은 위험이 지각되는 제품의 경우에 효과적으로 사용되어질 수 있는데, 예를 들면 자동차와 같은 제품구매 시 소비자들은 단순히 광고에 의존하여 구매의사를 결정하는 경우는 드물고 자동차에 대하여 지식이 많은 주위 사람들로부터 정보를 얻으려고 노력하는 것이 보통이다. 기업들은 인적 의사전달경로를 활용하는 데 있어서 몇 개의 단계를 거치기도 한다. 즉 기업들은 제품을 우선적으로 소비자들의 의견을 선도할 만한 사람들(opinion leaders)에게 자사제품을 판매하기 위해 그들에게 유리한 구매조건을 제공하는 등 많은 판매노력을 기울인다. 일단 의견선도자들이 자사제품을 구매하고 나면 그들에게 영향을 받은 다른 소비자들이 그 제품을 구매하도록 만들기가 쉬워진다. 경우에 따라서는 유명인이 광고에서 자사제품을 사용하는 모습을 보여주면서 마치 소비자들과 대화하듯이 그 제품의 사용을 권유하면 다른 소비자들의 구매에 강한 영향을 미칠 수 있다. 예컨대 김연아 선수가 나이키 상표가 새겨진 복장으로 피겨 스케이팅을 하는 모습이 TV에 방영된다면 다른 아마추어 스케이터들에게 많은 영향을 줄 수 있다. 또한 기업은 소비자들이 자사제품에 대해 다른 소비자들에게 주로 어떤 이야기를 전달하는지를 알아내어 자사제품에 대한 문제점들을 보완하고 소비자들이 자사제품에 대한 정보를 얻는 것을 도와줌으로써 구전을 관리할 수 있다.

(2) 비인적 의사전달경로

비인적 의사전달경로는 개인적인 접촉이나 피드백 없이 메시지를 전달할 수 있는 매체들을 말한다. 비인적 의사전달경로에는 주된 매체들과 분위기, 이벤트 등이 있다. 주된 매체는 신문, 잡지, 직접우편 등과 같은 **인쇄매체**(print media), 라디오, TV 등과 같은 **방송매체**(broadcast media), 그리고 포스터, 옥외간판, 벽보 등과 같은 **전시매체**(display media)로 구성되어 있다. **분위기**(atmosphere)는 구매자의 제품에 대한 구매욕구를 불러일으키거나 강화시킬 수 있는 환경적 요인으로서, 예컨대 은행의 경우 고객들에게 신뢰감을 줄 수 있도록 실내를 꾸미려고 노력한다. **이벤트**(event)는 표적청중들에게 메시지를 전달하고자 기획하는 행사들로서, 예를 들어 기업의 PR부서에서는 자사의 제품이나 기업과 관련된 기자회견을 하거나 대학생 소비자들을 위한 논문 공모 등을 실시하기도 한다.

대중매체를 이용한 의사전달은 소비자의 태도와 행동에 직접적으로 영향을 주기도 하지만 경우에 따라서는 많은 구전(word-of-mouth)을 야기함으로써 간접적으로 영향을 주기도 한다. 즉 첫 번째로 기업은 TV, 라디오, 잡지 등을 통하여 의견선도자들에게 영향을 미치고 의견선도자들은 일반 대중들에게 정보를 그대로 전달하거나 자신의 의견을 포함시켜 전달하는 형식으로 영향을 미친다. 이러한 의사전달의 2단계 과정의 존재는 대중매체의 직접적인 효과가 그다지 강력하지 않을 수도 있다는 것을 시사한다. 의사전달의 간접적인 효과가 큰 경우에는 의견선도자들이 대중매체와 청중들 사이의 위치에서 매개자적인 역할을 수행한다. 즉 의견선도자들은 대중매체에 보다 많이 노출되어 있으며 따라서 그들은 대중매체에 덜 노출되어 있는 대중들에게 메시지를 전달하는 역할을 수행하는 것이다. 예컨대 늦은 밤에 TV를 많이 시청하는 사람들은 카스맥주 광고에 많이 노출되어 그 광고에 나오는 노래나 춤 등을 따라하는 경우가 있으며, 이는 TV시청을 별로 하지 않는 맥주 소비자들에게까지 그 메시지를 간접적으로 전달할 수 있게 한다.

1.5 메시지 원천의 선택

메시지의 효과는 청중이 어떻게 발신자를 생각하느냐에 따라 영향을 받는다. 메시지는 일반적으로 신뢰성이 높은 원천에 의하여 전달될 때 설득효과가 보다 높게 나타난다. 예를 들면 치약광고에 있어서 치과의사들이 자주 광고모델로 등장하는 것은 신뢰성을 높이기 위한 방법이다. 또한 마케팅관리자들은 유명 연예인이나 운동선수들을 자신의 메시지 전달자로서 사용하는 경우가 많다.

정보원천의 **신뢰성**(source credibility)은 전문성(expertise)을 얼마나 가지고 있는가, 그 정보원천이 말하는 것이 얼마나 진정성이 있는가(trustworthiness), 얼마나 매력있는 정보원천인가(attractiveness) 등의 세 가지 요인에 의하여 평가되어진다. **전문성**은 의사전달자가 이야기하는 내용에 대하여 얼마나 권위가 있는 사람인가로 평가되어지며, 주로 광고에 등장하는 전문성을 가진 정보원천은 의사, 과학자, 그리고 교수 등이 있다. **진실성**(trustworthiness)은 정보원천이 얼마나 정직해 보이는가와 관련된 내용으로서 일반적으로 사람들은 친구들을 영업사원들에 비하여 진실하다고 믿고 있기 때문에 친구와 같은 인물을 등장시키는 광고를 통하여 진실성을 높일 수 있다. **매력도**는 정보원천이 소비자들에게 얼마나 호감을 갖는가에 관련한 내용으로서 호감을 높게 가지게 할 수 있는 정보원천의 한 예로 유머있는 사람을 등장시키는 경우가 있다. 그러나 전문성, 진실성, 매력을 모두 갖춘 정보원천을 찾기란 매우 힘든 일이다. 예컨대 KB금융그룹을 광고하기 위해 김연아 선수를 모델로 사용하는 경우 김연아 선수가 표적고객들에게 매력있다고 느껴지는 인물일 가능성은 높지만 김연아 선수가 금융상품에 대한 전문성을 갖고 있다고 느끼는 소비자는 드물 것이다. 그에 비해 매일유업의 저지방우유 광고에서 많은 소비자들이 김연아 선수를 칼로리 낮은 식단을 구성하는 데 있어서의 전문성과 진실성 그리고 일반적인 호감을 모두 갖춘 모델로 평가할 가능성이 매우 높다. 실제로 매일유업은 김연아 선수를 저지방우유의 광고모델로 활용하여 제품과 모델 간의 적합성(product-model fit)을 높임으로써 자사 저지방우유의 매출을 400% 이상 신장시킨 경험을 갖고 있다.

1.6 커뮤니케이션 효과의 측정

촉진 메시지를 전달한 후 의사전달자는 표적청중에 대한 커뮤니케이션 효과를 측정하여야 한다. 커뮤니케이션 효과를 측정하기 위한 조사에는 메시지 기억 여부, 노출횟수, 회상내용, 메시지에 대한 느낌, 메시지를 보기 전과 후의 제품 및 회사에 대한 평가 등의 내용이 포함된다. 의사전달자는 메시지에 대한 행동적 반응도 함께 조사하는데, 몇 명이 제품을 구입하였으며, 몇 명이 제품에 대하여 다른 사람에게 이야기를 하였는가, 또는 몇 명이 점포를 방문하였는가 등에 대한 내용이 포함된다.

02 촉진예산 결정

앞에서 살펴본 커뮤니케이션 프로그램들은 예산의 문제가 해결되지 않고는 실행될 수 없다. 촉진예산과 관련된 문제들 중에서는 전체 촉진예산의 결정 및 각 촉진방법별 예산배정의 문제가 가장 중요하다.

기업이 해결해야 할 마케팅 의사결정에 대한 어려운 문제들 중의 하나가 바로 촉진에 얼마 정도의 예산을 책정해야 하는가 하는 문제이다. 촉진예산의 책정이 어려운 이유는 촉진활동의 효과를 직접 매출액의 증가나 이익의 증가로 측정하기가 어려운 경우가 많아서 촉진예산의 수준이 과도한지 또는 너무 적은지를 알아낼 방법이 없는 경우가 많기 때문이다. 따라서 기업들이 여러 가지 방법으로 촉진예산을 책정하고 있는 것은 당연하다고 하겠다. 화장품 산업에 있어서 기업들은 촉진예산을 총 매출액의 20~30%로 책정하고 있는 것이 보통이며, 기계설비 산업에 있어서 기업들은 5~10% 정도 또는 그 이하로 책정하고 있는 경우를 흔히 볼 수 있다. 또한 같은 산업에 있어서도 각 기업 간 촉진예산액의 편차가 크다.

기업이 촉진예산을 책정하는 데에는 매출액 비례법, 가용예산 활용법, 경쟁자 기준법, 그리고 목표 및 과업 기준법의 4가지가 있다.

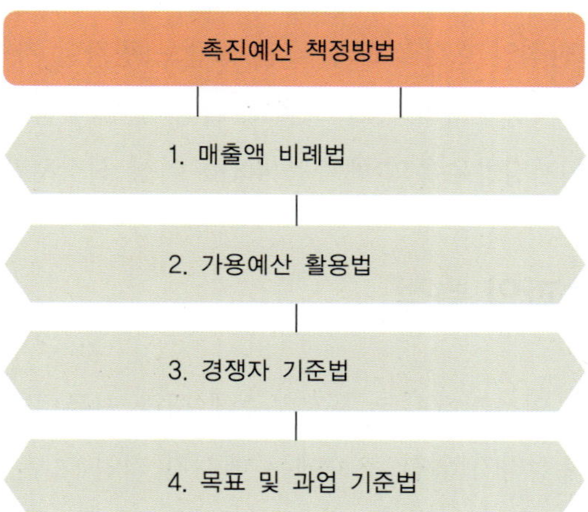

그림 8-4 촉진예산 책정방법

(1) 매출액 비례법(Percentage-of-Sales Rule)

기업들이 많이 사용하는 예산책정방법 중의 하나가 바로 **매출액 비례법**이다. 이 방법은 현재 또는 예상되는 매출액의 일정비율을 사용하거나 또는 제품의 판매가격의 일정비율을 촉진예산으로 산정한다. 자동차회사의 경우 일반적으로 판매가격의 일정액을 기준으로 정해놓고 촉진예산을 책정한다.

매출액 비례법은 몇 가지 이점을 가지고 있는데 그 첫 번째로 기업이 사용가능한 금액을 일률적으로 사용하는 것이 아니라 매출액에 따라서 변화시킬 수 있으며, 두 번째로는 촉진비용, 판매가격, 그리고 제품의 단위당 이익 사이의 관계를 고려하여 촉진예산을 산정할 수 있으며, 세 번째로 경쟁사들이 매출액에 대한 동일한 비율을 촉진비용으로 사용하기 때문에 경쟁사들과의 촉진예산 비용관계에 있어서 어느 정도 안정성을 유지할 수 있다.

이러한 이점들이 있지만 매출액 비례법은 매출을 촉진의 결과로 보고 있지 않고 매출을 촉진의 원인으로 보고 있기 때문에 매출액이 감소하는 시점에 촉진비용을 무조건 삭감해 버리는 결과를 빈번하게 초래한다.

(2) 가용예산 활용법('All You Can Afford' Rule)

가용예산 활용법은 다수의 기업들이 사용하는 방법으로서 이 방법을 사용하는 기업들은 회사에서 충당가능한 수준의 촉진비용을 책정한다. 즉 회사 자금사정상 다른 긴급한 비용을 모두 예산에 책정한 다음 나머지를 촉진비용으로 책정하는 방법이다. 이 방법은 제한된 자금을 갖고 있는 기업에서 촉진을 위해 지나치게 많은 비용을 배분하지 않으려는 의도로 사용되는 경우가 많다. 이 방법은 매출액이 고려되지 않기 때문에 매출액에 대한 촉진의 효과가 전혀 반영될 수 없으며 일정한 산출기준에 의하여 촉진예산이 책정되는 것이 아니고 매년 회사의 자금사정에 따라 책정되는 것이기 때문에 장기간에 걸친 마케팅계획을 수립하기에는 부적합한 면이 있다.

(3) 경쟁자 기준법(Competitive Parity Rule)

경쟁자 기준법은 자사의 촉진예산을 경쟁사들의 촉진예산에 맞추는 방법으로서 일반적으로 산업평균에 근거하여 촉진예산을 책정하게 된다. 따라서 경쟁자 기준법은 경쟁자들의 상황이 자사가 처한 상황과 다를 경우에는 오히려 비합리적인 방법이 될 수 있다. 또한 시장환경은 계속적으로 변화하는데도 불구하고 몇몇 기업들이 서로 상대방의 촉진예산에 맞춰 경쟁적으로 예산을 책정하게 되면 그 산업 전체로 보아서는 촉진예산이 과대 또는 과소 책정되는 경우가 허다할 것이다. 예컨대 Hite 맥주에 대항하기 위해 1994년 OB 맥주에서 Ice 맥주를 출시하면서 대대적인 광고 캠페인을 벌이자 뒤늦게 맥주시장에 가세한 Cass 맥주를 포함한 3개의 맥주회사가 서로 경쟁적인 촉진활동을 벌이게 되었다. 그 당시의 3개 맥주회사의 촉진경쟁은 신제품 출시 시의 제품 launching 광고를 제외하면 본원적 수요(primary demand)나 선택적 수요(selective demand)를 창출했다기보다는 단순히 맥주회사들 간의 촉진예산 소모전으로 흘러버렸던 것으로 생각된다.

(4) 목표 및 과업 기준법(Objective and Task Rule)

목표 및 과업 기준법은 가장 논리적인 촉진예산 책정방법으로서 기업은 촉진활동을 통하여 자사가 얻고자 하는 바가 무엇인지에 따라서 예산을 책정한다. 마케팅관리자는 (1) 특정한 목표를 정의하고 (2) 선정한 목표를 달성하기 위하여 수행해야 할 과업이 무엇인지를 결정하고 (3) 과업을 수행하기 위하여 소요되는 비용을 산정하여 예산을 책정하는 과정을 거친다.

목표 및 과업 기준법은 비용과 촉진 성과와의 관계를 예측해야 할 필요가 있는데 사실상 이를 정확히 측정하고 예측하기란 매우 어려운 일이다. 또한 목표를 달성하기 위하여 해야 할 과업을 결정하는 일 또한 쉽지 않다. 예를 들면 LG전자의 휘센 에어컨에 대한 인지도를 현재 35%에서 70% 수준으로 올리기 위해서 어떠한 과업을 수행해야 하며 또한 과연 얼마의 촉진예산을 할당해야 목표가 달성될 수 있는지를 알아내기 위해서는 과거의 유사한 촉진사례에 관한 자료를 갖고 있어야 하고 이를 활용하여 촉진비용과 인지도 사이의 함수관계를 알아내지 않으면 안 된다. 실제로 업계에서는 촉진비용과 인지도 사이의 함수관계를 알아내기 위해 계량경제학적인 모형을 활용하기도 한다.

03 | 촉진믹스의 결정

기업은 전체 촉진예산을 광고, 인적판매, 판매촉진, PR, 및 직접마케팅과 같은 주요 촉진방법에 할당한다. 기업은 촉진목표 및 마케팅목표 달성에 효과적일 수 있도록 촉진방법들 간의 적절한 믹스를 구성해야 한다. 마케팅 실무에서는 촉진을 네트워크 TV, 영화, 라디오, 인쇄매체 등과 같은 **대중매체를 이용한 촉진**(ATL promotion; "above the line" promotion)과 직접 우편, 판매 촉진, 구매시점 광고, 텔레마케팅 등 대중매체보다 **세분화된 커뮤니케이션 방법을 이용한 촉진**(BTL promotion; "below the line" promotion)으로 나누기도 하는데, 최근의 추세는 ATL 촉진보다 BTL 촉진의 중요성이 빠른 속도로 증가하고 있다. 촉진믹스는 기업이 속한 산업의 특성에 따라 다르게 나타나는데, 예를 들면 화장품의 경우에는 TV광고를 주로 사용하는 반면 여행사의 여행상품 광고는 주로 신

| 촉진 믹스 프로그램의 예

문, 잡지 등과 같은 지면광고를 사용한다. 또한 동일한 산업 내에 속해 있는 기업들 간에도 촉진 믹스의 구성방법은 상당히 많은 차이를 보인다. 예를 들면 의류의 경우 대중상표와 디자이너 상표는 각각 다른 촉진방법을 사용하는데, 대중상표의 경우 주로 TV나 일반 여성잡지 등의 매체를 주로 사용하고 디자이너 상표는 패션전문잡지에만 국한하여 광고를 하는 것을 볼 수 있다.

기업들은 항상 보다 경제적인 촉진방법을 모색하게 되는데, 어떤 기업들은 전화나 우편을 통한 판매방법을 사용하기도 하며 또 다른 기업들은 광고를 통하여 보다 빠른 판매기회를 모색하기도 한다. 촉진의 한 방법이 다른 촉진방법을 촉진해야 할 때 촉진믹스는 보다 복잡해진다. 즉 피자헛에서 판매촉진의 한 방법으로 축구공을 주는 방법을 사용하기로 결정하였다면 이러한 내용을 소비자에게 알리기 위하여 TV, 라디오 광고 등을 사용한다.

이하에서는 주요 촉진수단들을 소개하고 마케팅관리자가 촉진수단을 선택하는 데 영향을 미치는 요인들에 대해 살펴 보기로 한다.

3.1 여러 가지 촉진수단의 특성

광고, 인적판매, 판매촉진, PR, 그리고 직접 마케팅과 같은 각각의 촉진방법은 각기 다른 특성을 가지고 있으며 소요되는 비용에 있어서도 많은 차이를 보인다. 따라서 마케팅관리자들은 각 촉진방법들의 특성을 이해하고 선택/사용하여야 한다.

(1) 광고

광고는 매우 다양한 형태를 가지고 있으며 또한 사용되는 경우 매우 다양하기 때문에 광고의 특성을 일반화하여 말하기는 어렵다. 그러나 광고의 뚜렷하면서도 공통적인 특성을 몇 가지만 설명하면 다음과 같다. 첫째, 광고되는 제품은 표준적이고 합법적인 제품이라는 공공적인 특성이 있다. 이는 소비자들이 제품광고를 보면서 그 제품을 구매하는 것은 사회적으로 받아들여질 수 있는 행동이라고 생각한다는 것이다. 둘째, 광고는 같은 메시지를 반복적으로 사용할 수 있기 때문에 그 결과로 소비자들이 메시지 내용을 점차 깊이 알 수 있으며 또한 여러 경쟁기업들의 메시지와도 비교할 수 있다. 셋째, 광고는 다양한 표현이 가능한 촉진방법이다. 즉 기업들은 색상, 음향, 배경 등을 효과적으로 사용해서 제품의 특성을 극적으로 표현할 수 있다. 넷째, 한편으로 광고는 코카콜라 광고의 경우처럼 장기간에 걸쳐 브랜드이미지를 구축해 나갈 수도 있으며 다른 한편으로 단기간 동안의 가격할인 등의 내용을 전달하는 등 단기적인 판매촉진 방법으로도 사용된다. 또한 마지막으로 광고는 비교적 적은 일인당 촉진비용으로 지역적으로 넓게 분산되어 있는 소비자들에 대한 촉진이 가능하다는 특성이 있다.

그러나 광고는 다음과 같은 몇 가지 단점을 갖는다. 첫째, 많은 사람들에게 빨리 전달이 가능할지라도 비인적 커뮤니케이션 방법이기 때문에 판매사원들을 사용하는 방법처럼 설득적이지는 못하다. 둘째, 광고는 소비자들에 대한 기업체의 일방적인 의사전달 방법이기 때문에 소비자들은 광고에 주의를 기울여야 하고 반응해야 한다는 의무감이 없고 따라서 그다지 흥미를 끄는 광고가 아닐 경우에 소비자들은 주의를 기울이지 않는다. 셋째, 광고는 일반적으로 상당히 많은 비용을 필요로 한다. 예를 들면 라디오 광고는 비교적 적은 예산으로 가능하지만 전국적인 유명 일간지의 전면광고나 네트워크 TV광고에는 많은 비용이 소요된다. 그러나 최근에는 Amazon.com, eBay,

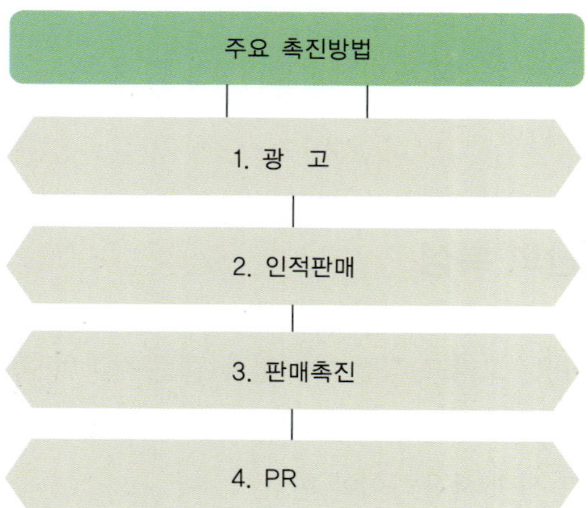

그림 8–5 주요 촉진방법

Google 등과 같이 대중매체를 거의 이용하지 않으면서도 세계적인 브랜드로 등장하게 된 경우를 많이 볼 수 있는데, 이들의 특징은 website를 이용한 광고를 적절히 활용하고 있다는 점이다. 또한 Google의 AdWords 서비스와 같이 정확한 타게팅이 가능하면서도 비교적 저렴한 광고수단이 나타나 소규모 업체에서도 이용가능한 광고수단이 확대되고 있다.

(2) 인적판매

인적판매는 소비자들의 제품에 대한 선호를 높이고 구매에 대한 확신을 갖게 하고 구매행동을 유도하는 단계에서 특히 중요한 촉진방법이다. 광고에 비하여 인적판매는 몇 가지 차별적 특성을 갖는다. 첫째, 두 사람 이상의 사람들 사이에 의견의 상호교류가 일어나기 때문에 소비자의 욕구를 보다 직접적으로 알 수 있으며 또한 그에 대한 즉각적인 반응이 가능하다. 둘째, 인적판매를 통해서 소비자와 판매원 사이의 다양한 관계가 형성될 수 있다. 특히 산업재의 경우 판매원이 고객과 장기적이고도 돈독한 인간관계를 유지해야만 할 경우가 많으며 이를 위해서는 적극적인 인적판매가 필수적이다. 셋째, 인적판매를 통한 촉진의 경우 일반적으로 소비자들이 광고의 경우보다 메시지에 더 많은 주의를 기울이고 또 메시지에 대하여 반응하는 경향이 더 높게 나타난다. 이러한 인적판매는 물론 단점도 가지고 있다. 광고의 경우 비교적 신속하게 그 양을 조절할 수 있지만, 인적판매의 경우에는 판매조직의 크기를 쉽게 변화시키기 어렵기 때문에 기업 입장에서는 상당한 비용이 고정비용으로 묶이게 된다.

(3) 판매촉진

기업은 판매를 촉진시키기 위해 쿠폰, 증정품, 가격할인, 콘테스트 등과 같은 다양한 방법을 사용하며, 이러한 방법은 소비자들에게 제품을 구매할 이유를 제공할 만큼의 동기를 부여할 수 있어야 한다. 광고는 인지도 제고, 기업이나 제품의 이미지 제고 등 장기적인 목표를 달성하기 위한 투자인 경우가 대부분인 반면, 판매촉진은 단기적인 매출이나 이익을 목표로 하는 경우가 많다. 판매촉진은 그 효과가 그다지 오래가지 않으며 장기간에 걸친 상표선호를 구축하는 데는 적합하지 않은 촉진방법이다.

(4) PR

PR은 매우 신뢰성이 높다는 차별적 특성을 가지고 있는 촉진수단으로서, 뉴스, 행사 등을 활용하기 때문에 소비자들은 PR이 광고보다 더 믿을 만하다고 생각하는 경향이 있다. PR은 판매사원이나 광고를 피하는 소비자들에게 접근하기가 용이한데, 그 이유는 소비자들이 PR에 사용되는 메시지를 판매를 유도하기 위한 내용이라고 생각하기보다는 일종의 정보라고 생각하기 때문이다. 예컨대 일간신문에 Microsoft사의 운영시스템인 'Windows 11'에 관한 기사가 실리면 Microsoft의 입장에서는 자사제품에 관한 정보를 큰 비용을 들이지 않고 소비자들에게 전달할 수 있다.

일반적으로 기업들은 다른 촉진수단들에 비해서 PR에는 신경을 덜 쓰는 편이지만, 잘 계획된 PR 캠페인을 광고나 판매촉진 등의 촉진수단과 같이 활용하면 매우 경제적이면서도 효과적인 촉진믹스를 구성할 수 있다.

(5) 직접마케팅

최근 들어 **직접마케팅**이 촉진수단으로 빠르게 성장하고 있는 가장 큰 이유는 영업조직의 인적 판매를 통한 촉진비용이 급격하게 상승하고 있기 때문이다. 카탈로그, 직접우편, 텔레마케팅 등 전통적인 직접마케팅 채널에 의한 매출도 꾸준히 증가하는 추세지만, 특히 최근에는 홈쇼핑채널과 같은 인터액티브 TV를 이용한 마케팅, 인터넷 쇼핑몰과 같은 웹사이트를 활용하는 마케팅, 휴대전화 등의 모바일 기기를 이용하는 모바일 마케팅 활동 등이 눈에 띄게 성장하고 있으며 향후 기업이나 비영리조직의 마케팅 및 촉진활동에 있어 매우 중요한 위치를 차지할 것으로 기대된다. 직접마케팅은 다음과 같은 장점을 갖는다. 첫째, 일반적으로 직접마케팅은 마케터가 전달하려는 메시지를 개인화하는 것을 가능하게 함으로써 소비자들과 장기적인 관계를 형성하는 데 도움을 주는 촉진방법이다. 둘째, 마케터들은 데이터베이스를 이용한 직접마케팅을 통해서 우리 제품이나 서비스에 높은 관심을 가지고 있는 잠재고객들을 표적으로 적절한 타이밍에 접촉할 수 있다. 셋째, 직접마케팅의 또 다른 장점 중의 하나는 마케팅이나 촉진활동의 효과를 비교적 정확하게 측정할 수 있다는 점이다. 예컨대 광고와 같은 촉진수단에 비해 텔레마케팅과 같은 직접마케팅을 통한 촉진활동은 소비자들의 행동적인 반응을 정확하게 측정할 수 있기 때문에 마케터가 여러 가지 직접마케팅 수단을 동원하여 실험을 해 본 뒤에 비용면에서 가장 효과적인 촉진믹스를 찾아낼 수 있도록 만들어 준다. 따라서 마케터들이 다른 촉진방법보다 직접마케팅이 더 효과적일 수 있는 마케팅 상황을 찾아냄과 동시에 직접마케팅이 다른 촉진방법과의 시너지를 얻을 수 있는 길을 발견할 수 있다면, 상대적으로 비용이 많이 들지 않으면서도 매우 효과적인 촉진믹스를 갖출 수 있을 것이다.

3.2 촉진믹스 선정의 영향요인들

기업들은 촉진믹스를 개발할 때 해당 제품이나 시장의 유형, 푸쉬 또는 풀 전략 사용 여부, 소비자 의사결정단계, 제품수명주기상의 단계 등과 같은 요인들을 고려해야 한다.

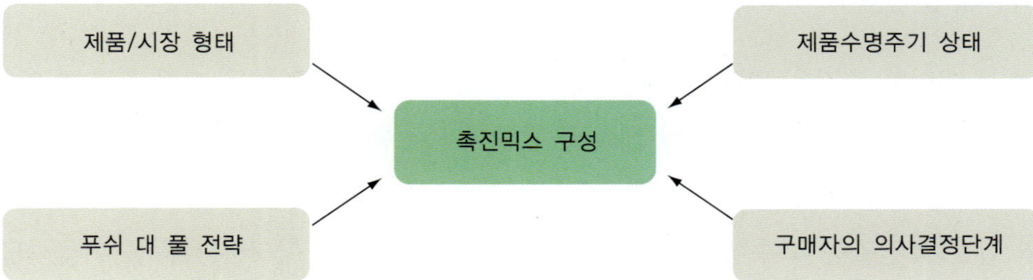

그림 8-6 촉진믹스 구성의 영향요인들

(1) 제품 또는 시장의 유형

촉진방법은 기업이 판매하는 제품의 특성과 그 제품이 속해 있는 시장의 유형에 따라 다르게 선택해야 한다. 소비재를 판매하는 기업은 촉진비용을 다른 촉진수단들보다 광고에 많이 사용하며 그 다음으로 판매촉진, 인적판매, 그리고 PR의 순으로 촉진비용을 지출하게 된다. 반면 산업재를 판매하는 기업은 대부분의 촉진비용을 인적판매에 주로 사용하며 판매촉진, 광고, 그리고 PR 등에는 그다지 많은 비용을 지출하지 않는다. 일반적으로 인적판매는 적은 수의 대규모 판매자들로 구성된 시장경쟁 상황 하에서 보다 고가이며 구매자들의 위험부담이 높은 제품을 판매할 때 자주 사용되는 촉진방법이다.

산업재 시장에서의 광고는 수요를 자극하는 데 그다지 많은 영향을 주지는 않지만 제품에 대한 인지도를 높여주고, 구매자들의 제품에 관한 지식을 제공하고, 인적판매를 수행하기 편하게 만들어 주고, 구매자들에게 구매 후 확신을 심어주는 등의 중요한 역할을 수행한다. 인적판매는 산업재 시장뿐 아니라 소비재 시장에서도 중요한 촉진 역할을 수행할 수도 있는데, 잘 훈련된 판매사원은 보다 많은 중간상인들이 자사제품을 취급하도록 만들 수 있을 뿐만 아니라 그들로 하여금 자사제품을 그들의 점포 내에 보다 많이 또한 보다 좋은 위치에 진열하도록 만든다.

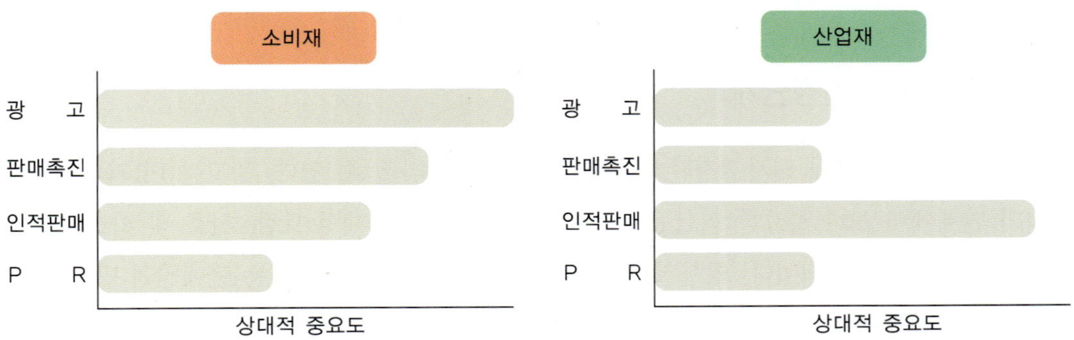

그림 8-7 소비재와 산업재 시장에서 각 촉진방법의 상대적 중요도

(2) 푸쉬 대 풀 전략

촉진믹스는 기업이 촉진을 위해서 푸쉬(push) 또는 풀(pull) 전략 중 주로 어떤 전략에 의존하는가에 따라서 영향을 받을 수 있다. **푸쉬 전략**은 생산자가 유통경로를 통하여 최종소비자에게 제품을 '밀어 넣는 것'을 말한다. 이 경우 생산자는 유통경로 구성원들을 상대로 인적판매나 중간상판촉 등과 같은 촉진활동을 수행하는데, 이는 유통경로 구성원들이 자사제품을 취급하도록 하고 제품을 최종소비자들에게 촉진하게끔 하기 위한 활동이다. **풀 전략**을 사용하는 생산자는 광고 등과 같은 마케팅활동을 최종소비자들에게 직접적으로 수행하는데, 이는 소비자들이 제품을 구매하도록 유도하기 위한 활동이다. 만약 풀 전략이 효과적이면 소비자들은 제품을 소매상 등의 유통기구에 가서 자발적으로 찾게 되며 유통기구는 생산자들로부터 그 제품을 구입하게 될 것이다. 따라서 풀 전략에 의해 발생된 소비자 수요는 유통경로 구성원들의 제품에 대한 수요를 유발시킴으로써 제품수요를 생산자 방향으로 끌어들이게 된다.

산업재를 생산하는 기업들은 푸쉬 전략만을 사용하는 경우가 많으며, 소비재를 다루는 직접마케팅 기업은 풀 전략만을 사용하는 것이 보통이다. 그러나 대부분의 대규모 기업들은 두 가지 전략을 혼용하는 것이 일반적이다.

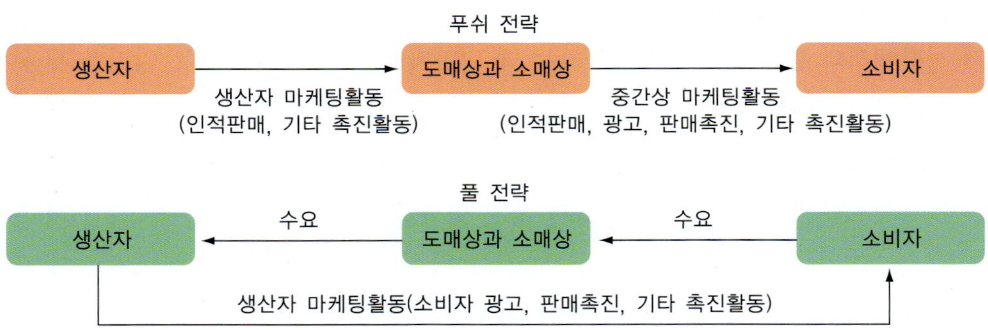

그림 8-8 푸쉬 대 풀 전략

(3) 구매자의 의사결정단계

촉진의 방법은 구매자의 의사결정단계에 따라 상당히 달라질 수 있다. 광고는 PR과 함께 인지와 지식의 단계에서 보다 중요한 역할을 수행할 수 있으며 소비자의 호감, 선호 및 확신단계에서는 인적판매가 보다 효과적이다. 의사결정의 마지막 단계인 구매단계에서는 판매원의 방문이나 판매촉진 등의 촉진수단이 사용된다.

(4) 제품수명주기 단계

촉진방법은 제품수명주기의 단계에 따라 다르게 사용될 수 있는데 도입단계에서는 광고와 PR이 브랜드인지도를 높이는 데 효과적이며 판매촉진은 초기 시험구매 단계에서 유용한 방법이다. 성장기에는 광고와 PR을 지속적으로 수행하는 것이 요구되는 반면 판매촉진의 활용도는 감소시키는 것이 효과적이다. 성숙기에는 판매촉진이 다시 광고에 비하여 중요한 역할을 수행하게 된다. 쇠퇴기에 들면 광고는 소비자들이 제품을 잊어버리지 않을 정도로만 유지하며 PR의 활용을 낮추고 그 대신 판매촉진은 높은 수준으로 유지하는 것이 유리한 경우가 많다.

3.3 통합적 마케팅 커뮤니케이션 관리

마케팅부서의 구성원들은 촉진예산을 각 촉진믹스요소에 어떻게 배분할 것인가에 대하여 종종 견해 차이를 보이는데, 영업관리자는 광고보다는 오히려 인적판매에 보다 많은 촉진예산을 할당하기를 원하고, PR 담당자는 더 많은 비용이 PR 예산으로 할당되기를 원한다. 과거에는 기업들이 위와 같은 촉진예산의 할당 문제를 서로 다른 견해를 가진 사람들이 결정하도록 내버려 두었었다. 따라서 다양한 촉진방법들의 고유한 역할을 고려해 촉진믹스요소들을 조정하는 책임을 질 수 있는 사람이 없었다. 그러나 전술한 바와 같이 오늘날 많은 선진적 기업들은 **통합적 마케팅 커뮤니케이션 관리**(integrated marketing communications management; IMC management) 개념을 도입하여 사용하고 있다.

통합적 마케팅 커뮤니케이션 관리 하에서의 기업은 각 촉진방법의 효과를 정확히 인식하고 각 촉진방법의 활용 정도를 결정한다. 이를 통하여 기업들은 여러 가지 촉진활동을 조정하고 각 촉진활동의 시기를 결정한다. 통합적 마케팅 커뮤니케이션의 성공을 위해 가장 중요한 것은 마케팅담당자가 각 제품별, 촉진수단별, 제품수명주기 단계별로 촉진활동의 비용과 그 효과를 측정하여 자료로 남겨놓는 일이다. 그렇게 함으로써 마케팅 담당자는 촉진믹스의 구성을 점차로 개선해 나갈 수 있다. 또한 조직상으로는 통합적으로 모든 촉진활동에 대하여 책임을 가진 마케팅 커뮤니케이션 관리자를 임명하여 그에게 촉진활동에 관련된 전반적인 책임과 권한을 부여하여야 한다. 통합적 마케팅 커뮤니케이션 관리자는 기업에서 수행하는 수많은 촉진활동들이 단편적으로 흩어지지 않고 서로 보완하여 긍정적인 시너지 효과를 나타낼 수 있도록 촉진믹스를 묶어낼 수 있어야 한다. 기업은 통합적 마케팅 커뮤니케이션을 통해 커뮤니케이션의 일관성과 판매증진의 효과를 얻을 수 있으며, 일관성 있는 기업이미지를 구축할 수 있고, 촉진예산 집행의 효율성 또한 얻을 수 있다.

기업으로서는 좋은 제품을 만드는 것뿐만 아니라 자사제품의 편익을 소비자들에게 알리고 제품을 소비자의 마음속에 제대로 포지셔닝하는 일도 매우 중요하다. 기업이 좋은 품질의 제품을 만드는 데에는 많은 노력이 요구되지만 일단 제조된 제품을 소비자에게 알리고 소비자들이 그 제품을 경쟁사 제품보다 선호하게 만들고 궁극적으로 이를 구매하도록 만드는 일 또한 매우 중요하고도 어려운 일이다. 따라서 기업들은 광고, 인적판매, 판매촉진, PR, 그리고 직접마케팅과 같은 촉진방법들을 효과적으로 사용할 수 있는 능력을 갖추지 않으면 안 된다. 이제 촉진방법들에 대한 보다 구체적인 내용들을 살펴보기로 한다.

04 | 광고

광고는 특정 스폰서에 의해 대가가 지불되는 제품, 서비스, 상표, 기업 또는 점포 등에 관한 비개인적 의사전달방법을 총칭하는 말이다. 많은 경우, 광고는 소비자들의 인식에 영향을 주려는 의도를 가지고 만들어진다. 특히 소비자들이 갖고 있는 제품이나 상표에 대한 지식, 이미지, 믿음 또는 태도에 영향을 미치려는 광고를 많이 볼 수 있다. 광고는 TV나 라디오 등의 전파매체는 물론이고 신문, 잡지 등의 인쇄매체, 옥외간판, 애드벌룬, 인터넷 등의 다양한 매체를 활용한다.

4.1 우리나라의 광고현황

2021년 우리나라 총 광고비는 2020년에 비해 20.4% 증가한 13조9889억 원으로 집계됐다. 이는 제일기획이 1973년 총 광고비 집계를 시작한 이래 역대 최고 성장률을 기록하였다. 이는 코로나19 팬데믹 상황에 발맞춰 광고시장이 디지털로 빠르게 전환하여 대응한 결과로 보인다. 2021년 디지털 광고시장은 31.5% 성장하며 사상 첫 시장규모 7조 원을 돌파했으며, 광고시장 점유율 면에서도 처음으로 과반을 넘어 53.7%을 기록했다. 디지털 광고시장뿐만 아니라 방송, 인쇄, OOH(옥외 광고) 광고시장 모두 2020년 대비 성장했다. 4대 매체가 동반으로 전년 대비 플러스 성장을 기록한 것은 2011년 이후 10년 만이다.

2021년 국내 광고시장 성장에 주도적 역할을 한 디지털 광고시장 규모는 7조5118억 원으로 집계됐다. 검색형 광고는 이커머스 기업 및 중소형 광고주의 쇼핑검색광고 확대로 24.1% 성장한 3조6165억 원을 기록했다. 노출형 광고는 39.3% 증가한 3조8953억 원을 기록했다. 유튜브 등 디지털 동영상 이용시간 증가로 동영상 광고가 높은 성장을 거두고, 실시간 입찰과 세밀한 타게팅을 제공하는 포털의 디스플레이 광고가 중소형 광고주들로부터 좋은 반응을 얻었다.

방송 광고시장은 13.4% 성장한 4조2억 원을 기록하면서 2016년 이후 5년 만에 4조 원대 시장

규모로 복귀했다. 지상파 TV 광고시장은 지난해 48년 만의 중간광고 시행 등 규제완화 영향으로 17.6% 증가한 1조3659억 원을 기록했다. 케이블 TV(종합편성채널 포함)는 케이블 채널의 드라마 및 골프 예능, 종편 채널의 트롯 예능 콘텐츠의 흥행효과로 13.7% 성장했다. 인쇄 광고시장은 신문 광고비가 2% 증가한 1조4170억 원, 잡지 광고비가 2.8% 증가한 2439억 원을 기록하며 총 1조6609억 원으로 집계됐다.

OOH(Out-of-Home) 광고시장은 7.9% 성장한 8161억 원으로 집계됐다. 옥외광고는 세로형 전광판 등 신규 DOOH(디지털 옥외광고)의 강세와 아파트 LCD 등 생활 접촉 매체의 꾸준한 수요로 14.9% 성장한 3880억 원을 기록해 코로나 이전 수준으로 회복됐다. 교통 광고는 버스 및 지하철 광고 성장에 힘입어 9.6% 성장한 3926억 원으로 집계됐다. 반면 코로나 변이 바이러스의 확산에 따른 방역 지침 강화 연장으로 극장 광고는 41% 감소한 355억 원을 기록했다(표 8-1 참조).

표 8-1 2020~22년 매체별 광고 현황 (단위: 억 원, %)

구분	매체	광고비			성장률(%)		구성비(%)	
		2020년	2021년	2022년*	2021년	2022년*	2021년	2022년*
방송	지상파TV	11,613	13,659	14,415	17.6	5.5	9.8	9.4
	라디오	2,181	2,250	2,301	3.2	2.3	1.6	1.5
	케이블TV/종편	18,916	21,504	22,507	13.7	4.7	15.4	14.7
	IPTV	1,029	1,056	1,085	2.6	2.7	0.8	0.7
	위성, DMB 등 기타	1,521	1,533	1,475	0.8	−3.8	1.1	1.0
	방송 계	35,260	40,002	41,783	13.4	4.5	28.6	27.3
인쇄	신문	13,894	14,170	14,350	2.0	1.3	10.1	9.4
	잡지	2,372	2,439	2,488	2.8	2.0	1.7	1.6
	인쇄 계	16,266	16,609	16,838	2.1	1.4	11.9	11.0
Digital	검색형	29,142	36,165	40,560	24.1	12.2	25.9	26.5
	노출형	27,964	38,953	44,661	39.3	14.7	27.8	29.2
	인터넷 계	57,106	75,118	85,221	31.5	13.4	53.7	55.8
OOH (Out-of-Home)	옥외	3,378	3,880	4,200	14.9	8.3	2.8	2.7
	극장	601	355	800	−41.0	125.3	0.3	0.5
	교통	3,581	3,926	4,000	9.6	1.9	2.8	2.6
	OOH계	7,560	8,161	9,000	7.9	10.3	5.8	5.9
총계		116,192	139,889	152,842	20.4	9.3	100.0	100.0

*2022년은 추정치임.

자료원: 제일기획, CHEIL magazine, February, 2022.

2021년 광고 취급액 순으로 제일기획, 이노션, HS애드, 대홍기획, SM C&C, FSN, 그룹엠코리아, TBWA Korea, Leo Burnett, 디블렌트가 우리나라의 10대 광고회사로 나타났다. 매체별 취급액 점유율을 살펴보면 전파, 인쇄매체의 점유율은 각각 30% 미만 수준을 보이고 있으며, 온라인과 모바일 중심의 뉴미디어가 절반 이상을 차지하고 있는데, 앞으로도 이 같은 추세는 지속될 것으로 보인다(2022, 한국광고총연합회).

우리나라에서 광고를 많이 하는 기업은 주로 전자, 통신, 화장품, 자동차, 식품 등의 업종에 속해 있는 기업들이다. 그러나 매출액에 대비한 광고비를 보면 전자나 자동차회사들보다는 아모레퍼시픽, LG생활건강 등의 화장품/생활용품회사들과 남양유업, 농심 등의 식품회사들의 매출액 대비 광고비 비율(advertising/sales ratio)이 더 높은 편이다. 미국시장의 경우에도 2013년 산업별 매출액 대비 광고비 비율을 살펴보면, 주류제품(13.8%), 화장품 및 향수류(20.7%), 항공사 및 기타 교통서비스 업종(24.2%) 등이 광고를 많이 실시한 반면, 비행기 제조업(0.1%), 석유 정제업(0.2%), 건설장비 제조업(0.1%) 등의 업종은 매출액 대비 광고비가 적은 것으로 나타나 산업별로 매우 큰 차이를 보이고 있다. 한편 회사별로도 매출액 대비 광고비 비율은 커다란 편차를 보이고 있다. 예컨대, McDonald's의 2007년 매출액 대비 광고비 비율은 12.6%에 이르고 있으며 P&G 같은 생활용품회사의 경우에도 6.6%의 비교적 높은 비율을 기록한 반면 GM이나 Ford 같은 자동차회사들의 경우에는 각각 1.7%와 1.5%를 기록하고 있다.

광고의 개발과 광고캠페인의 관리는 보통 광고대행업체(advertising agency)가 주도적인 역할을 수행한다. 광고대행업체는 대개 4개의 부서로 이루어지는데, 광고의 제작을 담당하는 크리에이티브팀(creative team), 매체의 선정과 매체계획을 담당하는 매체팀(media team), 표적고객의 특성과 욕구를 연구하는 조사팀(research team), 대행업체의 영업활동을 담당하는 영업팀(business team)이 그것이다. 광고대행업체는 광고주로부터 위임을 받아서 광고와 관련된 제반업무를 대행해 주는데 상당히 유능한 자체 광고팀을 갖고 있는 광고주들조차 광고대행업체를 활용하고 있다. 그 이유는 대행업체가 광고 관련 제반업무를 광고주보다 더 효과적으로 처리할 수 있는 다양한 전문가 집단을 확보하고 있을 뿐만 아니라 광고대행업체는 매체비용의 일부를 수수료로 받아 그것을 주된 수입원으로 삼고 있기 때문에 광고주들로서는 그들이 직접 광고 관련 제반업무를 수행하는 것보다 대행업체를 활용하는 것이 비용상으로도 더 저렴하기 때문이다. 우리나라에도 제일기획, 이노션, HS애드 등의 대형 광고대행업체를 비롯하여 약 2백 개에 이르는 광고대행업체가 영업을 하고 있다.

4.2 광고관리

기업들이 광고를 효율적이고도 효과적인 촉진도구로 활용할 수 있으려면 체계적인 광고캠페인 관리가 필수적이다. 좋은 광고프로그램을 개발하고 이를 실행에 옮기기 위해서 마케팅관리자는 일반적으로 [그림 8-9]에서 보여주는 바와 같이 5가지의 중요한 의사결정을 내려야 한다.

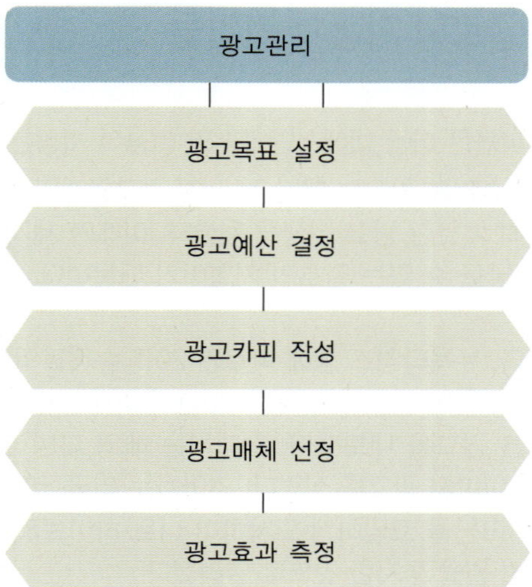

그림 8-9 광고관리 의사결정과정

(1) 광고목표 설정

광고프로그램 개발을 위해 마케팅관리자가 수행해야 할 여러 단계 중 첫 단계는 광고목표의 설정이다. 광고목표는 표적시장, 제품의 포지셔닝, 그리고 마케팅믹스와 관련된 의사결정에 근거를 두고 설정되어야 하는데, 그 이유는 포지셔닝과 마케팅믹스 전략은 총체적 마케팅 프로그램상에서 광고가 수행해야 할 역할을 결정해 주기 때문이다.

광고는 특정기간 동안 특정의 표적청중들에게 메시지를 전달하는 것이기 때문에 광고목표는 기업의 촉진목표가 제품이나 정보를 알리기 위한 것인지, 소비자를 설득하기 위한 것인지, 또는 상표를 기억나게 하기 위한 것인지에 따라서 구분되어질 수 있다. 〈표 8-2〉는 이러한 목표들의 예를 정리한 내용들이다.

정보전달적 광고(informative advertising)는 신제품을 시장에 소개할 때 주로 사용되어지는 방법이며 이 경우 광고목표는 기본적 수요를 구축하는 데 있다. 예를 들어 전기자동차가 처음 시중에 판매된다면 배기가스가 없는 경제적인 자동차가 출시되었다는 내용을 전달하는 광고를 제작하여 소비자들의 전기자동차에 대한 기본적 수요를 자극할 수 있다. **설득적 광고**(persuasive advertising)

MARKETING
FOCUS

초당 광고비가 2억 원에 이르는 슈퍼볼 광고에 엄청난 광고비를 투자하는 글로벌 자동차 기업들

미식축구(NFL) 플레이오프 결승전인 슈퍼볼은 미국 내에서만 1억 명 이상이 시청한다. 전 세계적으로 보면 시청자가 2억 명 이상으로 늘어난다. 이에 따라 슈퍼볼 광고는 매년 전 세계 광고업계의 핫이슈로 떠오른다. 특히 글로벌 자동차업체들은 매해 슈퍼볼에서 유달리 치열한 광고 전쟁을 치른다. 이때가 세계 자동차 판매량의 20% 이상을 차지하는 미국시장에서 강렬한 인상을 남길 수 있는 절호의 기회이기 때문이다. 매년 2월 초 열리는 슈퍼볼에서 새해 신차를 공개하는 일도 잦다.

슈퍼볼 광고는 비싼 가격으로도 유명하다. 뉴욕타임즈 등에 따르면 2017 슈퍼볼의 광고료는 30초당 최소 63억 원(550만 달러) 이상으로 추정된다. 초당 2억 원이 넘는 것으로 2000년에 비해 5배가량 늘어난 수치다.

국내 기업으로는 현대 · 기아차가 슈퍼볼 광고를 내보냈다. 현대차는 해외 파병 군인들이 VR(가상현실) 기술로 가족과 함께 슈퍼볼을 관람하는 현대차 이미지 광고를 실었다. 기아차는 미국 코미디언 멜리사 맥카시(Melissa McCarthy)가 환경운동가로 활동하며 겪는 고난을 코믹하게 묘사하며 니로 하이브리드를 광고했다. 두 회사는 60초 광고 편성을 위해 각각 174억 원과 130억 원을 투자한 것으로 알려졌다.

독일 메르세데스 벤츠는 아카데미 감독상과 작품상을 받은 '코엔 브라더스'를 광고 감독으로 기용했다. 이번 광고는 1969년 고전 영화 '이지 드라이버(Easy Driver)'를 오마주한 것으로 50여 년 전 성조기가 그려진 오토바이를 타고 미국을 횡단하던 주인공 '피터 폰다(Peter Fonda)'가 노년이 돼 벤츠 AMG GT로드스터를 타고 질주하는 모습을 담았다. 일본 도요타그룹은 렉서스 브랜드 광고를 냈다. 역대 3번째 슈퍼볼 광고로, 영국의 배우이자 가수인 미니 드라이버(Minnie Driver)가 내레이션을 맡았다. 광고에선 렉서스LC500 모델이 비치며 마돈나와 2011년 슈퍼볼 하프타임 쇼에서 공연해 유명세를 탄 댄서 릴벅(Lil' Buck)이 과격한 춤을 춘다. 현지 언론들은 "과격한 춤으로 기존 '안전하고 얌전한' 렉서스의 이미지를 탈피하려는 시도"라는 분석을 내놨다.

미국의 포드는 '더 멀리(Go Further)'라는 제목의 90초짜리 광고를 편성했다. 눈밭에서 차가 헛바퀴 돌거나, 집 열쇠를 잃어버리는 등 일상에서 처하는 짜증나는 상황들을 코믹하게 다룬다. 이어 광고 속 답답한 상황이 풀리며 차량 공유, 자동 주행, 전기차 등 포드의 최신 기술들을 '더 빠른, 더 쉬운, 더 좋은(faster, easier and better)'이라는 내레이션과 함께 선보인다.

그러나 현대차는 2023 슈퍼볼 광고 집행 대신 100주년을 맞는 디즈니와의 글로벌 파트너십을 확대하기로 했다. 월트 디즈니 컴퍼니는 2023년 100주년 기념행사의 첫 번째 공식 브랜드파트너이자 독점 자동차스폰서로 현대차를 선택했다. 이에 따라 현대차는 디즈니 브랜드 및 디즈니 지적 재산을 기반으로 글로벌 광고 · 마케팅 활동을 전개할 것으로 예상된다. 슈퍼볼의 강력한 광고효과와 파급력에도 불구하고 현대차는 초당 광고비가 2억 원이 넘는 슈퍼볼 광고 대신 디즈니 파트너십에 그 비용을 투자하기로 했다. 현대차는 2010년부터 세계 최대 규모의 광고판으로 불리는 슈퍼볼에 거의 매년 광고를 집행해 왔다. 현대차가 2016년에 선보인 슈퍼볼 광고 'First Date'는 USA 투데이가 실시한 슈퍼볼 광고 선호도 조사에서 자동차 브랜드 최초로 1위를 차지하며 큰 화제를 모으기도 했다.

자료원: 조선비즈, 2017.02.06; 뉴데일리, 2022.11.15.

는 경쟁이 심화될수록 보다 중요해지며 이 경우의 광고목표는 선택적 수요를 구축하는 데 있다. 예를 들어 Fax와 복사기 기능을 동시에 갖고 있는 복합형 프린터 제조회사들은 해상도, 복사 속도, 종이걸림 방지 기능 등의 특성을 가지고 소비자들에게 광고를 하여 특정 욕구가 있는 소비자들에게 차별적으로 소구한다. 설득적 광고는 특정 상표와 직접적 또는 간접적으로 비교하는 **비교광고**(comparative advertising)의 형태를 띠기도 한다. 예를 들어, 유명한 비교광고로 Avis사는 "우리는 2위입니다. 그래서 우리는 더 열심히 노력합니다"("We're number 2, we try harder.")라는 광고문구를 사용하여 렌트카 시장 선두인 Hertz사에 대한 직접적 공격을 통해 시장에서 상당한 성과를 거두었다.

상기광고(reminder advertising)는 성숙기에 있는 제품에서 효과적인 광고전략으로서 소비자를 설득

표 8-2 가능한 광고목표들

정보전달	설 득	상 기 및 강 화
• 신제품을 시장에 알림 • 기존제품의 새로운 용도 제안 • 제품의 가격변화를 알림 • 제품의 기능 설명 • 서비스의 유용성 설명 • 오인 내용 정정 • 구매자의 두려움 감소 • 기업 이미지 구축	• 상표선호 구축 • 자사상표로 상표전환 유도 • 제품속성들에 대한 구매자 지각 변화 유도 • 구매자들의 현시점 구매 설득	• 제품을 어디서 구입할 수 있는지를 기억하게 함 • 비수기 동안 소비자들이 제품을 기억할 수 있게 함 • 제품을 top-of-mind로 지속적으로 인지할 수 있게 함 • 자사제품의 구매자들이 옳은 구매의사결정을 내렸다는 것을 강조하여 안심시킴

자료원: Philip Kotler and Kevin Keller, *Marketing Management*, 15th ed., New Jersey: Prentice-Hall, 2016, p. 609.

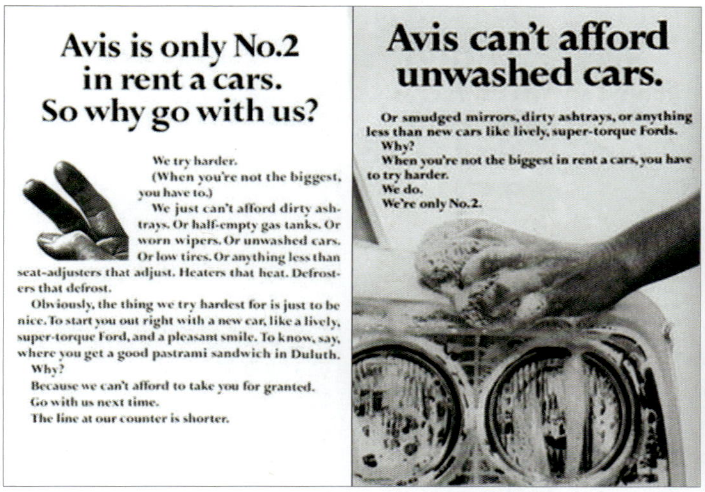

| 비교광고의 예: 업계 2위이기 때문에 렌트카 시장 선도 브랜드 Hertz보다 더 노력한다고 주장하는 Avis의 비교광고는 매출증대에 도움을 주었다.

| 상기광고의 예: Audi 자동차는 바닥에 떨어진 4개의 빗물방울을 연결시킨 광고장면을 보여줌으로써 자사의 브랜드 로고를 상기시키려고 한다.

하려 하기보다는 단지 제품을 소비자의 기억 속에서 사라지지 않게 하기 위하여 사용된다. 코카콜라는 소비자를 설득시키는 특정한 문구를 전혀 사용하지 않는 광고를 실시하기도 하는데, 그 목적은 단지 소비자들에게 코카콜라 상표를 상기시키고자 하는 데 있다.

(2) 광고예산 결정

광고목표가 설정되고 나면 기업은 각 제품에 대한 광고예산을 결정해야 한다. 광고의 역할은 제품에 대한 수요를 자극하는 데 있기 때문에 기업은 판매목표를 달성하는 데 필요한 만큼의 비용을 지출하고자 한다. 광고예산을 결정함에 있어 기업은 다음과 같은 요인들을 고려해야 한다.

① **제품수명주기상의 단계**: 신제품의 경우 소비자의 인지도를 높이고 시험구매를 자극하기 위하여 상대적으로 많은 광고예산이 소요되며 성숙기 제품의 경우에는 매출액에 비하여 비교적 낮은 비율의 광고예산만으로도 충분한 경우가 많다.

② **시장점유율**: 높은 시장점유율을 갖고 있는 브랜드는 낮은 시장점유율을 갖고 있는 브랜드에 비하여 자사의 점유율을 지키기 위해 매출액에 대비하여 비교적 낮은 비율의 광고예산을 필요로 하는 것이 보통이다. 그러나 현재 자사 브랜드의 시장점유율이 높건 낮건 간에, 자사 브랜드의 점유율을 지금보다 좀 더 높이려 하거나 경쟁자의 점유율을 빼앗아오기 위해서는 단순히 현재의 점유율을 유지하는 경우보다 많은 광고예산이 필요하게 된다.

③ **경쟁**: 경쟁이 치열한 시장에 제품이 속해 있을 경우가 그렇지 않은 경우보다 상대적으로 많은 광고예산을 필요로 한다.

④ **광고빈도**: 상표에 대한 메시지를 소비자에게 전달하는 데 광고의 잦은 반복이 필요할 때 많은 광고예산이 필요하게 된다.

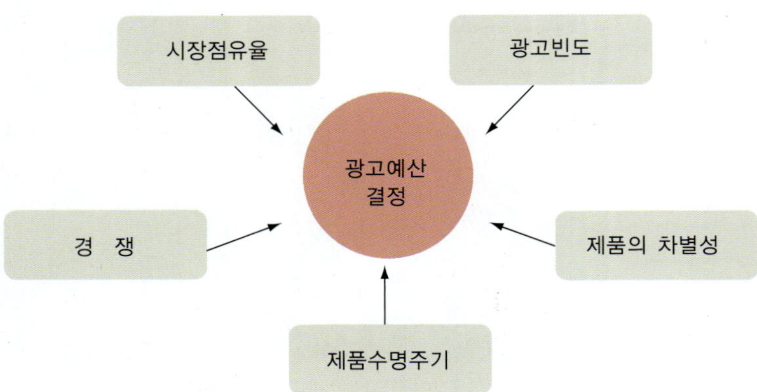

그림 8–10 광고예산 결정에 영향을 미치는 요인들

⑤ **제품의 차별성**: 맥주나 청량음료처럼 상표 간 제품차이가 크게 지각되지 않는 제품의 경우에는 소비자들이 경쟁자와 차별적으로 자사제품을 인식할 수 있도록 광고를 많이 해야 한다.

광고예산을 최적의 수준으로 결정하는 것은 매우 어려운 일이다. 왜냐하면 기업은 얼마만큼의 예산이 최적의 광고효과를 가져오는지를 정확히 알기가 어렵기 때문이다. 몇몇의 마케팅 연구자들은 다수의 소비재 판매기업들은 과다한 광고비를 사용하고 있는 반면, 산업재를 판매하는 기업들은 너무 광고를 덜 하고 있다고 주장한다. 실제로 미국의 포장된 비내구소비재(packaged consumer nondurables) 시장에서 광고의 매출에 대한 효과를 split-cable testing(cable TV를 통해 해당 상품의 광고를 내보낸 지역과 그렇지 않은 지역 간의 매출액 차이를 조사하는 기법)을 통해 측정해 본 한 연구에 의하면 비내구재의 경우 광고되는 제품이 기존제품일 때보다는 신제품일 때 훨씬 더 효과적인 것으로 나타났다. 기존제품 광고 가운데는 54%가 광고로 인한 추가적 매출이 전혀 없었으며, 20%의 광고에서만 광고비용보다 광고로 인한 추가적인 수익이 더 컸다. 신제품의 경우에는 40% 정도의 신제품 광고가 추가적 매출을 올리는 데 별로 기여하지 못했으며, 40~50%의 광고에서만 광고비용에 비해 광고로 인한 추가적인 수익이 더 큰 것으로 나타났다. 이처럼 약 50% 정도의 광고가 매출증대에 전혀 기여하지 못하고 있는 것으로 보아 광고예산의 결정은 매우 신중하여야 하며, 우리나라에서도 하루 빨리 광고효과를 과학적으로 측정할 수 있는 여건이 마련되어 광고예산을 효율적으로 활용할 수 있는 길이 열려야 할 것이다.

(3) 광고카피 작성

많은 광고예산을 사용하는 것이 반드시 성공적인 광고캠페인을 보장해 주지는 않는다. 즉 같은 광고비를 집행하더라도 광고카피의 수준이 어떠한가에 따라서 광고효과가 다르게 나타날 수 있으며, 경우에 따라서는 오히려 적은 광고예산을 사용한 광고가 효과적인 광고카피의 사용으로 인해 많은 광고예산을 사용하는 경우보다 효과적일 수도 있다. 그 이유는 아무리 많은 비용을 사용하여 광고를 집행하더라도 소비자의 주의를 끌지 못한다면 아무런 효과도 얻을 수 없는 것이 바로 광고이기 때문이다.

오늘날처럼 고가의 매체비용을 지불해야 하는 광고환경 하에서 좋은 광고카피는 촉진비용절감 측면에서도 매우 중요하며, 또한 소비자들에게 매일 수많은 광고가 전달되어지는 상황에서 다수의 광고 중에 자사광고에 대하여 소비자들이 주의를 집중할 수 있도록 하기 위해서도 매우 중요하다. 소비자들은 매일 다양한 매체를 통하여 다수의 광고를 접하게 된다. 프로그램 사이의 TV 광고, 라디오 광고, 잡지광고, 신문광고, 전단광고, 인터넷 광고 및 벽보 등이 소비자들의 주의를 끌기 위하여 다양한 방법으로 보여지고 있다. 그러나 실질적으로 수많은 광고를 소비자들이 다 관심을 가지고 자세히 보는 것은 아니며, 또한 보거나 들은 광고의 내용을 오랫동안 기억하지도 못한다. 따라서 기업은 다양한 광고 속에서 자사광고를 소비자들이 차별적으로 기억해 낼 수 있도록 하는 데 많은 노력을 기울여야 하며, 이때 중요한 역할을 수행하는 것이 바로 수준 높은 광고카피라고 하겠다.

소비자들의 주의와 관심을 끌기 위하여 광고카피는 보다 체계적으로 기획되어야 하고 보다 흥미로워야 하며 소비자들에게 즐거움 등의 보상을 제공해 줄 수 있어야 한다. 성공적인 광고를 제작하기 위하여 크리에이티브 전략은 점점 그 중요도가 높아지고 있다. 광고는 하나의 크리에이티브 전략을 개발해 내기 위하여 카피 개발, 카피 평가 및 선택, 그리고 카피 집행의 세 단계를 거치게 된다([그림 8-11] 참조). 각각의 내용에 대하여 살펴보면 다음과 같다.

크리에이티브 전략

카피 아이디어 창출

카피 평가 및 선택

카피 집행

그림 8-11 크리에이티브 전략 개발 단계

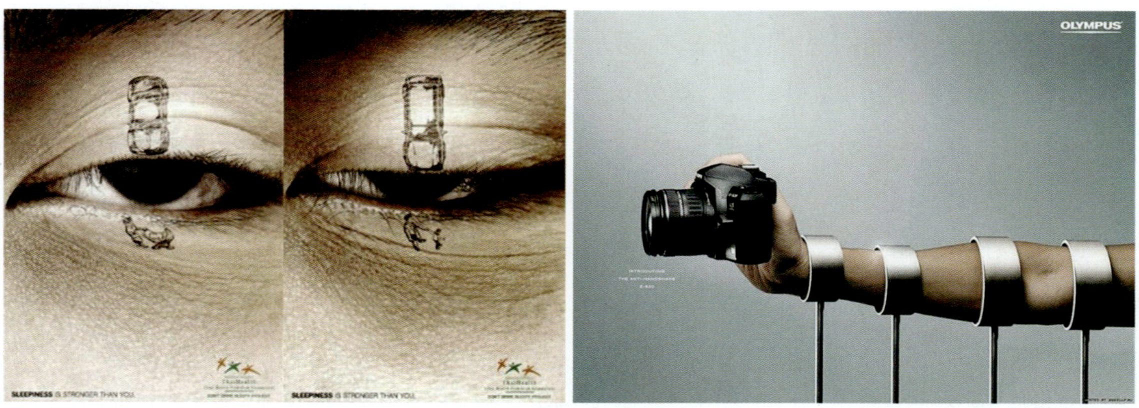

| 좋은 Creative의 예(좌: 눈깜빡하는 사이 발생하는 졸음운전의 위험을 경고하는 광고, 우: 손떨림 방지 기능을 표현한 올림푸스 카메라 광고)

① 카피 아이디어 창출

광고카피 담당자는 다양한 방법으로 광고카피 아이디어를 구하려 노력하는데, 우선 소비자, 중간상인, 전문가, 그리고 경쟁자들과 이야기를 해보는 데서 시작하는 경우가 많다. 경우에 따라서 어떤 카피담당자는 소비자들이 제품을 사용하는 상황을 상상해 보고 소비자들이 제품을 구매하고 사용할 때 어떠한 편익을 중요하게 고려하는지를 찾아내거나 소비자 조사 결과에 의존하여 중요한 차별화 속성을 찾아낸다. 예컨대 삼성 무풍 에어컨 광고는 소비자들이 에어컨에서 나오는 센 바람을 직접 맞기 싫어한다는 점에 착안하여 이를 차별화 포인트로 삼고 이를 강조하는 일련의 광고카피들을 개발하였다. 일반적으로 광고카피 담당자는 하나의 광고캠페인을 위해 상당히 많은 수의 카피를 개발해 내지만, 최종적으로 실제 광고에 사용되는 카피의 수는 하나 또는 두 개 정도일 것이다.

② 카피 평가 및 선택

광고담당자는 여러 개의 카피를 평가하여 하나 또는 두 개의 카피를 선택한다. 광고에 사용되는 카피는 다음과 같은 세 가지 특성을 가지고 있어야 한다. 첫째, 카피는 의미 있는 내용이어야 한다. 즉 제품을 보다 가치 있게 만들어 주거나 소비자들에게 흥미를 유발해 낼 수 있는 편익을 담고 있어야 한다는 것이다. 둘째, 카피는 차별적이어야 한다. 즉 자사제품이 경쟁사 제품보다 어떠한 점에서 뚜렷한 차별적 우위를 가지고 있는지를 분명하게 나타내야 한다는 것이다. 마지막으로 카피는 믿을 만한 내용이어야 한다. 이 평가기준은 사실상 실현하기가 가장 어려운데, 그 이유는 소비자들은 일반적으로 광고내용을 그대로 신뢰하지 않고 의심하는 경향이 있기 때문이다. 이 같은 점들을 모두 고려해 보면 네이버가 사용하고 있는 '세상의 모든 지식'은 포털 사이트 사용자에게 네이버만의 차별적 우위를 잘 표현한 카피라고 할 수 있다. 이에 더하여 네이버는 지식검색 지식in, 네이버 백과사전 등을 포털 사이트 기능에 추가함으로써 소비자들에게 메시지의 신뢰성을 높이는 데 성공함으로써 타사에 비교하여 경쟁우위를 확보할 수 있었다.

③ 카피 집행

카피의 효과는 카피가 어떠한 내용인가 뿐만 아니라 어떻게 메시지가 전달되는가에 따라서도 매우 큰 영향을 받는다. 즉 같은 내용의 메시지를 전달하더라도 전달하는 방식에 따라 소비자의 호의적인 평가를 얻을 수 있으며 비호의적 평가를 얻을 수도 있다. 더 나아가서 개발된 카피가 그다지 만족스러운 것이 아니더라도 광고 제작에 따라서 효과적인 결과를 얻을 수도 있다. 따라서 광고 담당자는 카피를 표적시장에 속해 있는 소비자들의 주의와 흥미를 유발할 수 있는 방법으로 전달해야 하는데, 이를 위해서는 여러 가지 카피 스타일, 카피 톤(tone)의 효과성에 대하여 자세히 알고 있어야 한다. 예를 들어 어떤 컴퓨터 제조회사에서 경쟁사보다 빠른 처리속도를 주된 소구내용으로 하는 카피를 개발하였을 때 분위기나 이미지를 이용한 광고보다는 기술적 전문성이나 객관적인 증거를 보여주는 광고가 보다 효과적일 가능성이 높다. 광고카피의 제작에서 흔히 사용되는 스타일로는 소비자의 생활양식(lifestyle), 무드나 이미지, 생활단면(slice of life), 과학적인 증거 제시, 상징적 인물, 기술적 전문성, 소비자나 유명인사의 증언(testimony) 등이 있다.

광고의 톤(tone)에 있어서도 광고하려는 제품이나 서비스의 특성 그리고 표적청중(target audience)의 특성 등이 세밀하게 고려되어야 한다. 기업에 따라 특정한 톤을 즐겨 사용하는 것을 볼 수 있는데, 예컨대 SKT는 소비자의 자부심을 강조하는 감성적인 톤을 즐겨 사용하는 반면, KT는 'People Technology' 광고에서 보듯이 첨단기술을 강조하는 광고를 자주 사용한다. 미국계 기업인 P&G는 항상 긍정적인 톤을 활용하지만 메시지에서 소비자들의 주의가 분산되지 않도록 유머소구의 사용은 자제하고 있다. 그러나 같은 미국계 상표인 Bud Light 맥주는 유머소구를 매우 즐겨 사용하는 편이다.

마지막으로 광고카피 담당자는 광고에 포함되는 삽화, 표제, 활자체 등 각 광고 구성요소의 역할과 각 요소 간의 조화를 고려해야 한다. 광고의 구성(format)은 광고비용뿐만 아니라 광고효과의 측면에 있어서 상당한 차별적인 요소로 사용되어질 수 있다. 광고디자인에 있어서의 작은 변화가 광고효과에 있어서 큰 차이를 만들 수 있다. 그중 삽화(illustration)는 소비자들이 가장 먼저 주의를 기울이는 요소이므로 소비자의 주의를 충분히 끌 수 있을 만큼 강해야 한다. 그 다음으로 표제(headline)는 소비자들이 광고내용을 읽게 유도하는 데 중요한 역할을 하며, 본문(body copy)은 단순하면서도 확신을 심어줄 수 있어야 한다. 매우 뛰어나게 구성된 광고조차도 노출된 소비자들 중 그 광고에 주의를 기울이는 사람은 50%에도 미치지 못하며, 표제의 주된 내용을 기억하는 사람은 약 30% 정도에 지나지 않는다. 게다가 광고주의 브랜드나 기업명을 기억하는 사람은 약 25%에 불과하며 본문을 대충이라도 읽어보는 소비자는 10%에도 못 미치는 것이 일반적이다. 구성이 잘못된 광고물의 효과는 물론 이에도 훨씬 못 미친다. 따라서 광고물의 구성은 광고효과를 좌우하는 매우 중요한 요소들 중의 하나다.

(4) 광고매체 선정

광고관리자는 광고가 제작된 후 메시지를 전달할 매체를 선정해야 하는데, 매체선정을 위해 광고관리자가 내려야 할 의사결정에는 (1) 도달률, 빈도, 영향도의 결정, (2) 주된 매체유형의 선택, (3) 특정 매체수단의 선택, (4) 매체시간 선택이 포함된다.

① 도달률, 빈도, 그리고 영향도 결정

매체를 결정하기 위하여 광고관리자는 기업에서 설정한 광고목표를 달성하기 위하여 얼마만큼의 도달률(reach)과 빈도(frequency)가 필요한지를 결정해야 한다. 도달률은 일정기간 동안 광고에 노출된 표적소비자의 비율로 측정된다. 빈도는 표적시장의 소비자들이 광고에 평균적으로 몇 회 노출되었는가에 의해 측정된다. 매체영향도(impact)는 매체를 통한 메시지 노출의 질적인 가치를 측정하는 것으로서, 예를 들어 제품을 사용하는 모습을 실제로 보여야만 효과적일 수 있는 광고에 있어서는 라디오보다 소리와 시각이 함께 제공되는 TV를 통한 광고가 영향도에 있어서 높게 나타난다. 예컨대 500만 명의 소비자로 구성된 표적시장에서 80%의 도달률을 목표로 한다면 광고가 400만 명의 표적소비자에게 노출되어야 하며, 각 소비자당 평균 3회의 노출을 원한다면 1,200만 번의 노출을 위한 광고구매가 이루어져야 한다. 보통 도달률×빈도의 값을 총노출점수(gross rating points: GRP's)라고 부르는데, 광고예산은 광고주가 원하는 총노출점수에 의해 결정된다. 예컨대, 80%의 도달률에 평균 3회의 노출을 원하는 경우 총노출점수는 240이 된다. 원하는 총노출점수가 커지면 커질수록 소요되는 광고예산은 당연히 증가한다. 한편, 광고주는 영향도까지를 감안한 노출을 고려할 수 있다. 예컨대 위의 예에서 광고주가 영향도 1.5(매체의 평균적인 영향도를 1.0으로 가정함) 정도의 노출을 원한다면 결국 1,800만 번의 노출에 해당하는 광고를 구매하지 않으면 안 된다. 만일 1,000번의 노출을 위해 지불해야 하는 매체비용이 10만 원이라면, 원하는 노출을 위한 광고예산은 18억 원이 될 것이다. 광고주가 높은 도달률, 잦은 빈도, 높은 영향도를 원할수록 광고예산은 당연히 올라간다. 일반적으로 신제품을 출시하거나, 기존상표를 확장하는 상황이라면 도달률을 높이는 것이 중요하지만, 강력한 경쟁자가 있거나, 소비자의 저항이 거센 경우, 전달하려는 메시지가 복잡한 경우, 또는 구매주기가 짧은 경우에는 빈도가 더 중요한 고려요소가 된다.

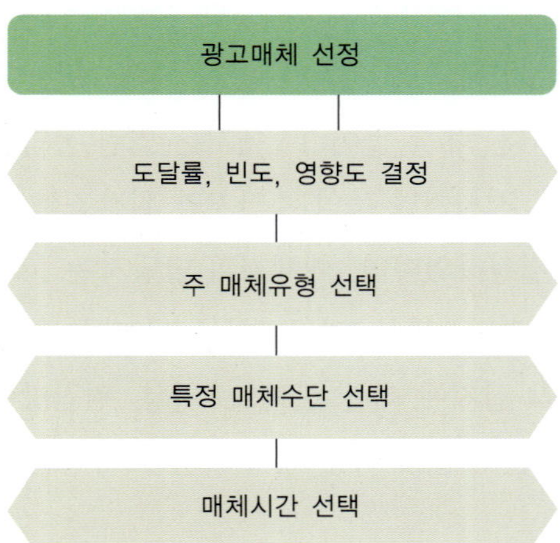

그림 8–12 광고매체 선정과정

② 주된 매체유형의 선택

매체기획 담당자는 TV, 라디오, 인쇄매체(신문, 잡지 등), 인터넷, 모바일 등 주요 매체유형 가운데 하나 혹은 그 이상을 선택해야 한다. 매체기획 담당자는 매체유형 선택 시 다음과 같은 것들을 고려해야 한다. 첫째, 표적소비자의 매체습관(media habit)에 대하여 알고 있어야 하는데, 예를 들어 10대들이 주 타깃인 경우에는 인터넷, TV, 또는 라디오를 주된 매체로 선택하는 것이 효과적이다. 둘째, 제품의 특성을 고려하여 매체를 선택하여야 하는데, 예를 들면 패션상품의 경우에는 컬러판 잡지가 가장 효과적이다. 셋째, 메시지의 형태에 따라 각기 다른 매체가 효과적일 수 있는데, 기술적 정보를 담은 메시지를 전달하고자 할 때에는 잡지나 직접우편(direct mail)이 효과적이며 백화점 세일 등을 알리고자 할 때에는 일간신문이 효과적일 것이다. 넷째, 매체선택에 드는 비용 또한 중요하게 고려해야 할 요소들 중의 하나이다. 따라서 매체기획자는 비용과 도달목표 등을 고려하여 매체유형을 선택하여야 하는데, 예를 들어 단기간에 높은 브랜드인지도를 얻는 것이 목표라면 다른 어떤 매체유형보다 TV가 효과적일 수 있다.

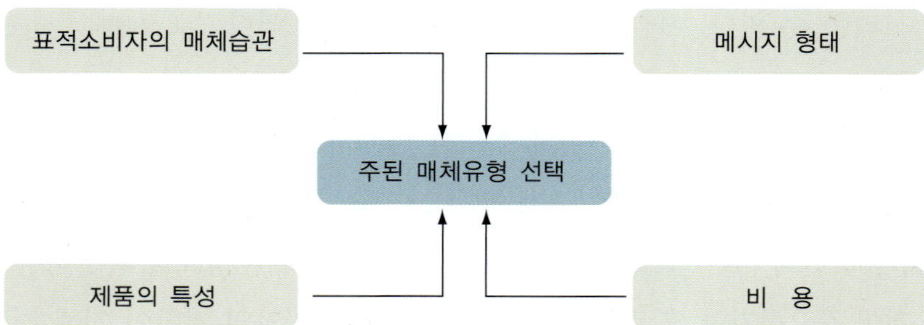

그림 8-13 주된 매체유형 선택 시 고려요인

③ 특정 매체수단 선택

매체기획 담당자는 각 매체유형에 속해 있는 다양한 매체수단들 가운데서 가장 적합한 매체수단(media vehicle)을 선택해야 한다. 예를 들어 TV에서는 열린 음악회, 8시 뉴스 등이 매체수단이며, 잡지의 경우에는 주간매경, 시사저널 등의 주간지와 월간조선, 여성동아 등의 월간지가 있다. 만약 잡지광고를 실시하기로 결정하였다면, 매체기획 담당자는 고려하고 있는 각 잡지의 발행부수를 알아보아야 하며 광고의 크기, 색상, 광고위치 등에 따른 가격차이 등을 살펴보아야 한다. 그 다음 매체기획 담당자는 각 잡지에 대한 신뢰도, 위상, 편집방향, 그리고 광고제출 마감날짜 등을 평가한 후 최종적으로 어떤 수단이 비용 대비 가장 효과적인 도달률, 빈도, 그리고 영향도를 갖고 있는지를 판단해야 한다.

매체기획 담당자는 다음과 같은 매체수단의 질에 대해서도 고려해야 한다. 첫째, 매체수단의 주된 청중에 대해 고려해야 하는데, 예를 들어 출산용품에 대한 광고매체를 선택하는 데 있어서 출산 및 육아 관련 잡지는 높은 노출가치를 가지며, 스포츠 잡지는 낮은 노출가치를 가진다. 둘째, 청중의 주의도를 고려해야 하는데, 가령 일반 연예잡지를 보는 사람들은 뉴스잡지를 보는 사람들에 비하여 광고에 대해 높은 주의를 기울이는 것이 보통이다. 셋째, 매체수단의 편집에 대한 질을 평가해야 하는데, 예를 들어 월간조선이나 신동아 등의 잡지는 일반 연예잡지보다 신뢰성이 높게 평가되는 매체수단이다.

④ 매체타이밍의 결정

광고관리자는 연간 광고를 어떻게 집행할 것인가에 대한 광고스케줄을 만들어야 한다. 경우에 따라서 성수기가 뚜렷한 제품의 경우에는 성수기 동안만 집중하여 광고를 내보내는 방법을 채택할 수 있고 또 다른 경우에는 연중 동일한 양의 광고를 내보내는 방법을 사용할 수도 있다. 예를 들어, 대부분의 아이스크림 제조회사들은 제품판매의 성수기인 여름에 아이스크림 광고예산의 대부분을 사용하며, 성수기가 따로 없는 화장품 제조회사들은 연중 동일한 수준의 광고예산을 할당하여 사용한다. 이와 같이 기업은 광고집행의 패턴을 선택함에 있어 광고를 일년 내내 거의 같은 수준으로 유지하는 **지속전략**(even strategy)을 채택할 수도 있고, 2주 또는 한 달 정도를 단위로 광고의 양을 늘였다 줄이는 일을 반복하는 **맥박전략**(pulsing strategy)을 활용할 수도 있다. 맥박전략을 선호하는 사람들은 맥박전략이 지속전략에 못지않은 브랜드인지도 수준을 더 적은 비용으로 유지할 수 있다고 주장한다. 한편 지속전략을 선호하는 사람들은 맥박전략이 최소한의 인지도 수준을 유지하는 데에는 비용면에서 효과적일 수 있으나 광고메시지 전달의 깊이에 있어서는 비효과적이라고 주장한다. 지속전략과 맥박전략은 각각의 장단점을 가지고 있으므로 상품의 종류와 광고의 목표 등을 고려하여 어떤 전략을 구사할 것인지를 결정해야 한다.

(5) 광고효과 측정

기업은 광고를 제품의 인지도 제고, 소비자들의 태도변화, 매출증대 등의 목표를 달성하기 위하여 사용한다. 따라서 기업에서 의도했던 대로 광고의 효과가 나타났는지를 측정해 보는 일은 광고캠페인의 관리를 위해서 매우 중요한 일이다. 따라서 기업은 광고효과의 두 가지 유형인 커뮤니케이션효과와 판매효과를 주기적으로 측정하여야 한다.

① 커뮤니케이션효과 측정

커뮤니케이션효과의 측정은 일반적으로 카피 테스팅(copy testing)이라고 하는데, 광고가 소비자들에게 얼마나 의사전달을 제대로 하고 있는가를 측정하는 것이다. 카피 테스팅은 광고메시지가 소비자에게 전달되어지기 전 또는 후에 이루어질 수 있으며 광고의 사전조사 및 사후조사를 위하여 다양한 방법들이 사용되고 있다. 광고사전조사에서 사용되는 방법은 세 가지가 있다. 첫 번째는 **직접평가**(direct rating) 방법인데, 이는 소비자 패널들에게 광고시안들을 보여주고 각각의 시안에 대하여 직접 평가하게 하는 것이다. 이러한 직접평가를 통하여 광고가 얼마나 소비자의 주의를 끄는지 그리고 어떤 영향을 주는지 등의 정보를 알 수 있다. 두 번째는 **포트폴리오 테스트**(portfolio test)로서 소비자들은 몇 개의 광고로 구성된 광고포트폴리오를 원하는 시간만큼 보거나 들은 뒤 광고에 대하여 기억이 나는 내용을 보조 및 비보조의 방법을 통하여 응답하게 된다. 그 결과로 나온 회상의 정도가 광고의 주의를 끄는 정도, 메시지의 이해용이성과 기억용이성 등을 나타낸다. 세 번째는 **실험실 테스트**(laboratory test)로서 심장박동 수, 혈압, 동공의 확대 정도(pupil dilation), 땀나는 정도, 기능적 자기공명영상(fMRI) 등과 같이 신체적 반응이나 뇌 반응을 측정하는 도구를 사용하는 방법인데, 광고를 본 후 이러한 신체적 반응이나 뇌 반응의 변화를 측정하여 광고효과를 추정한다. 그러나 이 같은 방법들을 가지고서는 광고의 주의를 끄는 능력이나 광고 시청 시 활성화되는 뇌의 부분 등을 알 수는 있지만 광고가 소비자의 믿음, 태도, 구매의도 등에 어느 정도 영향을 미치는지를 알아내기는 어렵다.

광고 사후조사에 널리 사용되는 두 가지 방법에는 회상 테스트와 재인 테스트가 있다. 첫째, 회상 테스트(recall test)는 광고에 노출된 소비자들에게 광고를 본 후 광고주와 광고된 제품에 대해 기억해 낼 수 있는 모든 내용을 다 이야기하게 하는 방법이다. 여기서 나온 결과치인 회상점수는 소비자들이 광고에 대하여 주의를 기울이는 정도와 기억에 남아 있도록 하는 능력을 나타낸다. 둘째, 재인 테스트(recognition test)는 광고가 실린 잡지, 신문, TV프로그램 등을 보여주고 전에 본 적이 있는 내용이 어떤 것들인가를 물어보는 형식을 취하는데, 재인 테스트를 통해 측정된 점수는 서로 다른 세분시장에서의 광고효과를 비교하거나 경쟁자 광고와 자사 광고의 효과를 비교하는데 유용하게 사용될 수 있다.

② 판매효과 측정

일반적으로 광고효과 측정에 있어서 광고의 커뮤니케이션효과보다 직접적인 판매효과의 측정은 쉽지 않다. 왜냐하면 판매는 광고 이외에 전반적인 경제상황, 제품디자인의 변화, 가격의 변화, 그리고 구득가능성의 변화 등과 같은 다양한 변수들에 대하여 영향을 받기 때문이다. 광고의 판매효과를 측정하는 하나의 방법은 과거의 광고비 지출과 매출의 관계를 통계학적인 모형을 통해 알아내는 것이다. 다른 방법은 광고실험을 활용하는 것인데, 이는 지역별로 광고예산을 다르게 책정하여 광고 집행 후 각 지역별로 매출의 변화를 측정하는 것이다. 예컨대 미국의 맥주제조업체인

Anheuser-Busch사에서는 1963년에서 1968년에 걸친 광고실험을 통해 지역별로 광고예산을 달리해본 결과 광고비를 50% 줄인 지역에서 광고비를 증가시킨 지역에 비해 오히려 매출이 더 많이 증가하는 것을 발견하였다. 그 결과 Anheuser-Busch사는 Budweiser의 배럴당 광고비를 약 반으로 줄였으며 그럼에도 불구하고 1963년에서 1968년 사이에 Budweiser의 미국 맥주시장 점유율을 8%에서 12%로 올리는 데 성공하였다. 현재 미국의 비내구재시장에서는 cable TV의 보급과 유통업체에서 바코드 사용의 일반화에 힘입어 특정 시험지역을 여러 개의 소지역으로 나누어 서로 다른 광고를 내보내거나, 50%의 지역에만 광고를 내보내고 나머지 지역에서는 광고를 내보내지 않은 채로 두 그룹의 매출 변화 추이를 비교하는 것을 통해 광고의 매출에 대한 효과를 직접 측정하는 split-cable testing 기법이 많이 활용된다.

MARKETING
FOCUS

구글의 AdSense와 AdWords

현재 구글의 광고수익 모델은 여러 분야에서 각기 다른 형태로 진행되고 있다. 가장 널리 알려진 것은 애드워즈와 애드센스라는 광고다. 애드워즈(AdWords)는 구글 사이트에서 검색어를 입력하면 검색결과 위나 오른쪽에 보여주는 검색광고를 말한다. 애드워즈는 국내 포털에서도 키워드광고 또는 검색광고라는 이름으로 적용하고 있는 모델이다. 애드센스(AdSense)는 광고 게시 신청자들의 홈페이지에 구글의 광고판을 끼워 넣고 광고수익을 게시자에게 일정 배분하는 방식이다. 그 외 PC 판매 기업과 협력하여 해당 기업용 구글 소프트웨어를 설치하거나 해당 기업 전용 홈페이지를 제공하는 형태도 있고, 사용자의 지메일 내용을 분석해 올리는 이메일광고, 구글지도 서비스에 해당 광고주를 표시하는 지도광고 등 다양한 형태의 광고기법이 있다.

구글은 다양한 광고모델을 만들었고 계속 새로운 모델을 개발하고 있지만 현재까지 가장 대표적인 것은 역시 애드워즈와 애드센스다. 이 두 광고모델은 기존 광고시장의 규범과 전형을 바꾼 충격적인 광고기법이다. 애드워즈의 경우는 미국에서 월마트를 위협하는 광고로 인식되면서 기존 오프라인 산업의 구조까지 재편하고 있을 정도로 막강한 영향력을 끼치고 있다.

◆ 왜 애드센스가 새로운 인터넷 시대의 대표적인 광고기법으로 손꼽히는 것일까?

① 분산 : 방문객을 기다리는 광고에서 방문객이 있는 개별 페이지를 찾아가는 광고로 바꾸었다.
② 참여 : 네티즌의 자발적 요청으로 이루어지는 광고시장을 만들었다.

③ 플랫폼 : 중간에 영업사원 없이 누구나 웹을 이용해 간단한 입력만으로 광고주가 되거나 광고 게시자가 될 수 있는 자동화 플랫폼을 만들었다.

④ 확장 : 자사 사이트 안의 광고 영역을 모든 웹 페이지로 넓혔다.

'왜 우리 광고주의 광고를 꼭 내 사이트에 와서 봐야 하지? 우리 사이트보다 훨씬 방대한 모든 웹페이지에서 보면 시장도 커지고 광고효과도 더 좋을텐데'라는 발상의 전환이 이루어진 것이다. 구글은 누구나 손쉽게 광고주가 되고 누구나 광고 게시자가 될 수 있는 플랫폼을 만들어내고 이를 구글 애드센스라고 불렀다.

그리고 현재 전 세계의 유명 홈페이지 상당수가 구글 애드센스를 자발적으로 달고 있다. 이들은 자기 사이트에 구글 애드센스를 걸고 자기 사이트에서 광고에 대한 클릭이 일어날 경우 구글로부터 일정액의 광고수익을 배분받는다. 처음에는 일부 사이트에서 시도한 구글 애드센스는 이제 전 세계 웹사이트로 확장되고 있다.

구글의 광고는 다양한 형태로 집행되고 있으며 곳곳에 노출되고 있다. 최근에는 지역신문에도 구글광고를 실으면서 화제가 되고 있다. 여러 가지 다양한 광고형태가 있지만 구글의 광고가 실리는 곳은 크게 두 곳으로 구분할 수 있다. 하나는 구글 자체 서비스의 페이지다. 대표적인 경우가 구글 사이트의 검색결과에 표시되는 광고다. 또한 지메일을 읽을 때 편지 안에 표시되는 광고나 구글지도에 표시되는 경우가 구글 서비스 안에서 광고가 노출되는 경우다. 이런 광고를 애드워즈(AdWords) 광고라고 부른다. 즉 우리가 검색광고나 지메일 광고라고 부르는 것이 애드워즈 광고인 것이다. 애드워즈는 구글의 광고주가 광고를 신청하는 광고주 시스템을 가리키는 말인 동시에, 구글 서비스 내에 실리는 광고를 일컫는 말이기도 하다(구글광고에 대한 좀 더 자세한 내용은 구글의 광고 안내 페이지(http://www.google.co.kr/ads/)에서 확인할 수 있다).

구글 서비스가 아닌 외부에 실리는 경우는 '네트워크 광고'라고 말한다. 일반인에게는 구글 '애드센스(AdSense)'라는 이름으로 알려진 광고다. 조선일보, 파란닷컴처럼 규모가 큰 업체와 제휴를 해서 해당 사이트의 페이지에 삽입하는 경우는 별도의 조건으로 계약을 맺어 집행하는데 이 경우 알맹이(content)를 위한 광고나 검색을 위한 광고 등으로 구분하여 집행한다. 일반인이 주로 보는 것은 '콘텐츠를 위한 AdSense'다. 홈페이지 운영자나 블로그를 운영하는 블로거가 자신의 홈페이지에 구글광고를 게시하겠다는 신청서를 온라인으로 작성하고 받은 코드를 자신의 홈페이지 문서 안에 삽입하면 된다.

실제 광고체계는 더욱 복잡하지만 간단하게 설명하자면 광고주가 광고를 요청하는 시스템이 애드워즈 시스템이고, 구글 검색결과나 지메일, 구글지도처럼 구글 서비스 안에 노출되는 광고가 애드워즈 광고라고 보면 된다. 그리고 다른 웹 사이트에 노출되는 네트워크 광고는 애드센스 광고라고 보면 된다. 애드워즈 광고나 애드센스 광고 모두 해당 페이지의 내용을 분석해 가장 관련성 있는 광고를 띄우는 기법을 사용하고 있다.

지금까지는 구글의 수익 대부분(2021년 현재 81%)은 광고를 통해 창출되었는데, 전체 검색광고의 절반을 약간 상회하는 광고가 구글 자사 사이트를 통해 이루어졌고, 나머지는 네트워크 사이트를 통해서 이루어졌다. 네트워크 광고의 비중이 결코 무시할 수 없을 정도로 성장했다는 사실을 알 수 있다. 구글은 한국에서도 애드센스 광고를 집행 중이다.

05 PR(Public Relations)

촉진의 또 다른 방법은 기업에 대한 호의적인 이미지를 개발 및 유지하고 기업에 대한 비호의적인 소문, 이야기, 사건 등을 소비자의 기억 속에서 희석시키려는 노력인 PR을 활용하는 것이다. **PR**은 **홍보**(publicity)보다 넓은 개념이라고 할 수 있다. 홍보는 비용을 들이지 않고 기업이나 제품을 매체의 기사나 뉴스로 소비자들에게 알리는 것을 일컫는 반면 PR은 홍보활동 이외에도 기업의 대언론관계 활동, 기업에 대한 이해를 돕기 위한 사내외적 커뮤니케이션, 국회의원들의 입법활동이나 정부관료들의 규제에 직접적 또는 간접적으로 영향을 미치기 위한 합법적인 설득 활동, 경영층에게 사회적 이슈나 회사 이미지에 관하여 조언을 하는 일 등을 모두 포함한다.

PR은 일반적으로 광고보다 저렴하면서도 높은 신뢰성을 가질 수 있는 촉진방법이며 보다 적은 비용으로 높은 커뮤니케이션 효과를 얻을 수 있기 때문에 PR부서는 회사 내에서 중요한 위치를 차지하는 경우가 많다. 어떤 기업은 전문적으로 PR프로그램을 개발하고 진행하는 외부의 PR전문회사와 계약을 함으로써 효과적이고 체계적인 PR을 하기 위해 노력하기도 한다.

5.1 PR의 수단들

PR에 사용할 수 있는 수단들은 다양하다. 그중 중요한 수단인 뉴스를 통한 촉진을 위하여 PR전문가는 자기 기업과 제품 또는 기업 내의 사람들에 대한 호의적인 뉴스를 찾아내거나 개발하기 위하여 노력한다. 어떤 경우에 뉴스거리는 자연적으로 생겨난다. 예컨대 회사 내의 연구소에서 개발해 낸 신기술이 국제적으로 크게 인정을 받아 언론매체에서 경쟁적으로 이를 기사화하는 경우가 그것이다. 그러나 PR담당자는 뉴스가 될 만한 일을 기획하여 뉴스를 만들어 내는 경우도 있다. 예컨대 동양제과의 경우 자사의 주요고객인 어린이들이 과거에 비해 신체의 발육속도가 빨라져 초등학교에서 사용하는 책상·걸상이 그들에게 너무 작아 고통 받고 있는 점에 착안하여 이를 새로운 책상·걸상으로 바꾸어 주는 캠페인을 벌여 기사화된 일이 있다.

기업은 최고경영자의 연설이나 간담회 등을 통해 기업의 의견을 밝히기도 하며, 기업과 관련된 특정 이슈에 관하여 기업의 입장을 알리기 위해 기자회견 등을 널리 활용한다. 그 밖에도 개업자축행사, 레이저 쇼, 애드벌룬 날리기, 불꽃놀이 등의 특별행사가 있는데, 특별행사에는 표적이 되는 대중들의 관심을 유발하기 위한 여러 가지 수단이 동원된다. 기업의 아이덴티티를 나타내는 자료를 통해서도 PR활동이 가능한데, 독특한 기업의 로고, 사인, 명함, 건물, 유니폼, 자동차 등은 소비자들로 하여금 기업을 차별적으로 기억하게 하는 데 유용한 수단이 될 수 있다. 예컨대 코카콜라는 판매원들의 모자, 유니폼, 자사 트럭의 옆면 등에 코카콜라의 로고를 일관되게 사용함으로써 소비자들에게 코카콜라에 대한 강한 이미지를 심어주는 데 성공하고 있다. 그 외에도 기업들은 학교나 지역사회에 대한 기부금 출연, 기타 사회봉사활동 등을 통하여 자사의 호의적인 이미지를 대중에게 각인시키기 위해 노력하고 있다.

5.2 PR관리

다른 촉진활동에서와 마찬가지로 마케팅관리자는 효과적인 PR관리를 위해 PR의 목표를 설정하고, PR메시지와 전달수단을 선택하며, PR계획을 수행하고, 그리고 그 결과를 평가하는 단계를 거쳐야 한다.

(1) PR목표의 설정

PR프로그램을 개발하는 과정에서 PR담당자가 가장 첫 번째로 해야 할 일은 PR목표를 설정하는 것이다. 그러기 위해 PR담당자는 PR을 통하여 기업에서 궁극적으로 얻고자 하는 것이 무엇인가를 상세하게 결정할 필요가 있다. 예를 들어 어떤 맥주 제조업체에서 맥주판매 확대를 위한 홍보를 시행하기로 결정하였다면, 대중에게 맥주는 생활의 한 부분일 뿐만 아니라 적당량의 맥주 음용은 건강에도 좋다는 인식을 심어주기 위한 하나의 목표와 자사제품이 타사제품보다 품질이 더 좋은 맥아를 사용하여 만들었다는 내용을 전달한다는 또 하나의 목표가 세워질 수 있다. 이러한 목표는 보다 상세한 세부목표에 의하여 구체성을 띠게 되는데, 예컨대 PR담당자는 조선일보나

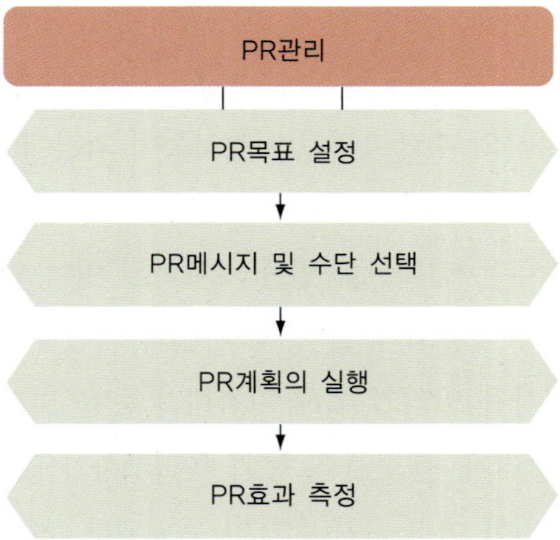

그림 8-14 PR의 관리단계

중앙일보와 같이 구독자가 많은 신문의 생활/건강란과 가장 부수가 많은 여성잡지에 기사화하는 것을 목표로 맥주의 건강음료로서의 가치와 자사제품의 우수성 등을 뉴스로서의 가치가 있도록 이야기를 만든다. 이 같이 결정되어진 PR목표는 나중에 그 달성 여부가 평가될 수 있도록 다듬어져야 한다.

(2) PR메시지 및 전달수단 선택

일단 목표가 설정되면 계품에 대한 흥미로운 이야깃거리를 찾아내야 한다. 예를 들어 어떤 등산용품 제조업체에서 자사의 임직원들 중 에베레스트 산의 등반에 성공한 사람이 세 명이나 된다든지, 사내의 임직원들이 등산 동호회를 조직하여 매년 여름마다 백두대간을 따라 등반하는 행사를 갖고 있다든지 하는 뉴스거리가 될 만한 일들을 찾아내어 언론매체에 제공한다.

만약 이야깃거리가 충분치 않다면 기업은 뉴스로서 가치가 있는 행사를 주최하거나 후원하는 방법을 사용할 수 있다. 즉 뉴스를 찾아내는 것보다는 오히려 뉴스를 창조해 내는 방법으로서 주요 스포츠 행사를 주최하거나, 뮤지컬 등을 후원하는 등의 활동이 포함된다. 이러한 행사는 여러 계층의 청중들을 위한 다양한 이야기들을 개발해 낼 수 있게 해준다.

(3) PR계획의 실행 및 PR효과의 평가

계획된 PR프로그램은 실행에 옮겨져야 한다. 보통 화제가 될 만한 중요한 이야기들은 매체에 싣기가 쉽지만 대부분의 이야기는 별로 중요하지 않은 것이 사실이며 매체에서는 이 같은 이야기들을 다룰 필요성을 느끼지 못하는 경우가 많다. 따라서 PR업무담당자에게 있어서는 매체담당자들과의 개인적인 친분도 매우 중요하다. PR담당자는 매체종사자들을 항시 만족시켜야 할 고객으로 여겨야 하며 그들이 자사의 이야기들을 기사나 뉴스에 실을 수 있도록 호의적인 관계를 유지할 필요가 있다.

다른 촉진수단들에 대한 효과 측정도 쉽지 않지만 PR효과 측정은 더욱더 어렵다고 하겠는데, 그 이유는 PR은 다른 촉진수단들과 같이 사용되는 것이 보통이고 그 결과가 종종 간접적으로 나타나기 때문이다.

가장 손쉬운 PR효과 측정방법은 매체에 자사나 자사의 제품이 노출된 횟수를 측정하는 것이다. 그러나 이 방법은 만족할 만한 측정방법이라고 보기는 어려운데, 그 이유는 실제로 얼마나 많은 사람들이 메시지를 듣거나 보았는지 또는 메시지를 본 후 어떠한 생각을 했는지에 대한 측정이 불가능하기 때문이다. 또한 매체가 메시지를 서로 중복하여 전달할 수 있기 때문에 표적청중에 대한 순도달률을 측정하는 것이 불가능하다.

단순히 매체노출횟수를 세는 것보다 개선된 방법은 제품이나 기업에 대한 소비자들의 인지도, 지식, 그리고 태도가 PR캠페인 결과 어떻게 변화되었는가를 측정하는 것이다. 즉 PR캠페인 전의 소비자의 인지도, 지식 및 태도를 측정한 후 PR캠페인 실시 후 소비자의 인지도, 지식 및 태도를 측정하여 그 변화를 PR의 효과로 볼 수 있을 것이다. 또한 PR캠페인 실시 전후의 매출과 이익의 변화 역시 좋은 효과 측정치로 사용될 수 있다. 단, 이 경우에는 특히 다른 촉진수단들의 효과를 배제한 PR의 순효과를 잴 수 있도록 하여야 한다.

06 판매촉진(Sales Promotion)

기업은 마케팅 커뮤니케이션을 통해 가치소통 계획을 수립함에 있어 광고, 홍보 이외에도 판매촉진이나 인적판매와 같은 보다 적극적인 촉진방법을 활용할 수 있다. **판매촉진**은 제품이나 서비스의 판매를 촉진하기 위한 비교적 단기적인 동기부여수단의 총칭으로 광고가 장기적으로 제품이나 서비스의 구매이유를 제공한다면, 판매촉진은 바로 지금 시점에 구매할 이유를 제공한다.

판매촉진에는 구매자의 반응을 보다 빠르고 강하게 촉진하기 위한 여러 가지 방법들이 사용된다. 그중에는 가격할인, 무료샘플, 쿠폰제공, 경품행사, 리베이트(rebate) 등을 최종소비자에게 제공하는 **소비자 판촉**, 구매수당, 제품수당, 무료제품제공, 협동광고, 판촉비제공 등과 같은 **중간상 판촉**, 그리고 보너스, 판매경쟁 등과 같은 **영업사원 판촉**이 있다(그림 8-15 참조).

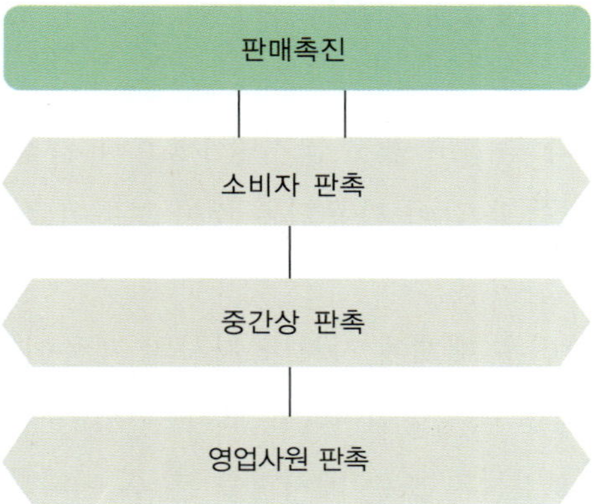

그림 8-15 판매촉진의 종류

6.1 판매촉진의 특성

판매촉진은 기업이 설정하는 목표에 따라 다양하게 사용될 수 있다. 예를 들어 무료샘플은 소비자의 시험구매(trial)를 자극할 수 있고, 대형 제조업체에서 제공하는 소매상 경영에 대한 무료상담과 같은 서비스는 소매상과 지속적이고도 긴밀한 관계를 유지할 수 있게 해준다. 기업은 신규소비자에 대해서는 시험구매를 유도하기 위하여, 자사제품에 대하여 충성도가 높은 소비자와는 관계를 강화하기 위해, 그리고 충성도가 그다지 높지 않은 브랜드전환 소비자에게는 반복구매를 장려하기 위한 목적으로 판매촉진을 사용한다.

신규구매자는 그 제품이 속해 있는 범주의 제품을 전혀 사용해 본 적이 없는 소비자, 타사브랜드에 충성도가 높은 소비자, 브랜드를 빈번히 바꾸어 구매하는 소비자의 세 가지 유형으로 구분해 볼 수 있는데, 일반적으로 판매촉진은 브랜드를 빈번히 바꾸어 구매하는 소비자 집단에 중점을 둔다. 그 이유는 제품을 사용해 본 적이 없는 소비자들이나 타사브랜드를 주로 사용하고 있는 소비자들은 자사의 판매촉진에 대하여 그다지 주의를 기울이지 않을 뿐만 아니라 판매촉진에 대한 반응도 미미하기 때문이다.

브랜드전환자들(brand switchers)은 일반적으로 낮은 가격이나 가격 대비 성능, 즉 가성비가 높은 제품을 찾아다니는 반면, 브랜드충성도가 높은 고객들은 가격할인이나 기타 판매촉진에 별로 관심이 없는 경우가 많다. 따라서 기업은 브랜드 간 차별화 정도가 낮은 시장에서 판매촉진을 통해 가격에 민감한 브랜드전환자들을 유인해 단기간에 높은 매출을 얻을 수는 있지만, 장기간에 걸친 지속적 시장점유율의 증가 및 고객관계 유지를 달성하기는 어렵다.

예컨대 펩시콜라는 가격할인이나 쿠폰을 통해 단기적인 매출을 증가시킬 수는 있지만 판촉기간이 끝나면 브랜드전환자들이 다시 과거의 구매행태로 되돌아갈 수 있기 때문에 판촉만으로 소비자들이 지속적으로 펩시콜라를 구매하게 만들기는 어렵다. 반면 이미지와 성능에서 경쟁제품에 비해 우위에 있는 브랜드들은 판매촉진을 통해 구매를 유도함으로써 충성도 높은 고객들을 확보할 수 있다. 예를 들어, 애플이 학생들에게 노트북 가격을 할인해 주는 것은 그들이 사회인이 된 다음에도 계속해서 애플 노트북을 이용하도록 유도하는 데 효과적일 수 있다.

기업이 지나치게 자주 가격할인과 같은 판매촉진을 실시하면 소비자들은 그 브랜드를 싸구려로 생각하기 시작하며, 판촉기간에만 사게 되는 경향이 있다. 잘 알려진 브랜드들이 판매촉진을 자주 사용하지 않는 이유는 가격할인 같은 판매촉진은 이미 자사브랜드를 사용하고 있고 향후에도 자사브랜드를 구입할 많은 고객들이 어차피 구입할 자사제품을 싸게 구매하도록 하는 결과만을 초래할 가능성이 높기 때문이다.

판매촉진은 일반적으로 광고와 달리 장기간에 걸친 소비자의 선호와 충성도를 끌어내기 어렵다. 즉, 판매촉진은 주로 단기적인 판매증대효과를 가져다주며 그 효과를 오래 지속하기 어렵다. 그러나 시장점유율이 낮은 브랜드는 판매촉진을 매우 유용한 마케팅수단으로 사용하는데, 낮은 시장점유율의 브랜드는 중간상들에게 가격할인 등을 제공하지 않으면 자사제품을 고객들에게 노출할 수 있는 공간조차 얻기 힘들고, 소비자들에게 사은품을 제공하거나 가격할인 등의 촉진수단을 사용하지 않으면 소비자들이 자사제품을 구매하지 않을 가능성이 높기 때문이다.

따라서 중소규모의 후발브랜드들은 구매를 촉진하고, 시장점유율을 높이기 위한 수단으로 가격경쟁을 자주 사용한다. 그러나 시장선두기업에게 가격경쟁은 비효율적인 촉진방법일 수 있는데, 그 이유는 시장선도브랜드의 매출증대는 소규모 경쟁브랜드들의 고객을 뺏어오는 것보다는 전체 제품범주에 대한 수요(primary demand)를 확대하는 데 달려 있는 경우가 많기 때문이다.

판매촉진은 일반적으로 광고나 인적판매와 같이 사용되는데, 촉진의 내용이 광고를 통하여 소비자들에게 알려져야 하며 효과적인 판매촉진은 광고의 효과를 같이 상승시킬 수도 있기 때문이다. 한편, 중간상 촉진과 영업사원 촉진은 영업사원의 판매활동을 지원해 줄 수 있다. 판매촉진을 사용함에 있어서 기업은 판촉목표를 설정하고, 적합한 판촉방법을 선택하고, 가장 효과적인 판촉실행방안을 개발하고, 개발된 프로그램을 사전 테스트한 후 실제로 이를 실행한 뒤 그 결과를 평가하는 체계적 과정을 거쳐야 한다.

6.2 판매촉진의 실행과정

(1) 판매촉진목표의 설정

판매촉진의 전반적 목표는 단기적으로 판매를 증대시키고 장기적으로는 시장점유율을 높이는 것이다. 판매촉진의 구체적 목표는 소비자들의 신제품에 대한 시험구매를 유도하는 것일 수도 있고, 경쟁제품을 주로 구매하는 소비자들을 자사브랜드 고객으로 전환시키는 것일 수도 있고, 자사브랜드에 대한 충성도가 높은 고객들을 지속적으로 유지하기 위한 것일 수도 있다.

또한, 판촉목표는 판촉의 유형에 따라 달라질 수 있다. 중간상 판촉의 목표는 소매상들이 자사의 새로운 품목을 취급하도록 하고, 보다 많은 재고량을 유지하도록 하고, 보다 넓은 진열공간을 확보하고, 온라인에서 자사의 품목이 더 주목받을 수 있게 하는 것 등이 있다. 영업사원 판촉의 목표는 기존제품 또는 신제품을 더 많이 팔도록 자극하거나, 새로운 거래선을 더 많이 개척하도록 하는 것 등이 있다.

(2) 판매촉진수단의 결정

판매촉진의 목표들을 달성하기 위하여 사용될 수 있는 판매촉진수단은 매우 다양한데, 마케터는 해당 제품이 속해 있는 시장의 소비자 특성, 판매촉진의 목표, 경쟁상황, 그리고 각 수단의 비용과 효과성 등을 고려해 적절한 판촉수단들을 선정해야 한다.

① 소비자 판촉수단

소비자 판촉의 주요 수단에는 무료샘플, 쿠폰, 가격할인, 리베이트, 프리미엄, 광고용 판촉물, 충성도 제고 프로그램, 시연회, 콘테스트와 경품추천, 구매시점 진열 등이 있다.

무료샘플(sample)은 주로 신제품을 출시할 경우 소비자들이 시험삼아 사용해 볼 수 있을 만큼의 양을 따로 포장하여 소비자들에게 무료로 제공하는 것으로 기업 입장에서는 비용부담이 큰 판촉수단의 하나이다. 대형 슈퍼마켓에서 샴푸, 비누, 화장품 등의 무료샘플을 고객들에게 나누어주거나 새로 나온 만두, 커피 등의 식품샘플을 시식할 수 있도록 하는 경우가 그 예이다. 높은 비용에도 불구하고 기업들은 무료샘플 제공을 판매촉진의 수단으로 자주 사용하는데, 그 이유는 무료샘플 제공이 소비자들로 하여금 신제품을 사용해 보도록 하는 데 매우 효과적인 판촉수단이기 때문이다. 화장품의 경우 거의 모든 화장품 제조회사가 화장품 구입 시 무료샘플을 제공하는데, 소비자가 샘플을 사용해 품질에 만족하게 되면 그 제품을 계속해서 구입하게 될 것으로 판단하기 때문이다. 글로벌 화장품 회사 키엘(Kiehl)은 유명 연예인을 기용한 광고를 하지 않으며, 그 대신 고객들에게 무료 화장품 샘플을 꾸준히 나눠주는 판매촉진방식을 사용하고 있다.

쿠폰(coupon)은 제품을 구입할 때 일정금액을 할인받을 수 있는 증표를 우편, 제품 포장, 전단, 인터넷, 모바일 앱 등을 통해 제공하는 것이다. 쿠폰은 성숙기 제품의 판매를 촉진하고 신 상표에 대한 시험 구매를 촉진하는 데 주로 사용된다. 최근들어 스마트폰을 포함한 모바일 기기의 급속한 확산으로 종이 쿠폰 대신 모바일(디지털) 쿠폰을 도입하는 기업들이 늘어나고 있다. 최근에는 다양한 모바일 쿠폰을 관리할 수 있는 서비스나, 모바일 쿠폰을 거래할 수 있는 중개 플랫폼들도 생겨나고 있다. 앞으로 브랜드 간 경쟁이 더 치열해지고 디지털 기술을 활용하는 소매업체들이 늘어남에 따라 여러 가지 형태의 쿠폰을 사용하는 소비자들이 증가할 것으로 예상된다.

가격할인(price discount)은 도·소매업체들이 자사제품을 더 많이 취급하고 더 좋은 온·오프라인 상의 공간에 진열하도록 유인하기 위해, 그리고 소비자들의 브랜드전환과 더 많은 제품구매를 촉진하기 위해 제조업체들이 가장 빈번하게 사용하는 판촉수단 중 하나이다.

리베이트(rebate)는 쿠폰과 그 성격이 비슷하지만 가격할인이 구매시점에 일어나는 것이 아니라 구매 후 일정기간 뒤에 일어난다는 점에서 차이가 있다. 즉 리베이트는 소비자가 구매 후 구매 영수증과 같은 증빙서류를 구매제품의 제조회사에 보내면 제품가격의 일정 할인율만큼의 금액을 제조회사가 소비자에게 보내주는 판촉방법이다. 리베이트는 쿠폰과는 달리 소비재보다는 고가의 내구재 판촉에 널리 활용된다. 그러나 리베이트는 소비자 판매촉진수단으로 우리나라에서 널리 사용되지는 않는다.

프리미엄(premium)은 소비자가 제품을 구매한 것에 대하여 무료 또는 저렴한 가격으로 구매한 것과 동일한 제품이나 다른 제품을 제공하는 것을 말한다. 예를 들어 화장품 회사에서 립스틱을 하나 사면 다른 하나를 무료로 주는 것이나, 자동차를 구입하는 고객에게 무료로 휘발유를 탱크에 가득 채워 주는 것 등이 이에 속한다.

광고용 판촉물은 기업명이나 제품상표명이 들어간 다양한 선물을 소비자에게 제공하는 판매촉진방법이다. 예컨대 현대자동차 영업소에서는 구매력 있는 잠재고객들을 대상으로 현대자동차의 로고가 새겨진 골프공 등을 선물하기도 하는데, 이는 잠재고객들의 환심을 살 뿐만 아니라, 광고효과를 동시에 노리는 판매촉진방법이라고 할 수 있다. 일반적으로 판촉물을 받은 소비자들은 그렇지 않은 소비자들에 비하여 그 기업이나 브랜드의 이름을 기억하는 정도가 높게 나타난다.

충성도 제고 프로그램(loyalty program)도 중요한 판촉수단이 될 수 있는데, 자사의 제품이나 서비스를 구매한 실적에 따라 고객들에게 일정금액을 되돌려 주거나 다른 혜택(선물, 특별 이벤트 초청 등)을 제공하는 것을 말한다. 이마트에서 경영하는 트레이더스 홀세일 클럽에서는 유·무료 멤버십을 운영하고 다양한 리워드를 제공함으로써, 고객들의 재방문을 유도하고 있다.

시연회(demonstration)는 고객들 앞에서 실제로 자사제품을 보여주거나 자사제품의 사용법과 차별적 특성을 실연해 보이는 것이다. 특히 신기술이나 새로운 아이디어를 활용해 개발한 혁신제품을 소비자에게 알려야 할 경우에는 직접 사용법을 보여주는 것이 가장 효과적인 판촉방법이다.

콘테스트(contest)와 **경품추첨**(sweepstakes)은 소비자가 기업에서 주관하는 이벤트나 캠페인 등에 참여한 뒤 상금이나 상품을 탈 기회를 갖게 되는 판매촉진방법을 말하는데, 콘테스트는 참여한

하이네켄은 유럽 축구 챔피언스리그에 메인스폰서로 참여하고 있다

고객들이 제출한 글, 그림 등에 대한 심사를 통해 수상자를 선정하는 데 비해 경품추첨은 수상자를 무작위 추첨에 의해 선정하는 차이가 있다. 예컨대 빙그레에서는 아이스크림의 표적고객인 어린이들의 빙그레에 대한 관심을 제고시키기 위해 해마다 '어린이 그림잔치(http://art.bing.co.kr)'라는 콘테스트를 실시하고 있다.

구매시점(point-of-purchase: POP) **진열**은 소비자가 제품을 구매하는 시공간에서 수행하는 판촉방법으로서, 특정제품에 대한 구매시점광고, 제품의 특별전시 등을 말한다. 예컨대 **대량전시**(mass display)는 청량음료 등의 제품을 슈퍼마켓에 대량으로 쌓아놓아 소비자들로 하여금 그 상표가 매우 인기 있는 제품이라는 느낌이 들게 하는 촉진방법이다.

마지막으로 마케터는 **이벤트마케팅**(event marketing) 혹은 **이벤트 후원**(event sponsorship)을 통해 브랜드를 촉진시킬 수 있는데, 자체적으로 브랜드마케팅 이벤트를 개발하거나 혹은 다른 사람들에 의해 실행되는 이벤트에 단독 혹은 공동 후원자로 참여할 수 있다. 이벤트는 페스티벌, 재회(reunion), 마라톤, 콘서트, 후원행사 등 매우 다양하다. 이벤트마케팅은 비용이 많이 드는 TV광고에 비해 상대적으로 비용이 적게 드는 대안일 수 있다. 이벤트마케팅 가운데 대표적인 것은 스포츠이다. 하이네켄은 유럽의 대표적인 축구 이벤트인 챔피언스리그를 후원하고, 이를 활용한 다양한 이벤트를 개최하고 있다.

MARKETING
FOCUS

즐겁고 다양한 마케팅 아이디어로 성공한 빙그레

빙그레의 유튜브 채널인 '빙그레 TV'가 구독자 10만 명 이상 채널에 부여되는 '실버버튼'을 획득했다. 실버버튼은 유튜브에서 공인받는 첫 단계로 인기 채널로 거듭나는 시발점으로 평가된다. 주요 식품업체 유튜브 채널 중 구독자 수 10만 명을 넘긴 회사는 빙그레뿐이다. 제과업계에서는 롯데제과 6만4400명, 오리온 2만2500명 등이 있다.

구독자 수 증가에는 '빙그레우스'를 비롯한 자체 캐릭터 마케팅이 주효했다는 분석이다. 대표 캐릭터 '빙그레우스'는 빙그레 나라의 왕위계승자로 아버지로부터 왕명이 적힌 편지를 받고 빙그레 사회관계망서비스(SNS) 운영을 맡는 설정의 인물이다. 빙그레우스는 바나나맛 우유 왕관에 비비빅 벨트, 빵또아 바지를 입는 등 빙그레 제품을 걸치고 있다. 업체는 빙그레우스를 활용해 B급 감성마케팅을 펼치며 소비자에게 자사제품 소식 등을 전달한다.

이 외에도 빙그레우스를 보좌하는 인물로 빙그레 제품에서 차용한 캐릭터들이 등장한다. 오랜 시간 빙그레왕국에 충성을 바쳐온 '투게더리우스 경(투게더)', 빙그레왕국의 열쇠기술자 '끌레도르', 빙그레왕국 유력 가문의 대표

| 다양한 빙그레 제품을 활용해 개발한 빙그레우스 캐릭터 (사진출처: 한국경제, 2021.2.17.)

| 다양한 빙그레우스 굿즈 (사진출처: 식품음료신문, 2020.11.16.)

자 중 하나인 '메로나 공작' 등이다. 빙그레우스 마케팅은 인스타그램에서 먼저 시작된 뒤 유튜브로 옮겨갔다. 빙그레우스 캐릭터 등장 후 폭발적으로 인스타그램 팔로어 수가 늘어나는 현상을 목격한 빙그레는 유튜브 채널인 '빙그레TV'에도 빙그레우스 영상을 적극적으로 올리기 시작했다. 특히 인기를 끈 영상은 '빙그레 메이커를 위하여' 영상이다. 영상에는 썰렁한 유머로 실소를 자아내는 일명 '아재 개그'를 남발해 '6개월 농담 금지형'을 선고받은 빙그레우스가 판결을 뒤집기 위해 뮤지컬 형식으로 최후의 변론을 펼치는 모습이 담겼다. 이 영상은 공개 3주 만에 640만여 건의 조회 수를 기록했다. 빙그레TV는 이외에도 자사제품을 이용한 레시피, 채용 소식 등을 전하고 있다. 빙그레우스 인기에 빙그레는 지난해 11월 관련 굿즈도 출시했다. 바나나맛 우유 왕관을 모티프로 한 세안밴드와 빙그레 왕국 캐릭터들이 그려진 무릎담요, 빙그레우스와 붕어싸만코 이미지를 담은 실내화 등이 출시됐다.

빙그레 관계자는 "기업 이미지를 젊게 바꾸는 방법을 고민하다 B급 감성을 내세운 빙그레우스 캐릭터를 선보이게 됐다"며 "앞으로도 재밌고 새로운 SNS 콘텐츠로 소비자들에게 웃음을 선사할 예정"이라고 말했다. MZ세대를 취향저격한 빙그레의 마케팅은 매출 증대로까지 이어지면서 업계에서 모범 마케팅 사례로 꼽히고 있다. 이러한 성공의 비결을 요약하자면 다음과 같다.

- 소셜미디어 마케팅을 통해 작은 성공을 거두면서 회사 내부에 젊은 실무자를 믿고 중요한 결정을 맡기는 분위기가 생겨나고, 이를 통해 다양한 아이디어가 발굴되었다.
- 마케팅팀원들이 고객들의 자사제품에 대한 생각과 이용행태를 매우 상세하게 관찰하고 소비자와 함께할 수 있는 마케팅을 기획했다.
- 평범한 마케팅이 아니라 자사제품에만 딱 들어맞는 마케팅을 고민했으며, 아이디어 단계에서부터 매출로 연계될 수 있도록 기획했다.

자료원: 동아비즈니스리뷰, 2020.12. Issue1; 한국경제, 2021.2.17.

② 중간상 판촉수단

보통 중간상을 대상으로 수행되는 판촉활동에는 소비자 판촉에 비해 더 많은 비용이 사용된다. 중간상 판촉은 도매상이나 소매상들이 자사제품을 취급하도록 하기 위해, 자사제품에 대한 진열 공간을 마련하도록 하기 위해, 그리고 자사제품을 소비자들이 구매하도록 도·소매상을 격려하기 위해 사용된다. 브랜드 간 경쟁이 치열한 오늘날 소매점포에서 보다 좋은 위치에 자사제품을 진열할 수 있게 한다는 것은 매우 어려운 일이다. 따라서 기업들은 중간상들이 자사제품을 위하여 소비자들의 눈에 잘 띄는 위치에 보다 넓은 진열공간을 할애할 수 있도록 (온라인 판매라면 자사제품이 눈에 잘 띄는 화면을 넓게 차지할 수 있도록) 중간상을 대상으로 가격할인, 무료상품 제공 등의 중간상 판촉수단들을 사용한다.

제조회사들이 사용하는 중간상 판촉방법은 매우 다양하다. 대리점들을 대상으로 하는 판매 콘테스트, 프리미엄 제공 등과 같이 소비자 판촉에서와 같은 방법을 사용하기도 하고, 특정 기간 동안 중간상이 구입하는 제품에 대하여 직접적으로 가격을 할인해 주는 방법을 사용하기도 한다. 이때 중간상들은 보다 많은 제품을 구입하거나 또는 기존에 취급하지 않았던 신제품을 구입하는 경우가 많다.

또한 제조회사들은 일정한 수량 이상의 제품을 구입한 중간상들에 대하여 무료상품들을 제공하는 방식의 중간상 판촉을 사용하거나, 자사제품을 보다 많이 판매하는 데 사용하라는 뜻으로 직접 일정금액의 지원금을 제공하기도 한다. 그밖에 기업들은 전자 쇼나 자동차 쇼 등의 업종별 전시회(trade shows)에 자사의 기존제품이나 신제품을 전시함으로써 직접적으로 소비자나 중간상들을 만나서 제품정보를 전달할 기회를 갖기도 하고 매매계약을 그 자리에서 체결하기도 한다.

(3) 판매촉진 실행프로그램의 개발

마케팅관리자는 판매촉진 실행프로그램을 개발하기 위하여 몇 가지 의사결정을 내려야 한다.

첫째, **판매촉진의 규모**를 결정해야 한다. 촉진이 성공적으로 수행되기 위해서는 소비자와 중간상에게 최소한 어느 정도의 인센티브가 필요한지를 결정해야 한다. 기업들은 과거 자사의 판매촉진경험에 대한 실제자료와 경쟁사의 판촉규모를 고려해 인센티브의 수준을 합리적으로 결정할 수 있어야 한다.

둘째, **판매촉진의 조건**을 결정해야 한다. 인센티브는 모든 소비자들에게 제공할 수도 있지만 특정 표적집단에만 제공할 수도 있다. 예를 들어 풀무원은 새로운 라면의 샘플을 모두에게 제공할 수도 있고, 설문에 응답한 소비자에게만 제공할 수도 있다.

셋째, **판촉실행프로그램**을 어떤 방식으로 소비자들을 상대로 전개할 것인가를 결정해야 한다. 예를 들어 할인쿠폰을 사용하기로 결정한 피자헛은 할인쿠폰을 포장에 부착하는 방법, 광고지에 같이 실어 보내는 방법, 우편으로 전달하는 방법, 모바일 회원에게 디지털 쿠폰으로 전달하는 방법 등 다양한 실행방법 중에서 판매증대효과가 가장 높은 대안을 선택할 수 있다.

넷째, **촉진의 기간** 또한 매우 중요한 고려요인이다. 만약 판매촉진기간이 너무 짧으면 다수의 소비자가 구매기회를 잃게 될 수도 있고, 판매촉진기간이 너무 길면 소비자들이 언제든지 촉진에 참여할 수 있다고 생각하기 때문에 소비자들의 즉각적인 구매행동을 기대할 수 없게 된다. 예컨대 백화점 바겐세일은 보통 10일 정도의 기간을 정해 실시된다.

다섯째, **판매촉진예산**을 결정해야 한다. 대부분의 기업들은 전체 예산 중에 일정비율을 판매촉진예산으로 할당하는 방식을 채택하고 있다. 그러나 광고예산의 결정에서와 마찬가지로 판매촉진 예산의 경우에도 판매촉진의 예상효과와 비용을 고려하여 예산을 책정하는 것이 바람직하다.

(4) 판촉프로그램의 사전테스팅

개발된 판매촉진프로그램이 목표달성에 효과적인지, 그리고 지원규모가 적절한지를 알아내기 위해서는 사전테스트 과정을 거치는 것이 바람직하다. 그러나 대다수의 기업들은 사전테스트 과정을 거치지 않으며, 사전테스트를 한다고 하더라도 소규모로 실시하기 때문에 판매촉진프로그램의 문제점을 사전에 알아내기가 어렵다. 기업은 목표소비자들로 하여금 여러 가지 판매촉진방법들에 대해 평가하도록 한다든지 제한된 지역 내에서 미리 판매촉진프로그램을 실시해 봄으로써 판매촉진 프로그램의 효과를 사전에 파악할 필요가 있다.

(5) 판촉프로그램의 효과측정

많은 기업들은 판매촉진실행의 결과를 평가하지 않거나 평가를 한다 하더라도 형식적으로 실시하는 경우가 많다. 그러나 판매촉진 효과를 정확하게 측정하지 못한다면 판매촉진예산이 적절하게 사용되었는지 알 수 없을 뿐만 아니라 다음 번 판매촉진프로그램을 실시할 때에도 주먹구구식 의사결정이 이루어질 가능성이 높다. 판매촉진의 효과를 측정하기 위해 기업들은 다양한 평가방법을 사용할 수 있는데, 가장 일반적인 방법은 판매촉진프로그램 실시 전, 실시 중, 실시 후의 판매량을 비교하는 것이다.

예컨대 어떤 기업이 자사제품을 일정기간 동안 가격을 할인하여 판매하는 판매촉진프로그램을 실시했는데, 프로그램 실시 중에만 시장점유율이 증가했다가 실시 후에는 실시 이전보다도 시장점유율이 떨어졌다고 하자. 이 경우 해당 판매촉진은 새로운 고객을 유인하는 데에는 실패했으며 단지 기존고객들이 판매촉진기간을 통해 자사제품을 다량으로 구입했을 뿐으로 판단할 수 있다.

기업들은 소비자 조사를 통하여 판매촉진의 효과를 평가하기도 하는데, 판매촉진으로 인해 소비자들이 자사브랜드를 얼마나 잘 기억하고, 브랜드의 특성을 얼마나 알게 되었는지, 브랜드에 대한 구매의도와 구매행동에 어느 정도의 영향을 받았는지를 설문을 통해 평가하게 함으로써 판매촉진프로그램의 효과를 측정할 수 있다. 또한 가격할인의 폭, 판매촉진기간, 판매촉진방법 등을 변화시켜 가며 매출이나 소비자 반응의 변화를 측정하는 실험적인 방법을 통해서도 판매촉진프로그램의 효과를 측정할 수 있다.

07 | 인적판매(Personal Selling)

7.1 인적판매의 중요성

인적판매는 잠재고객의 구매를 실현하는 데 효과적인 방법인데, 그 이유는 잠재고객과의 대면 의사소통을 통해 필요한 제품정보의 즉각적 제공과 직접적인 고객설득이 가능하기 때문이다. 산업재와 내구성 소비재 마케팅에서 인적판매는 매우 중요한 판매촉진 수단이기도 하다. 이는 제품 자체가 복잡하여 구매자들이 충분한 제품정보를 원하기 때문이다. 또한, 구매 후 대고객 서비스가 중요한 경우에도 인적판매는 상대적으로 중요하다. 〈표 8-3〉은 촉진믹스 요소들 중에서 인적판매가 상대적으로 중요한 경우들을 보여준다.

인적판매는 촉진믹스의 한 구성요소이므로, 광고, 홍보, 판매촉진 등의 다른 수단들과 함께 관리되어야 한다. 즉 기업은 소비자들의 반응단계에 따라 인적판매 및 다른 촉진믹스 요소에 대한 마케팅자원의 배분을 달리해야 할 것이다.

표 8-3 인적판매의 상대적 중요성에 영향을 미치는 요인들

광고의 상대적 중요성	영향요인들	인적판매의 상대적 중요성
높다	고객의 수가 많아짐에 따라	낮다
낮다	고객의 정보 욕구가 클 때	높다
낮다	구매량 및 구매액이 클 때	높다
낮다	구매 후 서비스가 필요할 때	높다
낮다	제품이 복잡할 때	높다
낮다	Push 전략이 사용될 때	높다
높다	Pull 전략이 사용될 때	낮다
낮다	가격에 대한 협상이 가능할 때	높다
높다	가격의 변화 폭이 작을 때	낮다

7.2 인적판매과정

영업사원의 판매과정은 크게 준비단계, 설득단계, 고객관리단계의 3단계로 구성된다. 준비단계는 관련 자료의 분석을 통해 가능고객을 탐색하고 이들에 대한 접근방법을 찾아내는 것이다. 설득단계는 표적잠재고객에게 접근을 시도하여 제품을 소개한 다음 소개된 제품에 대한 고객반응으로부터 고객의 저항 및 불만사항을 파악하여 이를 조정하고 구매권유를 통해 구매계약 또는 구매를 완료하는 과정이다. 고객관리단계는 반복구매가 이루어지도록 고객을 지속적으로 관리하는 과정이다.

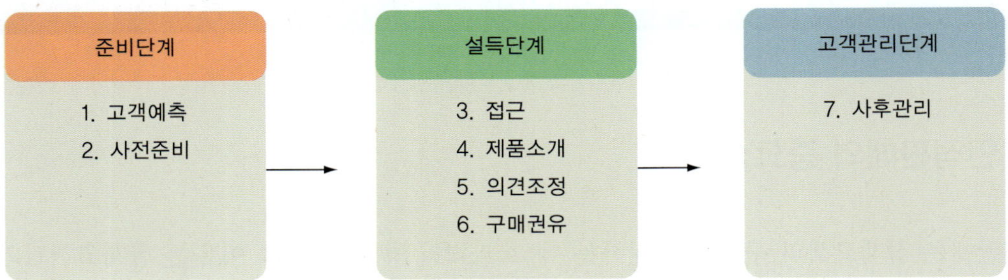

그림 8-16 인적판매과정

(1) 고객예측(Prospecting)

인적판매과정은 잠재고객을 탐색하는 단계로부터 시작한다. 잠재고객은 관련업체의 명부, 마케팅정보시스템 내의 자료, 판매기록, 전화번호부 등의 자료원을 통해 찾을 수 있다. 잠재고객의 목록이 완성되면, 이들의 시장잠재력을 평가해야 한다. 영업사원은 잠재고객의 경제적 능력, 구매의도, 그리고 구매결정 권한 등에 대해 평가해야 한다. 고객평가에 의해 얻어진 유망고객에 관한 정보는 효과적인 판매를 위한 유용한 원천이 된다.

(2) 사전준비(Preparing)

사전준비단계는 영업사원이 잠재고객에게 효과적으로 제품을 소개하는 데 필요한 구체적 자료를 추가적으로 수집하고 정리하는 과정이다. 영업사원은 잠재고객 각각의 개성이나 욕구, 그리고 현재 사용하는 상표 등에 관한 정보를 수집해야 한다. 유능한 영업사원들은 사전준비단계에 많은 시간과 노력을 할애하는데, 그 이유는 잠재고객 개개인에 대한 충분한 자료를 확보한 영업사원들이 보다 효과적으로 그들의 욕구에 맞는 제품을 소개하고 정확한 의사소통을 할 수 있기 때문이다. 잠재고객에 대한 구체적 정보는 영업사원, 이전 구매기록, 신용평가, 신문, 관찰 등의 다양한 원천을 통해 획득될 수 있다.

MARKETING
FOCUS

온라인 교육 프로그램을 통한 효과적인 영업사원 훈련

독일 공구 기업 '뷔르트(Würth)'의 창업자인 억만장자 사업가 라인홀트 뷔르트(Reinhold Würth)는 "우리의 핵심 능력은 마케팅과 세일즈다. 고정 기술은 다른 업체도 보유하고 있다"고 말하며, 만드는 제품보다 중요한 제품을 판매하는 능력, 즉 영업능력에 대해 강조한 바가 있다. 이처럼 영업 · 판매 · 고객 유치 분야는 어떤 기업이나 조직에서도 중요한 역할을 담당하기 때문에, 기업은 최선을 다해 효과적으로 영업관리를 해야 한다. 특히 영업사원의 능력은 판매성과에 직접적인 영향을 미치기 때문에 기업은 교육프로그램을 통해 영업사원을 훈련시키고, 그들의 성과를 증진시킬 수 있는 동기를 부여하기 위한 적절한 보상체계를 모색한다. 인재개발협회의 '2019 State of the Industry' 리포트에 따르면, 2018년 한 해 기업들이 사원들의 직접적인 교육을 위해 지출한 평균비용은 한 사원 당 1,299달러이다. 효과적인 영업사원 훈련은 판매인력의 생산성과 미래 가치를 증가시키기 때문에 기업들은 다른 사원들보다 영업사원 훈련에 더 많은 비용을 투자한다.

전통적인 영업사원 훈련은 오프라인 교실에서 표준화되고 수직적인 방식으로 이루어졌다. 하지만 이러한 훈련은 교육기간 동안 충분한 맥락 없이 수많은 정보의 더미에 밀려 결과적으로 영업사원들의 지식보유기간을 줄여 그들의 성과에 부정적인 영향을 미치고, 업무시간 동안 훈련을 받게 되기 때문에 기업의 생산성을 낮추는 결과를 초래한다. 이러한 비효율성 때문에 최근들어서 기업들은 온라인 교육 프로그램을 개발하고 있다. 온라인 교육 프로그램을 통해 사원들의 개인 맞춤형 훈련이 가능하기 때문에 그들이 교육과정에 더 깊이 참여할 수 있고 결과적으로 개개인의 영업성과도 향상될 것을 기대할 수 있다. 또한, 코로나19 상황으로 인해 사회적 거리두기의 중요성이 강화되면서 비대면 온라인 교육의 중요성은 더더욱 커지고 있다.

푸본현대생명은 영업관리자 및 설계사들의 영업역량 강화를 위해 온라인 교육플랫폼 '세일즈 아카데미'를 오픈했다. 해당 플랫폼에서 사원들은 판매 상품에 대한 주요 내용과 보험 계약 관련 유의사항뿐 아니라, 세일즈 교육, 금융지식, 세무 등 고객 상담에 필요한 다양한 동영상 교육자료를 통해 상품숙지 의무교육에 대한 교육이수 및 테스트를 할 수 있다. 또한, 365일 상시 학습환경 제공으로 사원들이 시간 및 공간의 제약을 받지 않고 편리하게 교육에 임할 수 있다.

2027년에는 이러한 온라인 교육이 전 세계적으로 1조 달러에 육박하는 산업으로 성장할 것으로 예상된다. 이에 따라 온라인 영업사원 훈련에 대해 심도 있는 연구와 고찰이 중요해졌다. Singh, Sen, Borle의 2022년 연구에 따르면 온라인 교육이 전통적인 교육에 비해 전반적인 영업성과를 향상시켰는데, 기업의 주력 상품에 대한 교육효과는 지연된 반면 그 외 상품에 대한 효과는 즉각적인 것으로 나타났다. 이는 비교적 신상품인 주력 상품에 대해 사원들이 배운 것을 내재화하고 적용하는 데 시간이 걸리기 때문인 것으로 볼 수 있다. 또한 영업사원의 분류 및 그들의 지역에 따라 교육의 효과도 각기 다르게 나타난다. 전체적인 영업성과가 낮은 지역에서 교육효과가 더 크게 나타나고, 다른 사원들에 비해 상품 전문가에게 효과가 더 크게 나타난다. 이러한 영업사원의 차이를 고려하여 교육프로그램을 구성하는 것이 효과적일 것이다.

온라인 교육의 각기 다른 스필오버 효과(spillover effect)도 교육프로그램을 개발하는 데 충분히 고려해야 할 요소이다. 다시 말해, 교육을 받는 동료 사원의 수가 일정하더라도, 이들의 교육을 증가시키면 영업성과도 증가된다는 의미이다. 이는 동료 사원들의 지식전파 덕분에 발생하는 것으로 생각될 수 있다. 하지만, 만약 교육을 받는 동료 사원 수가 증가하게 된다면, 주력 상품에 대한 스필오버 효과는 나타나지 않으며, 주력 상품 이외의 상품군에 대한 교육의 스필오버 효과는 부정적인 것으로 나타났다. 이는 많은 동료들이 훈련을 받을수록 영업사원의 의욕이 꺾이고 압박을 느껴 성과의 하락으로 이어질 가능성이 크기 때문으로 보인다.

이처럼 영업사원 훈련이 획일화된 방식으로는 수많은 사원들과 산업군에 효과적으로 적용되기를 바라는 것은 불가능에 가깝다. 온라인 교육 프로그램의 개발을 통해 상품군과 영업사원 개개인의 특성 등을 고려하여 맞춤형 훈련을 제공하여 최상의 영업성과를 만들어 낼 수 있도록 다양한 방법을 모색해 나가야 할 것이다.

자료원: 한국경제, 2022.2.15; Singh, Siddharth Shekhar, Ravi Sen and Sharad Borle(2022), "Online Training of Salespeople: Impact, Heterogeneity, and Spillover Effects", *Journal of Marketing Research*, 59(1), 230–249.

(3) 접근(Approaching)

접근은 영업사원이 자사제품을 소개하기 위해 잠재고객을 만나는 과정이다. 접근은 고객의 구매의도 형성에 있어 중요한 역할을 하는데, 이는 영업사원의 첫인상이 제품태도에 큰 영향을 미치며 오랜 기간 지속되기 때문이다. 따라서 영업사원은 처음으로 잠재고객과 대면할 때, 제품구매의 유도보다는 관계형성에 더욱 치중해야 한다. 이를 위해 영업사원은 잠재고객을 자주 방문하여 친숙성을 갖게 하는 노력이 필요하다. 효과적인 접근방법의 하나는 소개받은 사람을 언급하는 것으로, 이는 잠재고객에게 신뢰감을 갖게 한다는 장점이 있다. 잠재고객에게 접근하는 방법은 영업사원의 능력, 회사의 자원, 잠재고객의 특성에 따라 달라질 수 있다.

(4) 제품소개(Presenting)

제품소개단계는 제품이나 서비스의 특성과 장점을 포함한 각종 정보를 잠재고객에게 전달하는 과정이다. 제품을 소개하는 동안, 영업사원은 잠재고객으로 하여금 제품에 대한 강한 호기심과 매력을 느낄 수 있도록 함으로써 이들의 구매욕구를 자극하여야 한다. 제품의 시연(demonstration)은 고객의 구매욕구를 자극하는 데 효과적인 방법의 하나이다. 제품소개과정에서 영업사원은 소비자의 의문점이나 의견을 경청함으로써 잠재고객의 정확한 욕구를 파악하는 것이 무엇보다도 중요하다. 또한 제품소개는 객관적인 자료를 근거로 이루어져야 하며, 소비자의 반응에 따라 이에 적합한 즉흥적 설명을 하는 순발력이 요구되기도 한다. 영업사원은 시험구매를 해보도록 권유함으로써 제품에 대한 관심을 높이고 고객의 잠재된 불만요인이 표출되도록 할 필요가 있다.

(5) 의견조정(Handling Questions & Objections)

제품을 소개하고 구매를 설득하는 과정에서, 소비자들은 구매에 부정적 영향을 미칠 수 있는 다양한 반응을 보일 수 있다. 이 경우 유능한 영업사원들은 고객이 불안해하는 요인이 무엇인지를 알아내어 이를 해소시키는 객관적인 정보를 제공해야 한다. 의견조정단계에서 영업사원은 고객의 질문에 대한 성실한 답변과 자사제품의 차별적 이점에 대한 설명을 통해 자사제품에 대한 부정적 태도형성과 구매거부의 발생가능성을 방지해야 한다.

(6) 구매권유(Closing)

구매권유는 잠재고객의 구매의도를 물어보는 단계이다. 이 경우 소비자들은 즉각적으로 구매의도를 나타내기도 하며 망설일 수도 있을 것이다. 주저하는 고객에 대해서는 원인파악, 대처방법, 대안제시를 통해 보다 바람직한 상황으로 유도해야 한다. 그러나 구매권유단계에서 너무 강압적인 구매설득은 소비자들로 하여금 제품에 대해 부정적인 태도를 갖게 할 수 있으므로 그 권유시기나 방법에 대해 세심한 주의를 기울여야 한다.

(7) 사후관리(Following Up)

성공적인 판매계약으로 판매과정이 종결되는 것은 아니다. 판매과정에서 영업사원의 중요한 역할 중의 하나는 사후관리이다. 영업사원은 판매계약 후에 상품배달과 설치가 적절히 이루어졌는지를 파악하고 제품을 사용하기 전에 교육이 필요하다면 교육을 받을 수 있도록 도와야 한다. 뿐만 아니라 고객과의 지속적인 관계를 통해 사용과정에서 발생되는 문제점들을 해결해 주는 등 이들에 대해 계속 관심을 보여야 한다. 철저하고 지속적인 사후관리는 고객의 만족도와 상표충성도를 높임으로써 제품의 재구매를 유도할 수 있다. 또한 사후관리를 통해 고객욕구의 변화를 파악하고 다른 잠재고객들에 대한 호의적인 구전을 유발시킬 수도 있다.

7.3 영업관리

영업관리는 매출의 극대화를 실현하기 위해 개별 영업사원들로 구성된 영업조직을 효율적으로 관리·통제하는 과정이다. 영업관리는 다른 마케팅믹스 요인들과 상호의존적이므로 이들 간에 시너지 효과가 극대화되도록 이루어져야 한다. 영업관리자는 영업사원이 매출목표를 순조롭게 달성하고 장기적인 고객관계의 구축과 강화를 잘 실현할 수 있도록 영업조직의 구축, 영업사원의 선발·훈련·보상에 대한 체계적인 관리를 해야 한다. 이하에서는 이에 대해 자세히 살펴보기로 한다.

(1) 영업조직 구축

영업관리자는 자사에 적합한 영업조직을 구축해야 하는데, 각 기업들이 처해 있는 경쟁상황, 시장환경, 성취해야 할 목표에 따라 그 형태가 달라질 수 있다. 영업조직은 기업과 시장을 연결시키는 고리의 역할을 하므로 고객의 욕구를 효율적이고 완벽하게 충족시킬 수 있도록 설계되어야 한다. 영업조직에는 여러 가지 형태가 있을 수 있는데, 가장 대표적인 형태에는 지역별 조직(geographic organization), 상품별 조직(product organization), 고객별 조직(customer organization), 그리고 복합조직(complex organization) 등이 있다.

지역별 조직은 가장 흔히 볼 수 있는 조직인데, 각 영업사원은 할당된 지역 내의 잠재소비자에게 그 기업에서 생산되는 모든 제품을 판매하는 활동을 수행한다. 지역별 조직은 특정지역 내에서만 영업활동을 수행하는 소기업보다는 대규모시장을 표적시장으로 삼는 대기업에서 많이 사용된다. 지역별 조직은 몇 가지 장점을 가지고 있다. 먼저 다른 유형의 판매조직과 비교해 볼 때 가장 적은 비용이 소요된다. 왜냐하면 영업사원은 특정지역만을 담당하므로 영업을 위해 이동해야 하는 시간과 거리가 짧기 때문이다. 또한 해당지역 고객의 욕구에 신속하게 대응할 수 있다. 반면 영업사원이 모든 종류의 제품을 모든 종류의 소비자에게 판매함으로써 판매에 필요한 전문지식을 갖추지 못할 가능성이 있는 것을 단점으로 들 수 있다.

제품별 조직은 영업사원에게 하나 또는 여러 종류의 제품을 할당하여 이를 전담하도록 하는 것이다. 제품별 조직의 장점은 제품별로 영업사원이 조직되어 제품에 대한 전문지식을 습득함으로써 영업사원의 전문화가 이루어질 수 있다는 것이다. 그러나 고객이 여러 종류의 제품을 동시에 구매할 경우 여러 명의 영업사원을 만나야 하는 번거로움이 있고, 고객들이 넓은 지역에 분산되어 있을 경우 각 고객을 접촉하는 데 드는 비용이 증가하는 단점이 있다.

고객별 조직은 고객집단별로 영업사원을 조직하는 것인데, 이때 고객집단들은 구매량, 유통경로 등에 근거하여 분류된다. 가령, 영업사원들을 슈퍼마켓, 할인점, 편의점 등의 소매업태별로 조직하는 경우가 이에 해당된다. 고객별 조직의 장점은 고객이 갖고 있는 특수한 욕구에 보다 신속하게 대처할 수 있다는 것이다. 그러나 고객별 조직은 제품별 조직과 유사한 단점을 가지고 있는데, 고객들이 넓은 지역에 분산되어 있을 경우 영업사원의 이동거리가 길어져 판매비용이 증가하고,

한 고객이 서로 다른 고객집단에 동시에 포함될 경우 판매노력이 중복될 수 있는 것 등을 들 수 있다.

복합조직은 앞서 설명된 각 조직유형들의 단점을 보완하고 장점을 살리려고 하는 조직형태이며, 지역과 제품유형을 동시에 고려하여 운영되는 영업조직이다. 그러나 복합조직은 조직의 구조가 복잡하여 관리에 많은 비용이 들어가고 업무 중복으로 인한 영업사원 간의 갈등이나 중복비용의 지출 등의 문제점이 발생될 가능성이 높으므로 이의 운용에는 보다 세련된 관리기법이 요구된다.

(2) 영업사원 선발

능력 있는 영업사원의 선발은 판매성과에 직접적인 영향을 미친다. 영업사원의 선발은 몇 명을 선발할 것인가 하는 양적인 문제와 어떤 자질을 갖춘 영업사원을 선발할 것인가 하는 질적인 문제로 나눌 수 있다.

먼저 양적인 문제에 있어 신규 영업사원을 얼마나 선발할 것인가를 결정하기 위해서는 '기업의 목표에 부합되는 전체 판매 조직의 크기가 얼마인가?' 하는 문제와 '이러한 기업목표를 달성하는데 있어 현재 부족한 영업사원은 어느 정도인가?'라는 문제를 고려해야 한다. 영업사원은 기업의 가장 큰 자산임과 동시에 비용요인인데, 그 이유는 영업사원 수의 증가에 따라 매출과 비용의 증가가 동시에 발생하기 때문이다. 따라서 적절한 기준에 의해서 영업사원의 수를 결정하는 것이 매우 중요하며, 일반적으로 많은 기업에서 사용하고 있는 영업사원 수 결정방법으로 **표준작업산정방식**(work-load method)이 있다.

표준작업산정방식은 전체고객들을 특정기준(매출액, 수익률 등)에 의해서 서로 상이한 규모의 고객집단으로 분류하고 각 집단별로 소요되는 작업량을 예측한 다음 이를 토대로 필요한 영업사원 수를 결정하는 방법이다. 예를 들어서 A형 소비자가 1,000명이 있고 B형 소비자가 2,000명이 있다고 하자. A형 소비자들은 연평균 36회 방문해야 하는 중요한 고객이고, B형 소비자들은 중요도가 낮아 12회 방문한다고 하자. 이 경우, A형 소비자들에 대한 방문횟수는 36,000회(1,000×36)이고 B형 소비자들에 대한 방문횟수는 24,000회(2,000×12)이므로, 총방문횟수는 60,000회(36,000+24,000)가 된다. 영업사원 1인당 방문가능횟수가 연평균 1,000회라고 가정한다면 필요한 영업사원의 수는 아래와 같이 60명이 된다.

영업사원 수 = 총방문횟수/영업사원 1인당 방문가능횟수 = 60,000/1,000 = 60명

이 방법은 고객을 유형별로 세분화시켜 고객유형에 따라 평균방문횟수를 차별화했다는 장점이

있지만, 영업사원 개개인의 능력을 고려하지 못한다는 단점이 있다. 따라서 보다 정확한 수의 영업사원을 추정하기 위해서는 영업사원 개개인의 능력을 추가적으로 고려해야 할 것이다.

영업사원을 선발하는 데 있어서 가장 어려운 일은 어떠한 영업사원 특성들이 성공적인 판매활동을 결정하는가를 파악하는 것이다. 이에 따라 판매활동을 성공적으로 이끄는 데 필요한 영업사원의 질적 특성을 밝히기 위한 많은 연구들이 있어 왔다. 어떤 연구에서는 자신감, 창의력, 솔선수범, 업무에의 몰입이 성공적인 영업사원 특성인 것으로 나타났으며, 다른 연구에서는 열정, 친밀성, 집중력, 정직성을 제시하기도 하였다. 그러나 성공적인 영업사원들의 질적 특성은 각 기업의 상황과 영업사원의 역할에 따라 달라질 수 있기 때문에 일반적으로 기업은 직무명세서에 따라 질적 기준을 선정한다. 즉 서류처리를 많이 해야 하는 업무, 출장을 많이 다녀야 하는 업무, 소비자들과 많은 대화를 해야 하는 업무, 소비자의 거절을 정중하게 처리해야 하는 업무 등 영업사원에 따라 소화해 내야 할 업무의 성격이 매우 다양하기 때문에 각 업무별 직무명세서를 작성하고 이에 맞는 질적 기준을 선정하는 것이 바람직하다.

(3) 영업사원 훈련

기업은 설정된 판매목표를 달성하기 위해 선발된 영업사원에 대한 적절한 교육을 실시해야 한다. 영업사원에 대한 효율적인 교육·훈련이 이루어지기 위해서는 훈련의 목표가 설정되어야 하며 이에 맞는 적절한 교육프로그램의 개발과 관리, 실행된 교육에 대한 평가 등이 요구된다.

- **교육·훈련의 목표설정:** 기업은 먼저 전반적인 판매목표에 부합되는 교육목표를 설정해야 한다. 만약 판매활동의 목표가 시장침투에 있다면 영업사원이 할당된 영업구역에서 경쟁제품과 경쟁할 수 있는 능력을 배양하는 것을 교육목표로 해야 할 것이며, 시장방어가 판매활동의 목표라면 기존고객을 지속적으로 유지할 수 있는 능력의 배양을 교육목표로 설정해야 할 것이다. 교육목표의 설정에는 영업사원의 기대와 욕구도 함께 고려되어야 한다. 영업사원들의 개인적인 능력을 고려한 교육목표가 설정되기 위해서는 교육대상자와의 충분한 대화와 토론 과정이 필요하다.
- **교육프로그램의 개발:** 교육프로그램에는 회사, 제품, 고객, 그리고 경쟁자에 대한 설명, 효과적인 화술, 현장판매절차 등이 포함된다. 먼저 영업사원은 회사와 제품에 관한 교육을 통해 기업의 역사와 목표, 조직구조, 재무구조, 판매될 제품의 기능과 장단점에 대한 충분한 지식을 갖도록 해야 한다. 또한 고객과 경쟁자들의 특성(즉 경쟁자들의 전략과 고객유형, 고객의 욕구, 구매

동기, 구매습관)에 대한 지식을 획득함으로써 논리적이고 전략적인 판매활동을 수행할 수 있도록 한다. 영업사원은 고객을 설득할 만한 화술과 잠재고객과 실제고객의 구분을 통해 판매비용을 효율적으로 관리할 수 있는 능력을 키워야 하며 현장판매절차에 대한 지식도 갖추어야 한다.

- **교육프로그램의 관리:** 기업은 실제로 교육프로그램을 수행하면서 발생하는 문제들을 효과적으로 관리해야 한다. 교육프로그램의 관리에는 교육장소, 교육담당자, 교육방법, 교육시기에 대한 관리 등이 포함된다.
- **교육의 평가:** 판매 교육프로그램이 실시된 다음, 기업은 영업사원의 자질향상을 통한 매출증대가 교육비용을 초과할 만큼 긍정적 효과를 가져왔는지에 대해 평가해야 한다. 교육프로그램의 평가에서는 피교육자의 학습이해 정도에 대한 평가와 실시된 교육프로그램의 효율성에 대한 평가가 이루어져야 한다.

(4) 영업사원 보상과 동기부여

기업은 영업사원들의 동기부여와 판매성과를 높이기 위해 적절한 보상체계를 갖추어야 한다. 기업의 보상체계는 산업과 기업에 따라 다양하게 나타나며 영업업무의 복잡성과 요구되는 판매기술의 수준에 따라서 달라진다.

영업사원 보상체계의 주요한 목적은 정해진 시간 내에 영업관리자가 원하는 수준의 판매목표를 달성하도록 판매원을 자극하는 것이다. 그러므로 영업관리자들은 보상체계를 설계하기 전에 영업사원들의 욕구를 정확히 파악하여야 한다. 영업사원의 성과를 평가하는 데 있어서 영업관리자는 판매횟수, 판매금액, 판매량 중에서 어느 것을 기준으로 삼을 것인지를 명확히 해야 한다.

모든 영업사원들이 동일한 보상에 똑같은 매력을 느끼는 것은 아니다. 동일한 판매목표를 달성함으로써 받게 되는 보상의 정도가 같다 하더라도 개인에 따라서 만족의 정도가 다를 수 있다. 이는 영업사원 개인의 보상에 대한 지각 정도가 영업사원의 욕구, 개성, 라이프스타일, 인구통계학적 특성에 의해 영향을 받기 때문이다. 예를 들어 어떤 영업사원은 다소 금전적인 보상은 작더라도 안정적이고 가족 같은 기업분위기를 선호하는 반면, 다른 영업사원은 성과에 따른 정확한 금전적 보상을 받기 원한다. 따라서 영업사원 개개인의 보상유형에 대한 선호도를 조사해서 탄력적인 보상체계를 운영하는 것이 중요하다.

보상의 형태는 **금전적인 보상**과 **비금전적인 보상**으로 나누어진다. 금전적인 보상에는 일정한 기간 동안 규칙적으로 동일한 금액을 받는 봉급(salary), 판매성과나 이익의 일정비율을 받는 커미션(commission), 세부목표나 예외적인 목표달성에 대해 지급되는 보너스(bonus)가 있다. 기업은 이러한 보상형태를 개인의 보상선호경향에 따라서 적절히 결합하는 효과적인 보상믹스를 개발해야 한다.

기업들이 흔히 사용하는 보상방법에는 고정봉급제(straight salary), 성과급제(straight commission), 혼합제(combination plan) 등이 있다. 고정봉급제는 매출액이나 판매이익의 증가에 따라 추가적인 금전적 보상을 받는 것이 아니라 일정기간 동안 동일한 금액을 지급받는 보상체계이다. 고정봉급제는 보상금액의 계산과 관리가 편리하다는 이점이 있으며 합리적인 기준에 의해서 영업사원의 성과를 평가하는 것이 어려울 경우에 사용된다. 또한, 고정봉급제는 즉각적인 판매신장을 판매목표로 요구하고 있지 않기 때문에 보다 장기적인 전략적 판매계획의 수립을 가능하게 한다. 그러나, 고정봉급제는 판매목표의 달성 여부를 보상기준으로 삼고 있지 않기 때문에 성취지향적인 영업사원들에게는 큰 매력을 주지 못한다.

성과급제는 주어진 판매목표의 달성 정도에 따라 차별적으로 금전적 보상을 지급하는 것이다. 이 방법은 영업사원들의 성과와 금전적인 보상을 직접적으로 연결시킴으로써 영업사원들에게 높은 동기부여를 유발할 수 있다. 낮은 성과의 영업사원에게는 그 보상을 줄이고 높은 성과의 영업사원에게는 더 많은 금전적 혜택을 지급하기 때문에 영업사원들의 보상에 대한 시비도 사라진다. 또한 판매성과가 저조할 경우 판매원에게 지불되는 보상도 줄어들기 때문에 기업의 운전자본 관리가 용이해진다는 효과도 있다. 그러나 성과급제는 영업사원들에 대한 통제력을 어렵게 하는 원인이 될 수 있다. 영업사원들은 보수에 직접적으로 연계되어 있는 판매량의 증가에만 노력을 집중할 것이므로, 보고서 작성이나 영업사원 교육지원 같은 보조적인 업무에 소홀하게 된다. 또한 영업사원들의 판매량이 매 기간 불안정하고 예측하기가 어렵기 때문에 기업 전체 판매량의 예측과 이에 따른 자금계획의 수립을 어렵게 만든다.

혼합제는 고정적으로 지급되는 봉급과 판매성과에 의해 지급되는 성과급이 결합된 형태로 고정봉급제와 성과급제의 단점을 보완한 것이다. 혼합제는 일정수준의 고정봉급을 지급하기 때문에 영업사원들에게 심리적 안정을 가져다주며 커미션이나 보너스를 통해서 성과에 대해 차별적인 보상을 함으로써 영업사원들의 성취욕구를 높일 수 있다.

이러한 금전적 보상만이 영업사원들의 성취욕구를 자극하는 것은 아니다. 비금전적 요소는 영업사원들이 자신이 담당하는 판매업무의 중요성을 인식하고 자신의 미래를 설계하는 데 기여하므로 금전적 보상만큼 중요하다. 이러한 측면에서 승진이나 경력개발과 같은 비금전적 요소들은 영업사원들의 성취욕구를 자극하는 촉매제 역할을 한다.

영업관리자는 영업사원들에게 적절한 보상을 제공해야 할 뿐 아니라 이들에게 동기도 부여해야 한다. 어떤 영업사원들은 관리자의 독려가 없이도 그들의 임무를 최선을 다해 수행할 것이다. 그들에게 영업은 세상에서 가장 멋진 직업일지 모른다. 그러나 영업은 그들에게 많은 갈등을 줄 수도 있다. 영업사원은 때때로 혼자 일해야 하고, 집을 떠나 여행해야 한다. 그들은 매우 능력 있는 동료 직원들과 경쟁해야 하고 까다로운 고객을 만나야 한다. 따라서 영업관리자는 영업사원들이 최선을 다해 일하도록 만들기 위하여 그들에게 특별한 격려를 제공해야 한다.

영업관리자는 조직의 분위기, 판매할당량, 긍정적 인센티브 등을 이용하여 영업사원의 사기 및 성과를 높일 수 있다. 조직분위기는 영업사원이 우수한 성과실현의 기회, 이에 대한 가치 및 보상에 대해 갖는 느낌을 의미한다. 어떤 회사들은 영업사원들을 별로 중요하지 않게 취급하는데, 이는 거의 대부분 낮은 영업성과로 이어진다. 어떤 회사들은 영업사원을 매우 중요한 공헌자로 간주하고 소득과 승진에 있어 무한대의 기회를 제공한다. 이런 회사들은 영업사원들의 우수한 성과와 낮은 이직률을 향유한다.

많은 기업들이 판매할당량(영업사원이 판매해야 할 양과 각 제품별로 할당되어야 할 판매량을 기술한 판매량의 표준치)을 정함으로써 영업사원에게 동기부여를 제공한다. 많은 경우 수수료는 영업사원이 판매할당량을 얼마나 잘 완수하느냐에 의해 결정된다. 회사들은 또한 영업사원을 더 노력하게 만들기 위하여 다양한 긍정적 인센티브를 사용한다. 판매미팅은 영업사원에게 사회적 교류시간, 일상적인 일로부터의 휴식, 회사 사람들을 만나 이야기를 나눌 기회, 기분을 전환하고 회사에 대한 소속감을 확인할 수 있는 기회 등을 제공한다. 기업들은 또한 영업사원이 통상적으로 기대되는 것보다 더 노력하게 만들기 위해 판매경진대회(sales contests)를 후원하기도 한다. 이때 인센티브로 상장, 상품 또는 현금 보상, 여행, 이익분배계획 등이 활용되기도 한다.

08 | 구전

소비자들이 말이나 글 등 언어를 사용하여 소비와 관련된 정보를 주고받는 행위를 의미하는 **구전**(word-of-mouth: WOM)은 비록 광고나 판매촉진과 같은 전통적인 가치소통의 도구는 아니지만, 현대 마케팅에 있어 결코 빼놓을 수 없는 중요한 위치를 차지하고 있다. **입소문 마케팅**, **바이럴**(viral) **마케팅**, **버즈**(buzz) **마케팅**, **인플루언서**(influencer) **마케팅** 등 최근 많이 언급되고 있는 용어들이 모두 구전을 활용한 마케팅전략이라고 할 수 있다.

아래에서는 구전이 왜 최근 마케팅전략, 특히 가치소통 부문에 있어 중요한 위치를 차지하고 있는지, 구전의 종류와 그 특성은 어떠한지, 구전의 확산을 위해서는 어떤 조건이 필요한지, 기업은 구전을 어떻게 관리해야 하는지 알아보기로 한다.

8.1 구전의 중요성

현대 마케팅에 있어 구전이 중요한 이유는 크게 세 가지로 파악할 수 있다. 첫째, 소비자들은 기업의 전통적인 마케팅 메시지(예: 광고)보다는 구전에 훨씬 더 강하게 영향을 받고 신뢰를 보인다. 소비자들이 기업의 영향력에서 벗어나 소비활동을 주체적으로 조절하려는 성향은 최근 더 강해지고 있으며, 소비자들은 보통 광고만 접한 경우보다 긍정적인 사용후기를 같이 접한 경우 더욱 호의적인 태도를 형성하고 강한 구매의도를 나타낸다. 따라서, 아무리 창의적인 광고를 집행하고 매력적인 판매촉진 수단을 쓰더라도 소비자들 사이에서 호의적인 구전이 형성되지 않으면 높은 마케팅성과를 기대하기 어렵다.

둘째, 인터넷과 모바일 등 새로운 기술이 등장하면서 소비자 간에 형성되는 구전의 양이 늘어나고, 속도는 빨라졌으며, 그 범위도 비교할 수 없을 정도로 늘어났다. 1990년대 이전의 소비자 구전은 오프라인에서 상호작용이 빈번한 소비자들(예: 가족, 직장 동료, 학교 동창 등) 간에 이루어지는 것이 대부분이었으나, 오늘날의 구전은 온라인 가상공간에서 전혀 일상적인 관계가 없는 소비자들 사이에서도 자연스럽게 이루어진다. 이는 소비상황에서 구전의 영향력이 계속 높아지는 현상을 초래하고 있으며, 기업에게는 구전에 영향력을 행사하고 관리할 수 있는 가능성을 부여하고 있다.

셋째, 계속해서 기업의 자원이 투입되어야 하는 전통적인 판매촉진책들(예: 광고, 가격할인 등)과는 달리 구전은 소비자들 사이에서 자율적으로 이루어지는 커뮤니케이션이므로 마케팅생산성이 매우 높은 가치소통 수단이다. 따라서, 경쟁심화에 따라 수익성 압박을 받고 있는 많은 기업에서 매우 효율적인 마케팅수단으로 구전을 사용하고 있다. "만족한 고객은 가장 훌륭한 영업사원이다"라는 말이 있듯이, 구전은 기업의 추가적인 마케팅자원 투입을 최소화하면서도 시장성과를 극대

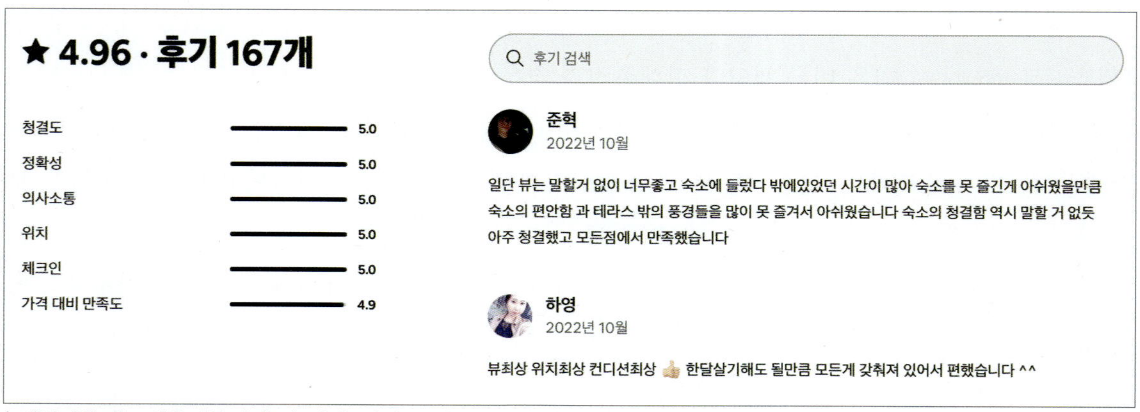

에어비앤비는 사용자들의 후기 검색, 별점 부여, 신고 및 추천 시스템을 통해 구전이 소비자들의 의사결정에 도움을 줄 수 있도록 하고 있다.

화할 수 있는 수단인 것이다.

공유경제의 대표 기업 중의 하나인 에어비앤비(Airbnb)를 생각해 보자. 에어비앤비는 자신의 집을 숙소로 제공하려는 공급자와 호텔과 같은 전형적인 숙소에서 얻을 수 없는 독특한 숙박경험을 원하는 소비자를 이어주는 숙박 중계 비즈니스를 하고 있다. 에어비앤비가 자신들의 비즈니스를 마케팅함에 있어 광고나 PR보다 효과적인 것은 실제 에어비앤비 서비스를 이용한 사용자들의 후기일 것이다. 만족한 사용자들의 후기는 에어비앤비가 마케팅자원을 투입하지 않고도 다른 소비자들을 새로운 사용자로 끌어들이는 역할을 하는 것이다.

8.2 구전의 종류와 특성

구전의 종류를 분류하는 방법은 여러 가지가 있을 수 있다. 우선, 구전이 발생하는 환경을 기준으로 오프라인 구전과 온라인 구전으로 나눌 수 있다. 오프라인 구전은 구전의 송신자와 수신자가 실제로 만나거나 편지나 전화와 같은 전통적인 수단으로 구전의 내용이 전달되는 경우를 말하고, 온라인 구전은 가상의 공간에서 이메일, 후기, 트위터 메시지, 댓글 등의 형태로 소비자 간 소통이 이루어지는 경우를 말한다. 최근 마케팅관리자들은 온라인 구전에 특히 높은 관심을 보이고 있다.

그러나 이러한 구전의 형태적인 분류보다 마케터에게 큰 의미를 제공하는 분류는 구전 발생에 있어 기업의 개입 정도에 따른 것이다. 아래에서는 구전을 크게 경험적 구전, 결과적 구전, 의도적 구전으로 나누어 그 의미와 특성을 설명한다.

(1) 경험적 구전

경험적 구전은 소비자들이 제품이나 서비스와 관련된 경험을 자발적으로 공유하는 것을 말하며, 소비자 구전 활동의 대부분을 차지한다. 소비자가 구매나 사용과정에서 예상과는 다른 서비스를 경험한 경우나, 품질이 기대를 뛰어넘거나 못 미친 경우 등이 이에 해당한다. 항공기 여행 도중 부친 짐을 제대로 전달받지 못한 경우 항공사에 대한 불평을 페이스북에 게재하는 것을 예로 들 수 있다.

이러한 경험적 구전은 소비자들의 생생하고 실질적인 경험을 기반으로 하기 때문에 다른 소비자들에게 높은 설득력을 가지며 그 파급효과 또한 크다. 또한, 오프라인에서와 마찬가지로 온라인에서도 이러한 경험적 구전을 더 적극적으로 일으키는 소비자 집단이 존재하므로, 기업 입장에서는 해당 집단을 전략적으로 활용하는 방안을 강구하는 것이 필요하다. 예를 들어, 신제품을 출시하는 경우 의견선도자나 마켓메이븐(market maven)으로 불리는 적극적 구전 생성자들 사이에서 호의적인 1차 구전이 형성되도록 하는 것은 마케터의 중요한 역할이라고 할 수 있다.

(2) 결과적 구전

결과적 구전은 기업의 전통적인 마케팅활동이 일으키는 구전을 의미한다. 소비자들이 감동적인 광고에 노출되었거나 재미있는 이벤트에 참여했을 경우 이를 다른 소비자들에게 알리는 경우가 이에 해당된다. 예를 들어, 현대자동차가 특정 차량을 보유한 고객을 대상으로 고객초청 이벤트를 개최하였을 때 여기에 참여한 소비자가 이를 자신의 페이스북이나 인스타그램을 통해 지인에게 알리는 경우이다.

경험적 구전에 비해 결과적 구전은 기업의 마케팅활동에 기반하고 있기 때문에 구전에 노출되는 소비자의 태도나 의사결정에 미치는 영향력의 정도는 상대적으로 약할 수 있다. 결과적 구전의 수신자들은 이를 기업의 간접적 마케팅활동으로 파악할 확률이 높기 때문이다. 또한, 소비자들이 자발적으로 퍼뜨리는 경험적 구전에 비해 결과적 구전은 마케팅자원의 투입이 필요한 단점이 있다. 그러나, 구전의 내용에 대한 통제가 거의 불가능한 경험적 구전에 비해 결과적 구전은 세심하게 기획된 마케팅활동을 통해 긍정적인 구전이 발생할 수 있도록 기업이 영향을 미칠 수 있는 여지가 있다는 점에서 장점 또한 존재한다.

(3) 의도적 구전

의도적 구전은 기업이 자원을 투입하여 구전을 의도적으로 발생시키는 경우를 말한다. 예를 들어, 유명인과 계약을 체결하고 제품이나 서비스에 대한 추천이나 평가를 하도록 함으로써 구전을 촉발시키거나, 고객추천 보상프로그램을 도입하여 인위적인 구전활동이 일어날 수 있도록 촉진하는 경우가 이에 해당된다. 구글이 지메일(Gmail) 서비스 도입 초기에 지인의 초대가 없으면 서비스를 사용하지 못하게 했던 '초대한정(invitation only)' 정책이나, 클라우드 서비스인 드랍박스(Dropbox)가 지인을 추천하면 저장공간을 더 부여하는 방식으로 시장을 침투했던 것 또한 의도적 구전활동에 해당된다.

의도적 구전은 판매촉진과 가장 직접적으로 연결되어 있는 형태이므로, 자칫 소비자들의 저항감이나 부정적인 태도형성이 이루어질 수도 있다. 예를 들어, 고객추천을 통해 보상을 받는다는 정보를 접한 고객들은 대상 브랜드에 대해 덜 호의적인 태도를 형성할 수 있으며, 이미 해당 브랜드와 관계가 좋은 고객의 경우 의도적 구전 촉진책이 호의적인 구전 의사를 증가시키지도 않는 것으로 밝혀졌다.

8.3 구전의 확산

기업 입장에서 구전을 통해 가치소통이 원활히 이루어지려면 소비자들 사이에서 특정 제품, 서비스, 경험 등이 인기를 끌어야 한다. 구전이 제대로 확산되지 않으면 그것이 소비자의 자발적인 경험이든, 기업이 의도한 마케팅활동에 의해 촉발된 입소문이든 효과는 미미할 수밖에 없다. 따라서, 마케터는 어떤 조건들이 사회적인 전파력을 높게 만들 수 있을 것인지 잘 이해해야 한다.

미국 펜실베이니아 경영대학원의 조나 버거(Jonah Berger) 교수는 입소문을 유발하는 요소를 알아내기 위하여 수백 건의 제품, 아이디어, 메시지를 분석한 결과 아래와 같은 여섯 가지의 원칙을 발견하였다. 이 원칙들은 가치소통을 위한 구전관리를 이해하는 데 있어 중요한 내용들을 담고 있어 여기에 소개한다.

- 사회적 화폐(Social Currency): 경제적 화폐가 경제생활을 윤택하게 하는 데 반드시 필요한 존재이듯 사회연결망(social network)에서 다른 사람들과 상호작용하는 데 있어 반드시 필요한 존재가 사회적 화폐이다. 만약 어떤 경험이나 정보가 자신을 어떤 네트워크 내에서 멋지고 지적인 존재로 돋보이게 해줄 수 있다면 그러한 것들은 금방 확산될 것이다.
- 계기(Triggers): 사람들은 머릿속에 번뜩 떠오르는 것을 이야기하기 마련이므로, 어떤 제품이나 아이디어가 자주 사람들의 머릿속에 떠오를수록 그와 관련된 대화가 자주 발생한다. 따라서, 주변 환경에서 기업의 제품이나 아이디어를 연상할 계기가 자주 생길 수 있도록 기획해야 한다.
- 감성(Emotion): 사람의 감성을 강하게 자극하는 콘텐츠는 파급력이 강하다. 화들짝 놀랄 만한 일이나, 짜증이 나는 일이나, 매우 슬픈 내용들은 쉽게 전파되므로, 너무 기능만을 강조하는 것보다는 감성에 주목하는 것이 필요하다.
- 대중성(Public): 사람들은 모방심리가 매우 강하므로 일단 대중의 눈에 띄면 확산이 쉽다. 그러므로, 제품이나 서비스 자체에 대중이 쉽게 주목할 수 있도록 하는 유인책을 반드시 고려해야 한다.
- 실용적 가치(Practical Value): 유용한 내용들은 금방 확산된다. 시간을 절약해 주는 정보, 건강을 지켜주는 정보, 비용을 절감해 주는 정보들은 모두들 공유하고 싶어 하기 때문이다. 이를 위해서는 사람들이 전달하기 쉽도록 전문적인 내용을 쉽고 명료하게 정리해 제시하는 것도 중요하며, 정말 파격적이고 유리한 제안처럼 보이게 만들어야 한다.
- 이야기성(Stories): 사람들은 필요한 정보만을 딱 잘라서 공유하는 것보다는 기승전결이 있는 한 편의 이야기를 나누는 것을 원한다. 전달할 만한 가치가 충분한 이야기가 만들어지고 그 중심부에 제품이나 브랜드의 호의적인 이미지가 형성될 수 있는 요소가 자리 잡을 수 있도록 해야 한다.

| 삼양식품이 기획한 '평범하게 위대하게' 동영상은 약 1천만 건 이상의 조회 수, 4천 개 이상의 댓글, 2만 개 이상의 좋아요를 기록하면서 2022년 YouTube Works Awards에서 그랑프리를 수상하였다.

8.4 기업의 구전관리

구전은 그 성격상 광고나 전통적인 판매촉진책처럼 마케팅관리자가 처음부터 끝까지 통제하고 관리하는 것은 불가능하다. 그러나, 제품이나 서비스의 마케팅에 도움이 될 수 있는 호의적인 구전을 발생시키고 악의적인 구전이 확산되지 않도록 관리하는 것은 마케터의 중요한 업무 중의 하나이다. 이를 위해서는 구전발생자, 구전소재, 구전수단, 구전대응, 구전 후속조치 등에 대한 관리가 필요하다.

(1) 구전발생자 관리

구전은 누구나 시작할 수 있다. 특정 브랜드를 사랑하는 충성고객일 수도 있고, 반감을 가지고 있는 소비자일 수도 있으며, 아무 관심이 없는 그야말로 보통 소비자일 수도 있다. 따라서, 기업이 구전의 발생자를 적절히 관리한다는 것은 대단히 어려운 일이다.

하지만 마케터는 다른 소비자들에게 영향을 크게 미치는 구전발생자들을 어떻게 발굴할 것이며, 어떤 채널을 통해 구전발생자들과 소통할 것이며, 구전에 필요한 내용들을 어떻게 공급할 것인지에 대한 계획을 세우고 실행하여야 한다. 무엇보다도 호의적인 구전을 일으킨 소비자들이 계속해서 구전활동에 참여할 수 있도록 촉진책을 마련하는 것이 중요하다.

구전의 대상이 되는 내용을 작성하는 구전발생자들은 그 특성상 경제적인 보상보다는 사회연결망 내에서의 인정이나 스스로에 대한 뿌듯함을 더 중요하게 생각한다. 팬클럽에서 활동 정도에 따

MARKETING
FOCUS

스토리텔링과 구전을 통해 성공한 방탄소년단

한 주에 빌보드 '핫 100' 차트와 '빌보드 200' 차트 정상 최초 동시 정복, 빌보드 200 차트 5연속 진입, 핫 100 5회 1위, '빌보드 뮤직 어워드'와 '아메리칸 뮤직 어워드', '그래미 어워드'까지 미국 3대 음악 시상식 무대에서 공연. 중소기획사 출신의 아이돌 그룹 방탄소년단(BTS)이 이처럼 한류의 중심에 설 것이라 예측한 이들은 많지 않았다. 그러나 이들은 소속사 선배의 후광, 든든한 네트워크 없이도 그 누구와도 비교할 수 없는 한류 대표주자로 자리 잡았다. 이러한 방탄소년단의 성공 뒤에는 사회연결망을 적극적으로 이용한 구전전략이 자리 잡고 있었다.

총알을 막는다는 뜻을 담은 방탄소년단. 아이돌 그룹에는 도무지 어울릴 것 같지 않은 낯선 이름이었다. 실제로 시작은 화려하지 않았다. 2013년 데뷔해 첫 정규 앨범을 발매했고, 2014년에는 첫 단독 콘서트를 열었으며 '상남자'라는 곡으로 1위 후보에 오르기도 했지만 대세 아이돌이라기보다는 '루키', '기대주'의 느낌이 강했다. 데뷔와 함께 곧장 폭발적인 인기를 얻으며 스타덤에 오른 선배 아이돌 빅뱅이나 엑소에 비하면 아쉬운 출발이었다.

하지만 천천히 내공을 쌓으며 실력을 끌어올리고 팬덤을 키우더니 결국 날아올랐다. 무엇보다 객관적인 기록들이 이들의 도약을 증명한다. 방탄소년단은 2021년 4월 기준 '빌보드 200' 64주 연속 차트 등재라는 새로운 역사를 썼다. 빌보드 200은 전 세계 대중음악의 흐름을 보여주는 척도로 그 주의 앨범 판매량, 음원 스트리밍, 앨범트랙 디지털 판매량 등을 기초로 산출된다. 이 차트에 진입했다는 것은 해당 앨범의 반응이 좋았음은 물론 확실한 글로벌 팬을 확보하고 있다는 얘기다. 2022년 현재는 차트 진입을 넘어서 빌보드 핫 100에서 1위를 한 곡이 무려 여섯 곡이고, 최장 1위 기간은 10주이다. 빌보드 200에서 1위를 한 앨범은 다섯 개나 된다.

힙합을 베이스로 한 트렌디한 음악으로 처음부터 국내+글로벌 시장 동시 공략

그동안 대부분의 아이돌은 한국에서 어느 정도 궤도를 다진 뒤 해외로 진출했다. 그룹 동방신기는 2003년 데뷔해 2005년 일본 시장에 진출해 일본 가요계에서 현지 가수들과 경쟁하며 케이팝(K-pop) 열풍의 불씨를 지폈다. 빅뱅의 경우 2006년 8월에 데뷔해 2008년 1월 일본에 앨범을 발매한 뒤 한국과 일본을 오가며 활동을 병행했다. 이후 활동범위를 점점 넓혀가며 아시아 투어를 시작했다. 그러나, BTS의 경우는 좀 달랐다. 활발한 SNS 활동으로 인해 데뷔와 동시에 자연스럽게 해외 K-pop 팬들에게도 노출이 되기 시작한 방탄은 한국에서 인기를 쌓은 뒤 해외로 진출하는 것이 아니라 동시성장 전략을 선택했다. 2013년 데뷔 후, 그해 12월 일본에서 첫 번째 쇼케이스를 열며 해외에 얼굴을 알린 뒤 2014년 독일, 스웨덴 등 유럽은 물론 브라질 등에서도 팬미팅을 열었다. 일본 외에도 필리핀, 싱가포르, 태국, 대만 등 아시아에서 연달아 공연을 개최하며 보폭을 넓히더니 2015년에는 미국과 호주, 멕시코, 칠레로 활동영역을 확장했다.

이렇듯 한국과 해외를 동시에 공략하는 가운데 해외에서 오히려 더 뜨거운 반응이 일기 시작했다. 신호탄은 2014년 8월 미국 로스앤젤레스에서 열린 K-pop 컨벤션인 '케이콘(K-con)'이었다. 방탄은 매력적인 퍼포먼스로 단숨에 해외 팬들의 눈을 사로잡았다. 여기에 2015년 4월 공개한 미니앨범 화양연화 pt.1의 수록곡 '쩔어'의 뮤직비디오가 꾸준한 해외 팬들의 클릭 속에 1억 뷰를 돌파했다. 강력한 일렉트로닉 힙합사운드의 '쩔어'는 방탄소년단의 해외 인기몰이에 날개를 달아준 곡이다.

국내보다 해외에서 인기가 높은 그룹으로 부각되면서 국내에서의 팬덤도 자연스레 확산됐다. "방탄소년단이 도대체 누구인데 그렇게 해외에서 인기가 많은 것이냐"는 호기심에 방탄의 음악을 접하게 된 이들이 새롭게 팬으로 유입된 것이다. 국내와 해외를 동시에 공략해 해외에서의 성공을 등에 업고, 역으로 국내에서 팬덤을 확대한 것은 여타 아이돌과는 차별화된 방탄소년단만의 특징이다.

방탄소년단의 이 같은 해외와 국내 동시성장 전략은 '선(先) 국내시장 성공, 후(後) 해외시장 진출'이라는 글로벌 경영전략의 암묵적인 전제에 대해 다시금 고민하게 만든다. 유튜브에서 얼마든지 전 세계 가요 팬들에게 동시에 노래와 안무를 선보일 수 있는 초연결사회다. 국내시장부터 공략해 자리를 잡아야 한다는 것은 이제 낡은 고정관념일지도 모른다.

SNS로 풍성한 소재 던지며 팬 확보

방탄소년단의 성공에서 또 하나 빼놓을 수 없는 키워드는 바로 SNS다. 방탄소년단은 유튜브, 트위터, VLIVE와 같은 SNS를 통해 꾸준히 팬들과 소통하며 이들이 즐길 만한 놀거리와 볼거리를 끊임없이 제공했다. 낚시꾼이 물고기를 유혹하는 미끼를 던지듯 팬들이 흥미로워할 만한 콘텐츠를 끊임없이 제공하며 팬들을 유인했다는 얘기다. 실제로 이들은 유튜브와 트위터 등을 통해 해외활동 중이거나 활동을 쉴 때도 자신들의 일상을 공유했다.

간단히 방탄소년단이 활용하는 팬들과의 소통 통로를 살펴보자. 이들은 2013년 6월 데뷔에 앞서 연습생 시절인 2011년 7월부터 꾸준히 트위터를 통해 팬들과 소통해왔다. 트윗 1건이 올라오면 팬들이 10만~30만 건씩 리트윗(타인의 트위터 메시지를 그대로 옮겨 공유)에 나선다. 유튜브 공식채널인 BANGTANTV를 통해서도 각종 동영상이 시시때때로 공개된다. 2022년 11월 현재, 구독자 7천만 명 이상을 확보한 해당 채널에는 동영상 1800여 개가 올라와 있는데 마치 예능 프로그램처럼 다양한 포맷으로 구성돼 있다는 것이 특징이다. 예컨대 '방탄밤(Bangtan Bomb)'에는 잠자고, 게임하고, 밥 먹는 등 사소한 방탄소년단의 일상이 모두 담겨 있다. 해외 투어, 연말 무대의 비하인드 스토리도 꼬박꼬박 방탄밤을 통해 팬들에게 노출된다. 멤버들 각자가 기획해서 제작하는 콘텐츠도 상당수다. 여기에서 주목할 만한 점은 멤버들이 각자의 특징과 개성에 맞는 영상을 올려 차별화하고 있다는 것이다. 예컨대 멤버 슈가의 경우 앨범 리뷰 동영상을 올린다. 앨범을 한 장 한 장 넘기면서 비하인드 스토리를 설명한다. 제이홉의 경우 몸 풀기 스트레칭부터 시작해서 안무 동작을 하나하나 차근차근 알려주는 형식의 동영상을 올린다.

미국의 시사주간지 〈타임〉은 "K-pop의 성공요인은 SNS", 프랑스의 〈르몽드〉지는 "페이스북이 K-pop의 유럽 공연을 만들었다"라고 밝히고 있다. SNS가 K-pop의 성공에 결정적인 역할을 했다는 것이다. 실제로 수많은 사람들이 페이스북이나 트위터, 유튜브, 인스타그램, 틱톡과 같은 SNS를 이용해 실시간으로 많은 양의 정보를 습득하고 공유한다. 과거에는 국내 가수를 해외에 정식 데뷔시키려면 현지의 방송사 접촉, 홍보비용 등 거대한 시간과 비용이 소요됐지만 SNS를 통하면 이보다 훨씬 효율적이다.

방탄소년단은 적은 비용으로 빠른 시간 내에 해외에 이름을 알리기 위해 SNS를 집중적으로 활용했다. SNS를 활용해 문화의 변방에서 문화의 주류로 편입할 수 있었다는 것이다. 싸이 등 K-pop 스타들이 SNS 매체를 통해 아시아 지역에만 국한돼 있었던 인기를 미국, 유럽 등 전 세계로 끌어올릴 수 있었던 것처럼 방탄소년단도 SNS라는 강력한 지원군의 도움으로 비아시아 지역에서도 크게 인기를 모았다. 후발자가 선발자를 추월하는 데 효과적인 수단인 SNS를 적극적으로 활용했기 때문에 방탄소년단이 단숨에 세계적인 인기를 얻을 수 있었다.

SNS는 이처럼 비록 늦게 출발한 후발기업들이 짧은 기간 내에 인지도를 갖출 수 있게 지원하는 최적의 마케팅 수단이 될 수 있다. 좀 더 세부적으로 보면 다양한 방법으로 활용이 가능하다. 먼저 소비자가 소비 주체에서 벗어나 제품개발 아이디어를 제공하고 제품을 널리 홍보하게끔 구전 마케팅을 펼 수 있다. 또한 기업의 제공정보에 대한 고객의 반응을 통계적으로 파악해 유사한 욕구를 가진 소비자 그룹을 추출하고 목표 소비자에게 최적의 서비스를 제공하는 맞춤형 마케팅이 가능하다. 아울러 집단지성을 작동시켜 많은 사람들이 자신의 의견을 말하거나 직접 동영상을 만들어 공유하는 참여형 마케팅을 유도할 수 있다. 마지막으로 SNS에 소개하는 상품에 대한 반응을 보고 제품을 본격적으로 출시할 것인지를 결정하거나 해외 소비자들의 반응이 어떤지를 파악하는 등 테스트 마켓의 수단으로 활용할 수 있다.

방탄소년단의 경우에도 국내외의 열성적인 팬들이 반복해서 영상을 조회하고, 이로 인해 특정 동영상이 웹페이지 메인에 노출돼 팬들이 확대되고, 한 번 팬이 되면 다른 사람에게 좋아하는 방탄소년단에 대해서 입소문을 내고, 팬들이 서로 커뮤니티를 형성하는 등 구전마케팅이 이어졌다. 팬들은 방탄소년들의 인지도가 낮은 초기 단계에서 소비를 하는 초기수용자(early adopter)의 역할을 하면서 수요를 견인했다. 특히 열광적인 10대 팬덤은 음반 혹은 디지털 음원 구매, 콘서트 관람, 스타 상품, CF 상품 등 다양한 형태로 구매력을 행사했다.

팬덤은 스포츠, 엔터테인먼트 산업에만 국한되는 것이 아니라 일반 기업이나 제품의 경우에도 존재한다. 애플이 아이폰을 발표하고 출시할 때마다 줄을 서서 기다리는 것도 그 예 중의 하나다. 온라인 기반의 SNS의 등장으로 일반 제품이나 기업에 대한 정보도 신속하게 전달되고 온라인 팬덤이 형성되기 쉬운 환경을 조성하고 있다. 이러한 소셜미디어의 활용은 수용자의 능동적인 참여와 생산, 이로 인한 커뮤니케이션 양식의 변화를 기반으로 팬덤을 활용할 수 있는 중요한 마케팅 전략이 될 수 있다.

| 방탄소년단 유튜브 채널 'BANGTANTV(https://www.youtube.com/c/BANGTANTV/videos)'

자료원: 동아일보, 2022.5.20; 한국경제, 2021.10.5; 서울경제, 2021.9.8.

라 등급을 부여하거나, 브랜드 대사(ambassador) 프로그램을 운영하는 것이 구전발생에 적극적인 소비자들이 다른 소비자들에게 인정받을 수 있는 기회를 제공하는 경우이다. 가령, 마이크로소프트는 MVP(most valuable professionals) 프로그램을 통해 게시판이나 블로그에서 적극적인 활동을 하는 사람들을 해마다 초청해 MVP 어워드를 수여하고 회사 개발자들과의 면담, 소비자들 간의 교류 등을 갖도록 하고 있다.

(2) 구전소재 관리

마케터는 고객의 자연스러운 경험에 의해 발생한 구전의 확산에 대한 수동적인 관리뿐만 아니라 구전이 일어날 수 있는 상황이나 소재를 계속해서 제공하는 보다 능동적인 관리를 수행해야 한다. 앞에서 살펴본 바와 같이 구전의 확산이 쉽게 일어나는 소재들은 전통적인 마케팅 메시지와 다른 특성들을 가지고 있으므로, 이를 철저히 반영한 스토리, 상황, 고객경험들이 계속해서 구전의 소재로 공급되어야 한다. 기업의 마케팅활동과 관련하여 구전의 소재가 될 수 있는 것에는 다음과 같은 것이 있다.

- 판매촉진(예: 가격할인, 선물증정 등)
- 고객서비스(예: 이유를 묻지 않는 반품)
- 사회적 책임 활동(예: 지역사회 기부)
- 상품 공급 제한(예: 한정수량, 판매기한)
- 소비자 이벤트(예: 경품 추첨)
- 궁금증 유발 광고(예: 티저 광고)

그러나 무엇보다도 중요한 것은 기업이 공급하는 제품이나 서비스가 확실하게 차별화 되어야만 장기적이고 지속적인 구전이 발생할 수 있다는 것이다. 뛰어난 품질, 특별한 기능, 세심한 고객서비스 등 기본에 충실한 마케팅전략이 가장 확실한 구전의 소재이다.

소비자의 궁금증을 유발함으로써 구전의 소재를 제공하는 현대자동차의 티저 광고

(3) 구전수단 관리

마케터는 구전이 더 빠르고 더 넓게 퍼져나갈 수 있도록 소비자들이 구전에 사용하는 수단들을 제공하고 관리하여야 한다. 우리가 호텔을 방문했을 때 쉽게 발견할 수 있는 무료로 제공되는 엽서는 그 좋은 예이다. 인터넷과 모바일의 발전으로 기업이 활용할 수 있는 구전수단의 종류가 훨씬 다양해졌으며, 오히려 과거보다 더 적은 비용으로 구전수단을 소비자들에게 제공할 수 있게 되었다.

① 블로그

블로그는 구전을 위해 디자인되었다고 해도 과언이 아닐 정도로 모든 블로그 페이지에는 쉽게 공유할 수 있는 기능들이 첨가되어 있다. 또한, 블로그를 작성하는 사람들은 대부분 자신의 스토리를 작성하고 공유하는 구전활동에 적극적이므로 블로그는 기업이 소비자 구전의 촉진을 위해 활용할 수 있는 매우 유용한 수단이다. 특히, 한 분야에서 많은 정보와 전문성을 갖추고 있는 파워 블로거들은 일반 소비자의 의사결정에 큰 영향을 미칠 수 있는 중요한 정보원천이다. 그러나 최근 많은 블로거들이 기업의 공식적인 지원을 받는 유료 블로거(paid blogger)들로 바뀜에 따라 일반 소비자들의 신뢰가 떨어지고 있는 현상은 유의해야 한다.

② 소비자 커뮤니티

특정제품이나 서비스에 대해 관심 있는 소비자들은 자발적으로 커뮤니티를 형성하고 의견교환, 정보공유, 토론 등의 구전활동을 벌인다. 따라서, 소비자들의 온·오프라인 커뮤니티는 소비자 구전이 이루어지는 가장 전형적인 장소라고 할 수 있다. 최근 많은 소비자들은 제품구매 시 기업의 마케팅 메시지보다 소비자 커뮤니티에서 얻은 정보를 더 신뢰하므로, 소비자 커뮤니티에서의 구전은 기업의 마케팅성과에 직접적인 영향을 미친다고 할 수 있다. 예를 들어, 보배드림(https://www.bobaedream.co.kr)은 국내에서 가장 큰 온라인 중고차 쇼핑몰이지만 자동차에 관심 있는 사용자들이 의견을 교환하는 커뮤니티로 더욱 많이 알려져 있다.

③ 사회연결망 서비스(Social Network Service: SNS)

오늘날 소비자들은 인스타그램, 틱톡, 페이스북, 트위터, 네이버밴드 등 SNS에서 다양한 정보를 공유하고 자기를 표현하고 있다. 또한 이러한 SNS에서는 소비자 간의 일대일 연결뿐만 아니라 일대다수의 연결을 통해 구전이 증폭되는 효과가 발생하므로, 마케터들은 이러한 SNS를 구전 확산의 도구로 활용하고 있다. 예를 들어, 풀무원은 페이스북에 브랜드 페이지를 만들고 새로운 제품의 출시 소식이나 새로운 요리 정보들을 소비자들에게 제공하고 있다.

| 풀무원의 페이스북 브랜드 페이지(https://www.facebook.com/pulmuonelove)

④ 정보플랫폼 서비스

정보공유 자체를 비즈니스 모델로 하는 기업들이 생겨나면서 이들이 제공하는 정보플랫폼은 소비자 구전이 발생하는 중요한 장소가 되고 있다. 여행정보를 제공하는 '트립어드바이저(https://www.tripadvisor.co.kr)', 뷰티 플랫폼 '파우더룸(https://www.powderroom.co.kr)', 경험공유 플랫폼 '공팔리터(https://www.08liter.com)', 맛집 정보를 공유하는 '식신(https://www.siksinhot.com)' 등이 그 예인데, 거의 모든 제품 및 서비스로 확장되고 있는 추세이다. 이러한 정보플랫폼에 대한 소비자의 의존도가 점점 커지면서 구전관리에 있어 정보플랫폼은 빼놓을 수 없는 수단이 되고 있다.

| 파우더룸은 최신 뷰티 트렌드와 콘텐츠를 제공하고 구매까지 가능한 정보플랫폼이다.

⑤ 홈페이지나 이메일

소비자와의 상호작용이 예상되는 모든 매체에 구전 확산을 위한 장치를 삽입할 수 있다. 예를 들어, 홈페이지의 특정한 제품 사진 옆에 "친구와 공유해 주세요"라는 메시지를 삽입하거나, 고객들에게 보내는 이메일에 공유를 부탁하는 내용을 넣을 수도 있다. 예를 들어, 한겨레신문의 모든 온라인 기사에는 페이스북, 트위터, 카카오톡 등을 사용해서 공유할 수 있는 버튼이 제공된다.

| 가전박람회는 산업재 마케팅에서 구전이 발생하고 확산되는 중요한 장소이다. 2022년 CES에 마련된 LG전자의 부스.

⑥ 매장

매장을 방문하거나 제품을 구입한 고객들이 지인들에게 보여주거나 전달해 줄 수 있는 기념품도 좋은 구전의 수단이 된다. 작은 사이즈의 전단, 펜, 달력, 냉장고자석, 제품샘플 등이 모두 미래의 구전에 있어 소재로 활용될 가능성이 있다. 여기서 중요한 것은 제공되는 기념품들이 뻔하지 않고 창의적이어서 구전을 일으키는 소비자를 돋보이게 할 수 있어야 한다는 점이다.

⑦ 컨퍼런스나 박람회

산업재 마케팅에 있어 공급자와 구매자가 모두 모이는 컨퍼런스나 박람회는 중요한 구전의 수단이 될 수 있다. 예를 들어, 매년 라스베이거스에서 열리는 소비자 가전 박람회(Consumer Electronics Show: CES)는 개인 소비자보다는 가전업계에 종사하는 공급자와 조직구매자들이 정보를 공유하고 의견을 교환하는 중요한 구전의 장이다. 기업들은 여기에서 자사의 제품이나 브랜드에 대한 호의적인 구전이 확산될 수 있도록 독특한 부스를 설치하고 창의적인 기념품을 나누어 주는 등의 마케팅활동을 하고 있다.

(4) 구전대응 관리

소비자 구전의 내용은 제품이나 서비스에 대한 문의나 잘못된 정보에 기반한 비판 등을 담고 있는 경우가 많다. 비록 구전은 그 정의상 소비자 간의 의사소통이지만 기업이 거기에 참여하여 바람직한 방향으로 구전을 유도하는 것 또한 마케팅관리자의 중요한 관리업무에 해당된다. 그렇지 않으면 소비자들은 기업이 고객의 의견을 무시하고 있다고 생각하거나, 부정적인 구전을 맹목적으로 신뢰해 버릴 수 있기 때문이다.

소비자 구전에 기업이 참여하는 방법은 여러 가지가 있으나, 가장 전형적인 것은 소비자의 질문에 기업의 책임 있는 관계자가 대답하는 것이다. 소비자 커뮤니티에서 칭찬에 대해 감사하고, 잘못된 정보를 바로잡고, 실수를 사과하고 수정하는 기업의 진정성 있는 대응은 브랜드에 대한 신뢰도를 향상시키는 가장 확실한 방법 중의 하나이다. 이때, 유의할 사항은 소비자의 대화에 참여하는 마케팅 담당자가 자신이 누구인지 확실히 밝히고 소비자 대화가 발생하고 있는 장소의 룰을 철저히 지키는 것이다. 특히 부정적인 구전에 접한 마케팅 담당자가 억지로 소비자의 의견을 바꾸어 보려는 시도는 역효과를 발생시킬 수 있다.

(5) 구전 후속조치

기업은 많은 예산을 투입하여 소비자의 의견을 청취하기 위한 마케팅조사를 실시하고 있다. 한편, 소비자들이 자발적으로 작성하고 공유하는 의견들은 왜곡되지 않은 시장의 반응이라는 점에서 마케팅관리자들이 반드시 그 내용을 추적하고 의사결정에 반영해야 한다. 3장에서 설명한 바와 같이 최근 가상공간에서의 소비자 의견을 수집하기 위한 다양한 방법들이 개발되고 있으므로 이를 적극적으로 활용하는 것이 필요하다.

소비자 구전과 관련된 각종 통계나 분석자료들을 사내에서 공유하고 이를 제품개발, 가격결정, 광고변경 등 전통적 마케팅의사결정에 반영한다면 훨씬 시장지향적인 마케팅이 가능할 것이다. 또한 12장에서 설명하게 될 마케팅성과지표를 설정하는 데 있어서도 소비자 구전과 관련된 내용을 반영하는 기업들이 늘어나고 있다.

| 참고문헌 |

1. George E. Belch and Michael A. Belch, *Advertising & Promotion: An Integrated Marketing Communications Perspective*, 11th ed., New York: McGraw-Hill, 2017.
2. Andy Sernovitz, *Word of Mouth Marketing*, Austin, TX: Press Box, 2015.
3. Don E. Schultz and Heidi Schultz, *IMC, The Next Generation: Five Steps for Delivering Value and Measuring Financial Returns*, New York: McGraw-Hill, 2003.
4. Robert C. Blattberg and Scott A. Neslin, *Sales Promotion: Concepts, Methods, and Strategies*, Prentice-Hall, 1990.
5. Russell H. Colley, *Defining Advertising Goals for Measured Advertising Results*, Association of National Advertisers Inc., 1984.
6. Young-Won Ha and Stephen J. Hoch, "Ambiguity, Processing Strategy, and Advertising-Evidence Interactions," *Journal of Consumer Research*, 16(December), 1989, pp. 354-360.
7. Stephen J. Hoch and Young-Won Ha, "Consumer Learning: Advertising and the Ambiguity of Product Experience," *Journal of Consumer Research*, 13(September), 1986, pp. 221-233.
8. Philip Kotler and Kevin Lane Keller, *Marketing Management*, 15th ed., New Jersey: Prentice-Hall, 2016.
9. Philip Kotler, Kevin Lane Keller, and Alexander Chernev, *Marketing Management*, 16th ed., New York, NY: Pearson, 2022.
10. William D. Wells (ed.), *Measuring Advertising Effectiveness*, New York: Psychology Press, 2014.
11. Berger, Jonah, *Contagious: Why Things Catch On*, Simon & Schuster, 2016
12. Blattberg, Robert C. and Scott A. Neslin, *Sales Promotion: Concepts, Methods, and Strategies*, Prentice-Hall, 1990.
13. Futrell, Charles M., Raj Agnihotri, Mike Krush, *ABC's of Selling*, 13th ed., McGraw Hill, 2018.
14. Kotler, Philip and Gary Armstrong, *Principles of Marketing*, 18th ed., Pearson, 2021.
15. Kotler, Philip, Kevin Keller, and Alexander Chernev, *Marketing Management*, 16th ed., Pearson, 2021.
16. Robertson, Dan H. and Danny N. Bellenger, *Sales Management: Decision Making for Improved Profitability*, 2nd ed., Macmillan, 2005.
17. Sernovitz, Andy, *Word of Mouth Marketing*, Press Box, 2015.
18. Castleberry, Stephen B. and John F. Tanner, *Selling: Building Partnerships*, 11th ed., McGraw Hill, 2021.
19. 안광호·이유재·유창조, *광고관리*, 제4판, 학현사, 2020.
20. 김희영·김자연·하영원, "메시지 프레이밍이 건강증진 광고 효과에 미치는 영향," *소비자학연구*, 26(5), 2015, pp. 153-171.
21. 류강석·유시진, "구전연구에 관한 문헌적 고찰: 2004-2014 국내 마케팅 학술지를 중심으로," *마케팅연구*, *30*(2월), 2015.
22. 안광호·김동훈·유창조, *촉진관리*, 제4판, 학현사, 2020.

| 생각해 볼 문제 |

1. 마케팅 커뮤니케이션은 어떠한 과정을 거치는가?

2. 촉진효과의 하이어라키 모형의 각 단계에서 마케터는 어떠한 마케팅수단을 사용하여 소비자들의 구매를 도울 수 있을지 생각해 보자.

3. 매체선택을 할 때 크게 매체는 인적 경로(personal channel)와 비인적 경로(nonpersonal channel)로 나누어 생각할 수 있다. 어떠한 제품의 경우에 인적 경로가 비인적 경로에 비해 더 탁월한 효과를 보일 것으로 생각되는가? 또 그 이유는 무엇인가?

4. 촉진예산을 결정하는 방법들로는 매출액 비례법, 가용예산 활용법, 경쟁자 기준법, 목표 및 과업 기준법 등이 있다. 각 방법들의 장단점에 대해 논하라.

5. 과거 원자재 시장의 경우 전통적으로 풀(pull) 전략보다는 푸쉬(push) 전략이 선호되어 왔다. 그러나 Intel사의 'Intel inside'나 듀퐁사의 신소재 섬유 '라이크라', 미국산 코튼의 경우 적극적으로 대 소비자 광고를 실시함으로써 풀(pull) 전략을 구사하고 있다. 과연 이러한 원자재 시장에서 효과적인 촉진전략은 무엇이라고 생각하는가?

6. 최근 미디어에 대한 통제권(media control)이 기업에서 소비자에게로 넘어가고 있다는 말을 자주 듣게 된다. 이는 어떤 현상을 말하는 것인가? 또한 그와 같은 환경 하에서 효과적인 촉진관리를 수행하기 위해서는 어떤 방법들이 있을지 토론해 보자.

7. 광고의 궁극적인 목표는 매출액 증가이나 매출액의 경우 다른 많은 요소들이 영향을 미치기 때문에 마케터들은 종종 광고의 목표로 매출 대신 다른 목표들을 선택하게 된다. 광고의 목표가 될 수 있는 것들로는 어떠한 것들이 있으며, 각각 어떤 상황에서 그러한 목표를 선택하게 되는지 생각해 보자.

8. 판매촉진은 광고와 어떻게 다른가?

9. 광고의 효과를 측정하는 방법에는 어떤 것들이 있으며, 각각의 장단점을 논의해 보자. 또한 광고효과를 정확하게 측정하는 일이 광고캠페인을 개발하고 관리하는 데 있어 왜 중요할 수밖에 없는지에 대해 토론해 보자.

10. 최근 인터넷 광고, 케이블 TV를 통한 광고, 그리고 모바일 광고가 성장세를 보이고 있는 이유는 무엇이라고 생각하는가? 또한 향후 10년간 성장세를 지속할 광고매체에는 어떤 것들이 있으며 그 이유는 무엇인가?

11. PR(public relations)이 광고나 판매촉진과 구별되는 점은 무엇인가?

12. 판매촉진의 수단들로는 어떠한 것들이 있으며, 어떠한 상황에서 효과적일지 생각해 보자.

13. 제약회사의 영업사원은 약국, 식품점, 의원 및 종합병원 등 다양한 구매자들을 상대로 하고 있다. 이들 영업사원의 유형을 분류해 보고, 유형별 업무 및 인적판매과정에 대하여 토론해 보자.

14. 제약회사의 영업사원과 식품회사, 보험회사, 의류회사의 영업사원의 업무는 어떻게 다르며 인적판매과정상의 유사점 및 차이점에 관하여 파악해 보자.

15. 소매상들은 신제품이 나왔을 때 신제품에 대한 적극적인 구입을 꺼린다. 이러한 이유는 재고부담에 따른 자금압박, 보관문제, 반품 등 다양한 문제들이 야기될 수 있기 때문이다. 그렇다면 신제품의 신속한 확신을 위하여 영업사원들은 보다 더 많은 설득과 다양한 방법들이 동원되어야 할 것이다. 신제품의 인적판매과정은 기존제품과는 어떠한 차이가 있으며 신제품의 판매를 높이기 위해서는 어떤 점에 역점을 두어야 한다고 생각하는가?

16. CJ, 농심, 오뚜기, 빙그레, 롯데제과 등은 동일한 점포를 대상으로 식품을 판매하고 있다. 각 회사들의 영업조직은 어떻게 다른가? 유사점과 차이점을 비교해 보고 영업목표를 달성하는 데 어떤 조직이 효율적인가를 검토해 보자. 마찬가지로 화장품 업계의 영업조직에 관해서도 파악해 보자.

17. 영업사원의 보상체계는 업종별로 다르며 동일업종이라고 할지라도 회사에 따라서 다를 수 있다. 자동차회사의 영업사원의 보상체계를 파악해 보자. 그리고 보험회사와 식품회사의 보상체계에 대하여 연구해 보고 각각 어떻게 다른가를 비교평가해 보자.

18. 전통적인 판매촉진과 구전 마케팅은 어떻게 다른가? 각각의 강점과 약점을 생각해 보자.

19. 소비자 구전은 가치소통 전략뿐만 아니라 표적시장 선정, 포지셔닝, 가격전략, 제품전략, 유통전략 등 마케팅 전반에 걸쳐 영향을 미친다. 이러한 마케팅의사결정에 소비자 구전을 어떻게 활용할 수 있을지 생각해 보자.

사례연구

침대 없는 침대 광고로 팬덤을 만든 시몬스의 마케팅

시몬스는 2019년부터 '침대 없는 침대' 광고 캠페인을 선보여 왔다. 당시 시몬스 침대의 TV 광고는 침대가 등장하지 않음에도 '흔들리지 않는 편안함'이라는 일관된 메시지를 효과적으로 전달하는 데 성공했다. 150년이 넘는 전통을 지닌 브랜드인 만큼 품질의 우수함은 모두가 알고 있다는 자신감에서 비롯된 선택이었다. 시몬스는 더 이상 일방적으로 소리치는 마케팅이 아닌, 사회와 대중들이 브랜드에 대해 먼저 이야기하도록 하기 위해 지금의 사회를 담은 광고를 기획했다.

◆ '멍 때리기' 캠페인으로 지친 사회를 위로하는 온라인 마케팅

시몬스가 2022년 광고에 녹인 시대상은 코로나 팬데믹으로 인한 답답한 사회 분위기다. 코로나 팬데믹이 3년간 지속되자 두려움을 넘어 완전히 지친다는 기분이 든다는 사람들이 많다. 시몬스 침대는 긴장된 일상에 지친 이들에게 힐링과 치유가 필요하다고 판단했다. '멍 때리기'라는 소재로 캠페인을 전개한 가장 큰 이유다. 반복적인 영상을 보며 지친 심신을 달래는 '멍 때리기'는 최신 사회현상이기도 하다. 미국 워싱턴포스트에서도 한국사회의 이런 분위기를 보도하며 스트레스로 가득 찬 한국사회에서 사람들은 구름과 나무들을 바라보는 데 기꺼이 지갑을 열고 있다며 자연이나 카페 등을 찾는 트렌드를 소개했다.

'불멍(모닥불 영상을 보며 마음의 평화를 얻는 행위)'나 'ASMR(자율감각 쾌락 반응)'이 이슈가 되고 '정신적 건강'을 강조하는 사회적 분위기는 수면과 이를 통한 건강한 삶을 강조하는 침대 회사에 솔깃한 키워드였다. 그러나 자극적인 영상이 쏟아지는 미디어에서 '멍 때리기'와 같은 잔잔한 소재로 브랜드 광고 캠페인을 끌기 위해서는 큰 고민과 결단이 필요했다.

◆ 디테일에 집중한 영상미와 사운드

시몬스 침대가 주목한 것은 1960년대 중후반 미국의 '히피 문화'가 탄생한 배경이다. 당시 암울했던 시대적 분위기에서 사람들은 음악과 명상 등 정신적인 활동에 집중해 정신적으로나마 자유로움을 추구하며 위안을 얻었다. 시몬스는 당장 제품을 알리는 광고 캠페인보다 사람들에게 잠시나마 치유의 시간을 주고자 했다. 그게 결과적으로 오래 잔상이 남는 캠페인이라고 봤다. 특히 영상 제작과정에서 소재가 생소하고 소박한 만큼 영상미와 사운드에 집중했다. '아르 누보' 모티브를 극대화하기 위해 20세기 건축양식을 대표하는 재즈 팝의 거장 프랑크 시나트라의 생전 저택이 있는 캘리포니아까지 가서 촬영을 했다. 또한 광고의 필수요소처럼 꼽히는 배경음악을 과감하게 빼고 대신 바람소리, 새소리, 물소리 등 자연의 백색소음을 입혔다.

◆ 유튜브에서 먼저 시작한 광고

통상적으로 TV를 통해 먼저 공개하던 기존 전략과 다르게 멍 때리기 콘셉트의 광고 영상을 유튜브를 통해 먼저 공개하고 강남 일대의 빌보드 광고로 플랫폼을 확대했다. 모든 플랫폼을 총동원해서 시몬스가 전달하고 싶었던 것은 메시지보다는 브랜드 고유의 '느낌'이었다. 광고는 공개된 지 한 달도 안돼 유튜브에서 누적 조회 수 2000만 뷰를 기록했다. 유튜브를 통해 먼저 퍼지기 시작한 디지털 아트 영상은 온라인의 높은 접근성을 발판삼아 단시간에 대중과의 친밀감을 높였다.

◆ 팬덤을 형성하는 오프라인 마케팅

시몬스는 온라인에서 '침대 없는 침대 광고' 캠페인을 전개하는 한편 오프라인에서는 '침대 없는 팝업스토어'를 지속적으로 열었다. 온라인과 오프라인 마케팅 모두 '침대'를 빼고 브랜드 고유의 느낌과 이미지만을 전달하겠다는 의도다. 특히 2022년 2월 서울 강남구 청담동에 문을 연 '시몬스 그로서리 스토어 청담'은 청담동 골목상권에 MZ세대를 끌어모으는 일등공신 역할을 하고 있다. 시몬스 그로서리 스토어 청담 1층은 옛 단독주택 차고를 리모델링한 굿즈 매장이다. 정육점 냉장고 형태의 판매대와 매장 뒤편의 대형 냉동고에 문구 · 생활용품, 패션 아이템 등 140여 개의 상품을 진열했다. 삼겹살 모양 수세미, 햄버거 모양 포스트잇 등 기성품의 단조로움을 탈피해 의외성을 살린 디자인이 공통된 특징이다. 굿즈 판매 수익만 개점 한 달 만에 9200만 원을 기록할 정도로 소비자의 반응이 뜨겁다.

언뜻 보기엔 침대사업과 접점을 찾기 힘든 시몬스 그로서리 스토어 청담은 시몬스가 추구하는 '팬덤 마케팅'의 결정체다. 시몬스는 2018년 9월 경기도 이천시 모가면에 시몬스 테라스를 연 것을 처음으로 성수, 부산 전포동 및 해운대 등에 오프라인 팝업스토어를 열어 지역의 특색을 살리면서 굿즈를 통한 재미요소로 '팬덤'을 형성하고자 했다. 그간 탄탄하게 확보된 시몬스의 팬덤을 중심으로 먼저 화제를 일으키고 오프라인 매장을 통해 대중과의 친밀감을 높이는 데 주력했다.

◆ 팬덤 마케팅으로 브랜드 애착관계 형성

시몬스는 평균 교체주기가 7년 내외로 긴 침대의 재화 특성을 소비자와 브랜드 사이에 애착관계를 강화하는 전략으로 보완하고 있다. 지금 당장 침대를 구매하지 않더라도 평소 쌓인 시몬스에 대한 호감이 나중에 시몬스 제품 구매로 이어지도록 하는 게 핵심이다. 시몬스의 팬덤 마케팅효과는 빠르게 나타났다. 코로나 이후 가구 · 인테리어 시장이 급성장하면서 시몬스 침대 매장을 찾는 소비자가 늘었기 때문이다. 2019년 처음 매출 2000억 원을 돌파한 시몬스는 약 2년 만인 지난해 사상 처음으로 매출 3000억 원을 뛰어넘을 것으로 업계는 보고 있다.

자료원: 민경진, "침대 없어도 월 매장 매출 1억...MZ세대 붙잡은 시몬스의 마케팅", 한국경제, 2022.09.27.; 장선희, "'무슨 광고야? 멍때리게 하네' 팬데믹 힐링 메시지에 MZ세대 팬덤 화답", 동아비즈니스리뷰, 2022.04.Issue 1.

1. 시몬스 '침대 없는 침대' 광고 캠페인이 성공할 수 있었던 이유에 대해 생각해 보자.
2. 시몬스 그로서리 스토어 청담이 소비자들에게 좋은 반응을 얻을 수 있었던 이유에 대해 생각해 보자.
3. 좀 더 효과적인 브랜드 애착을 형성하기 위해 시몬스는 어떤 촉진활동을 보강해야 할지 토론해 보자.
4. 차별화가 어려운 침대 시장에서 브랜드 지위 유지를 위해 고려해야 할 마케팅전략에 대해 생각해 보자.

제 9 장

유통전략을 통한 고객가치 전달

1. 가치전달네트워크 관점에 기반한 공급체인관리
2. 유통경로의 개념과 필요성
3. 유통경로의 구조
4. 유통경로 설계과정
5. 경로갈등의 관리
6. 물적유통
7. 소매상과 도매상

한국 MZ고객들을 확보하기 위해 백화점 밖으로 나와 유통채널 다각화를 추구하는 명품 화장품브랜드들

| 올리브영이 진행한 한 세일행사에서 프리미엄 화장품 브랜드의 선전이 두드러졌다.

2022년 2일부터 8일까지 올리브영이 진행한 대규모 할인 행사 '올영세일' 첫날, 미국 뷰티 브랜드 '어반디케이'의 올나이터 세팅 픽서 1+1 기획상품이 하루 매출순위 1위에 올랐다. 같은 날 미국 메이크업 브랜드 '맥'의 아이섀도 기획상품도 5위권 안에 올랐다. 백화점 1층에서 주로 볼 수 있었던 프리미엄 브랜드가 올리브영의 매출 상위권에 드는 일은 이례적이다.

백화점 1층만 고집하던 프리미엄 화장품의 유통채널이 변화하고 있다. 길거리 매장을 중심으로 하는 CJ올리브영과 같은 뷰티스토어는 물론 카카오톡 선물하기, 온라인 뷰티 전문관 등으로 다각화하는 추세다.

가장 큰 이유는 국내 소비시장에서 존재감이 커진 MZ세대를 잡기 위해서다. 국내 뷰티 시장의 유통채널이 더는 백화점, 1층, 명품 화장품 위주로 돌아가지 않는다는 유통환경의 변화에다 국내 중소기업들이 트렌드를 발 빠르게 반영한 신제품을 앞다퉈 출시하면서 젊은 신규고객을 흡수하고 있는 것도 영향을 미쳤다. 코로나19 장기화로 프리미엄 화장품 유통의 주요채널이었던 면세점의 타격이 컸던 것도 주요이유 가운데 하나이다. 한 명품 화장품 관계자는 "글로벌 본사에서 '한국 MZ 고객 잡기' 특명이 내려왔다. 업계에서도 기존 판매채널을 고수하기보다 브랜드이미지에 크게 타격을 주지 않는 선에서 유통채널을 다각화해야 한다는 위기감이 팽배하다"고 전했다.

최근 프리미엄 화장품 업계가 주목하는 유통 플랫폼은 올리브영이다. 올리브영은 2022년 1월 멤버십 회원 1000만 명을 돌파했다고 밝힌 바 있는데, 이 중 60%가 2030세대다. 올리브영은 2019년 온라인몰에 프리미엄관을 처음 열었다. 이후 대형 오프라인 매장을 중심으로 프리미엄 화장품 존을 확대해 에스티로더, 베네피트, 맥 등 기존 백화점 유통 브랜드를 적극 유치했다.

2022년 3월 발렌티노 뷰티는 이태원 팝업 스토어(임시 매장)를 통해 브랜드 론칭을 알린 후 카카오톡 선물하기를 첫 번째 판매채널로 선택했다. 전년도 6월 샤넬도 100주년 기념 에디션 향수의 유일한 비대면 판매채널로 카카오톡 선물하기를 선택했다.

카카오톡 선물하기는 프리미엄 화장품 브랜드가 새롭게 공략하는 중요 유통채널 중 하나다. 신제품을 이곳에서만 단독 공개하거나, 아예 브랜드 선 론칭의 채널로 선택하는 추세다. 카카오톡 선물하기의 뷰티 카테고리에는 명품 화장품이라는 코너가 따로 마련되어 있다. 이곳에는 샤넬 · 입생로랑 · 구찌 뷰티 · 발렌티노 뷰티 · 아르마니 등의 브랜드가 입점해 있다. 카카오톡 선물하기 내 뷰티제품 매출도 매년 성장세다. 거래액 기준 2020년에는 전년 대비 109%, 2021년에는 66% 성장했다.

| 2022년 3월 국내 론칭한 발렌티노 뷰티는 카카오톡 선물하기를 유통채널로 선택했다.

백화점 업계는 뷰티 전문 플랫폼 개설을 통해 프리미엄 뷰티브랜드들의 이 같은 추세에 대응하고 있다. 롯데백화점은 2021년 4월 프리미엄 화장품 전문관 '온앤더뷰티'를 열었는데, 온앤더뷰티에는 약 80여 개 명품 뷰티 브랜드를 포함해 약 3000여 개 뷰티 브랜드가 입점해 있다. 한 뷰티 전문 컨설턴트는 "프리미엄 뷰티 브랜드의 유통채널 다각화는 한국만의 얘기는 아니다. 미국에서도 세포라만 고집하던 명품 화장품들이 대중 유통채널인 얼타 · 타겟 등에도 진입하는 상황이다. 코로나19로 유통지형이 바뀌었고, 온라인을 선호하는 MZ세대가 주요 소비층으로 부각되면서 나타난 변화이다"라고 했다.

자료원: 중앙일보, 2022.06.14.

많은 기업들이 창의적인 유통시스템의 개발에 의해 경쟁우위를 확보하고 있다. 최근 미국 스포츠 의류용품 브랜드 나이키는 세계 최대 이커머스 아마존에서의 제품판매를 중단하고 직영 매장과 자체 모바일앱을 통한 소비자 직거래 판매방식인 D2C 유통전략에 주력함으로써 유통경로 차별화와 통제력 제고에 성공했다. 미국의 Federal Express는 신속하고도 효율적인 유통시스템의 도입으로 소화물(small-package) 배달시장에서 선도기업이 되었다.

유통경로결정은 다음과 같은 이유에서 마케터가 내려야 할 중요한 마케팅의사결정의 하나이다. 첫째, 기업의 경로결정은 마케팅믹스의 다른 구성요소들에 대한 결정에 직접적인 영향을 미친다. 가령, 가격결정은 기업이 할인점을 이용하느냐 혹은 고품격의 전문점을 이용하느냐에 따라 영향을 받는다. 판매원과 촉진에 대한 결정은 중간상들에게 어느 정도의 동기부여와 설득이 요구되느냐에 의해 영향을 받는다. 마찬가지로 기업의 신제품 개발은 개발된 신제품이 이를 취급할 경로구성원들의 능력과 부합되는지에 의해 영향을 받기도 한다. 둘째, 유통경로결정은 흔히 다양한 경로구성원들과의 장기적인 관계형성(commitment)을 수반한다. 예를 들어, 삼성전자의 가전사업부는 마케팅환경의 변화에 따라 광고, 가격, 촉진 프로그램을 수시로 변경시킬 수 있지만, 독립대리점과의 계약을 토대로 구축된 기존의 유통경로를 자사직영의 경로시스템으로 전환하거나 원자재 공급업체를 바꾸는 것은 쉽지 않을 것이다. 그러므로 마케터는 보다 장기적인 관점에서, 그리고 다양한 경로구성원 간의 네트워크인 공급체인 관점에서 신중하게 유통경로를 설계·관리해야 한다.

본 장에서는 먼저 경로관리자가 고객에게 가치를 전달하기 위해 공급체인 구성원들과의 관계를 구축하는 것이 왜 전략적으로 중요한지를 살펴보기로 한다. 다음으로 어떻게 제품과 서비스가 유통경로를 거쳐 최종소비자에게 전달되는가? 유통경로는 어떻게 조직되는가? 전통적인 유통경로를 대체한 새로운 경로시스템은 무엇인가? 기업은 어떻게 유통경로를 설계하고 관리하는가? 등과 같은 주제들을 다룬다.

01 가치전달네트워크(the Value Delivery Network) 관점에 기반한 공급체인(supply chain)관리

대부분의 기업들은 단독으로 고객들에게 가치를 제공할 수 없다. 그 대신에 기업들은 보다 큰 가치전달네트워크 내에서 다른 기업들과 함께 움직여야 한다. 제품 혹은 서비스를 생산하여 구매자들이 구매할 수 있도록 하기 위해 생산업자는 고객과의 관계구축뿐만 아니라 공급체인상의 주요 공급자 및 유통업자와의 관계구축도 필요하다. 이러한 공급체인은 후방거래(upstream)와 전방거

| 삼성전자 스마트폰 사업부는 고객들에게 최상의 가치를 제공하기 위해 수많은 협력업체들과 강력한 가치전달네트워크를 구축, 관리해야 한다.

래(downstream) 파트너들로 구성된다. 기업 입장에서 후방거래는 제품 혹은 서비스를 생산하기 위해 필요한 원료, 부품, 정보, 금융, 전문기술들을 공급하는 기업들의 집합체이다. 그러나 제조업체 마케팅관리자들은 전통적으로 공급체인의 전방거래 부분에 더 많은 노력을 집중해왔다. 도매상과 소매상 같은 전방거래 마케팅경로(marketing channel 혹은 distribution channel) 파트너들은 기업과 고객들 간의 실질적인 관계를 형성하는 데 중요한 역할을 수행하기 때문이다. 그러나 후방거래 파트너와 전방거래 파트너 모두 공급체인의 구성원이라는 인식이 필요하다.

각 기업이 공급체인을 훌륭하게 설계하는 것은 그들의 고객에게 보다 나은 가치를 제공하는 역할을 한다. 그러므로 개별 기업의 성공은 그 기업이 자사의 마케팅 채널을 잘 운영하는 것뿐만 아니라 전체적인 마케팅 채널이 경쟁사의 채널에 비해 갖는 상대적 경쟁력에 달려 있다. 만든 후 판다(make-and-sell)는 제조 관점에서 본 공급체인(supply chain)은 원료, 부품, 공장의 생산용량이 마케팅계획수립의 출발점이 되어야 한다고 전제하기 때문에 그 의미가 매우 제한적이다. 따라서 기업은 가치전달네트워크 관점에서 공급체인을 정의하고 관리할 필요가 있다. 예를 들어, 현대자동차는 무수히 많은 공급체인 구성원들을 관리하고, 수많은 B2B 웹사이트를 후원하거나 거래한다. 현대자동차처럼 오늘날 대부분의 큰 기업들은 가치전달네트워크를 구축·관리하는 데 주력한다.

가치전달네트워크(value delivery network)는 전체 거래시스템의 성과를 향상시키기 위해 파트너관계를 형성한 제조업체, 공급업자, 유통업자, 최종고객들로 구성된다. 예를 들어, 삼성전자 스마트폰 사업부는 반도체부품, 플라스틱 케이스, LCD 디스플레이, 액세서리의 공급업체들과 조립업체를 포함한 모든 파트너집단을 관리한다. 삼성전자는 갤럭시 구매고객들에게 최상의 가치를 제공하기 위해 이 모든 파트너들과 함께 효율적으로 움직여야 한다. 삼성전자와 협력업체들은 탁월한 가치전달네트워크를 구축함으로써 높은 마케팅성과를 공유한다. 휴대폰용 스피커를 납품하는 협력업체 부전전자는 삼성과 함께 성장했는데, 삼성전자가 세계 휴대폰 시장에서 1위에 오르면서 부전전자도 글로벌 휴대폰 스피커 분야에서 시장선도적 지위에 올랐다

본 장은 가치전달네트워크의 전방거래 부분인 유통경로를 중점적으로 다루지만, 이것은 전체 가치네트워크의 일부분에 불과하다는 것을 명심해야 한다. 고객에게 가치를 제공하기 위해서 기

업은 전방거래 경로파트너만큼이나 후방거래 공급자의 협력도 필요하다. 이에 따라 마케터들은 네트워크 관점에서 자사의 전방거래 활동뿐만 아니라 후방거래 활동에 참여하고 영향을 미치려고 노력한다. 즉, 그들은 마케팅경로 관리자 그 이상인 전체 가치네트워크 관리자가 되려고 하는 것이다.

02 유통경로의 개념과 필요성

마케터는 소비자들이 자사제품을 쉽게 이용할 수 있는 최선의 경로를 결정하고자 한다. 제품배달의 지연은 판매기회의 상실과 고객불만을 발생시킬 것이다. 효과적인 경로시스템의 도입은 제품이동과 관련된 이러한 비효율성을 제거하거나 현저히 감소시킬 수 있다. 예를 들어, 베네통은 고객이 구매를 원할 때 전자문서교환(electronic data interchange)을 이용하여 고객들에게 적시에 원활한 제품공급이 가능하게 한다. **유통경로**는 제조업체로부터 최종소비자(혹은 기업고객)에게로 제품 및 서비스를 이동시키는 과정에 참여하는 조직체나 개인들로 정의된다. 유통경로는 원유의 파이프라인과 비교될 수 있는데, 유통경로를 통한 상품 이동과정에 참여하는 경로구성원에는 제조업자, 중간상(intermediaries 혹은 middlemen), 그리고 구매자들이 포함된다. 여기서 **중간상**은 유통경로상에서 제조업자와 소비자 사이에서 활동하는 조직체나 개인들이다.

중간상의 역할은 도매상이나 소매상에 의해 수행될 수 있다. **도매상**(wholesalers)은 최종소비자에게 판매하지 않고, 주로 소매상이나 다른 도매상, 기업고객들에게 판매하는 중간상을 말한다. **소매상**(retailers)은 주로 최종소비자들에게 상품을 판매하는 중간상을 말한다. 제조업체들은 왜 판매활동의 일부를 중간상들에게 위임하는 것일까? 중간상의 이용은 어떻게 상품을 판매하고 누구에게 판매할 것인가에 대한 통제를 어느 정도 상실함을 의미한다. 그럼에도 불구하고 중간상을 이용하는 것은 제조업체가 생산된 제품을 직접 판매하는 것보다 표적시장에 대한 상품공급에서 더 효율적이기 때문일 것이다. 제조업체는 다음과 같은 이점 때문에 중간상을 이용한다.

첫째, 제조업체는 중간상을 이용하여 거래의 경제성을 달성할 수 있다. [그림 9-1]은 중간상의 이용이 왜 경제적인지(즉 제조업자와 소비자 간의 거래를 단순화시키는지)를 보여준다. [그림 9-1]을 보면 껌을 생산하는 각 제과업체가 개별소비자와 직접 거래를 하는 경우에는 총 9번의 접촉이 필요하다. 그러나 중간상이 존재하면 제조업자와 소비자는 중간상과 거래가 이루어지므로 총 접촉 수는 6번으로 감소한다. 이와 같이 중간상은 제조업자와 소비자가 직접 거래를 함으로써 발생되는 번거로움을 줄여준다.

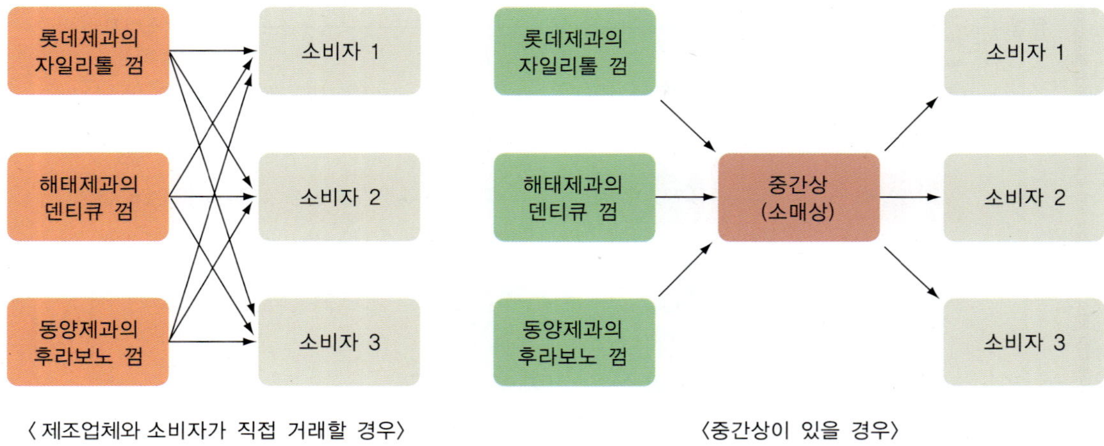

그림 9–1 중간상의 이용에 의한 거래의 단순화

둘째, 중간상의 이용은 제조업체가 최종사용자들과 직접 거래하는 것보다 이들에게 더 많은 시간효용, 장소효용 및 소유효용을 제공한다. 제조업체가 중간상을 이용하면 추가적인 비용이 발생되지만, 이러한 비용의 증가는 중간상이 제공하는 효용들에 의해 상쇄된다. **시간효용**(time utility)은 소비자가 상품을 원할 때 구매할 수 있도록 함으로써 발생되며, **장소효용**(place utility)은 소비자들이 원하는 장소에서 구매할 수 있도록 함으로써 발생된다. **소유효용**(possession utility)은 소비자가 상품을 소유할 수 있도록 도와줌으로써 창출된다.

03 유통경로의 구조(Organization of Marketing Channels)

3.1 소비재 유통경로와 산업재 유통경로

유통경로는 표적소비자들의 욕구에 따라 다양하게 조직될 수 있다. 마케터는 유통경로상에 다양한 형태의 중간상들을 포함시키거나 혹은 중간상의 참여를 배제시킬 수 있다. 또한 기업은 하나의 유통경로를 이용하거나 둘 이상의 서로 다른 유통경로를 활용할 수도 있다. 유통경로의 형태(조직)는 제조업자가 생산하는 제품의 특성에 따라 달라지는데 크게 소비재 유통경로와 산업재 유통경로로 나눌 수 있다. 소비재(consumer product) 제조업체가 이용할 수 있는 유통경로는 크게 네 가지 유형으로 나누어진다([그림 9–2] 참조).

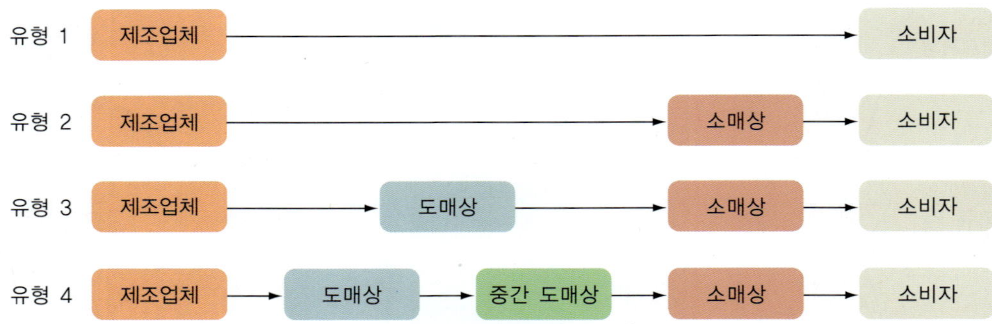

그림 9-2 소비재 유통경로

경로유형 1은 제조업체가 직접 소비자에게 판매하는 형태로서, **직접마케팅경로**(direct-marketing channel 혹은 direct channel)라고 부른다. 예를 들어, 정수기 제조업체나 가정용 학습교재회사, 암웨이 등은 가정방문판매를 통해 제품을 판매한다. 또한 통신판매 전문회사들은 우편주문이나 전화를 이용하여 소비자들에게 직접 상품을 판매한다.

경로유형 2는 제조업체와 소비자 사이에 소매상이 개입되는 형태로서, 예를 들어 백화점이나 할인점 등과 같은 대형소매업체들은 제조업체들로부터 직접 구매한 상품들을 판매한다.

경로유형 3은 제조업체와 소비자 사이에 도매상과 소매상이 개입되는 형태로서 가장 전형적인 경로유형이다. 이러한 경로유형은 식품, 약품 등의 많은 소비용품분야에서 중소규모의 제조업체들에 의해 흔히 이용된다.

경로유형 4는 제조업자와 소비자 사이에 세 단계의 중간상이 개입되는 형태이다. 잡지, 레코드, 우유, 육류 등의 제품에서는 도매상과 소매상 사이에 중간도매상(jobber)이 흔히 존재하는데, 이들은 대형도매상들이 직접 공급하기 어려운 소규모 소매업체들에게 상품을 공급한다.

유통경로가 길어질수록(상품이 최종소비자에게 전달될 때까지 거쳐야 할 유통단계(channel level)가 많아질수록), 각 중간상들이 수행하는 마케팅기능은 보다 전문화된다. 각 중간상은 자신이 잘할 수 있는 유통기능만을 수행하기 때문에 이로 인해 얻어지는 효율성의 증대는 제조업체가 모든 유통기능들을 직접 수행할 경우와 비교하여 최종소비자가격을 더 낮출 수 있는 것이다. 그러나 제조업체와 소비자 사이에 보다 많은 중간상들이 개입될수록, 제조업자의 통제력이 약해진다. 최근 롯데슈퍼는 로컬푸드형 점포 수를 확대함으로써 농산물과 수산물에 대한 긴 유통단계를 대폭 축소시켰다. 로컬푸드형 점포는 가까운 곳에 위치한 농가나 어민이 생산한 식품을 직접 공급받아 판매하는 점포로서, 복잡한 중간 유통단계를 거치지 않고 농어민이나 생산자 조합으로부터 농산물과 수산물을 직접 납품받아 소비자에게 판매함으로써 생산자는 비싸게 판매하고 소비자는 저렴하게 구매하는 이점을 갖는다.

MARKETING
FOCUS

나이키의 경로길이 축소전략이 온라인 플랫폼 기업과 신발전문점의 마케팅성과에 미친 부정적 영향

| 디지털 혁신으로 직접판매 비중을 늘리고 있는 나이키

미국 스포츠 의류용품 브랜드 나이키는 2019년 11월 소비자 직거래 판매방식인 D2C에 주력하기 위해 세계 최대 이커머스 아마존에서의 제품판매를 중단했다. 나이키는 2019년 말부터 유통 거래처를 줄이는 대신, 직영매장과 자체 모바일 앱을 통한 직접판매방식을 강화하고 있다. 한때 3만 개에 달했던 유통 거래처도 향후 40개 파트너 정도로 줄일 방침이다. 존 도나호 최고경영자(CEO)는 "앞으로 소비자와 직접적인 관계에 초점을 맞추겠다. 기존의 거래 소매업체와 차별화된 유통시스템 구축으로, 전 세계 소비자에게 동일한 서비스를 제공하겠다"고 말했다.

나이키가 매출이 보장된 거대 온라인 유통망을 포기하고 D2C 유통방식을 택한 이유는 브랜드 가치 제고를 위해서다. 유통업체를 통한 상품판매로는 소비자들의 브랜드 경험을 제어하지 못하고, 오히려 모조품의 범람으로 브랜드 가치가 떨어질 위험이 높기 때문이다. 반면, 직접판매는 유통업체들에게 마진을 줄 필요도, 복잡한 규칙이나 일방적인 거래조건을 따르기 위해 애쓸 필요도 없다.

D2C 전략의 핵심은 디지털 전환(digital transformation)에 있다. 나이키는 멤버십 서비스인 '나이키 플러스'와 'SNKRS(스니커즈)' 앱(애플리케이션)을 기반으로 고객의 취향을 분석하고, 마니아 고객 및 수집가들과 깊게 소통해 왔다. 그리고 여기서 얻은 고객데이터를 활용해 전 세계 거점 지역에 체험형 직영점을 개설하고 고객과의 직접적인 관계구축 및 고객경험을 향상하는 데 주력했다. 나이키는 D2C 판매를 강화하기 위해 초대형 매장을 확대하고 있다. 예를 들어, 코로나19 여파로 오프라인 소비가 줄었던 2020년 국내에 조던 브랜드 플래그십스토어(대표매장)를 열고, 2021년 하반기에는 명동에 초대형 매장을 개장했다. 2020년 나이키는 코로나19 영향으로 매출이 전년 대비 4.4% 감소한 가운데도, D2C 매출은 크게 증가함으로써 D2C 비중은 33%에 달했다. 나이키는 고객경험을 강화해 향후 D2C 비중을 50% 이상으로 끌어올릴 방침이다.

그러나 나이키의 D2C 전략, 즉 경로길이 축소전략은 신발전문 편집숍 등의 매출에 부정적 영향을 미쳤다. 신발 편집숍은 2010년대 캐주얼한 옷차림의 부상에 맞춰 다양한 신발을 골라 사는 구매처로 주목받았으나, 온라인 쇼핑의 부상과 코로나19 여파로 성장세가 꺾였다. 나이키 등 유명 제조업체 브랜드들이 직접판매(D2C · Direct To Consumer) 방식을 강화한 것이 신발 편집숍 경쟁력 약화에 한몫했다. 신발 편집숍에서 나이키가 차지하는 비중이 40~50%에 달해서다. 나이키 등 유명 스포츠화 브랜드의 D2C 강화는 금강제화 계열사 갈라인터내셔널이 운영하는 레스모아에도 큰 타격을 주었다. 레스모아는 2019년까지만 해도 120여 개의 오프라인 매장을 운영하며 1000억 원대 매출을 거뒀지만, 2020년 6월 말 매장을 모두 철수하고 온라인 편집숍으로 전환했다. 매출의 40%가량을 차지하던 나이키가 공급계약을 종료한 것이 주요이유였다.

나이키 미국 본사는 D2C(Direct To Customer) 판매전략으로의 전환에 맞추어 전 세계 나이키 멤버십을 하나로 통합하는 작업을 추진하고 있다. 유통업계 한 관계자는 "나이키는 직접 제품을 팔고 이를 통해 얻은 데이터를 활용한 제품생산 등을 추진하고 있다. 신발 잡화점에서 나이키 신발이 줄어든 것도 D2C 판매전략의 일환으로 나이키는 2025년까지 전체매출의 60%를 D2C로 채운다는 계획"이라고 말했다.

자료원: 조선비즈, 2022.6.3.; 이코노미조선, 398호, 2021.6.2.

한편 [그림 9-3]은 산업재의 유통경로유형을 보여준다. 소비재와 비교하여, 조직체구매자(영리 및 비영리조직)에게 주로 판매되는 산업재는 많은 경우 직접유통경로를 사용한다. 즉, 산업재는 자사의 영업사원이나 직접마케팅기법(가령, 모바일 앱)을 이용하여 기업체 고객들에게 직접 판매된다. 소비재 시장과 비교하여 산업재 시장은 대체로 소수의 대규모 구매자들로 구성된다. 또한 구매자들은 흔히 지리적으로 집중되어 있다. 그러므로 산업재 제조업체들이 중간상들을 이용하여 얻게 되는 이점이

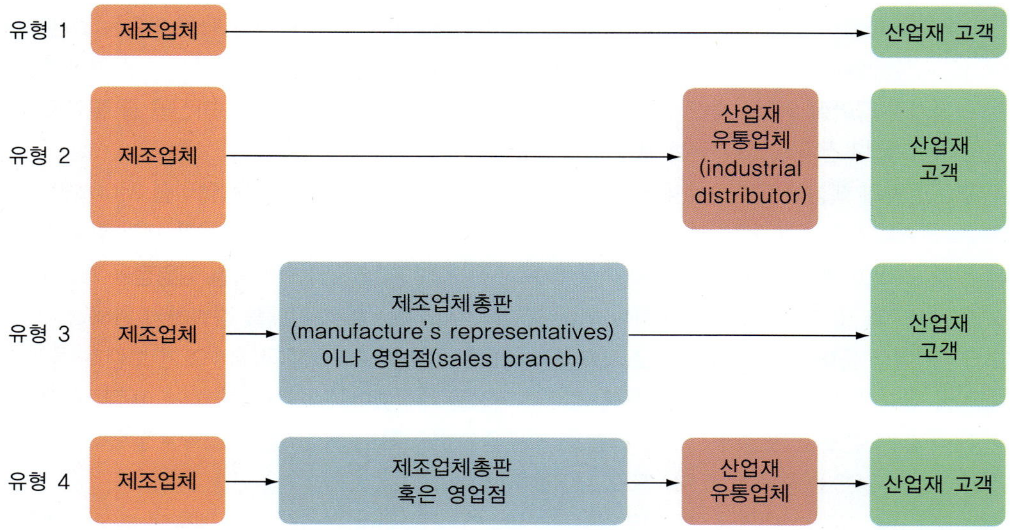

그림 9-3 산업재 유통경로

소비재 제조업자들보다 낮다. 산업재 제조업체들이 보다 짧은 유통경로를 선호하는 또 다른 이유는 제품의 복잡성으로 인해 제품판매에 전문적 지식이나 판매 후 서비스가 요구되기 때문이다.

3.2 유통경로조직의 계열화(수직적 마케팅시스템: Vertical Marketing System)

역사적으로 볼 때 독립된 경로기관들이 상품판매과정에서 자연스럽게 형성된 **전통적 유통경로**(conventional distribution channel)가 유통경로조직의 지배적인 형태이다. 가령, 제조업자와 소비자 간의 거래에 도매상과 소매상들이 자연발생적으로 참여하게 된 것이 전통적 유통경로의 전형적인 형태이다. 전통적 유통경로는 독립적인 경로기관들로 구성된 경로조직으로, 각 경로구성원은 다른 경로구성원의 경로성과나 마케팅기능에 거의 관심을 가지지 않고 자기들에게 주어진 마케팅기능들만 수행한다. 대부분의 전통적 경로에서는 제조업체와 중간상 간의 거래조건과 역할분담 등이 시간이 지나면서 자연스럽게 형성되며 경로구성원들의 경로성과는 시장거래에 의해 조정된다. 따라서 경로구성원들의 경로활동과 거래조건은 사전적 계획에 의해서라기보다는 협상에 의해서 주로 이루어진다.

전통적 유통경로는 이러한 특성으로 인해 경로구성원들 간의 결속력(commitment)이 매우 약하다. 경로구성원들은 공통의 목표를 거의 가지고 있지 않으며, 있다고 하더라도 그 정도는 아주 미약하다. 전통적 유통경로는 경로구성원들 간의 연결이 느슨하기 때문에 구성원들의 유통경로로의 진입과 철수가 비교적 쉽다. 이와 같이 전통적 유통경로는 법적 결속력이 없으며 경로구성원들이 자신들 개인의 이익만을 추구하는 경향이 높기 때문에 경로구성원들 간에 이해의 상충이 발생될 때 이를 조정하기 어렵다. 이러한 전통적 유통경로의 단점을 해결하기 위한 유통경로조직으로 등장한 것이 수직적 마케팅시스템이다.

수직적 마케팅시스템(vertical marketing system: VMS)은 운영상의 경제성과 시장에 대한 최대한의 영향력을 획득하기 위해 전문적으로 관리되고 본부에 의해 설계된 네트워크 형태의 경로조직을 말한다. 이 시스템은 생산에서 구매까지의 유통과정에서 각 경로구성원이 수행해야 할 마케팅기능을 통제하여 규모의 경제를 달성할 수 있게 한다. 그러므로 수직적 마케팅시스템은 전통적 유통경로보다 경로 전체의 목표를 달성하기 위해 경로구성원들의 협조를 끌어내기가 더 용이하다. 수직적 마케팅시스템은 제조업자, 도매상, 소매상 중 어떤 경로구성원이 주도하여 조직될 수 있다.

VMS는 경로구성원들에 대한 소유권의 정도(강도)에 따라 관리형 VMS, 계약형 VMS, 기업형 VMS로 나누어진다. 수직적 통합의 정도가 약한 관리형 VMS에서 매우 강한 기업형 VMS로 갈수록 경로구성원에 대한 통제력이 증가하지만 더 많은 투자를 필요로 하며 유통환경변화에 대응하는 유연성이 약해진다. [그림 9-4]는 VMS의 주요 유형을 보여주고 있다.

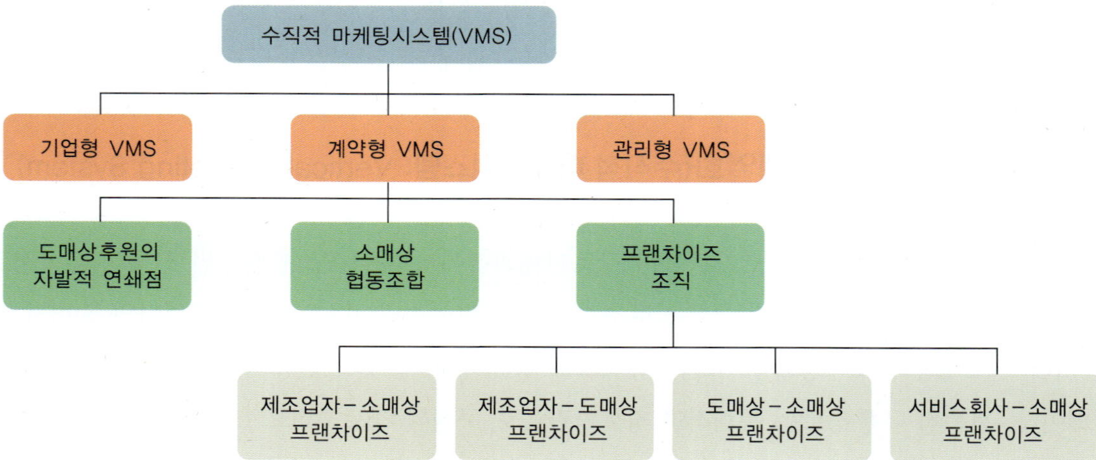

그림 9-4 VMS의 주요 유형

수직적 마케팅시스템 중에서 경로구성원들의 활동에 대한 통제의 정도가 가장 낮은 것이 관리형 VMS이다. **관리형 VMS**는 경로구성원들의 마케팅활동이 소유권이나 계약에 의하지 않으면서 어느 한 경로구성원의 규모, 파워 또는 경영지원에 의해 조정되는 경로유형이다. 예를 들어, CJ제일제당은 자사상품을 취급하는 소매상에게 소매상 지원시스템(retail support system: RSS)을 통해 제품진열, 판촉, 입지선정 등의 경영지원을 해줌으로써 소매상의 협조를 얻는다.

관리형 VMS의 경로구성원들은 일반적으로 개별적인 경로목표들을 추구하며 그들을 함께 묶을 수 있는 공식적인 조직을 가지고 있지는 않지만, 경로리더의 역할을 하는 특정 경로구성원의 마케팅프로그램을 중심으로 비공식적으로 협력함으로써 공유된 경로목표를 달성한다. 관리형 VMS는 전통적 유통경로처럼 개별적 경로목표를 추구하는 독립된 경로구성원들로 구성되지만 구성원들이 최소한도의 전체 경로지향적 성향을 가지고 있다는 것이 전통적 유통경로와 다르다. 즉, 경로리더의 역할을 하는 공급자가 제품을 시장에 내놓기 전에 소매업자들과 협력하여 머천다이징 프로그램을 계획함으로써 각 소매점의 특성에 맞는 상품계획을 마련하는 것이다.

계약형 VMS는 경로구성원들이 각자가 수행해야 할 마케팅기능들을 계약에 의해 합의함으로써 공식적 경로관계를 형성하는 경로조직이다. 계약형 VMS는 도매상후원 자발적 연쇄점, 소매상 협동조합, 프랜차이즈 시스템의 세 가지 유형으로 나누어진다.

도매상후원 자발적 연쇄점(wholesaler-sponsored voluntary chain)은 도매상을 중심으로 독립적인 소매상들이 수직 통합된 경로조직이다. 연쇄점회원으로 가입한 소매상들은 공동구매와 공동촉진 등에 의해 규모의 경제를 통해 이득(효과)을 얻을 수 있으므로 대규모 회사형 연쇄점과 가격경쟁이 가능하다. 미국의 경우 도매상후원 자발적 연쇄점은 식품산업에서 많이 발달하였는데, 대형식품

도매업체인 Fleming사가 주도하여 조직된 Independent Grocers Alliance(IGA)가 가장 대표적인 도매상후원 자발적 연쇄점이다. Fleming사는 경쟁력 있는 상품선정(merchandising)에 관한 자문, 공동광고, 유통업체브랜드(private brand) 개발 등을 통해 IGA에 가입한 소매상회원들을 지원함으로써 Safeway나 Kroger와 같은 대형 슈퍼마켓체인과 경쟁할 수 있게 한다.

소매상 협동조합(retailer cooperatives)은 중소 소매상들이 도매기능을 가진 공동소유의 조직체를 결성하여 이를 공동으로 운영하는 경로조직이다. 소매상 협동조합을 구성한 동기는 도매상후원 자발적 연쇄점의 것과 마찬가지로 공동구매와 공동촉진을 수행함으로써 규모의 경제를 달성하자는 것이다. 우리나라에서는 전국 중소상인 연쇄점협회나 한국 슈퍼마켓 협동조합이 그 예이나, 선진국의 협동조합과 비교해 볼 때 그 위상이나 수행하는 기능이 미약하다. 소매상 협동조합에 가입한 소매점들은 그들이 취급하는 상품 중 상당 부분을 조합으로부터 구매해야 하고, 단체의 일관성을 유지하기 위해서 광고, 상호, 운영방법 등을 표준화한다는 점에서 도매상후원 자발적 연쇄점과 소매상 협동조합은 유사하다.

계약형 VMS 중에서 가장 각광을 받는 것이 프랜차이즈 시스템이다. 프랜차이즈 계약방식과 시스템 운영상의 다양성 때문에 프랜차이즈 시스템을 어떻게 정의하느냐에 대해서는 많은 이견이 있다. 본서에서는 **프랜차이즈 시스템**(franchise system)을 가맹본부(franchisor)가 계약에 의해 가맹점(franchisee)에게 일정기간 동안 특정지역 내에서 자신들의 상표, 상호, 사업운영방식 등을 사용하여 제품이나 서비스를 판매할 수 있는 권한을 허가해 주고, 가맹점은 이에 대한 대가로 초기 가입비와 매출액의 일정비율에 대해 로열티(royalty) 등을 지급하는 경로조직으로 정의하기로 한다. 최근들어 VMS의 여러 가지 유형 중 프랜차이즈 시스템이 가장 급속한 성장을 보이는 이유는 가맹본부는 많은 자본투자 없이도 빠른 시간 안에 사업을 확대할 수 있고, 가맹점은 인지도가 높은 상호와 효율적 경영기법 등을 이용하여 단기간 내에 높은 매출을 올릴 수 있을 뿐 아니라 일정 영역 내에서 독점영업권이 부여되므로 동일점포와의 불필요한 경쟁을 피할 수 있는 이점이 있기 때문이다. 프랜차이즈 시스템에서는 경로 내 어떤 경로구성원이 가맹본부의 역할을 할 수 있다. 예를 들어, 제조업체가 본부가 될 수도 있고, 서비스 전문업체나 소매상이 본부가 될 수 있다.

프랜차이즈 시스템은 크게 네 가지의 유형으로 나누어진다.

(1) 제조업체-소매상 프랜차이즈

이는 제조업체가 가맹본부가 되어 소매상을 가맹점으로 참여시킨 형태이다. 의류제조업체 및 가전용품 제조업체와 각각 프랜차이즈 계약을 맺은 의류대리점과 가전대리점 등을 예로 들 수 있다. 제조업체는 대리점에게 제조업체 상표를 판매할 수 있는 권리를 주며 대리점은 제조업체가 요구하는 판매·서비스 제공조건 등을 준수해야 한다.

(2) 제조업체-도매상 프랜차이즈

이는 제조업체가 가맹본부가 되어 도매상을 가맹점으로 참여시킨 형태이다. Coca-Cola, Pepsi Cola, Seven-Up 등을 예로 들 수 있는데, 청량음료 제조업체는 음료수 원액을 생산하여 프랜차이즈 계약을 맺은 도매상들에게 판매하며 도매업체들은 원액에 물을 섞어서 병에 담은 후 완제품을 소매상에게 유통시킨다. 우리나라의 정유회사와 석유대리점과의 관계도 이러한 형태이다.

(3) 도매상-소매상 프랜차이즈

이는 도매상이 가맹본부가 되고 소매상들을 가맹점으로 참여시킨 프랜차이즈 조직 형태이다. 우리나라의 경우에는 그 예가 많지 않지만 대성석유 등 석유도매상이 자체 프랜차이즈를 구성해 구매상들에게 석유를 공급하는 것이 그 예이다. 미국 의약품 시장의 경우에도 도매상이 약국 프랜차이즈를 운영함으로써 자체 유통경로를 구축하고 있는데, 대형 의약품 도매업체 McKesson이 Health Mart라는 약국 프랜차이즈를 구축, 운영하는 것이 그 한 예이다.

(4) 서비스회사-소매상 프랜차이즈

프랜차이즈 산업의 대부분을 차지하고 있는 형태로 1980년대 후반 들어 우리나라에서 급속히 성장한 외식 프랜차이즈 사업(본죽, 원할머니 보쌈 등), 미국의 자동차 대여산업(Avis, Hertz, National), 패스트푸드/베이커리 산업(McDonald's, Burger King, Kentucky Fried Chicken, BBQ 치킨, 파리바게뜨, 던킨 도너츠), 숙박산업(Hyatt, Sheraton) 등이 그 예이다.

한편 **기업형 VMS**는 한 경로구성원이 다른 경로구성원들을 법적으로 소유·관리하는 경로유형이다. 우리나라의 자동차 유통구조가 기업형 VMS의 대표적인 예이다. 기업형 VMS에는 전방통합과 후방통합의 두 가지 유형이 있다. **전방통합**(forward integration)은 제조회사가 도소매업체를 소유하거나 혹은 도매상이 소매업체를 소유하는 것을 의미한다. 원단제조업체였던 제일모직은 빈폴 등 패션의류브랜드의 개발을 통해 패션의류시장에 진출함으로써 패션제품의 유통망을 강화하였다. **후방통합**(backward integration)은 소매상이나 도매상이 제조업자를 소유하거나 제조업체가 부품공급업자를 소유하는 것이다. 체인스토어는 기업형 후방통합의 한 예이다. 대형 체인스토어는 도매기능을 수행하며 그들 중의 상당수는 제조기능까지도 수행하고 있다. 국내 대표 할인점체인인 이마트, 롯데마트, 홈플러스 등은 도매상을 통하지 않고 제조업체와 직접 거래하고 있으며 유통업체브랜드(PB: private brand)를 직접 개발·생산하여 판매하고 있다. 우리나라의 백화점 자체 상표들도 여기에 해당한다.

MARKETING
FOCUS

세계 최대 프랜차이즈 기업 맥도날드의 매장운영전략: 엄격한 품질·재고관리, 디지털 기술 활용, 컨설팅 제공

| 맥도날드의 주요 성공요인 중 하나는 협력업체와의 긴밀한 관계구축과 유지이다.

프랜차이즈가 성장하려면 탄탄한 브랜드를 구축하고 많은 지역으로 매장을 확대해야 한다. 그런데 이런 노력 못지않게 매장을 관리하고 운영하는 것 역시 프랜차이즈 성공을 결정하는 중요한 요인이다. 매장이 안정적이고 효율적으로 운영돼야 브랜드 가치를 높일 수 있고 이를 통해 매장운영자는 물론 가맹사업자의 수익을 높일 수 있다. 이 때문에 글로벌 프랜차이즈 업체들은 매장 관리 · 운영의 안정성과 효율성을 높이기 위해 다양한 마케팅 노력을 기울이고 있다. 세계 최대 프랜차이즈 '맥도날드' 사례를 중심으로 프랜차이즈 브랜드의 매장 운영방식에 대해 살펴본다.

1. 엄격한 품질 · 재고관리

한국맥도날드는 매장에서 생산되는 모든 상품과 서비스 품질을 직접 관리한다. 가맹점들은 협력업체와 직접 계약을 체결해 품질 좋은 식자재를 직영점과 동일한 조건으로 공급받는다. 다양한 지역에서 운영되는 프랜차이즈 매장들이 동일한 브랜드라는 지붕 아래 엄격한 품질관리를 받는 셈이다.

2. 첨단 디지털 기술 활용

효율적인 매장관리를 위해 첨단 디지털 기술을 활용하는 사례도 늘어나고 있다. 맥도날드는 매장을 방문한 소비자들이 스마트폰을 이용해 주문하고 결제하는 시스템을 도입했다. 복잡한 주문과정 없이 간편하게 맥도날드 음식을 즐길 수 있도록 한 것이다. 맥도날드는 스마트폰 주문 · 결제비중을 2018년 70%로 확대한다는 계획이다.

3. 협력업체와의 관계 강화

맥도날드는 본사 · 가맹점주 · 협력업체의 관계를 '세 다리 의자(The Three-Legged Stool)'로 표현하면서 협력업체와 협업을 강조한다. 맥도날드가 50년 넘게 세계 최고의 프랜차이즈로 성장한 것은 협력업체의 도움이 있었기 때문이라고도 말한다. 한국맥도날드는 지난 25년 동안 오뚜기, 매일유업, 코카콜라 등 식자재를 공급하는 업체, 국내농가와 협력해왔다. 안전하고 효율적인 공급망을 구축하고 좋은 제품을 만드는 공급자를 선정해 본사와 협력업체가 상생하는 모델을 만들고 있다. 맥도날드와 협력업체 간 긴밀한 관계는 새로운 일자리 창출과 시장확대로도 이어지고 있다.

4. 지속적인 전문 컨설팅 제공

가맹점주들이 빠르게 변하는 시장환경에 적응할 수 있도록 지속적인 전문 컨설팅을 제공하는 것도 필요하다. 한국맥도날드는 가맹점주들에게 다양한 교육과 마케팅활동, 제품 품질관리 서비스를 지원해 안정적인 매장운영을 돕고 있다. 여기에는 시장상황과 업계현황을 잘 파악하고 있는 전문 컨설턴트가 투입된다. 한국맥도날드 레스토랑 매니저팀은 직영점과 동일한 다양한 교육프로그램을 이용할 수 있다. 또 현장에서 일하는 직원들에게는 회사경영이나 새로운 제품, 플랫폼에 대한 지속적인 컨설팅이 제공된다.

5. 체계적인 직원교육 프로그램

직원역량이 강화되도록 체계적이고 다양한 교육프로그램을 꾸준히 제공한다. 맥도날드는 모든 직원들이 맥도날드의 핵심가치를 소비자에게 잘 전달할 수 있도록 직영점과 같은 수준의 교육프로그램을 수료하도록 한다. 원자재 수급관리부터 품질관리, 고객서비스, 인력관리, 금융관리 등 모든 분야가 교육내용에 포함돼 있다. 한국에서 맥도날드 가맹점을 운영하는 가맹점주들은 9개월 동안 맥도날드 경영 커리큘럼을 이수하며, 이때 체계적인 교육프로그램을 통해 맥도날드의 글로벌 경영노하우를 전수받는다.

자료원: 이코노미 조선, 2017.5.31.

3.3 수평적 마케팅시스템과 복수유통경로의 도입

(1) 수평적 마케팅시스템의 성장

최근들어 기업들은 수평적 마케팅시스템을 활발하게 활용하고 있다. **수평적 마케팅시스템**(Horizontal Marketing System)은 같은 경로단계에 있는 둘 이상의 기업들이 새로운 마케팅기회를 이용하기 위해 함께 협력하는 것을 말한다. 기업들 간의 업무제휴를 통해 자본, 생산능력, 마케팅자원에서의 경쟁우위를 공유함으로써 기업들은 독자적 마케팅노력과 비교하여 더 높은 경로성과를 성취할 수 있다. 마케터는 경쟁사 혹은 비경쟁사와 협력을 할 수 있고, 일시적 혹은

| 수평적 마케팅시스템의 예: 코카콜라는 이탈리아 커피회사 일리와 협력해 캔커피를 개발/판매함으로써 각 기업이 가진 장점을 결합해 시너지를 창출했다.

지속적인 협력관계를 유지할 수도 있다.

- 코카콜라와 네슬레(Nestle)는 세계시장에서 캔 커피와 캔 홍차음료의 판매를 위해 제휴하고 있다. 코카콜라는 세계시장에서 음료의 판매·유통에 대한 경험을 제공하고 네슬레는 Nescafe와 Nestea라는 강력한 상표명을 제공함으로써 두 회사의 결합에 의한 상승효과(synergy effect)를 거두고 있다. 또한 한국네슬레는 제과류에 대한 유통과 마케팅 등 영업활동 영역에서 농심과 협력관계를 구축했다. 한국네슬레는 킷캣 2종, 네스퀵 초코웨하스, 크런치, 폴로, 프루팁스 같은 초콜릿, 사탕, 웨하스류 제품을 농심을 통해 유통시킨다. 농심은 스낵류 중심의 제품군을 보다 다양화시키고, 한국네슬레는 라면제품의 유통을 통해 구축한 농심의 강력한 유통망과 영업력을 활용할 수 있다는 점에서 모두에게 이익이 될 수 있다.
- 이탈리아 커피회사 일리의 로고가 담긴 캔커피 일리 이씨모의 제조사는 코카콜라다. 일리가 이탈리아에서 에스프레소 원액을 보내주면 코카콜라가 음료형태로 만들어 편의점이나 마트에서 판매한다. 코카콜라로서는 커피 마니아들을 고객으로 흡수할 수 있고, 일리는 코카콜라의 유통망을 이용할 수 있어 두 회사 모두에게 이점을 제공한다.
- 스타벅스는 커피 전문매장과는 별도로 슈퍼마켓 등에서도 병이나 캔으로 포장된 커피를 판매하기 위해 동서식품과 제휴했다. 스타벅스는 병제품과 캔 커피를 만들어 공급하는데, 스타벅스 더블샷 아메리카노 캔 커피가 대표적 예다.

(2) 복수유통경로(Multichannel Marketing System) 활용의 증가

과거에는 대부분의 기업들이 단일시장에 판매하기 위해 하나의 유통경로를 이용하였다. 최근 들어 시장세분화가 가속화되고 다양한 유통경로의 활용이 가능하게 됨에 따라, 많은 기업들이 각 세분시장에 진출하기 위해 둘 이상의 마케팅경로를 함께 활용하는 복수유통경로를 채택하고 있다. 예를 들어, 삼성전자는 독립소매상(백화점, 대리점, 할인점 등)을 통해 자사의 개인용 컴퓨터를 판매하고 정부기관이나 학교 등의 대규모 조직체에 대해서는 자사의 영업사원을 통해 직접 판매하기도 한다. 미국의 고급 가정용품 소매업체 William-Sonoma는 전체 수익 중 40퍼센트 이상을 온라인 등 직접채널에서 얻고 있다. William-Sonoma는 온라인 쇼핑을 제공할 뿐 아니라 온라인 커뮤니티, 소셜미디어, 모바일 앱, 블로그, 특별 온라인 프로그램 등을 통해 고객과의 관계를 강화하고 있다. 복수유통경로의 채택은 매출과 시장커버리지를 증대시키고 각 세분시장의 욕구에 맞는 유통경로를 갖춘다는 이점을 가진다. 그러나 복수유통경로는 둘 이상의 유통경로가 경쟁하게 되므로, 이들에 대한 통제가 어렵고 동일한 고객을 상대하는 복수의 유통경로들 간의 경로갈등을 발생시킬 가능성이 높다.

MARKETING
FOCUS

한정판 모델을 온라인으로만 판매하는 온라인 마케팅을 도입하는 등 복수유통경로전략을 추구하는 BMW

BMW그룹코리아가 독특한 온라인 마케팅으로 완판 행진을 이어가고 있다. BMW그룹코리아는 코로나 팬데믹이 시작되기 직전인 2019년 12월에 BMW 샵 온라인을 최초로 열었고, 2020년 12월에는 'MINI 샵 온라인'도 시작했다. 이 두 곳은 오프라인 전시장에서는 만나볼 수 없는, 희소가치가 높은 BMW · MINI 모델들을 판매한다. 온라인샵이 희소성 있는 모델을 살 수 있는 유일한 통로로 자리잡자, 소비자들이 경쟁적으로 구매에 나선 것이다. BMW코리아는 2020년 총 20가지 470여 대의 온라인 한정 에디션을 출시했는데 모두 완판됐다. 2021년에도 완판이 이어졌다. 가령, 2021년 4월에 각 20대씩 온라인 한정판으로 선보인 '뉴 M3 컴페티션 세단 퍼스트 에디션'과 '뉴 M4 컴페티션 쿠페 퍼스트 에디션'은 판매 개시 40분 만에 완판됐다.

한정판 모델은 내외관 디자인이 오프라인에서 판매되는 일반 모델과 차별화돼 있고, 다양한 기술과 편의사양이 추가된다. 이 때문에 BMW 브랜드 팬이 아닌 소비자들까지도 큰 관심을 보인다. 최근 젊은 소비자들은 평범함을 거부하고 개성을 추구하는 성향을 보이는데다, 공평한 구매기회를 제공하는 온라인 판매방식을 선호한다. BMW의 온라인 한정판 마케팅이 성공한 이유다. BMW그룹코리아는 앞으로도 온라인에서 다양한 한정판 모델을 지속적으로 출시할 예정이다. 또 오프라인 매장을 통해 판매되는 정규모델에 여러 편의사양이 추가된 온라인 전용 모델도 선보이려고 한다.

| BMW와 MINI는 샵 온라인을 통해 오프라인 매장에선 구하기 힘든 한정판 모델을 판매해 완판 행진을 이어가고 있다.

자료원: 이코노미스트, 2022.7.12.; 조선일보, 2021.09.13.

직접마케팅업체 한국암웨이는 방문판매뿐 아니라 소셜네트워크서비스(SNS) 등 온라인 채널, 오프라인 점포 개설 등 복수의 마케팅채널을 도입해 소비자의 구매편의성을 높이고 있다. 한국암웨이는 기존 암웨이가 운영하고 있는 스마트폰 앱(응용프로그램) sABN에 사용자와 사용자를 이어주는 링크서비스를 추가함으로써 사용자들이 암웨이 제품을 쿠폰으로 구매해 선물로 주고받을 수 있도록 했다. 또 위치기반서비스를 통해 사용자가 자기와 가까운 거리에 있는 사업자를 검색하고 추천받을 수 있도록 했다. 그리고 편의점처럼 쉽게 이용할 수 있도록 오프라인 매장인 암웨이 플라자의 영업시간을 오전 10시~오후 8시30분에서 오전 7시~오후 11시로 늘리고, O2O(온·오프라인 연계) 서비스를 도입해 온라인에서 암웨이 상품을 주문하면 암웨이 플라자에서 받아갈 수 있도록 했다.

04 | 유통경로 설계과정

많은 소비용품들이 제품수명주기상의 성숙기에 들어서 제품의 차별화가 힘들어지고 신제품들이 계속 쏟아져 나옴에 따라 제조업체들은 소매점의 제한된 진열공간에 자사제품을 진열하는 것이 갈수록 어렵게 되고 있다. 중간상들은 보다 높은 마진을 요구하거나 중간상들의 촉진활동의 많은 부분을 제조업자가 부담하도록 요구하였다. 이에 따라 많은 제조업자들이 마케팅활동을 보다 쉽게 통제할 수 있는 유통경로를 구축하려는 노력을 하게 되었다. 직영점 개설이 통제력을 높일 수 있는 유통경로의 한 방안으로 고려될 수 있지만 이는 제조업자에게 많은 자본투자를 필요로 하며 기존의 중간상들로부터 반발을 일으킬 가능성이 높다. 따라서 제조업자는 새로운 유통경로를 구축하거나 기존의 유통경로를 변화시킬 때보다 체계적으로 유통경로를 설계할 필요가 있다.

이하에서는 먼저 제조업자의 유통경로 설계과정([그림 9–5] 참조)을 제시하고 각 단계에서 분석되어야 할 요인들을 다루기로 한다.

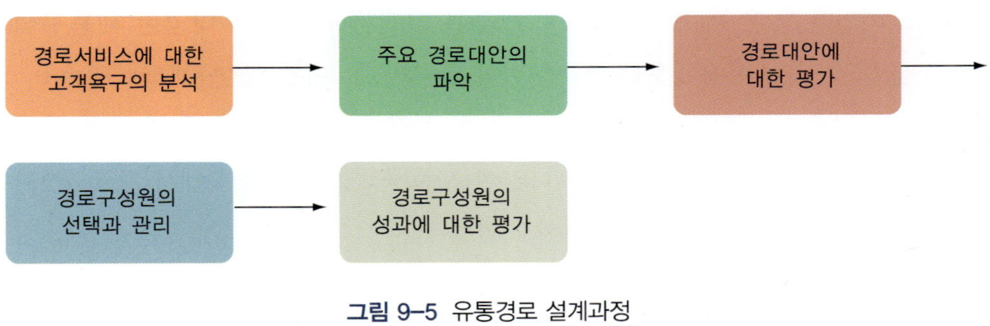

그림 9–5 유통경로 설계과정

4.1 경로서비스에 대한 고객욕구의 분석

마케터는 가능한 경로대안들 중 가장 수익성이 높으면서 표적고객에게 효과적으로 도달할 수 있는 대안을 선택해야 한다. 이를 위해 경로관리자는 체계적으로 유통경로를 설계해야 할 것이다. [그림 9-5]는 유통경로 설계의 주요 단계들을 보여준다.

유통경로 설계과정에서의 첫 단계는 표적시장의 고객이 원하는 서비스와 이를 충족시키기 위해 각 경로구성원들이 제공해야 할 구체적 서비스가 무엇인지를 파악하는 것이다.

유통경로구성원들이 고객에게 제공해야 할 서비스는 매우 다양하지만 크게 ① 입지의 편의성 ② 최소구매단위(lot size) ③ 주문 후 대기시간(제품인도시간) ④ 제품의 다양성으로 나누어진다.

입지의 편의성(locational convenience)은 도·소매업체들이 시장 내에 분산되어 있는 정도를 말한다. 입지가 편리할수록(도·소매업체들이 시장 내에 많이 분산되어 있을수록) 고객의 여행거리와 제품탐색비용이 감소하게 되므로 고객만족이 증가된다. **최소구매단위의 크기**(lot size)도 고객이 유통경로로부터 기대하는 서비스의 주요 구성요소이다. 만약 소비자들이 소량으로 제품을 구매하기를 원한다면, 제조업자와 소비자 사이에 많은 도·소매상들이 개입되어 이들은 소비자가 원하는 수준의 구매단위로 제품을 분류하는 기능을 수행해야 할 것이다.

대기시간(waiting time)은 주문한 제품을 인도받을 때까지의 기간이다. 대기시간이 길수록 소비자의 불편이 증가한다. 만약 소비자들이 제품인도까지의 대기시간을 중요하게 생각한다면, 제품인도가 용이한 위치에 점포가 입지해야 하므로 마케터는 많은 중간상들을 이용해야 할 것이다. 건설중장비와 광산장비의 세계적 선도기업인 Caterpillar사는 강력한 대리점체제를 구축하여 신뢰성이 높은 애프터서비스와 주문한 부품의 48시간 내 배달을 실행한 결과 오랜 기간 동안 높은 시장점유율과 수익성을 유지하고 있다. 최근 국내의 많은 제조업체와 서비스업체들이 고객의 대기시간을 줄이기 위해 자동판매기, 현금자동인출기 등의 새로운 유통경로 수단을 도입하고 있다. 그러나 긴 대기시간을 기꺼이 수용하고자 하는 고객층을 위해 선별된 제품을 저렴한 가격에 공급하는 통신판매제도를 도입하는 제조업체도 늘어나고 있다.

마지막으로 기업은 높은 유통서비스를 기대하는 고객들에 대해서 **다양한 제품구색**(product variety)을 공급할 수 있는 유통경로를 구축하여야 할 것이다. 이는 일괄구매(one-stop shopping)를 가능하게 하므로 소비자의 정보탐색노력과 교통비를 절감할 수 있다. 한 예로 LF패션 아울렛, 코오롱몰 아울렛 등 종합의류매장의 등장은 다양한 제품구색을 갖춘 점포에서 일괄구매를 원하는 소비자층의 서비스 욕구를 잘 충족시킨 데서 기인된다.

소비자들은 위에서 언급한 다양한 유통경로서비스를 직접 수행하거나 또는 유통경로구성원들이 제공하는 서비스를 대가를 지불하고 구매할 수 있다. 만약 소비자들이 유통경로로부터 높은 수준의 서비스를 원한다면 제조업자는 유통경로상에 많은 경로구성원들을 참여시켜 고객들에게 폭넓은 서비스를 제공해야 할 것이다. 그러나 제조업자가 경로서비스 수준을 높일수록 유통비용도 함께 증가한다. 비용의 증가가 제품가격의 인상으로 전가된다면 가격에 민감한 고객집단은 유통경로구성원들이 제공하는 서비스를 스스로 수행하거나 낮은 경로서비스를 기꺼이 감수할 것이다. 최근 할인점이 급성장하는 이유는 많은 소비자들이 저렴한 가격의 제품을 구매하는 대신 낮은 서비스, 불편한 점포위치, 평범한 실내장식 등의 낮은 경로서비스를 기꺼이 수용하고자 하기 때문이다. 물론 자사제품의 가격이 경쟁사의 유통경로를 통해 공급되는 제품가격과 동일하다면 고객은 이들 중 보다 나은 서비스를 제공하는 유통경로를 선호하게 될 것이다.

| 대기시간을 줄여 세계적 선도기업이 된 Caterpillar

4.2 주요 경로대안의 파악

표적고객이 기대하는 경로서비스가 파악되면, 이를 충족시킬 수 있는 최적의 경로대안을 개발하는 단계로 들어간다. 일반적으로 기업은 요구되는 경로서비스 수준이 서로 다른 세분시장들을 파악하고 이들 가운데 일부 세분시장을 표적시장으로 선정한다. 마케터는 각 표적세분시장별로 최소의 경로비용으로 표적소비자의 기대서비스 수준을 충족시킬 수 있는 경로대안을 개발·선택해야 한다. 주요 경로대안들은 경로길이(즉 직접유통경로(짧은 유통경로) vs. 간접유통경로(긴 유통경로))와 중간상의 수(시장커버리지)를 고려하여 개발된다.

먼저 경로대안의 개발에서는 유통경로의 길이를 어느 정도로 할 것인가와 각 경로단계별로 어떤 유형의 중간상을 포함시킬 것인가 등이 고려된다. 유통경로길이의 대안에는 경로길이가 가장 짧은 직접유통경로로부터 경로단계별로 다양한 유형의 중간상(도·소매상)들이 참여하는 간접유통경로에 이르기까지 다양한 경로대안이 있을 수 있다. 그리고 마케터는 간접유통경로를 이용할 경우에 경로단계별로 어떤 유형의 중간상을 참여시킬 것인지에 대해서도 고려해야 한다. 예를 들어, 산업재 제조업자는 제조업자 대리인, 판매대리인, 수수료 상인, 브로커 등 다양한 유형의 중간상(도매상)을 이용할 수 있다.

유통경로의 길이를 결정함에 있어 기업은 기업특성, 제품특성, 시장특성, 경쟁사의 유통경로를 고려해야 한다.

기업은 기업특성을 고려하여 경로길이를 결정해야 한다. 충분한 자금력과 강력한 영업사원을 구비한 기업들은 비용이 들더라도 보다 많은 이익과 강력한 경로통제가 가능한 직접유통경로를 구축하려 한다. 이에 반해 경영자원이 부족한 중소기업들은 상품판매에 대한 통제력을 어느 정도 상실하더라도 유능한 중간상을 사용할 수밖에 없을 것이다.

마케터는 경로길이의 결정 시 제품특성도 고려해야 한다. 마케터가 고려해야 할 제품특성들로는 제품의 부패가능성(perishability), 복잡성(complexity), 그리고 대체율(replacement rate) 등이 있다. 제품의 부패가능성이 높을수록(가령, 꽃이나 생선), 신속한 제품공급이 이루어져야 하므로 유통경로의 길이가 짧아야 할 것이다. 제품의 복잡성도 경로설계에 영향을 미치는데, 일반적으로 제품의 복잡성 정도가 높을수록, 보다 소수의 중간상들이 유통경로에 참여한다. 고도로 복잡한 제품(가령, 메인프레임 컴퓨터나 첨단 기자재)은 직접유통경로를 통해 고객에게 판매된다.

한편 제품대체율도 경로선택에 영향을 미친다. 가령, 우유는 대체율이 높고, 도자기 세트는 대체율이 낮으며, 의류는 중간 정도의 대체율을 가진다. 대체율이 높은 제품은 단위당 마진이 낮고, 고객욕구에 따라 고객서비스를 조정해야 할 필요성이 낮으며, 소비기간이 짧고 제품탐색에 소요되는 시간이 짧은 특성을 가진다. 대체율이 높은 제품의 경우, 보다 많은 중간상들이 참여하는 간접유통경로가 선호되는 반면, 도자기 세트나 자동차 같은 대체율이 낮은 제품에 대해서는 직접유통경로가 보다 선호된다.

부패가능성이 높은 제품은 신속한 제품공급을 위해 유통경로의 길이가 짧다.

경로길이의 결정에 영향을 미치는 또 다른 요인으로 시장특성이 있다. 일반적으로 시장의 규모가 클수록, 수많은 고객들의 욕구를 충족시키기 위해 다양한 형태의 중간상(즉 도매상과 소매상)들이 참여하게 되므로 경로길이가 길어진다. 또한 고객들이 지역적으로 넓게 분산된 시장도 유통과정에 보다 많은 중간상들이 참여하게 되므로 경로길이가 길어진다.

마지막으로 기업은 유통경로 길이를 결정함에 있어 경쟁사의 유통경로도 고려해야 한다. 제조업체는 상황에 따라 경쟁사가 사용하는 유통경로를 피하기로 결정할 수도 있다. 비오템, 에스테로더(Estee Lauder), 랑콤(Langcome) 등의 화장품업체들은 대부분 소매상을 통해 소비자에게 화장품을 판매하는 경로(간접유통경로)를 이용해왔다. 에이번(Avon)도 이와 동일한 유통방식을 선택하고자 했지만, 소매상인들이 판매진열 공간을 제공해 주려 하지 않았다. 이에 따라 에이번은 "에이번 레이디(Avon lady)"를 채용하여 화장품을 집집마다 들고 돌아다니며 판매하는 직접유통을 도입하였다. 에이번은 100만 명이 넘는 소비자 판매사원으로 구성된 자체 판매인력을 이용한 직접판매를 통해 커다란 성공을 거뒀다. 에이번 화장품의 성공은 파티판매(party selling)(예를 들어, 메리케이 화장품, 타파웨어)와 다단계 마케팅(multilevel marketing)(예를 들어, 암웨이)과 같은 직접유통모델이 계속적으로 도입되는 계기가 되었다.

경로대안의 개발에서 고려되어야 할 또 다른 요인은 기업이 원하는 상품의 시장노출수준을 달성하는 데 필요한 중간상의 수를 결정하는 것이다. 유통경로상에 포함될 중간상의 수를 결정하는 것을 **시장커버리지**(market coverage) 결정 혹은 **유통집약도**(intensity of distribution) 결정이라고 부른다. 시장커버리지전략은 크게 집약적 유통, 전속적 유통, 선택적 유통으로 나누어진다(〈표 9-1〉 참조).

표 9-1 집약적 유통, 전속적 유통, 선택적 유통의 비교

	집약적 유통	전속적 유통	선택적 유통
전략	가능한 한 많은 점포들로 하여금 자사제품을 취급하도록 함	한 지역에 하나의 점포에게 판매권을 부여함	한 지역에 제한된 수의 점포들에게 판매권을 줌
점포 수	가능한 많은 점포	하나	소수
통제	제조업자의 통제력이 낮음	제조업자의 통제력이 매우 높음	제한된 범위에서 제조업자의 통제가 가능함
제품유형(소비재)	편의품	전문품	선매품
소비재의 예	페리오 치약, 비트 세제	크리스천디올 향수, 조르지오 아르마니 패션의류	삼성 가전제품

집약적 유통(intensive distribution)은 가능한 많은 소매상들로 하여금 자사제품을 취급하도록 함으로써 포괄되는 시장의 범위를 최대화하는 전략이다. 집약적 유통의 장점은 충동구매의 증가, 소비자 인지도의 확대, 편의성의 증가 등을 들 수 있으며, 단점으로는 낮은 마진, 소량 주문, 재고 및 재주문관리의 어려움, 중간상에 대한 통제의 어려움 등이 있다. 대체로 편의용품 제조업자들은 집약적 유통전략을 선택한다. 그 이유는 소비자들이 제품의 구매를 위해 노력을 별로 기울이지 않기 때문이다. 가령, 대부분의 소비자는 자신이 원하는 치약상표가 없을 때, 그 상표의 구매를 위해 다른 점포를 방문하기보다는 점포 내에 진열된 다른 경쟁상표를 대신 구매할 것이다. 집약적 유통은 대량판매를 발생시키지만, 브랜드광고와 많은 영업사원의 유지에 많은 비용이 든다.

MARKETING
FOCUS

전속적 유통전략을 고집하여 어려움을 겪은 홀마크사(Hallmark)

홀마크 카드는 1910년에 YMCA의 방 한구석에서 설립된 카드 전문회사이다. 이 회사는 지속적인 성장을 거듭하여 세계 최대 규모의 카드회사가 되었다. 그런데 이 절대 강자처럼 보이던 회사의 시장점유율이 90년대 중반들어 줄어들었다. 고객들의 구매형태 변화로 인해 가격경쟁이 격화된 결과였다.

홀마크는 차별화마케팅을 추구했는데, 좀 비싸더라도 고품질의 고급카드를 만들고 파는 것이었다. 왜냐하면 카드는 일종의 선물이었기 때문에 가격에서 어느 정도 차이가 나더라도 품질 측면에서 뛰어난 것을 구매할 것이라고 판단하였기 때문이다. 홀마크는 자신의 고급 이미지를 유지하기 위해 타 카드와 섞지 않고 홀마크만을 독자적으로 전시하고 판매하는 조건으로 유통업체에 카드를 공급했다. 이 전략은 성공적이어서 홀마크 '특약점'은 전체 홀마크 카드 판매의 3/4을 담당할 정도로 중요한 지위를 차지하고 있었다.

그러나 카드구매 고객의 대부분을 차지하는 여성의 사회진출이 증대함에 따라 그들은 더 이상 홀마크 '특약점'을 찾아가서 카드를 살 시간적 여유가 없게 되었다. 여성들은 그 대신 가까운 슈퍼나 할인점에서 다른 물건을 사면서 카드도 같이 사게 되었다. 홀마크의 입장에서는 자신의 고급카드가 할인점에서 판매되는 것을 용인할 수 없었다. 만약 할인점에 카드를 공급하기 위해서는 자신의 고급이미지를 포기해야 했고, 나아가 기존의 차별적 유통망을 포기해야만 했기 때문이다. 2류 카드 메이커들이 이 틈을 비집고 들어와 할인점을 대상으로 저가에 카드를 공급하기 시작함에 따라 홀마크의 시장점유율은 낮아지게 되었다.

이에 따라 최근들어 홀마크는 전속적 유통전략을 포기하고 홀마크 제품을 구매할 수 있는 유통채널을 확대함으로써 고객의 구매 편의성을 높이고 있다. 소비자들은 hallmark.com을 통해 온라인으로 제품을 구매하거나, 온라인으로 구입하고 오프라인 매장에서 픽업을 하거나, 혹은 대형 소매점, 꽃집, 선물가게 등 다양한 오프라인 점포에서 홀마크 제품을 구매할 수 있다.

또한 중간상들로 하여금 자사제품을 보다 적극적으로 판매하도록 동기부여를 제공하는 데 어려움이 있다. 왜냐하면 중간상들은 한 상품군의 전체매출에만 주로 관심이 있으므로 소비자들이 상품군 내에서 어떤 상표를 구매하는지에 대해서는 별로 상관하지 않기 때문이다. 그러므로 치약, 샴푸 등 생활용품을 생산하는 대부분의 기업들은 중간상들의 적극적 판매노력을 위해 이들에게 추가적인 인센티브를 제공하게 된다.

전속적 유통(exclusive distribution)은 각 판매지역별로 하나 혹은 극소수의 중간상에게 자사제품의 유통에 대한 독점권을 부여하는 전략이다. 전속적 유통은 상품구매를 위해 적극적인 정보탐색을 하고 그 제품을 취급하는 점포까지 기꺼이 쇼핑여행을 하고자 하는 특성을 가진 전문품(specialty goods)에 적절한 전략이다. 전속적 유통전략은 자동차, 고급패션의류 등에서 흔히 볼 수 있다. 예를 들어, 조르지오 아르마니 디자이너 의류를 구매하고자 하는 소비자는 독점판매권을 가진 신세계백화점을 방문해야 할 것이다. 전속적 유통은 중간상들에게 독점판매권과 높은 마진을 제공함으로써 이들의 적극적인 판매노력을 기대할 수 있고, 중간상의 판매가격, 신용정책, 서비스 등에 관하여 보다 강한 통제를 할 수 있다는 이점이 있다. 또한 자사제품의 이미지에 적합한 중간상들을 선택함으로써 브랜드이미지를 더욱 강화시킬 수 있다. 전속적 유통의 단점은 제한된 유통으로 판매기회가 상실된다는 것이다. 그러므로 전속적 유통을 선택하고자 하는 제조업자들은 소비자들이 자사제품의 구매를 위해 적극적으로 시간과 노력을 투입하고자 하는지를 확인해야 한다. 카드전문회사인 홀마크는 마케팅환경의 변화에도 불구하고 전속적 유통전략을 고집함으로써 점유율 유지에 어려움을 겪었다.

선택적 유통(selective distribution)은 집약적 유통과 전속적 유통의 중간에 해당되는 전략으로, 판매지역별로 자사제품을 취급하고자 하는 중간상들 중에서 자격을 갖춘 하나 이상의 소수의 중간상들에게 판매를 허용하는 전략이다. 이러한 전략은 소비자들이 구매 전에 상표대안들을 파악하고 이들을 비교·평가하는 특징을 가진 선매품(shopping goods: 가령, 구두, 가구, PC, 가전제품 등)에 적절하다. 선택적 유통을 사용하는 제조업자는 판매력이 있는 중간상들만 유통경로에 포함시키므로 만족스러운 매출과 이익을 기대할 수 있다. 또한 제조업자는 선택된 중간상들과의 우호적인 거래관계의 구축을 통해 적극적인 판매노력을 기대할 수 있다. 선택적 유통전략을 선택한 제조업자는 집약적 유통에 비해서 더 강한 경로 통제와 낮은 비용을 실현하면서 동시에 충분한 시장커버리지를 확보할 수 있다.

4.3 경로대안에 대한 평가

몇 개의 가능한 경로대안을 파악한 기업은 각 경로대안의 매력도를 평가하여 장기적인 경로목표를 가장 잘 충족시킬 수 있는 대안을 선택해야 한다. 각 경로대안의 평가에 사용되는 평가기준에는 경제성(economic criteria), 통제력(control criteria), 적응성(adaptive criteria) 등이 있다.

(1) 각 경로대안의 경제성(economic criteria)

경로대안(가령, 직접유통경로와 간접유통경로)의 경제성에 대한 평가는 각 경로대안으로부터 기대되는 판매수준과 판매하는 데 드는 비용을 추정하는 것으로 나누어진다. 먼저 마케터는 자사의 영업사원을 이용하는 직접유통경로와 중간상을 활용하는 간접유통경로로부터 기대되는 매출수준을 비교해 보아야 한다.

대부분의 마케팅관리자는 직접유통경로의 이용이 더 많은 매출을 올릴 것으로 믿는다. 기업의 영업사원은 자사제품만을 판매하며 판매방법에 대한 충분한 교육을 받는다. 그들은 자신의 미래가 기업의 성과에 달려 있으므로 고객의 욕구충족을 위해 최선의 노력을 기울일 것이며, 고객들은 기업과의 직접거래를 보다 선호할 수 있다. 이러한 이유로 인해 기업은 직접유통경로가 보다 바람직한 대안일 것으로 생각한다. 한편 간접경로대안이 직접경로보다 더 많은 매출을 올릴 수도 있다. 중간상들은 많은 능력 있는 판매사원들을 보유할 수 있으며, 제공되는 마진율에 따라 직접경로보다 더 적극적인 판매노력을 기울일 수 있다. 어떤 고객은 특정회사의 영업사원과의 거래보다는 여러 제조업체의 제품들을 함께 취급하는 중간상과의 거래를 보다 선호한다. 또한 어떤 중간상은 많은 기존 거래선을 이미 확보하고 있어 시장침투를 용이하게 한다. 그러므로 마케터는 각 경로대안으로부터 예상되는 판매수준을 산정한 다음, 판매수준의 변화에 따른 각 경로대안의 비용변화를 추정한다. [그림 9-6]은 경로대안별로 매출과 판매(유통)비용 간의 관계를 보여준다.

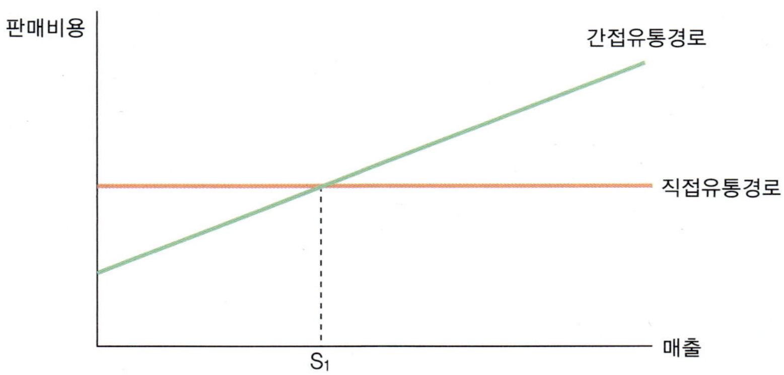

그림 9-6 경로대안의 매출과 판매비용

일반적으로 간접경로의 이용에 의해 발생되는 고정비는 자사의 영업사원을 활용하는 직접경로보다 낮다. 그러나 간접유통경로는 매출의 증가에 따라 중간상에게 보다 많은 커미션이 제공되어야 하므로, 판매비용이 빠른 속도로 증가한다. S_1은 두 경로대안의 판매비용이 같아지는 매출수준이다. 그러므로 S_1 이하의 매출수준에서는 간접유통경로가, 그리고 S_1 이상의 매출수준에서는 직접경로가 보다 바람직한 대안일 것이다. 일반적으로 중소기업은 간접유통경로를 이용하는 경향이 있으며, 대기업의 경우에는 경로통제가 용이한 직접경로를 보다 선호하지만 자사의 영업사원을 사용하기에는 매출규모가 작은 판매지역에 대해서는 간접경로를 고려할 수 있다. 삼성전자는 스마트폰 갤럭시S를 미국에 출시하면서 베스트바이(미국 최대 전자제품 양판점) 점포에 자사제품을 공급하는 간접유통전략을 추구함으로써 단기간 내에 매출을 증대시키는 데 성공했다. 삼성전자는 미국 내 1400개 이상의 주요 베스트바이 점포에 숍인숍(shop in shop) 형태의 삼성 미니스토어를 설치했다. 소비자들은 이곳에서 삼성 브랜드의 스마트폰과 태블릿PC 등을 체험할 수 있다. 삼성전자 판매대는 단독 계산대가 있어 사실상 독립매장처럼 운영되며, 삼성이 따로 고용한 직원이 제품을 안내한다. 미국 최대 가전 양판점인 베스트바이는 북미지역에서 가장 많은 애플 제품을 파는 유통회사였지만, 애플이 자체 직영매장을 늘리고 아마존 등 온라인 쇼핑몰에 고객을 뺏겨 매출이 감소함에 따라 삼성전자와의 거래를 강화하기로 한 것이다. 자체 판매망이 없는 삼성전자 입장에서는 베스트바이 매장을 활용하여 직접 소비자 대상 마케팅을 펼칠 수 있고, 베스트바이는 추가 투자비를 들이지 않으면서 삼성전자 제품의 매출이 증가하면 수수료 수입을 늘릴 수 있다는 이점이 있었다.

(2) 경로대안에 대한 통제력(control criteria)

마케터는 각 경로대안의 마케팅활동을 어느 정도 통제할 수 있는지에 대해서도 고려해야 한다. 일반적으로 간접유통경로는 직접경로보다 경로활동에 대한 통제가 어렵다. 간접경로 내의 각 중간상들은 자신의 이익극대화에 주로 관심을 갖는 독립사업체이다. 그러므로 중간상들은 거래규모가 큰 기업들의 상품에 판매노력을 집중하거나 특정 거래기업의 판촉활동에 비협조적일 수 있다.

(3) 경로대안의 환경적응성 정도(adaptive criteria)

경로구성원들이 유통환경변화에 공동으로 대처하려는 적극적 노력도 경로대안의 평가에 있어 중요한 기준이다. 환경변화에 효과적으로 대처하기 위해서는 경로구성원들의 거래활동에 대한 강한 몰입(commitment)이 요구된다. 대체로 기업과 중간상들 간에 장기적 계약(거래관계)이 이루어지면,

| 삼성전자는 스마트폰 갤럭시를 미국에 출시하면서 베스트바이(미국 최대 전자제품 양판점) 점포와 거래관계를 맺는 간접 유통전략을 추구함으로써 단기간 내에 매출을 증대시키는 데 성공했다.

계약기간 동안보다 효과적인 유통경로대안이 등장하더라도 기업은 기존거래선과의 거래관계를 종식시키기가 어렵다. 그러므로 마케터는 경로대안들을 평가하는 데 있어 경로구성원들과의 장기적인 거래관계의 유지(즉 경로구성원들 간의 높은 몰입 정도)를 경로대안의 경제성이나 통제력보다 더 중요한 평가기준으로 고려할 수 있다.

4.4 경로구성원의 선택과 관리

각 경로대안들을 비교·평가하여 가장 바람직한 경로대안이 결정되면, 마케터는 경로구성원으로 포함될 개별중간상들을 선택해야 한다. 대체로 기업은 표적시장이 요구하는 경로서비스를 가장 잘 제공할 능력이 있는 중간상들을 선택하기를 원할 것이다. 그러나 기업이 원하는 중간상을 선정할 수 있는 능력은 기업에 따라 다르다. 예를 들어, 미국 자동차시장에서 Toyota는 최고급 승용차 모델인 Lexus에 대한 새로운 딜러를 모집하는 데 아무런 문제가 없지만, 현대자동차의 Sonata는 자격을 갖춘 딜러를 모집하는 데 어려움을 겪을 수 있다.

제조업체가 보다 나은 중간상들을 선택하는 데 고려하는 평가기준에는 ① 신용능력 ② 명성 ③ 영업사원의 규모와 질 ④ 판매능력 ⑤ 취급하는 다른 제품들의 수와 특성 ⑥ 기존고객 ⑦ 수익성과 성장잠재력 ⑧ 입지 등이 있다. 중간상의 대금지불능력을 말하는 신용능력과 업계에서의 명성은 가장 중요한 평가기준의 하나이다. 또한 중간상이 보유하고 있는 영업사원의 규모와 질, 중간상의 판매력은 푸쉬전략(중간상 판촉을 통해 중간상들의 적극적인 판매노력을 유도하는 전략)을 사용하는 제조업자에게 매우 중요한 고려요인이 된다. 제조업체는 자사제품의 이미지 및 일관성 있는 유통전략을 유지하기 위해 경쟁사의 제품도 취급하는 중간상보다는 자사제품과 보완적인 제품들을 취급하는 중간상을 보다 선호한다. 또한 제조업자는 자사제품과 품질에서 대등한 제품계열들을 취급하는 중간상들과 거래하기를 원할 것이다. 또한 중간상이 거래하는 기존고객의 수와 특성도 중요한 평가기준의 하나인데, 기업은 자사제품의 표적시장과 부합되는 특성을 갖춘 기존고객들을 보유한 중간상들과 거래하기를 원한다. 마지막으로 높은 수익성과 성장잠재력을 보이거나 좋은 입지를 가진 중간상이 바람직하다. 만약 기업이 전속적 유통이나 선택적 유통전략을 원한다면, 중간상의 입지나 수익성 및 성장잠재력이 중요한 선택기준이 될 것이다.

마케터는 선택된 중간상들이 자사제품의 판매를 위해 최선을 다하도록 계속적으로 동기부여를 해야 한다. 일반적으로 제조업자는 중간상들의 협력을 얻기 위해 긍정적 동기부여수단과 부정적 동기부여수단을 함께 사용한다. 긍정적 동기부여수단(positive motivators)에는 높은 마진, 특별 가격할인, 프리미엄 제공, 협동광고 지원금, 진열 지원금 등이 포함되며, 부정적 동기부여수단(negative motivators)에는 마진의 삭감, 제품인도의 지체, 거래관계의 종식 등이 포함된다. 어떤 기업들은 전문적으로 관리되는 수직적 마케팅시스템의 구축을 통해 중간상들과 장기적인 협력관계(long-term partnerships)를 형성하려고 한다. 기업은 중간상들과 공동으로 머천다이징 목표, 머천다이징 전략, 판매원 교육, 광고 및 판촉활동을 계획함으로써 수직적 마케팅시스템의 한 구성원이 되는 것이 그들에게 많은 이익을 실현시킴을 확신시키고자 한다.

4.5 경로구성원의 성과에 대한 평가

기업은 정기적으로 각 경로구성원의 성과를 성과표준(가령, 판매할당량, 평균재고수준, 고객배달시간, 파손품에 대한 처리, 기업의 판촉노력에 대한 협조, 고객에 대한 서비스 등)과 비교하여 평가작업을 수행해야 한다. 마케터는 높은 성과를 보인 경로구성원에 대해서는 보상하고, 실적이 나쁜 경로구성원에 대해서는 지원책을 강구하거나 새로운 경로구성원으로 대체해야 한다. 기업은 정기적으로 기존 구성원들에 대한 재평가를 통해 취약한 경로구성원을 대체할 수 있다. 예를 들어, 기업은 시장성이 높은 신제품을 처음으로 시장에 도입할 때, 딜러에 대한 재평가를 통해 능력이 있는 중간상들에게만 새 모델을 취급하도록 할 수 있다. 각 딜러에게 사업계획서를 제출하도록 하고, 판매 및 서비스사원들로 하여금 연수원에서 교육을 받도록 하고, 새로운 판매할당량을 달성하도록 요구하는 것이다. 이에 따라 기존의 딜러 중 성과가 우수한 딜러들만이 계속적으로 취급할 수 있다.

05 경로갈등의 관리

유통경로는 여러 경로구성원들로 구성된 시스템이므로 경로구성원들도 공통의 경로목표를 달성하기 위해 상호의존적 관계를 갖는다. 따라서 각 경로구성원은 경로 전체의 목표를 달성하기 위해 다른 구성원들의 협력을 필요로 한다. 만약 경로구성원들 간에 이해의 상충으로 인해 경로갈등이 발생한다면, 경로구성원들은 자신의 파워와 영향력을 행사하거나 다른 해결방안을 사용하여 이를 해소해야 할 것이다. 적절하게 관리되지 않은 갈등은 개별 경로구성원 및 경로 전체의 성과를 감소시키게 된다. 경로선도자의 주요한 역할 중 하나는 경로구성원들 간의 협력을 최대화하고 갈등을 최소화하도록 영향력을 행사하는 것이다. 2013년 남양유업 전 영업사원의 대리점주에 대한 막말 파문으로 인해 남양유업과 일부 대리점주 간의 경로갈등이 표면화되었다. 일부 대리점주들은 주문하지 않은 제품을 본사가 강제로 넘기거나 유통기한이 임박해 폐기해야 할 제품을 보내기도 한다는 불만을 토로하면서 남양유업 제품 불매운동을 벌였다. 이를 계기로 남양유업은 밀어내기 물량 발주를 중단하고 본사와 협력업체 간 소통을 강화하는 등 채널관리를 강화했다. 남양유업 사태를 계기로 제조업체와 대형 유통업체는 경로갈등을 최소화하기 위해 본사와 협력업체/대리점 간의 관계를 재정립하려는 노력을 기울이고 있다.

경로갈등(channel conflict)은 크게 수평적 갈등과 수직적 갈등으로 나누어진다. **수평적 갈등**(horizontal conflict)은 유통경로상의 동일한 단계에 있는 중간상들(가령, 둘 이상의 소매상들이나 둘 이상의 도매상들) 간의 갈등을 말한다. 서울 영등포지역의 삼성전자 대리점이 자신의 판매지역을 넘어 부천이나 안양지역의 소비자에게 영업을 하는 것에 대해 해당지역 대리점이 반발하는 경우가 수평적 갈등의 한 예이다. 한편 **수직적 갈등**(vertical conflict)은 유통경로상의 서로 다른 단계에 있는 구성원들(가령, 제조업자와 도매상 혹은 도매상과 소매상) 간에 발생되는 갈등을 말한다. 수직적 갈등은 각 경로구성원이 추구하는 목표가 서로 다르거나 불충분한 커뮤니케이션 등에 의해 발생된다. 하이트가 진로 참이슬의 판매량을 확대하기 위해 서울 및 수도권지역의 주류도매상에게 이의 구입을 강요하거나, 경쟁제품인 롯데의 처음처럼 소주를 취급하는 도매상에게 진로 참이슬 소주의 공급을 중단하거나 감량하는 등의 압력을 행사하여 경로구성원들의 불평을 살 수 있는데, 이러한 경우가 수직적 갈등의 예이다.

일반적으로 갈등은 바람직하지 못하거나 역기능적인 효과를 지니는 것으로 인식되고 있다. 그러나 경로갈등은 경로구성원들 간의 관계를 발전시키고 경로성과를 높이는 순기능적 효과와 경로구성원들 간의 관계를 악화시키고 경로성과를 감소시키는 역기능적인(dysfunctional) 효과를 동시에 지니고 있다. 경로구성원들이 경로갈등을 어떻게 해소하고 관리하느냐에 따라 순기능적인 효과 혹

MARKETING
FOCUS

프랜차이즈 본사와 가맹주 간의 경로갈등
- 맥도날드를 일으킨 가맹점 관리가 한국에서는 갑질 논란이 될 수 있다

| "우리 햄버거엔 피클이 두 개라니까! 왜 세 개가 들어 있냐고!"

'파운더'(사진)는 맥도날드 창업자들의 이야기를 다룬 영화이다. 맥도날드를 프랜차이즈로 전환한 직후 레이 크록이 가맹점주를 찾아가 햄버거를 바닥에 내던지며 한 말이다. 미국 캘리포니아에서 두 형제가 운영하던 작은 햄버거 레스토랑 맥도날드는 크록의 손을 거쳐 미국 문화의 상징이 됐다. 지금도 전 세계 인구의 1%가 먹는 세계 최대 프랜차이즈다.

영화 속에는 세 명의 파운더(창업자)가 나오는데, 맥도날드를 처음 만든 맥도날드 형제와 이 가게를 프랜차이즈 사업으로 키운 크록이다. 영화는 맥도날드 형제와 크록의 갈등을 다루면서 프랜차이즈산업의 본질을 끊임없이 이야기한다. 창업자들의 고민은 한결같다. "지점을 내줬더니 관리가 안돼. 햄버거를 만들라니까 옥수수를 튀기고, 요즘 대세라면서 치킨을 팔고 있더군." 1950년대 미국의 이야기다.

국내에서도 비슷한 논쟁이 벌어지고 있다. 지난해 국내 프랜차이즈 점포 수는 20만 개를 넘은 것으로 추산된다. 프랜차이즈 본부와 가맹점 간 분쟁도 늘었다. 공정거래위원회 산하 공정거래조정원에 들어온 가맹사업 관련 분쟁 조정신청은 2006년 212건에서 2016년 593건으로 늘었다. 10년 새 3배 가까이 증가했다. 공정위는 프랜차이즈 본사의 '갑질'을 규제하기 위한 정책을 강화하고 있다. 가맹점에 대한 보복금지 규정을 신설하고, 구매 필수물품 실태조사도 하겠다고 했다. 가맹본부가 가맹점에 필수 식자재를 공급하는 과정에서 과도한 이익을 남기고 있다는 게 이유다.

가맹점주들은 환영하는 분위기다. 본사가 과도한 마진을 붙여 물품을 강매하거나, 일부 가맹점주에게 계약 해지 등 보복성 조치를 취하는 행위가 없어질 것이라고 기대하고 있다. 피자집을 운영하는 한 가맹점주는 "본사가 마트에서 파는 공산품까지 필수 구매물품으로 지정해 놓아 너무 비싼 가격으로 구매해야 하고, 인테리어도 8년 동안 세 차례나 바꿔야 했다. 공정위가 나서서 해결해 줄 것으로 기대한다"고 말했다. 반면 '프랜차이즈 본사=갑질'이라는 프레임에 갇히면 프랜차이즈산업 자체가 위축될 것이라는 우려의 목소리도 나온다. 일부 악덕 프랜차이즈 업체가 가족명의의 인테리어 회사, 물류 회사 등을 차려놓고 공산품까지 판매하지만 이는 일부 업체의 일이라는 주장이다. 오히려 가맹점의 자율권을 확대하면 '어디를 가나 같은 맛의 음식을 맛볼 수 있다'는 프랜차이즈산업의 본질을 해칠 수 있다는 의견이 많다. 한 피자 프랜차이즈 가맹점 점주들이 "우리 피자에 들어가는 치즈는 우리가 알아서 수급하겠다"고 나선 일도 있었다. 하지만 본부는 피자의 핵심재료가 치즈인데 이를 양보하면, 피자 맛이 가맹점마다 다를 수밖에 없다며 버텼다. 프랜차이즈산업협회 관계자는 "본사가 적게는 수십 개, 많게는 1000여 개 점포를 관리하려면 엄격한 관리와 물류시스템을 도입해야 하는 게 이 업종의 본질이다. 공정위가 가맹점의 자율성을 강화하는 방안을 밀어붙이면 프랜차이즈산업 자체가 위축될 가능성도 있다"고 말했다.

크록은 과거 "본사와 가맹점주, 공급 업체가 의자의 세 다리와 같은 역할을 해야 맥도날드가 글로벌 브랜드로 성장할 수 있다"고 말했다. 본사가 가맹점주에게 사업 시작 단계부터 운영까지 모든 경영노하우를 전수해야 한다는 것이다. 그 성장모델의 시작은 철저한 가맹점의 품질관리에 있었다.

자료원: 한경, 2017.5.31.

은 역기능적인 효과가 발생될 수 있는 것이다. 현실적으로 갈등이 없는 유통경로는 존재하지 않으며, 경로구성원들 간에 어느 정도의 갈등이 존재하는 경로조직이 더 높은 경로성과를 보일 수 있다. 많은 경우 갈등이 유통경로에 부정적인 영향을 미치는 이유는 이의 해결과정에서 부적절한 방법(예를 들어, 강압적 경로파워의 사용)이 활용되기 때문이다. 그러므로 경로선도자는 유통경로 내의 갈등을 제거하는 것보다는 적절한 해결 메커니즘을 통해 적절한 수준에서 이를 유지·관리하는 데 보다 많은 노력을 기울여야 한다.

06 물적유통(Physical Distribution)

최근들어 제조업의 물류비용이 갈수록 증가함에 따라 효율적인 물적유통의 관리가 마케터의 중요한 의사결정영역으로 대두되고 있다. 마케팅에서의 물류관리의 중요성은 마케팅 총비용에서 물류비용이 상당부분을 차지하고 있다는 사실에서 알 수 있다. 물류관리의 중요성은 크게 거시적 요인과 미시적 요인의 변화에서 비롯된다. 거시적 요인으로는 자동차의 급증에 의한 도로의 정체와 항만기반시설의 부족에 따른 화물적체를 들 수 있으며, 이러한 요인들은 기업의 물류비 부담을 가중시키고 있다. 미시적 요인으로는 고객욕구의 다양화에 따른 다품종·소량·다빈도 수송체계의 도입을 들 수 있는데, 이는 운송효율의 저하와 안전재고량의 증가를 유발시켜 물류비용 상승의 또 다른 원인이 된다.

이하에서는 물적유통의 개념, 물적유통의 목표, 그리고 물적유통의 개별기능에 대해 살펴보기로 한다.

6.1 물적유통의 개념

물적유통(physical distribution)은 "원자재, 재공품, 완제품 및 관련정보를 발생지점에서 소비지점까지 효율적이고 효과적으로 흐르도록 계획·실시·통제하는 과정"으로 정의되며, **시장로지스틱스**(market logistics)라고도 불린다. 물적유통은 판매를 위해 생산지에서 소비지까지 상품이 이동되는 과정을 관리하는 보다 협의의 개념인 반면 로지스틱스는 조달·생산·판매활동에 수반되는 물적흐름을 통합적으로 관리하는 보다 광의의 개념으로 사용된다.

로지스틱스 혹은 물적유통의 핵심은 공급업자로부터 최종사용자에 이르기까지의 부가가치흐름(value-added flows)인 **공급연쇄**(supply chains)를 관리하는 것이다. 그러므로 로지스틱스의 주요과업은 공급연쇄를 구성하는 공급자, 구매담당자, 마케팅관리자, 경로구성원, 그리고 고객들이 수행하는 활동을 조정하는 것이다(〈그림 9-7〉 참조).

물적유통시스템은 관련된 기능들의 집합으로 구성되는데, [그림 9-8]은 물류기능들이 어떻게 연

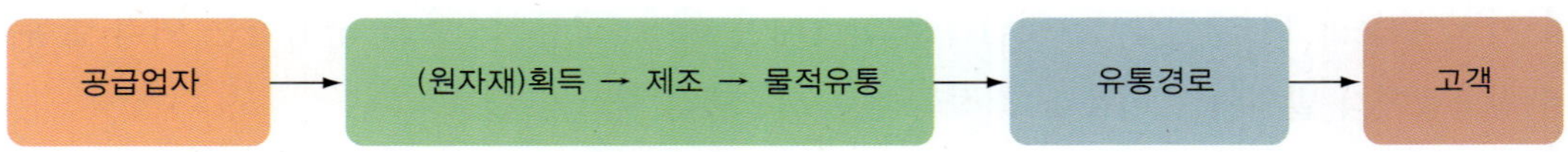

그림 9-7 공급연쇄의 구성요소

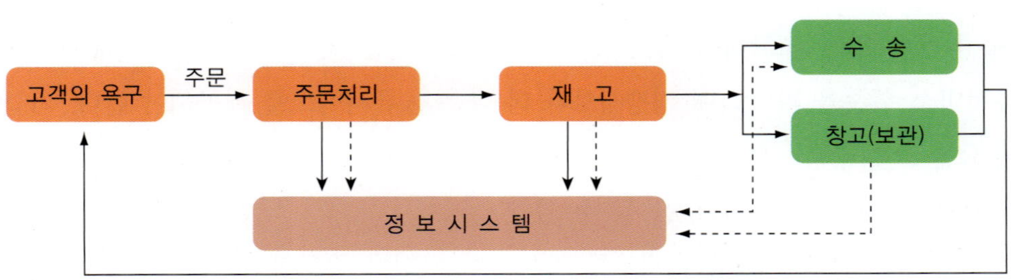

점선: 정보의 흐름을 의미함. 가령, 주문은 정보시스템에 입력되며, 수송자료가 정보시스템에 입력되면 이에 따라 수송지시가 이루어짐.

그림 9-8 물적유통기능들 간의 관계

관되어 있는지를 보여준다. 물류관리자는 주문을 어떻게 처리하고, 생산된 제품을 어떤 지역에 보관하며, 어떤 운송수단을 이용해야 하며, 제조업자·중간상·고객 간의 연계를 위해 어떤 정보시스템이 필요한지에 관한 결정을 내려야 한다.

마케터는 공급연쇄상에서의 물자흐름에 의해 발생되는 총물류비용을 최소화하는 데 역점을 두어야 한다. 효율적 물류관리시스템의 도입은 물류비용을 현저히 절감시킬 수 있다. 물적유통은 마케팅비용을 절감시킬 수 있는 중요한 영역일 뿐 아니라 고객수요를 창출하기 위한 전략적 도구로 사용될 수 있다. 기업은 효율적인 물적유통의 도입으로 보다 나은 고객서비스나 보다 저렴한 상품가격을 제공함으로써 더 많은 고객을 확보할 수 있다. 그러나 비효율적인 물적유통시스템은 고객이 원하는 시점에 상품을 공급하지 못함으로써 고객을 감소시키는 원인이 될 것이다.

6.2 물적유통의 목표

효율적이면서 시장지향적인 물적유통시스템의 개발은 기업에게 매우 벅찬 도전이다. 물적유통의 목표는 크게 고객서비스 향상과 물류비용의 최소화라는 두 가지 측면을 함께 고려해야 한다. 기업은 최소의 비용으로 최대의 고객서비스를 제공하는 것을 물적유통의 목표로 삼는다. 그러나 이 두 가지를 동시에 달성하기는 매우 어렵다. 최고의 고객서비스 제공은 더 많은 재고의 보유, 최선의 운송수단, 더 많은 창고를 필요로 하며, 이들은 모두 유통비용의 상승을 의미한다. 이에 반해 최소의 물적유통비용은 저렴한 운송수단, 보다 적은 양의 재고, 소수의 창고 등에 의해 성취되지만, 이는 보다 낮은 고객서비스를 초래한다. 그러므로 마케터는 고객서비스 향상과 물류비절감 중에서 어느 부분에 더 중점을 둘 것인가를 고려해야 하며, 물류시스템을 구성하는 여러 물류활동의 수행과정에서 발생되는 비용을 최적화하는 시스템적 사고가 필요하다.

(1) 고객서비스 목표

물적유통 목표의 하나는 고객에 대한 서비스를 향상시키는 것이다. 그러므로 기업은 고객이 원하는 물류서비스 수준을 파악하여 경쟁사보다 더 나은 물류서비스를 제공해야 한다. 기업이 고려해야 할 주요한 고객서비스 요소들로는 **재고이용가능성**(inventory availability), **서비스제공능력**(service capability), **서비스의 질**(service quality)을 들 수 있다.

재고이용가능성은 기업이 충분한 재고를 보유하여 고객이 주문할 때 즉시 공급이 가능한지를 말한다. 재고이용가능성이 높을수록 고객서비스는 향상되며 고객만족이 증가한다. 서비스제공능력은 신속한 주문처리와 배달이 이루어지고 고객의 특별한 서비스 요구에 유연하게 대처할 수 있는지를 말한다. 서비스 질은 오류 없이 물류서비스를 수행하여 고객의 기대를 충족시킬 수 있

MARKETING
FOCUS

통합적인 물류관리를 통해 성공한 페덱스

페덱스(FedEX)가 배달하는 화물에는 눈이 달려 있다. 미국 페더럴 익스프레스(Federal Express)의 화물운송 서비스를 두고 고객들이 한결같이 하는 말이다. 페덱스는 전 세계를 커버하는 물류망을 갖추고 세계 어느 지역이라도 48시간 안에 화물을 실어 나른다. 페덱스의 경쟁력은 신속성에 있는 것만은 아니다. 고객이 맡긴 화물의 99% 이상이 부탁받은 시간에 정확히 상대방에게 배달된다. 페덱스의 탁송화물 분실률은 0.01%에 못 미친다. '정확성'이 경쟁력의 또 다른 원천인 것이다.

페덱스가 이처럼 신속 · 정확을 무기로 삼을 수 있는 비결은 화물추적시스템인 코스모스(COSMOS)와 휴대용 컴퓨터인 슈퍼트래커(Super Tracker)에 있다. 코스모스는 미국 테네시주 멤피스에 있는 페덱스 본사의 중앙 컴퓨터이다. 이 컴퓨터는 세계 2백 11개국 13만여 도시의 페덱스지점과 인터넷망으로 연결돼 있다. 코스모스는 화물이 고객의 손을 떠나 상대방에게 배달될 때까지의 모든 과정을 통제하는 '보이지 않는 눈'이기도 하다.

슈퍼트래커는 페덱스 집배원 누구나 갖고 다니는 길이 15cm 정도의 휴대용 컴퓨터 통신장치다. 이 장치도 언제나 코스모스 컴퓨터와 연결돼 있다. 고객이 택배요청을 하는 집배원들의 슈퍼트래커에는 고객이 있는 장소와 요청시간이 알려진다. 고객으로부터 화물을 넘겨받은 집배원은 화물에 바코드를 부착하고 슈퍼트래커로 그것을 스캐닝하기만 하면 된다. 화물을 전달받았다는 사실이 자동으로 기록되고 이후 화물이 움직일 때마다 그 정보가 슈퍼트래커에 입력된다.

화물은 분류센터를 거쳐 항공기에 실리고 다시 세계 각국의 거점 물류기지로 옮겨진 뒤 통관처리 과정 등을 마친다. 최종적으로 화물차로 운송돼 고객이 지정한 장소와 시간에 배달이 완료된다. 이 모든 과정이 슈퍼트래커로 입력돼 곧바로 코스모스에 전달된다. 고객으로부터 화물을 넘겨받은 후부터 배달과정을 마칠 때까지 적어도 10회 이상 각종 운송정보가 입력된다. 코스모스는 이들 정보를 바탕으로 모든 화물이 어떤 상태로 어디에서 옮겨지고 있는지를 자동적으로 추적하고 기록한다.

페덱스는 고객 누구나 인터넷을 통해 이 코스모스 컴퓨터에 접속, 언제 어디서나 자신의 화물이 어떻게 처리되고 있는지를 알 수 있도록 해놓고 있다. 고객들은 페덱스 웹사이트(www.fedex.com)에 접속해 주문번호만 입력하면 화물택배신청, 배달장소, 송장(invoice) 내용 수정 요청 및 배달처리상황 확인 등을 일괄처리할 수 있다. 화물을 전달받는 사람도 선적이 완료되면 전자우편을 통해 그 내용을 알려달라고 요청할 수 있다. 페덱스가 처리하는 화물량의 3분의 2 이상은 이처럼 코스모스와 슈퍼트래커가 위성망으로 거미줄처럼 연결된 인터넷 글로벌 네트워크 시스템을 통해 이뤄지고 있다. 이 중 절반 이상은 고객이 직접 포장해 바코드까지 부착하고 있다. 하루 1백만 명의 고객이 이 회사의 인터넷 사이트에 접속해 배달처리상황을 확인한다.

는 능력(가령, 선적된 제품을 손상 없이 배달하거나 invoice가 정확하게 작성되거나, 불량품을 신속하게 처리함)을 말한다.

(2) 비용최소화 목표

기업은 최소의 물류비용으로 고객이 원하는 서비스를 제공할 수 있어야 한다. 이를 위해 주요한 물류비용 항목들을 파악하고 이들을 합한 총비용을 최소화해야 한다. 물류관리전문가들은 물적유통의 특정기능에 대한 비용을 최소화하는 것보다 총비용을 최소화하는 것이 더 중요하다고 지적한다. 다양한 물적유통기능들은 서로 밀접한 관계를 갖고 있으므로, 한 기능에서의 변화는 다른 기능에 영향을 미친다. 그러므로 물류관리자가 창고의 수를 늘리고자 한다면, 이러한 결정이 재고, 주문처리, 수송에 미치는 효과를 고려해야 할 것이다.

물류관리자의 의사결정을 어렵게 하는 것은 개별 물류비용항목(물류기능)들 간에 상충관계(trade-offs)가 존재한다는 것이다. 즉, 한 물류기능의 비용이 감소하면 다른 기능의 비용이 증가한다. 예를 들어, 물류관리자가 창고의 수를 늘리기로 결정한다면, 최종고객에게 배달하는 데 드는 수송비는 감소하지만 재고비와 주문처리비는 증가할 것이다. 창고의 수가 증가함에 따라 각 창고에 의해 보관되는 재고량이 늘어나게 되어 재고유지비가 증가한다. 마찬가지로 창고의 수가 늘어남에 따라 각 창고별로 이루어지는 주문처리비용도 함께 증가한다. 그러므로 각 물류기능의 비용을 최소화하는 물류의사결정과 이들을 합한 총물류비용을 최소화하는 물류의사결정 간에 차이가 있음을 알 수 있다. 기업은 모든 물류활동(기능)들을 하나의 물류시스템을 구성하는 요소들로 보는 시스템적 접근이 요구된다. 이러한 시스템적 사고는 고객서비스, 비용, 이익 간의 적절한 균형을 유지하는 물류시스템의 구축을 가능하게 한다. 최근 많은 기업들이 물류비용항목(혹은 물류기능)들 간의 상충관계를 고려하여 총물류비용을 최소화하는 통합물류시스템을 구축하려는 노력을 기울이고 있다.

07 소매상과 도매상

오랜 기간 동안 국내 유통산업은 점포규모의 영세성, 운영의 전근대성으로 인한 낮은 생산성, 제조업체 주도의 경로구조 등과 같은 특성으로 인해 다양한 도·소매업태의 개발에 어려움이 있었다. 그러나 소득수준의 향상에 따른 소비자욕구의 다양화 및 개성화, 가격을 중시하고 합리적 소비를 원하는 중산층 소비자들의 확대 등으로 인해 신업태 개발의 필요성이 증대되었다. 또한 1996년 국내 유통시장의 개방으로 외국 선진유통업체의 국내 진출이 가속화됨에 따라 국내 유통업체들은 신업태의 도입이 유통시장에서의 경쟁우위 유지에 중요함을 인식하였다.

이와 같은 유통환경의 변화는 재래시장, 백화점, 슈퍼마켓 중심의 기존 유통체계에서 벗어나 편의점, 할인점이 등장하는 계기가 되었다. 1993년 신세계는 최초의 할인점인 이마트(E-Mart)를 성공적으로 개점했다. 할인업태의 성공적 도입과 급속한 성장으로 2000년대 들어 할인업태는 유통시장을 선도하는 소매업태의 하나로 잡았으며, 이마트, 롯데마트, 홈플러스가 치열한 점유율 경쟁을 벌이고 있다. 이밖에 아웃렛(outlet), 교외쇼핑센터, 복합쇼핑몰 등과 같은 선진소매업태도 도입되는 등 업태의 다양화가 가속화되고 있다. 2020년대 디지털 시대로 들어섬에 따라 소비자들은 상품이나 서비스를 획득하는 방법이 보다 다양해지고 있다. 소비자들은 온라인과 오프라인 채널을 통해 편리하게 제품정보를 탐색하고 상품과 서비스를 선택/주문할 수 있게 된 것이다. 이에 따라 도·소매업체들은 보다 혁신적이고 고객지향적이지 않고서는 시장경쟁에서 생존하기 어렵게 되었다.

이하에서는 소매상의 정의와 기능을 설명하고, 다양한 소매업체들을 점포형 소매상과 무점포형 소매상으로 나누어 살펴본다. 그리고 도매상의 기능과 유형에 대해 설명한다.

7.1 소매상의 기능과 유형

소매상은 "개인적 혹은 비영리적 목적으로 구매하려는 최종소비자에게 재화나 서비스를 판매하는 것에 관련된 활동을 수행하는 상인"으로 정의된다. 따라서 소매상의 고객은 영리기업, 또는 기관 구매자가 아닌 최종소비자다.

소매상은 최종소비자와 직접 접촉한다는 점에서 제조업체와 도매상의 판매성과에 큰 영향을 미치는데, 이들은 소비자에게 다음과 같은 유통기능을 제공한다.

첫째, 소매상은 소비자가 원하는 상품구색을 제공한다. 소매상은 여러 공급업자들로부터 제품을 제공받아 다양한 상품구색을 갖춤으로써 소비자들에게 제품선택에 소요되는 비용과 시간을 절감할 수 있게 하고 선택의 폭을 넓혀준다. 소매상이 소비자에게 제공하는 상품구색의 폭과 깊이는 소매상의 마케팅전략에 따라 달라진다. 가령, 전문점은 상품구색의 폭이 좁은 대신에 깊이가 있고 할인점은 구색의 폭이 넓은 대신에 깊이는 얕다. 백화점은 대체로 구색의 폭이 넓고 깊이가 있다.

둘째, 소매상은 소비자에게 필요한 정보를 제공한다. 소매상은 소매광고, 판매원 서비스, 점포 디스플레이 등을 통해 고객에게 제품 관련 정보를 제공하여 소비자들의 제품구매를 돕는다.

셋째, 소매상은 신용정책을 통하여 소비자의 구매비용부담을 덜어주는 금융기능을 수행한다. 즉, 소매상은 제조업체를 대신하여 소비자와의 거래에서 발생하는 여러 비용을 부담한다든지 고객에게 신용제공이나 할부판매 등의 기능을 수행하는 것이다.

넷째, 소매상은 소비자에게 애프터서비스의 제공, 배달, 설치, 사용방법의 교육 등과 같은 다양한 고객서비스를 제공한다. 소매시장의 경쟁이 갈수록 치열해지는 최근에는 소매상이 제공하는 이러한 서비스가 제품구매에 결정적인 역할을 하는 경우가 많다. 일반적으로 제품의 설치에 전문적인 기술을 필요로 하거나, 고가 또는 사이즈가 큰 제품들의 경우에는 소매상의 이러한 부가적인 서비스가 소비자의 구매의사결정에 큰 영향을 미친다.

소매상은 최종소비자들의 다양한 욕구를 충족시켜야 하므로 여러 가지 형태의 소매점들이 계속 출현하였다. 소매상의 규모에서 보면 연간 매출액이 3천만 원 미만의 가족생계형인 구멍가게에서 연간 매출액이 7조 원 이상에 이르는 롯데백화점과 같은 거대 소매기구까지 매우 다양한 규모의 소매상들이 존재한다. 업태별로 보면 전근대적인 재래시장이나 구멍가게에서부터 현대적인 소매업태인 백화점, 할인점, 편의점, 회원제 창고형 도·소매업 등의 다양한 업태들이 소매시장에서 경쟁하고 있다. 소매업은 일반적으로 유형점포에서 이루어지는 활동으로 생각되지만, 방문판매, 자동판매기, 우편·전화·cable TV 등을 이용한 통신판매, 전자상거래업체 등과 같은 무점포 소매상에 의해서도 수행된다.

소매상의 형태는 〈표 9-2〉와 같이 소매점포 믹스전략, 점포 유무 등의 기준에 의해 다양하게 분

표 9-2 소매상의 분류

점포 유무에 의한 분류	소매점포 믹스전략에 의한 분류
점포 소매상	편의점 슈퍼마켓 전문점 백화점 할인점 양판점 상설할인매장 하이퍼마켓 전문할인점 회원제 도매클럽
무점포 소매상	자동판매기 방문판매 우편통신판매 텔레마케팅 직접반응 텔레비전 마케팅 전자상거래업체(e-커머스)

류되지만 크게 점포 소매상과 무점포 소매상으로 나누어질 수 있다. 이하에서는 각 유형에 대해 자세히 설명하기로 한다.

7.2 점포 소매상

점포 소매상들은 소매점포 믹스전략에 의해 여러 가지 업태로의 분류가 가능하다. 일반적으로 소매점포 믹스전략은 입지, 상품구색, 서비스, 가격수준, 영업시간 등의 통합된 조합에 따라서 매우 다양하게 수립될 수 있기 때문에 다양한 점포 소매상의 유형이 존재하게 된다.

(1) 편의점(Convenience Store)

편의점(CVS)은 접근이 용이한 지역(주택밀집지역이나 유동인구가 많은 지역)에 위치해서 24시간 연중무휴 영업을 하며 재고회전이 빠른 한정된 제품계열(가령, 식료품, 편의용품, 문방구 등)을 취급한다. 가격에 있어서 편의점은 생필품을 취급하는 다른 소매업태(가령, 슈퍼마켓)보다 다소 높은 가격을 유지하지만, 위치적 효용(location utility)과 24시간 구매가 가능한 시간상의 편리성이 이를 상쇄하고 있다. 편의점은 효율적인 점포운영을 위해 초기에 유통정보시스템의 개발과 설치에 많은 고정투자를 필요로 하는데, 체인화를 통한 다점포전략에 의해 초기고정투자비를 분산시키고 있다.

국내의 경우에는 1989년 올림픽선수촌에 등장한 7-Eleven이 본격적인 최초의 CVS이고 이후에 로손, 써클케이, 훼미리마트, LG25(현 GS25) 등의 여러 CVS업체의 시장진입으로 급속한 시장성장이 이루어졌다. 이들 편의점은 전통적인 구멍가게를 대체하였으며, 도심권 내에 구멍가게가 들어가기 어려운 곳에 진입함으로써 신수요를 개발하였다. 현재는 CU, 7-Eleven, GS25가 편의점 시장을 선도하고 있다.

편의점 업계는 서비스기능의 확대, 식품으로부터 잡화 및 일상소비용품으로 PB상품의 확대를 통해 성장을 추구하고 있다. 은행자동화기기의 설치, 공공요금의 수납, 택배서비스, 디지털 사진인화 서비스, 영화 티켓/사이버머니 판매 등은 서비스기능 확대의 예들이다. 최근들어 편의점은 업무범위를 더욱 넓히고 있다. 세금과 공과금을 받고 외국인을 상대로 개별소비세와 부가가치세를 환급해 주는 사후면세점으로 등록했다. 주요 편의점은 대형마트처럼 배달서비스도 시작했다. GS25는 모바일 앱(응용프로그램) '나만의 냉장고'에 도시락 예약 주문과 온라인으로 구매한 상품을 보관해 주기도 한다. CU는 신한은행과 손잡고 체크카드 발급을 포함한 107가지 업무를 편의점에서 해결할 수 있는 디지털 키오스크를 설치했다.

MARKETING
FOCUS

MZ(밀레니얼+Z)세대를 겨냥해 젊은 소매 브랜드이미지 전략를 추구하는 CU

BGF리테일이 운영하는 CU가 편의점 주요고객인 MZ(밀레니얼+Z)세대의 마음을 사로잡기 위해 젊은 브랜드이미지를 구축하기 위한 소매마케팅전략을 추구하고 있다. 곰표 밀맥주로 대표되는 히트상품 개발과 웹예능, 웹드라마, 메타버스 등 10 · 20대가 주로 활동하는 온라인 공간의 공략, 윤리소비를 원하는 MZ세대의 가치관에 부응한 ESG 경영(친환경 · 사회적 책임 · 투명경영) 등이 이들의 마음을 끈 주요요인으로 꼽힌다.

2021년 7월 CU가 단독으로 판매한 곰표 밀맥주가 600만 개에 달하는 누적 판매량을 기록했고 후속 제품으로 선보인 백양BYC 비엔나라거는 초도 물량 40만 개를 모두 판매했다. 테스형 막걸리, 말표 검정콩 막걸리 등도 높은 판매량을 기록했다. 컬래버레이션 마케팅의 일환으로 개발된 곰표 밀맥주가 큰 성공을 거둔 후 이색 브랜드 주류를 차례로 내놓아 MZ세대 고객들을 끌어들인 결과다. TV 프로그램 '신상출시 편스토랑'을 통해 출시한 먹거리도 큰 인기를 거두었다.

젊은 소비자가 주축인 유튜브 등 SNS에서도 CU의 인기가 높다. CU는 공식 유튜브 채널 '씨유(CU)튜브'와 인스타그램 공식계정을 운영하면서 100만 명 이상의 온라인 공식채널 이용자를 거느리고 있다. 씨유튜브에서는 10 · 20대를 겨냥한 웹드라마, 다양한 편의점 먹거리 레시피를 소개하는 영상, 가수이자 예능인 데프콘이 슈퍼맨 복장을 하고 거리에서 만난 시민들에게 맞춤 CU 제품을 판매하는 웹예능 '?퍼맨' 등을 통해 이용자들로부터 좋은 반응(높은 누적 조회 수)을 얻었다. 메타버스에 기반을 둔 소매마케팅도 도입했는데, 네이버제트의 메타버스 플랫폼 제페토에 가상점포인 'CU 제페토한강공원점'을 오픈했다.

젊은 소비자를 겨냥한 이러한 마케팅노력에 힘입어, 취업 포털 인크루트가 코스피 시가총액 150위 내 기업 중 일하고 싶은 기업을 조사한 결과, BGF리테일(10위)은 카카오(1위), 삼성전자(2위) 등과 함께 상위 10위 안에 이름을 올렸다.

| CU는 편의점 주요고객인 MZ(밀레니얼+Z)세대를 겨냥한 소매마케팅전략을 통해 젊은 소매브랜드 이미지를 구축했다.

자료원: 서울경제, 2022.4.10; 매경, 2021.07.28.

(2) 슈퍼마켓(Supermarket)

| GS25, CU, 세븐일레븐 등 주요 편의점들은 카카오나 네이버와 제휴해 예약부터 결제까지 온라인으로 할 수 있는 택배서비스를 제공하고 있다

슈퍼마켓은 식료품, 일용품 등을 주로 취급하며, 저마진의 염가판매, 셀프서비스를 특징으로 하는 소매업태이다.

슈퍼마켓은 대공황으로 인한 극심한 불황으로 절약소비 패턴이 확산되던 시기였던 1930년 마이클 커렌이 미국의 뉴욕에 킹 커렌(King Kullen)을 개점한 것이 효시이다. 슈퍼마켓이란 새로운 형태의 소매상이 생겨날 수 있었던 이유는 당시 미국의 역사적 배경에 있다. 자동차와 냉장고 보급의 확산은 소비자로 하여금 1회 대량구매가 가능하게 만들었고, 대도시 거주자의 교외지역으로의 거주지 이동은 교외의 저렴한 지역에 입지를 정할 수 있는 여지를 제공해 주었다. 또한 제조업자상표(national brand)의 증가로 인해 전국적으로 제품의 질이 균등하게 되었다는 점도 한 원인이 되었다. 이러한 배경 하에 슈퍼마켓은 셀프서비스에 의한 쇼핑을 도입함으로써 저렴한 가격을 실현할 수 있었다.

국내의 경우에는 1960년대(한국 슈퍼마켓(1964), 뉴서울 슈퍼마켓(1968)) 들어 슈퍼마켓이 처음으로 생성되었으나 본격적인 슈퍼마켓의 도입은 1971년 8개의 독립점포가 기업형 슈퍼마켓체인인 새마을슈퍼체인본부를 결성하면서부터이다. 1970년대 들어 럭키, 한양, 삼양 등 대기업의 슈퍼마켓 시장진출로 인해 슈퍼마켓 업태는 본격적인 도입기를 맞이하였으며, 아파트단지의 지속개발과 백화점 내 슈퍼스토아의 성장 등에 힘입어 1980년대까지 지속적인 성장을 하였다. 이러한 양적 성장에 힘입어 슈퍼마켓은 백화점과 더불어 우리나라 소매업의 대표적인 업태 중의 하나로 자리를 잡았다.

MARKETING
FOCUS

규제와 e커머스(전자상거래) 업체의 빠른 성장으로 인해 매출과 영업이익 성장에서 어려움을 겪고 있는 SSM

최근 롯데슈퍼, GS더프레시 등 기업형 슈퍼마켓(SSM)이 부진의 늪에 빠졌다. 휴일 의무휴업 등 규제에 발이 묶여 마켓컬리, 쿠팡 등 e커머스(전자상거래) 업체는 물론 동네 식자재마트와의 경쟁에서도 밀리고 있다. SSM 시장 점유율 1위 롯데슈퍼는 2022년 1분기 3492억 원의 매출을 기록해 전년 동기(3881억 원)에 비해 10% 줄었고, 영업이익은 21.9% 감소했다. 같은 기간 GS더프레시의 매출은 6.2% 늘었지만, 영업이익이 26.1% 급감했다. 유통업체들은 주거지가 밀집한 상권에 자리 잡은 SSM의 입지적 이점을 살려 퀵커머스 배송거점으로 활용하는 등 SSM의 부활을 위해 안간힘을 쓰고 있다.

SSM의 실적부진 요인은 복합적이다. 동네상권에선 휴일 의무휴업 규제가 발목을 잡아 식자재마트에 밀렸다. 최근 신선식품 경쟁력을 강화한 편의점에 1인 가구 장보기 수요도 내주고 있다. 새벽배송을 앞세운 마켓컬리 등 e커머스 업체를 통해 식료품을 구매하는 문화의 확산도 부진의 주요요인이다. 유통업계 관계자는 "편의점에서도 간단한 장보기가 가능해진 데다 새벽배송이라는 새로운 서비스가 등장하면서 소비자들이 집 근처 SSM을 방문할 이유가 없어졌다. 골목상권에선 주말에도 쉬지 않는 식자재마트가 SSM의 대체재로 자리 잡았다"고 설명했다.

롯데슈퍼, GS더프레시, 이마트에브리데이, 홈플러스익스프레스 등 4개 기업형 슈퍼마켓업체는 수익성 확보를 위해 추가 출점을 자제하고, 부진 점포를 정리하는 방향으로 가고 있다. 2022년 5월 기준 SSM 4개사의 점포 수는 1089개였는데, 3년 만에 150개 점포가 문을 닫았다.

최근에는 SSM을 퀵커머스 물류의 거점으로 활용하는 방안을 모색하고 있다. GS리테일은 GS더프레시를 활용한 1시간 내 장보기 서비스 '요마트'를 선보였는데, 요기요 앱을 통해 주문하면 집 근처 GS더프레시에서 상품을 보내주는 서비스다. 배달의민족이 선보인 퀵커머스 서비스 'B마트'는 도심형물류센터(MFC)를 따로 마련해야 하지만 요마트는 이미 주거지역에 자리 잡고 있는 GS더프레시를 활용할 수 있어 효율적이라는 게 GS리테일의 설명이다. 롯데슈퍼 역시 매장을 거점으로, 주문한 상품을 한 시간 내 소비자에게 상품을 배송하는 '바로배송' 서비스를 운영하고 있다.

SSM의 경쟁력을 회복하기 위해선 근본적으로 영업시간 제한과 휴일 의무휴업 등의 규제를 풀어줘야 한다는 의견도 제시된다. 영업시간 제한이 풀리면 SSM을 새벽배송 거점으로도 활용할 수 있다.

자료원: 한경, 2022.06.02.

우리나라의 슈퍼마켓은 미국이나 일본에 비해 크게 성장하지 못하였다. 이는 상품가격의 경쟁력이 다른 소매업태보다 높지 않고, 자체상표의 개발능력이 약하며, 상품구매 및 매장운영의 시스템화가 이루어지지 않았기 때문이다. 2000년대 중반에 들어 대형 할인점들이 대규모 부지확보의 어려움으로 인해 슈퍼마켓과 할인점의 중간형태를 띤 소매업태인 SSM(super super market)의 형태로 점포 수를 확대하고 있다. 이와 같이 GS리테일, 롯데슈퍼, 홈플러스 등 대형유통업체들이 슈퍼사업을 강화함에 따라 슈퍼마켓의 전체 매출규모가 크게 늘어나고 있다. 최근 생필품 구매를 위해 대형마트보다는 집에서 가까운 슈퍼를 찾는 소비자들이 늘면서 대형 유통업체들도 슈퍼사업에 대한 대규모 투자와 확장에 나서고 있는 것이다. GS리테일는 GS슈퍼마켓을, 홈플러스는 홈플러스 익스프레스를, 그리고 이마트는 이마트 에브리데이를 기반으로 슈퍼사업을 강화하려고 한다. 대형 유통업체들이 슈퍼사업에 역점을 두는 것은 인터넷 보급의 영향으로 유통매장 간 가격차이가 줄면서 편리하게 생필품을 사려는 소비자들이 늘어난 데 따른 것이다.

(3) 전문점(Specialty Store)

전문점은 취급하는 제품계열이 한정되어 있으나 해당 제품계열 내에서는 매우 다양한 품목을 취급한다. 전문점은 주로 가전, 오디오, 의류, 운동용품, 가구, 서적 등의 제품계열에서 볼 수 있으며, 취급하는 제품계열의 폭과 깊이 정도에 따라 세분화가 가능하다.

전문점의 경쟁적 우위는 전문적 상품구색과 높은 서비스 제공에 있다. 예를 들어, 오디오구매자들은 백화점이나 가전대리점, 혹은 오디오전문점 중에서 원하는 오디오를 구매할 수 있다. 이 중에서 많은 소비자들이 오디오전문점을 이용하는 이유는 백화점이나 가전대리점에 비해 전문점이 깊은 제품구색을 보유하고 있으며 전문적 서비스를 제공하기 때문이다. 즉, 오디오에 대한 다양한 소비자 욕구를 충족시켜 줄 수 있기 때문에 전문점에서 구매하는 것이다. 따라서 전문점은 CVS나 슈퍼마켓 같은 업태에 비해 하나의 점포가 포함할 수 있는 상권이 상당히 넓다는 특징이 있다.

최근에는 기존의 의류, 가전, 전기, 컴퓨터의 전문점 이외에 양말전문점, 스포츠의류 전문점, 액세서리 전문점 등으로 확산되고 있는 추세이다. 이는 소비자들의 욕구가 세분화·다양화됨에 따라 소비자들이 특정제품계열에서 과거보다 더 깊이 있는 제품구색을 요구하고 있기 때문이다. 2000년대 들어 하이마트와 같은 전자전문할인점과 대형마트가 가전유통에서 강력한 경쟁자로 부상함에 따라 삼성전자와 LG전자는 자체 가전대리점의 대형화와 인테리어 고급화를 통해 대응하고 있다. 삼성전자는 직영점과 대리점의 상호를 디지털프라자로 통일하고, LG전자는 직영점(LG 하이프라자)과 대리점(디지털 LG)의 상호를 bestshop(베스트숍)으로 변경하면서 매장의 고급화와 점포 수 증설을 추진했다.

MARKETING
FOCUS

글로벌 뷰티 전문점 세포라가 시코르를 이기지 못하는 이유

세계의 뷰티 공룡이라고 불리는 세포라가 국내 1호점 명동매장을 폐점했다. 미국 등 해외에서 내로라하는 세포라가 유독 한국에서만큼은 고전을 면치 못하고 있다. 실패의 주요이유는 소비자 분석에 기반한 소매마케팅전략이 상대적으로 떨어지기 때문이다. 국내의 뷰티 소비자들은 까다롭고 스마트하다. 소비자 분석이 뒤떨어진 세포라는 고전할 수밖에 없는 반면에 고객 니즈를 제대로 파악한 토종 뷰티 전문점 시코르는 빠르게 성장하고 있다.

세포라는 미주권을 비롯해 글로벌 뷰티 시장을 지배하고 있는 화장품 전문 유통업체다. 명품 그룹 루이뷔통모에헤네시(LVMH)가 운영하는 세계 최대 화장품 편집숍으로 전 세계 34개국에서 2600개의 매장을 운영 중이다. 2019년에 세포라가 진출한 한국은 중국, 싱가포르, 말레이시아, 태국, 인도네시아, 인도 등에 이은 아시아 10번째 국가였다. 그래서 한국 시장에 진출했을 당시만 해도 국내의 뷰티 유통업계에 선발로 나섰던 토종 뷰티 전문점 시코르가 밀려날 것으로 예상했다.

하지만 예상이 빗나갔다. 세포라의 매출은 세포라코리아 설립 해인 2019년에 30억8000만 원 선에서 2020년 142억1000만 원으로 361% 늘어나 외형은 커졌다. 그러나 영업손실이 눈덩이처럼 불어나 2020년도엔 124억9000만 원까지 늘었다. 현재 세포라는 국내에 들어온 지 수년이 지났지만 국내에서 오픈한 매장은 6개에 불과하다. 심지어 2022년 1월 1호점인 명동점을 폐점하면서 5개로 줄어들었다. 세포라가 한국 진출 당시 2022년까지 국내 13개 매장을 열겠다고 발표했던 것에 비하면 초라한 성적표가 아닐 수 없다.

반면 '한국의 세포라'를 지향하며 세포라보다 3년 앞서 론칭한 시코르는 세포라를 제대로 방어했다. 세포라가 처음 들어온다는 소식이 들렸을 때, 시코르를 세포라의 경쟁상대로 보는 사람은 그리 많지 않았다. 세포라는 그만큼 한국을 제외한 글로벌에서는 엄청난 파워를 가진 브랜드였기 때문이다.

| 적자 · 1호점 폐점 등 한국 화장품 편집숍 시장에서 어려움을 겪는 세계 1위 뷰티숍 세포라

하지만 세포라가 고전하는 사이, 시코르는 매장 수를 크게 늘렸다. 시코르는 2020년 기준 30개점으로 오픈해 5배에 달하는 성과를 냈다. 그러나 최근 시코르도 코로나19 사태의 영향으로 매장 수 확대에 신중을 기하고, 2020년 7월에 공식 온라인몰 시코르닷컴을 오픈하고 온라인 기반 마케팅을 강화하고 있다.

토종 뷰티숍 시코르의 경쟁력은 한국 소비자의 요구사항을 잘 아는 유통채널이라는 점이다. 시코르를 만든 정유경 신세계백화점부문 총괄사장은 시코르를 설립할 때 직접 해외 뷰티 브랜드를 독점으로 들여오기 위해 발품을 팔아가면서 총력을 기울였다. 또한 백화점에 값비싼 뷰티 브랜드만 입점시키는 것과 달리, 시코르는 K뷰티로 입소문난 브랜드들을 선택해 이들을 입점시켜 왔다. 특히 SNS에서 20 · 30대 소비자들이 선호하는 개성있는 브랜드 유치에 집중한 결과 가격과 상관없이 오프라인에서 매출 파이가 커졌다. 시코르를 발판으로 성장한 디어달리아, 헉슬리, 닥터지, 클레어스, 롬앤 등은 온 · 오프라인 유통채널에 들어간 토종 뷰티브랜드의 예이다. 이처럼 시코르를 통해 자리를 잡은 토종 뷰티브랜드들이 늘면서 시코르는 K뷰티의 성지로 입소문을 탔다. 나아가 해외에서 공수한 품질 좋은 브랜드를 대거 유치하면서 'K뷰티와 글로벌 화장품을 모두 모은 유일한 뷰티전문 채널'이라는 이미지를 구축했다. 시코르는 온라인몰 시코르닷컴 이용고객 중 MZ세대인 20~30대 고객 수가 81%를 차지하고 있음을 고려해 디지털에 익숙한 MZ세대 고객들을 대상으로 맞춤형 콘텐츠를 선보임으로써 매출증대 효과를 거두었다. 프랑스 향수 추천 서비스인 '퍼퓨미스트'와 손잡고 빅데이터를 활용해 고객 맞춤형 서비스를 도입한 것이 한 예이다.

| 국내의 뷰티 전문점 시장에서 강자로 부상한 토종 뷰티 전문점 시코르

자료원: 포춘 코리아, 2022.03.03.

(4) 백화점(Department Store)

백화점은 의류, 가정용 설비용품, 신변잡화류 등의 각종 상품을 부문별로 구성하여 소비자들이 일괄구매를 할 수 있도록 하고 주로 직영으로 운영하는 대규모 소매점포를 의미한다. 백화점의 주요부서에는 여성의류, 남성의류, 아동의류, 액세서리 및 화장품 코너 등이 있다. 여성의류는 백화점 전체매출에서 상당부분을 차지하고 있기 때문에 착용목적(스포츠용, 비즈니스용, 파티용), 라이프스타일 방식(보수적, 전통적, 현대적 등), 나이(청소년, 중년, 노년) 등에 따라 다시 여러 개의 부서로 나누어진다. 어느 나라의 경우에나 백화점이 유통근대화를 주도하였다. 세계 최초의 백화점은 1812년 프랑스 파리에 개점한 봉마르쉐(Bon Marche)백화점이었으나, 유럽에서 탄생한 백화점은 미국으로 건너가 꽃을 피웠다.

한국의 경우 1960년대 들어 신세계백화점(1964년)과 미도파백화점(1967년)이 각각 직영체제를 도입함에 따라 본격적인 도입기가 시작된 후 지금까지 지속적인 성장을 보이고 있다. 특히 1979년 롯데 명동점의 개점과 서울 강남지역에서 잠실 롯데, 압구정 현대, 강남 신세계 등 여러 백화점의 잇따른 개점은 백화점의 대형화와 다점포화를 가속화하였는데, 서울보다는 지방, 서울 도심보다는 부도심, 부도심보다는 수도권 및 도시외곽지역의 성장이 두드러진다. 외국의 백화점이 패션에 관련된 제품을 주로 취급하는 데 비하여 국내 백화점은 의류, 가전, 가구, 생필품, 신변잡화류 부문 이외에 슈퍼마켓과 식당가까지 포함하고 있는 것이 특이한 점이다. 미국에서 급성장하고 있는 슈퍼센터와 비슷한 상품구성을 갖추고 있다.

백화점이 구매자에게 제공할 수 있는 가장 큰 효익은 다양한 제품구색, 편리한 입지, 쾌적한 쇼핑공간이다. 또한 소비자에게 백화점에서의 제품구매가 사회적 지위(status)와 관련된 만족을 줄 수 있다는 것도 백화점의 주요 경쟁우위의 원천이다. 예를 들어, 소비자가 동대문 시장에서 의류를 구입하지 않고 백화점에서 구입하는 이유는 제품에 대한 높은 신뢰성, A/S의 보장 이외에 사회적 지위에 대한 심리적인 만족감을 줄 수 있다는 점 때문일 것이다. 가령, 일본 이세탄백화점의 신주쿠 본점은 공간패션과 예술을 결합한 패션 뮤지엄이라는 점포개념을 기반으로 고객들의 고급스러운 문화적 욕구를 충족시키고 있다. 각 층마다 바 형태의 휴식공간, 화장을 고치거나 음료를 마실 수 있는 고객편의시설, 미술품 등을 전시하는 공간을 마련함으로써 고객들이 하루종일 머물며 쇼핑, 문화적 욕구, 그리고 오락적 욕구를 동시에 충족시킬 수 있는 복합생활공간을 지향하고 있는 것이다.

국내 백화점들은 주로 중산층을 주고객으로 하고 있고 매출의 많은 부분이 세일기간에 발생하고 있는 특징을 갖고 있다. 이러한 특징은 과거 국내 소매시장이 재래시장과 백화점으로 양분되어 발전해왔기 때문에 가격에 민감한 중산층 이하의 소득층이 선택할 마땅한 대안적 소매업태가 없었던 데에서 기인하였다. 그러나 최근들어 백화점과 재래시장 사이에 존재하는 저가격 소구의 전문할인점, 할인점, 아웃렛 등의 신업태가 급속하게 성장하고 백화점의 매출성장이 둔화됨에 따라 백화점은 이에 대처한 새로운 성장전략을 모색하고 있다. 2000년대 들어 국내 백화점들은 신업태들에 대항하기 위해서 과거 미국의 백화점들이 추구했던 것과 같이 명품브랜드 중심으로 패션부문을 대폭 강화하고 고객서비스를 향상시키고 있다. 이와 함께 부심권, 신도시, 지방에 지역 밀착형 백화점으로 진출하는 다점포전략을 함께 추구하고 있다. 2008년 말 글로벌 금융위기와 2020년 코로나19 사태에 따른 불경기에도 백화점업계의 공동노력으로 경쟁력을 강화함으로써 백화점시장은 오히려 성장세를 보이고 있다. 백화점은 매장 고급화와 대형화, 세련된 서비스, VIP(우량고객) 마케팅 등을 통해 국내시장에서 고가의 하이엔드(high-end) 패션상품에 대한 거의 유일한 유통채널로 자리 잡았다. 또한 매장 리뉴얼을 통한 식품관의 고급화, 그리고 패션화를 통해 대형마트와 차별화하는 데 성공했다. 최근들어 백화점 업체들은 점포 대형화와 복합몰 사업을 적극 추구하고 있다. 롯데백화점 부산 광복점, 신세계백화점 센텀시티점과 영등포 타임스퀘어점 등이 그 예이다. 쇼핑뿐 아니라 외식, 오락 등 여가생활을 한 곳에서 모두 즐길 수 있는 몰링(Malling)이 향후 소비시장의 주역으로 떠오르고 있기 때문이다. 미래성장을 위해 기존점포를 대형화하고 복합쇼핑몰 시장을 선점하는 것이 백화점들의 주요과제이다.

(5) 할인점(Discount Store)

할인점(discount store)은 박리다매의 원칙에 입각하여 전국유명상표(national brand)를 일반 상점보다 항상 저렴한 가격으로 판매하는 소매업태를 말한다. 할인점의 특성은 저렴한 가격, 유명브랜드 판매, 셀프서비스, 건물임대료가 저렴한 지역에 위치, 평범한 내부시설 등을 들 수 있다. 할인점은 취급하는 상품의 다양성 정도에 따라 상품구색의 폭이 넓은 종합할인점(general discount stores)과 특정의 상품범주(가령, 가전제품)만을 취급하는 전문할인점(specialty discount stores)으로 나누어진다.

미국의 대표적인 (종합)할인점의 예로는 Wal-Mart와 K-Mart를 들 수 있다. 할인점의 효시는 1948년에 개점한 콜벳(Korvette)이다. 1950년대 들어 Korvette의 영향을 받아 여러 할인점체인들이 창업했다. 1960년대 들어 무수한 할인점체인들이 치열한 경쟁을 벌인 결과 K-Mart, Wal-Mart, Target 등은 성장하고, Grant, Woolco 등은 도산하거나 문을 닫게 된다.

국내의 경우 본격적인 할인점은 1993년 11월에 신세계에 의해 출점된 서울 도봉구 창동의 E-마트로 볼 수 있다. E-마트는 점포시설투자와 고객서비스를 대폭 축소하는 대신 식료품과 생활용품을 중심으로 연중 통상적인 소매가격보다 20～30% 정도 할인된 가격으로 판매하는 항시저가격정책(EDLP: Everyday Low Price)을 채택함으로써 국내 유통시장에서 가격파괴의 기폭제가 되었고 할인점시장에서 선도적 지위를 구축하였다. E-마트 창동점의 성공에 영향을 받아 주변상권의 슈퍼마켓과 백화점들도 경쟁적으로 가격인하를 실시함으로써 상이한 소매업태 간에 가격인하경쟁이 확산되는 계기가 된 것이다. 할인점은 대량구매에 의해 구입비용을 절감하여야 하므로 다점포화는 할인점의 성공에 필수적이다. 미국 할인점과 비교하면 국내 할인점의 특징은 상품구성에서 식품의 비중이 높다는 것과 비싼 지가로 인해 단층식의 넓은 매장보다는 복층식의 매장구조를 갖는다는 점에서 차이가 있다. 현재 국내 할인점 시장에서는 E-마트, 홈플러스, 롯데마트 등의 대형 할인점들이 치열한 점유율 경쟁을 벌이고 있다. 유통업계의 세계적 변화추세를 보면 저가격의 소매업태가 유통시장의 성장을 주도하고 있기 때문에, 국내에서도 대규모 할인점의 성장이 더욱 가속화될 것이다.

2000년대 중반 들어 국내외 할인점 기업들은 가격경쟁력에서 진일보하여 고객욕구에 대한 이해를 바탕으로 한 다양한 고객서비스의 제공, 고객정보기술에 대한 과감한 투자 등을 통해 고객서

| 경기도 일산의 이마트타운

MARKETING
FOCUS

전자상거래업체의 위협에 맞춤손질 매장 확대와 자체 브랜드(PB) 상품의 강화로 대응하는 대형마트

| 인천 남동구 홈플러스 간석점의 수산 코너에서 직원이 생선을 손질하고 있다. 간석점은 고기와 생선을 손님 기호에 맞게 맞춤 손질해 주는 '오더메이드' 서비스를 운영한다.

인천 남동구에 있는 홈플러스 간석점에는 소고기 팩이 가지런히 진열된 고기 매대 옆에 '메이드 투 오더(주문 제작)'라고 적힌 3.3㎡(1평) 남짓한 공간이 있다. 한 손님이 소고기를 골라 "얇게 저며달라"고 요청하면 앞치마를 두른 직원이 도마에 고기를 올리고 바로 손질을 시작한다. 손님은 투명 칸막이 너머로 이 모습을 지켜보며 "좀 더 얇게 썰어달라" 같은 주문을 한다.

홈플러스는 새로 단장한 간석점에 이런 식의 맞춤 손질 서비스를 매장 곳곳에 도입했다. 수산물 매장에선 토막 · 두께 · 칼집 등 손님 취향에 맞게 생선을 손질해 준다. 랍스터와 킹

크랩은 찜기에 쪄주고 먹기 좋게 잘라도 준다. 샐러드 매장에선 콩 · 파프리카 · 올리브 등 30여 가지 중 원하는 재료만 넣어 맞춤 샐러드를 만들 수 있다. 홈플러스 관계자는 "오프라인 매장에서만 경험할 수 있는 서비스를 제공하기 위한 것이다."라고 말했다.

대형마트가 쿠팡 같은 이커머스 업체와의 경쟁을 위해 식품분야를 강화하고 있다. 식품, 그중에서도 농 · 축 · 수산물은 직접 매장에서 신선도를 확인하고 사려는 수요가 큰 만큼 이를 기반으로 고객을 매장으로 끌어들이겠다는 것이다. 마트마다 오프라인에서만 가능한 서비스를 속속 도입하고 관련 상품을 전진 배치하고 있다. 이에 맞서 이커머스 업체들도 신선식품 전용 물류센터를 확장하거나 산지 직송을 내세우며 식품 분야를 강화하는 추세다.

이마트는 2020년 서울 월계점을 시작으로 맞춤손질 매장을 확장하고 있다. 현재 생선을 고객이 원하는 방식으로 손질해 주는 오더메이드 방식의 수산매장, 고기를 원하는 대로 잘라주는 축산매장이 그 예이다. 이마트 관계자는 "지방 부위 제거 등 맞춤형 손질을 해줘 아기 이유식을 만드는 젊은 부부부터 어르신 고객까지 호응이 높다"고 말했다.

동네 시장이나 정육점과 달리 대형마트에선 고기 · 생선을 미리 소분해 포장팩 형태로 판매하는 게 일반적이었다. 하지만 온라인과의 차별화를 위해 방식을 바꿨다. 매장마다 손질 · 조리 직원을 따로 배치해야 해 인건비가 추가로 들어가지만, 이를 감수하고서라도 오프라인만의 강점을 살리겠다는 것이다.

온라인이나 편의점의 성공방식을 차용하는 시도도 하고 있다. 롯데마트는 사과, 감귤, 한라봉을 포함한 10여 개 과일 포장지에 QR코드를 붙였다. 고객이 스마트폰으로 이 QR코드를 찍으면 산지가 어디인지, 어떤 과정을 거쳐 상품이 선별되고 포장됐는지를 영상으로 볼 수 있다. 온라인의 강점인 상세한 상품 설명을 오프라인에서도 구현한 것이다. 홈플러스 간석점은 편의점처럼 각종 과일을 낱개로 살 수 있도록 했고, 즉석조리 매대에서 '초밥 4개' 같은 소용량 제품도 판매한다. 치킨은 즉석에서 튀겨준다. 대형마트에선 보통 주류를 상온에 진열하지만 이곳에선 냉장고에서 보관돼 시원해진 것을 바로 꺼내갈 수 있다.

| 롯데마트가 개발한 PB(자체 브랜드) 짜장라면

나아가 대형마트는 자체 브랜드(PB) 상품의 개발과 확대를 통해 수익성을 높이고 있다. 장바구니 물가가 급등하면서 대형 마트의 자체 브랜드(PB) 제품이 인기를 끌고 있다. 유통업체가 직접 상품을 기획한 뒤 제조업체에 생산만 맡기는 PB제품은 물류비, 광고비를 최소화해 일반제품보다 저렴하게 판매한다. 물가가 계속 오르자 몇백 원이라도 저렴한 제품을 사려는 수요가 PB제품으로 몰리는 것이다.

자료원: 조선경제, 2022.02.21. 전자상거래업체의 위협에 맞춤손질 매장 확대와 자체 브랜드(PB) 상품의 강화로 대응하는 대형마트

비스에서의 경쟁우위를 강화하고 있다. 예를 들어 홈플러스의 서울 잠실점은 식품, 생활용품, 가전, 의류 및 스포츠웨어뿐 아니라 미술갤러리, 와인바, 고급외식브랜드, 문화센터, 헬스클럽, 골프연습장 등 고객의 감성을 충족시키는 서비스를 제공함으로써 차별화를 추구한다.

(6) 회원제 도매클럽(Membership Wholesale Club) 혹은 창고형 할인점

회원제 도매클럽은 일정한 회비를 정기적으로 내는 회원들에게만 30~50% 할인된 가격으로 정상적인 (유명)제품들을 판매하는 유통업태를 말한다. 취급제품은 가공식품·잡화·가정용품·가구·전자제품 등을 중심으로 3~4천 품목 정도이며, 매장은 거대한 창고형으로 실내장식은 거의 없으며 진열대에 상품을 상자째로 쌓아 놓고 고객이 직접 고르게 하는 묶음판매를 통해 점포운영비를 최소화하고 있다.

미국의 회원제 도매클럽은 1976년에 캘리포니아 샌디에이고의 교외에 창고형의 넓직한 점포를 지은 후 소매업자들을 회원으로 모집하여 그들에게 파격적인 가격으로 제품을 판매한 프라이스클럽(Price Club)이 그 시초이다. 미국의 회원제 도매클럽은 기존의 할인점보다 식품부분을 보강하고 나아가 할인점보다 더 저렴한 가격을 제시함으로써 1980년대 이후 지속적인 성장을 보여왔다. 프라이스클럽에 이어 1983년 Wal-Mart가 샘즈 클럽(Sam's Club)을 설립하였고, 이어서 코스트코(Costco)(1994년에 프라이스클럽과 합병하여 Price-Costco가 됨), K-Mart의 자회사인 페이스(Pace) 등이 잇달아 진출하였다. 미국의 회원제 도매클럽에서는 상위 4개가 업계 매출의 91%를 점하는 과점현상을 보이고 있다.

우리나라 회원제 도매클럽의 시초는 1994년 10월에 신세계백화점이 미국의 프라이스 코스트코와의 기술제휴로 서울 영등포구 양평동에 출점한 프라이스클럽을 들 수 있다. 프라이스클럽은 임대료가 싼 비(非)상권 지역에 인테리어를 꾸미지 않은 창고형의 대형매장을 열어 놓고 가공식품, 가정용품, 잡화, 의류, 가구, 가전제품 등 카테고리별로 1~2개씩 고품질 제품만 3000~4000개 선별해 박스단위 등 대용량으로 판매하며, 동일제품에 대하여 최저가 판매를 추구하고 있다. 그리고 연간 일정금액을 내는 회원고객만 입장하도록 한다. 1998년 프라이스 코스트코는 신세계백화점이 소유했던 프라이스클럽 지분을 인수해 코스트코 홀세일이라는 이름으로 운영하고 있다. 코스트코의 회원은 비즈니스회원과 골드스타회원으로 구성된다.

최근들어 주말에 나들이 겸 쇼핑을 하는 소비자들이 늘어나고 싸고 품질이 좋은 상품을 선호하는 등 유통환경의 변화에 따라 창고형 도매클럽의 성장가능성이 높아지고 있다. 이에 따라 이마트, 홈플러스, 롯데마트, 이랜드 등의 국내 대형 할인점들이 창고형 도매클럽에 진출하고 있다. 이마트의 초기 사업모델은 창고형 할인점이었다. 그래서 1993년 문을 연 이마트 1호점(서울 창동점)을 창고형 할인점으로 만들었고, 이듬해에는 회원제 창고형 할인점인 프라이스클럽도 합작투자를 통해 들여왔다. 하지만 창고형 할인점은 국내 소비자들의 긍정적 반응을 얻지 못했다. 불편한 쇼핑환경, 불친절한 서비스, 떨어지는 접근성 등이 그 원인이었다. 이에 따라 '백화점 같은 편안한 쇼핑'을 내걸고 1990년대 말 선보인 한국형 할인점 모델이 창고형 할인점을 대체했다.

그러나 2010년대 들어 창고형 할인점이 다시 주목을 받으면서 빠른 성장세를 보이고 있다. 주5일제가 정착되면서 주말에 교외로 나들이 겸 쇼핑하는 사람들이 크게 늘고 소비자들의 구매패턴이 더 싸고 더 품질 좋은 상품을 따져서 사는 방향으로 실용화되고 있는 추세에 따른 것이다. 신세계는 코스트코의 창고형 할인점을 본떠 2010년 말 이마트 트레이더스(Traders)를 열었다. 2022년 이마트는 글로벌 창고형 할인점인 코스트코의 점포운영방식을 벤치마킹해 창고형 할인점 이마트 트레이더스의 브랜드명을 '트레이더스 홀세일 클럽'으로 바꾸고, 충성고객을 확보하기 위해 유료 멤버십을 도입했다. 누구나 와서 쇼핑할 수 있는 기존의 '열린 매장 정책'은 그대로 운영하되 유료 멤버십에 가입할 경우 구매금액의 1~2%를 포인트로 적립해 연간 50만·100만 원까지 결제할 수 있도록 했다. 롯데마트도 회원제 창고형 할인점인 빅마켓(Vic Market)의 브랜드명을 맥스(Maxx)로 변경하고, 고객들을 유치하기 위해 맥스에서만 취급하는 단독상품의 비율을 50% 이상으로 확대했다.

| 2022년 6월 개점한 트레이더스 홀세일 클럽 동탄점. 경기위축과 물가상승으로 조금이라도 저렴한 제품을 구매하려는 불황형 소비가 이어지면서 대형 마트들은 대용량 제품 위주로 판매하는 창고형 할인점을 늘리고, 고객서비스를 강화하고 있다.

MARKETING
FOCUS

세계 1위의 창고형 할인점 코스트코

1983년 코스트코를 창업한 시네갈은 "저희 회사는 신입사원이든 CEO든 따로 방이 없습니다. 또 서로 이름으로만 부릅니다"라고 말한다. 티셔츠에 붙은 명찰에는 '짐, 1983년부터 직원(JIM, employee since 1983)'이라고 짤막하게 적혀 있었다. 고객들에게 휴대전화 번호를 공개해 놓고 있는 그는 되도록 첫 벨소리에 전화를 받는다고 했다. 그는 매주 평균 50여 통씩 고객들에게 직접 편지 답장을 보낸다. "매일 최소 6~7번에서 최대 12차례 매장을 직접 찾아가 현장을 지켜보는 게 너무 즐거워요." 그래서 그의 별명은 '진솔하고 실천적인(down to earth)' CEO이다.

월마트와 카르푸가 한국에서 2006년 철수할 때도 버텼던 코스트코는 한국에서 유일하게 살아남은 외국 유통기업이다. 코스트코의 서울 양재점 연간 매출(약 5000억 원)은 세계 코스트코 매장을 통틀어 1등이다.

코스트코는 어떻게 하면 가격을 더 낮춰 이익을 최소화할지 고민하는 역발상으로 성공했다. 코스트코의 이익률은 2%대에 불과한데 이러한 높은 매출성장을 지속적으로 실현하는 이유에 대해 짐 시네갈 코스트코 창업자는 "월마트는 14만 개 아이템을 진열해 놓지만 우린 4000개만 판다. 품목별로 가장 품질 좋고, 값이 싸며, 큰 사이즈 하나만 제공하는 것이다. 비슷한 제품 4~5개를 고객이 고르다가 결국 안 사가는 것보다, 확실한 제품 하나가 잘 팔리는 게 낫다. 이런 방식으로 코스트코는 1년에 재고가 13차례 소진된다. 월마트 등 경쟁기업은 연간 9차례 재고가 소진된다. 재고 없이 끊임없이 팔아치우는 게 우리의 힘이다"라고 말한다.

시네갈 창업자는 코스트코의 성공비결로 4가지를 제시했다. 첫째는 '법에 복종(obey the law)'이다. 편법을 동원한 로비와 관시(關係)가 절대적인 중국시장에 코스트코가 아직 진출하지 않은 중요 이유 중 하나는 이 원칙의 훼손을 우려한 때문이다.

둘째는 '고객을 정성껏 대우하라'이다. 짐 시네갈 코스트코 창업자는 '돈은 매장에서 버는 것이고, 경영진은 매장의 직원(내부고객)과 고객을 왕처럼 대접해야 한다'는 철학을 세우고 창업했다. 코스트코는 창업 때부터 마진 15%룰(rule)을 엄수한다. 마진이 더 이상 생길 때는 가격을 낮춰 고객에게 혜택을 나눠준다. 월마트 등 대형할인점(20~25%), 백화점(50%)의 마진율보다 크게 낮다. 그는 15% 제품 마진율을 고집하는 이유에 대해 "15%는 우리도 돈을 벌고 고객도 만족하는 적당한 기준이다. 그 이상 이익을 남기면 기업의 규율(discipline)이 사라지고 탐욕을 추구하게 된다. 나아가 고객들이 떠나고 기업은 낙오한다"라고 말한다. 코스트코는 고객에 대해 상상을 뛰어넘는 보상제도를 실시한다. 코스트코는 현재 '무제한 이중(二重) 보증제(unconditional double guarantee)'를 실시하고 있다. 상품에 문제가 없더라도 고객이 만족하지 못한다면, 일정 기한이 지나지 않은 범위에서라면 언제든 100% 환불해 준다. 연간 회비도 고객이 코스트코 상품과 서비스에 만족하지 못한다면 전액(全額) 돌려준다.

셋째는 '직원에게 최고의 혜택을 준다'이다. 코스트코의 또 다른 핵심자산은 바로 직원이다. 코스트코 직원들의 연봉은 유통업계 평균보다 40% 정도 더 많고 매출의 1.25%를 직원 건강의료보험 및 복지혜택에 투자한다. 월마트 등 경쟁 유통기업 직원들은 연봉의 25%를 건강보험료 같은 의료비용으로 지출하지만, 코스트코 직원은 연봉의 8%만 낸다. 차액(差額)을 회사에서 전액 지원하는 덕분이다. 직원 정년(停年)도 없어 코스트코 매장에는 60~70세의 정정한 노인이 점원으로 상당수 활동 중이다. 그는 "직원에게 혜택을 많이 주면 좋은 업무 분위기가 절로 생

| 회원제 도매클럽 코스트코

겨난다. 우리는 후배를 칭찬하는 문화 못지않게 후배가 상관을 칭찬하는 문화도 있다. '내가 어려움을 겪을 때 내 상관이 잘 돌봐줬다'는 칭찬들이 회사 안에서 매일 생겨나 회자된다. 적자가 나더라도 기업은 직원들에게 가는 혜택을 줄여서는 안 된다. 그것은 우리 의무의 일부다"라고 말한다. 짐 시네갈 코스트코 창업자는 "CEO의 역할은 조직의 선생님이어야 하며 중간관리자 이상급 직원들에게 '만약 가르치는 것이 가장 중요한 일이라고 깨닫지 않는다면, 그 직업을 그만둬야 한다"고 말한다. CEO의 열정만큼 직원들이 현장에서 똑같은 열정으로 일해줘야 하는데, 그러려면 CEO의 1순위 과제는 직원들에게 회사 정신과 가치관을 가르치고 훈련시켜 이를 공유하는 코치(coach)가 되어야 한다는 것이 그의 믿음이다. 코스트코는 매년 전 세계 코스트코 매장에서 높은 성과를 낸 이른바 '고성과 임원(high performing executives)' 24명을 뽑아 직접 본사로 1년에 4차례씩 불러 교육한다. 세계적 경영사상가 짐 콜린스의 '위대한 기업은 다 어디로 갔을까'(How the mighty fall) 같은 경영 서적을 읽고 몇 시간씩 토론하기도 한다.

마지막으로 넷째는 "제품 공급업자를 똑같은 비즈니스 파트너로 존중한다"이다. 코스트코는 가격을 최대한 낮추면서 제품규모를 키우기 위해 제품 공급자들과 협력한다. 제품 공급자들을 설득해 이들이 먼저 양질의 제품을 공급하도록 유도한다. 예컨대 과거 코스트코는 대니시 쿠키(danish cookie) 1파운드를 3~4달러에 팔았는데, 그 뒤 해당 공급업체를 잘 설득해 쿠키 2파운드를 5달러에 내놓았다. 그러자 상품매출이 크게 증가했고, 그 이후 그들이 먼저 5파운드짜리 쿠키 제품을 7달러로 만들어 공급하겠다고 제안했다. 그는 "주주(株主)에 대한 보상은 맨 마지막으로 신경쓸 일입니다. 월가는 매주 월~목요일까지 실적으로 회사를 평가하지만, 저희는 50년 뒤까지 평가받고 싶습니다. 장기적인 성공을 위해 고객이 구입하는 제품의 품질을 희생시킬 수 없고 직원들의 행복도 절대 양보할 수 없습니다"라고 말한다.

코스트코는 세계 1위의 창고형 할인점포의 지위를 유지하면서 지속적으로 성장하기 위해 노력하고 있다. 코스트코는 경쟁자와 더불어 경쟁을 즐긴다. 2011년 봄 미국 캘리포니아주는 코스트코에 사업허가를 내렸지만 미국 내 1위 유통기업인 월마트의 진입은 불허했다. 이에 대해 코스트코는 '월마트도 똑같이 허가해달라'며 강력 호소했다. 코스트코는 이에 대해 "최고의 매출을 올리는 매장은 오히려 월마트 근처에 있기 때문이다"고 말했다. 코스트코 경영층은 "경쟁이 없었더라면 우리가 지금처럼 성장하지 못했을 것입니다. 경쟁은 고객을 위한 최고의 가치를 만들어 내는 지름길입니다. 예컨대 한국에선 신세계와 롯데가 쉽지 않은 경쟁자이죠. 그러나 그들이 있어 우리가 존재하기도 합니다"라고 말한다. 그리고 인터넷 등 온라인을 이용해 하이엔드(high end) 제품 판매를 강화하고 있다. 일례로 코스트코는 28만 달러짜리 다이아몬드를 인터넷으로 팔았다. 코스트코는 자사고객의 30%는 연소득 10만 달러가 넘는 고소득층이므로 이들을 겨냥한 인터넷 판매를 늘리려고 한다.

(7) 상설할인매장(Factory Outlets)

상설할인매장 혹은 아웃렛은 제조업자가 소유·운영하는 염가매장(off-price store)으로서, 제조업자의 잉여상품, 단절상품, 기획재고상품을 주로 취급한다. 경우에 따라 상설할인매장들은 특정지역에 밀집되어 **제조업체 상설할인몰**(factory outlet malls) 또는 **할인소매센터**(value-retail center)가 형성되기도 한다. 이들은 소매가격보다 30~50% 정도 저렴한 가격으로 판매한다. 제조업체 상설할인몰은 제조업체 직영의 염가매장들로 주로 구성되는 데 반해 할인소매센터는 제조업체 염가매장뿐만 아니라 염가소매점(off-price retail stores)이나 백화점의 재고처분점들을 포함한다. 최근 할인몰은 유명 고급브랜드를 포함시킴으로써 점차 고급화되고 있으며, 이는 이러한 제품브랜드들의 제조업체들과 높은 운영비로 인해 상설할인매장보다 높은 가격을 책정할 수밖에 없는 백화점 간에 갈등을 유발시키는 계기가 되기도 한다. 그러나 제조업체는 백화점에 공급하는 신상품이 아닌 전년도의 재고상품만을 상설할인매장에서 취급하도록 함으로써 경로갈등을 해소하려고 한다. 상설할인매장은 교통이 불편한 도시외곽에 위치함에도 불구하고 주말을 이용하여 유명제조업체브랜드를 저렴하게 구매할 수 있는 상설할인매장을 방문하고자 하는 소비자들이 점점 더 증가하고 있다.

우리나라의 경우 많은 의류업체들이 일반적으로 효율적인 재고처리를 위해 상설할인매장을 적극적으로 활용하고 있다. 상설할인매장들은 특정상권을 중심으로 몰을 형성하고 있는데, 서울의

| 미국 뉴저지주 우드베리에 위치한 프리미엄 아웃렛

문정동, 목동, 건대입구역, 부산의 부산대앞 등이 그 한 예이다. 그러나 최근들어 신세계백화점, 롯데백화점, 현대백화점 등이 경쟁적으로 개발하는 교외 명품 아웃렛이 크게 성장하고 있다. 2007년 신세계는 미국의 첼시그룹과 협약하여 경기도 여주에 테마파크 형태의 아웃렛 타운인 첼시아웃렛을 개장하여 성공을 거두었다. 미국의 첼시그룹이 운영하는 아웃렛 타운들 가운데 가장 유명한 곳이 뉴욕의 우드베리 프리미엄 아웃렛인데, 이 아웃렛은 동화 속 마을 같은 쇼핑마을과 유명브랜드를 결합시킨 것으로 마을의 가가호호가 브랜드매장이 되는 방식을 선택했다. 롯데백화점도 첼시아웃렛 인근에 위치한 경기도 이천에 롯데 프리미엄 아웃렛을 개점하는 등 프리미엄 아웃렛 시장에서 신세계와 치열한 경쟁을 벌이고 있다.

(8) 드러그스토어

| 국내 드러그스토어 업태의 시장선도자 CJ 올리브영

드러그스토어는 화장품을 위주로 생활용품, 간단한 먹거리 같은 것을 판매하며, 쇼핑가·대학가를 중심으로 늘어나고 있다. 드러그스토어(drugstore)는 일반적으로 약품·식품·생활용품 등을 취급하는 일종의 잡화점을 말하며, 미국 월그린, 영국 부츠, 홍콩 왓슨스가 대표적이다. 국내에는 CJ 올리브영이 1999년 처음으로 드러그스토어 시장에 진출했다. 최근들어 국내 드러그스토어 시장이 큰 성장을 보이고 있는데, 올리브영, 왓슨스 등이 대표적이다. 국내 드러그스토어의 성장은 화장품 같은 뷰티제품이 견인하고 있다. 시장선도업체 올리브영은 매출의 50% 정도를 뷰티제품이 차지하고 있다. 왓슨스 상품의 뷰티용품 비중도 60%에 이르며, 생활용품, 먹거리, 비타민 같은 건강 관련 제품이 나머지를 차지한다. 이처럼 한국의 드러그스토어는 '약국을 바탕으로 한 잡화상' 개념인 외국과 달리 화장품 편집매장 성격이 강하다. 이에 따라 화장품 전문점은 드러그스토어를 강력한 경쟁자로 인식한다. 화장품을 바탕으로 한 드러그스토어는 젊은 소비자들의 호응을 얻고 있는데, 할인점·슈퍼마켓보다는 고급스럽고 백화점보다는 저렴한 화장품을 팔기 때문이다. 한국의 경우 아직 드러그스토어에 대한 개념적 정립이 이루어지지 않아 사업자가 원하는 전략적 방향에 따라 약국, 화장품가게, 편의점과 같은 유통형태 중 어떤 것으로도 설계할 수 있다.

(9) 전문할인점(Special Discount Store; Category Killer)

전문할인점은 '카테고리 킬러'라고도 하는데, 한 가지(또는 한정된) 상품군을 깊게 취급하며 할인점보다 훨씬 저렴한 가격으로 판매하는 소매업태를 발한다. 이는 깊이 있는 제품구색, 우수한 고객서비스, 고가격의 점포특성을 가지는 전문점과 어느 정도의 깊이를 가진 다양한 상품군들을 취급하는 할인점 및 양판점과 차별화되는 점포형태이다.

사무용품 전문할인매장인 오피스디포(Office Depot), 스테이플스(Staples) 등이 전문할인점의 예이다. 최근 우리나라 소비자들의 소비형태가 다양화, 합리화, 효율성의 성향을 띠게 됨에 따라 저가격과 한정된 제품군 내의 깊은 구색으로 특징지어지는 전문할인점의 성장가능성이 높을 것으로 예상된다.

| 사무용품 전문할인 매장 오피스디포(Office Depot)

7.3 무점포 소매상(Non-Store Retailing)

여전히 많은 사람들이 오프라인 점포에 가서 원하는 제품을 찾고, 현금이나 신용카드로 결제를 하기 위해서 인내심을 갖고 줄을 서서 기다리고, 구매한 제품을 직접 집으로 가져오는 고전적인 쇼핑방식으로 제품을 구매하고 있다. 그러나 오늘날 소비자들은 우편주문, TV 홈쇼핑, 전화주문, 인터넷 쇼핑과 같은 여러 가지 방법으로 제품을 구매하기도 한다. 직접 마케팅과 온라인 마케팅 등 무점포 소매업은 현재 가장 빨리 성장하는 소매유형이다.

무점포 소매상은 교통난·맞벌이 등으로 쇼핑시간의 여유가 없는 소비자들에게는 시간을 절약해 주는 시간효용을 제공해 주며, 소매업자 입장에서는 점포비용의 절감, 입지조건에 관계없이 목표고객에의 높은 접근용이성, 고객의 잠재수요 자극 등의 이점을 가진다는 점에서 앞으로 지속적인 성장이 예상된다.

MARKETING
FOCUS

사무용품 전문매장 스테이플스

스테이플스는 각종 사무용품을 저가격으로 변호사 사무실이나 약국과 같은 소규모 사무실을 대상으로 공급하는 미국의 대형 유통점이다. 스테이플스의 주요 경쟁력은 휴일 없이, 이른 아침부터 밤 늦게까지 매장을 유지하는 것과 경쟁점포에 비해 낮은 가격이다.

스테이플스가 사업을 시작한 것은 1986년이었다. 당시에는 지역의 소규모 사무실을 대상으로 사무용품만을 취급하는 대형 매장은 없었다. 일반 사무용품은 동네 구멍가게에서 소규모로 취급하고 있었고, 컴퓨터 디스크나 프린터 리본과 같은 소모품은 컴퓨터 전문매장에서 취급하고 있을 뿐이었다.

그러나 이런 일반 소모품들은 매장별로 품질 차이가 있을 수 없는 상품이었다. 단지 차이라면 가격과 구매의 편리성뿐이었다. 스테이플스는 이 점을 정확히 파악하고 있었다. 구매의 편리성은 보다 가까운 곳에서 보다 많은 시간 동안 매장을 열어두면 해결될 문제였다. 그러나 진짜 문제는 가격이었다.

스테이플스는 가격을 낮추기 위해 두 가지 방법을 사용했다. 그 첫 번째는 집중화였다. 다른 일체의 상품은 취급하지 않고 오로지 사무용품만을 취급함으로써 제조업체에 대한 협상력을 강화하고 나아가 구매단가를 낮출 수 있게 하기 위해서였다. 그리고 두 번째는 대형화였다. 물론 각 단위매장의 판매규모는 적은 수준이고 이를 강제로 늘일 수는 없었다. 그러나 그런 단위매장을 엮은 전체 스테이플스의 규모는 상당한 것이었다.

무점포 소매상은 크게 다이렉트 마케팅(direct marketing), 방문판매(direct selling), 그리고 자동판매기(automatic vending)로 분류된다. 다이렉트 마케팅은 측정가능한 반응(가령, 소비자들로부터의 주문이나 문의)을 얻거나 거래를 성사시키기 위해 한 가지 혹은 그 이상의 광고매체를 사용하는 쌍방향 의사소통의 마케팅시스템을 말하는데, 영어 약자로 DM이라고 표현되기도 한다. 다이렉트 마케팅은 사용되는 커뮤니케이션 수단에 따라 다시 통신(우편)판매(direct mail), 텔레마케팅(telemarketing), 텔레비전 마케팅(television marketing), 온라인 소매(on-line retailing) 등으로 나누어진다(〈표 9-3〉 참조).

표 9-3 무점포 소매상의 유형

- 무점포 소매상
  - 다이렉트 마케팅
    - 통신(우편)판매
    - 텔레마케팅
    - 텔레비전 마케팅
    - 온라인 소매
  - 방문판매
  - 자동판매기

이하에서는 무점포 소매상의 각 유형을 자세히 살펴보기로 한다.

(1) 통신(우편)판매(Direct Mail)

통신판매란 공급업자가 광고매체(주로 우편으로 보내진 카탈로그)를 통하여 판매하고자 하는 상품 또는 서비스에 대한 광고를 하고 고객으로부터 통신수단(전화, 팩스, 온라인 등)을 통해 주문을 받은 상품을 직접 또는 우편으로 배달하는 판매방식이다. 통신판매에서 성공의 관건은 목표고객의 선정과 리스트 수집 그리고 적절한 상품의 선정을 들 수 있다. 통신판매에서 취급하는 상품은 변질 가능성이 있는 식료품 이외의 모든 제품이 가능하나 일반적으로 표준화, 규격화된 제품이 주류를 이루고 있다. 특히 우편통신판매는 제조업체, 농산물생산단체, 점포형 도·소매상들이 기존의 판매방식을 보완하는 수단으로 많이 활용되고 있다.

통신판매는 19세기 후반 미국에서 최초로 등장하였고 대표적인 통신판매업체로는 1872년에 설립된 Montgomery Ward와 1886년 시계의 통신판매로 성장한 Sears를 들 수 있다. 국내에서는 1976년 신세계백화점이 카드고객을 대상으로 주문엽서를 이용한 통신판매를 한 것이 최초의 통신판매이다. 그 이후 유명 백화점과 우체국이 자체적으로 실시하거나, 개별기업들이 신용카드회사들과 연계하여 통신판매를 하고 있다.

(2) 텔레마케팅(Telemarketing)

텔레마케팅은 전화로 표적소비자층에 제품정보를 제공한 후 제품판매를 유도하거나, 고객이

MARKETING
FOCUS

디지털 시대의 새로운 통신판매 방식: 크리스마스 시즌을 겨냥해 인쇄된 장난감 카탈로그를 발행해 우편으로 보낸 아마존

최근 아마존은 연말연시에 미국 소비자들이 장난감을 구매할 수 있는 새로운 방법으로 인쇄된 장난감 카탈로그를 아마존 고객의 집에 우편으로 보내는 방식을 도입했다.

2018년 11월 아마존(Amazon)은 다가오는 크리스마스를 앞두고 장난감 카탈로그를 인쇄본과 디지털 버전으로 출시했다. 그 당시 출시된 "A Holiday of Play" 카탈로그는 최근 폐업한 미국 완구 유통업체 토이저러스(Toy "R" Us)의 장난감 카탈로그와 비슷한 복고풍의 느낌으로 제작되었는데, 토이저러스의 공백을 아마존이 메꿀 의도로 도입되었다. 우편으로 보낸 카탈로그 안에는 장난감 추천제품 이외에도 QR코드가 함께 포함되어 있어, 제품에 대한 자세한 정보를 얻거나, 즉시 제품을 구매할 수 있도록 했다.

아마존은 11월부터 수백만 명의 아마존 고객에게 인쇄된 "A Holiday of Play" 카탈로그를 발송했다. 그리고 아마존이 인수한 유기농 대형마트 홀 푸드마켓(Whole Foods Market)과 아마존 '4-스타' 매장에도 카탈로그를 비치했다.

아마존은 장난감 매출을 올리기 위해 연휴 기간 동안 카탈로그를 보고 주문한 장난감에 대해 배송료를 무료로 했다. 이용고객을 늘리기 위해 기존에 25달러 이상 구매 시 가능했던 배송 서비스를 무료로 제공한 것이다.

TV·라디오 광고나 우편광고를 보고 수신자부담 전화번호를 이용하여 주문을 하는 소매유형이다. 소비자는 전문교환수가 제공하는 제품정보를 듣고 바로 주문을 하거나 또는 자동화된 텔레마케팅시스템을 통해 주문을 한다. 자동화된 텔레마케팅시스템이란 텔레마케팅 전문업체들이 자동다이얼장치에 의해 자동으로 특정고객의 전화번호를 돌린 후 제품정보를 들려주고 그 제품에 관심이 있는 고객으로 하여금 주문을 할 수 있도록 하는 장치이다.

텔레마케팅은 크게 **수신 텔레마케팅**(inbound telemarketing)과 **발신 텔레마케팅**(outbound telemarketing)으로 나누어진다. 수신 텔레마케팅은 신문이나 잡지에 광고를 내고 무료전화인 080서비스를 이용하도록 유도한 다음 전화를 걸어온 고객들을 실구매자로 연결시키는 방법이다. 발신 텔레마케팅은 기업이 구매가능성이 높은 잠재고객에게 먼저 전화를 걸어 고객의 구매를 유도하는 보다 적극적인 방식을 말한다. 텔레마케터는 데이터베이스에 축적된 잠재고객명단 중에서 구매가능성이 높은 유망고객들을 추출하여 정교한 전화대본을 토대로 상품의 구매를 권유하게 된다.

미국은 텔레마케팅의 활용수단으로 수신자 요금부담 서비스가 널리 보급되어 있는데, 이것을 이용하면 전국의 소비자는 통화료의 부담 없이 손쉽게 주문이나 문의를 할 수 있다. 대다수 대형 소매업체들은 자사카드 고객의 성명, 주소, 지금까지의 거래명세 등을 데이터베이스로 가지고 있으며, 고객으로부터 주문이나 제품에 관한 문의전화가 오면 오퍼레이터는 고객에 관한 정보와 문의제품에 관한 정보를 컴퓨터 단말기에 호출하여 이와 함께 컴퓨터 화면에 나타나는 대화순서에 따라 고객과 대화를 할 수 있는 시스템을 도입하고 있다. 이 시스템을 통해 개별고객에 맞는 판매나 조언을 할 수 있으며, 새로운 고객정보를 데이터베이스에 추가하여 그 후의 판매에 활용한다.

(3) 텔레비전 마케팅(Television Marketing)

텔레비전 마케팅은 TV광고를 통해 제품구매를 유도하는 소매방식으로, 크게 직접반응광고(direct response advertising)를 이용한 주문방식과 홈쇼핑 채널을 이용한 주문방식으로 나누어진다. **직접반응광고를 이용한 주문방식**은 30초에서 1분 정도의 짧은 TV광고를 통해 간략한 제품소개와 주문전화번호가 제공되면 이를 시청한 소비자가 무료전화를 이용하여 제품을 주문하는 방식으로 미국에서는 Informercial 혹은 Short-form 등으로 불리고 있다. **인포머셜**(informercial)은 정보(information)와 광고(commercial)의 합성어로서 제품정보의 제공과 주문을 목적으로 하는 광고를 의미한다. 직접반응광고의 목적은 주문의 촉진과 자사제품에 관심을 가질 잠재고객의 발견(lead generation)에 있다. 즉 광고에서 제공된 전화번호를 통해 주문을 촉진하거나 혹은 상품에 대한 문의를 유발하여 잠재고객의 명단을 확보하고 추가적인 접촉(가령, 우편, 전화, 판매원방문 등)을 통해 이들을 실구매자로 전환시킬 목적으로 수행된다. 미국의 경우 광고비용이 공중파방송에 비해 매우 저렴한 케이블 TV의 등장으로 직접반응광고가 활성화되었다. 케이블 TV가 직접반응광고의 주요 매체수단으로 이용되는 이유는 네트워크 TV의 매체비용이 너무 비싸서 비용대비 광고효과를 충분히 거두기 어려울 뿐 아니라 광고시간이 너무 짧아 정보광고(인포머셜)로서의 직접반응광고의 특성을 살릴 수 없기 때문이다. 이에 따라 미국의 경우 30분, 1시간, 심지어는 2시간 이상의 프로그램 형태로 제작된 informercial이 CATV를 통해 방영되고 있다.

한편 **홈쇼핑 채널을 이용한 주문방식**은 홈쇼핑 전문방송국이 케이블 TV를 통해 상품들을 소개 설명하면 TV시청자들이 전화로 주문을 하는 첨단 무점포 판매방식이다([그림 9-9] 참조). 케이블 TV를 이용한 홈쇼핑은 가정에서 편안히 앉아서 TV에 방영되는 상품 중에서 마음에 드는 것을 전화, FAX 등으로 주문을 하면 집까지 배달해 주기 때문에 편리하고, 가격도 10~30% 정도 저렴하며, 시간을 절약할 수 있을 뿐 아니라 상품을 구매하지 않더라도 유익한 상품정보를 얻을 수 있다는 이점이 있어 빠른 속도로 성장하고 있다.

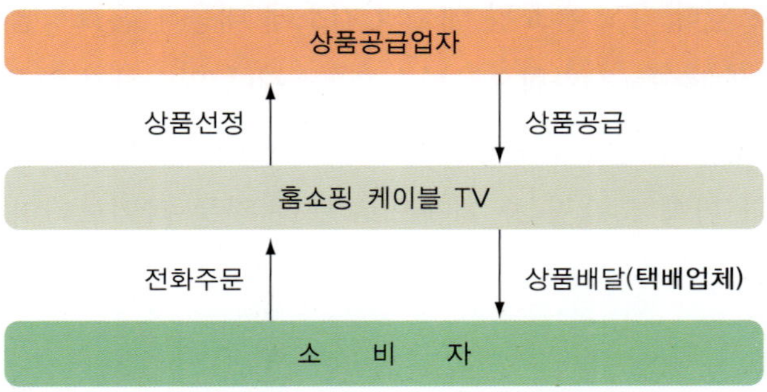

그림 9–9 홈쇼핑에서의 상품 구매과정

우리나라의 경우 TV홈쇼핑은 가장 역사가 짧은 다이렉트 마케팅 수단이며 1995년 10월 1일 본격적인 홈쇼핑 채널 방송이 시작되어 급속도로 그 규모가 증가하고 있다. 짧은 기간에도 불구하고 1996년 케이블 TV 가입자가 이미 100만을 넘어선 이후 가입자 수의 지속적인 증가, 상품구색의 확대, 케이블 TV 수신료 인하 등으로 우리나라 TV 홈쇼핑 시장은 지속적으로 확대되고 있으며 쇼핑 호스트(쇼 호스트)라는 신종 직업이 각광을 받고 있다. 그동안 우리나라에는 GS홈쇼핑과 CJ쇼핑이 홈쇼핑 시장에서 과점체제를 형성하였으나 농수산홈쇼핑, 롯데홈쇼핑(과거 우리홈쇼핑), 현대홈쇼핑의 시장진입으로 치열한 경쟁이 이루어지고 있다. 홈쇼핑업계 1, 2위 업체인 GS홈쇼핑과 CJ쇼핑은 2009년 각각 GS샵과 CJ오쇼핑으로 이름을 변경했다. GS홈쇼핑은 TV홈쇼핑과 인터넷 쇼핑몰, 쇼핑 카탈로그, T커머스 등에 달리 사용하던 브랜드를 하나로 통합한 통합브랜드 GS샵

| 홈쇼핑 쇼 호스트들이 신발 판매방송을 하고 있다. 생활용품이나 식품을 주요상품으로 다뤘던 홈쇼핑업체가 최근 의류 · 신발 등 패션분야를 강화하고 있다.

으로 브랜드명을 바꾸었다. CJ홈쇼핑도 2009년 '홈'자를 떼어버리고 세련된 쇼핑채널로 거듭나기 위해 CJ오쇼핑으로 회사명을 바꾸고, 메이크업 전문브랜드, 초고가 주얼리 명품, 프랑스 디자이너 향수를 론칭하는 등 기존 홈쇼핑에서 하지 않았던 다양한 시도를 했다. 2021년 CJ오쇼핑(TV홈쇼핑)은 CJmall(인터넷쇼핑몰), CJ오쇼핑 플러스(T커머스) 브랜드를 통합해 CJ온스타일로 이름을 바꾸고 커머스 플랫폼으로의 변신을 추구했다

최근들어 국내 TV홈쇼핑 시장이 정체상태를 보임에 따라 cable TV 홈쇼핑업체들은 해외시장 진출을 모색하거나 수익성이 높은 신사업(가령, 온라인 쇼핑, PB상품 개발 등)에 투자하는 등 경쟁력을 유지하기 위해 노력하고 있다. TV 홈쇼핑 매출의 감소에 대응해 홈쇼핑업체들은 모바일 앱을 통한 라이브커머스(온라인 생방송)를 강화함으로써 TV홈쇼핑에 익숙하지 않은 MZ세대를 새로 유입시키고, TV 판매 전 시장조사 창구로 활용하기도 한다. 2022년 MZ세대를 겨냥해 CJ온스타일이 명품 플랫폼 머스트잇과 함께 홈쇼핑 중 처음으로 명품 전문 라이브커머스 '머스트잇 라이브'를 시작한 것이 한 예이다.

(4) 온라인 소매(Online Retailing) 혹은 전자상거래업체(e-커머스)

컴퓨터 네트워크의 거대 공공망인 **인터넷**은 세계 전역의 모든 사용자를 서로 연결시켜 주며, 원하는 정보를 탐색할 수 있게 해주었다. 이제 사람들은 컴퓨터, 스마트폰, TV 등을 이용해 시간과 장소에 구애받지 않고 인터넷에 접속할 수 있다. 인터넷은 편리함, 제품정보 탐색과 구매의 속도, 가격, 제품정보, 서비스에 대한 고객의 생각을 근본적으로 바꾸어 놓았다. 그 결과 인터넷은 소매기업들이 고객을 위한 가치를 창출하고 그들과 관계를 형성하는 데 있어 완전히 새로운 길을 열어 놓았다.

인터넷은 온라인 소매라는 새로운 소매형태를 출현시켰는데, Amazon.com 같은 **온라인 전용 소매기업**(online-only retailers)뿐 아니라 전통적인 **오프라인 소매기업**(brick-and-mortar retailers)도 웹사이트, 모바일 앱, 소셜미디어를 이용해 온라인 소매사업을 수행하고 있다. 이제 오프라인 소매기업을 포함한 거의 모든 소매기업들이 온라인 판매채널과 커뮤니케이션 채널에 기반한 고객과의 거래방식을 도입하기 시작했다. 그 결과 시장선도 소매기업들은 온·오프 통합 소매기업

(click and mortar retailers)으로 변신해 유통시장에서 치열한 경쟁을 벌이고 있다. 이러한 소매융합(retail convergence)이 시사하는 바는 같은 상품을 같은 가격으로 같은 소비자에게 판매한다는 것이다. 예를 들어 소비자는 유명 가전제품을 백화점, 할인점, 전자제품 할인점, 온라인 사이트에서 구입할 수 있다. 즉, 모든 소매업태들이 동일한 소비자를 놓고 경쟁을 벌이게 된 것이다.

인터넷 이외에 1인 가구 증가는 온라인 소매시장 팽창의 또 다른 주요요인이다. 최근 1인 가구가 늘면서 대량으로 물건을 사기보다는 필요할 때마다 즉시 소량으로 사는 소비 트렌드가 확산되고 있다. 이에 따라 온·오프라인 채널을 넘나들며 싼 가격에 물건을 구매하는 하이브리드(hybrid)형 소비자도 늘었다.

모바일 쇼핑족(族) 증가도 온라인 소매시장 성장을 주도하는 또 다른 요인이다. 모바일 쇼핑이 주목받는 이유는 3800여만 명의 국내 스마트폰 사용자들을 중심으로 생활패턴이 PC에서 휴대폰 중심으로 바뀌었기 때문이다. 휴대폰으로 쇼핑을 하는 소비자 대부분은 직장생활을 하느라 대형마트에 갈 시간이 없는 주부들이다. 이른바 '모바일 맘(mom)'들이다.

온라인 소매기업과 전통적인 오프라인 소매기업들은 이들을 타깃으로 간편하게 결제할 수 있는 앱을 출시하고 있다. 가령, 롯데쇼핑은 스마트폰으로 제품을 검색해 주문하고, 매장에서 수령하는 온·오프라인 통합 쇼핑 서비스 '스마트픽'을 도입했다. 소비자는 스마트픽 서비스를 이용해 롯데쇼핑이 운영하는 온라인몰인 '롯데온'에서 픽업 희망 매장과 시간대를 선택한 후 방문해 수령할 수 있다. 모바일 쇼핑은 소비자들이 언제 어디서든 3~4분 안에 앱을 켜서 상품을 검색/구매하고 결제를 끝낼 수 있는 이점을 갖고 있다.

| 현대홈쇼핑이 개발한 H코디 애플리케이션. 스마트폰 사용자가 휴대전화에 장착된 카메라로 자신의 사진을 찍은 뒤 가상현실 속에서 다양한 옷을 입은 듯 연출해 볼 수 있는 프로그램이다.

온라인 쇼핑의 활성화로 인해 온라인 소매가 본격적인 성장기에 진입하면서 국내 온라인 소매분야 시장주도권을 확보하기 위한 선도 소매업체들 간의 경쟁이 치열해지고 있다. 오프라인의 유통기업들 중 백화점, 할인점, 홈쇼핑업체들은 온라인 쇼핑몰의 강화에 가장 적극적이다. 오프라인에서의 강력한 브랜드인지도와 폭넓은 상품구색과 고객기반 등과 연계하여 온라인 소매부문에서 시너지 효과를 실현하려고 한다. 가령, 온라인과 모바일 쇼핑을 강화하고 있는 현대홈쇼핑은 스마트폰 응용프로그램(앱) 'H코디'를 개발했는데, 이는

스마트폰 화면상에서 다양한 의상을 입은 것처럼 보여주는 가상현실 서비스다. 그리고 롯데홈쇼핑은 TV뿐 아니라 스마트폰·태블릿PC에서도 홈쇼핑 방송을 보고 구매할 수 있도록 전용채널을 개설했다.

(5) 방문판매

영업사원을 이용한 방문판매는 가장 오래된 역사를 가진 무점포형 소매업이다. 국내의 경우 조선시대에 집들을 돌아다니면서 신변잡화류를 판매하였던 방물장수도 여기에 해당되며 유제품의 한국야쿠르트, 학습지의 판매와 교육을 동시에 하고 있는 웅진, 대교 등의 출판업계와 1980년대 중반까지 화장품 업체들의 주된 판매방식을 대표적인 예로 들 수 있다.

최근 방문판매의 유형 중 크게 각광을 받는 것이 다단계판매방식이다. 1995년 7월 개정된 방문판매법을 통해 다단계판매방식이 법적으로 허용되고 피라미드판매방식이 금지됨에 따라 많은 대기업들이 다단계판매로의 진출 여부를 적극적으로 검토하고 있다.

다단계판매는 판매원 겸 소비자인 디스트리뷰터(distributor)가 회사로부터 구입한 제품을 소비자들에게 재판매하는 방문판매유형이다.

[그림 9-10]은 다단계판매방식에서의 상품유통경로를 보여주는데, 다단계판매에서의 상품의 흐

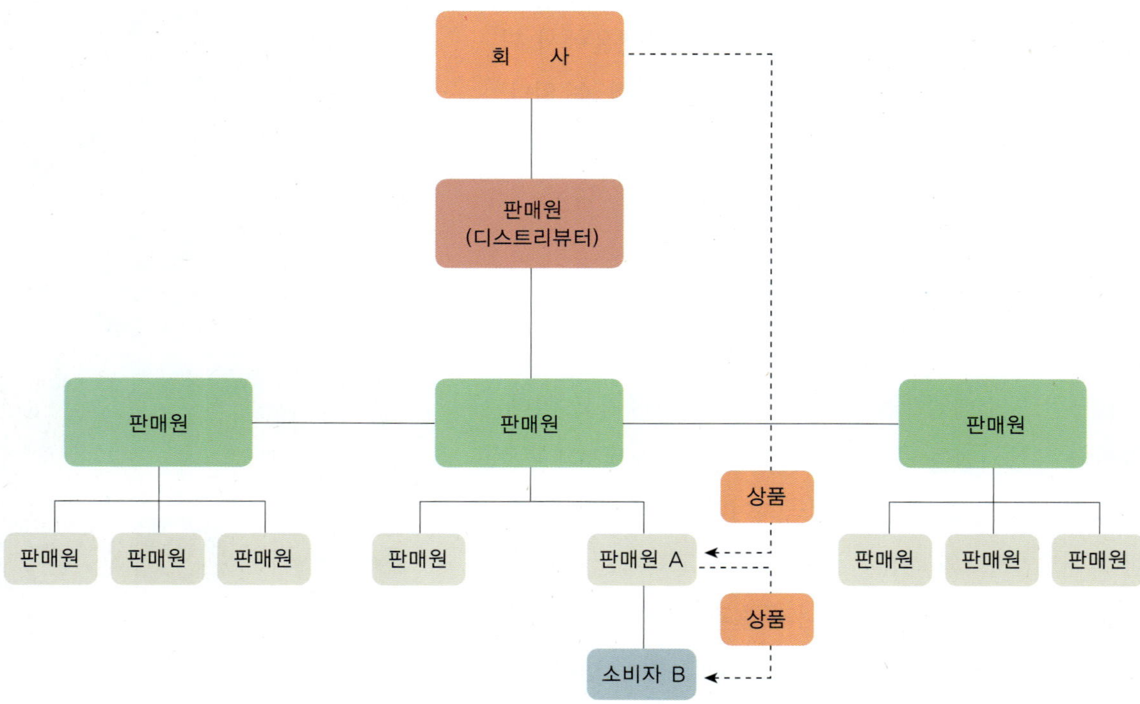

그림 9-10 다단계판매방식에서의 제품유통경로

름은 비교적 단순하다. [그림 9-10]에서 보듯이 다단계판매방식에서는 소비자에게 상품이 인도되기까지 회사 및 (상품을 소비자에게 넘겨주는) 디스트리뷰터 이외는 다른 경로구성원들이 개입되지 않는다. 소비자에 대한 상품판매는 상위 디스트리뷰터를 거치지 않고 직접 이루어진다. 즉 어느 단계의 디스트리뷰터를 통해 구매하더라도 유통과정은 회사－판매원－소비자의 경로를 갖는다. 또한 소비자는 반드시 판매원으로 등록하지 않더라도 다단계판매회사에서 취급하는 상품을 구입할 수 있다.

MARKETING
FOCUS

회사명을 hy로 변경하고 야쿠르트 아줌마의 경쟁력을 기반으로 방문판매시장에서 퀵커머스 시장으로 사업을 확장한 한국야쿠르트

'옛 한국야쿠르트'.

사명을 바꾼 hy 뒤에 여전히 따라붙는 부연설명이다. 2021년 4월 한국야쿠르트는 신사업 본격화를 선언하며 회사명을 hy로 변경했다. 하지만 50년 넘게 운영해 온 장수기업 한국야쿠르트의 이름이 갑작스레 바뀌다 보니 대중에게는 아무래도 생소하게 다가왔다.

이제 hy는 '야쿠르트'를 넘어 '유통 전문기업'으로 변신하려고 한다. hy로의 기업명 변경은 기존 한국야쿠르트가 보유했던 경쟁력을 새로운 수익모델로 전환하기 위한 시도의 일환이다. hy가 추구하는 신사업의 핵심 축은 2개인데, 야쿠르트 아줌마(현 프레시매니저)를 기반으로 한 물류사업, 그리고 지금까지 쌓아온 유산균 기술력을 활용한 '균주 B2B 사업'이 그것이다.

hy는 지난 50여 년간 주력인 유산균 제품을 앞세워 유제품 시장을 지배해왔다. 하지만 연평균 성장률이 한 자릿수에 머무는 등 유제품 시장 성장이 둔화했고 이에 따라 기업매출도 지지부진했다. 2008년 1조152억 원을 돌파하며 사상 첫 1조 원 매출을 넘어섰지만 이후 빠른 성장세를 보이지 못했다. 2021년 매출은 1조996억 원으로, 매출감소까지는 아니지만 13년 동안 8% 성장하는 데 그쳤다. 온라인 커머스가 대세로 떠오른 데다 코로나 팬데믹까지 겹치며, hy의 강점이던 프레시매니저 판매채널이 타격을 입었다.

| hy가 퀵커머스 시장에 진출했다. 1만1000명에 달하는 프레시매니저(옛 야쿠르트 아줌마)가 자사제품뿐 아니라 타사 제휴 배송까지 담당하기 시작했다.

한국야쿠르트는 과감한 변화를 선택했다. 유제품을 넘어 신사업 영역을 확장하기로 한 것이다. 이를

| hy의 방문판매 경쟁력과 야쿠르트 아줌마의 영업력을 높이는 데 기여한 신형 냉장 전동카트

상징적으로 보여주는 것이 바로 사명 변경이다. 유제품 전문기업이라는 인식이 강한 기존의 '한국야쿠르트'라는 이름을 버리고 앞 글자를 딴 'hy'를 새롭게 채택하면서, 자유로운 사업확장을 위해 새 사명 'hy'에 어떤 의미도 부여하지 않았다.

hy가 주목한 것은 물류 · 배송이었다. 그중에서도 고객 집 앞까지 단시간에 배송하는 퀵커머스 시장이다. 퀵커머스는 배달시장 성장과 함께 최근들어 주목을 받는 시장이지만, hy는 이미 수십 년 전부터 퀵커머스 사업을 하고 있었다. 물론 자사제품 한정이기는 했지만. '다른 기업의 제품도 팔아보면 어떨까'라는 아이디어가 hy 신사업의 시작이다.

인프라는 이미 갖춰져 있다. '프레시매니저'라는, 평균 업력 12년에 달하는 노련한 배송인력이 전국 520여 개 지점에서 약 1만1000명이나 활동한다. 인력이나 지점 모두 웬만한 배달 라이더 대행업체를 훌쩍 웃도는 수치다. 친환경 모빌리티도 갖춰놓은 상태인데, 2014년 개발한 세계 최초 탑승형 전동 냉장카트 '코코'가 그것이다. 일명 타고 다니는 냉장고로 불리는 코코는 이미 8년 전부터 전국 골목을 누벼왔다.

hy는 최근 자사몰과 프레시매니저 등 판매망을 다른 기업에 개방했다. 2020년 12월 자사몰을 '프레딧'으로 개편하고 판매 · 배송품목을 타사 제품까지 넓혔다. HMR · 신선식품 · 이유식 등 빠른 배송이 필요하지만 마땅한 배송망을 갖추지 못한 기업들이 프레딧으로 몰려들었다. 매출은 급증했다. 2019년 280억 원에서 2021년 700억 원까지 3배 가까이 뛰었다. 판매품목도 650개에서 1200여 개까지 다양해졌다.

프레딧 입점 없이도 일정 수수료만 내면 프레시매니저 배송을 이용할 수 있는 제휴배송 서비스도 시작했다. 2022년 3월부터 면도기 정기구독 스타트업 '와이즐리'와 손잡고 5000개가 넘는 면도기를 프레시매니저가 배달하는 것이 한 예이다. 와이즐리 외에도 화장품, 건강기능식품, 카드사 등 업체 약 100여 곳과 제휴배송 협의를 진행하고 있다. hy 관계자는 "hy가 그동안 쌓아온 '라스트마일' 경쟁력에서 가능성을 봤다. 서로 알고 지낸 지 10년이 훌쩍 넘는 고객도 있을 정도로 지역밀착형인 덕분에 여타 배송조직보다 고객과의 유대감이 훨씬 높다. 원활한 재고관리는 물론 맞춤형 배송이나 영업 등 기존 라이더가 할 수 없던 고객 대응이 가능하다. 냉장고에서 상품을 꺼내 손으로 직접 전달하는 만큼 스티로폼 · 골판지 같은 포장재 쓰레기 문제도 최소화할 수 있다"고 설명했다.

hy의 또 다른 경쟁력은 '프로바이오틱스(유산균) 균주'다. hy가 지금까지 구축한 균주 라이브러리만 5000여 개에 이른다. 기존에는 자사제품에만 활용했지만 2020년부터 이를 다른 기업에도 판매하는 B2B 사업으로 영역을 확장했다. 1995년 국내 최초 유산균 국산화에 성공한 이후 지금까지 쌓아온 기술력이 새로운 수익원으로 연결된 셈이다. hy 관계자는 "그동안에는 자사제품 생산만 해도 그 양이 모자라 외부 판매가 어려웠지만 2014년 프로바이오틱스 플랜트 완공으로 대량생산 체계가 갖춰졌다. 플랜트에서는 프로바이오틱스 균주의 분말화가 가능해 포장 · 운반 등 외부판매가 용이하다. 현재 판매 중인 프로바이오틱스 원료는 고농축 분말 형태로 분말 1g당 2000억 마리 유산균을 함유하고 있다"고 말했다.

유산균 균주 B2B 사업은 빠른 성과를 보이고 있다. B2B 사업 첫해인 2020년 35억 원 매출을 기록한 데 이어 2021년에는 100억 원을 달성하며 278% 신장했다. 그리고 뉴트리와 종근당건강, 휴롬, 장수농가 등 다수 기업에 원료를 제공하며 기능성과 안전성을 인정받았다. hy는 B2B 판매품목의 확대로 성장세를 이어가려고 한다. 현재는 체지방 감소와 피부 건강 중심의 기능성 프로바이오틱스 판매가 주력이지만 면역과 장(腸) 건강 영역 등으로 품목을 다양화할 계획이다.

자료원: 매경이코노미, 제2156호, 2022.04.27.~2022.04.26.

(6) 자동판매기(Automatic Vending)

미국의 경우 1950년대 후반 주로 저가의 편의품을 판매하기 위해 도입된 후 점차 확대되었으며, 한국에서는 1980년대 이후 급성장하는 무점포형 소매업의 하나이다. 점포를 통해 판매하기 어려

MARKETING FOCUS

자판기의 진화 - 스마트 자판기 전성시대

단체급식업체 아워홈은 2021년부터 구내식당 사업소에 무인 도시락 자판기 '헬로잇박스'를 설치하기 시작해 1년여 만에 130여 개 사업소로 확대했다. 헬로잇박스는 냉장 · 냉동 도시락과 샌드위치, 샐러드, 과일 등을 판매하는 스마트 자판기다. 24시간 무인 운영이 가능해 대학병원과 기숙사처럼 늦은 시간에도 식사 수요가 있는 사업소에서 특히 좋은 반응을 얻고 있다. 아워홈 관계자는 "구내식당이 지니고 있던 시간과 공간의 제약을 스마트 자판기를 통해 해소하고 있다"고 말했다.

정보기술(IT)을 장착한 스마트 자판기가 국내 자판기 시장의 흐름을 바꿔놓고 있다. 커피와 캔 · 페트 음료, 위생용품 등을 판매하는 일반 자판기시장이 급속히 위축되고 있는 데 비해 신기술로 중무장한 스마트 자판기는 코로나19가 앞당긴 비대면 소비의 확산과 함께 새롭게 각광받고 있다.

식품업계에 따르면 스마트 자판기를 활용해 밀키트는 물론 정육 등 신선식품 판매에 도전하는 업체도 늘어나고 있다. 가정간편식(HMR) 업체 프레시고는 2021년 밀키트 스마트 자판기 '프레시고24'를 선보였다. 소비자가 자판기 냉장고에 카드를 꽂고 상품을 꺼내가면 자동으로 결제되는 시스템이다. 자판기를 운영하는 업주는 스마트폰으로 실시간 재고관리와 내부 온도 체크, 고장 여부 등을 확인할 수 있어 기존 자판기를 운영하는 것보다 편리하다.

편의점업계도 인건비 부담을 줄이고, 상품군을 확대하기 위해 매장에 스마트 자판기를 적극 도입하고 있다. 미니스톱은 프레시스토어와 손잡고 정육 자판기를 일부 매장에 도입했다. 대형마트나 정육점이 문을 열지 않는 시간에도 신선한 돼지고기, 소고기 등을 구매할 수 있는 데다 소포장으로 구성해 1인 가구에게 인기를 끌고 있다.

2000년대 초반에는 커피 자판기만 10만여 대가 넘었지만 지금은 6만여 대 수준으로 줄었다. 반면 스마트 자판기가 2만여 대로 늘어나면서 자판기 시장의 새로운 동력으로 떠오르고 있다. 국내 자판기 시장의 60%가량을 점유하고 있는 롯데기공은 커피, 캔 · 페트 음료 등을 판매하는 일반 자판기를 넘어 IoT 기술을 적용한 화장품 자판기, 펫푸드 자판기 등을 적극 개발해 선보이고 있다. 롯데기공 관계자는 "코로나19 이후 비대면 무인 판매가 늘어나면서 냉장 · 냉동기능을 갖추고, 다양한 상품을 판매할 수 있는 스마트 자판기 수요가 늘어나고 있다"고 했다.

자료원: 한경, 2022.02.24.

운 장소와 시간에 제품을 24시간 구매할 수 있게 함으로써 소비자에게 편리함을 제공한다. 자동판매기는 담배, 음료, 스낵, 라면, 화장품, 서적, 레코드, 피자 등 다양한 편의품과 충동품을 주로 판매한다.

자동판매기의 수요가 꾸준히 늘어난 이유는 편의성을 추구하려는 소비자 욕구의 증대와 점포임대료 상승과 치열한 시장경쟁에서 자체 판매망을 구축하려는 기업의 요구가 부합되었기 때문이다. 국내 자동판매기는 커피, 음료, 담배, 스낵, 기타 일상용품이 주류를 이루고 있지만 일본, 미국에서는 보석, 내의, 티셔츠 자동판매기 등 다양한 자동판매기가 등장하고 있다. 최근에는 자판기가 커뮤니케이션 채널 역할을 수행하는 것으로 그 기능이 확대되고 있다. 디지털 기술의 발전에 힘입어, 자판기는 단순히 판매수단이 아니라 소비자들의 마음을 얻기 위한 커뮤니케이션 채널 역할도 수행하는 것이다.

7.4 소매상의 마케팅의사결정

소매상들은 고객을 끌어들이고 유지하기 위해 늘 새로운 마케팅전략을 추구하고 있다. 과거에 소매상들은 독특한 상품구색, 경쟁사보다 더 좋은 서비스로 고객들을 유인하였다. 그러나 오늘날 소매상들의 상품구색과 서비스는 점점 비슷해지고 있다. 제조업체 브랜드(national brand) 생산자들은 그들의 브랜드를 백화점뿐만 아니라 할인점, 오프프라이스 소매점, 웹에서 동시에 판매하고 있다. 따라서 소매상들은 독점적인 상품을 제공하기가 더욱 어려운 실정이다. 소매상들 간의 서비스 차별성 또한 퇴색되고 있다. 많은 백화점들이 서비스를 줄여나가고 있는 반면에 할인점들은 서비스를 증가시키는 추세이다. 한편 고객들은 과거보다 더욱 현명해지고 가격에 민감해지고 있다. 그들은 요즘처럼 서비스 간의 차이를 구별할 수 없는 때에 동일한 브랜드를 더 비싸게 구매할 이유가 없다고 생각한다. 이에 따라, 오늘날 많은 소매상들은 그들의 마케팅전략에 대해 재고(再考)해 보고 있다.

[그림 9-11]과 같이, 소매상들은 표적시장 선정과 포지셔닝, 제품구색과 서비스, 가격, 촉진, 입지

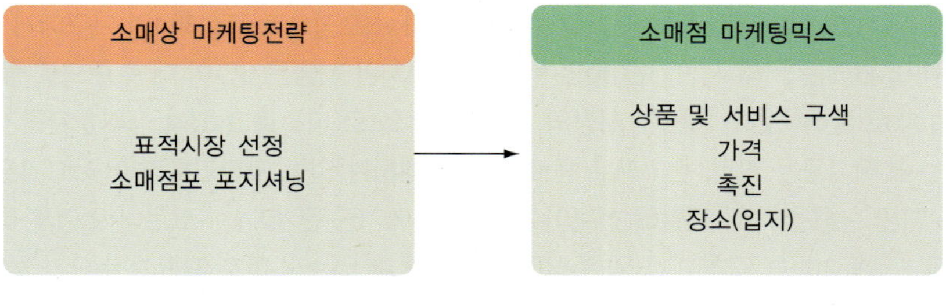

그림 9-11 소매상의 마케팅의사결정

에 관한 마케팅의사결정을 내려야 한다.

(1) 표적시장과 포지셔닝 결정

소매상들은 먼저 표적시장을 선정하고 그 시장에서 어떻게 포지션을 구축할 것인가를 결정해야 한다. 즉 고소득층, 중산층, 저소득층 구매자 중 누구에게 초점을 맞출 것인가? 표적구매자들은 다양한 상품구색, 깊이 있는 상품구색, 편의성, 혹은 저렴한 상품가격들 중 어떤 것을 원하는가? 등을 고려하여 표적시장과 포지셔닝을 결정해야 한다. 표적시장에 대한 정의와 그 시장의 고객특성에 대한 파악이 이루어져야 비로소 상품구색, 서비스, 상품가격, 광고, 실내장식 등에 대한 일관성 있는 의사결정을 내릴 수가 있는 것이다.

그러나 너무나 많은 소매상들이 표적시장과 포지션에 대한 명확한 정의를 내리지 못하고 있다. 그들은 모든 고객을 만족시킬 만한 제품을 만들려고 하지만, 결국 어떤 고객들도 만족시키지 못하고 있다. 이와 대조적으로 성공한 소매상들은 표적시장을 명확히 정의하고 그 시장에 강력한 포지션을 구축하고 있다. 예를 들어, Wal-Mart는 저가격이라는 강력한 포지션을 구축하고 있다. Target은 Wal-Mart와 정면으로 대응하기보다는 표면상으로는 모순적인 "고급 할인점(upscale discount)"이라는 틈새시장을 겨냥하고 있다. Target은 할인된 가격을 제공하지만, 고급스러운 스타일과 디자인, 그리고 높은 수준의 서비스로 미국 할인점의 2위 자리를 확보하였다.

(2) 상품구색과 서비스 결정

소매상은 상품구색, 서비스믹스, 점포분위기와 같은 세 가지 중요한 제품변수에 대해 결정해야 한다.

소매상의 상품구색(product assortment)은 표적구매자들의 기대와 일치하면서 동시에 다른 소매상들과 차별화되어야 한다. 이러한 전략 가운데 몇 가지를 살펴보면 첫째, 자체 브랜드 혹은 소매업체 브랜드(private brand)나 독점판매권을 갖고 있는 제조업체 브랜드(national brand)와 같이 경쟁자들이 취급하지 않는 상품을 제공하는 것이다. 예를 들어, 미국의 Saks백화점은 유명디자이너의 브랜드를 독점적으로 취급하며, Saks Fifth Avenue Signature, Classic, Sport 컬렉션과 같은 자체 브랜드 계열을 개발/판매한다.

둘째, 화제성 상품이벤트를 기획하는 것이다. 예를 들어, Costco는 2등품, 과잉재고상품, 회사정리상품들에 대한 초염가 판매행사를 실시하는 것과 같이 깜짝기획상품전을 연다.

셋째, 매우 세분화된 표적고객을 대상으로 한 상품구색을 제공함으로써 차별화할 수 있다. 예컨대, Lane Bryant는 초대형 사이즈 의류를 판매한다. 또한 소매상들은 서비스믹스(service

MARKETING
FOCUS

코로나19 사태로 인한 재택시대가 낳은 상품구색의 변화 - 뉴욕의 명품매장 주력상품은 대통령 양복이 아닌 추리닝 세트

2021년 8월 뉴욕 맨해튼 6번가의 양복점 '브룩스 브러더스' 매장. 19세기부터 200여 년간 링컨, 케네디, 트럼프 등 역대 미국 대통령 40명의 취임식 예복을 만든 이 양복점이 쇼윈도에 트레이닝복 상하 세트를 진열하고 있다. 이 브랜드의 대표상품인 남성 양복과 넥타이는 매장 뒤편에서 70~80% 할인 중이고, 드레스 셔츠는 50~60%, 여성 투피스 정장과 하이힐 구두도 60~70% '폭탄 세일' 중이다. 매대 중앙을 점령한 건 스웨트팬츠 · 조거팬츠 등으로 불리는 추리닝과 면 티셔츠들이다.

추리닝 상 · 하의는 각각 118달러(약 13만5000원)로, 전문직 종사자들이 드레스 셔츠에 새겼던 이름 이니셜 자수를 넣으면 130달러씩이고 할인은 없다. 이니셜 박힌 추리닝 세트가 260달러(약 30만 원)인데, 판매직원은 "인근 직장인들에게 이게 제일 인기가 많다"고 했다. 브룩스 브러더스는 2020년 팬데믹으로 인한 경제봉쇄 직격탄을 맞아 파산해 유통 대기업에 매각된 뒤 주력상품을 간편복과 마스크 등으로 바꿨다.

폴로랄프로렌 · 타미힐피거 등 중 · 고가 브랜드의 주력상품이 된 고급 추리닝은 할인행사를 안 해도 너무 잘 팔린다. 집에서 근무하는 직장인들이 '편하면서도 어느 정도는 긴장감이 느껴지는' 품질 좋은 옷, 일하다 동네에 맥주를 사러 나가도 이상하지 않은 옷에 대한 수요가 폭발했다. 기존 사무실 패션의 정석이었던 셔츠와 재킷은 동료 · 거래처와 화상회의할 때 잠깐 걸치는 옷이 됐다. 직장인들이 드라이클리닝과 다림질을 해야 하는 양복 대신 집에서 물빨래 가능한 옷들만 입자, 영업난에 빠진 뉴욕의 세탁소들은 일제히 '세탁 후 개어주기' 서비스를 전면에 내세우고 있다.

2020년 미국 시카고 중심가 매그니피센트 마일의 브룩스 브라더스 매장 쇼윈도 모습. 200년 넘게 미 대통령과 유명 고위인사들, 명문 사립학교의 옷을 만들어 온 '아메리칸 클래식'의 상징인 이 브랜드에서 노세일 품목은 추리닝이다.

세계 최대 소셜미디어 페이스북의 한 직원이 집에서 아이를 돌보며 근무하고 있다. 팬데믹이 장기화되면서 재택근무도 뉴노멀이 되고, 기존의 오피스룩은 편하고 신축성 있으며 세탁소에 맡길 필요가 없는 옷으로 대체되고 있다.

기업들이 출근을 재개했지만 재택근무에 초점을 둔 팬데믹 패션은 크게 바뀌지 않았다. 보수적이기로 유명한 월스트리트의 금융사와 로펌에서도 딱딱한 슈트는 사라지다시피 했다. 요즘 월가에서 점심 먹으러 나오는 인근 직원들을 보면 반팔 폴로 티셔츠에 면바지, 로퍼(끈 없는 구두)나 운동화 일색이다. 기존의 '금요일 캐주얼'이었던 노타이에 단추 푼 셔츠조차 고지식해 보일 정도다. 최근 만난 한 여성 대형 로펌 변호사는 풍성한 셔츠에 요가복의 샤넬이라는 룰루레몬 레깅스를 받쳐 입었다. 델타 변이 확산에 따라 간편복을 필두로 한 오피스룩의 진화는 계속될 전망이다.

자료원: 조선일보, 2021.08.10.

mix)를 통해서도 차별화를 추구할 수 있다. 가령 어떤 소매상들은 고객들과의 직접적인 접촉을 통해서 혹은 전화나 웹을 통해서, 고객들의 질문에 응답하고 서비스 담당자들과 상담을 할 수 있게 한다. 미국의 주택개량 전문점 Home Depot는 스스로 조립하는 방법에 대한 교육(how to classes)에서부터 전용 신용카드에 이르기까지 DIY(do-it-yourself)고객들을 위한 다양한 서비스 믹스를 제공한다.

점포분위기(store's atmosphere)는 상품의 매력도를 높이는 또 다른 요소이다. 점포레이아웃(layout)은 고객의 쇼핑을 불편하게 혹은 편하게 만든다. 각 점포마다 산만하다, 쾌적하다, 어두침침하다, 화려하다와 같은 그 점포만의 "느낌"이 있다. 따라서 소매상들은 표적고객에게 적합하며 구매를 유도할 수 있는 점포분위기를 설계하려고 한다. 똑같은 상품이라도 차별화된 점포분위기에서 판매하면 매출이 급증한다는 것을 인식한 유통기업들은 대대적인 매장 리뉴얼을 시도하고 있다. 신세계까사가 그 한 예이다. 2022년 10월 신세계그룹의 가구전문 계열사 신세계까사는 서울 까사미아 서래마을점을 영국 유명 아티스트 리처드 우즈와 손잡고 갤러리 형태로 탈바꿈하는 점포분위기 변신 프로젝트를 진행했다. 건물 외벽을 우즈의 대표작 중 하나인 작품 '홀리데이 홈'으로 꾸몄고, 내부벽면도 우즈의 작품으로 새로 연출했다. 꼭대기층은 아예 가구를 두지 않고 우즈의 작품만 걸어놓고 갤러리처럼 꾸몄다. 단순히 가구를 전시하고 판매하는 공간이 아니라 문화와 예술을 매개로 고객과 교류하는, 소위 아트

점포분위기 변신을 통한 매출증대의 예: 2022년 10월 신세계까사는 서울 까사미아 서래마을점을 갤러리 형태로 바꾸어 재오픈했다. 맨 위층엔 가구를 두지 않고 예술작품만 걸었다.

살롱 형식의 매장분위기로 바꾼 후 까사미아 서래마을점의 매출은 증가했다.

최근 소매상들은 **"경험 리테일링**(experiential retailing)"을 실천하고 있다. 가전제품 전문기업 Maytag은 테스트 매장(try-before-you-buy store)을 도입하였는데, 가정의 주방과 세탁실 같은 세트를 설치해 자사제품을 진열하고 고객들이 제품을 구매하기 전에 사용해 볼 수 있도록 한다. 이곳에서 고객들은 세탁을 해보거나, 쿠키를 구워보거나, 식기세척기가 정말로 조용한지 아닌지 작동해 볼 수 있다. 점점 더 많은 소매상들이 그들의 점포를 고객들이 독특하고 흥미로운 쇼핑환경을 경험할 수 있는 현장으로 변화시키고 있다. 이처럼 매력적인 점포분위기 창출은 유통업체들이 자사점포를 경쟁사의 점포와 차별화하는 강력한 수단이 될 수 있다.

(3) 가격결정

소매상의 가격정책은 표적시장과 포지셔닝, 제품 및 서비스의 구색, 경쟁상황에 맞도록 수립되어야 한다. 모든 소매상들은 높은 마진과 많은 판매량을 추구하지만, 이 두 가지를 동시에 이루기는 어렵다. 따라서 대부분의 소매상들은 높은 마진에 적은 판매량(전문점)이나 낮은 마진에 많은 판매량(할인점), 이 둘 중의 하나를 추구한다. 예컨대, 뉴욕시와 LA 베버리힐스의 로데오 드라이브(Rodeo Drive)에 위치한 비잔(Bijan) 부티크는 세계에서 가장 비싼 남성의류를 판매한다. 이곳에서는 50달러짜리 양말, 375달러짜리 실크넥타이, 19,000달러의 타조가죽 조끼를 포함하여 백만 달러 가량의 의류들을 취급한다. 이 점포는 부유한 최상류층 고객들을 편안하게 모시기 위해 예약된 고객만을 받는 정책을 도입했다.

(4) 촉진결정

소매상들은 소비자에게 정보를 제공하고 점포방문을 유도하기 위해 광고, 인적판매, 판매촉진, PR, 직접마케팅 등의 촉진믹스를 사용한다. 소매상들은 신문, 잡지, 라디오, 텔레비전, 인터넷에 광고를 하거나 신문에 삽입되는 광고물이나 직접우편물을 이용할 수도 있다. 인적판매는 고객을 맞이하는 방법, 고객의 요구에 응대하는 방법, 고객의 불만을 처리하는 방법에 대해 충분히 훈련된 판매원들이 있어야 한다. 판매촉진은 매장 내 실연(demonstrarions), 진열, 콘테스트 및 명사탐방 등이 포함된다. 소매상이 이용할 수 있는 PR활동에는 기자회견이나 연설, 점포개점행사, 특별이벤트, 사보, 잡지 및 공공서비스 활동 등이 있다. 또한 대부분의 소매상들은 웹사이트를 구축하고 있는데, 이것은 고객들에게 정보와 다른 특성들을 제공하며, 상품을 직접 판매하기도 한다.

(5) 입지결정

소매상들은 종종 소매업의 성공을 결정하는 세 가지 필수적인 요인으로 첫째도 입지, 둘째도 입지, 셋째도 입지라고 말한다. 즉, 소매상들이 표적고객들이 접근하기 쉬우면서 자사의 포지셔닝과 일치하는 점포위치를 선정하는 것은 매우 중요하다. 예를 들어, Apple은 자사의 매장을 임대료가 싼 외곽의 쇼핑몰에 입주시키는 것이 아니라 고급 쇼핑몰과 시카고의 Michigan Avenue의 Miracle Mile이나 뉴욕 맨해튼의 Fifth Avenue같은 최신유행의 쇼핑가에서 점포를 운영하고 있다.

7.5 오프라인과 온라인 채널의 융합– 옴니채널 마케팅

최근 소매 유통기업과 제조업체를 포함한 많은 마케터들이 **쇼퍼(쇼핑객) 마케팅**(shopper marketing) 개념을 받아들여, 소매단계에서 자사에 유리한 구매결정을 이끌어내기 위해 온라인과 오프라인을 판매 및 마케팅커뮤니케이션 채널로 활용하고 있다. 쇼퍼 마케팅은 제품정보 제공, 광고 및 판촉, 머천다이징, 로지스틱스에 이르기까지 모든 마케팅활동의 초점을 쇼핑객을 구매자로 전환시키는 데 맞추는 것이다. 쇼퍼 마케팅을 도입한 기업들은 소비자의 쇼핑과정에 초점을 맞추어 마케팅노력을 설계하고 조정한다.

디지털 쇼핑 혹은 디지털 쇼핑과 점포 내 쇼핑을 결합한 쇼핑방식을 이용하는 소비자들이 늘어남에 따라 소매기업의 쇼퍼 마케팅은 진일보하고 있다. 이제 대다수 소비자들은 온라인과 오프라인을 기반으로 구매의사결정을 내린다. 예를 들어, 미국의 경우 소비자들이 Best Buy 가전매장에서 새로운 TV제품을 구경하면서 모바일 앱을 이용해 Amazon.com에서 제품 리뷰와 가격을 확인하는 것을 흔히 목격할 수 있다. 따라서 유통기업의 쇼퍼 마케팅은 더 이상 점포 내 구매행동에만 초점을 맞추지 않는다. 쇼핑과정에서 소비자의 구매의사결정에 영향을 미치기 위한 기업의 마케팅 노력은 점포 내 쇼핑, 온라인 쇼핑, 그리고 모바일 쇼핑을 겨냥해 이루어진다.

이에 따라 최근 유통업체들은 소비자들이 시간과 노력을 덜 들이고 원하는 제품을 손에 넣을 수 있도록 지원하기 위해 온라인과 오프라인을 결합한 옴니채널 서비스를 강화하고 있다. **옴니채널**은 소비자가 온라인, 오프라인, 모바일 등 다양한 경로를 이용해 상품을 검색하고 구매할 수 있도록 한 서비스를 말한다. 오프라인 매장의 할인행사 정보를 스마트폰으로 전달받거나, 온라인으로 구매한 상품을 오프라인 매장에서 확인한 뒤 가져갈 수 있도록 하는 것 등이 옴니채널 서비스의 대표적인 사례다. 유통업계가 옴니채널 서비스를 강화하는 것은 오프라인과 온라인의 경계가 허물어지고 있는 쇼핑패턴 변화에 대응하기 위해서다. 과거엔 오프라인 소비자와 온라인 소비자가 나뉘었지만 최근들어 쇼루밍(showrooming), 역쇼루밍 등 오프라인과 온라인을 넘나드는 쇼핑행동을 보이는 소비자가 많아지고 있는 것이다. 쇼루밍은 오프라인에서 제품을 살펴보고 구매는 온라인으로 하는 것을 말하며, 역쇼루밍은 반대로 온라인에서 제품정보를 얻은 뒤 오프라인 매장에서 구매하는 것이다. 오프라인 매장에서 제품을 살펴보다가 즉석에서 모바일로 구매하는 모루밍(morooming)도 생겨났다.

백화점을 포함한 유통업체들은 고객들을 오프라인 매장으로 끌어들이기 위한 도구로 '가상현실(VR)'을 활용하고 있다. 오프라인 매장에서 가상현실 장비를 착용하고 등산이나 하이킹 체험을 하거나, 여러 가지 옷을 가상으로 착용해 비교해 볼 수 있는 가상거울을 설치하는 등의 가상현실 체험 서비스를 제공하고 있는 것이 그 한 예이다. 가령, 노스페이스는 맨해튼·시카고·샌프란시스코 매장에서 가상현실 안경장비를 착용한 후 420피트의 그랜드캐니언 절벽에서 번지점프를 하는 체험서비스를 선보였다. 이 서비스엔 요세미티국립공원에서 하이킹을 하거나 모하비사막을 걷는 가상현실도 포함됐다. 노스페이스가 이 같은 가상현실 서비스를 매장에 도입한 것은 아마존, 이베이, 자포스 등 온라인 쇼핑몰에 고객들이 몰리면서 오프라인 매장 고객이 줄고 매출이 감소했기 때문이다. 아웃도어 업체뿐 아니라 미국의 유명 백화점인 니먼마커스와 노드스트롬은 매장에 가상거울을 도입했다. 마음에 드는 옷을 가져오면 옷에 붙어 있는 QR코드를 인식해 화면에 자신이 해당 옷을 입은 모습이 비친다. 영상을 동시에 띄울 수도 있어 같은 제품끼리 색상을 비교하거나 여러 옷을 동시에 비교하는 것도 가능하다. 옷을 갈아입는 불편과 시간을 획기적으로 줄여주는 서비스이다. 유통업체들은 사물인터넷을 활용해 쇼핑에 드는 수고를 덜어주려는 노력도 기울이고 있다. 가령, 아마존은 음성인식과 바코드를 통해 가정에서 바로 제품을 주문할 수 있는 대시(Dash)라는 기기를 선보였다. 와이파이와 연결된 대시에 '우유'라고 말하면 자동으로 아마존의 신선식품 배송 서비스인 '아마존 프레시' 장바구니 목록에 우유가 추가된다. 여기서 구매버튼을 누르면 다음날 집으로 배송된다. 소비자들은 필요한 제품을 메모지에 적어둘 필요 없이 바로 말로 기록할 수 있게 된 것이다.

7.6 도매상

국내에서의 도매상은 가장 낙후된 유통분야 중의 하나이다. 우리나라의 경우 도매상이 낙후된 이유는 근본적으로 국토가 협소한 까닭으로 제조업자와 소매상이 도매상을 거치지 않고도 직접 최종고객과의 접촉이 가능한 때문이기도 하고, 제조업자의 수직계열화 욕구가 강력하여 도매상이 자체적으로 발전할 수 있는 기반을 상실한 때문이기도 하다. 또한 요즈음에는 소매상들이 대형체인화되어 감으로써 소매상의 체인본부가 도매상의 기능인 조달과 분배의 기능을 자체적으로 수행하여 가고 있는 점도 도매상의 발전을 막고 있는 요인이다.

그렇다면 궁극적으로 도매상은 필요 없는 것인가? 일부분은 맞고 일부분은 틀리다. 즉, 도매상은 사라질 수 있지만 도매기능은 없어지지 않는다는 것이다. 최근 국내 유통시장의 개방은 이제 국내에서의 조달과 분배뿐만이 아니라 국제조달과 분배를 동시에 요구하고 있으므로 도매기능의 중요성은 더욱 증가할 것이다.

(1) 도매상의 정의와 기능

유통경로에서 구조적으로 가장 복잡한 부문이 도매업이다. 도매업이 무엇인지 정확하게 규정하기 어려울 정도로 다양한 형태의 도매상이 존재하고 있다. 도매상은 중개상, 상인, 배급업자, 중간상 등의 다양한 이름으로 불리고 있고 상인도매상, 제조업자대리점, 판매대리점, 브로커, 커미션상인 등 형태에 있어서도 다양하기 때문에 용어상의 문제에서 혼란이 가중되고 있다. 도매상은 "재판매 또는 사업을 목적으로 구입하는 고객에게 상품이나 서비스를 판매하고 이와 관련된 활동을 수행하는 상인"으로 정의된다.

일반적으로 도매업은 사양산업이며, 도매상은 유통경로에서 불필요한 경로구성원이며 단지 소매상을 지원하기 위해서만 존재한다는 견해도 있지만 도매상은 유통경로에 참여한 다른 유통기구와 마찬가지로 생산과 소비를 조절하는 고유의 유통기능을 수행한다. 즉, 도매상은 제품의 생산과 소비 사이에서 발생된 장소와 시간의 불일치를 해소시켜 주는 역할을 수행함으로써 부가가치를 창출한다. 도매상은 소유권이전, 물적소유, 촉진, 금융, 위험부담, 협상, 주문, 지불활동 등의 경로기능을 수행함으로써 경로효율성의 향상에 기여하는 것이다.

이와 같이 도매기능이 경로효율성을 향상시킨다면, 도매상은 유통경로상에서 계속 존립할 것이다. 이는 도매상 무용론에도 불구하고 꾸준히 증가하고 있는 도매상 수와 도매상들의 거래금액에서도 살펴볼 수 있다. 만약 도매상이 유통기능을 수행하지 않는다면 제조업자나 소매상 등의 다른 유통경로구성원이 이를 대신 수행할 수밖에 없는 것이다.

(2) 도매상의 유형

도매상에는 다양한 유형이 존재하고 있으나 [그림 9-12]에서 볼 수 있듯이 크게 제조업체 도매상, 상인 도매상, 대리점 및 브로커로 나누어진다.

① 제조업체 도매상

제조업체 도매상은 독립적인 도매상이 아니며 제조업자에 의해 직접 소유·운영된다. 이 같은 유형의 도매상으로는 판매지점(sales branch)이나 판매사무소(sales office)를 들 수 있다. 제조업체는 재

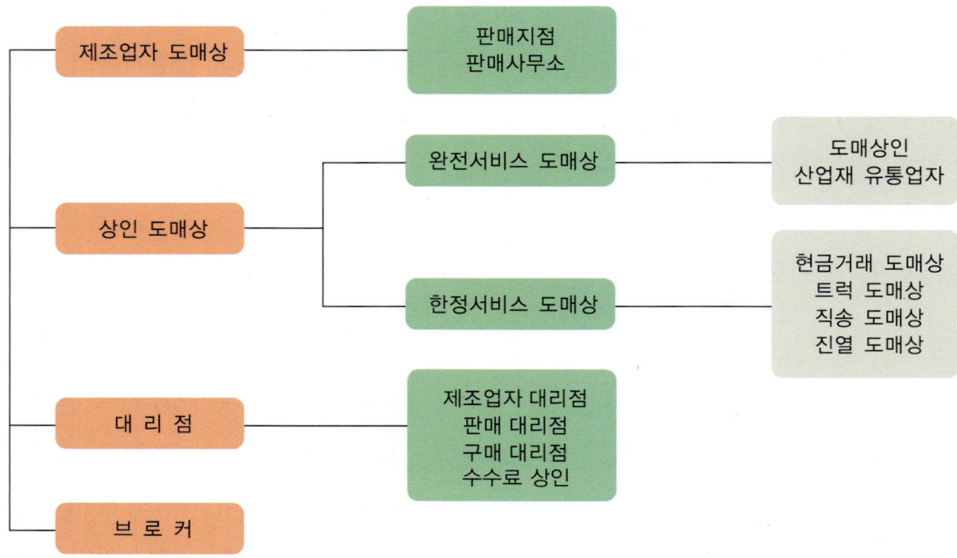

그림 9–12 도매상 유형

고 통제와 원활한 판매 및 촉진관리를 위해 자사 소유의 판매지점이나 사무소를 설치한다. 판매지점은 일반적으로 재고를 보유하며 목재업과 자동차장비 및 부품산업에서 흔히 볼 수 있다. 판매사무소는 재고를 보유하지 않으며 건조상품과 실용잡화류 산업에서 자주 볼 수 있다.

② 상인 도매상

상인 도매상(merchant wholesaler)은 취급하는 상품의 소유권을 가지는 독립된 사업체로서 가장 전형적인 형태의 도매상이다. 상인 도매상은 다양한 유형을 갖지만 거래고객에게 제공하는 서비스 정도에 따라 완전서비스 도매상과 한정서비스 도매상으로 대별된다.

가. 완전서비스 도매상

완전서비스 도매상(full–service wholesalers)은 유통경로 상에서 물적소유, 촉진, 협상, 위험부담, 주문, 지불 등 거의 모든 유통활동을 수행하며, 소매상 고객들을 위해 재고유지, 판매원 지원, 신용제공, 배달, 경영지도와 같은 종합적인 서비스를 제공하기도 한다. 완전서비스 도매상은 여러 형태의 수많은 소매상들로 구성된 식료품이나 약품산업에서 흔히 볼 수 있다. 완전서비스 도매상은 다시 도매상인과 산업재 유통업자로 구분된다.

㉮ 도매상인

도매상인(wholesale merchant)은 가장 전형적인 의미에서의 도매상이라고 할 수 있다. 도매상인은 일반적으로 소매상을 상대로 거래를 하고 이들에게 종합적인 서비스를 제공하며 취급하는 제품계열의 폭이 매우 넓다.

도매상인은 다시 종합머천다이즈 도매상, 한정상품 도매상, 전문품 도매상으로 나누어진다. **종합머천다이즈 도매상**(general merchandise wholesalers)은 서로 관련되지 않은 다양한 상품들을 취급하며, 소규모 식료품점, 백화점, 비영리기관 등 광범위한 대·소형 소매상들과 거래한다. **한정상품 도매상**(limited line wholesalers)은 서로 관련된 몇 개의 상품계열만을 집중적으로 취급하며, 의약품 도매상, 의류 도매상, 철물 도매상 등이 그 예이다. **전문품 도매상**(specialty wholesaler)은 한 가지 제품계열 내에서 특정품목(또는 하부 제품계열)만을 매우 깊이 있게 취급한다. 예를 들면, 건강식품 도매상, 자동차부품 내의 오디오전문 도매상 등을 예로 들 수 있다. 이들은 소매상의 구체적 욕구를 충족시켜 주며 이들에게 선택의 폭을 넓혀 줄 뿐 아니라 전문적 상품지식을 토대로 높은 고객서비스를 제공할 수 있다.

㉯ 산업재 유통업자

산업재 유통업자(industrial distributor)는 소매상이 아니라 제조업체들을 대상으로 상품을 판매하는 도매상이다. 이들도 다른 유형의 도매상과 마찬가지로 재고유지, 신용판매, 배달 등의 다양한 유통서비스를 제공한다. 산업재 유통업자와 도매상인의 차이는 거래고객이 전자는 제조업자이고 후자는 소매상이라는 점이다. 산업재 유통업자는 도매상인과 마찬가지로 취급하는 제품계열의 수나 깊이에 의해 분류되어질 수 있다. 일반적으로 산업재 유통업자는 제조업자에게 필요한 MBO(maintenance, repair, operation) 품목이나 OEM 품목 또는 장비 등과 같은 제품계열을 흔히 취급한다.

나. 한정서비스 도매상

한정서비스 도매상(limited-service wholesalers)은 거래고객들에게 소수의 전문적 서비스만을 제공하는 도매상이다. 즉, 완전서비스 도매상은 유통경로에서 수행되는 대부분의 도매상기능을 제공하지만, 한정서비스 도매상은 이들 기능 중 일부만을 전문적으로 수행한다. 한정서비스 도매상의 주요 형태는 현금거래 도매상, 트럭 도매상, 직송 도매상, 진열 도매상 등이 있다.

현금거래 도매상(cash and carry wholesaler)은 재고회전이 빠른 한정된 계열의 제품만을 소규모 소매상에게 현금지불을 조건으로 판매를 하며 배달은 하지 않는다. 예를 들어, 농수산물 소매업자가 도매상에 직접 가서 현금지불을 하고 소량의 농수산물을 구매하는 경우가 있는데 이러한 형태의 도매상이 현금거래 도매상의 한 예이다. 국내에서 대표적인 예로 1990년도에 출점되었다가 무자료거래의 관행 때문에 1년 만에 철수한 선경유통의 멤버십서비스센터(membership service center)를 들 수 있다.

트럭 도매상은 **트럭 중개상**(truck jobber)이라고도 하며 거래소매상들에게 직접 제품을 수송한다.

이들은 과일, 야채 등 부패성이 강한 식료품을 취급하며, 슈퍼마켓, 소규모 채소상인, 병원, 음식점, 호텔 등을 순회하면서 현금판매를 한다.

직송 도매상(drop shipper)은 주로 석탄, 목재, 중장비 등의 대용량상품(bulky product)시장에서 주로 활동한다. 이들은 상품을 구매하고자 하는 소매상 고객들과 협상을 통해 계약을 체결하며, 제조업자가 고객에게 직접 제품을 선적·운반한다. 이들은 상품에 대한 소유권은 갖지만 직접 재고를 유지하지는 않는다. 직송 도매상은 상품의 소유권을 가지므로 적극적인 판매활동을 하지 않는다면 손실을 입게 된다.

진열 도매상(rack jobber)은 소매상들에게 매출비중이 높지 않은 상품들을 주로 공급한다. 이러한 상품들은 이익과 매출비중은 낮지만 회전율이 높다. 진열 도매상은 슈퍼마켓이나 식료품점들에게 잡화 및 전문품들을 주로 공급하는데, 캔디, 껌, 건강 미용용품들이 그 예이다. 일반적으로 소매상들은 매출비중이 낮은 이러한 품목들에 대한 직접적인 진열과 주문을 귀찮아하므로 진열 도매상은 점포까지 직접 트럭배달을 해주며, 거래소매상을 대신하여 상품을 진열대에 진열하거나 재고관리를 해주며, 필요하면 진열대를 공급하는 등 다양한 서비스를 제공한다. 진열 도매상은 위탁판매를 하므로 제품의 소유권을 보유하고 최종소비자에게 판매된 제품에 한해서만 소매상에게 대금을 청구한다.

③ 대리점과 브로커

대리점과 브로커는 거래되는 제품에 대한 소유권을 보유하지 않으며 단지 거래를 촉진시키는 역할만을 수행한다는 점에서 상인 도매상과 차이가 있다. 이들은 상품매매를 촉진하고 거래성사의 대가로 판매가격의 일정비율을 수수료로 받는다.

가. 대리점

대리점(agent)은 구매자나 판매자 한쪽을 대표하며, 이들과 장기적인 거래관계를 갖는다. 대리점은 제조업체 대리점, 판매 대리점, 구매 대리점, 수수료 상인의 네 가지 유형으로 다시 구분된다.

제조업자 대리점(manufacturers' agent)은 일반적으로 생산되는 제품계열이 서로 다른 여러 제조업자들을 대표한다. 제조업자 대리점은 거래제조업체들과 가격방침, 영업지역, 주문처리결정, 배달서비스, 품질보증 및 수수료 등에 관해서 공식적으로 합의한다. 제조업체 대리점은 의류, 가구, 전기제품 같은 제품계열에서 자주 이용되며, 많은 판매원을 고용할 여력이 없는 소규모 제조업체나 자사의 판매원이 접근하기 어려운 판매지역으로 진출하려는 대규모 제조업체에 의해 고용된다.

판매 대리점(selling agent)은 거래제조업자의 전 품목을 판매하는 데 있어 계약상의 권한을 부여받는다. 제조업자가 판매기능에 관심이 없거나 능력이 없을 경우 주로 고용된다. 판매 대리점은 실질적으로 제조업체의 판매부서와 같은 기능을 수행하므로 가격결정, 판매조건에 대해 상당한 영향력을 가진다. 판매 대리점은 직물, 산업용 장비, 석탄, 화학제품 및 금속제품과 같은 분야에서 흔히 볼 수 있다.

구매 대리점(purchasing agent)은 구매자와 장기적인 관계를 유지하면서 구매자를 대리하여 상품을 구입·검사하여 창고에 보관하고 구매자에게 선적한다. 구매 대리점은 의류산업에서 자주 이용되는데, 이들은 소규모 의류 소매업자들에게 필요한 의류의 탐색과 구입을 대행하며 시장정보의 수집을 통해 소규모 의류점의 영업을 도와주는 부가적 서비스도 수행한다.

수수료 상인(commission merchant)은 제조업자와 단기적인 계약을 맺고 제품소유권을 보유하지 않은 상태에서 단지 제조업자와 소매고객 간의 판매협상을 대리한다. 수수료 상인은 수수료와 비용을 제외한 상품 판매대금을 제조업자에게 지불한다. 수수료 상인은 농산물산업에서 흔히 볼 수 있는데, 직판능력이 없거나 조합에 가입하지 않는 농산물 생산업자들이 이들을 주로 활용한다.

나. 브로커

브로커(broker)는 구매자와 판매자 간의 거래를 중개하는 것이 주기능이다. 브로커는 재고를 유지하지도 않고 금융에 관여하지도 않으며 따라서 거래에 대한 위험부담을 지지 않는다. 즉, 그들은 구매자와 판매자 사이의 거래를 촉진시키는 역할만을 수행한다. 브로커는 구매자 혹은 판매자 중 어느 한 편을 대표할 수 있으며, 고용한 측으로부터 일정액의 보수를 받는다. 브로커와 거래당사자들 간의 관계는 단 한 번의 거래로 끝나는 단기적 관계이다. 흔히 볼 수 있는 브로커의 예로는 부동산중개인, 보험대리인 등이 있다.

| 참고문헌 |

1. 안광호·조재운·한상린, *유통원론*, 제4판, 학현사, 2019.
2. 임영균·안광호·김상용, *유통관리*, 학현사, 2010.
3. Philip Kotler and Gary Armstrong, *Principles of Marketing*, 16th ed., Pearson Education, 2016.
4. Anne T. Coughlan, Erin Anderson, Louis W. Stern and Adel I. El−Ansary, *Marketing Channels*, 7th ed., Pearson Education, 2006.
5. Martin Christopher, *Logistics and Supply Chain Management*, Pitman Publishing, 1992.

| 생각해 볼 문제 |

1. 제조업체들이 중간상들을 사용하는 이유에 대해 예를 들어 설명하시오.

2. 수직적 마케팅시스템이 도입된 배경에 대해 설명하고, 수직적 마케팅시스템의 세 가지 주요 유형 및 각각의 예를 제시하시오.

3. 최근 할인점의 급성장으로 경로구성원들 간의 갈등이 커지고 있다. 경로갈등의 원인과 이의 해소 방안에 대해 논하시오.

4. 다음의 제품은 집중적·선택적·전속적 유통경로 중 어느 것을 사용하는 것이 적절하며 그 이유는?
   ① Benz 승용차 ② 농심 신라면 ③ 금강 구두

5. 국내 백화점이 성장하게 된 이유와 각 국내 백화점업체의 소매마케팅전략에 대해 논하시오.

6. 많은 유통업체들이 오프라인과 온라인 채널을 결합한 옴니채널 마케팅을 도입하고 있다. 대표적인 오프라인 유통업체와 온라인 유통업체를 골라 그들의 옴니채널 마케팅전략을 비교/분석해 보시오.

7. 직접반응광고의 영업방식을 설명하고, 최근 직접반응광고의 도입이 활성화된 요인을 제시하시오.

제 10 장

가격전략을 통한 고객가치 획득

1. 가격결정에 영향을 미치는 주요 요인들
2. 가격목표
3. 가격결정방법
4. 가격전략의 실행 및 최종가격결정

95를 내어주고 남은 5를 통해 수익을 창출하는 코세라의 프리미엄(Freemium) 전략

스탠포드 대학교의 앤드루 응 교수가 2012년에 창업한 코세라(coursera.org)는 스탠퍼드 · 예일 · 미시간 등 세계 명문대학의 강의를 무료로 제공하는 플랫폼이다. 앤드루 응 교수는 세계 최고의 교육 콘텐츠를 무료로 제공하는 이 기업을 자선의 목적으로 설립했을까? 코세라에서 강의를 듣다 보면 39달러의 수료증 트랙에 대한 광고를 볼 수 있을 것이다. 아흔다섯 명이 이 광고를 무시하고 강의만 무료로 즐길 때, 다섯 명은 지금까지 수업을 들은 자신의 노력에 대한 보상으로 39달러의 수료증 트랙을 결제할 것이다.

미국의 IT 저널리스트 크리스 앤더슨은 '프리(Free)'라는 저서에서 '프리미엄(Freemium)'이라는 개념을 정의했다. 95%를 공짜(free)로 내어주되 5%의 프리미엄(premium)에 대해 돈을 지불하게 하는 가격책정 방식을 free와 premium의 합성어인 freemium이라는 단어로 표현한 것이다. 코세라는 기본적으로 양질의 강의를 무료로 제공해 준다. 하지만 여기서 더 나아가 강의를 들었다는 것을 증명해 줄 수 있는 수료증이라는 프리미엄만큼은 유료로 제공해 준다.

미국의 대표적인 음악 스트리밍 서비스인 '스포티파이(spotify.com)'도 프리미엄 전략을 통해 수익을 창출해 낸다. 스포티파이의 무료 이용자들은 음악을 무료로 감상할 수 있지만, 광고를 시청해야만 서비스를 이용할 수 있다. 하지만 만약 프리미엄에 대한 이용료를 지불한다면 광고를 제거할 수 있다. 유튜브도 마찬가지이다. 사용자들은 유튜브를 통해 세계의 다양한 비디오 콘텐츠를 즐길 수 있다. 하지만 영상마다 최소 광고 한 개는 참고 봐야 한다. 하지만 만약 유료로 유튜브 프리미엄을 결제한다면 광고를 제거할 수 있을 뿐만 아니라, 백그라운드 재생 및 오프라인 재생도 가능해진다.

코로나-19 상황으로 많은 기업과 조직에서 애용되는 '줌(zoom.com)' 역시 프리미엄 서비스를 제공한다. 줌을 통해 화상으로 대화를 할 경우 두 명의 대화자까지는 시간제한 없이 영상 연결을 사용할 수 있다. 하지만 대화 참여자가 세 명 이상이 될 경우, 줌 회의방은 40분까지만 지속된다. 40분이 지나면 중단되는 방을 재개설하고 다시 모여서 대화를 재개하는 번거로운 상황을 피하고 싶다면, 프리미엄 이용료를 지불하고 무제한의 인원과 함께 무제한의 시간 동안 서비스를 이용하면 된다.

'드롭박스(dropbox.com)', '아이클라우드(icloud.com)', '네이버 마이박스' 등 개인용 클라우드 서비스도 프리미엄 전략을 사용하고 있다. 사용자들은 모두 기본적으로 제공되는 용량 안에서 사진, 문서 등의 데이터를 무료로 저장할 수 있다. 하지만 기본 용량을 초과하여 저장하게 될 경우에는 추가요금을 지불해서 저장용량을 증가시킬 수 있다.

사랑을 찾아준다는 데이팅 앱 역시 프리미엄 구조로 수익을 낸다. 세계적인 데이팅 앱인 '틴더(Tinder)'는 기본적으로 몇 명의 파트너를 소개시켜 주지만, 그 이상을 소개받고 싶은 경우에는 유료로 결제해야만 한다. 다른 데이팅 앱 역시 추가 소개기회뿐만 아니라 높은 평점의 파트너를 소개받고 싶거나 나에게 관심을 보인 파트너를 알고 싶다면 추가로 결제해야 하는 시스템을 통해 사용자의 프리미엄 추가 결제를 유도한다.

이러한 프리미엄 전략은 추가고객에게 드는 한계 서비스비용이 낮은 온라인 콘텐츠 산업에 적합하다. 온라인 콘텐츠의 한계비용은 0에 가깝다. 예를 들어 온라인 신문의 구독자 수가 한 명 더 늘어난다고 해도 추가로 발생하는 비용은 거의 없다. 따라서 온라인 콘텐츠가 주로 소비되는 현대사회에서 프리미엄 가격 전략은 결코 무시할 수 없는 기업들의 필수 전략으로 더 빈번하게 사용될 것이다.

자료원: 조선비즈, 2014.3.7; 시사저널, 2019.2.1; 동아비즈니스리뷰, 2020.7 Issue2.

소비자들은 원하는 제품이나 서비스를 사용하기 위해 그에 대한 적절한 대가를 지불해야 한다. 기업들이 생산하여 제공하는 제품과 서비스는 물론이며 정부나 대학 등의 비영리조직의 서비스를 이용하는 데에도 직·간접적으로 대가를 지불하고 있다. 이와 같이 시장에서 판매자나 소비자들에게 제품이나 서비스의 가치를 나타내는 기준이 가격(price)이다.

가격은 제품과 서비스에 따라서 다양한 명칭을 가지고 있는데, 수업료, 전기료, 이자, 집세, 봉급, 택시요금 등은 모두 가격에 해당된다. 가격은 기업존립의 원천이 되는 이익을 결정하는 '가치획득' 요소로서 아래와 같은 총이익 함수에서 중요한 역할을 하고 있다.

$$\text{총이익} = \text{총수입} - \text{총비용} = (\text{가격} \times \text{판매량}) - \text{총비용}$$

제품생산, 유통망 구축, 광고·판촉활동 등과 같은 마케팅믹스 요인들은 비용(cost)을 발생시키는 반면 가격은 기업이 고객으로부터 가치를 획득하는 경로가 되는 마케팅믹스 요소인 점을 고려할 때 최적의 가격결정은 기업성과에 매우 중요하다. 뿐만 아니라 제품, 유통, 촉진과 같은 마케팅믹스들은 환경변화에 즉각적으로 대처하는 데 많은 시간과 노력을 필요로 하는 데 비하여 가격은 즉각적인 대응이 가능한 유연성을 지니고 있다.

가격결정과 관리는 일회적인 것이 아니라 신제품의 출시, 기존제품의 수정, 경쟁환경의 변화, 비용구조의 변화 등과 같은 시장환경의 변화에 따라 지속적으로 관리되어야 하는 연속적인 과정이다. 본 장에서는 먼저 가격에 영향을 미치는 주요 요인들을 파악하고, 가격결정의 목표, 가격결정 방법, 가격전략의 실행과 최종가격의 결정, 그리고 가격의 수정 및 변경에 대하여 자세히 서술하고자 한다.

01 | 가격결정에 영향을 미치는 주요 요인들

마케터는 가격을 결정하기 위해서 이에 영향을 미치는 요소들에 대해 먼저 이해해야 한다. 가격은 시장을 구성하는 여러 요인에 영향을 받는다. 예를 들어서 주유소의 휘발유 가격을 생각해 보자. 휘발유 가격은 휘발유 원가, 유류세와 같은 정부의 규제, 주변 주유소의 숫자, 서비스제공 비용 등 많은 요인에 의해 결정된다. 기본적으로 제품가격을 고객이 지각하는 가치보다 높게 책정하면 소비자는 그 제품을 구매하지 않을 것이고, 제품가격을 원가 이하에서 책정하면 기업은 이윤을 실현하기 어렵다. 따라서 기업은 제품가격의 상한선인 지각된 고객가치와 제품가격의 하한선인 원가 사이에서 경쟁환경, 법적 규제, 기업목표 등 여러 요인을 고려해 제품가격을 책정한다 ([그림 10-1] 참조).

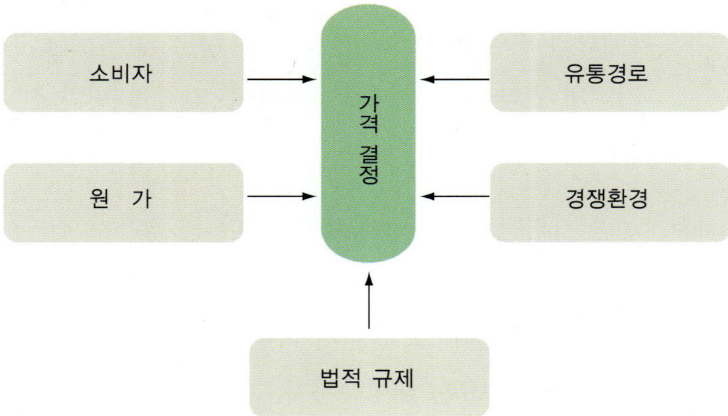

그림 10-1 가격의사결정에 영향을 미치는 주요 요인들

1.1 소비자(Consumer)

가격결정에 있어 소비자들이 자사제품에 대해 어느 정도의 가치를 부여하는지와 가격에 대해 어떻게 반응하는가를 이해하는 것은 매우 중요하다. 가격과 소비자의 구매행동 간의 관계를 이해하는 데 중요한 개념은 **수요의 법칙**(law of demand)과 **수요의 가격탄력성**(price elasticity of demand)이다.

수요의 법칙이란 소비자들은 제품의 가격이 낮아질수록 더 많은 양의 제품을 구입한다는 것으로, [그림 10-2]와 같이 우하향의 형태를 가진 수요곡선으로 이해할 수 있다.

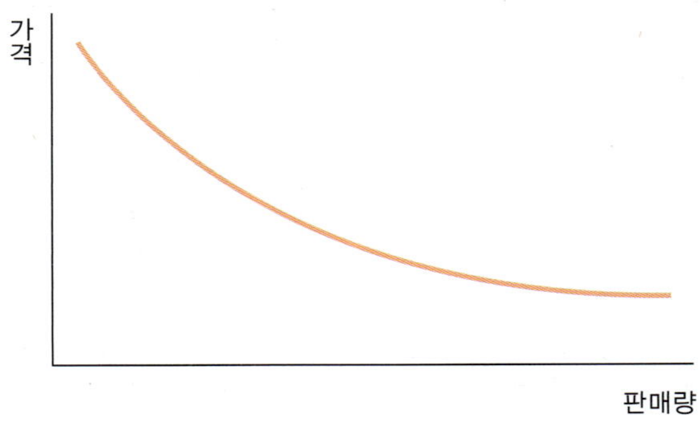

그림 10-2 수요곡선

수요의 가격탄력성은 제품의 가격이 변화함에 따라 판매량이 얼마나 변화하는지를 나타내는 지표로서, 다음과 같은 수식으로 표현된다.

$$\text{가격탄력성} = \frac{\text{판매량의 변화율(\%)}}{\text{가격의 변화율(\%)}} = \frac{\dfrac{\text{변화 후 판매량} - \text{변화 전 판매량}}{\text{변화 전 판매량}}}{\dfrac{\text{변화 후 가격} - \text{변화 전 가격}}{\text{변화 전 가격}}}$$

탄력적 수요(elastic demand)란 가격탄력성의 절대값이 1보다 큰 경우로서, 약간의 가격변화에 대해 수요량이 크게 변화한다. 이와는 반대로 **비탄력적 수요**(inelastic demand)는 가격탄력성의 절대값이 1 보다 작은 경우로서, 가격이 변할 때 그보다 더 작은 비율로 수요량이 변화하게 된다. 예를 들어, [그림 10-3]과 같이 경승용차의 수요는 대형승용차 수요에 비해 덜 탄력적이다.

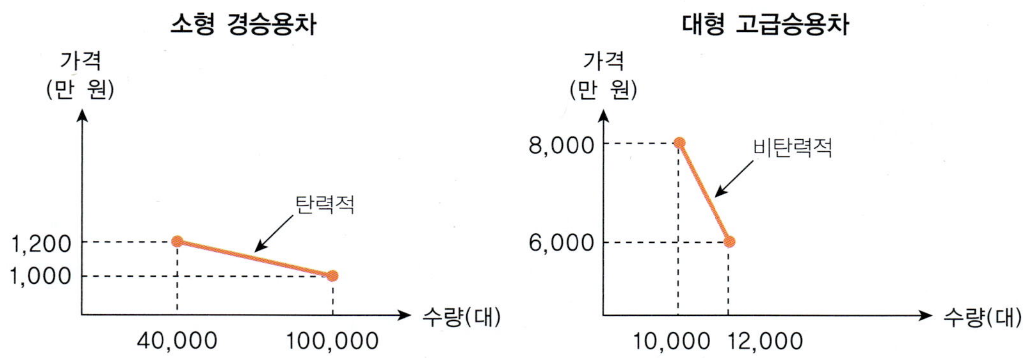

그림 10-3 탄력적 수요와 비탄력적 수요의 예

[그림 10-3]에서 경승용차 시장에 대한 가격탄력성을 계산해 보면 다음과 같다.

$$\text{경승용차 가격탄력성} = \frac{\dfrac{40{,}000 - 100{,}000}{100{,}000}}{\dfrac{12{,}000{,}000 - 10{,}000{,}000}{10{,}000{,}000}} = -3.0$$

이 경우 경승용차의 구매자는 가격에 대해 매우 민감하다는 것을 알 수 있다. 그들은 경승용차들이 서로 유사하여 어떤 차를 구매해도 큰 차이가 없다고 생각하고 있으며, 예산에 제약이 있어 가격이 지나치게 높다면 구매를 포기할 수도 있는 것이다. 따라서 가격을 1,000만 원으로 책정하면

100,000대가 판매되어 총 1조 원의 매출을 얻을 수 있지만, 가격을 200만 원 정도 인상하여 1,200만 원에 판매한다면 수요량은 40,000대 수준으로 감소하여 총매출은 4,800억 원 정도에 그칠 것이다.

한편 대형 승용차 시장의 가격탄력성은 다음과 같다.

$$\text{대형 승용차 가격탄력성} = \frac{\dfrac{10{,}000 - 12{,}000}{12{,}000}}{\dfrac{80{,}000{,}000 - 60{,}000{,}000}{60{,}000{,}000}} = -0.5$$

이 경우 대형 승용차의 구매자들은 가격에 대해 그리 민감하지 않다는 것을 알 수 있다. 그들은 자신이 구입하고자 하는 대형 승용차의 차별적 브랜드이미지와 우수한 제품성능에 대해 추가적인 가격을 부담할 용의가 있다. 위의 예에서 가격이 6,000만 원일 경우 12,000대가 판매되어 7,200 억 원 정도의 매출을 얻을 수 있지만, 가격을 상당히(2,000만 원) 인상하여 8,000만 원에 판매하여도 소비자들은 가격에 대해 민감하게 반응하지 않아 10,000대 수준의 매출을 유지하여 총 8,000억 원의 매출을 획득할 수 있는 것이다.

제품의 가격탄력성은 주로 대체재의 유무와 필요의 긴급함 정도에 따라 결정된다. 소비자가 선택할 수 있는 유사한 제품이 많다거나 그 제품을 긴급하게 필요로 하지 않는 경우에는 제품의 가격탄력성이 높아져 소비자들은 제품가격의 변화에 크게 영향을 받는다. 따라서 제품의 가격을 인상하면 다른 대체재를 구매하거나 구매를 연기할 수 있기 때문에 수요량이 줄고, 가격을 인하하면 경쟁 대체제품의 고객을 흡수하거나 구매시기를 앞당길 수 있어 매출이 증가하는 것이다.

반면 기업에서 제공하는 제품이 다른 경쟁자가 제공하지 못하는 특별한 매력을 지니고 있거나 긴급하게 구매되어야 하는 경우에는 제품의 가격탄력성이 낮아져 가격의 인상이나 인하가 소비자의 수요량에 크게 영향을 미치지 못한다. 예를 들어 고속도로를 달리다가 타이어에 이상이 생긴 경우에는 평소에 구입하는 가격보다 훨씬 비싼 타이어라도 기꺼이 구매할 것이며, 특정 브랜드에 대한 충성도가 아주 높은 소비자들은 그 브랜드가 독특하다고 생각하기 때문에 다른 대체품을 구매하려고 하지 않을 것이다.

그러나 모든 소비자들이 가격변화에 대해 동일하게 반응하는 것이 아니며, 각 세분시장마다 가격탄력성이 달라질 수 있다. 따라서 마케팅담당자는 표적세분시장 내 소비자들의 가격에 대한 반응을 고려하여 제품가격을 결정하여야 한다. 예를 들어, 패션에 매우 민감한 소비자 집단은 자신이 좋아하는 브랜드의 청바지 가격이 다소 인상되었다고 해서 제품 구입의사를 바꾸지는 않을 것이다. 반면 실속형 구매자들은 과거에 구매해왔던 청바지 브랜드의 가격이 오르면 상대적으로 저렴한 다른 회사의 제품을 구입할 것이다.

MARKETING
FOCUS

영화 <악마는 프라다를 입는다>를 통해 본 수요의 가격탄력성

저널리스트가 되겠다는 부푼 꿈을 안고 뉴욕으로 상경한 앤디 삭스(앤 해서웨이 분). 노스웨스턴대의 학보사 편집장 출신이지만 뉴욕의 벽은 높았다. 유수의 신문사와 잡지사에 이력서를 넣었지만 답이 돌아온 곳은 딱 한 곳뿐. 패션잡지 '런웨이'다. 평소 명품과 패션계를 경멸해온 터였지만 '까다롭기 짝이 없는 편집장의 비서로 1년만 버티면 다른 신문사나 잡지사의 기자로 쉽게 취직할 수 있다'는 얘기를 듣고 입사를 결정한다.

메릴 스트립, 앤 해서웨이가 주연을 맡은 〈악마는 프라다를 입는다(The Devil Wears Prada)〉는 동명 소설을 바탕으로 2006년에 만든 영화다. 패션계를 배경으로 사회초년생이 겪는 도전과 실패, 일과 사랑을 그렸다. 특히 메릴 스트립이 맡은 인물인 편집장 미란다 프리슬리는 실제 유명 패션잡지 '보그'의 편집장 안나 윈투어를 모델로 해 눈길을 끌었다. 더불어 프라다, 샤넬, 지미추, 돌체앤가바나, 베르사체 등의 명품을 보는 재미도 쏠쏠하다.

평소 지하철을 타던 앤디는 '런웨이'에서 일을 시작한 뒤부터는 택시를 타고 다닌다. 신발도 낮은 단화에서 높은 하이힐로 바꿔 신는다. 자고 일어나면 트렌드가 바뀐다는 패션계에서 워낙 바쁜 일정을 소화해야 하기 때문이다. 하지만 앤디에게 다가온 근본적인 변화는 소득이 생겼다는 점. 소득의 변화는 수요 변화를 일으키는 가장 중요한 요인이다. 일을 하며 돈을 벌기 시작한 앤디는 지하철과 낮은 단화 대신 택시와 하이힐을 소비한다. 이때 택시와 하이힐은 정상재(normal goods)에 해당한다. 정상재란 다른 조건이 변하지 않을 때, 실질소득이 늘어나면(줄어들면) 수요도 늘어나는(줄어드는) 재화다. 반면 지하철과 단화는 열등재(inferior goods)에 속한다. 소비자의 실질소득이 늘어날수록 수요가 줄어드는 재화를 뜻한다. 대중교통은 대표적인 열등재다. [그림 1]은 엥겔곡선으로, 소득의 변화와 특정 재화의 소비량을 보여준다. 정상재의 엥겔곡선은 우상향하지만, 열등재의 엥겔곡선은 어느 시점에서 꺾인다. 소득이 늘어나지만 소비량은 줄어들기 때문이다. 모든 재화가 명확하게 정상재와 열등재로 나뉘는 것

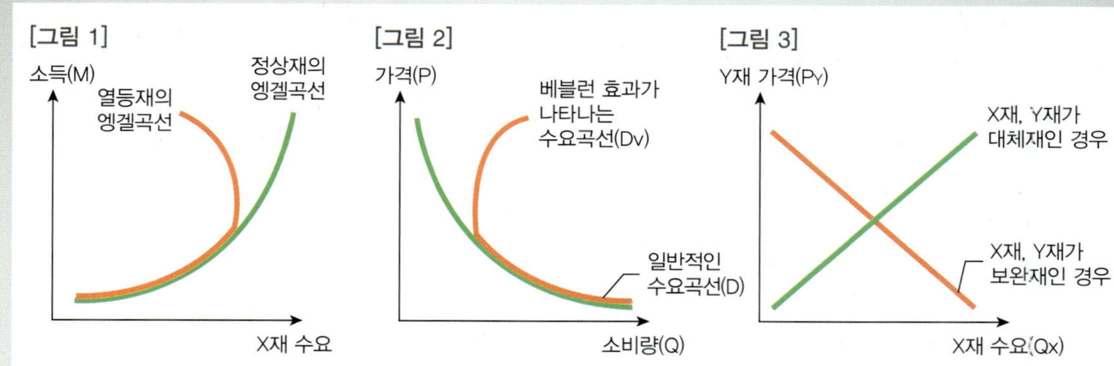

은 아니다. 같은 재화가 생활환경이나 문화 차이 등에 따라 정상재가 되기도 하고 열등재가 되기도 한다. 재화의 수요는 다른 재화의 가격, 소비자의 소득, 취향, 장래에 대한 예상 등 여러 가지 요인에 따라 결정된다

악마 같은 상사 미란다 밑에서 죽기 살기로 버티던 앤디는 어느덧 회사생활에 익숙해진다. 암호 같던 디자이너 이름과 명품 브랜드도 알아듣고, 촬영이 끝난 소품을 친구들에게 나눠주는 여유도 생긴다. 앤디가 잡지사에 선물로 들어온 가방을 친구에게 선물로 주자 그는 “세상에, 새로 나온 마크 제이콥스잖아. 지금 내 형편엔 가질 수도 없는 거야!”라며 좋아한다.

영화 속 마크 제이콥스와 같은 명품 가방을 사는 심리는 ‘베블런(Veblen) 효과’로 설명할 수 있다. 가격이 오르는데도 상품의 수요가 늘어나는 현상, 불황에도 명품 같은 비싼 제품이 잘 팔리는 현상을 뜻한다. 베블런 효과는 미국의 사회학자이자 경제학자인 소스타인 베블런이 ‘유한계급론’에서 처음 설명했다. 그는 “상층계급의 두드러진 소비는 사회적 지위를 과시하기 위해 자각 없이 행해진다”고 말하며 이를 과시적 소비라 불렀다. 이는 일반적인 수요법칙을 벗어난다. 베블런 효과가 나타나는 수요곡선은 [그림 2]의 형태를 띤다. 대표적인 예가 명품이다. 명품은 비싸면 비쌀수록 소비자의 허영심을 사로잡아 소비량이 늘어난다. 반면 값이 떨어지면 누구나 손쉽게 살 수 있어 매력이 줄어든다. 에르메스 가방은 천만 원부터 시작하여 일부 제품은 20억을 훌쩍 넘지만 돈이 있어도 구입하기가 어렵다. 사람들은 에르메스 가방 구매 자격을 갖추기 위해 에르메스의 다른 값비싼 물건들을 구입하며 구매 실적을 확보하고, 예약명단에 이름을 올리고 기약 없이 가방을 구매할 날을 오매불망 기다린다. 샤넬은 스스로를 에르메스의 위치로 포지셔닝하기 위해 최근 전례 없는 가격 인상을 추진했다. 2019년 11월에 715만 원이었던 샤넬의 인기 품목인 클래식백은 2022년 현재 1180만 원으로 2년 새 65%나 인상되었다. 하지만 사람들은 여전히 클래식백을 위해 새벽부터 백화점 매장 앞에 줄을 서는 ‘오픈런’을 감행한다.

다시 영화 이야기로 돌아가 보자. 미란다는 자선파티에 비서인 앤디와 에밀리(에밀리 블런트 분)를 데리고 간다. 앤디와 에밀리의 역할은 파티에 참석한 사람들의 이름과 프로필을 귓속말로 알려주는 것. 바쁜 미란다가 모든 사람의 얼굴과 이름을 다 외울 순 없기 때문이다. 이들을 경제학의 재화적 관점에서 보면 편집장인 미란다와 비서인 앤디, 에밀리의 관계는 보완적이다. 보완재는 두 재화를 따로따로 소비할 때보다 함께 소비할 때의 효용이 더 큰 재화다. 예를 들면 커피와 설탕, 펜과 잉크, 바늘과 실의 관계다. 커피 가격이 올라 수요가 줄면 설탕의 수요도 줄어드는 것이다.

대체재는 이와 반대다. 버터가 없으면 마가린을 쓰는 것처럼 대체할 수 있는 재화다. 때문에 버터 가격이 올라

버터의 수요가 줄면 마가린의 수요가 늘어난다. 즉, [그림 3]처럼 한 재화의 가격이 오를 때 다른 재화의 수요가 늘어나면 대체재고 줄어들면 보완재다.

미란다는 파리 패션위크에 데려갈 비서로 에밀리 대신 앤디를 뽑는다. 에밀리와 앤디는 대체관계에 있기 때문이다. 일이 힘들다고 속상해하는 앤디에게 런웨이의 아트디렉터 나이젤(스탠리 투치 분)이 "그럼 그만둬. 너를 대신할 사람은 5분 안에 구할 수 있어"라고 냉정하게 말하는 것도 같은 이유다.

앤디는 끝내 '런웨이'를 그만둔다. 생존경쟁이 치열한 삭막한 패션계에서 이런 식으로 버텨내느니 잊고 있던 자신의 꿈을 다시 찾아 나서야겠다고 생각한 것. 그는 성공을 위해서라면 어떤 일도 해내는 미란다에게 인간적인 연민을 느끼지만 "당신처럼 살고 싶지는 않다"며 냉정하게 돌아선다. 뉴욕으로 돌아온 앤디는 결국 자신이 원하는 잡지사에 들어간다. 채용의 결정적 이유는 그 저널의 편집장에게 "그를 채용하지 않으면 당신은 바보"라고 말해준 미란다의 추천이었다.

3,500만 달러의 제작비로 만들어진 이 영화는 3억3,000만 달러가량의 수익을 올리며 세계적으로 큰 인기를 끌었다. 명품업계도 호황을 누렸다. 특히 미란다가 든 프라다 가방, 앤디가 입은 샤넬 옷 등 영화에 등장한 제품들이 불티나게 팔려나가며 "악마는 프라다를 입지만 천사는 샤넬을 입는다"라는 말까지 생겨났다. 영화 속에서 앤디는 명품의 세계에 작별을 고했지만 정작 관객들은 영화가 끝나자마자 명품 진열대로 달려간 것이다.

자료원: 한국경제, 2013.12.14., 2021.12.28; 중앙일보, 2021.12.29., 2022.3.3.

1.2 원가(Cost)

원가는 가격의 하한선을 결정한다는 점에서 매우 중요한 요소이다. 기업이 일시적으로 경쟁사와의 가격경쟁에서 이기기 위해서, 시장점유율을 높이기 위해서, 또는 현금의 유동성을 확보하기 위해서 단기적으로 원가보다 낮게 가격을 책정할 수는 있지만, 원가 이하의 가격으로 기업이 장기적으로 생존할 수는 없다. 따라서 기업은 제품이나 서비스를 공급하는 데 필요한 모든 직·간접비용을 신중하게 분석하여 원가를 파악해야 할 것이다.

원가가 상승하는 경우 기업은 첫째, 제품을 그대로 유지하면서 원가상승분을 가격에 반영하거나, 둘째, 제품을 그대로 유지하면서 원가상승분의 일부는 자체 비용절감으로 흡수하고 일부만 소비자가격에 반영하거나, 셋째, 제품수정을 통해 비용을 흡수하고 기존가격을 유지하거나, 넷째, 가격을 인상하고 소비자들이 이를 받아들일 수 있게 제품을 수정하거나, 다섯째, 적정이윤이 나지 않는 제품의 생산을 포기하는 등의 대응방안이 있을 수 있다. 반면 원가의 하락이 가능한 경우에는 가격을 인하하여 매출을 늘리거나 가격을 그대로 유지하여 이윤을 증가시키는 방법 중에서 하나를 선택할 수 있다.

1.3 경쟁(Competition)

기업의 가격결정에 영향을 미치는 또 다른 요소는 경쟁상황이다. 경쟁사와 유사한 품질의 제품을 제공하면서 더 높은 가격을 제시한다면 기업은 대부분의 고객을 잃을 것이다. 그러나 경쟁사보다 유리한 원가구조를 가지고 있어 경쟁사보다 낮은 가격을 제시할 수 있다면 경쟁에서 유리한 고지를 점할 수 있다. 반면 경쟁사보다 고비용의 구조를 가지고 있다면 가격경쟁보다는 품질향상 등의 차별화 전략을 선택해야 할 것이다.

유사한 제품과 서비스들이 시장에서 치열한 경쟁을 하고 있는 경우에는 개별기업들은 제품의 시장가격 형성에 큰 영향을 미치지 못하며, 경쟁사보다 높은 가격을 책정하면 대부분의 소비자들은 경쟁사의 제품을 구매하게 된다. 또한 경쟁사보다 낮은 가격을 책정하면 경쟁사도 즉각적으로 가격을 인하할 가능성이 높아 가격인하에 따른 효과가 그리 크지 않게 된다. 또한 경쟁적인 가격인하는 가격전쟁(price war)을 유발하게 되어 궁극적으로는 모든 기업의 이윤이 줄어들거나 손실을 보게 된다.

한편 기업들이 상대적으로 차별화된 제품과 서비스를 제공할 수 있는 경우에는 소비자들은 개별기업이 제공하는 제품이나 서비스를 독특한 것으로 지각하기 때문에 시장가격 이상의 제품가격을 책정하여도 고객을 일정수준 이상으로 유지할 수 있다. 이러한 제품차별화는 브랜드이미지, 차별화된 서비스와 디자인 등을 통해 달성할 수 있다. 이 경우에는 가격인하를 통한 가격전쟁을 유발하지 않고도 잠재고객을 추가적으로 확보할 수 있으며 기업이 주도적으로 가격을 결정할 수 있다.

1.4 유통경로(Distribution Channel)

자기점포의 매출을 확대하거나 적정이윤을 확보하기 위한 유통업자들의 노력이 제조업자의 제품가격결정에 영향을 줄 수 있다. 도매업자나 소매업자들은 적정이윤의 확보를 위해 납품받은 제품의 재고분을 반품할 수 있도록 요구하거나 마진이 적은 제품의 납품을 거절하기도 하는데, 이러한 경우 협조를 확보하기 위해 발생하는 비용들이 가격에 반영될 수 있다.

물론 제조업자들은 전속적 유통경로(exclusive distribution system)를 선택하거나, 가격할인지향적인 중간상과의 거래를 피함으로써 어느 정도 가격에 대한 통제력을 확보할 수 있다. 또한 강력한 브랜드이미지를 구축함으로써 소비자들이 기꺼이 추가적인 가격을 부담할 수 있도록 만드는 것도 중간상들에 대한 가격통제력을 확보하는 수단이 될 수 있다.

1.5 정부의 규제(Government Regulation)

정부의 규제 또한 가격책정에 중요한 영향을 미치는 요소이다. 정부의 규제는 여러 가지 형태로 나타나게 되는데, 예를 들어 생필품의 가격을 안정시키기 위해서 법적으로 가격을 일정수준으로 동결시키거나, 사회적으로 바람직하지 못한 제품들에 대한 수요를 억제하기 위하여 최저가격을 설정하거나 세금을 부과하여 일정수준 이상으로 가격을 유지하려는 경우 등을 들 수 있다.

또한 정부는 제조업자들 간, 유통업자들 간, 혹은 제조업자와 유통업자 사이의 가격담합(price fixing)을 법적으로 규제하고 있다. 독점이나 과점의 경우에도 정부의 규제로 인하여 마음대로 높은 이윤을 올릴 수 있는 고가격을 설정할 수 없는 경우가 일반적이다. 따라서 마케터는 자사제품에 적용될 정부의 정책이나 규제가 미칠 영향을 파악하여 가격책정에 이를 반영하여야 한다.

02 가격목표

마케터는 기업 전체의 목표와 마케팅목표를 염두에 두고 제품가격을 결정해야 한다. 예를 들어 직장인을 표적으로 경승용차를 판매하고자 하는 경우 경제성이나 합리성을 강조하는 포지셔닝 전략을 수립하고 이를 달성하기 위한 가격전략이 수립되어야 하는 것이다. 마케팅관리자는 마케팅목표와 조화를 이룰 수 있도록 가격목표를 설정하여야 하는데, 예를 들어 마케팅목표가 시장점유율, 수익, 이윤 중 어느 것인가에 따라 가격의 방향은 달라지게 된다. 가격목표는 크게 **매출중심형 가격목표**, **이윤중심형 가격목표**, **현상유지형 가격목표**, 그리고 **기타 가격목표** 등으로 분류될 수 있다.

2.1 매출중심형 가격목표(Sales-Based Objectives)

매출액 증대나 시장점유율 확대 등의 매출중심형 목표를 추구하는 기업은 현재의 매출성장이 장기적으로 시장통제와 이윤증대를 보장할 것이라는 믿음에 따라 단위제품당 마진을 낮추는 대신 판매량을 늘림으로써 총이윤을 증대시키고자 한다. 이러한 매출중심형 가격목표를 달성하기 위해서 기업은 일반적으로 시장침투가격(penetration pricing)을 채택한다. 매출중심형 목표를 가진 가격은 표적소비자들이 가격에 민감하거나, 대량생산을 통해 규모의 경제를 확보할 수 있는 경우나, 저가격을 통해 잠재적 경쟁자들의 진입을 저지할 수 있는 경우에 효과적이다.

2.2 이윤중심형 가격목표(Profit-Based Objectives)

이윤중심형 가격목표를 추구하는 기업은 여러 가지 형태의 이윤목표를 달성할 수 있도록 가격을 책정한다. 예를 들어 이윤극대화(profit maximization)를 추구하는 기업이라면 최고의 이윤을 낼 수 있는 가격전략을 선택할 것이며, 적정이윤(satisfactory profit)을 목표로 하는 기업은 단기간의 이윤극대화보다는 장기간에 걸쳐 안정적인 이윤을 확보할 수 있는 가격전략을 원할 것이다. 투자이익률(return on investment) 확보를 목표로 하는 기업은 투자비용의 일정비율을 이익으로 확보할 수 있는 가격전략을 선택할 것이며, 자금이 부족하거나 미래에 대한 불확실성이 클 것으로 판단하는 기업은 초기에 많은 이윤을 확보하기 위하여 유동성(cash flow)을 높이는 가격을 원할 수도 있다.

이윤은 크게 단위당 이윤과 총이윤으로 표현될 수 있는데, 단위당 이윤은 제품 1단위당 수익에서 비용을 차감한 부분이며, 총이윤은 각 단위당 이윤에 총판매량을 곱한 수치이다. 예를 들어 전문 디자이너가 만든 고급의류는 단위당 이윤을 극대화하도록 제품가격을 책정하는 반면, 중저가 브랜드의 의류들은 단위당 이윤은 낮지만 판매량을 늘림으로써 총이윤을 높일 수 있도록 하는 가격을 선택할 것이다.

대체로 이윤중심형 가격목표를 추구하는 기업들은 가격보다는 제품의 품질이나 독특함 또는 사회적 지위 등을 중시하는 소비자들을 표적으로 초기고가전략(skimming pricing)을 추구하는 경향이 있다. 이윤중심형 가격목표는 특허권, 브랜드충성도, 주요 원자재의 통제 등을 통해 시장경쟁을 어느 정도 억제할 수 있거나, 소비자들이 가격에 비교적 덜 민감하고 높은 초기가격을 기꺼이 지불할 용의가 있거나, 규모의 경제가 존재하지 않아 단위비용이 생산량의 증가에 따라 별로 감소하지 않는 경우에 적절하다.

일부 기업들은 초기에는 이윤중심형 목표를 가지고 고가격을 책정하여 가격에 민감하지 않은 혁신소비자층을 먼저 공략하고, 그 시장이 포화상태에 이르면 침투가격을 책정하여 대중시장을 표적으로 매출액을 증대시키는 전략을 선택하기도 한다. 이러한 전략은 초기의 고가격을 통해 개발비용과 출시비용의 조기회수 및 제품이미지 제고에 도움을 주며, 소비자들의 기대가격수준을 높게 만들어 이후의 저가격 제품이 고객에게 빠르게 확산될 수 있게 해준다.

2.3 현상유지형 가격목표(Status-Quo Objectives)

기업이 시장에서 좋은 위치를 차지하고 있다면 더 이상의 변화를 원하지 않는 것을 목표로 세울 수도 있다. 현재의 시장점유율 유지, 경쟁사 제품과의 가격균형 유지, 가격의 안정성 확보 등과 같이 현상유지를 목표로 하는 가격결정은 수요변동을 최소화하고 경쟁에 따른 이윤감소의 위험을 줄일 수 있다.

2.4 기타 가격목표

경우에 따라서 기업은 오로지 생존을 목표로 가격결정을 할 수도 있다. 치열한 경쟁, 소비자들의 기호변화, 급격한 시장축소 등과 같은 어려움에 처해 있는 기업은 생존을 우선적인 목표로 삼을 것이다. 예를 들어 부도나 파산에 직면한 기업은 생존을 위해서 극단적인 가격인하를 통해 단기적인 위기극복을 추구할 수도 있다.

한편 비영리단체나 공공기관은 영리기업들과는 다른 가격목표를 설정하기도 한다. 예를 들어 대학이나 비영리병원, 국립공원 등은 발생되는 비용의 일부만을 보전하는 가격을 책정하거나 이용자의 소득수준에 따라 다른 가격을 책정하는 공공가격(social price)을 설정하기도 한다.

03 가격결정방법

가격결정의 목표가 선택되면 기업은 구체적으로 가격을 결정하기 위한 방법을 선택하게 된다. 가격결정방법에는 가격의 근거를 어디에 두고 있느냐에 따라서 **원가중심 가격결정방법**, **소비자중심 가격결정방법**, **경쟁자중심 가격결정방법** 그리고 이 세 가지 방법을 통합한 **통합적 가격결정방법**이 있다.

3.1 원가중심 가격결정(Cost Based Pricing)

원가중심 가격결정방식은 제품의 생산과 판매에 들어가는 모든 원가를 충당하고 목표로 한 이익을 낼 수 있는 수준에서 가격을 결정하는 방식이다. 기업의 원가는 크게 고정원가와 변동원가로 나누어진다. **고정원가**(fixed cost)는 생산량이나 판매량에 따라 변하지 않는 원가로서 생산설비에 대한 투자비용, 임대료, 이자, 급여 등이 그 예이다. 반면 **변동원가**(variable cost)는 생산량에 따라 직접적으로 변하는 원가로 원자재비용, 포장비 등이 그 예이다.

원가중심 가격결정방법은 기본적으로 원가에 목표이익을 반영하여 가격을 결정하는데, 원가가산식 가격결정, 가산이익률식 가격결정, 목표투자이익률식 가격결정, 그리고 손익분기점 분석식 가격결정 등이 있다.

(1) 원가가산식 가격결정(Cost-Plus Pricing)

원가가산식 가격결정은 사전에 결정된 목표이익을 총원가에 가산함으로써 가격을 결정하는 가장 손쉬운 방법이다. 이때, 가격은 먼저 총생산량을 추정하고 이에 따른 고정원가와 변동원가를 산출하고 여기에 목표이익을 합산한 다음 이 값을 총생산량으로 나누어 줌으로써 얻어지는데, 다음과 같이 수식으로 나타낼 수 있다.

$$\text{가격} = \frac{\text{총고정원가} + \text{총변동원가} + \text{목표이익}}{\text{총생산량}}$$

예를 들어 사무용 책상을 생산하는 기업의 총고정원가가 1,000만 원, 단위당 변동원가가 5만 원이며, 100개의 책상을 생산하여 100만 원의 이익을 목표로 한다면, 원가가산식 가격결정법에 의한 책상 1개의 가격은 다음과 같이 계산된다.

$$\text{가격} = \frac{10{,}000{,}000 + 50{,}000 \times 100 + 1{,}000{,}000}{100} = 160{,}000(\text{원})$$

이러한 방법은 계산이 아주 편리하다는 장점이 있지만, 가격결정에 소비자의 실제수요를 전혀 고려하지 않고 있으며, 효율화를 통하여 비용을 절감하려는 동기부여를 제공하지 못하는 단점을 갖는다. 원가가산식 가격결정은 가격변화가 판매량에 큰 영향을 미치지 않거나 기업이 가격을 통제할 수 있는 경우에 효과적일 수 있다. 예를 들어 건설공사나 수공업, 중장비산업, 선박제조, 광업 등은 흔히 원가가산식 가격결정을 사용한다.

(2) 가산이익률식 가격결정(Markup Pricing)

가산이익률식 가격결정은 먼저 제품 한 단위당 생산원가나 구매원가를 계산한 후 판매원가의 충당과 적정이익 확보가 가능한 수준의 가산이익률(markup)을 결정하여 가격을 책정한다. 예를 들어 건설회사가 공사입찰 시 최종공사비용을 추정한 다음 표준 가산이익률을 반영하여 입찰가를 결정하는 경우가 이에 해당된다. 도·소매업자 등 유통업자들은 흔히 제품구입비용에 적정 가산이익률을 감안하여 최종판매가격을 결정한다. 가산이익률을 이용해 가격을 결정하는 공식은 다음과 같다.

$$가격 = \frac{단위비용}{(1-가산이익률)}$$

예를 들어 보조 배터리를 제조하여 판매하는 기업의 경우 제품생산에 단위당 3만 원의 원가가 들고 이에 40%의 가산이익률을 부가하여 판매하고 싶다면, 최종판매가격은 다음과 같이 계산된다.

$$가격 = \frac{30,000}{(1-0.4)} = 50,000(원)$$

가산이익률식 가격결정은 비교적 계산이 단순하여 많이 사용되고 있으나, 소비자의 수요, 지각된 제품가치, 경쟁상황 등을 감안하지 않은 가격결정이라는 문제점을 지니고 있다. 예를 들어 원가 3만 원의 보조 배터리가 단위당 고정원가 2만 원(총고정원가 2,000만 원, 예상판매량 1,000대)과 변동원가 1만 원으로 이루어져 있는데, 예상판매량 1,000대가 달성되지 못할 경우 보조 배터리 1대당 더 많은 고정원가가 할당되어야 하므로 가산이익률에 의해 책정된 5만 원의 판매가격은 적절한 이익을 보장해 주지 못한다. 즉, 가산이익률에 따른 가격은 사전에 추정한 수요량이 정확한 경우에만 적절한 것이다. 또한 기업들이 신제품을 출시하면서 투자비의 빠른 회수를 위해 높은 가산이익률을 책정하는 경우가 많은데, 경쟁기업이 낮은 가산이익률을 통해 시장점유율을 높이고 단위당 비용을 낮추게 된다면 경쟁에서 이기기 어렵게 된다.

그러나 가산이익률에 따른 가격결정은 현실적인 장점도 많이 가지고 있다. 첫째, 원가에 대한 정보를 정확히 알 수 있다면 가격결정작업이 단순하며, 수요량의 변화에 따라 가격을 자주 수정해야 할 필요가 없다. 그리고 원가가 변화하는 경우에도 원가가산식 가격결정보다는 가격수정이 용이하다. 둘째, 같은 산업 내에 있는 모든 기업들이 동일한 가산이익률을 채택하여 가격을 결정하면 업계의 전반적인 제품가격이 비슷하게 형성되어 가격경쟁이 줄어든다.

(3) 목표투자이익률식 가격결정(Target Return Pricing)

목표투자이익률식 가격결정방법은 기업이 목표로 하는 투자이익률(return on investment: ROI)을 달성할 수 있도록 가격을 설정하는 것이다. 이는 자본집약적인 산업(예: 자동차산업 등)이나 공공사업(예: 철도사업, 수도사업 등)에서 주로 사용하는 방법으로, 새로운 투자를 결정하면서 15%, 20% 등의 투자이익률을 설정하고 이를 달성하기 위한 목표가격을 책정하는 방식이다. 공공사업에서는 일정한 투자이익률 이상을 규제하기 위해 이와 같은 방법에 의하여 가격을 책정한다. 목표투자이익률에 따른 가격결정방법의 공식은 다음과 같다.

$$\text{가격} = \frac{\text{투자비용} \times \text{목표투자이익률(\%)}}{\text{표준생산량}} + \text{단위원가}$$

이 공식에서는 표준생산량(예: 90%의 공장가동률)은 모두 판매된다는 가정을 하고 있으며, 단위원가는 총원가를 표준생산량으로 나눈 값이다. 예를 들어 앞에서 언급한 배터리 제조회사가 공장을 건설하는 데 1억 원을 투자하고, 이 투자비용에 대한 목표투자이익률을 20%로 책정하였다고 하자(표준생산량 1,000대, 단위원가 30,000원). 이 기업의 목표투자이익률에 따른 제품가격은 다음과 같이 계산된다.

$$\text{가격} = \frac{100{,}000{,}000 \times 0.2}{1{,}000} + 30{,}000 = 50{,}000(\text{원})$$

목표투자이익률식 가격결정방식은 몇 가지 문제점을 가지고 있다. 첫째, 자본투자의 비중이 적은 기업의 경우에는 판매가격이 과소평가되어 책정될 확률이 많아 별로 유용하지 못하다. 둘째, 가격이 수요량을 고려하지 않고 책정된 것이어서 표준생산량이 모두 판매되지 않는 상황이 일어날 수도 있다. 이 경우 판매감소로 인해 생산량을 줄이게 되면 판매가격을 더욱 높게 설정해야 하는 문제점이 생기게 된다. 생산량이나 판매량은 소비자의 수요량과 경쟁자의 가격을 고려하지 않고는 정확한 추정이 불가능하므로 목표투자이익률식 가격결정은 최적 의사결정이 아닐 수 있다.

(4) 손익분기점 분석(Break-Even Analysis)식 가격결정

목표투자이익률에 따라 가격을 결정하였을 경우, 만약 추정한 만큼의 매출이 달성되지 못한다면 어떻게 될 것인가? 최소한 얼마만큼을 판매하여야 손실은 면할 수 있을 것인가에 대한 답을 제공하는 것이 **손익분기점(break-even point: BEP)** 분석으로서, 기업은 손익분기점 이상에서 가격을 책정할 수 있다. 손익분기점 분석은 주어진 가격 하에서 총수입이 총원가와 같아지는 매출액이나 매출수량을 산출해 준다. 따라서 만약 실제 판매량이 손익분기점보다 높으면 기업은 이익을 얻은 것이며, 반대로 판매량이 손익분기점보다 낮으면 손실을 볼 것이다. 손익분기점을 구하기 위한 공식은 다음과 같다.

$$\text{손익분기점(판매량)} = \frac{\text{총고정원가}}{\text{가격}-\text{단위당 변동원가}} = \frac{20{,}000{,}000}{50{,}000-10{,}000} = 500(\text{개})$$

$$\text{손익분기점(매출액)} = \frac{\text{총고정원가}}{1-\dfrac{\text{단위당 변동원가}}{\text{가격}}} = \frac{20{,}000{,}000}{1-\dfrac{10{,}000}{50{,}000}} = 25{,}000{,}0000(\text{원})$$

계속해서 보조 배터리 제조회사의 경우를 예로 들면, 5만 원으로 제품가격을 결정한 경우의 손익분기점은 500개이므로, 기업은 이 이상으로 판매해야 손실을 면할 수 있을 것이며 손익분기점 매출액은 2천5백만 원이 된다.

손익분기점 분석에 의한 가격결정은 다음과 같은 문제점을 가지고 있다. 첫째, 모든 원가는 고정원가와 변동원가로 분류되는데, 경우에 따라서 광고비와 같은 투자성 마케팅비용은 명확하게 분류하기가 쉽지 않다. 따라서 비용의 분류에 따라 손익분기점이 달라질 수 있다. 둘째, 단위당 변동원가는 매출량에 따라서 일정하다고 가정하고 있으나, 현실적인 경우 가격할인이나 수량할인, 시간외 근무수당 등과 같이 단위당 변동원가를 변화시키는 요인들도 많다. 셋째, 고정원가는 변하지 않는다고 했지만, 생산량이 증가됨에 따라 추가적인 설비를 설치하거나 직원을 추가적으로 고용해야 하는 경우도 있다. 따라서 고정원가에 대한 가정도 실제와 다를 수 있다는 것이다.

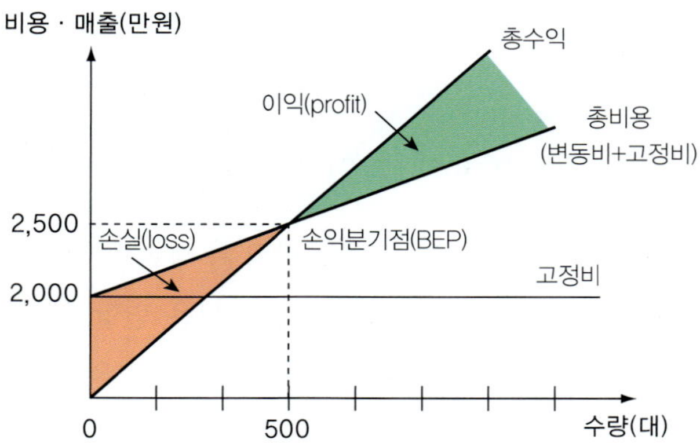

그림 10-4 손익분기점 분석에 의한 가격결정의 예

3.2 소비자중심 가격결정(Consumer Based Pricing)

소비자중심의 가격결정은 상품을 생산하는 데 드는 비용보다는 표적시장 소비자들의 제품가치에 대한 지각과 그에 따른 수요를 바탕으로 가격을 결정하는 방법이다. 이는 아무리 좋은 제품일지라도 소비자가 원하는 가격이어야 하며 소비자가 지불할 수 있는 수준대에서 가격이 결정되어야 한다는 것이다. 따라서 기업은 소비자가 평가한 상품의 **지각된 가치**(perceived value)에 입각하여 가격을 결정한다. 이를 위하여 소비자 조사를 통해 표적고객의 수용가능한 가격을 알아야 한다. 즉, 소비자들의 구매의도(수요량), 가격의 변화에 대한 민감도(가격탄력성), 표적시장의 특성 등에 대한 정보를 수집하여 이를 가격결정의 기초로 삼아야 하는 것이다.

소비자중심적 가격결정법에서는 소비자들이 경쟁제품 대비 자사제품에 대해 어느 정도의 가치를 부여하는지를 조사해 이에 상응하는 제품가격을 책정한 다음 그러한 가치를 실현할 수 있도록 제품디자인과 생산원가를 계획하는 과정을 거친다. 이에 반해 원가중심적 가격결정방법은 제품을 만드는 데 소요되는 개발비용, 제조원가, 그리고 목표이익을 실현할 수 있는 수준에서 제품가격을 먼저 결정한 다음, 이 가격대의 제품이 소비자에게 충분한 가치를 제공한다는 것을 확신시키는 과정을 거친다([그림 10-5] 참조).

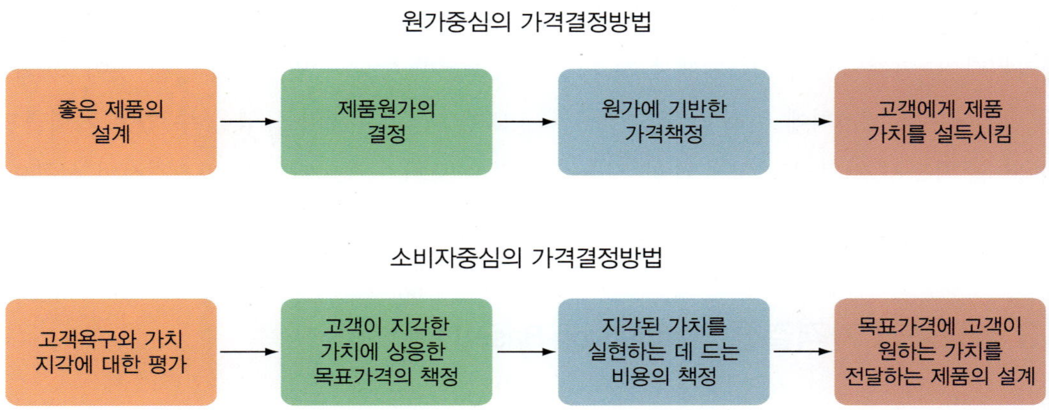

그림 10-5 원가중심의 가격결정방법과 소비자중심의 가격결정방법

소비자중심 가격결정방법으로 주로 활용되는 것은 **지각된 가치에 따른 가격결정방법**(perceived value pricing)이다. 마케터는 지각된 가치를 측정하기 위해 소비자들에게 제품가치를 직접 물어볼 수 있는데, 소비자들에게 제품을 보여준 후 제품의 가치를 화폐단위로 답하게 하는 것이 이에 해당된다. 혹은 소비자들에게 자사제품과 경쟁제품의 상대적인 지각가치를 조사해 이를 토대로 제

품가격을 책정할 수도 있다. 예를 들어, 소비자들에게 각 제품의 지각된 가치의 합계가 100점이 되도록 상대적 평가를 하게 하고, 이를 기반으로 가격을 추정할 수 있다. 만약 소비자들이 A제품에 40점, B제품에 35점, C제품에 25점을 할당하고 진공청소기의 평균시장가격이 20만 원이라고 한다면, 소비자들의 상대적 지각가치를 토대로 한 진공청소기 A, B, C의 가격은 다음과 같이 계산될 수 있다.

$$\text{상대적 지각가치 기반의 제품가격} = \text{평균가격} \times \frac{\text{평가점수}}{100} \times \text{총평가제품의 수}$$

ex) 진공청소기 A의 가격 = 200,000×(40/100)×3 = 240,000(원)
ex) 진공청소기 B의 가격 = 200,000×(35/100)×3 = 210,000(원)
ex) 진공청소기 C의 가격 = 200,000×(25/100)×3 = 150,000(원)

만약 기업이 제품의 판매가격을 지각된 가치를 토대로 산정된 가격보다 낮게 책정한다면, 소비자들은 가격에 비해 제품의 가치가 높다고 느낄 수 있기 때문에 그 제품은 높은 매출을 얻을 수 있을 것이다. 지각된 가치에 따른 가격결정방식을 이용하려는 기업은 먼저 자사 및 경쟁제품에 대한 소비자의 지각된 가치를 파악해야 하는데, 각 제품에 대한 소비자의 지각된 가치를 조사하는데 많은 조사비용이 소요되며 이의 정확한 측정이 어렵다는 단점이 있다. 만약 지각된 가치가 과대평가된다면, 제품가격이 지나치게 높게 책정되어 충분한 수요가 발생되지 않을 것이고, 과소평가된 경우에는 실제가치에 비해 낮게 가격이 책정되어 더 많은 이익을 얻을 수 있는 기회를 상실하게 된다. 따라서 지각된 가치에 대한 정확한 소비자 조사가 소비자중심 가격결정의 성공요인이라 할 수 있다.

3.3 경쟁중심 가격결정(Competition Based Pricing)

경쟁중심 가격결정은 경쟁사들의 가격을 자사제품의 가격결정에 가장 중요한 기준으로 간주한다. 이러한 가격결정법을 채택하는 기업은 소비자들이 경쟁제품 간 차별성보다는 가격차이에 의하여 특정제품을 선택할 것이라는 가정으로부터 출발한다. 경쟁중심 가격결정방법은 가격책정이 간단하며 소비자의 지각된 가치나 자사의 비용구조 등에 대한 분석이 필요 없는 장점이 있어 기업들이 많이 사용하고 있다. 경쟁중심 가격결정은 동일한 비용구조를 지닌 경쟁사들이 동일한 소비자를 대상으로 마케팅한다는 전제를 가지고 있지만, 같은 산업에 속한 기업들이 서로 다른 소비자를 표적으로 마케팅활동을 전개할 수 있으며, 서로의 비용구조에 차이가 있을 수 있다는 문제

MARKETING
FOCUS

20~30대를 타깃으로 한 라이브 커머스의 가격책정전략

코로나-19 상황의 장기화로 인해 사회적 거리두기가 지속되자 유통업계에서는 비대면 트렌드에 힘입어 소비자와의 접점을 확대하고자 '라이브 커머스' 시장을 성장시켰다. 교보증권 리서치센터는 국내 라이브 커머스 시장 규모가 2020년 4000억 원에서 2021년 2조 8000억 원으로 7배 성장했고, 2023년에는 10조 원까지 성장할 것으로 전망했다. 또한 e-커머스 거래액 중 라이브 커머스의 비중이 4%에 달할 것이라고 관측했다. 이러한 트렌드 속에서, 쌍방향적 소통이라는 장점에 덧붙여 전문성과 재미를 가미하여 다른 라이브 커머스와 차별화된 콘텐츠를 만들기 위해 모든 업체가 고군분투 중이다.

라이브 커머스의 주 고객층은 30대이다. 30대를 기준으로 판매하는 상품군에 따라 20대와 40대가 추가된다. 스마트폰 이용에 어려움이 없는 해당 연령층의 고객들은 언제 어디서든 편하게 스마트폰을 통해 라이브 커머스에 참여하고, 이 때문에 방송은 매우 빠른 템포로 진행된다. 빠른 시간 안에 고객들을 채널에 잡아두고 구매까지 이끌어야 하기 때문에 많은 라이브 커머스 제작자들이 콘텐츠의 재미에 집중한다.

하지만 최근 라이브 커머스의 성패를 가르는 핵심요인이 '가격 등 실질적 혜택'에 있다는 연구결과가 나왔다. 강동대학교 항공서비스과 이모란 교수 연구팀이 라이브 커머스 시청 경험이 있는 소비자 258명을 대상으로 조사한

| 국내의 대표적인 인터넷 쇼핑몰인 11번가에서 운영하고 있는 라이브 커머스, '라이브11'의 한 장면

결과, 소비자가 라이브 커머스 채널 선택 시 가장 중요하게 고려하는 요인은 '상품가격'이었다. 소비자가 라이브 커머스에서 필요한 제품을 저렴하게 구입할 수 있는지를 최우선 기준으로 삼고 있었다는 분석이다. 호서대학교 벤처대학원 정보경영학과 허철무 교수의 라이브 커머스 관련 연구에 활용된 응답자들에 따르면 라이브 커머스의 이용의도로 저렴한 가격(26%)이 쇼핑(32%) 다음으로 가장 높은 비율의 응답률을 보였다.

이러한 소비자의 특성을 파악해 라이브 커머스 판매자들은 정확한 최저가로 상품을 판매하는 데 주력한다. 소비자들이 스마트폰으로 라이브 방송을 시청하는 동시에 인터넷 검색을 통해 최저가 확인도 가능하고, 방송에서 다시 검색결과를 바탕으로 피드백을 줄 수 있기 때문이다. 어떤 라이브 커머스 방송에서는 소비자들과 실시간으로 소통하며 최종가격을 책정하기도 한다. NS홈쇼핑의 라이브 커머스 'n라방'은 현장에서 가격을 결정하는 공동구매형 라이브 커머스 '랜선 직거래'를 출시했다. '랜선 직거래'는 시청자와 실시간으로 소통하는 과정에서 가격을 협상하는 콘셉트의 라이브 커머스 방송으로, 스튜디오가 아닌 현장에서 촬영하여 직접 매장을 방문해 흥정하는 재미를 느낄 수 있다. 방송 후에 상담 신청을 하면 방송 중 결정된 할인가가 반영된 실제 구매 가능한 링크가 제공된다.

또한, 20~30대를 타깃으로 하는 만큼 소량의 상품을 적절한 가격으로 책정하여 소비자들이 부담 없이 구매할 수 있게 해야 한다. '벌크' 형태로 대량 판매하던 홈쇼핑과 달리 '스몰 패키지' 형태로 판매하는 라이브 커머스는 낮은 가격과 작은 양을 판매함으로써 소비자들의 구매 진입장벽을 낮추고, 브랜드의 인지도도 높이는 일석이조의 효과를 노린다. 또한 낮은 가격의 상품에는 상대적으로 낮은 할인율을 적용시키는 반면에 높은 가격의 상품에는 할인율을 크게 적용하여 소비자들의 구매 상품 선택을 판매자의 의도대로 집중시키기도 한다.

자료원: 한국경제, 2021.10.5; 커머스BN, 2022.1.28; 신아일보, 2022.1.19.

점을 갖는다. 경쟁중심 가격결정에는 시장가격에 따른 가격결정과 경쟁입찰에 따른 가격결정 등이 있다.

(1) 시장가격에 따른 가격결정(Going-Rate Pricing)

시장가격에 따른 가격결정을 추구하는 기업은 자신들의 비용구조나 수요보다는 시장의 가격을 보다 중요하게 생각하며, 보통 주된 경쟁자가 책정한 가격과 동일하거나 비슷한 수준에서 가격을 책정한다. 특히 과점형태의 시장구조에서 경쟁사들 간에 동일한 가격을 책정하고 있는 경우를 많이 볼 수 있다. 시장선도기업이 가격을 책정하면 시장추종기업들은 자신들의 원가구조나 수요와는 관계없이 그 가격을 그대로 받아들여 자사의 가격으로 책정하는 것이다. 대개 대기업에서 가격을 먼저 결정하면 중소기업들은 그 가격을 그대로 따라가면서 다소 할인폭을 조정하여 출시하는 경우가 많다.

일반적으로 원가구조 파악이나 수요의 추정이 어렵고 경쟁사의 반응이 불확실한 경우에 시장가격에 따른 가격결정방식이 좋은 해결책이 될 수도 있다. 기업들은 시장가격이 산업 전체의 시장경쟁 하에 도출된 것이어서 산업 내의 균형을 깨지 않고 어느 정도 적정 이익을 보장해 준다고 생각할 수 있다. 그러나 자사제품의 수요 및 원가구조가 경쟁사와 상이할 경우에는 이 방법 역시 최적 가격을 제시해 주기는 어렵다.

(2) 경쟁입찰에 따른 가격결정(Sealed-Bid Pricing)

조직 구매자들이나 정부 등이 구매하는 제품이나 서비스의 가격은 경쟁입찰(competitive bidding)에 의해 결정되는 경우가 많다. 즉, 두 개 이상의 기업들이 각각 독자적으로 특정제품이나 서비스, 프로젝트 등에 대한 가격을 제시하는 것이다. 입찰에서 낙찰되기 위해서 기업은 경쟁자보다 더 낮은 가격을 제시해야 하므로 수요나 원가보다는 경쟁자의 가격을 예측하는 것이 더 중요하다.

경쟁입찰에서 제시되는 가격의 결정에는 게임이론(game theory) 등과 같은 수리적인 모형이 활용될 때도 있으며 대부분 기대이익(expected profit)의 개념을 바탕으로 하고 있다. 기대이익은 입찰금액에서 투입원가를 제외한 이익금액에 낙찰받을 수 있는 확률을 곱해서 계산된다. 일반적으로 입찰금액이 커지면 이익도 커지지만, 경쟁자보다 낙찰될 확률은 떨어지게 된다. 따라서 각 입찰금액별로 경쟁자의 반응을 고려하여 낙찰될 확률을 정확하게 추정해야만 기대이익의 비교를 통한 가격결정의 정확성이 높아진다.

경쟁입찰에 따른 가격결정과정을 예를 들어 살펴보면 〈표 10-1〉과 같다. 이 경우 만약 9천만 원에 입찰하면 경쟁기업보다 가격이 낮아 입찰에 성공할 확률이 높은 반면 이익은 1천만 원, 기대이익은 7백만 원이 된다. 마찬가지로 1억 원, 1억1천만 원, 1억2천만 원으로 각각 입찰가를 책정할 경우의 기대이익은 1천만 원, 6백만 원, 4백만 원이 된다. 따라서 기대이익이 가장 큰 1억 원으로 입찰가격을 결정하는 것이 가장 합리적이다. 이때, 기대이익보다는 향후 지속적인 거래를 유지하는 것이 중요할 경우에는 이익이 적더라도 낙찰될 확률이 높은 9천만 원을 입찰가로 결정할 수도 있다. 어떠한 경우든지 경쟁자보다 낮은 가격을 제시할 확률의 정확한 추정이 매우 중요하지만 현실적으로 정확한 확률의 추정은 어려우며 주관적인 확률을 사용하는 것이 일반적이다.

표 10-1 경쟁입찰에 따른 가격결정의 예 (금액단위: 천 원)

입찰금액	원가	이익	입찰 성공 확률	기대이익
90,000	80,000	10,000	0.7	7,000
100,000	80,000	20,000	0.5	10,000
110,000	80,000	30,000	0.2	6,000
120,000	80,000	40,000	0.1	4,000

3.4 통합적 가격결정(Combination Pricing)

지금까지 기업이 가격을 결정하는 방법으로 원가중심, 소비자중심, 경쟁중심 가격결정 등을 각각 알아보았지만, 실제로 기업이 가격을 결정하는 데는 이러한 세 가지 접근방법을 모두 종합적으로 고려하는 것이 바람직하다. 원가중심 가격은 제품가격의 하한선을 설정해 주며 가능한 이윤폭, 목표가격, 손익분기점 등에 대한 정보를 제공해 준다. 소비자중심 가격은 기업이 고객에게 제시할 수 있는 가격의 상한선이 되며 경쟁중심 가격은 경쟁자와의 관계를 고려한 적정가격 수준을 제시해 준다. 그러므로 필요한 모든 고려사항을 반영한 통합적인 가격결정이 이루어지지 않는 경우에는 각각의 접근방법이 갖는 한계점을 극복하기 어려울 것이다.

04 | 가격전략의 실행 및 최종가격결정

앞에서 설명된 가격결정방법들을 통해 가격의 범위가 확정되면, 마케터는 최종적인 가격의 결정과 이의 실제 집행에 있어서 추가적으로 고려해야 할 사항들을 검토하는 과정으로 들어가야 한다.

4.1 심리적 가격전략

심리적 가격전략은 최종가격의 선정에 있어 가격에 대한 소비자의 지각을 반영하는 것이다. 많은 소비자들은 **가격과 품질 간의 연상관계**(price-quality association)를 형성하고 있어, 가격이 높으면 제품의 품질이 좋을 것이고 가격이 낮으면 품질이 좋지 않을 것이라고 생각하는 경향이 있다. 높은 가격으로 제품품질에 대한 지각이나 이미지가 높아져 오히려 가격이 비쌀수록 잘 팔리는 경우도 있다. 란도셀이라는 초등학생용 책가방이 30만 원이 넘는 고가격에도 불구하고 불티나듯이 팔려나간 경우도 있었는데, 고가제품의 구매를 통해 자신의 사회적 지위나 준거집단에의 소속감을 높이려는 소비자 추세가 반영된 것이다.

한편 제품가격의 숫자에 대한 소비자들의 심리적인 반응에 따라 가격을 변화시키는 방법으로 **단수 가격결정**(odd pricing)이 있다. 이는 화폐단위 이하로 제품가격을 책정함으로써 실제보다 제품가격이 저렴한 것으로 지각되게 하는 방법이다. 예를 들어 200,000원과 199,000원은 제품가격에서 크게 차이가 나지 않지만, 소비자들은 199,000원이 싸다고 느껴 판매량이 늘어날 수 있다.

심리적 가격전략의 또 다른 유형으로 **준거가격**(reference price)의 활용이 있는데, 준거가격은 소비자들이 어떤 제품을 구입하고자 할 때 자신이 적정하다고 생각하는 가격수준을 의미한다. 소비자들은 과거의 구매경험이나 현재 경쟁제품의 가격 등을 토대로 준거가격을 형성하고 이를 기준으로 구매를 한다. 만약 준거가격보다 제품가격이 저렴하다고 판단되면 쉽게 구매를 결정하게 될 것이다. 따라서 마케터는 소비자들이 준거가격을 되도록 높게 설정하도록 유도하고 자사제품의 가격을 그보다 저렴하게 제시하는 것이 필요하다. 거의 대부분의 소매상들이 가격할인을 할 경우 원가격과 할인가격을 동시에 보여주는데, 이것은 원래의 가격이 소비자들에게는 준거가격의 역할을 하기 때문이다.

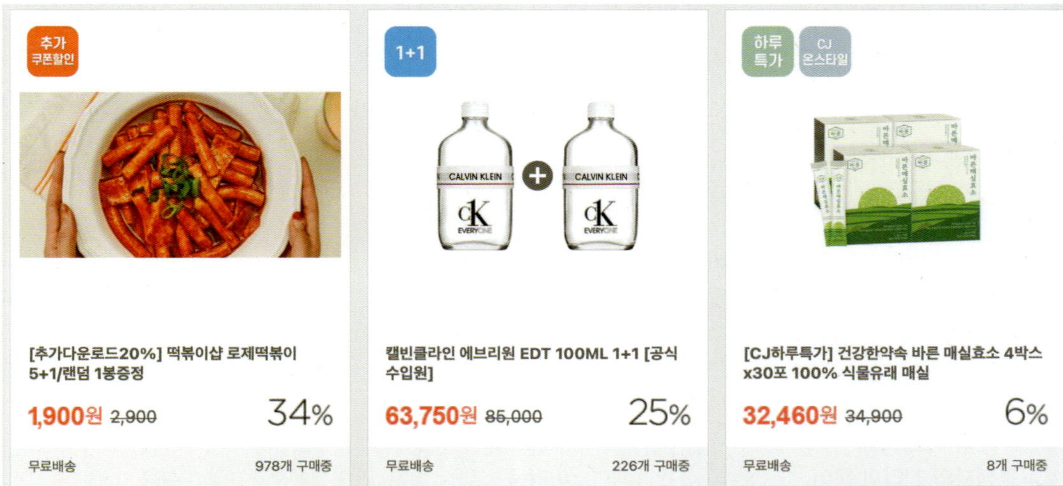

| 우리나라의 대표적 인터넷 상점인 인터파크의 '쎈딜' 사례. 원래 가격과 할인가격을 동시에 보여줌으로써 준거가격을 제시하고 있다.

4.2 초기고가전략과 시장침투가격전략

초기고가전략(skimming pricing)은 신제품을 시장에 내놓을 때 신제품이 지니고 있는 편익을 수용하고자 하는 혁신소비자층(innovator) 또는 조기수용자층(early adopter)을 상대로 가격을 높게 설정하는 정책이다. HDTV, 플래시저장장치 등은 모두 연구개발비 및 생산설비투자에 대한 비용을 초기에 회수하고 많은 이윤을 확보하기 위해 출시가격을 높게 책정하였다. 이와 같은 가격전략은 특허에 의하여 제품이 보호되거나, 경쟁자의 진입이 용이하지 않을 경우, 또는 대체품에 비하여 신제품이 지니고 있는 가치가 현저히 높은 경우에 적절하다.

이동전화, 와이드스크린 TV, 노트북 컴퓨터, 식기세척기 등과 같이 이제 우리의 주변에서 흔히 볼 수 있는 제품들도 시장진출 초기에는 높은 가격이 설정되었던 예들이다. 가격에 민감하지 않은 혁신소비자층의 구매가 완료되면 기업은 일반소비자층을 겨냥하여 점차 가격을 인하하게 된다. 초기고가전략은 고객들에게 심리적으로 고가격이 고품질이라는 연상작용을 불러일으킬 수도 있기 때문에 흔히 사용되고 있지만 시장여건에 따라서 실행 여부를 결정해야 한다.

시장침투가격전략(penetration pricing)은 빠른 시간 내에 매출 및 시장점유율을 확대하기 위해 신제품 도입 초기에 낮은 가격을 설정하는 것으로서, 규모의 경제가 존재하거나 혹은 단위당 이익이 낮더라도 대량판매를 통해 높은 총이익을 확보할 수 있다고 판단될 때 적절하다. 모방 신제품을 개발한 후발 진입자의 경우에도 높은 시장점유율을 확보하기 위하여 시장도입 초기에 낮은 가격을 책정하기도 한다. 또한 가격에 민감하지 않은 소비자층의 구매가 완료되면서 보급형 모형을 저가격으로 판매함으로써 매출을 확대하려고 할 경우에도 사용된다. 일반적으로 시장침투가격전략은 소비자들이 가격에 민감하고 시장성장률이 높다고 판단될 때, 그리고 저가격으로 경쟁자의 진입을 사전에 방지하고자 할 때 효과적이다. 〈표 10-2〉는 초기고가전략과 시장침투가격전략에 적합한 시장여건을 보여준다.

표 10-2 시장여건에 따른 가격정책의 비교

시장여건	초기고가전략	시장침투가격전략
가격탄력성	비탄력적	탄력적
생산 및 마케팅비용	높음	낮음
규모의 경제	작음	큼
경쟁자의 진입의 용이	어려움	쉬움
제품의 혁신성	높음	낮음
제품의 확산속도	느림	빠름
표적시장	작음	큼
기업의 생산 및 마케팅능력	작음	큼

4.3 가격할인과 공제

대부분의 기업들은 대량구매자나 비성수기에 구매하는 소비자들을 유인하기 위해 조정된 가격을 제시하는데, 현금할인, 수량할인, 거래할인, 계절할인, 공제 등이 그 예이다.

- **현금할인**(cash discount): 제품대금을 외상이나 어음이 아닌 현금으로 지불할 경우 가격을 깎아 주는 것을 말한다. 이는 어음을 할인하기 위한 이자지급분이나 외상매출 회수비용 등을 줄이고 유동성을 확보하기 위해 주로 사용한다.
- **수량할인**(quantity discount): 대량으로 구매하는 소비자에게 가격을 할인해 주는 것이다. 대량판

매는 판매비용이나 재고비용, 수송비, 주문처리비용 등을 절감할 수 있으므로 기업은 고객에게 이에 상응하는 금액을 할인해 줄 수 있다.

- **거래할인**(transactional discount): 기능적 할인(functional discount)이라고도 하는데, 판매, 보관, 장부 정리 등과 같이 판매업자가 해야 할 일을 대신 수행하는 중간상에 대한 보상으로 할인을 해 주는 것이다. 각 유통경로구성원은 수행하는 기능이 서로 다르기 때문에 생산업체는 도매업자와 소매업자들에게 각각 다른 할인금액을 적용해야 한다.
- **계절할인**(seasonal discount): 계절이 지난 제품이나 서비스를 구매하는 소비자에 대해 할인해 주는 것을 말한다. 겨울용품인 스키나 코트를 봄이나 여름에 구매하는 소비자에게 가격을 할인해서 판매하는 것을 예로 들 수 있다.
- **공제**(allowances): 기존제품을 신형제품과 교환할 때 기존의 제품가격을 적절하게 책정하여 신제품의 가격에서 공제해 주거나, 제조업자의 광고나 판매촉진 프로그램에 참여하는 유통업자들에게 보상책으로서 가격을 할인해 주거나 일정금액을 지급하는 것을 의미한다.

4.4 가격차별화(Price Discrimination)

가격차별화는 수요의 가격탄력성을 토대로 최종가격을 조정하는 것을 말한다. 기업들은 서로 다른 세분시장에 대해 상이한 가격을 책정할 수 있는데, 가격변화에 비탄력적인 세분시장에 대해서는 높은 가격을, 탄력적인 시장에 대해서는 낮은 가격을 제시한다.

가격차별화는 소비자에 따라, 제품에 따라, 구매시점이나 장소에 따라 사용할 수 있다. 먼저, 기업은 소비자의 능력이나 협상력의 차이에 따라 다른 가격을 책정할 수 있다. 변호사가 의뢰인의 능력에 따라 가격을 차별적으로 책정하거나 산업재 제조업자가 구매자의 협상력에 따라 가격을 달리하는 경우가 그 예이다. 제품에 따른 가격차별은 디자인이나 품질, 상표, 크기 등에 따라 상이한 가격을 책정하는 것이다. 예를 들어 특정 색상을 좋아하는 소비자들이 자신이 선호하는 색상의 제품을 구매할 경우 가격에 비해 비탄력적이라면 상대적으로 고가격을 책정할 수 있다.

서비스산업에서는 고객이 집중되는 시간과 한가한 시간에 따라 서로 다른 가격을 책정한다. 예를 들어, 국제전화의 심야할인, 영화관의 조조할인 등과 같이 시간대에 따라 서로 다른 요금을 책정하거나, 호텔의 숙박료 등과 같이 평일과 주말에 따라 서로 다른 요금을 책정하는 경우, 국제항공요금과 같이 계절에 따라 서로 다른 요금을 책정하는 경우 등을 들 수 있다. 주택의 입지에 따라 가격이 다르게 제시될 수 있는데, 사무실이나 아파트의 경우 층수에 따라서, 연극, 오페라 또는 스포츠 경기의 경우 좌석의 위치에 따라서 가격이 다르게 책정되는 것이 그 예이다.

4.5 복수제품에 대한 가격책정(Product-Mix Pricing)

(1) 가격계열화(Price Lining)

가격계열화는 품질이나 디자인의 차이에 따라 가격대를 설정하고 그 가격대 내에서 개별제품에 대한 구체적인 가격을 결정하는 것이다. 예를 들어 남성 정장류의 가격대를 저가, 중가, 고가 등으로 분류하여 저가 정장류는 5만 원에서 12만 원 사이에서, 중가 정장류는 15만 원에서 30만 원, 고가 정장류는 35만 원에서 60만 원 사이에서 가격을 책정한다고 하자. 기업은 중가 정장류를 판매하기로 결정하고 각 제품의 가격을 15만 원, 18만 원, 23만 원, 30만 원으로 결정할 수 있다. 가격계열화는 판매자의 입장에서는 여러 세분시장의 고객들을 흡수할 수 있고, 동일한 가격대에서 소비자들에게 다양한 가격의 제품을 제공함으로써 전반적인 매출을 제고하는 데 도움을 줄 수 있다. 그러나, 지나치게 가격이 세분화되면 소비자들이 가격에 따른 제품의 차이를 인지하지 못하는 문제가 발생될 수 있다.

(2) 2부제 가격(Two-Part Price)

서비스기업들은 서비스가격을 기본요금과 사용료의 2부제로 부가하는 경우가 많다. 예를 들어 디즈니랜드나 에버랜드 등 테마파크의 경우 기본입장료를 내고 놀이시설들을 이용하기 위해서는 추가적인 사용료를 내야 하는 경우가 있다. 이러한 **2부제 가격**을 실시하는 기업들은 일반적으로 서비스구매를 유도하기 위해 기본요금을 충분히 낮게 책정하고 사용요금을 통해 이익을 얻고자 한다. 많은 모바일 앱의 경우 기본기능은 무료이나 추가기능을 사용하기 위해서는 가격을 지불해야 하는 프리미엄(freemium) 가격을 도입하고 있다.

(3) 부가제품에 대한 가격결정(Optional-Product Pricing)

부가제품에 대한 가격결정은 주력제품과 함께 판매되는 각종 부가사양 혹은 액세서리에 부과되는 가격을 말한다. 예를 들어, 자동차를 구매하려는 소비자는 내비게이션이나 선루프 등을 옵션으로 추가구입할 수 있는데, 대체로 자동차회사는 기본제품에 대해서는 저가격을, 옵션으로 제공되는 품목에 대해서는 고마진의 제품가격을 책정하는 경향이 있다.

(4) 종속제품에 대한 가격결정(Captive-Product Pricing)

종속제품에 대한 가격결정은 특정제품과 반드시 함께 사용되는 제품에 대해 부과되는 가격을 말한다. 면도기와 함께 사용되는 면도날이나 프린터 제품에 들어가는 소모용품인 토너 등이 종속제품의 예이다. 기본제품(가령, 면도기)과 종속제품을 함께 생산·판매하는 제조업체는 기본제품에 대해서는 마진을 낮게 책정하고 종속제품(가령, 면도날)에 대해서는 고마진을 책정하는 가격전략을 흔히 사용한다. 예를 들어, 후지필름은 인스탁스 즉석 카메라는 할인판매 등을 통하여 비교적 저가격에 공급하고 즉석 카메라용 필름 판매를 통하여 높은 수익을 실현하고 있다.

(5) 묶음제품 가격결정(Price Bundling)

묶음가격(bundled price)은 기본적인 제품과 선택사양, 서비스 등을 묶어서 하나의 가격으로 제시하는 것을 의미한다. 잡지나 신문을 한꺼번에 정기구독하게 되면 낱권들을 구입하는 것보다 훨씬 저렴하게 살 수 있는 경우가 묶음가격의 예이다. 많은 기업들은 묶음가격과 비묶음가격을 동시에 제시하여 소비자에게 선택권을 주고 있으며, 개별제품이나 서비스들을 각각 판매하는 것보다 싼 묶음가격을 제시하여 소비자들의 구매를 유도한다. 개별제품 각각에 대한 경쟁력이 약한 기업들은 최적의 묶음제품을 구성하고 묶음가격을 매우 저렴하게 제시함으로써 경쟁우위를 획득할 수도 있다. 묶음제품 가격정책은 잘 팔리지 않는 제품의 재고를 소진하기 위해 활용되는 경우도 있지만 전략제품의 매출을 증대시키거나 시장개척을 위해 활용되는 사례도 많아지고 있다. 통신회사들이 판매하는 결합상품이 대표적 예이다. 이들은 인터넷전화, 초고속 인터넷, 휴대전화, 케이블TV 등을 패키지로 가입하는 고객들에게 요금을 할인해 주거나 가족/친구 등 여러 가입자를 묶으면 그중 한 명에게 거는 전화의 요금을 무료로 책정하는 등 다양한 결합상품을 개발하여 판매하고 있다.

| KT는 가족들이 동시에 서비스를 이용할 경우 요금을 대폭 할인해 주는 묶음제품 가격을 운영하고 있다.

| 참고문헌 |

1. Jain, Subhash C. and George T. Haley, *Marketing Planning and Strategy*, 8th ed., Cengage Learning, 2009.
2. Kotler, Philip and Gary Armstrong, *Principles of Marketing*, 18th ed., Pearson, 2018.
3. Simon, Hermann and Martin Fassnacht, *Price Management: Strategy, Analysis, Decision, Implementation*, Springer, 2019.
4. 석관호, *가격의 심리학*, 한국문화사, 2016.
5. 에두아르도 포터, *모든 것의 가격*, 손민중·김홍래 역, 김영사, 2011.
6. 헤르만 지몬, *프라이싱: 가격이 모든 것이다*, 서종민 역, 쌤앤파커스, 2017.

| 생각해 볼 문제 |

1. 가격은 제품, 유통 및 촉진믹스와 어떻게 다른가? 관리상의 차이점을 살펴보자.

2. 제품의 질을 고, 중, 저 세 가지로 분류하고, 가격 또한 세 가지로 분류하여 다음과 같은 표를 작성하였다.

가격 \ 품질	저	중	고
저	1	2	3
중	4	5	6
고	7	8	9

위 표에서 1은 저품질의 제품이 가격이 낮은 경우이며 2는 중간품질의 제품이 가격이 낮은 경우이다. 마찬가지로 3부터 9까지 설명될 수 있다. 1–9의 항에 해당되는 제품을 예를 들어서 제시하고 이러한 제품을 구매했을 때 소비자들의 반응을 이야기해 보자.

3. 풀무원은 두부, 콩나물 등 식재료와 우동, 만두 등 간편 가정식에서 '바른 먹거리'라는 이미지를 앞세워 선도적인 역할을 하고 있다. 이와 같은 경우 풀무원은 가격결정의 목표를 어디에 두어야 할 것인가에 대해서 토론해 보자.

4. 매출규모가 작으며 현재 적자상태에 있는 기업이라면 가격결정의 목표를 어디에 두어야 하며 그에 따른 가격결정방법은 어떤 방법이 바람직하다고 생각하는가? 이에 대하여 상세히 서술하여 보자.

5. 어떤 가격결정방법을 선택하여 가격을 파악하느냐에 따라서 산출된 가격은 달라질 수 있다. 다양한 방법을 동원하여 적정가격을 산출하였다면 어떻게 최종가격을 결정하겠는가? 하나의 상품을 예로 들어서 설명하고 이 과정을 토론하여 보자.

6. 우리는 주변에서 다양한 할인방법을 볼 수 있다. 업종별, 상품별, 시기별, 상황별로 할인방법들을 파악해 보자.

P R I N C I P L E S   O F   M A R K E T I N G

제4부

마케팅성과 구축과 관리

제 11 장

고객기반의 마케팅성과: 브랜드자산과 고객자산의 구축

메타로 기업브랜드명을 바꾸고 '메타버스'라는 가상공간을 통한 사람들 간의 연결을 강화하려는 페이스북

| 페이스북이 기업브랜드명을 메타로 바꾸면서 새로운 변신을 시도했다.

"소셜미디어가 과거 사람들을 연결하는 데 개척자 역할을 했듯 앞으론 메타버스가 그렇게 될 것입니다. 이제부터 우리는 페이스북이 아닌 메타버스 우선 기업입니다."(마크 저커버그 페이스북 창업자 겸 최고경영자)

페이스북이 세 번째 변신을 시도했다. 하버드대 동창을 이어주던 사이트에서 전 세계 사람을 이어주는 사이트로, 그리고 이제는 가상세계와 현실을 잇는 기업이 되고자 한다. 2021년 10월 페이스북은 사명을 '메타(Meta)'로 변경하고 메타버스 중심 기업이 되겠다고 선언했다. 무한대를 뜻하는 수학 기호(∞) 모양의 새로운 기업 로고도 발표했다. 주식시장에서 거래되는 종목명 FB도 12월 1일부터는 MVRS로 바뀐다.

메타버스는 가상 · 증강현실(AR · VR) 기술을 활용해 가상공간에서 현실공간을 재현해 내는 것을 뜻한다. 나를 본뜬 아바타가 온라인 공간에 차려진 사무실에서 일을 하고 남들과 대화도 하는 식이다. 저커버그는 이날 "데스크톱에서 웹과 전화로, 텍스트에서 사진과 비디오로 진화해 왔지만 이것이 끝이 아니다"며 "메타버스가 모바일 인터넷의 후계자가 될 것"이라고 강조했다. 페이스북은 앞으로 페이스북과 인스타그램 등 소셜미디어 부문(패밀리오브앱스)과 메타버스 부문(페이스북 리얼리티랩스)으로 나눠 기업을 운영할 계획이다.

페이스북은 2004년 하버드대 학생용 소셜미디어로 출발했던 기업이다. 2006년엔 전 세계 이용자를 위한 소셜미디어로 변모해 현재 30억 명 가까운 사람이 페이스북을 이용하고 있다. 세계 인구의 약 절반이 페이스북을 쓰고 있는 셈이다. 하지만 최근 공공의 안전보다 이윤 추구를 우선시했다는 내부폭로에 시달리면서 주가가 하락했다.

페이스북이 변신을 시도하자 주식시장은 환호했다. 페이스북은 독점 논란과 내부고발 이슈에 시달리고 있을 뿐 아니라 가입자와 광고매출 증가세가 둔화하며 신성장동력이 필요하던 차였다.

사명을 메타로 바꾼 페이스북은 인종 · 정치 · 종교 및 선정적인 콘텐츠 등 특정 주제를 다룬 '타깃팅 광고'를 2022년부터 중단했다. 메타는 세계 당뇨병의 날(World Diabetes Day), LGBT 문화, 혹은 정치신념과 사회이슈 등 특정 주제를 담은 타게팅 광고를 플랫폼 내에서 허용하지 않을 것이라고 했다. 이와 함께 메타 이용자들에게 광고에 더 많은 통제권을 허용하기로 했다. 메타는 술, 도박, 체중감량 등에 관한 광고의 빈도를 이용자가 제한할 수 있도록 선택권을 제공하기로 한 것이다

| 메타가 공개한 '호랑이와 버팔로' 브랜드캠페인 영상

새 출발을 선언한 메타(Meta, 옛 페이스북)는 이에 맞추어 첫 브랜드캠페인을 실시했는데, 메타버스(Metaverse) 구축이라는 비즈니스 지향점을 가볍고 직관적으로 표현했다. 사람들 간의 '물리적 연결'을 강조하던 페이스북 시절의 브랜드 캠페인과는 다른 커뮤니케이션 접근방식이다. 메타는 2021년 11월 자사 유튜브 채널에 '호랑이와 버팔로'라는 1분 남짓의 영상을 공개했다. 박물관을 돌아다니던 사람들이 한 그림 앞에 모여든다. 작품은 프랑스의 화가 앙리 루소(Henri Rousseau)의 1908년 작 '호랑이와 버팔로의 싸움'이다.

"이제부터 상상 속의 세계야!"

그림 속 호랑이의 말을 시작으로 사람들은 정글로 빨려 들어간다. 곧이어 동식물과 사람들이 모두 함께 어우러지는 한바탕 댄스파티가 시작되고, "앞으로 재미있어 질 거야"라는 메시지를 전한다.

해당 영상에서 메타는 사명대로 메타버스를 통해 꿈꿀 수 있는 가능성을 담았다. 특히 눈에 띄는 점은 자신의 상상력에 의존해 독특한 스타일을 만들어 낸 앙리 루소의 작품을 활용한 부분이다. 루소는 정규 미술교육을 받지 않고 파리의 세관원으로 일하며 주말에만 작품활동을 해 '일요일의 화가'로 불렸다. 평생 파리를 한 번도 벗어난 적 없이 식물원과 동물원을 오가며 정글과 사막을 주제로 한 그림들을 그렸다. 현실과는 달리 상상만으로 새로운 세계를 창조한 루소 작품의 특징은 메타가 그리는 메타버스와 닮아 있다. 사람들의 상상력이 곧 메타버스의 가능성을 정의한다는 것이다.

| 앙리 루소의 '호랑이와 버팔로의 싸움' 원작(왼쪽)과 환상특급의 포스터

'이제부터 상상 속의 세계(This is dimension of imagination)'라는 영상 속 호랑이의 대사 역시 이러한 의도를 잘 드러낸다. 이 대사는 미국의 60년대 TV 프로그램 로드 설링(Rod Serling)의 환상특급(The Twilight Zone)의 내레이션에서 처음 등장했다. 이 TV 시리즈는 미국 SF 스릴러 장르의 원조격인 프로그램이다.

메타의 재스민 서머셋 카르시(Jasmine Summerset-Karcie) 글로벌 브랜드 마케팅 총괄은 미국의 광고전문지 에드에이지(AdAge)와의 인터뷰에서 "많은 사람이 메타버스가 무엇인가라는 물음을 갖고 있다. 이 캠페인은 사람들에게 영감을 주기 위해 기획됐다. 사람들은 항상 박물관에 서서 '이 그림이 실제 우리 삶에 들어오면 어떻게 될까'를 상상한다. 캠페인은 (그러한) 우리들의 상상력이 어떻게 메타버스를 정의할 수 있는지 보여주는 이야기"라고 말했다.

메타가 돼 펼치는 새 기업브랜드 캠페인은 이전과 동일하게 사람들 간의 연결과 유대감을 강조하면서도 그 무대를 '메타버스'라는 가상공간으로 명확하게 제한시켰다는 점이 특징적이다. 메타버스 회사로 거듭나겠다는 기업브랜드의 전략적 방향성을 직접적으로 드러낸 것으로 보인다. 그러나 2022년 구글과 애플이 발표한 개인정보 보호정책은 매출에서 광고가 차지하는 비중이 90%에 이르는 메타에게 상당한 충격을 줄 것으로 보인다. 구글과 애플의 개인정보 보호정책 발표는 페이스북, 인스타그램 등의 플랫폼에서 맞춤형 광고로 수익을 올려온 메타에게 큰 타격을 줄 수 있다.

자료원: 매경, 2022.2.17; 한경, 2021.11.8; The PR, 2021.11.5.

고객관점에서 기업이 추구하는 궁극적인 마케팅목표는 강력한 브랜드충성도를 기반으로 높은 브랜드자산을 창출·강화하고, 고객관계관리를 통해 높은 고객자산(고객을 오랫동안 유지함으로써 얻게 되는 높은 고객생애가치)을 구축하는 것이다. 이 장에서는 브랜드자산과 고객자산의 개념과 중요성에 대해 살펴보고, 이를 창출하고 강화하기 위한 마케팅방안에 대해 자세히 다루기로 한다.

01 | 브랜드자산의 구축

이름은 그 대상물을 상징화한다. 많은 사람들이 좋아하는 인기배우 송혜교를 예로 들어보자. 송혜교라는 이름을 들으면 무엇이 떠오르는가? 아마도 단아함, 고급스러움, 아름다운 얼굴, 드라마 태양의 후예와 더 글로리, 아모레퍼시픽 설화수 광고 등이 연상될 것이다. 이러한 연상들이 함께 어우러져 '송혜교'에 대한 독특한 이미지가 형성되고, 나아가 그녀에 대한 호의적인 감정으로 연결되는 것이다.

기업들도 사람들과 마찬가지로 소비자들에게 쉽게 기억되면서 개성이 드러나는 이름을 갖고 싶어한다. 따라서 브랜드파워의 구축에 막대한 비용과 마케팅노력을 투입하거나 비싼 값을 지불해서라도 자산가치가 높은 브랜드를 인수하려고 한다. 2017년 이랜드는 패션브랜드 티니위니를 중국 패션업체 브이그라스에 8,770억 원에, 그리고 가구, 침구류, 식기, 생활소품 등을 판매하는 리빙브랜드 모던하우스를 사모펀드 MBK파트너스에 7000억 원에 매각했다. 이 두 브랜드 매각대금을 합치면 1조5,770억 원에 이르는데, 이들 브랜드의 순자산(자산−부채)은 장부가액 기준으로 티니위니 1,200억 원, 모던하우스 640억 원에 불과하다. 따라서 나머지 1조4000억 원 정도는 무형의 브랜드가치이다. 이랜드 사례가 시사하는 바는 잘 키운 브랜드는 수익창출과 브랜드매각을 통한 현금확보에 크게 기여할 수 있다는 것이다.

브랜드는 한 회사가 판매하는 제품의 얼굴이다. 어떤 브랜드는 강력한 브랜드이미지를 가지며 보다 상품가치가 높은 것으로 느껴지는 반면, 다른 브랜드는 그렇지 않다. 가령, 소비자들은 콜라

| 이랜드는 패션브랜드 티니위니를 중국 패션업체 브이그라스에 8,770억원에, 그리고 가구, 침구류, 식기, 생활소품 등을 판매하는 리빙브랜드 모던하우스를 사모펀드 MBK파트너스에 7000억 원에 매각했다. 이는 눈에 보이는 자산보다 무형의 자산인 브랜드가 기업의 경영성과에 크게 기여할 수 있음을 보여주는 사례이다.

| 쿠쿠와 피죤은 중소기업이 소유한 브랜드이지만 해당 제품범주를 대표하는 파워 브랜드이다.

를 마시고 싶으면 코카콜라를, 화장지를 필요로 할 때면 크리넥스를, 소주를 구매할 경우에는 진로소주를 자연스럽게 떠올린다.

브랜드파워는 대기업 유명브랜드의 전유물은 아니다. 중소기업들 중에서도 강력한 파워를 가진 브랜드들이 있다. 섬유유연제 하면 피죤이 생각나고, 압력밥솥 하면 쿠쿠, 그리고 간장 하면 샘표간장이 떠오르는 경우가 그 예이다. 이들은 각 제품범주를 대표하는 시장선도 브랜드들이다. 그러면 이들의 브랜드파워는 어디에서 나오는 것일까? 시장선도 브랜드가 강력한 브랜드파워를 갖는 이유는 무엇보다도 소비자들에게 브랜드와 관련하여 다양한 연상을 떠올리게 하고 또한 강력하고도 호의적인 느낌을 불러일으키기 때문일 것이다. 본 장에서는 먼저 브랜드자산이 왜 중요한지를 설명하고, 브랜드자산을 형성하는 데 중요한 결정요인들인 높은 브랜드인지도와 강력한 브랜드연상을 구축하는 방법들을 살펴본 다음, 브랜드자산을 활용하는 방안의 하나인 브랜드확장전략을 다루기로 한다.

1.1 브랜드자산의 의미와 중요성

오늘날 전 세계의 많은 기업들이 브랜드를 귀중한 자산으로 인식하고 있으며, 기업들마다 앞다투어 브랜드파워의 구축을 위해 혈안이 되어 있다. 이러한 노력을 기울이는 많은 이유 중 하나는 아마도 성숙기에 들어선 대부분의 소비용품시장에서 브랜드들 간의 평준화로 인하여 경쟁브랜드 간에 제품품질의 차이가 갈수록 줄어들고 있기 때문일 것이다. 따라서 기능면에서 자사브랜드를 경쟁브랜드들과 차별화하기가 갈수록 어려워지고 있다. 이러한 상황에서 브랜드이미지의 차별화에 의한 브랜드파워의 구축이 상호파괴적인 가격경쟁을 피하고 높은 점유율과 수익성을 유지할 수 있는 중요한 전략적 도구임을 많은 기업들이 공감하고 있는 듯하다.

브랜드자산(brand equity)은 어떤 제품이나 서비스가 브랜드를 가졌기 때문에 발생된 바람직한 마케팅효과(가령, 높은 브랜드충성도, 시장점유율 또는 수익)를 말한다. 브랜드자산은 고객의 관점과 기업의 관점에서 설명될 수 있는데, 고객의 관점에서 본 브랜드자산은 브랜드의 부착으로 인해 브랜드가 없었을 경우보다 고객의 선호도가 증가된 것을 의미하며, 기업의 관점에서 본 브랜드자산은 브랜드의 부착으로 인해 브랜드가 없었을 경우보다 매출액과 이익이 증가된 것으로 볼 수 있다.

그러면 강력한 브랜드자산은 어떻게 형성될까? 브랜드자산은 고객의 브랜드인지도와 브랜드연상으로부터 형성된다. 다시 말해서 브랜드자산은 고객이 한 브랜드에 대해 이미 알고 있고(높은 브랜드인지도를 가지며), 그 브랜드와 관련하여 긍정적이고(favorable), 강력하면서(strong), 독특한(unique) 연상들을 기억 속에 갖고 있을 때 발생되는 것이다.

강력한 브랜드자산이 형성되기 위해서는 먼저 소비자들이 그 브랜드에 대해 잘 알고 있어야 한다. 일반적으로 소비자들은 전혀 들어본 적이 없는 브랜드를 구매하지는 않는다. 그러므로 기업은 먼저 고객들의 마음속에 브랜드를 인지시키는 노력을 해야 할 것이다. 고객들은 많은 경쟁브랜드들 중 들어보거나 본 적이 있는 친숙한 브랜드를 우선적으로 고려할 것이기 때문이다. 특히 치약, 비누, 샴푸 등과 같은 일상생활용품을 구매하는 소비자들에게 높은 인지도를 가진 상표는 강력한 브랜드자산이 될 수 있다.

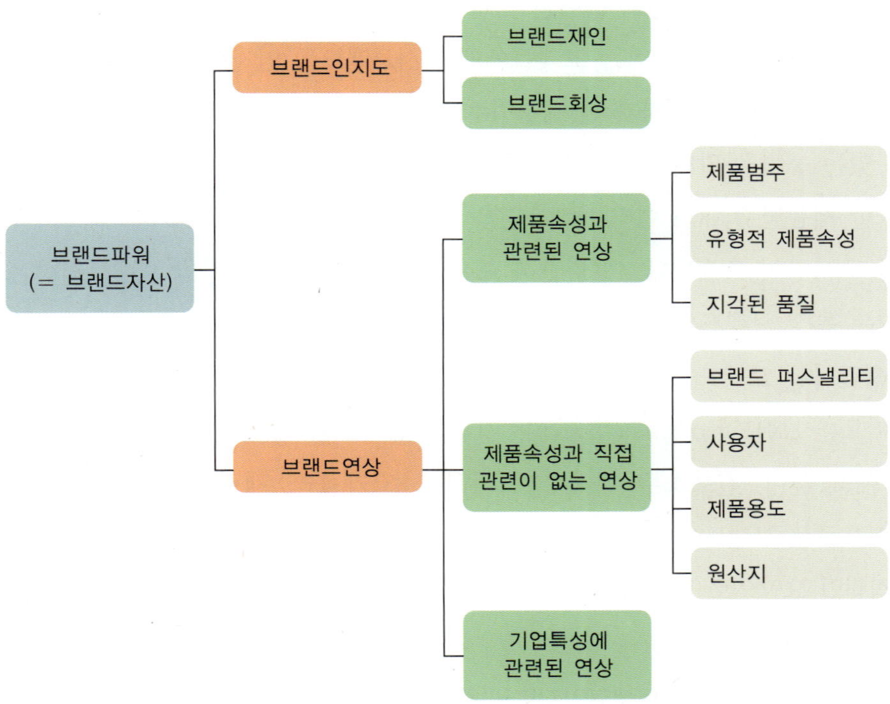

그림 11-1 브랜드자산의 결정요인

일단 브랜드를 인지시키고 나면, 고객들이 그 브랜드에 대해서 경쟁브랜드보다 더 호의적이고, 강력하고, 독특한 연상들을 갖도록 하여야 한다. 가령, 커피를 마시고자 하는 고객은 많은 경쟁브랜드들 중 스타벅스를 먼저 인지할 것이며, 스타벅스와 관련하여 호의적이고, 강력하고, 독특한 연상들을 기억으로부터 떠올릴 것이다. 즉, 소비자는 스타벅스로부터 구수한 향의 원두커피, 멋있는 재즈음악, 초록색의 인어로고, 친절하고 커피지식을 갖춘 종업원 등을 자연스럽게 연상하게 된다. 이와 같은 강력하면서 독특한 브랜드이미지에 의해 얻어진 브랜드자산은 스타벅스가 커피전문점 시장에서 높은 시장점유율과 이익을 유지하는 데 있어 중요한 결정요인이 되었다.

1.2 브랜드자산의 체계적 관리

브랜드자산은 높은 브랜드인지도와 강력한 브랜드연상에서 비롯된다. 그러므로 마케터는 브랜드인지도를 높이는 작업과 강력한 브랜드연상을 구축하는 작업을 통해 강력한 브랜드자산을 형성해야 할 것이다. 이하에서는 브랜드인지도 및 브랜드연상에 대한 관리를 자세히 설명하기로 한다.

(1) 브랜드인지도의 관리

일반적으로 소비자들은 한 번도 들어본 적이 없는 브랜드를 구매하지는 않는다. 그러므로 브랜드파워(자산) 구축의 첫 번째 단계는 고객들에게 자사브랜드를 인지시키는 작업일 것이다. **브랜드인지도**(brand awareness)란 소비자가 한 제품범주에 속한 특정 브랜드를 재인(recognition)하거나 회상(recall)할 수 있는 능력을 말한다. 브랜드재인은 브랜드회상보다 상대적으로 강도가 약한데, 이는 소비자에게 한 제품범주 내의 여러 브랜드명을 제시하고 각 브랜드명을 과거에 보거나 들어본 적이 있는지를 조사하여 측정된다. 이에 반해 브랜드재인보다 강도가 강한 브랜드회상은 기억 속에 저장되어 있는 특정 브랜드의 정보를 인출할 수 있는 능력을 말하는데, 소비자들에게 한 제품범주 내에서 생각나는 브랜드들을 열거하도록 함으로써 이를 확인할 수 있다. 기억된 브랜드들 중 가장 먼저 떠오른 브랜드(top of mind brand)는 강력한 인지도를 가지므로 시장경쟁에서 상당한 우위를 갖는다. 예를 들어, 진로소주, 다시다, 크리넥스, 코카콜라, 갤럭시 등은 각 제품범주 내에서 가장 먼저 떠오르는 브랜드(즉 브랜드인지도가 가장 높은 브랜드)로서 이는 높은 시장점유율을 차지하는 데 있어 결정적인 요인으로 작용하고 있다.

① 브랜드자산형성에 있어서 브랜드인지도의 중요성

높은 브랜드인지도의 구축은 브랜드자산형성의 필수적 조건이다. 왜냐하면 소비자가 브랜드에 대한 인지가 없는 상태에서 그 브랜드의 특성을 이해하거나 구매하는 경우는 매우 드물기 때문이다. 브랜드자산의 형성에 있어서 높은 브랜드인지도의 구축은 다음의 두 가지 이유에서 중요하다.

첫째, 높은 인지도를 가진 브랜드는 **고려대상 브랜드군**(consideration set)에 우선적으로 포함되는 이점을 갖는다. 여기서 고려대상 브랜드군이란 소비자가 특정제품을 구매하고자 할 때 우선적으로 고려하는 브랜드들을 말한다. 주위사람들에게 특정 제품범주 내에서 자신이 알고 있는 브랜드명을 모두 나열해 보도록 해보라. 아마도 관심이 많은 제품범주라고 할지라도 7개 이상을 모두 외우는 사람은 그렇게 많지 않을 것이다. 특히 세제, 비누, 샴푸, 커피와 같이 가격이 저렴하고 구매빈도가 높은 저관여제품(제품구매를 위해 많은 노력을 기울이지 않는 제품)의 경우에는 소비자들은 잘 알려진 소수의 브랜드만을 구매고려대상으로 하기 때문에 브랜드인지도가 없거나 낮은 브랜드가 선택될 가능성이 매우 낮다.

둘째, 높은 브랜드인지도는 **브랜드친숙성**(brand familiarity)을 높여 그 브랜드에 대한 선호도와 선택가능성을 증가시킨다. 처음에 만났을 때는 덜 매력적이라고 생각해 별 관심을 끌지 못했던 이성을 기회가 닿아 자주 만나다 보면 그런대로 괜찮다고 생각되어 좋아하게 되는 경험을 가졌을 것이다. 이와 같이 사람들은 일반적으로 친숙한 것을 좋아하는 경향이 있다. 친숙한 것을 좋아하는 사람들의 성향은 제품구매에서도 그대로 적용된다. 특히 비누, 치약, 화장지 등 일상적으로 구매되는 저관여제품의 경우 광고에서 본 적이 있거나 들어본 적이 있는 친숙한 브랜드를 구매하는 경우가 많다. 소비자들이 특정브랜드에 반복노출되어 브랜드친숙성이 높아지면 굳이 제품평가를 거치지 않더라도 그 브랜드에 대한 긍정적인 감정을 가질 수 있다.

② 브랜드인지도를 증대시키는 방법

브랜드인지도를 높이기 위해서 기업은 브랜드재인(recognition)이나 회상(recall)을 높이는 마케팅노력을 기울여야 한다. 그러면 어떻게 하면 자사브랜드에 대한 인지도를 높일 수 있을까?

이하에서는 브랜드인지도를 증대시키기 위해 기업에서 유용하게 활용할 수 있는 방법들을 제시한다.

첫째, **반복광고**(repetitive advertising)를 통해 브랜드인지도를 높인다. 반복광고는 제품에 대한 메시지를 소비자의 기억 속에 장기간 유지시킬 수 있는 효과적 방법의 하나이다. 커피, 비누, 샴푸 같은 일상생활용품의 광고에 노출된 소비자는 그 광고에서 제시하는 제품정보를 처리해야 할 필요성을 별로 느끼지 않는다. 소비자는 별 생각 없이 그저 보이니까 보고 들리니까 듣게 되는 식으로 수동적인 정보처리를 하는 것이다. 그러므로 일상생활용품을 생산·판매하는 기업들은 소비자들에게 자사 브랜드명과 차별적 제품특성을 기억시키기 위해서(즉 브랜드인지도를 높이기 위해서) 반복적으로 제품광고를 실시해야 할 것이다. 코카콜라, 하이트맥주, 진로 등이 소비자의 기억 속에 강하게 심어져 있는 것은 반복광고의 덕분이다.

그러나 반복광고를 너무 과다하게 반복하면 소비자들은 광고내용에 익숙해져 더 이상 제품광고에 주의를 기울이지 않을 뿐 아니라 이에 대해 싫증을 낼 가능성이 높아진다. 우리는 이를 **광고효과의 감퇴**(advertising wearout)라고 부른다. 그러므로 기업은 브랜드인지도를 높이기 위해 광고를 반복적으로 실시하되 어떻게 하면 소비자들이 광고(내용)에 싫증을 느끼지 않도록 할 것인가에 대해 고심해야 할 것이다. 싫증나지 않으면서도 반복광고의 효과를 높이기 위해서(즉 높은 브랜드인지도를 유지하기 위해서) 동일한 제품메시지를 반복적으로 광고하되 광고실행방법을 적절히 변형시킴으로써(예를 들어, 광고의 배경장면을 달리하거나 메시지 표현방식을 변경시킴) 광고효과의 감퇴현상을 방지할 수 있다.

둘째, 시각적 정보를 제품정보와 함께 제공한다. 사람들은 단어(언어적 정보)보다 그림(시각적 정보)을 더 잘 기억한다고 한다. 따라서 그림과 언어적 정보를 함께 제공하는 것이 언어적 정보만을 제공하는 것보다 기억증대에 보다 효과적이다. 한 실험에 의하면 사람들에게 브랜드명을 의미 있는 그림(상표명과 관련이 있는 그림)과 짝을 이루어 제시할 때 그 브랜드명을 훨씬 쉽게 회상하는 것으로 나타났다. 따라서 브랜드와 밀접하게 관련이 있는 심벌(symbol)의 이용은 브랜드인지도를 높이는 데 큰 도움이 된다. 켄터키 프라이드 치킨의 Colonel Sanders 할아버지, Apple 컴퓨터의 사과모양 로고, 라코스테의 악어, 랄프로렌의 폴로경기, 메트라이프생명의 스누피 등이 그 예들이다.

셋째, 브랜드명 및 제품정보가 소리의 형태로 기억되도록 한다. 우리는 책 속의 내용을 잘 이해하기 위해 소리내어 천천히 읽는다. 만일 당신이 시구를 외우는 과정에서 눈으로만 보고 소리내어 읽지 않았다고 생각해 보라. 아마 시구가 잘 외어지지 않거나 나중에 이를 다시 기억하기 쉽지 않을 것이다. 이와 같이 사람들은 브랜드명 또는 제품정보를 기억 속에 저장할 때 눈으로 본 정보를 소리의 형태로 저장하는 것이다. 이는 소리가 기억되지 못하면 브랜드명이나 이와 관련된 정보도 기억하지 못함을 의미한다.

제품광고에 기억하기 쉬운 **슬로건**(slogan)과 로고송을 사용하거나 **기억증대기법**(mnemonic devices)을 이용하는 것은 브랜드 및 이와 관련된 정보를 소리의 형태로 기억하는 데 도움을 주며, 그 결과 브랜드명 및 제품정보에 대한 기억을 높인다. 예를 들어, 에쓰 오일의 징글(CM송), 코카콜라의 'Coke Is It'이라는 슬로건, 해태 부라보콘의 '12시에 만나요 부라보콘'이란 로고송은 각 브랜드의 인지도를 높이는 데 큰 공헌을 하였다.

브랜드명을 소리로 기억시키기 위해 사용되는 방법으로 기억증대기법이라는 것이 있다. 이는 단어의 리듬을 이용하는 단순한 기법을 통해 기억을 증대시키는 것이다. 많은 기업들이 자사브랜드를 소비자에게 쉽게 기억시키기 위해 광고에서 의미 없는 어구를 브랜드명과 반복적으로 연결시키는 방법을 사용한다. 가령, 광고에서 연고제 브랜드 후시딘이 "상처엔 후~ 후시딘", 잇몸약인 이가탄이 "잇몸 건강, 이가 튼튼", 위장약인 알마겐이 "알 만한 사람은 다 알잖아요" 등과 같이 광고문구를 브랜드와 연결시키거나 종합감기약 화이투벤의 광고에서 아내가 엘리베이터를 타고 출근하려는 남편을 세우고 "화-이-투-벤"이라고 크게 외치는 것 등이 모두 기억증대기법의 예들이다.

넷째, 구매시점에 자사브랜드에 대한 기억을 쉽게 떠올릴 수 있는 암시 또는 단서(cue)를 제공한다. 다른 사람이 나에게 질문을 했을 때 분명히 알고 있다고 생각했던 내용이 기억되지 않아 안타까워한 경험을 했을 것이다. 이러다가 질문한 사람이 약간의 힌트를 주었을 때 잊어버렸다고 생각했던 내용이 갑자기 떠오르는 경우가 흔히 있다. 그러므로 구매시점에 제공되는 자사브랜드와 관련된 암시 또는 단서는 소비자의 기억 속에 저장되었던 브랜드명과 제품정보를 쉽게 떠올릴 수 있는 유용한 수단이 된다. 가령, TV광고나 잡지광고에 이용했던 광고문구나 슬로건을 점포 내에 크게 부착하거나 자사제품의 패키지에다 광고에 등장했던 모델의 사진을 인쇄하는 방법으로 브랜

| 기억증대기법의 예: 연고제 브랜드 후시딘은 단어의 리듬을 이용한 광고로 브랜드명에 대한 기억을 증대시키려고 한다.

| 구매시점에 제공되는 자사브랜드와 관련된 단서는 소비자 기억 속에 저장되었던 브랜드명과 제품정보를 쉽게 떠올릴 수 있는 유용한 수단이 된다.

드암시를 제공한다면 자사브랜드에 대한 기억이 보다 쉽게 이루어질 수 있을 것이다. 남양유업의 프렌치카페 커피믹스의 제품패키지에 광고모델인 배우 김태희의 사진을, 그리고 동서식품의 맥심 화이트 골드의 제품패키지에 광고모델인 피겨여왕 김연아 사진을 담은 경우가 그 한 예이다.

(2) 브랜드연상(브랜드이미지) 관리

여러분들에게 코카콜라는 무엇을 의미하는가? 하이트맥주, 클라우드맥주, 그리고 카스맥주는? 신세계백화점과 롯데백화점은? 그랜저와 마티즈는?

여러분들은 각 브랜드들로부터 여러 가지 연상을 떠올릴 것이다. **브랜드연상**(brand association)이란 브랜드와 관련하여 기억으로부터 떠오르는 모든 것을 말한다. 가령, KFC라는 브랜드를 들으면, Colonel Sanders 할아버지, 치킨너겟(Nugget), 버팔로 윙, 친절하고도 신속한 서비스, 아동소비자, 즐거움, 생일파티 등이 연상될 것이다. 소비자들은 특정브랜드에 대한 사용경험이 많을수록 그리고 그 브랜드에 대한 광고에 많이 노출될수록 보다 강한 브랜드연상이 형성되며 각 연상들 간의 연결관계도 더욱 강해질 것이다. 브랜드이미지는 브랜드연상과 밀접한 관련이 있는 개념이다. **브랜드이미지**(brand image)는 소비자가 그 브랜드에 대해 갖는 전체적인 인상을 말하는데, 이는 브랜드와 관련된 여러 연상이 결합되어 형성된다.

이하에서는 바람직한 브랜드연상이 갖추어야 할 특성과 소비자의 마음속에 심을 수 있는 가능한 브랜드연상들에는 어떤 것이 있는지를 설명하기로 한다.

① 바람직한 브랜드연상이 갖추어야 할 특성

강력한 브랜드자산은 소비자의 마음속에 호의적이고(favorable), 강력하면서(strong), 독특한(unique) 연상(이미지)들을 심을 때 형성된다고 설명하였다. 이하에서는 강력한 브랜드자산이 갖추어야 할 바람직한 브랜드연상의 특징인 호의적인 연상, 강력한 연상, 그리고 독특한 연상에 대해 자세히 설명하기로 한다.

가. 소비자들은 브랜드와 관련된 연상들에 대해 호의적으로 생각해야 한다(favorable association).

예를 들어, 경차 브랜드 모닝 하면 싼 연료비, 저렴한 유지비, 주차의 용이성, 낮은 보험료, 튼튼한 차, 좁은 내부공간 등이 연상된다고 하자. 이때 어떤 연상들(가령, 싼 연료비, 저렴한 유지비, 주차의 용이성 등)은 모닝에 호의적이지만 다른 연상들(가령, 좁은 내부공간)은 부정적이다. 만일 부정적인 연상의 수보다는 호의적인 연상의 수가 훨씬 많기 때문에 소비자들이 모닝에 대해 호의적인 감정을 가진다면, 이는 모닝의 브랜드자산형성에 유리하게 작용할 것이다.

나. 소비자의 마음속에 강력한 브랜드연상(strong association)**이 형성되어야 한다.**

강력한 브랜드연상이 형성된다는 것은 고객이 어떤 브랜드에 접했을 때 그 브랜드와 관련된(유리한) 연상들이 즉각적으로 떠오른다는 것을 의미한다. 특정브랜드와 관련된 연상들은 소비자의 기억 속에 그물처럼 연결되어 있어, 하나의 연상이 활성화(activation)되면(떠오르면) 그와 연결된 다른 연상들이 연속적으로 떠오른다. 예를 들어, 다시다 하면 천연조미료가 떠오르며, 이는 다시 고향의 맛, TV탤런트 김혜자로 자연스럽게 연결된다. 이와 같이 특정브랜드를 중심으로 이와 관련된 연상들이 강하게 연결되어 있을수록, 그 브랜드의 자산적 가치(또는 파워)가 커질 것이다.

다. 소비자의 마음속에 독특한 브랜드연상(unique association)**이 형성되어야 한다.**

아무리 소비자의 마음속에 호의적이고 강력한 연상들이 형성되어 있다고 하더라도 이러한 브랜드연상들이 경쟁브랜드와 차별화되지 않는다면 브랜드자산의 형성에 도움이 되지 않을 것이다. 예를 들어, 고객들이 쏘나타의 '차의 외부디자인'에 대해 호의적이고 강한 연상을 갖고 있지만 경쟁브랜드인 SM5에 대해서도 동일한 연상을 갖는다면, 이는 쏘나타의 브랜드자산형성에 기여를 하지 못하게 될 것이다.

② 브랜드연상의 유형

하나의 브랜드는 우리에게 많은 것을 연상시킨다. 당신의 기억 속에서 떠오르는 이러한 연상들은 색깔, 맛, 향기, 패키지디자인과 같이 제품의 물리적 특성에 관한 것일 수도 있고, 야성적, 판타지, 부드러움 등과 같은 브랜드와 관련된 심리적 특성일 수도 있으며, 제품광고에 등장했던 모델, 제품을 사용하는 상황, 그 브랜드를 애용하는 특정고객들과 같이 물리적 제품속성과 직접 관련이 없는 것일 수도 있다.

기업이 바람직한 브랜드이미지의 형성에 활용할 수 있는 브랜드연상의 종류는 수없이 많지만, 크게 제품속성과 관련된 브랜드연상, 제품속성과 직접 관련이 없는 브랜드연상, 그리고 기업(또는 조직특성)과 관련된 브랜드연상으로 나눌 수 있다. 제품속성과 직접적인 관련이 있는 연상에는 제품범주, 물리적 제품속성, 지각된 품질 등을 먼저 떠올리는 경우가 포함된다. 한편 특정브랜드를 보았을 때 제품속성과 직접 관련이 없는 연상들이 떠오를 수 있는데, 이에는 브랜드퍼스낼리티, 사용자, 제품용도, 원산지 등을 떠올리는 경우가 포함된다. 또 다른 유형의 브랜드연상은 기업특성에 관련된 연상인데, 소비자가 자사브랜드를 보았을 때 기업특성(가령, LG전자의 신뢰성)을 떠올리는 경우이다.

이하에서는 각 브랜드연상의 유형에 대해 보다 자세히 설명하기로 한다.

가. 제품속성과 직접 관련된 연상

㉮ 제품범주에 대한 연상

아이스크림 하면 하겐다즈가, 조미료 하면 다시다, 신용카드 하면 비자가 바로 떠오르며, 이는 각 브랜드의 파워구축에 강력한 기반이 되고 있다. 유아용 제품범주를 자사브랜드와 연결시켜 성공을 거둔 한 예로 노르웨이의 유아용품 브랜드 스토케를 들 수 있다. 스토케(Stokke)는 어린이와 함께 자라는 유아용 가구라는 브랜드이미지로 세계적인 유아용품 브랜드로 자리잡았다. 스토케는 '어린이를 최우선으로 생각하는(In the best interest of the child)' 기업이라는 비전을 기반으로 세계적인 유아용품 업체로 성장했다. '유모차 업계의 벤츠'로 불리는 익스플로리(Xplory), 어린이의 성장단계에 따라 높이와 다리받침이 조절되는 유아용 의자 트립트랩(Tripp Trapp) 등은 스토케가 개발한 대표적인 유아용 제품브랜드의 예이다. 이와 같이 기업이 자사브랜드를 제품범주와 강하게 연관시킬 수 있다면, 이는 브랜드자산의 형성에 긍정적인 영향을 미칠 것이다.

특정브랜드와 제품범주 간에 강한 연결관계가 형성된다는 것은 소비자에게 제품범주가 주어질 때 그 브랜드가 즉각적으로 회상됨을 의미한다. 면도기에서 질레트(Gillette), 화장지에서 크리넥스(Kleenex), 1회용 반창고에서 대일밴드, 진통제에서 타이레놀 등과 같은 시장선도브랜드들은 제품범주와 브랜드 간의 연결고리가 워낙 강하여 각 제품범주에서 그 브랜드만이 유일하게 회상된다. 일반적으로 제품범주와 특정브랜드가 매우 강하게 연결되어 있다면, 이는 다른 경쟁브랜드들에 대한 기억을 방해할 것이다. 가령, 조미료와 다시다 간의 연결관계가 매우 강하기 때문에 다른 브랜드명의 기억을 방해하는 것이 그 예이다. 만약 여러 경쟁브랜드들이 같은 광고시간에 함께 방영되면 제품범주와의 연결강도가 매우 강한 브랜드(가령, 조미료 제품에서 다시다)의 광고가 다른 경쟁브랜드광고에 대한 기억을 방해할 가능성이 매우 높으며, 극단적으로 소비자들은 다른 브랜드광고

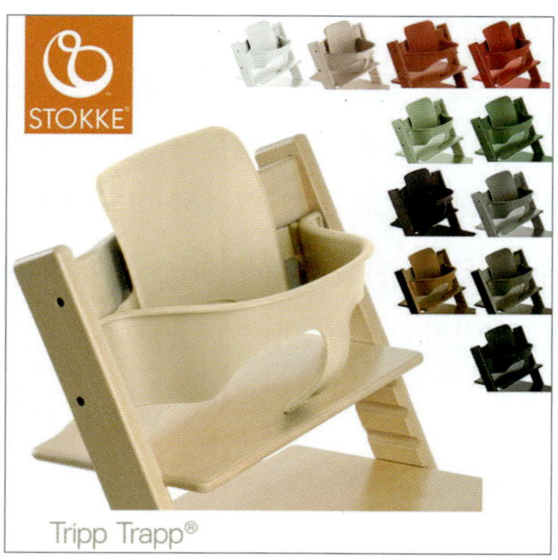

| 유아용품이라는 제품범주와의 강력한 연상관계를 구축한 스토케 유모차

들을 제품범주와 강하게 연계된 선도브랜드의 광고인 것으로 잘못 기억할 수도 있는 것이다.

㈏ **제품속성**(Physical Product Attributes)**에 대한 연상**

기업이 브랜드아이덴티티 형성에서 가장 흔히 사용하는 브랜드연상은 자사브랜드를 제품속성과 연계시키는 것이다. 제품속성이란 소비자가 바라는 제품기능을 수행하는 데 필요한 제품의 구성요소들이다. 예를 들어, 많은 국내 치약브랜드들이 각기 다른 제품속성을 소비자의 마음속에 심고자 노력하고 있다. 페리오치약은 고객들에게 충치예방을 강하게 연상시키며, 죽염치약은 잇몸강화에 도움이 되는, 그리고 클로즈업치약은 입냄새 제거에 좋은 치약으로 소비자의 기억 속에 자리잡고 있다.

제품속성에 대한 연상을 토대로 한 포지셔닝전략이 성공하기 위해서는 중요한 속성이면서 경쟁브랜드들에 의해 무시되었거나 소홀히 되었던 제품속성을 발견하는 것이 특히 중요하다. 많은 기업들은 매우 비싼 매체광고비용으로부터 최대한의 광고효과를 거두기 위해 주어진 지면이나 시간 내에 가능한 많은 제품정보를 제공하려는 유혹을 받는다. 그러나 일반적으로 비내구 생활용품을 구매하는 소비자들은 광고에서 많은 제품정보가 제공되더라도 이를 적극적으로 처리하려는 의사가 별로 없다. 그러므로 많은 제품속성들을 포함한 제품광고에 노출된 소비자는 이들에 대해 전혀 주의를 기울이지 않으며, 주의를 기울인다 하더라도 브랜드이미지 형성에 혼란을 느낄 것이다. 따라서 기업은 한두 가지 중요한 제품속성에서 자사브랜드가 경쟁브랜드들보다 우수하다는 것이 연상되도록 마케팅노력을 기울일 필요가 있다.

그러나 기업들은 반드시 구체적인 제품속성만을 강조하는 포지셔닝전략을 채택할 필요는 없다. 여러 제품범주들에 거쳐 많은 브랜드를 생산·판매하는 국내 대기업들의 경우에는 구체적 속성보

| 소비자들에게 천연성분의 제품임을 강하게 부각시킨 풀무원

다는 일반적이면서 추상적인 제품속성들과의 연상을 개발하는 것이 보다 효과적인 방법일 수 있다. 가령, 여러 식품들을 생산하는 풀무원은 소비자들에게 자연주의를 강하게 부각시키고 있다. 즉 풀무원에서 생산되는 모든 식품들은 인공 화학성분이 첨가되지 않은 천연의 제품인 것으로 강하게 연상되도록 하고 있는 것이다.

㉰ 품질/가격과 관련된 연상

사람들은 하겐다즈를 프리미엄 아이스크림으로 생각하며, 풀무원 생두부를 시장에서 판매되는 일반두부보다 고품질인 것으로 연상하며, 실제 가격도 경쟁브랜드들보다 상대적으로 비싸다. 소비자들이 자사브랜드에 대하여 지각하고 있는 품질은 브랜드연상에 있어서 가장 중요한 차원의 하나이다. **지각된 품질**(perceived quality)이란 고객들이 자사브랜드의 전반적인 성능에 대해 갖고 있는 생각이다. 소비자들은 Honda자동차가 중국 지리자동차보다, 그리고 Guess 청바지가 지오다노 청바지보다 품질이 더 우수하다고 생각한다. 사람들은 신라호텔의 서비스 질이 다른 특급호텔보다 훨씬 낫다고 믿는다. 이와 같이 특정브랜드에 대한 지각된 품질은 제품성능, 신뢰성 등의 제품속성에 대한 고객들의 기대를 포함할 뿐 아니라 그 브랜드에 대한 전반적인 감정까지도 포함하고 있다. 소비자들이 자사브랜드에 대하여 지각하고 있는 품질이 중요한 이유는 고객과 기업의 측면에서 설명될 수 있다. 먼저 품질에 대한 연상은 고객들의 브랜드충성도를 유지하는 데 결정적인 역할을 한다. 높은 품질을 가진 것으로 생각되는 브랜드는 소비자가 그 브랜드를 계속 구매하는 데 있어 중요한 이유가 된다. 소비자들은 한 제품범주 내의 경쟁브랜드들을 품질이 우수한 제품과 그렇지 않은 제품으로 나누며, 나아가 같은 가격대의 브랜드들에 대해서도 상대적 품질에 따라 이들을 분류하는 경향이 있다. 고객들은 이들 중 보다 우수한 품질의 브랜드를 선호하며 경쟁브랜드들의 설득적인 마케팅노력에도 불구하고 그 브랜드를 반복구매한다.

한편 지각된 품질은 기업에게 많은 이점을 제공한다. 첫째, 높은 품질의 제품으로 지각된 브랜드는 고객들의 자사브랜드에 대한 애호도로 인해 높은 제품가격을 부과할 수 있다. 둘째, 높은 품질의 제품은 수익성을 높이는 데 긍정적인 영향을 미친다. 일반적으로 상대적 품질이 높을수록 투자수익률이 증가한다고 한다. 좋은 품질의 제품으로 지각된 브랜드는 경쟁브랜드들보다 상대적으로 높은 가격을 부과할 수 있을 뿐 아니라 마케팅비용과 생산비에 대한 지출이 상대적으로 적어지기 때문에 수익률이 훨씬 높은 것이다.

자사브랜드를 제품품질과 연관시키고자 할 때 함께 고려해야 할 요인이 바로 제품가격이다. 일반적으로 소비자는 제품의 품질을 판단할 만큼 충분한 정보를 갖고 있지 못할 때 가격을 품질의 지표로 사용하는 경향이 있다. 즉 가격이 높을수록 품질이 더 좋은 것으로 생각하는 것이다. 기업은 품질과 관련된 브랜드연상을 개발할 때 최고급, 고급, 경제적인 제품 중 어느 것을 자사브랜드의 포지션으로 할 것인지를 결정함과 함께 선택된 품질수준에 맞는 제품가격도 고려해야 한다.

고급제품으로 포지션된 브랜드에 대해 반드시 고가격을 책정할 필요는 없다. 고품질의 제품을 고가격으로 책정할 것인가 또는 상대적으로 낮은 가격으로 정할 것인가의 문제는 마케팅목표에 따라 달라진다. 높은 점유율의 실현이 목표인 기업은 고품질의 제품에 대해 경쟁브랜드들보다 저렴한 가격을 부과할 것이며, 고수익성이 마케팅목표인 기업은 고품질-고가격의 브랜드연상을 추구할 것이다. 현대카드의 더블랙(the Black)카드는 최상위 소비자 계층을 대상으로 고품격 서비스를 제공하는 프리미엄 브랜드로 포지션시켰다. 출시 초기 더블랙(the Black)카드는 0.05%의 최상위 VVIP 고객층을 타깃으로 했다. 연회비 100만 원, 월 한도 1억 원의 더블랙카드를 발급받을 회원의 수를 제한하기 위해 당초 9,999명에게만 가입기회를 부여한다는 방침을 세웠고, 철저한 자격기준에 의해 예비고객을 선정해 초청한 후, 매주 개최되는 '더블랙위원회(the Black Committee)'의 최종 승인절차를 걸쳐 카드를 발급했다.

| 고품질 브랜드연상을 기반으로 브랜드파워를 구축하는 데 성공한 더블랙카드

지금까지 브랜드연상의 구성요소들 중 제품속성과 직접 관련된 연상들인 제품범주에 대한 연상, 물리적 제품속성에 대한 연상, 그리고 지각된 품질에 대한 연상에 대해 설명하였다. 제품속성과 관련된 연상을 토대로 한 브랜드자산의 구축은 실행하기가 쉽다는 장점이 있지만 다음과 같은 문제점들을 수반한다.

첫째, 제품속성과 관련된 연상은 경쟁브랜드들에 의해 쉽게 모방될 수 있다. 한 브랜드가 핵심적인 제품속성에서의 우수한 성능으로 시장에서 성공하더라도, 경쟁브랜드들이 그 속성에서 동일하거나 보다 우수한 신제품을 출시한다면 차별적 우위를 계속 유지하기 어려울 것이다. 예를 들어, 롯데에서 핀란드산 자일리톨 성분으로 만들어진 자일리톨 껌을 출시하여 큰 성공을 거두자, 즉각적으로 해태와 오리온에서 자일리톨 성분이 첨가된 경쟁제품을 개발하였다.

둘째, 제품속성과의 강한 연상이 비록 경쟁우위의 원천이 되지만, 이로부터 형성된 브랜드자산(파워)은 특정 제품범주에만 국한되기 쉽다. (주)대상은 미원이라는 브랜드가 화학조미료라는 제품속성과 너무 강하게 연결되어 있음으로 인해, 다른 가공식품, 건강식품, 음료 등으로 「미원」 브랜드의 확장이 어려움을 인식하였다. 이에 따라 (주)대상은 장류, 액체양념, 식초 등 일반식품군에 대해서는 신선한 맛을 상징하는 「청정원」을 부착하고, 냉동식품류에 대해서는 「쿡 앤 조이」를 사용하는 브랜드전략을 도입하였다.

셋째, 제품속성과의 연상은 주로 **기능적 편익**(functional benefit)만을 제공하는 것으로 인식되기 쉽기 때문에 시장상황이 변했을 때 전략적으로 이에 적절히 대응하기가 어렵다.

나. 제품속성과 관련이 없는 연상

일반적으로 브랜드아이덴티티의 구축과정에서 기업은 너무 제품속성에 대한 연상을 강조하는 경향이 있다. 기업은 보다 강한 브랜드아이덴티티의 개발을 위해 제품속성 이외의 다른 차원들을 폭넓게 활용할 필요가 있다.

제품속성과 직접적인 관련이 없지만 브랜드아이덴티티 구축에 유용한 차원들로는 브랜드퍼스낼리티, 사용자, 용도(usage situation), 원산지 등이 있다.

㉮ 브랜드퍼스낼리티(Brand Personality)에 대한 연상

Harley-Davidson오토바이 하면 남성적이면서 기존관습을 타파하고 자유를 추구하는 사람의 이미지가 연상된다. 이처럼 브랜드들은 독특한 개성과 라이프스타일을 가진 것으로 연상되기도 한다. **브랜드퍼스낼리티**(brand personality)란 한 브랜드를 인간으로 표현하였을 때 그 브랜드와 관련된 인간적인 특성들로 정의될 수 있다. 브랜드퍼스낼리티에는 성별, 연령, 사회계층, 그리고 개인의 성격 등 인간과 관련된 특성변수들은 모두 포함된다. 예를 들어, 코카콜라는 전통을 중시하고 신중하며 활동적인 사람들의 음료인 반면에 펩시콜라는 관습을 거부하고 독립심이 강하며 최신 유행어를 즐겨 사용하는 젊은 세대에 어울리는 음료로 자리잡고 있다.

브랜드퍼스낼리티는 두 가지 측면에서 브랜드관리자에게 중요하다.

첫째, 브랜드퍼스낼리티는 브랜드와 고객 간의 인간적 관계, 그리고 브랜드에 대한 느낌과 태도를 깊이 이해할 수 있게 하므로, 광고, 패키징, 촉진 등의 마케팅의사결정에 유용한 지침을 제공한다. 항공시장진출 초기에 대고객서비스를 통해 차별적 우위를 추구하고자 했던 아시아나항공은 '미소가 아름다운 그녀, 그녀의 이름은 아시아나'라는 광고캠페인을 통해 친절하고 상냥한 이미지를 강하게 연상시킴으로써 브랜드퍼스낼리티를 토대로 브랜드파워를 구축하고자 하였다.

둘째, 브랜드퍼스낼리티는 소비자들이 브랜드를 통하여 자신의 개성(또는 자아개념)을 표현할 수 있는 유용한 수단이 되므로 브랜드자산의 창출에 중요한 역할을 한다. 심리학에서 많이 사용되는 **자아개념**(self-concept)이라는 용어가 있다. 자아개념은 자기자신을 하나의 (관찰)대상으로 놓았을 때 자신에 대한 생각과 감정의 총합으로 정의되며, 자아이미지(self-image)라는 용어로도 사용된다. 자아개념이 브랜드퍼스낼리티 개발 및 브랜드자산 구축에 중요한 이유는 두 가지로 요약된다. 첫째, 소비자는 수많은 제품정보 중에서 자신의 자아개념(이미지)과 일치하는 정보를 더 잘 기억하는 경향이 있다. 예를 들어, 사람들에게 내성적인-외향적인, 남성적인-여성적인, 따뜻한-냉정한, 세련된-촌스러운, 강인한-나약한 등의 인간의 특성을 묘사하는 단어를 보여준 후 외워 보라고

MARKETING
FOCUS

성장성과 스타성이 있는 스포츠 스타 후원을 기반으로 언더독 브랜드이미지를 구축한 언더독 스포츠브랜드 언더아머(Under Armour)

케빈 플랭크(Kevin Plank)가 창업한 미국 스포츠 브랜드 언더아머는 설립 20년 만인 2014년 아디다스를 제치고 세계 최대 스포츠용품 시장인 미국에서 2위 규모로 성장했다. 기능성 중심의 의류와 운동화가 인기를 끌면서 언더아머는 설립 후 매년 20~30%씩 성장했다.

언더아머의 창업자 겸 최고경영자(CEO)인 케빈 플랭크는 대학 미식축구 선수 시절 땀에 젖어 무거웠던 언더셔츠를 떠올리며 땀이 빨리 마르는 기능성 제품을 만들었다.

"할머니 집에서 사업을 시작했다. 반응이 좋아 주문이 늘자 문제가 발생했다. 당시 배송업체인 UPS에 배송을 맡겼는데 주문량이 많아 배송 마감시간인 오후 5시 30분을 맞추기가 어려웠다. 그래서 오후 6시에 마감하는 우체국을 찾았다. 그마저도 어려워지자 밤 8시까지 영업하는 페덱스를 찾았고 나중엔 결국 오후 9시반까지 공항에 직접 운전해 갔다. 그다음엔 공항에 가는 더 빠른 길을 찾았다. 좀 더 효과적인 방안을 찾으면서 늘 '백업 플랜'을 세우는 게 버릇이 됐고 지금은 기업문화로 자리 잡았다. 창업은 두려움이 없어야 한다. '실패하면 어쩌지?' 하는 마음은 창업정신이 아니다. 배송 비행기를 놓쳤다면 직접 운전해 일일이 배송했을 거다. 백업 플랜, 그게 우리가 짧은 시간에 성장한 비결이다"고 케빈 플랭크는 말한다.

언더아머는 언더독(underdog) 마케팅 전략을 기반으로 브랜드자산을 구축했다. 해당 분야 1위 스타 플레이어를 광고모델로 쓰는 나이키와 달리 언더아머는 성공가능성이 있는 선수와 계약해 지원하는 언더독 마케팅전략을 추구하고 있다. 언더아머는 스포츠 업계에서 주목을 받지 못한 언더독 스타들의 후원을 통해 젊은 층에게 신선한 브랜드로 다가간 것은 물론 단숨에 세계 최대 스포츠용품 시장인 미국을 석권했다.

나이키가 계약을 해지한 직후 미국 프로농구(NBA)의 스테픈 커리(28 · 골든 스테이트 워리어스)와 2012년 스폰서 계약을 체결한 것이 대표적이다. 2017년 스테판 커리(29 · 골든스테이트 워리어스)가 미국프로농구(NBA) 역대 최고수준의 연봉으로 계약했다는 소식이 전해지면서 농구팬들 사이에서 큰 화제가 되었다. 2017년 커리는 골든스테이트 워리어스와 5년간 시즌 2억100만 달러(약 2,300억 원)의 연장계약에 합의하면서 농구의 황제 마이클 조던과 '킹' 르브론 제임스의 연봉수준을 넘어섰다. 스테판 커리는 처음부터 최고액 연봉 선수는 아니었다. 2013년 커리는 그의 성장가능성과 스타성을 높이 평가한 언더아머와 후원계약을 맺게 된다. 계약 전 시즌에서 경기당 14.7득점을 기록했던 커리는 언더아머와 계약한 직후 22.9득점을 올렸다. 그리고 끊임없는 훈련을 거듭한 끝에 2015-16시즌에는 NBA 역사상 단 한 명밖에 없는 만장일치 MVP로, 2016-17시즌에는 팀 우승을 이끌며 NBA 역사상 최고 연봉을 받는 선수가 됐다. 그가 보인 불굴의 의지는 스포츠 업계의 후발주자였던 언더아머가 추구했던 스포츠정신과 일치했고, 커리가 형성한 도전적 스타이미지는 언더아머의 브랜드이미지 구축에 크게 공헌했다.

미국 메이저리그에서 최고의 투수로 인기를 구가하며, 커리에 이은 미국 프로스포츠 업계 최고 연봉자 2위에 오른 클레이튼 커쇼 역시 언더아머의 파트너다. 언더아머는 클레이튼 커쇼가 메이저 리그에 데뷔한 2008년부터 그

| NBA 최고 연봉을 자랑하는 스테판 커리와의 후원 계약을 통해 언더독 브랜드이미지를 구축하는 데 성공한 언더아머

를 후원했다. 고졸 출신으로 마이너 리그를 거쳐온 커쇼는 2010년이 지나 명실상부 '세계 최고의 투수'라는 찬사를 얻었으며, 언더아머도 커쇼와 함께 성장을 거듭했다.

언더아머는 튼튼함이라는 핵심 브랜드연상 이외에 다양한 긍정적 브랜드연상들을 추가해 브랜드자산을 강화하려고 한다. 언더아머 하면 바로 연상되는 '근육맨' 이미지가 한국 등 아시아국가의 소비자 기호엔 부담스럽다는 지적이 있다. 오히려 이재용 삼성전자 부회장이 입은 슬림한 언더아머 티셔츠가 '이재용 셔츠'로 화제가 되기도 했다. 이에 따라 언더아머는 다양한 연상이미지를 브랜드에 추가로 심으려고 한다. "멜로디가 반복되면 음악이 지겨워진다. 우리 역시 소비자에게 따분한 브랜드가 될까 두렵다. 한국 소비자들에게 한 가지 주력 연상이미지(근육맨) 이외에 다양한 연상이미지를 선보일려고 한다. 마네킹도 슬림핏으로 변경한다. 언더아머는 전문가용, 기능성 제품 외에도 스포츠&라이프 스타일, 패션 이렇게 네 가지로 제품군을 분류한다. 나이키나 아디다스의 경우 스포츠&라이프스타일 비중이 30~45% 정도다. 언더아머는 5%로 이 부문의 잠재력도 크다. 제품에 혁신을 추가하는 건 신뢰 때문이다. 신뢰는 한 방울씩 쌓이지만 양동이째로 잃을 수 있다는 점을 알고 있다"고 그는 말한다

언더아머는 나이키를 이겨 업계 1위가 되는 것을 목표로 삼는다. "스포츠 브랜드 1위가 우리 목표이다. 우린 젊은 브랜드고 구성원도 젊다. 이기고자 하는 의지와 근성도 있으니 달성가능하다고 생각한다. 사업을 시작할 때 있던 수많은 브랜드를 다 물리치고 이제 글로벌 스포츠용품 시장에서 우리 위로 두 개의 브랜드만 남았다. 두 브랜드는 나이키와 아디다스이다. 영화 '쥬라기월드'에선 새로 태어난 하이브리드 공룡이 공원을 빠져나가기 위해 계속해서 공원 벽에 부딪친다. 약점을 찾아내기 위해서다. 우린 그 하이브리드 공룡이다. 시장과 경쟁자의 틈새를 계속 찾고 있다"고 케빈 플랭크는 말한다.

| 미국 메이저리그 최고의 투수 클레이튼 커쇼를 후원하는 언더아머

언더아머는 전통적인 스포츠 분야에 국한하지 않고 비즈니스 영토를 확장하고 있다. 개인 맞춤형 건강 모니터링 애플리케이션(앱) '헬스박스'를 선보이면서 사물인터넷(IoT) 시대의 브랜드 역할을 모색하고 있는 것이 그 한 예이다.

그러나 코로나 19 사태 이후 언더아머는 온라인 판매 등으로 매출에서 타격을 입음에 따라 디지털화 등 새로운 마케팅 혁신을 시도하고 있다.

| 언더아머 농구화 '커리2'의 인기는 나이키의 에어조던을 능가한다.

자료원: 조선경제, 2017.7.7; 중앙일보, 2016.12.10; 조선비즈, 2023.2.17.

하면, 대부분의 사람들이 자신의 자아개념(또는 이미지)에 맞는 단어를 보다 잘 기억한다. 마찬가지로 소비자들은 자신의 자아개념(이미지)과 일치되는 브랜드퍼스낼리티를 가진 브랜드를 더 잘 기억할 것이다. 둘째, 소비자는 자신의 자아개념(또는 퍼스낼리티)과 일치한다고 생각되는 브랜드를 다른 브랜드들보다 더 선호할 것이다. 예를 들어, 자신을 보수적이라고 생각하는 소비자가 신세계백화점을 보수적인 느낌의 백화점으로 지각한다면, 그 소비자는 다른 백화점들보다 신세계를 더 선호할 것이다. 이와 같이 자신과 비슷한 퍼스낼리티(이미지)의 브랜드에 대한 강한 호의적인 태도는 브랜드자산 구축에 긍정적인 영향을 미친다.

㉯ 사용자에 관한 연상

또 다른 브랜드연상 구축방안의 하나는 브랜드를 제품사용자와 연계시키는 것이다. 예를 들어, Nike 하면 최고의 프로골프 선수인 타이거 우즈가, 그리고 파크랜드 하면 인기 탤런트 조인성이, 그리고 아이오페 하면 고소영이 떠오른다. 기업이 자사브랜드의 이미지와 잘 부합되는 특성의 제품사용자를 효과적으로 활용한다면, 제품사용자에 관한 연상은 브랜드자산 구축에 도움을 줄 수 있다. 김연아 선수가 2010년 밴쿠버 동계올림픽 피겨 스케이팅에서 획득한 금메달의 가치는 수천억~수조 원에 이른다고 전문가들은 추산한다. 김연아의 금메달 획득으로 그를 광고모델로 삼은 기업들(가령, 삼성전자 에어컨, LG생활건강의 화장품 브랜드 라끄베르, 매일유업, 나이키 등)은 제품판매 증가와 브랜드가치 상승 등의 긍정적인 마케팅효과를 거두었다.

고객들이 특정브랜드와 관련하여 떠올리는 제품사용자의 유형은 일반소비자일 수도 있고 유명인일 수도 있다. 문제는 표적고객들이 자사브랜드의 모델로 이용된 제품사용자를 신뢰성이 높은 것으로 인식해야만, 브랜드자산(파워)형성에 긍정적인 영향을 미칠 것이다.

어떤 제품사용자를 자사브랜드의 모델로 이용해야 소비자들이 그들을 신뢰성이 있는 것으로 생각할까? 일반적으로 소비자들은 자사브랜드의 모델로 이용된 제품사용자가 일반인이든 유명인이든 상관없이 전문적 지식(expertise)을 갖추고 있는 것으로 생각하거나, 호감(likability)을 주며, 자신들과 유사하여 친숙함을 느낄 때, 신뢰성이 높은 것으로 받아들인다. 일반소비자를 광고모델로 활용하여 성공한 경우가 Miller의 High Life맥주이다. Miller의 High Life맥주는 상류층이나 여성이 마시는 맥주로 인식되었으나, 1970년대 초 Philip Morris사가 Miller맥주회사를 인수한 후 맥주의 대량소비층인 노동자계층과 젊은층에 적절한 맥주로 브랜드이미지를 변신시킴으로써 제2위의 시장점유율을 획득하였다. 그러나 보다 많은 브랜드들이 유명인을 활용하는 광고를 더 많이 사용하고 있다. 소비자들이 제품광고에 등장하는 유명인이 광고제품에 대한 지식이 있고 그가 제시하는 메시지가 수긍할 만하다고 생각한다면, 유명인 광고모델은 브랜드인지도와 애호도를 높이고 나아가 브랜드파워구축에 상당한 기여를 할 것이다. 가령, 세계적인 프로골프 선수인 박인비를 골프채 광고에, 지휘자 정명훈을 오디오제품 광고에 활용하는 것은 브랜드연상의 강화에 도움을 줄 것이다.

그러나 소비자들의 인지도가 높은 브랜드를 특정제품 사용자유형(또는 유명인)과 너무 강하게 연계시키는 것은 그 브랜드를 다른 제품범주들로 확장하는 데 장애요소가 될 수 있다. 가령, 유명브랜드의 광고모델로 활용되었던 인기연예인의 스캔들은 구축된 브랜드자산에 부정적인 영향을 미칠 수 있는 것이다. 이에 따라 일부 기업들은 현재 활동 중인 유명인을 브랜드광고에 사용하는 것을 피한다.

㉰ 제품용도에 관련된 연상

어떤 기업들은 브랜드연상전략의 하나로 브랜드를 제품의 용도와 강하게 연관시킴으로써 강력한 브랜드자산의 구축에 성공하였다. 가령, 게토레이 하면 운동 후 갈증해소를 위해 마시는 음료로 연상되며, 컨디션 하면 직장인들이 접대 전에 마시는 음료가 자연스럽게 연상된다. 이와 같이 게토레이와 컨디션은 표적고객들에게 제품용도와 관련된 연상을 강하게 심어줌으로써 각 제품분야에서 선도브랜드가 되었다. 오리온 투유 초콜릿은 선물용으로 강하게 포지션하여 초콜릿시장에 성공적으로 침투하였다.

㉱ 원산지와 관련된 연상

제품의 종류에 따라 브랜드가 생산된 지역이나 국가를 연상시키는 것이 브랜드자산의 구축에 큰 도움을 줄 수 있다. 가령, 독일 하면 맥주와 고급자동차가 연상되며, 이탈리아 하면 패션의류와 가죽제품이, 프랑스 하면 향수와 패션제품이, 그리고 영국 하면 차와 도자기가 쉽게 연상된다.

대부분의 소비자들은 러시아 하면 보드카를 연상한다. 그러면 Samovar(사모바르), Smirnoff(스미르노프), Wolfschnidt(울프 슈미트)는 어느 나라의 보드카 브랜드일까? 이들은 마치 러시아에서 만들어진 것처럼 보이지만 사실은 미국산 보드카 브랜드들이다. 대부분의 미국산 보드카 브랜드들은 마치 러시아에서 만들어진 듯한 연상을 불러일으키는 상표명을 사용함으로써 소비자의 마음속에 정통보드카의 포지션을 구축하려는 것이다. 이와 유사하게 많은 국내 패션의류브랜드(가령, 꼼빠니아, 베스띠벨리)나 화장품브랜드(가령, 마몽드, 라네즈)가 이탈리아어나 프랑스어의 느낌이 나는 단어를 사용하고 있다. 이러한 브랜드에 접한 소비자들은 마치 이탈리아어나 프랑스에서 만들어졌거나 이들 국가의 유명브랜드와 기술제휴한 제품인 듯한 생각을 갖게 될 것이므로, 패션과 관련된 브랜드연상을 보다 용이하게 소비자 마음속에 심을 수 있다.

| 프랑스제품인 듯한 브랜드연상을 소비자 마음속에 심으려고 하는 라네즈

다. 기업과 관련된 브랜드연상

대부분의 기업들이 브랜드아이덴티티를 구축할 때 제품과 관련된 연상들에 토대를 두지만, 어떤 기업들은 기업문화, 기업구성원의 특성, 최고경영자의 가치관 등의 기업과 관련된 연상을 기반으로 하여 브랜드아이덴티티를 형성한다. 어미 새가 새끼에게 먹이를 먹여주고 있는 작은 새 둥지는 세계적인 종합식품회사 네슬레의 로고이다. 네슬레는 이 로고와 네슬레라는 기업명의 명예를 지키기 위해 온갖 노력을 기울이는데, 이들이 바로 기업이 추구하는 가치를 반영하기 때문이다.

| 네슬레는 기업과 관련된 연상을 기반으로 하여 브랜드아이덴티티를 형성한다.

기업과 관련된 브랜드연상은 기업브랜드전략(corporate brand strategy)을 채택한 기업들의 브랜드자산구축에 특히 중요한 역할을 한다. 예를 들어, 생산되는 여러 제품범주들에다 기업명을 부착하는 일본의 대기업이나 한국의 재벌기업들은 기업과 관련된 브랜드연상을 브랜드아이덴티티의 주요 구성요소로 간주하고 있다. 즉 구체적이고 명확한 이미지보다는 혁신성, 신뢰성이나 최고의 고객서비스와 같이 추상적인 기업이미지를 구축하여, 이를 여러 제품범주들에 공통적으로 적용하고 있는 것이다.

기업과 관련된 연상으로 많이 이용되는 것들에는 기업의 사회적 책임, 최고의 품질, 혁신성, 고객지향성, 일류기업 등이 있다. 가령 유한양행이 거느리고 있는 여러 브랜드들의 자산은 기업의 사회적 책임에 대한 긍정적인 연상에 토대를 두고 있다. 우리는 유한양행 하면, 설립자인 유일한 회장의 경영이념인 '기업이익의 사회적 환원'과 합자회사인 유한킴벌리가 1984년부터 수행해온 '우리강산 푸르게 푸르게' 캠페인을 떠올린다. 유한킴벌리는 기업이익의 사회적 환원의 일환으로 도입한 '우리강산 푸르게 푸르게' 캠페인을 실천하기 위해 크리넥스 티슈 매출액의 1%를 나무를 심고 가꾸는 데 사용하였으며, 자연을 지키기 위한 범국민적 운동을 벌였다. '우리강산 푸르게 푸르게' 캠페인을 통해 건강한 자연과 환경보호를 위해 솔선수범한다는 유한킴벌리의 호의적인 기업이미지는 크리넥스 티슈에 대한 고객들의 상표애호도와 브랜드자산을 구축하는 데 큰 기여를 하였다.

한편 기업특성과 관련된 연상이 강한 브랜드자산의 형성에 기여한 또 다른 예로 삼성의 '제일주의'를 들 수 있다. 삼성그룹 하면, '기업은 곧 사람이다'라는 인재제일주의 경영이념이 떠오른다. 이러한 경영이념은 진출한 각 제품영역에서 최고가 되기 위한 완전주의 및 목표제일주의의 기업문화의 형성에 밑거름이 되었다. 삼성의 제일주의는 최초로 시작한 사업들인 제당과 모직에서 제일제당과 제일모직이라는 브랜드(기업명)를 사용한 것에서 잘 나타나고 있다. 고객들은 신제품을 구입할 때 가능하면 좋은 명성을 얻고 있는 성공한 기업의 제품을 구매하고자 한다. 일류를 추구하는 삼성의 기업이미지는 삼성이라는 기업명이 부착된 각 브랜드의 자산(파워)형성에 큰 기여를 할 것이다. 왜냐하면 인재제일의 일류기업의 명성이 하루아침에 이루어진 것이 아니고 오랜 기간 동안 좋은 제품들을 계속 생산한 결과 형성된 것으로 주의하기 때문이다. 고객들이 최고를 지향하는 삼성의 기업이미지에 호감을 갖는다면, 삼성에 대한 호감이 삼성의 브랜드를 달고 있는 모든 제품에게로 이전될 것이다. 그러므로 삼성의 경영이념과 기업문화에서 비롯되는 좋은 기업이미지는 삼성에서 생산되는 개별 브랜드의 자산구축에 큰 영향을 미치고 있다.

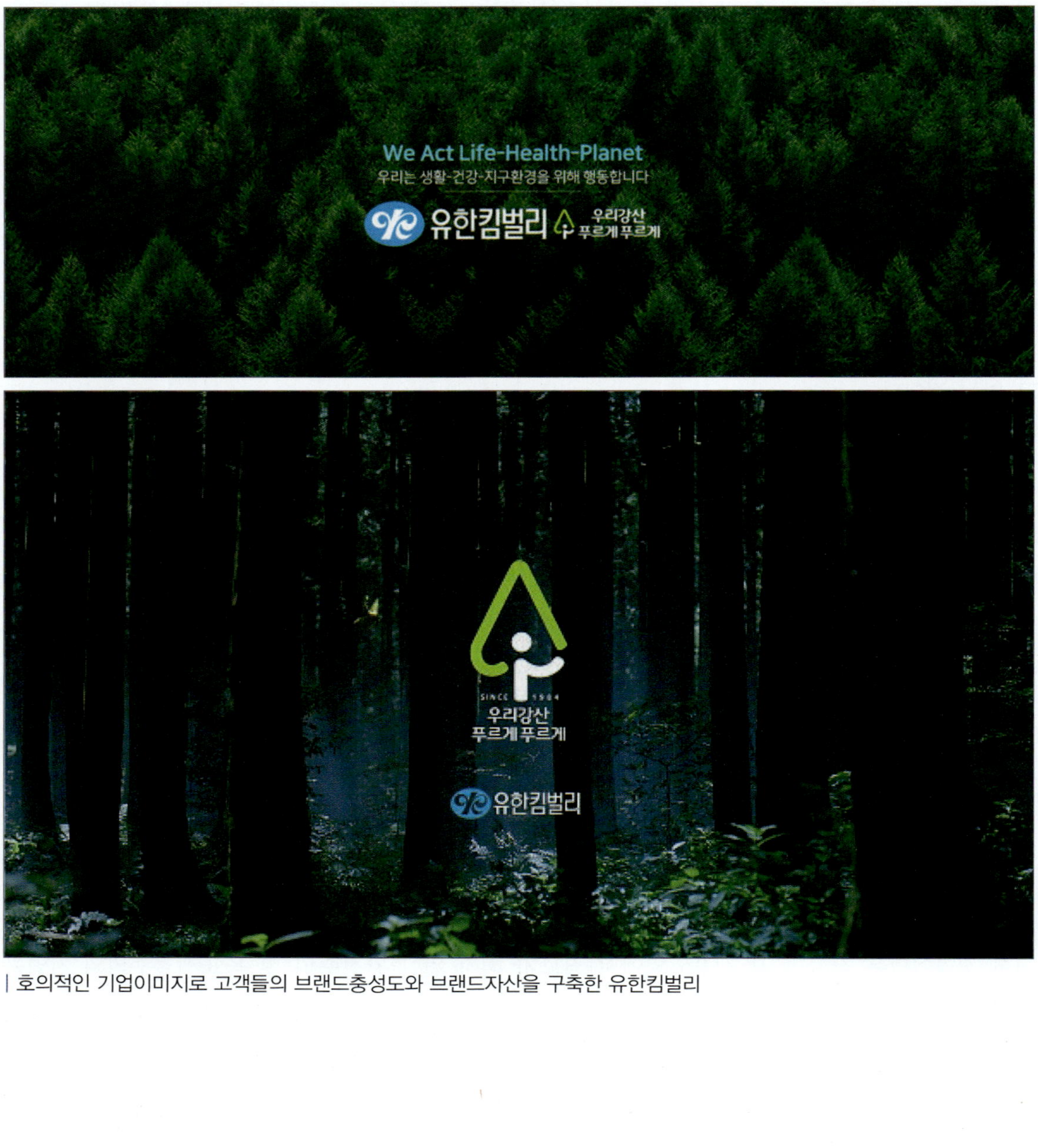

| 호의적인 기업이미지로 고객들의 브랜드충성도와 브랜드자산을 구축한 유한킴벌리

1.3 브랜드자산의 활용방안-브랜드확장전략

과거의 마케팅활동에 의해 강력한 이미지를 구축한 브랜드는 장부상의 부가가치로는 계산될 수 없는 자산가치가 형성된다. 마케터는 강력한 무형자산을 구축한 브랜드를 기반으로 하여 브랜드 마케팅전략을 구사할 수 있는데, **라인확장전략**(line extension strategy)과 이보다 적용범위가 넓은 **브랜드확장전략**(brand extension strategy)이 그 대표적 예이다.

최근 성장전략의 일환으로 라인확장전략과 브랜드확장전략을 활용하는 기업들이 늘어나고 있다. 라인확장전략은 기존의 제품범주 내에서 새로운 색상, 성분배합, 패키지, 사이즈, 맛의 신제품을 추가적으로 도입하면서 기존브랜드명을 사용하는 것이다. 예를 들어, 빙그레가 출시한 프리미엄 냉장주스 브랜드 따옴이 출시한 따옴 오렌지, 사과, 자몽, 포도주스, 과일야채 등이 라인확장에 해당된다. 브랜드확장전략이란 기존의 브랜드명을 사용하여 전혀 다른 제품군으로 진출하는 전략이며, LG전자가 디오스 냉장고에서 광파오븐, 김치냉장고, 식기세척기, 와인셀러 등으로 진출한 것이 브랜드확장의 한 예이다.

소비재를 생산·판매하는 많은 회사들이 신제품 도입 시 새로운 브랜드를 개발하기보다는 기존 브랜드를 활용해 신시장에 진입하는 전략을 자주 사용한다. 이와 같이 기존브랜드를 이용하는 마케팅전략이 증가된 배경은 첫째, 시장성숙에 따른 경쟁의 격화로 인해 신제품 개발 및 도입비용이 갈수록 증가하고 있다는 사실이다. 최근들어 신제품 개발비용, 매체비용, 판촉비용 및 유통망 확보비용이 급격하게 증가되어 미국의 경우 소비재회사들이 신규브랜드를 도입하는 데 드는 비용이 최소한 5,000만 달러~1억 달러에 이르고 있는 것으로 밝혀졌다. 둘째, 신제품 도입의 실패율이 상당한 수준에 이른다는 점이다. 예를 들어, 소비재 포장용품의 경우 신제품 성공률이 40% 정도밖에 되지 않는다. 따라서 많은 소비재 생산 기업들이 이미 시장에서 성공을 거둔 기존브랜드명이

| 라인확장의 예: 빙그레 따옴은 애플, 포도, 오렌지 맛의 신제품을 도입하였다.

| 애경 덴탈크리닉 2080 치약으로 시작한 2080 브랜드는 2080어린이치약, 2080칫솔, 2080kids, 2080구강청정제 등 여러 관련제품들로 성공적으로 확장되었다.

기업의 중요한 무형자산이기 때문에 이를 활용하는 신제품 투자전략을 채택하였고, 또한 기존브랜드의 가치를 이용하기 위해 대기업들 간에 흡수·합병이 발생되었다. 애경 덴탈크리닉 2080 치약으로 시작한 2080 브랜드는 2080어린이치약, 2080칫솔, 2080kids, 2080구강청정제 등 여러 관련제품들로 성공적으로 확장되었다. 2080은 단순하고 포괄적인 브랜드명이기 때문에 브랜드를 확장하는 데 유리하다.

효과적인 브랜드확장은 기업의 매출액 성장에 큰 도움을 주지만 맹목적인 브랜드확장은 기업에게 상당히 부정적인 영향을 미칠 수 있다. 그러므로 마케터는 브랜드확장의 장단점과 성공적인 브랜드확장이 되기 위한 조건들을 충분히 파악한 후 브랜드확장전략의 도입 여부를 결정해야 할 것이다.

브랜드확장이 갖는 이점은 다음과 같다. 첫째, 소비자들은 기존의 브랜드명에 친숙하기 때문에 이 상표명을 이용한 신제품을 즉시 인지할 수 있다는 점이다. 따라서 기존브랜드명의 이용은 신제품 도입에 따른 위험을 상당한 수준까지 감소시킬 수 있을 것이다. 둘째, 브랜드확장에 의한 신제품 도입은 새로운 브랜드명을 사용한 신제품보다 마케팅비용을 훨씬 절감할 수 있다. 중간상들은 매장단위당 매출액의 효율을 높이기 위해 새로운 브랜드명의 신제품보다 고객들에게 이미 친숙한 브랜드명을 사용한 신제품의 취급을 보다 선호할 것이다. 따라서 브랜드확장에 의한 신제품 도입은 중간상들이 자사제품을 취급하도록 하는 데 드는 유통비용을 절감시키며, 경쟁제품과 동일한 판매촉진비를 사용하고도 보다 높은 매출액 효과를 거둘 수 있게 한다. 셋째, 브랜드확장을 이용한 신제품이 고객들로부터 호의적인 평가를 받게 되면, 이는 기존브랜드명의 이미지를 보다 강화시켜 기존브랜드의 매출액 증가에 도움을 줄 수 있다.

이처럼 브랜드확장은 새로운 브랜드명을 사용한 신제품의 도입에 비해 시장실패의 위험을 줄이고 마케팅비용을 절감시키는 등의 이점을 제공하지만 다음과 같은 문제점도 갖고 있다.

MARKETING
FOCUS

브랜드확장을 통해 모브랜드의 이미지와 자산가치를 강화하려고 하는 대한제분 곰표 밀가루

최근 유통업계를 휩쓴 키워드는 컬래버레이션(collaboration)이다. 그 대표주자가 곰표 밀가루를 생산해온 대한제분이 협업을 통해 출시한 곰표 밀맥주이다. 밀가루 제조업체인 대한제분이 수제 맥주 브랜드 세븐브로이와 손잡고 출시한 '곰표 밀맥주'는 출시 3일 만에 초도 생산물량 10만 개가 완판될 정도로 큰 인기를 끌었다. 편의점에서 수제 맥주가 대형 브랜드 제품들을 제치고 매출 1위를 기록한 것도 곰표 밀맥주가 처음이다.

대한제분의 브랜드확장 시도는 2018년 빅사이즈 전문 패션브랜드 4XR과 협업해 티셔츠, 패딩 등을 출시한 것이 시작이었다. 이후 화장품, 치약, 맥주, 팝콘, 에코백, 주방세제 등으로 브랜드확장 제품군을 계속 넓혀 갔다. 20kg 밀가루 포대와 동일한 크기의 스케치북, 곰표 포대 미니어처 메모장 등 문구류 굿즈로까지 브랜드확장이 이루어졌다.

곰표 브랜드 확장제품은 어디서든 눈에 띈다. 표곰이라 부르는 백곰 마스코트와 복고풍 서체가 특징인 밀가루 패키지 디자인을 확장제품들에 그대로 적용하기 때문이다. MZ세대는 이 '투박하고 촌스러운' 브랜드 확장제품들에 열광했고, 사진을 찍어 SNS에 올리는 것이 놀이처럼 번져나갔다. 2018년 CGV 왕십리점 리뉴얼 기념 '팝콘 프로모션' 때, 20kg 곰표 밀가루 포대에 팝콘을 가득 담아 5000원에 판매하는 행사가 열리던 날은 아침 7시부터 줄을 서는 진풍경이 벌어지기도 했다.

2017년 대한제분은 젊은 소비자들을 대상으로 곰표브랜드의 인지도를 높이고 젊고 재미있는 브랜드이미지를 형성하기 위해 브랜드전략팀을 만들었다. 곰표 브랜드전략팀은 20017년 9월부터 11월까지 마케팅조사를 실시했다. 조사결과 곰표가 소비자에게 오래된 느낌을 주는 브랜드로 각인돼 있는 것으로 나타났다. 그리고 브랜드인지도를 파악하기 위해 '밀가루 하면 생각하는 브랜드'를 조사했는데, 곰표를 꼽은 응답률이 20%대에 불과했다. 특히 2030세대에게 곰표 브랜드는 잊혀져가는 브랜드였다. 이에 따라 브랜드전략팀은 소비자, 특히 2030세대에게 곰표브랜드의 인지도를 높이고 긍정적인 브랜드이미지를 구축하는 것을 브랜드마케팅의 목표로 설정했다.

2017년 12월 어느 뉴스에 실린 슈퍼주니어 신동의 공항패션 사진 한 장은 올드한 이미지의 곰표브랜드를 어떻게 하면 젊고 세련되게 바꿀까 고민 중이었던 브랜드전략팀이 브랜드확장을 시도하게 된 계기가 되었다. 직원 중 한 명이 신동이 입은 코트 안에 곰표 글자체가 적힌 티셔츠를 알아본 것이다. 회사에서 공식적으로 조사를 실시했는데, 4XR이라는 빅사이즈 전문 온라인 쇼핑몰에서 곰표브랜드를 무단 도용해 상품을 제작한 것으로 나타났다. 마케팅팀은 법적 책임을 묻는 대신, 정식으로 협업을 제안했다. 그렇게 해서 처음으로 나온 브랜드확장제품이 곰

| 새로운 소비문화를 추구하는 MZ세대의 뜨거운 반응 덕에 밀가루 제조업체 대한제분의 곰표브랜드는 지금 제2의 전성기를 누리고 있다. 뜬금없는 브랜드확장에서 터지는 의외성과 재미는 세상에 나온 지 70년이 된 곰표브랜드의 확장제품들이 젊은이들 사이에서 즐겁게 소비되는 이유다.

표 티셔츠, 후드, 패딩이었다. 마케팅팀은 연예인이 입고 다닐 정도면 패션제품으로 브랜드를 확장하는 것이 올드한 곰표 브랜드이미지를 변화시킬 수 있겠다는 판단을 한 것이다. 그 이후 협업을 통해 수많은 브랜드확장제품들이 출시되었는데, 브랜드인지도를 높이는 데 가장 도움이 된 확장제품 중 하나가 곰표 밀맥주이다.

2022년 6월 현재 브랜드확장제품은 30개 정도에 이르는데, 4XR과의 곰표 패딩, 화장품 회사 스와니코코와 화장품(쿠션파운데이션, 핸드크림, 썬블록), CGV왕십리점과 팝콘이벤트, 편의점 CU에서 판매 중인 곰표 팝콘, 곰표 나쵸, 애경산업과의 협업제품인 곰표 치약, LG생활건강과의 협업제품인 곰표 자연퐁, 맥주 제조회사 세븐브로이맥주와 공동 개발한 곰표 맥주, 국내 프래이팬 시장에서 1위를 달리는 주방용품 제조회사 해피콜과의 곰표 프라이팬 등이 그 예이다.

곰표 브랜드마케팅 팀이 브랜드확장제품을 선정하는 데 있어 주요 기준은 밀가루와의 연관성이다. 하얗고 깨끗함을 연상시키는 곰표 브랜드이미지와 어울리는 제품들을 브랜드확장의 후보군으로 고려했는데, 화장품회사인 스와니코코와 만든 '곰표 밀가루쿠션'이 그 한 예이다. 곰표 핸드크림, 선크림 등의 확장제품을을 출시했는데, 누적 판매 20만 개 이상을 돌파하면서 편의점 화장품으로는 이례적인 마케팅성과를 거두었다. 밀가루를 바른다고 하면 왠지 하얘질 것 같다는 소비자인식은 브랜드확장제품의 시장성공에 도움을 주었다. 곰표 화이트치약, '곰표' 주방세제 등의 확장제품도 출시되었는데, 주방세제는 설거지할 때 기름기를 없애는 데 밀가루가 효과적이라는 점에 착안했다.

그러나 모든 브랜드확장제품이 성공한 것은 아니다. 시장에서 실패한 확장제품은 곰표 브랜드이미지에 부정적 영향을 미칠 수 있다. 독자 여러분들은 곰표브랜드를 부착한 확장제품들을 조사해 어떤 제품은 브랜드확장에 적절하고 어떤 제품은 그렇지 않은지를 분석해 보라. 그리고 브랜드마케팅 관리자라고 가정하고, 지속적인 브랜드확장을 할 경우 적절한 제품군 후보를 만들어 보자.

자료원: 매경, 2022.6.20; 한경, 2021.6.20.

때 비로소 구축된다. 따라서, 고객자산은 브랜드자산을 포괄하는 보다 광의의 개념이라고 할 수 있다. 가령, 애플은 매우 큰 규모의 고객자산을 보유하고 있다고 할 수 있는데, 애플의 많은 고객들은 애플에서 생산한 컴퓨터뿐만 아니라 에어팟, 아이폰, 아이패드 등 애플의 모든 제품 브랜드에 대해서도 높은 충성도를 가지고 오랜 기간 좋은 관계를 유지하고 있다.

이러한 점에서 고객관계관리(customer relationship management)에 기반한 고객자산 구축과 강화는 마케터가 높은 매출과 이익을 지속적으로 유지하기 위해 궁극적으로 추구해야 할 마케팅목표 중 하나이다. 이하에서는 브랜드자산과 함께 마케터가 측정하고, 관리하고, 극대화해야 할 중요한 무형자산 중의 하나인 고객자산의 의미와 중요성에 대해 살펴보고, 고객자산을 구축하고 강화하기 위해 고객관계관리를 어떻게 설계하고 실행해야 할 것인지, 그리고 구축된 고객자산을 어떻게 활용할 것인지에 대해 설명한다.

2.1 고객자산의 이해와 중요성

(1) 고객자산의 개념적 이해

① 고객자산의 정의

우리 기업이 확보하고 있는 고객의 가치(value of customers)는 얼마나 될까?

고객자산은 이와 같은 매우 근본적인 질문에 대해 답하기 위해 생겨난 개념이라고 할 수 있다. 미국마케팅학회(American Marketing Association: AMA)는 고객자산을 다음과 같이 정의하고 있다.

"고객자산은 기업의 모든 고객들의 생애가치를 합친 것이다(Customer equity is simply the total combined customer lifetime values for all of a company's customers)"

위의 정의에서도 알 수 있듯이 고객자산의 개념을 이해하기 위해서는 우선 **고객생애가치**(Customer Lifetime Value: CLV)의 개념을 이해해야 한다. AMA는 고객생애가치를 다음과 같이 정의하고 있다.

"고객생애가치는 고객과의 관계로부터 창출될 것으로 예상되는 미래현금흐름의 현재가치를 기반으로 계산한 고객관계의 화폐가치이다(Customer Lifetime Value(CLV), Lifetime Customer Value(LCV), or User Lifetime Value(LTV) is the dollar value of a customer relationship, based on the present value of the projected future cash flows from the customer relationship.)"

MARKETING
FOCUS

"고객에게 집착하라" 아마존 웹서비스의 고객중심 마케팅

아마존 웹서비스(Amazon Web Service: AWS)는 2006년 서비스를 시작한 아마존의 자회사로 개인, 기업, 정부를 고객으로 클라우드 서비스를 제공하여, 2021년에는 클라우드 사업으로 벌어들인 매출만 622억 달러를 기록했다. 코로나19 이후 클라우드 시장이 급격한 성장세를 보이며 마이크로소프트 애저, 구글 클라우드와 같은 후발 주자들이 거세게 성장했지만, 시너지리서치에 따르면 AWS는 2020년부터 시장점유율을 33%로 계속 유지하며 클라우드 시장의 주도권을 내어주지 않고 있다.

클라우드 서비스는 거의 모든 업계가 활용하고 있을 정도의 뉴 노멀이 되었고, 이제 기업들은 왜 클라우드를 사용해야 하는가가 아니라 어떻게 클라우드를 사용해야 하는가에 관심이 있을 정도로 보편화되었다. AWS는 일찍부터 고객을 파트너로 인식하고 클라우드 생태계의 가치를 만들어 가는 데 투자했다. 규모가 큰 고객뿐만 아니라 소규모 소프트웨어 개발 회사나 기술 파트너들도 많이 확보하여 다른 업체들과는 큰 격차를 벌렸다. 아마존에는 무엇인가 새로운 것을 만들어내는 빌더(builder) 문화가 있었고, 자율적인 팀을 구성해 고객의 의견을 밀접하게 청취할 수 있는 의사결정모델이 갖춰져 있었다. 제품을 출시하는 것은 단지 시작일 뿐이며, 일단 제품이 출시되면 신속하게 개선작업을 반복하여 고객에게 정말 의미 있는 기술을 제공하기 위해 노력했다.

아마존의 창업자인 제프 베저스(Jeff Bezos)는 항상 장기적인 안목으로 회사를 보고 고객을 위해 올바른 일들을 떠올리는 것을 강조했다. 그는 1997년 주주들에게 보내는 편지에서 "모든 것은 장기적이다"라고 강조하면서, 아마존은 다른 기업들과는 다른 기준으로 의사결정을 내릴 수 있다고 경고하기도 하였다. 아래는 그가 당시 밝혔던 아마존 경영의 원칙이다. 베저스는 이후 매년 보내는 주주서한에 이 1997년 서한을 함께 첨부하고 있다.

- 단기 수익을 올리거나 월스트리트의 반응에 신경 쓰지 않고 장기적으로 시장 리더십을 가져가는 데 투자할 것이다.
- 성공하든 실패하든 시장 리더십을 챙길 가능성이 있는 곳에 과감한 투자를 할 것이다. 실패한다 하더라도 배우는 것이 있을 것이다.
- 회계장부의 지표를 좋아 보이게 만드는 것보다 미래현금흐름의 현재가치를 극대화하는 데 우선할 것이다.
- 큰 투자결정을 내릴 때마다 주주들에게 알려서 여러분들이 우리와 계속 함께 가야 할지, 아닐지 판단할 수 있도록 할 것이다.
- 유능한 경력직원에게 현금보다 주식 보상을 해서 주인의식을 심어줄 것이다.
- 고객에게 집착할 것이다.

베저스의 마지막 원칙에서 알 수 있듯이 AWS는 대부분의 기술 기업과는 다른 방식으로 고객을 대하였다. 고객이 필요로 하는 것을 이해하고 적합한 솔루션을 고객에게 제공할 수 있도록 하는 것이 AWS의 고객중심적 경영방식이었다. 가트너의 앤더슨은 "AWS에서는 고객을 만족시키겠다는 강박에 대한 가치가 계속해서 드러나고 있다. 고객의 요구와 빌더, 개발자, 설계자의 요구사항에 집중하면서 회사가 개발하는 기능의 우선순위가 결정되고 엄격하게 정리된다"라고 말했으며, 포레스터의 바톨레티는 "AWS는 놀랍도록 고객에게 집중하며, 자사가 만드는 모든 것이 고객중심적이다. 대형 고객층이 지속적으로 성장함과 동시에 이것을 유지하면 고객들이 원하는 것을 파악할 수 있는 이점을 제공한다"라고 덧붙였다.

가격책정에 있어서도 AWS는 고객에게 청구할 수 있는 최대 금액을 파악하는 방식을 탈피하고, 비용절감 부분을 가격인하의 형태로 고객에게 되돌려주는 방식을 택하였다. AWS는 가격을 지속적으로 수차례 인하해왔는데 이는 시장의 압력 때문이 아니라 고객에게 제공되는 기술의 장기적인 가치를 고려한 결정이었다. AWS는 규모의 경제를 달성해서 원가절감분을 고객에게 되돌려주면 고객은 더 많은 물량을 주문하는 선순환 구조를 달성한 것이다. 어떤 고객들은 AWS가 가격을 낮추어 주는 유일한 IT 업체라고 하기도 한다.

AWS는 교육을 통해 고객이 직면한 장벽을 해체하도록 돕는 데 많은 시간을 할애했다. 광범위한 교육팀을 운영하고, 커리큘럼을 만들고, 인증과 자격증 시스템을 제공하며, 전문가를 보내 도움을 주기도 하였다. 빠른 혁신을 원하는 고객들에게는 프로젝트 진행과 동시에 교육 서비스를 제공하기도 하였다. 경쟁에 집중하기보다는 고객의 생산성 향상 방법에 집중하고 집착함으로써 고객의 가치를 극대화하는 전략이 AWS의 탁월한 성장과 시장지배력을 가져오고 있는 것이다. 고객의 의견을 듣고, 고객이 필요로 하는 것을 파악하고, 이를 만들며, 고객의 관심사를 이해하고 이를 제공하는 것이 AWS의 핵심적인 마케팅전략이라고 할 수 있다.

자료원: 동아비즈니스리뷰, 2017.6; 디지털데일리, 2022.2.5; 아이티월드, 2020.11.18.

가령, 같은 시점에 처음 SK텔레콤과 거래를 시작한 고객들이 모두 해당 기업에 같은 가치를 가져다 주는 것은 아니라는 것이다. 어떤 고객들은 휴대폰 요금을 월 10만 원 이상 지출하기도 하고, 어떤 고객들은 가장 기본적인 요금제를 쓰기도 한다. 어떤 고객들은 계속해서 싼 요금제나 보조금을 찾아서 다른 이동통신사로 옮기려 해서 계속해서 고객관계를 유지하는 데 비용이 많이 들기도 하지만, 어떤 고객들은 회사에서 별로 신경 쓰지 않아도 계속해서 SK텔레콤의 서비스를 사용하기도 한다.

따라서 기업 입장에서 고객들은 처음 거래를 시작한 이후(즉, 고객획득 이후) 예상되는 미래의 가치가 다를 수밖에 없다는 것이고, 이것이 고객생애가치의 개념이다.

고객자산은 이러한 고객별 생애가치를 모두 합친 것이고, 고객들도 마치 금융자산이나 토지처럼 그 재무적인 가치를 관리할 필요가 있는 투자자산의 일종으로 보아야 한다는 개념이다.

② 고객의 정의

고객생애가치와 고객자산의 정의를 이해함에 있어 들 수 있는 의문 중의 하나는 "고객을 어떻게 정의할 것이가?"이다. 가령, 삼성생명의 경우에는 회사와 고객 간에 보험계약이라는 것이 존재하므로, 기업 입장에서 특정인이 고객인지 그렇지 않은지에 대해 판단이 비교적 용이하다. 그러나 식품을 제조하는 풀무원의 경우에는 고객을 정의하는 것이 그리 만만한 작업은 아니다. 왜냐하면, 어떤 대학생이 라면을 구매할 때 풀무원 라면을 구매하는지 타사 라면을 구매하는지 회사에 알리지 않을 뿐만 아니라, 두 라면을 동시에 구매할 때도 있기 때문이다.

이렇듯, 고객의 정의는 매우 명확한 경우도 있고 그렇지 않은 경우도 있기 때문에 고객자산은 주로 고객 정의가 명확한 계약형 산업에서 먼저 개발되고 적용되어 왔다. 그러나 기업과 고객 사이에 계약이 존재하지 않는 거래형 산업에서도 고객별 거래기록을 분석함으로써 생애가치를 추정하는 등 고객자산은 그 적용범위가 넓어지고 있다. 예를 들어, CJ는 'CJ ONE(www.cjone.com)'이라는 로열티 프로그램을 통해 어떤 고객이 얼마나 CJ가 공급하는 제품이나 서비스를 구매하고 있는지를 파악함으로써 고객생애가치 및 고객자산 분석을 수행할 수 있는 것이다.

③ 현재가치와 미래가치

고객생애가치의 정의를 보면 '미래현금흐름의 현재가치'라는 표현이 나오는데, 이를 이해하기 위해서는 **현재가치**(present value)의 개념을 이해하여야 한다.

기업은 자본을 조달하는 데 있어 비용이 들게 마련이다. 가령, 현대자동차가 100억 원의 자금을 금융기관으로부터 차입한다면 그에 상응하는 이자를 지불하여야 하며, 자기자본을 투자하지 않고 그대로 보유하고 있다면 투자에 따르는 예상수익을 놓칠 수 있는 기회비용이 발생한다. 따라서, 모든 기업들은 미래에 발생할 것으로 예상되는 화폐가치를 현재의 가치보다는 낮게 평가하고(이를 '할인한다'라고 표현하며 이때 기업마다 다른 할인율을 쓰게 된다) 투자의사결정을 할 때에도 미래에 예상되는 현금흐름의 현재가치를 비교한다.

고객생애가치는 이렇게 고객으로부터 예상되는 미래의 수익을 현재가치로 전환한 값이므로, 가까운 미래에 작은 이익이 예상되는 고객과 먼 미래에 큰 이익이 예상되는 고객 중 누가 더 가치있는 고객인지 비교할 수 있게 되는 것이다.

④ 직접가치와 간접가치

고객자산을 구성하는 고객들의 생애가치는 **직접가치**(direct value)와 **간접가치**(indirect value)로 나누어 분석할 수 있다. 직접가치란 고객들이 기업의 제품이나 서비스를 구매함으로써 발생하는 가치를 의미하고, 간접가치란 구매와 다른 방법으로 기업에 공헌하는 것을 의미한다.

고객이 구매 이외에 기업에 공헌할 수 있는 경로에는 여러 가지가 있을 수 있는데, 대표적인 것으로는 (1) 주변에 자신의 구매 및 사용경험을 알림으로써 기업이나 브랜드의 인지도를 높이는 활동, (2) 특정제품이나 서비스를 지인에게 추천함으로써 기업의 실적에 도움을 주는 활동, (3) 제품 사용상의 문제점이나 개선방안들에 대해 의견을 개진함으로써 품질향상이나 신제품 개발에 도움을 주는 활동 등을 예로 들 수 있다. 가령, 삼성전자가 고객들로부터 얻을 수 있는 가치는 노트북 구매를 통해 얻을 수 있는 것도 있지만, 주변에 삼성전자의 노트북을 소개하거나, 긍정적인 사용후기를 올리는 활동을 통해서 얻을 수 있는 것도 있다.

흥미로운 사실은 보통 직접가치가 높은 고객군과 간접가치가 높은 고객군은 구분된다는 것이다. 한 통신회사의 고객생애가치를 분석한 연구에 따르면, 직접가치가 가장 높은 등급의 고객들은 1인당 약 1,900달러의 가치를 보유하고 있지만 이들의 간접가치는 약 40달러에 지나지 않는다고 한다. 오히려, 직접가치가 중간 정도에 그친 고객그룹들 중 간접가치가 가장 높은 고객들이 존재하고 이들의 가치는 약 1,020달러에 이른다고 한다.

따라서 마케터들은 고객의 생애가치를 판별할 때 구매를 통해 창출되는 직접가치뿐만 아니라, 기업과 고객 사이 혹은 고객과 고객 사이에서 중요한 역할을 수행함으로써 발생하는 간접가치에도 신경써야 한다. 가령, SK텔레콤은 **1인당 매출액**(average revenue per user: ARPU)이 높은 고객을 잘 관리해야 하지만, 이에 못지않게 중요한 것은 사회연결망 내에서 주도적인 역할을 수행하는 의견선도자나 기업에 활발한 의견을 개진하는 고객들과의 관계관리이다.

⑤ 현재의 고객과 미래의 고객

고객자산의 정의를 보면 '기업의 모든 고객들'이라는 표현이 나오는데, 이 '모든' 고객을 어떻게 간주하느냐에 따라 **동적고객자산**(dynamic customer equity)과 **정적고객자산**(static customer equity)으로 구분할 수 있다. 고객자산은 그 정의에서 의미하고 있듯이 항상 미래에 대한 예상을 필요로 하는데, 만약 현재에는 존재하고 있지 않지만 미래에 획득이 예상되는 고객까지 포함하여 모든 고객을 상정한다면 이미 확보하고 있는 고객들의 생애가치만을 합산하는 것보다 더 큰 규모의 자산이 될 것이다. 이렇게 미래에 획득이 예상되는 고객까지 포함하여 계산한 고객자산을 동적고객자산이라고 하는데, 현재 확보하고 있는 고객들만의 생애가치 합으로 고객자산을 계산하는 정적고객자산과 구분할 수 있다.

이러한 동적고객자산과 정적고객자산의 구분은 성장률이 높은 새로운 산업에 속해 있는 신생기업의 경우에는 특히 중요하다. 가령, 아마존이나 우버가 사업을 시작했을 당시의 고객자산을 정적인 개념으로만 추정했다면, 해당 기업의 고객자산을 과소평가하게 될 것이다. 비록 현재 확보하고 있는 고객의 수는 그리 크지 않으나 높은 성장이 예상된다면 미래에 고객이 크게 늘어날 수 있기 때문이다.

다만, 동적고객자산의 경우에는 미래에 획득이 예상되는 고객의 생애가치를 어떻게 추정할 것인가라는 문제가 존재한다. 왜냐하면 정적고객자산의 계산에서는 이미 확보한 고객들의 미래가치를 추정하는 데 비해, 동적고객자산의 추정에서는 미래에 획득이 예상되는 고객의 획득 후 미래까지 추정하여야 하는 이중의 예측이 들어가기 때문이다.

(2) 고객자산의 중요성

많은 마케팅관리자들이 고객지향적 마케팅전략과 프로그램을 개발하고 있고, 마케팅성과를 평가함에 있어서도 고객자산에 관심을 갖게 된 주요 이유는 다음과 같다.

① 브랜드나 상품 위주 시각의 한계

지금도 많은 기업들이 마케팅전략을 수립하고 실행함에 있어 그 기업이 보유하고 있는 브랜드나 상품을 기준으로 조직을 구성하고 성과를 분석하고 있다. 예를 들어, 자동차 회사는 차종별로 담당자가 존재하는 경우가 일반적이며(예: 현대자동차의 그랜저 담당자), 전자회사는 상품군별로 조직이 따로 운영되고 있다(예: LG전자의 에어콘 담당 조직). 그러나 이러한 브랜드나 상품 위주의 접근방식은 그 효율성과 명확성에도 불구하고 치명적인 단점을 지니고 있는데, 그것은 바로 브랜드나 상품을 구매하고 있는 고객에 대한 이해를 등한시할 수 있다는 점이다.

미국 제네럴모터스(General Motors: GM)의 예는 이러한 단점을 극명하게 보여주고 있다. GM은 1970년대 말 이후 회사가 보유하고 있는 각 브랜드별로 경영성과를 분석하고 관리한 결과, 가격이 높고 차체가 큰 브랜드(예: 캐딜락)의 수익성이 소형 브랜드(예: 쉐보레)보다 훨씬 높은 것을 발견하였다. 자연스럽게 GM 내부에서는 수익성이 높은 브랜드에 집중하는 의사결정이 이루어지게 되었고, 소형차의 상대적 경쟁력은 점점 하락하게 되어 경쟁력 있는 일본차와 독일차에게 소형차 시장을 내어주게 되었다. 이것은 대형차 시장에서의 경쟁력에도 점점 영향을 미쳐 조직 전체에도 악영향을 미친 것으로 파악되고 있다.

만약 소형차를 구매하는 사람과 대형차를 구매하는 사람이 완전히 구분되어 있고, 이 두 시장 사이에 전혀 교류가 이루어지지 않는다면, GM의 예에서처럼 수익성 높은 브랜드 혹은 사업단위에 자원을 집중하는 전략이 조직 전체의 성과를 높이는 결과를 가져왔을 수도 있다. 그러나 고객들은 진화하게 마련이다. 자신의 첫차로 소형차를 구매한 사람들은 소득이 늘어나고 가정을 꾸리면서 점점 대형차에 관심을 가지게 된다. 이것을 기업 입장에서 뒤집어 생각해 보면, (수익성을 다소 희생하더라도) 소형차를 통해 좋은 고객관계를 맺은 기업은 대형차 시장에서 그 고객을 '유지' 혹은 '성장'시키는 게임을 하는 데 비해, 그렇지 않은 기업의 경우는 새로운 고객을 '획득'하는 게임을 해야 하기 때문에 훨씬 불리하다는 것이다.

요약하면 결국 브랜드와 상품을 구매하는 것은 고객이니, 그 고객과의 장기적인 관계를 고려하여 마케팅전략을 수립하는 관점이 필요하다는 것이다. 브랜드나 상품은 그러한 전략의 수단 혹은 도구일 뿐이다.

② 경쟁격화와 마케팅생산성의 하락

21세기의 시장에서는 한정된 수요를 기반으로 많은 공급자가 치열하게 경쟁하고 있고, 빠른 기술 발전으로 인해 기업 간 품질이나 기술차이 또한 점점 미미해지고 있다. 이에 따라 더 많은 기업들이 그 효과가 불확실한 대중매체 광고나 불특정 다수를 대상으로 하는 판매촉진보다는, 특정 대상에 대해 직접적으로 소구하는 형태의 마케팅활동을 실시하고 있다. 예를 들어 나이키는 TV 광고를 거의 하지 않고 대부분의 마케팅예산을 유튜브에 올릴 수 있는 영상제작이나 사용자가 직접 참여할 수 있는 이벤트 개최에 사용하고 있다.

또한 소비자들도 점점 자신에게 딱 맞는 제품과 서비스를 요구하고 있으며, 이러한 소비자들의 요구를 만족시키기 위해서는 고객 관점에서 상품을 개발하고 브랜드를 운영하는 것이 더욱 필요하게 되었다. 유통환경도 변화하고 있어 많은 제조업자들이 중간상 없이 고객과 직접 거래하고 있고, 사회연결망을 활용한 기업의 대고객 직접 커뮤니케이션 활동도 더욱 그 비중이 높아지고 있다.

이러한 환경의 변화는 필연적으로 브랜드나 상품 위주의 공급자적 시각의 한계를 가져올 수밖에 없다. 고객의 구매를 고객관계의 유지라는 시각으로 바라보고, 기업이 공급하고 있는 다양한 상품들을 고객들이 교차구매할 수 있도록 독려하며, 기업과 고객의 관계를 '고객의 생애'라는 체계로 접근하는 것은 21세기의 성공적인 마케팅을 위해 필연적으로 나타난 생각의 변화라고 할 수 있다.

③ 정보기술과 분석방법론의 발전

고객자산이 중요한 마케팅자산으로 등장하게 된 또 하나의 중요한 이유는 많은 기업들이 이러한 생각을 보다 용이하게 실현할 수 있게 되었다는 것이다. 인터넷을 비롯한 정보기술은 눈부시게 발전하고 있으며, 날로 낮아지고 있는 저장장치의 가격과 저장기술은 엄청난 규모의 고객정보 축적을 가져오고 있다. 또한, 이렇게 축적된 고객 데이터를 분석하여 의미 있는 통찰력을 이끌어 낼 수 있는 다양한 방법론들이 개발되고 있어, 개념적인 아이디어로만 존재하던 고객자산을 실제 의사결정에 활용하는 것이 가능해지고 있다. 즉, 고객을 식별하고, 특성을 이해하며, 쌍방향 소통을 통해 상호작용하는 등 고객단위의 분석과 관리가 과거보다 훨씬 용이해진 것이다.

예를 들어, 풀무원이나 대상과 같은 식품제조업에서도 온라인 판매채널을 강화함으로써 최종구매자 정보를 적극적으로 축적하고 있다. 의류업계에서도 멤버십 프로그램이나 인터넷 기반의 직접판매 등을 통해 어떤 고객이 어떤 제품에 대해 관심을 보이고 구매하고 있는지에 대해 파악하고 이를 기반으로 하여 시장세분화 및 표적고객 선정 등을 수행하고 있다. 이러한 고객정보량 증가와 분석방법론 발전은 고객관계를 기반으로 한 고객자산 개념의 확산을 가져오고 있다.

④ 과거지향적 단기성과의 폐해

판매량, 매출액, 시장점유율, 당기순이익 등의 공통점은 무엇일까? 모두 많은 기업에서 핵심성과지표(key performance indicator: KPI)로 사용하는 것들이지만, 과거 특정기간의 성과를 집약한 지표이고 의사결정자들이 단기지향성을 가지도록 하는 단점이 있다. 마케터들이 실시하고 있는 다양한 마케팅활동들은 이러한 단기성과에도 영향을 미치지만 기업의 장기적인 성장에도 영향을 미친다.

가령, 포스코가 성공적인 기업이미지 광고를 실행한다면 단기적인 매출에는 크게 영향을 끼치지 않더라도 장기적인 고객관계 구축에는 긍정적인 영향을 미칠 수 있다. 따라서, 현재의 매출이나 수익과 같은 과거지향적 단기성과보다는 기업의 지속적이고 건강한 성장을 나타낼 수 있는 장기성과지표인 고객자산의 개념이 필요하게 된 것이다.

고객자산은 그 정의에서도 알 수 있듯이 고객생애가치에 기반하고 있으므로, 필연적으로 미래지향적이며 장기성과를 대변하는 지표라고 할 수 있다. 따라서, 자칫 보편적으로 활용되는 KPI들로 마케팅성과를 측정하고 이를 기반으로 의사결정을 내릴 경우 놓치기 쉬운 점들을 보완하는 용도로서 고객자산은 브랜드자산과 함께 활용되고 있다.

2.2 고객자산의 원천

고객자산을 구축하기 위해 마케터는 고객자산의 주요 원천이 무엇인지를 이해해야 한다. 그렇지 않으면 설사 고객자산의 측정이 이루어지더라도 어떤 노력을 통해 고객자산을 증대시킬 수 있을지에 대한 계획을 마련할 수 없기 때문이다.

고객자산은 **객관적 가치**(value equity), **브랜드가치**(brand equity), 그리고 **관계가치**(relationship equity)라는 세 가지 하부가치로 구성되어 있다. 기업들은 세 가지 가치 중에 어떤 것이 부족한지를 분석하고 이를 향상시킴으로써 전체 고객자산을 높일 수 있다. 가령, SK텔레콤이 높은 고객자산을 보유하고 있다면, 그것은 우수한 서비스와 합리적인 가격(즉, 높은 객관적 가치), 독특한 브랜드개성에 기반한 차별적인 브랜드이미지(즉, 브랜드가치), 그리고 SK텔레콤 고객들 사이에 존재하는 회사와 충성고객 간의 강력하고 깊은 정서적 유대감(즉, 관계가치)에 기반해 구축된 강한 애착에서 비롯된 것이다.

(1) 객관적 가치

객관적 가치는 제품의 품질, 가격, 유통의 편의성 등 특정제품이나 서비스가 고객에게 제공하는 실질적인 가치를 의미한다. 경쟁사 제품에 비해 내구성이 좋거나, 같은 성능이지만 가격이 저렴하거나, 유통구조가 편리하게 설계되었을 경우 객관적 가치가 높다고 할 수 있다.

합리적인 고객들은 이렇게 보다 높은 객관적 가치를 제공하는 기업의 제품에 대해 높은 만족도를 나타내며, 이는 높은 재구매율로 이어진다. 소비자들이 구매에 있어 품질이나 가격을 꼼꼼하게 살펴보는 내구재 상품이나 산업재 시장에서는 재구매 결정에 있어 객관적 가치가 가장 중요하다.

(2) 브랜드가치

브랜드가치는 무형적이고 심리적인 이미지 상의 가치를 의미한다. 특정기업의 브랜드가 매우 잘 알려져서 인지도가 높고 친숙하게 느껴지거나, 적극적인 사회적 책임활동 수행으로 인해 착한 기업의 이미지를 보유함으로써 고객의 충성도에 긍정적인 영향을 주는 경우를 의미한다.

소비자들은 비록 두 제품이 기능적으로 동일하고 가격도 유사하더라도(즉, 객관적 가치가 동일하더라도) 브랜드이미지가 더 좋은 기업의 제품에 대해 호의적이다. 많은 기업들이 시행하고 있는 기업이미지 광고, 사회적 책임활동, 소셜미디어 내에서의 각종 커뮤니케이션 활동들이 이러한 브랜드가치를 제고시키기 위한 것이라고 볼 수 있다. 브랜드가치를 구축하기 위한 마케팅전략에 대해서는 이 장의 전반부 '브랜드자산의 구축'에서 자세히 다루고 있다.

(3) 관계가치

관계가치는 최근 그 중요성이 점점 더 높아지고 있는 하부요소로서 이를 중시하는 산업의 범위가 점점 넓어지고 있다. 고객들은 기업이 공급하고 있는 제품의 기능적이고 객관적인 가치도 중요하게 여기고, 해당 기업의 브랜드이미지도 고려하지만, 고객 자신을 잘 파악하여 끈끈한 관계를 유지하는 기업의 제품에 대해 높은 재구매율을 보이며 이것이 높은 생애가치를 가져다준다.

최근 많은 기업들이 시행하고 있는 로열티 프로그램이나 **대량맞춤**(mass customization)이 이러한 관계가치 증진을 위한 노력의 일환이라고 할 수 있다. 예를 들어, 어떤 고객이 한 식당을 계속 이용한다면(즉, 식당 입장에서 생애가치가 높은 고객이라면) 그 식당의 음식이 맛있고 서비스가 좋아서일 수도 있고(객관적 가치), 그 식당이 지역 양로원에 기부를 많이 하기 때문일 수도 있으나(브랜드가치), 식당의 주인이 자신을 알아보고 자신의 입맛에 맞게 요리를 조금 바꾸어 내어 주고, 다른 손님들에게 제공하지 않는 메뉴를 자신을 위해서만 요리해 주는(관계가치) 이유 때문일 수도 있다.

과거 산업재 마케팅에서 주로 강조되던 관계가치가 이제 환경의 변화로 인해 소비재 마케팅에서도 중요시되고 있고, 많은 기업들이 이를 제고하기 위한 마케팅전략을 수립하고 시행하고 있다. 원하는 대로 자유롭게 나만의 신발을 디자인할 수 있는 반스(Vans)의 커스텀 서비스는 관계가치를

| 관계가치를 높이기 위한 반스의 커스텀 서비스(https://www.vans.co.kr/CUSTOMS)

높이기 위한 노력의 일환이라고 해석할 수 있다.

2.3 고객자산 구축을 위한 고객관계관리

고객자산을 구축하기 위해 마케터는 고객으로부터 창출되는 가치가 어떤 과정을 거쳐 기업에 축적되는지를 이해하고 이를 잘 관리해야 한다. 고객생애가치에 기반한 고객자산은 기업과 고객의 관계를 시간의 흐름에 따라 바라보고 있다. 기업과 고객 간의 관계형성과정은 고객과 처음 관계를 시작하는 **고객획득**(customer acquisition), 그 관계를 지속시켜 나가는 **고객유지**(customer retention), 그리고 고객으로부터 창출되는 가치를 더욱 확장시켜 나가는 **고객향상**(customer enhancement)의 세 단계로 나누어 접근할 수 있다. 즉, 고객자산은 고객의 획득–유지–향상을 통해 형성되므로 기업은 각 단계별로 적절한 마케팅전략과 프로그램을 개발하여야 한다.

(1) 고객획득

먼저 고객획득은 그 상품군을 처음으로 구매하는 소비자나 경쟁사의 고객을 우리 회사의 고객으로 만드는 경우를 말한다. 고객과의 관계를 구축하고 유지하기 위해서는 고객에게 필요한 적절한 가치를 제공하고 고객이 만족할 수 있도록 여러 가지 혜택을 제공해야 한다. 고객이 제품을 구매할 때에는 여러 가지 브랜드를 고려하게 되는데, 이러한 고려 브랜드 중에서 자신에게 가장 많은 가치나 혜택을 제공해 주는 브랜드를 선택하게 된다.

백화점에 가서 쇼핑을 한다고 생각해 보자. 다수의 백화점이 존재하기 때문에 고객은 이 중에 하나를 선택하여 쇼핑을 하게 된다. 고객은 여러 대안 중 자신에게 가장 많은 가치 또는 혜택을 제공해 주는 백화점을 선택할 것이다. 예를 들어 편리성을 추구하는 고객이라면 무료주차, 친절한 안내 등 고객에게 편리함을 제공하는 백화점에 가서 쇼핑을 할 것이다. 한편 다양한 유형의 쇼핑을 원하는 고객은 입점 브랜드가 다양한 백화점을 선택할 것이다. 타깃 고객에 맞는 가치나 혜택을 제공하여 고객을 만족시킬 때 비로소 기업은 신규고객을 확보하고, 그들과의 관계를 형성할 수 있는 것이다.

| 골프에서 쓰는 거리측정기 브랜드인 보이스캐디의 보상판매 광고

가령, 노트북을 처음 구매하는 소비자가 LG전자의 제품을 구매하는 경우나, 삼성전자의 노트북을 사용하던 고객이 LG전자 제품으로 교체하는 경우가 LG전자 입장에서는 고객획득에 해당된다. 좋은 고객을 발굴하고 획득하는 것은 고객의 생애가치를 극대화하는 데 있어 가장 중요한 출발점이라는 점을 고려할 때, 전체 고객자산에서 고객획득은 매우 중요한 역할을 차지하고 있다.

기업들은 고객을 획득하는 채널(예: 광고를 통한 획득 대 구전을 통한 획득)이나 고객획득의 상황(예: 정상가격 대 판촉가격)에 따라 다른 성향의 고객들과 관계를 시작하게 되고, 이에 따라 향후에 발생되는 전체 고객생애가치도 달라지게 된다. 경쟁이 치열한 산업의 경우 고객획득단계에서 많은 비용이 지출되는 일이 잦으며, 이에 따라 고객의 획득가치가 0보다 낮은 경우도 종종 발생하고 있다. 흔히 볼 수 있는 보상판매 이벤트는 새로운 고객을 획득하기 위한 전형적인 판촉수단의 하나이다.

(2) 고객유지

고객유지는 고객생애가치에 있어 가장 중요한 위치를 차지하고 있다고 해도 과언이 아니다. 고객유지는 재구매율과 직접적인 관련성을 가지고 있는데, 획득한 고객의 재구매율이 높다면 미래에도 그 고객이 우리의 고객일 확률이 높다는 의미이고 성공적인 고객유지로 이어진다는 뜻이 된다. 고객자산 개념이 장기적인 마케팅전략에 있어서도 중요한 이유 중의 하나가 바로 이러한 고객유지 과정을 통해 설사 고객획득 과정에서 손해를 보더라도 장기적으로 높은 고객가치를 실현할 수 있다는 점에 있다.

일반적으로 고객획득보다는 고객유지에 들어가는 비용이 훨씬 낮으므로, 고객유지 과정은 해당 고객의 생애가치 극대화, 나아가서는 기업의 고객자산 극대화에 핵심적인 역할을 한다고 볼 수 있다. 가령, SK텔레콤, KT, LG유플러스 등 통신3사는 멤버십 제도를 통해 기존고객들과 좋은 관계를 유지하려는 고객유지 정책을 펴고 있다.

| KT는 고객유지를 위해 연간 이용금액에 따라 다양한 혜택을 부여하는 멤버십 프로그램을 운영하고 있다.

MARKETING
FOCUS

업계 1위 스타벅스가 충성고객을 유지시키는 수단: 마이 스타벅스 리워드

스타벅스코리아(이하 스타벅스)는 2021년 2조 원 이상의 매출과 2천억 원 이상의 영업이익을 올리며 커피 프랜차이즈 업계의 선두자리를 공고히 했다. 스타벅스가 이렇게 압도적으로 업계에서 1위를 유지할 수 있는 데는 스타벅스의 회원 혜택이 크게 공헌하고 있다.

사이렌 오더는 스타벅스 앱 내에서 식음료를 주문하는 시스템으로, 2014년 국내 스타벅스에 처음으로 도입되어 이후 전 세계 표준으로 확산됐다. 코로나19 이후 사회적 거리두기의 중요성이 강조되면서 비대면으로 커피를 주문할 수 있다는 점과 더불어 앱 내에서 미리 주문하여 대기시간을 단축할 수 있다는 점 등은 고객들에게 매력적으로 다가왔다. 2020년 전체 주문 건수 중 25%가 사이렌 오더로 발생했고, 2020년 연말 한 달 동안 전체 스타벅스 리워드 회원 주문 건수 중 사이렌 오더 주문은 50%를 넘었다. 2021년 5월에는 사이렌 오더의 누적 주문 건수는 2억 건을 돌파했다.

또한 스타벅스는 차량 정보를 등록하면 드라이브 스루(DT) 매장 진입 시 자동 인식해 별도의 결제과정 없이 자동결제되는 시스템인 '마이 DT 패스' 서비스를 2018년에 도입했다. 빅데이터 분석을 기반으로 드라이브 스루 매장 이용자들의 데이터에서 불만을 포착하여 개발된 이 서비스에 차량번호를 등록한 고객은 2021년 7월 기준 150만 명을 넘어섰다.

사이렌 오더와 마이 DT 패스 등 스타벅스 회원 혜택의 영향으로 스타벅스 팬이라 할 수 있는 스타벅스 리워드 회원 수도 빠르게 증가했다. 스타벅스 리워드는 2011년 9월 국내에 도입된 로열티 프로그램으로, 스타벅스의 선

불식 충전카드인 스타벅스 카드 사용 고객들에게 다양한 혜택을 제공한다. 2021년 2월 기준 스타벅스 리워드 회원 수는 700만 명을 넘겼는데, 이것은 서비스 개시 이후 9년 4개월이라는 서비스 기간 동안 시간당 평균 85명이 회원으로 가입한 수치다. 또 700만 명 회원들이 적립한 리워드 별의 개수는 누적으로 9억 2000만 개를 넘어섰다. 12개씩 별이 적립될 때마다 회원들은 스타벅스 무료 음료 쿠폰을 받아볼 수 있다. 또 스타벅스 회원들은 생일기간에도 무료 음료 쿠폰을 제공받는데, 이러한 무료 음료 혜택은 700만 명 회원 수 기록과 함께 8500만 잔을 기록했다.

스타벅스 관계자는 "리워드 회원 수의 꾸준한 증가 추세는 회원에게만 제공되는 전용 혜택과 지속적으로 선보이고 있는 스타벅스의 디지털 서비스, 모바일 앱에 대한 관심이 높아지고 있기 때문"이라고 분석한다. 앞으로도 스타벅스는 앱을 중심으로 다양한 서비스를 속속 발굴하며 성장을 이어간다는 전략을 내세우고 있다. 이미 기획상품(MD)과 배송 서비스를 더해 이커머스(전자상거래) 영역까지 넘보고 있다. 스타벅스는 자체 MD 상품을 출시하여 앱을 통해 상시 판매하고 있다. 취급 상품 카테고리도 다양하다. 텀블러, 보온병, 컵, 커피용품뿐 아니라 '라이프스타일' 카테고리도 있다. 이곳에서는 백팩, 만년필, 파우치, 노트 등 일상용품을 판다. 2021년 8월부터는 '배송하기' 서비스를 도입하여 스타벅스 앱을 통해 MD 상품을 구매하고 선물할 경우 배송까지 해준다.

스타벅스 '선물하기' 서비스도 주목할 만한 부분이다. 비대면 소비문화 확산으로 모바일 교환권을 주고받는 선물하기 시장이 급격히 성장했기 때문이다. 업계에 따르면 거래액 기준으로 2020년 선물하기 시장 규모는 전년 대비 52% 성장한 3조5000억 원 수준으로 추산된다. 스타벅스는 식음료 쿠폰뿐만 아니라 MD, 현금처럼 사용 가능한 '기프트 카드' 등 다양한 상품 카테고리에서 선물하기 서비스를 제공하고 있다.

다양한 프로그램을 통해 고객유지에 힘써온 스타벅스의 고객충성도는 날로 높아지고 있으며, 이는 스타벅스 앱이 중요한 플랫폼으로 자리잡는 데 크게 기여하고 있다. 방대한 사용자 수를 무기로 여러 기업과 협업하고 다양한 비즈니스 모델을 적용하고 발전시킬 수 있게 된 것이다.

자료원: 이코노믹리뷰, 2022.4.16; 테크엠, 2021.12.29; 아주경제, 2021.2.9.

(3) 고객향상

고객향상은 고객자산을 브랜드나 상품 위주의 마케팅관리 개념과 구별하는 데 있어 가장 결정적인 측면이라고 볼 수 있다. 즉, 기업과 고객 사이의 관계에서 창출되는 가치는 그 고객이 처음으로 구매한 상품의 재구매에서만 일어나는 것이 아니라, 그 고객이 기업과 관계를 유지하는 동안 행하는 다른 활동에 의해서도 발생할 수 있다는 것이다.

| 매직밴드를 통해 고객에게 편리함을 제공함과 동시에 다양한 고객 데이터를 수집하고 있는 디즈니

예를 들어, A라는 제품을 구매함으로써 처음 관계를 맺은 고객이 다른 제품인 B를 구매할 수도 있고(이를 기업 입장에서는 **교차판매**(cross-selling)라고 한다), A와 유사한 제품이지만 좀 더 상위제품인 A+를 구매할 수도 있다(이를 기업 입장에서는 **상위판매**(up-selling)라고 한다). 또한 이 고객은 주위에 호의적인 구전을 퍼뜨리고 새로운 고객을 추천할 수도 있다. 이와 같이, 기업이 고객으로부터 얻을 수 있는 가치는 특정제품의 (반복)구매를 통한 것뿐만 아니라 교차구매, 상위구매, 구전 등 고객향상 활동을 통해 얻을 수 있다. 예를 들어, 많은 은행들은 예금 고객에 대해 카드, 증권, 보험 등 관련 서비스를 이용할 수 있도록 유도하는 교차판매를 통해 고객가치를 향상시키는 노력을 하고 있다.

최근 많은 기업들은 사물인터넷, 스마트폰, 모바일 인터넷 등 기술을 활용하여 고객행동을 보다 심층적으로 이해함으로써 고객향상에 힘쓰고 있다. 디즈니가 테마파크 내에서 착용하는 매직밴드와 My Disney Experience라는 스마트폰 앱을 연동하여 고객 데이터를 수집하고 이를 마케팅전략에 응용하는 것이 그 예이다.

2.4 고객자산의 활용

고객자산 개념은 다양한 마케팅의사결정에 활용될 수 있다. 점점 다양한 산업에서 많은 기업들이 브랜드/상품 위주의 관리 개념과 고객자산 개념을 결합하여 보다 정교한 의사결정을 내리고 있다. 고객자산의 활용 분야는 매우 다양하지만 (1) 시장세분화와 표적시장 선정 기준, (2) 마케팅 예산 할당 기준, (3) 마케팅투자의 생산성을 측정하는 수단, (4) 기업의 마케팅성과와 미래 전망에 대한 투자자들의 주요 판단근거 등으로 활용되고 있다.

(1) 시장세분화와 표적시장 선정

6장에서 설명하였듯이, 마케터들은 성공적인 마케팅전략의 수립을 위하여 성별, 나이 등과 같은 인구통계변수나 라이프스타일 등과 같은 심리변수를 활용해 시장세분화를 수행한다. 새로운 상품을 출시하거나 이의 판매촉진을 위한 광고를 설계할 때 시장세분화는 특히 중요하며, 이를 기반으로 주로 공략할 표적시장을 선정하게 된다. 이렇게 시장을 세분화하고 표적시장을 선정함에 있어 고객생애가치라는 개념을 활용함으로써, 고객들이 기업에 공헌하는 미래가치에 기반한 마케팅전략 수립이 가능하다.

예를 들어, 고객들을 미래 수익성과 미래 충성도를 기반으로 구분하면 [그림 11-2]와 같이 4개의 그룹으로 나눌 수 있다. 먼저 수익성도 높고 충성도도 오래갈 것으로 예상되는 고객 그룹은 '친구'로 부를 수 있다. 이 그룹은 가장 생애가치가 높을 것으로 예상되는 세분시장이므로 수익성이 낮고 충성도가 단기적인 '이방인' 그룹에 비해 훨씬 많은 자원이 투입되어야 하는 그룹이라고 할 수 있다. 보다 흥미로운 그룹은 수익성은 높지만 충성도는 단기적인 '나비' 그룹과 수익성은 낮지만 충성도는 장기적인 '따개비' 그룹이다. 이 두 그룹의 경우 어느 쪽의 고객생애가치가 높을지 알 수 없다. 나비 그룹의 경우 한 번 거래가 이루어질 경우 수익성은 높은 편이나 재구매율이 낮아 미래에 계속 고객이 될 확률이 낮을 것이고, 따개비 그룹의 경우 재구매율은 높지만 고객유지에 필요한 비용이 많이 소요되거나, 구매의 규모가 작아 거래당 예상되는 가치가 낮기 때문이다.

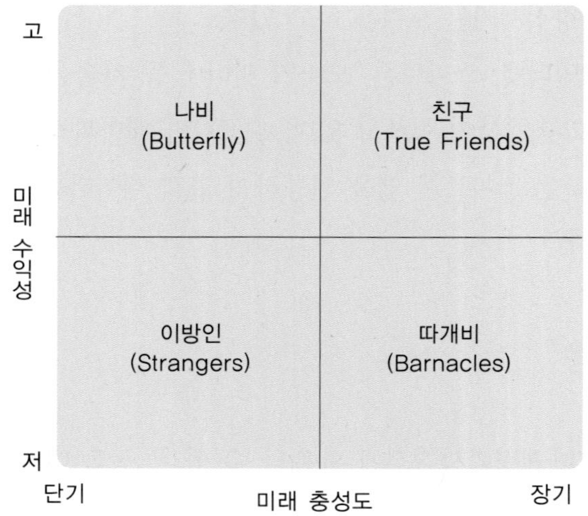

그림 11-2 미래 수익성과 미래 충성도를 기반으로 구분한 고객집단 유형
자료원: Kotler and Armstrong (2016), p. 48.

(2) 마케팅예산 할당

한정된 마케팅예산을 가장 효과적으로 사용해야 하는 마케터들은 다양한 종류의 자원할당 문제에 직면하고 있다. 기존제품과 신제품의 마케팅에 어느 정도 비중으로 예산을 할당할 것인가? 대량구매 고객을 담당하는 영업조직과 소형 대리점을 담당하는 영업조직에 어느 정도의 판촉예산을 할당할 것인가? 1년 내내 일정한 광고예산을 집행할 것인가, 아니면 하반기에 광고를 집중할 것인가? 온라인 판매채널과 오프라인 판매채널에 대한 관리에는 어느 정도의 예산을 투입할 것인가? 수많은 마케팅의사결정이 이러한 자원할당의 문제와 직·간접적으로 관련되어 있다.

이러한 문제가 중요한 이유는 자칫 예산이 비효율적으로 할당되면 마케팅활동을 통하여 창출되는 성과가 노력에 비해 낮아질 수 있기 때문이다. 바꾸어 말하면, 한정된 마케팅예산을 적절히 할당함으로써 (투입하는 예산의 총량을 늘리지 않고도) 마케팅성과를 높일 수 있다. 고객자산은 기업의 마케팅예산 할당에 있어 고객중심의 시각을 제공해 준다는 점에서 그 의미가 있다. 보통 최적의 자원할당을 위해서는 목표함수의 설정이 필요하고, 이 목표함수와 의사결정 항목 간의 관계 파악이 필요한데, 고객자산을 최적 자원할당을 위한 목표함수로 쓸 수 있는 것이다.

보다 구체적으로 고객자산을 활용한 마케팅예산 할당과정을 설명하면 다음과 같다.

① 의사결정의 대상이 되는 항목들을 결정한다. 이는 지역별 광고예산 할당일 수도 있고, 제품별 판촉예산 할당일 수도 있다.

② 고객자산의 측정방법을 결정하고 이를 목표함수로 설정한다.

③ 설정된 목표함수의 구성요소들과 예산할당에 있어 의사결정이 필요한 요소들 간의 관계를 설명할 수 있는 모형을 설정한다. 예를 들어, 고객자산을 측정하는 데 있어 재구매율이 중요한 요소라면 재구매율이 예산할당의 대상이 되는 의사결정요소(예: 광고)에 어떻게 영향을 받는지에 대한 모형을 설정한다.

④ 데이터 분석이나 실험을 통해 ③에서 설정한 모형을 추정한다.

⑤ 추정된 모형을 바탕으로 목표함수를 극대화할 수 있는 의사결정요소의 조합(즉, 예산할당 기준)을 찾아낸다.

이렇게 고객자산을 목표함수로 예산할당을 시행할 경우 보다 장기적인 관점을 확보할 수 있고, 고객가치를 형성하는 핵심적인 의사결정 변수에 집중할 수 있다는 장점이 있다. 가령, SK텔레콤이 기존고객의 유지와 신규고객의 유치에 어느 정도의 비중으로 마케팅예산을 할당해야 할지를 결정함에 있어 매출액, 시장점유율, 수익성 등 흔히 쓰이는 경영성과지표를 사용할 수도 있지만,

고객자산을 기준으로 사용함으로써 전체 고객가치를 극대화하는 방향으로 마케팅전략을 수립할 수 있다.

(3) 마케팅생산성 측정

고객자산은 마케팅투자의 생산성을 측정하는 데 있어 하나의 대안지표로도 활용되고 있다(마케팅생산성에 대한 보다 상세한 논의는 12장 참조). 마케팅생산성, 혹은 투자수익률(return on investment: ROI)은 많은 최고경영자들이 마케터들에게 요구하고 있는 성과지표이지만, 그 측정의 어려움으로 인해 보편적인 방법론이 정착되었다고 하기는 어렵다. 그러나, 마케팅활동에 소요되는 예산은 단기적으로 쓰고 없어지는 비용적인 성격보다는 장기적인 성과를 기대하는 투자의 성격이 강하기 때문에 마케팅생산성을 측정하는 것은 반드시 필요한 마케팅관리 항목 중의 하나이다.

예를 들어, 삼성전자가 갤럭시 스마트폰에 대해 실시하는 광고는 그것이 실행되는 시점에만 효력을 발휘하는 것이 아니라 소비자들의 인지도, 호감도, 만족도, 구매행동 등에 장기적으로 영향을 미치는 일종의 투자라고 보아야 한다. 삼성전자의 마케터가 광고와 관련된 의사결정을 하기 위해서는 이를 통해 어느 정도의 생산성을 창출하고 있는지에 대한 이해가 필요하다.

어떤 지표를 마케팅의 성과(return)로 볼 것인가에 대해서는 마케팅활동의 성격이나 기업이 처한 상황에 따라 다양한 대안들이 존재한다. 이때, 고객자산을 마케팅생산성 측정을 위한 성과지표로 설정할 수 있는데, 이에는 다양한 장점들이 존재한다.

우선 고객자산은 매출, 시장점유율, 수익성 등 대표적인 기업성과지표보다는 보다 미래지향적이고 장기적인 성격을 가지고 있으므로 마케팅생산성 측정에 있어 단기성과만을 지향할 수 있는 위험을 제거하고, 보다 균형적인 시각을 제공해 줄 수 있다. 가령, 당장 시장점유율이 크게 증가하지 않더라도 고객자산 증가에 도움을 줄 수 있는 마케팅활동에 집중함으로써 장기적인 기업가치 제고를 기대할 수 있다. 또한 고객자산은 화폐단위로 측정되므로, 고객만족도, 인지도, 고객참여도, 재구매율 등 마케팅부서에서 주로 활용되지만 재무적인 의미가 뚜렷하지 않은 지표에 비해서 보다 그 의미가 명확하다. 예를 들어, 미국의 델타항공사는 6,000만 불을 투자해 비행기 객실의 품질을 개선하는 프로젝트가 고객자산의 0.15%인 9,180만 불을 향상시킬 수 있다는 분석에 의해 해당 투자의 수익성이 충분하다는 판단을 하기도 하였다.

(4) 투자자 정보

기업들은 경영상 발생하는 다양한 정보들을 투자자들에게 제공하여 호의적인 투자환경을 조성하고 경영의 안정을 꾀하려는 노력을 하고 있다. 특히 상장기업의 경우에는 더욱 적극적으로 이와 같은 투자자 관계(investor relationship: IR) 활동을 수행하고 있다. IR 활동에서 제공되는 다양한 정보들은 많은 경우 재무제표에 나타난 회계정보를 기반으로 하고 있는데, 이러한 지표들의 문제점 중 하나는 주로 특정시점에서 측정된 과거의 성과를 표현하고 있다는 것이다.

예를 들어, 손익계산서에 나타난 매출액이나 당기순이익은 과거 특정기간에 측정된 기업의 대표적인 재무적 성과라고 할 수 있으나, 이것이 미래의 정보를 담고 있지는 못하다. 그러나 투자수익률을 고려할 수밖에 없는 많은 투자자들은 그 기업의 미래 성과에 더욱 관심을 가지고 있는데, 이러한 투자자들에게 고객자산은 그 기업의 미래 경영성과를 예측하는 데 도움이 된다는 점에서 IR에서 공개해야 할 중요한 정보이다.

예를 들어, 구독경제의 대표적인 기업인 넷플릭스가 고객자산과 관련된 정보를 투자자들에게 제공하려면 아래의 지표들을 산출하여야 한다.

- 고객 1인당 매출액
- 획득고객 수
- 이탈고객 수
- 기존고객 수
- 고객획득비용
- 고객유지비용

부 록

고객자산의 측정

"측정할 수 있어야 관리할 수 있다"라는 말이 있듯이, 고객자산 기반의 마케팅관리를 위해서는 그것을 측정할 수 있어야 한다. 그러나, 고객자산은 그 정의에서도 알 수 있듯이 미래의 가치에 기반한 장기지표이므로 측정에 있어서도 다양한 걸림돌이 존재한다. 여기에서는 측정이 가장 용이한 상황에서 고객자산의 측정방법에 대해 설명하고자 한다.

1. 고객생애가치

고객자산은 고객생애가치의 합이므로 고객자산의 측정을 위해 필수적으로 측정되어야 하는 지표는 고객생애가치(CLV)이다. 고객생애가치를 통해 고객자산을 계산하는 방식에 있어서도 각 개인의 고객생애가치를 따로 계산하여 합치는 상향식(bottom-up) 방법과, 평균적인 고객의 생애가치를 계산하여 고객수를 곱하는 하향식(top-down) 방식이 존재한다. 여기에서는 주로 후자를 기반으로 설명하고자 한다.

평균적인 고객에 대한 CLV 계산식의 도출을 위해 아래와 같은 가정을 설정한다.

- 고객으로부터 얻을 수 있는 기대수익은 단위 기간당(예, 1년) m이다. 여기에는 고객의 유지에 필요한 비용이 포함되어 있으며, 시간의 흐름에 따라 변하지 않는다.
- 고객들의 재구매율은 $r(<1)$ 이며, 이는 시간의 흐름에 따라 변하지 않는다.
- 고객획득 단계에서 창출되는 가치는 0이다. 즉, 고객획득에 필요한 비용이나 획득으로부터 얻을 수 있는 수익은 0이다.
- 미래의 가치는 할인율 d를 적용해 현재가치로 환산한다.

새로 거래관계를 시작한 고객이 1기 이후에도 고객일 확률(이를 생존확률이라고 한다)은 재구매율 r과 같고, 2기 이후의 생존확률은 재구매율 r을 한 번 더 곱하여 r^2이 된다. 즉, 어떤 고객이 t기 이후에도 계속 고객일 확률은 r^t로 쓸 수 있다. 이 고객은 단위 기간별로 m의 수익을 창출하므로, 1기 이후의 기대수익은 mr, 2기 이후에는 mr^2, t기 이후에는 mr^t가 된다. 그러므로, 이 고객의 1기 이후 현재가치는 할인율 d를 적용하여 $mr/(1+d)$, 2기 이후 현재가치는 $mr^2/(1+d)^2$, t기 이후의 현재가치는 $mr^t/(1+d)^t$가 된다.

그러므로,

$$CLV = \frac{mr}{1+d} + \frac{mr^2}{(1+d)^2} + \frac{mr^3}{(1+d)^3} + \cdots$$
$$= \frac{mr}{1+d-r}$$

위의 CLV 계산식의 구조를 단순화하면 고객별 수익 $[m]$ * 승수 $[r/(1+d-r)]$로 쓸 수 있다. 이 때, 수익에 곱해지는 승수를 마진승수(margin multiple)라고 하는데, 이의 구성요소를 보면 고객의 CLV는 재구매율 r이 높을수록, 현금할인율 d가 낮을수록 커진다는 것을 알 수 있다. 재구매율이 높다는 것은 그 고객의 충성도가 높아 미래에도 계속 해당 기업의 고객일 확률(즉, 생존 확률)이 높다는 것을 의미하고, 현금할인율이 낮다는 것은 해당 기업이 미래를 크게 할인하지 않는다는 것, 즉 현재의 가치와 미래의 가치가 크게 다르지 않다는 것을 의미한다. 따라서, 이러한 기업의 경우에는, 미래에 예상되는 고객가치가 당장 실현되는 현재가치만큼 중요한 의미를 가지게 되므로 (다른 조건이 같다면) 획득한 고객의 생애가치가 커지게 되는 것이다.

다만, 이 경우는 획득가치가 0이고, 고객과의 거래가 규칙적이며, 고객별 수익성과 재구매율이 시간의 흐름에 따라 변하지 않는다는 가정하에서 도출된 것이므로, 이러한 가정이 맞지 않는 상황에서는 훨씬 복잡한 형태의 CLV 측정이 필요하다. 즉, 고객별 수익성이나 재구매율은 고정되어 있거나 기업이 결정할 수 있는 것이 아니라 기업이 어떤 마케팅활동을 실시하느냐에 따라 얼마든지 변할 수 있는 시장의 반응에 기초한 것이므로, 경쟁상황이나 산업동향에 따라 변형된 CLV 측정식이 사용되어야 한다. 또한, 위의 CLV 공식은 고객의 교차구매나 구전으로 인한 간접가치를 고려하지 않았으므로 실제 고객가치를 과소추정할 수도 있다는 것을 주의하여야 한다.

2. 고객 수

현재 확보된 고객만을 고려하는 정적 고객자산의 개념으로 측정할 경우에는 고객생애가치에 현재 확보한 고객수를 곱함으로써 기업의 고객자산이 측정될 수 있다. 그러나, 미래에 확보가 예상되는 고객의 가치까지 고려하는 동적 고객자산의 경우에는 과거의 고객수를 바탕으로 미래의 고객수를 예측하여야 한다. 많은 선행연구에 의해 밝혀진 바로는 대부분의 경우 고객수의 성장은 S자 곡선의 형태를 따르는 경우가 많고, 이 경우 특정시점 t의 누적고객수(N_t)는 다음과 같은 모형의 계수 α, β, γ를 추정함으로써 얻을 수 있다.

$$N_t = \frac{\alpha}{1+\exp(-\beta-\gamma t)}$$

이때, α는 최대누적고객수를 나타내고 γ는 곡선의 기울기를 나타낸다.

| 참고문헌 |

1. 안광호·한상만·전성률, *전략적 브랜드관리*, 제5판, 학현사, 2019.
2. 안광호·이진용, *브랜드의 힘을 읽는다*, 더난출판, 2006.
3. David A. Aaker, *Managing Brand Equity*, New York: Free Press, 1991.
4. David A. Aaker, *Building Strong Brands*, New York: Free Press, 1996.
5. Kevin Lane Keller, "Conceptualizing, Measuring, and Managing Customer–Based Brand Equity," *Journal of Marketing*, January 1993, pp. 1–23.
6. Philip Kotler, Kevin Lane Keller, and Alexander Chernev, *Marketing Management*, 16th ed., Pearson, 2021.
7. Blattberg, Robert C. and John Deighton, "Manage Marketing by Customer Equity Test," *Harvard Business Review*, Jul.–Aug. 1996.
8. Blattberg, Robert C., Gary Getz, and Jacquelyn S. Thomas, *Customer Equity: Building and Managing Relationships as Valuable Assets*, Harvard Business School Press, 2001.
9. Gupta, Sunil and Donald R. Lehmann, *Managing Customers as Investments: The Strategic Value of Customers in the Long Run*, Wharton School Publishing, 2005.
10 Gupta, Sunil, Donald R. Lehmann, and Jennifer Ames Stuart, "Valuing Customers," *Journal of Marketing Research*, 41 (Feb.), 2004.
11. Kotler, Philip and Gary Armstrong, *Principles of Marketing*, 18th ed., Pearson, 2021.
12. Kumar, V. and Denish Shah (eds.), *Handbook of Research on Customer Equity in Marketing*, Edward Elgar, 2015.
13. Rust, Roland, Valarie Zeithaml, and Katherine Lemon, *Driving Customer Equity: How Customer Lifetime Value Is Reshaping Corporate Strategy*, Free Press, 2000.

| 생각해 볼 문제 |

1. 강력한 자산적 가치를 가진 브랜드가 갖추어야 할 바람직한 조건들을 소비자의 관점에서 논하시오.

2. 브랜드자산은 브랜드와 관련된 바람직한 연상들을 토대로 구축된다. 미원, 죽염치약이 각각의 브랜드자산구축에 기여한 결정적 요인은 무엇인가?

3. 한국 대기업과 구미 대기업의 브랜드자산구축전략 간에 차이가 나는 이유를 설명하고, 왜 많은 한국 기업들이 브랜드파워를 키우기 위한 장기적 마케팅투자를 소홀히 했는지에 대해 논하시오.

4. 브랜드인지도가 높은 브랜드가 브랜드자산의 구축에 기여하는 이유를 제시하고 브랜드인지도를 높이기 위한 마케팅전략을 설명하시오.

5. 최근들어 많은 기업들이 브랜드확장전략을 도입하고 있다. 이 전략이 갖는 장단점을 설명하고, 어떤 경우에 브랜드확장전략이 적절한지를 논하시오.

6. 고객자산이 마케팅에서 중요한 개념으로서 자리 잡게 된 이유는 무엇인지 생각해 보자.

7. 브랜드자산과 고객자산의 공통점과 차이점에 대해 설명해 보자.

8. 객관적 가치, 브랜드가치, 관계가치를 통해 재구매율이 상승하게 되는 예를 각각 제시하고 기업의 마케팅활동이 이에 미치는 영향에 대해 설명해 보자.

9. 고객자산을 고려하지 않는 마케팅활동의 위험성에 대해 토론해 보자.

10. 획득–유지–향상이라는 키워드로 기업과 고객 사이의 관계 변화를 설명하고 한국 기업 중 예를 들어 적용해 보자.

제 12 장

마케팅성과관리

1. 마케팅성과의 이해
2. 마케팅성과지표의 측정
3. 마케팅성과지표의 종류
4. 마케팅생산성

마케팅활동과 성과를 제대로 연결하려면?

2019년 말에 발생한 COVID-19로 인한 글로벌 팬데믹은 마케팅전략과 소비자들의 반응에도 많은 변화를 가져왔다. 특히 지난 18개월 동안 글로벌 팬데믹 그리고 그 여파로 급격한 소비자 및 시장변화가 이뤄지면서 효과성 전략은 시험대에 올랐다. 호주의 가장 영향력 있는 마케팅 최고책임자(CMO) 50명은 팬데믹 발생 이후 마케팅활동과 성과 간의 관계를 관리하면서 얻은 교훈과 통찰을 아래와 같이 정리하였다.

◆ 데이터가 왕이다

마케팅계획을 위한 정보를 제공하고, 업무의 우선순위를 설정하는 데 쓰이는 고객 데이터와 마케팅 애널리틱스의 가치를 간과해서는 안 된다. 마케팅팀에서 고객 그리고 조직 모두에 가장 높은 가치를 제공하는 것을 중심으로 업무의 우선순위를 설정할 수 있도록 적절한 데이터와 애널리틱스를 갖추어야 한다는 것이다. 한 식품업체는 데이터에서 성장기회를 식별하고 무역 파트너와 협력해 매우 효과적인 마케팅 프로그램을 제공함으로써 2021 회계연도 매출의 10% 이상을 지난 3년 동안 출시된 신제품에서 만들어 내기도 하였는데, 이는 비슷한 종류의 소비재 글로벌 평균의 2배이다. 또한, 중요한 것은 데이터와 과감한 행동 사이의 균형이다. 숙련된 마케팅 전문가로서 성과를 내기 위해 무엇이 효과적인지 가설을 세울 수 있어야 하고, 효과가 없는 것을 과감히 포기하는 행동이야 말로 마케팅 책임자가 할 수 있는 가장 중요한 일이라는 것이다. 내부 이해관계자가 어떻게 생각할지 걱정하기보다는 고객의 말과 행동에만 귀를 기울일 때 데이터 기반 마케팅활동이 가장 효과적으로 작동한다고 할 수 있다.

◆ 적시성이 중요하다

데이터에 접근하는 것도 중요하지만 적시에 활용하는 것은 더 중요하다. 시장의 움직임과 관련된 인사이트를 포커스 그룹, 트래커, 사회적 정서 분석, 검색 트렌드 활용 등을 통해 상시 확보해 시시각각 변화하는 환경에 신속하게 대응해야 한다. 한 항공사의 CMO는 "팬데믹 기간 동안 전 세계가 멈췄다고 느꼈을 수 있겠지만 소비자 행동은 그렇지 않았다. 크게 바뀌었다"라며, "대부분의 기존 모델은 더 이상 관련성이 없기 때문에 실시간 인사이트를 활용해 비즈니스 결정을 위한 정보를 제공하고 변화하는 고객 니즈에 대응해야 한다"라고 권고했다.

◆ 투자를 유지하라

장기적인 마케팅계획을 고수해야 마케팅 효과성이 강화될 수 있다. 경제적으로 불확실하거나 위기에 직면한 상황에서도 브랜드 투자를 유지하는 게 중요하다는 연구결과에서 보듯이 수익을 위해 지출을 줄여야 하는 불가피한 상황에서도 일정 수준의 마케팅투자를 지속적으로 유지하는 것이 중요하다.

◆ 장기적인 비전을 고수하라

마케팅 효과성의 핵심은 크고 의미 있는 메시지에 집중하는 한편, 사소한 일로 방해를 받지 않는 데 있다. 마케팅팀이 성공에 관해 하나의 명확한 정의를 내리고, 그 비전에 도달하기 위한 전략을 구축하여야 한다. 진정으로 효과적인 마케팅은 장기적인 비전을 가지고 단기 목표를 달성하는 것이다. 특히, 불확실한 환경에서는 거시적 목표와 단계적 목표 사이의 사다리 타기가 무엇보다 중요한 것이다. 때때로 단기적인 문제를 해결하기 위해 장기적인 목표를 포기해 버리기 쉽지만 이 두 가지의 균형을 맞추는 일이 기업의 성공에 매우 중요한 숙제이다.

◆ 협업을 유지하라

예를 들어 영업과 마케팅의 정렬은 매우 중요하다. 조직 전체에서 설립한 목표를 추진하면서 모든 영업담당자와 마케팅관리자가 따르도록 하는 것은 쉽지 않지만 반드시 필요한 사항이다. 예를 들어, 마케팅에서 운영하는 기업 내 다른 기능들이 참여하는 주간 오케스트레이션 회의를 도입할 수도 있을 것이다. 이런 회의에서 마케팅팀은 영업부서가 알 수 없었던 고객 인사이트를 제공할 수 있으며, 이 데이터를 바탕으로 수행될 모든 활동을 중심으로 시장출시전략을 일관적으로 통합관리할 수 있다. 한 은행의 CMO는 팀 간의 사일로를 무너뜨린 것이 마케팅 효과성을 달성할 수 있었던 가장 중요한 촉매제의 하나였다고 언급했다.

◆ 현명하게 측정하라

"측정할 수 없는 것은 관리할 수 없다"라는 말이 있듯이 비전과 목표를 분명히 하고, 이를 중심으로 올바른 지표를 설정한 다음, 그 목표를 달성하기 위해 측정하고 최적화해야 마케팅 효과를 극대화할 수 있다. 적절한 지표를 구축하고 이러한 지표를 뒷받침하는 데이터와 분석기법을 확보하는 것은 이해관계자의 신뢰를 쌓고 이해관계자가 마케팅에 투자할 수 있게 하는 데 도움을 줄 것이다.

◆ 기술을 활용하라

강력하고 통찰력 있는 브랜드 및 마케팅전략과 함께 기술을 활용한 마케팅(마테크)이나 인공지능 등을 활용해 실행이 더 정교해지면 마케팅 부서가 비즈니스 성공에 더 큰 영향을 미칠 수 있게 된다. 모바일 환경은 사용자 편의에 맞춰 점점 단순해지고 있지만 분석해야 하는 데이터의 양은 더욱 방대해지고 있다. 소비자의 모든 순간은 데이터로 남는다고 해도 과언이 아닐 정도이다. 마케팅은 신뢰가 중요하고 신뢰는 데이터가 만들어 낸다는 것을 고려할 때, 점점 마케팅 효과를 높이기 위한 기술의 활용은 중요해질 것이다.

자료원: CIO코리아, 2021.11.9; 전자신문, 2022.1.25.

제1장에서 설명하였듯이 기업의 마케팅관리과정은 마케팅계획의 수립과 이의 실행, 그리고 이를 통제하는 일련의 과정을 의미한다. 이러한 마케팅관리를 체계적으로 운영하는 데 있어 적절한 마케팅성과지표를 설정하고 이를 정확히 측정하는 것은 마케팅생산성을 향상하고 마케팅전략을 성공적으로 수행하기 위해 필수적인 과정이다.

그러나 마케팅성과는 그 특성상 적절한 지표를 설정하고 측정하는 데 있어 다양한 어려움이 존재하며 나아가 마케팅생산성을 파악하고 향상시키는 것은 더욱 어려운 일이다. 이 장에서는 마케팅성과의 개념에 대한 이해를 바탕으로 이를 적절히 관리하기 위한 다양한 마케팅성과지표를 소개하고, 마케팅생산성 측정 및 향상에 대한 기본적인 개념들에 대해 설명한다.

01 마케팅성과의 이해

새로운 제품의 출시, 매체광고의 실행, 가격변경, 유통경로 재설계 등 기업들이 수행하는 마케팅활동들이 시장에서 어떤 성과로 이어지는가는 다양한 방식과 지표로 측정될 수 있다. 마케팅성과를 제대로 이해하기 위해서는 마케팅활동이 어떻게 기업의 가치를 높이는 역할을 수행하는지 그 프로세스를 정확히 이해하는 것이 필요하다.

[그림 12-1]에서 알 수 있듯이 기업의 마케팅자원(예: 광고예산)과 전략(예: 표적고객 선정과 포지셔닝)은 구체적인 마케팅프로그램(예: 광고집행)의 형태로 시장에 영향을 미친다. 이러한 마케팅프로그램들은 먼저 소비자의 생각에 영향을 주고, 이는 다시 소비자의 행동에 영향을 주게 된다.

예를 들어, 새롭게 출시된 삼성전자의 갤럭시 스마트폰의 광고에 노출된 소비자가 해당 제품의 성능이 좋다고 인지하는 경우(소비자지각), 애플 아이폰을 쓰던 소비자가 처음으로 삼성전자의 스마트폰을 구매할 수 있다(소비자행동). 이 경우 삼성전자가 획득한 새로운 고객은 11장에서 설명하였듯이 생애가치를 측정하거나 고객별 수익성을 측정할 수도 있다(고객성과). 이러한 소비자들의 구매행동들이 모이면 제품시장에서 삼성전자의 시장점유율과 같은 성과로 집계된다(제품시장성과). 삼성전자의 손익계산서에 나타나는 많은 회계장부상의 성과지표(예: 매출액, 당기순이익)는 이러한 제품시장 성과가 모여서 생기는 것이며(회계성과), 이는 다시 금융시장에서 삼성전자의 시가총액이나 주가변동성에 영향을 준다(재무시장성과).

기업의 마케팅프로그램 실행이 가져오는 이러한 다양한 반응은 모두 마케팅활동이 시장에 영향을 줌으로써 나타나는 성과의 일종이라고 말할 수 있다. 따라서 마케팅성과는 그 분석단위가 개별 고객이냐 시장 전체냐에 따라서도 다른 지표가 사용될 수 있고, 측정이 필요한 주체가 현재

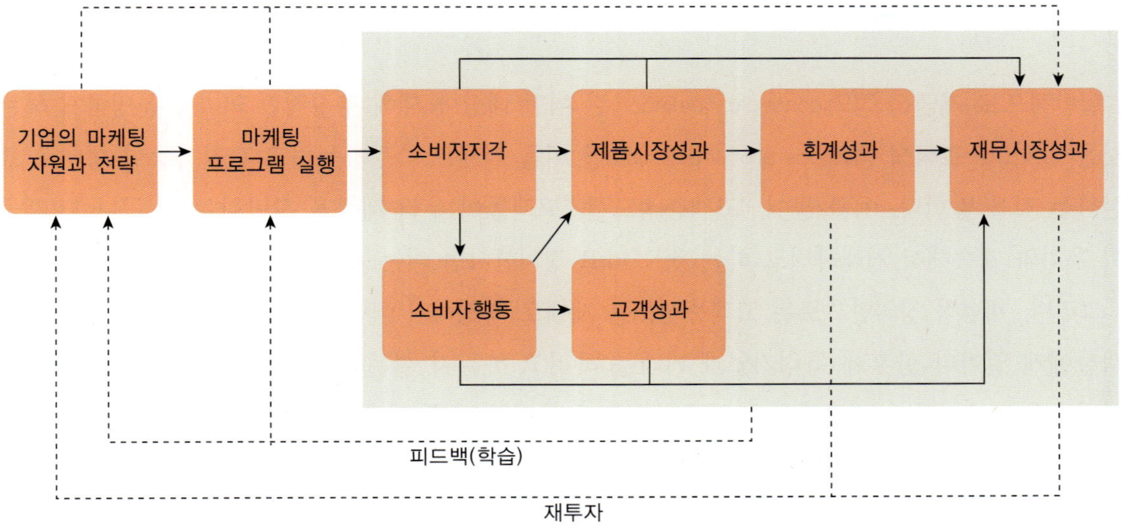

그림 12-1 마케팅성과 체인
자료원: Katsikeas et al.(2015), p. 3.

어떤 상황에 처해 있느냐에 따라서도 상대적 중요성이 다를 수 있다. 가령, 현대자동차의 쏘나타는 한국시장에서 거의 모르는 소비자가 없을 정도로 이미 많이 알려져 있기 때문에 인지도라는 성과지표의 측정이 필요 없을지 모르지만, 현대자동차가 새로 진출한 국가에서는 쏘나타 브랜드인지도를 측정하고 관리하는 것은 훨씬 중요한 의미를 가진다. 마케터들은 모든 마케팅성과를 관리하는 것이 아니라, 기업이나 사업부의 상황에 적합한 마케팅성과를 취사선택하여야 한다.

02 | 마케팅성과지표의 측정

이렇게 다양한 마케팅성과지표를 마케터들이 제대로 측정하고 관리하기 위해서는 (1) 조작적 정의를 구체적이고 실천가능하도록 규정하고, (2) 되도록 정기적이고 반복적으로 측정하며, (3) 마케팅성과지표와 관련 있는 변수들을 동시에 측정하고, (4) 단기성과와 장기성과를 균형 있게 측정하여야 한다. 이러한 점들에 유의하지 않으면 자칫 마케팅성과지표의 측정은 성공적인 마케팅전략 수립과 실행에 도움을 주는 것이 아니라 측정을 위한 측정이 되어 마케팅관리자에게 부담만 주는 추가업무가 될 수 있다.

2.1 조작적 정의에 유의

일반적으로 **개념적 정의**(conceptual definition)란 어떤 대상에 대해 추상적인 의미를 분명하게 하는 것을 말하고, **조작적 정의**(operational definition)란 이를 실제로 측정가능하고 관찰가능한 형태로 표현하는 것을 말한다. 예를 들어, '고객충성도'를 "고객들이 우리 제품을 사랑하는 정도"나 "고객들이 우리와 계속해서 거래하려고 하는 정도"라고 정의한다면 이는 개념적 정의에 해당된다.

그러나, 개념적 정의만으로는 고객충성도를 제대로 측정하기 어렵다. 왜냐하면 고객충성도는 고객들에게 얼마나 향후에 특정기업과 거래를 하려고 하는지 설문하여 측정할 수도 있고, 고객의 거래이력을 분석하여 재구매율을 산출함으로써 측정할 수도 있기 때문이다. 이때, 어떤 기업에서 고객충성도를 "향후 6개월 이내의 재구매의향을 7점 척도로 질문하였을 때의 고객반응"이라는 것으로 정의한다면 이것이 조작적 정의에 해당된다.

마케팅성과는 매출액이나 시장점유율처럼 개념적 정의와 조작적 정의의 구분이 크게 의미없는 경우도 있지만, 고객만족·충성도·호감도·신뢰도처럼 측정을 위한 조작적 정의가 반드시 필요한 경우도 있다. 마케팅성과지표를 설계할 때에는 이와 같이 어떤 개념적 성과를 어떻게 측정할 것인가에 대한 구체적인 근거와 계획이 있어야 한다.

2.2 정기적이고 반복적인 측정

마케팅성과지표 중 특히 소비자의 생각을 측정하는 지표들은 그 단위가 보편적이지 않고 용도에 맞게 개발된 것들이 많아 그 의미를 해석하는 데 어려움이 있는 경우가 있다. 예를 들어, 매출액은 화폐단위로 측정하므로 누구나 그 의미를 이해하는 데 어려움이 없지만, 고객만족도를 100점 만점의 지표로 측정하는 경우에는 그 의미가 매출액처럼 확실하지는 않다.

가령, SK텔레콤의 이동통신서비스가 2021년 고객만족도 조사에서 79점을 받았다면 그 결과를 어떻게 해석해야 할까? 아마 2021년에 처음으로 고객만족도를 조사했다면 79점의 의미를 제대로 해석하는 것은 어려울 것이다. 그러나 한국생산성본부에서 실행하고 있는 **국가고객만족도**(National Customer Satisfaction Index: NCSI)처럼 정기적이고 반복적으로 고객만족도를 조사해 왔다면 2021년 결과에 대한 해석은 보다 용이할 것이다([그림 12-2] 참조).

이렇게 반복적인 측정이 중요한 또 하나의 이유는 마케팅성과의 특성상 오류 없는 정확한 측정이 불가능한 경우가 많기 때문이다. 물리적인 현상에 대한 측정에 있어서도 항상 측정오차는 존재하며, 소비자의 생각이나 행동에 기반하는 마케팅성과의 경우에는 더 큰 측정오차가 존재하기 마련이다. 앞에서 예로 든 고객만족도 측정의 경우, 설문의 대상이 되는 고객들을 선별하는 과정

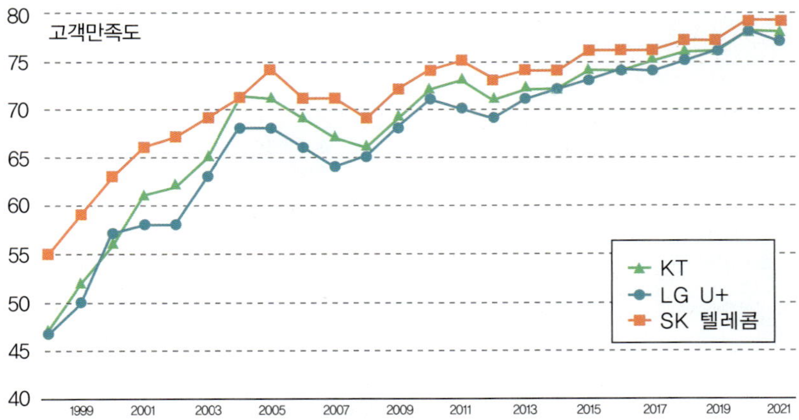

그림 12-2 이동통신서비스 고객만족도 추이
자료원: 한국생산성본부 국가고객만족도 조사 결과(www.ncsi.or.kr)

에서 전체고객을 제대로 대표하지 못하는 고객들이 선택될 수도 있고, 설문을 진행하는 인터뷰 요원들이 제대로 질문을 전달하지 못하는 경우도 있으며, 질문의 설계가 잘못될 수도 있다. 대부분의 경우 이러한 오류들은 예측하기도 어렵고 측정도 불가능한 경우가 많으므로 가장 좋은 방법은 측정을 반복적으로 함으로써, 통제불가능한 오류들이 상쇄될 수 있도록 하는 것이다. 따라서, 마케팅성과지표의 측정방법을 자주 변경하는 것은 그리 바람직하지 않다.

2.3 선행지표와 후행지표의 측정

대부분의 마케팅성과지표에는 그 성과의 하부요소를 구성하고 그 성과에 영향을 주는 선행지표와 그 성과로 말미암아 영향 받을 수 있는 후행지표가 존재한다. 예를 들어, 한국생산성본부의 NCSI는 [그림 12-3]과 같은 모형에 의해 측정된다.

즉, NCSI 모형에 따르면 고객만족도는 고객기대수준, 고객인지품질, 고객인지가치에 의해 형성되며, 고객의 불평률과 충성도에 영향을 준다. 예를 들어, 고객이 LG전자의 노트북에 대해 느끼는 만족도는 해당 제품을 구매하고 사용하기 전에 기대했던 품질 및 성능수준과 실제로 그 제품을 경험하면서 인지된 품질수준, 그리고 그 둘을 종합한 인지가치에 의해 영향을 받아 형성된다. 만약 고객이 충분히 만족한다면 LG전자의 노트북을 재구매함으로써 충성도를 보여줄 수도 있고, 그렇지 못하다면 부정적인 구전을 통해 불평을 표시할 수 있다.

위의 예에서도 알 수 있듯이 많은 마케팅성과지표는 그 지표에 대한 측정만이 의미 있는 것이 아니라, 그러한 성과에 영향을 주는 선행지표나 그 성과로 인해 영향을 받는 후행지표들이 동시에

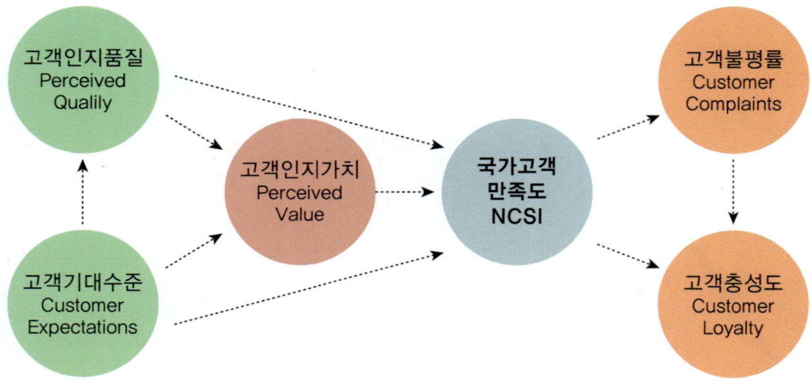

그림 12-3 국가고객만족도 모형
자료원: http://www.ncsi.or.kr/ncsi/ncsi_new/ncsi_intro.asp

측정되어야 마케팅의사결정에 보다 큰 함의를 제공할 수 있다. 가령, LG전자 노트북에 대한 고객만족도가 낮게 측정되었을 때 그것이 주로 고객기대수준에 기인한 것인지, 아니면 고객인지품질에 기인한 것인지에 따라 LG전자의 마케터들은 다른 마케팅전략을 수립해야 한다. 마케팅성과지표를 설정하고 관리할 때에는 이처럼 각 지표들 간의 상호 연결성에 주목하여야 한다.

2.4 단기성과와 장기성과의 균형

보통 경제현상과 관련하여 측정되는 지표들은 일정기간 동안에 측정되는 **유량변수**(flow variable)와 특정시점에서 측정되는 **저량변수**(stock variable)로 구분할 수 있다. 예를 들어, 2021년 말 기준 우리나라의 아파트 수는 전형적인 저량변수이고, 2022년 10월 한 달 동안의 아파트 거래량은 유량변수이다. 마케팅성과지표들도 이러한 저량과 유량의 개념에 의해 구분이 가능하다. 예를 들어, 인지도·호감도·브랜드자산·고객자산 등은 마케팅활동에 의해 성과가 축적되어 특정시점에서 측정되는 저량변수라고 할 수 있고, 시장점유율·거래량·영업이익 등은 일정기간 동안의 마케팅성과를 알 수 있는 유량변수이다.

일반적으로 저량변수는 축적의 의미가 크므로 보다 장기적인 관점으로 관리해야 하는 변수이고, 유량변수는 마케팅활동의 단기적이고 가시적인 성과가 측정되는 변수라고 할 수 있다. 많은 기업에서 다양한 마케팅성과지표를 측정하고 관리하고 있지만 대부분 유량변수에 집중하는 경향이 있고, 이것은 자연스럽게 단기지향적인 마케팅의사결정으로 이어지게 된다. 따라서, 마케팅성과지표를 측정하고 관리할 때에는 저량변수와 유량변수가 적절한 균형을 이루어 장기적인 관점과 단기적인 관점이 조화를 이루도록 하는 것이 필요하다.

MARKETING
FOCUS

정교한 마케팅성과분석으로 빠르게 성장한 오늘의집

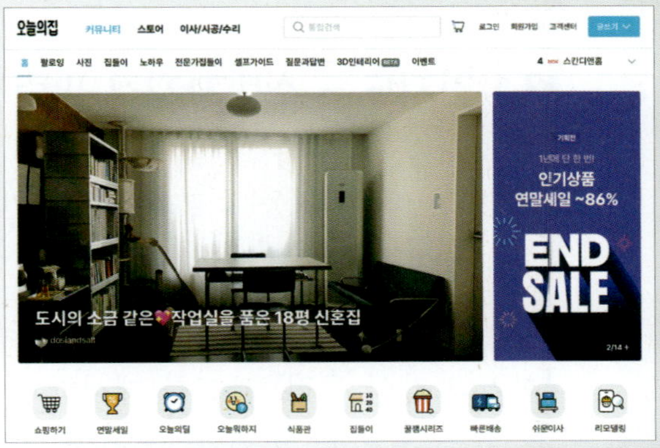

| 국내 1위 인테리어 플랫폼 오늘의집은 정교한 마케팅성과 분석으로 빠르게 성장하고 있다.

2014년 앱 출시 이후 7년 만에 2000만 다운로드를 돌파할 정도로 빠르게 성장한 오늘의집은 국내 1위 인테리어 플랫폼 업체이다. 오늘의집의 이러한 성공에는 마케팅성과지표를 정교하게 관리함으로써 마케팅효과를 극대화하는 퍼포먼스 마케팅이 큰 역할을 했다고 볼 수 있다.

오늘의집 마케팅팀의 미션은 '인테리어가 필요한 모든 순간, 오늘의집에 찾아오게 한다'는 것이었는데, 인테리어라는 업종의 성격상 니즈가 발생했을 때 고객이 알아서 찾아올 수 있도록 만들어 주어야 하는 것이 중요하다. 따라서, 마케팅의 역할이 매우 결정적이며, 데이터를 기반으로 가설을 세우고 검증하는 등 보다 정교한 성과관리가 필요한 산업이다.

오늘의집은 다양한 성과지표들을 사용하는데, 특히 새로운 고객을 확보하는 것이 중요한 사업의 성격상 신규 유저 1명을 데려오는 데 드는 마케팅비용인 고객획득비용(Customer Acquisition Cost, CAC)과 고객 1명이 발생시킬 것으로 기대되는 총 미래수익의 현재가치인 고객생애가치(Customer Lifetime Value, CLV 혹은 LTV)을 중요한 성과지표로 활용하고 있다. 이와 같은 고객기반의 성과지표는 전통적인 광고비대비매출액(ROAS)과는 달리 오늘의집과 같이 고객 커뮤니티와 커머스가 결합된 기업에서는 오히려 더 중요한 의미를 가진다고 할 수 있다.

오늘의집은 CAC나 CLV와 같은 성과지표를 획일적으로 적용하는 것이 아니라 성장단계에 따라 유연하게 적용하고 있다. 특히 성장속도가 빠른 스타트업의 경우에는 기업규모와 외부환경 변화를 고려하여 마케팅성과지표도 그에 맞게 탄력적으로 적용해야 하기 때문이다. 만약 성과지표별 목표를 달성하지 못하는 경우에는 마케팅정책에 변화를 도모한다. 예를 들어, CLV를 신장시키기 위해 구매후기를 남기면 포인트를 적립해 주고, 향후 포인트로 구매할 수 있도록 함으로써 지속적인 재구매를 유도하는 제도를 적용한다. 또한, 한동안 구매가 없는 고객을 대상으로 판촉을 실행하여 CLV를 올리기도 한다. 만약 CAC가 목표보다 높게 나온다면 A/B테스트 등을 통해 광고 콘텐츠에 변화를 줌으로써 새로운 고객을 유치하는 생산성을 높이기 위한 시도를 하기도 한다.

또한, 오늘의집은 자체적으로 구축한 '유입기여분석시스템'을 2021년부터 활용함으로써 고객유입을 위한 매체성과를 추적하고 KPI를 관리하고 있다. 이는 점점 고객들의 유입경로가 다양해짐으로써 기존의 툴인 앱스플라이어(AppsFlyer)나 구글 애널리틱스(Google Analytics)만으로는 정교한 고객유입 관리가 어렵기 때문이다. 따라서, 오늘의집 앱 방문 후 고객들의 활동을 추적할 수 있는 사내 로그데이터를 중심으로 고객유입 경로를 추적한 데이터를 통합관리 할 수 있는 시스템을 구축한 것이다. 이러한 시스템을 비전문가도 쉽게 알아볼 수 있도록 대시보드 형태로 구축하고, 쉽게 데이터를 추출할 수 있는 쿼리문을 정리해 제공함으로써 사내에서의 활용도를 높이고 있다.

자료원: 동아비즈니스리뷰, 2021.10. Issue2; 한국경제, 2021.12.3.

03 | 마케팅성과지표의 종류

산업별, 기업별, 사업부별 상황에 따라 다양한 마케팅성과지표가 활용되고 있다. 여기에서는 [그림 12-1]의 분류에 따라 소비자지각, 소비자행동, 고객성과, 제품시장성과, 회계성과, 재무시장성과와 관련된 대표적인 마케팅성과지표들을 소개한다.

3.1 인지도 – 소비자지각 관련 지표

브랜드나 마케팅활동(예: 광고)에 대한 **인지도**는 소비자의 태도를 형성하고 행동을 변화시키는 가장 기본적인 필요조건이다. 따라서 많은 경우에 마케터가 반드시 측정하고 관리해야 할 성과지표이다. 인지도는 주로 소비자 설문에 의해 측정되는데 "배달의민족이라는 앱을 들어보신 적이 있습니까?"와 같이 특정브랜드를 제시하고 이를 알고 있는지 질문하는 경우를 보조 인지도(aided awareness) 측정이라고 하고, "치킨이나 중국집 배달을 위한 앱 중 생각나는 브랜드가 있습니까?"와 같이 특정브랜드 이름을 제시하지 않고 질문하는 경우를 비보조 인지도(unaided awareness) 측정이라고 한다. 또한 어떤 상품군이나 서비스를 고려할 때 가장 먼저 떠오르는 브랜드나 제품을 질문하는 최초상기도(top of mind: TOM) 측정이 활용되기도 한다.

3.2 순추천지수(Net Promoter Score: NPS) – 소비자지각 관련 지표

순추천지수는 베인앤컴퍼니의 프레데릭 라이켈트(Frederick R. Reichheld)가 주창하여 많은 기업에서 활용하고 있는 마케팅성과지표이다. 이 지표는 고객들이 특정기업, 제품, 브랜드 등에 대하여 얼마나 추천의지를 가지고 있는지를 0점에서 10점까지의 점수로 평가하고 이를 통해 고객만족도, 충성도 등을 종합적으로 측정한다. 순추천지수는 설문에 응답한 고객 중 9점 이상의 추천의지를 보인 추천자(promoters) 그룹의 비중에서 6점 이하의 추천의지를 보인 중상자(detractors) 그룹의 비중을 빼서 구한다. 예를 들어, 특정기업의 제품을 친구나 지인에게 추천하겠다는 의향이 9점 이상인 추천자 비중이 60%이고, 6점 이하인 중상자 비중이 20%라면 순추천지수는 40이 된다.

3.3 가격민감도 – 소비자행동 관련 지표

11장에서 살펴보았듯이, 가격은 소비자들이 가장 민감하게 반응하는 마케팅믹스 중의 하나이

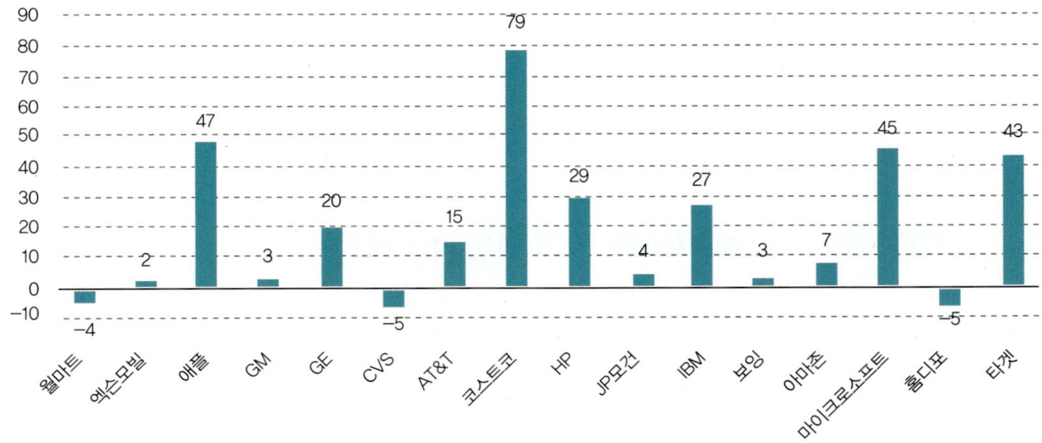

그림 12-4 미국 대기업들의 2022년 기준 순추천지수
(**자료원**: https://customer.guru/net-promoter-score/fortune-500)

다. **가격민감도**는 주로 가격변화율(%)에 대한 수요변화율(%)로 측정하고, 이를 수요의 가격탄력성이라고 한다. 예를 들어, 10% 가격할인에 대해 20%의 수요증가가 나타난다면 가격탄력성은 −2.0이라고 할 수 있다.

만약 어떤 브랜드가 매우 충성도 높은 고객을 많이 확보하고 있다면 이 경우 가격탄력성은 어떻게 될까? 일반적으로 브랜드충성도와 가격탄력성은 반비례한다고 볼 수 있다. 왜냐하면 브랜드에 대한 충성도가 높아질수록 다른 브랜드가 대체할 수 있는 여지가 줄어든다고 할 수 있으므로, 가격변화에 수요가 크게 영향받지 않기 때문이다.

따라서 가격민감도는 브랜드의 파워를 간접적으로 측정할 수 있는 마케팅성과지표이다. 가격민감도는 가격변화에 대한 시나리오를 제시하고 이에 대한 구매의향을 조사함으로써 파악하기도 하지만, 최근에는 실제 구매이력과 가격정보 데이터를 분석함으로써 통계적으로 추정하는 방법을 많이 쓰고 있다.

3.4 클릭률(Clickthrough Rate) – 소비자행동 관련 지표

인터넷과 모바일이 중요한 마케팅 미디어로 등장함에 따라 과거에는 관찰하기 어려웠던 소비자들의 구매 전 행동들도 관찰이 용이해지고 있다. 21세기의 많은 마케터들이 중요한 마케팅성과로 측정하고 관리하는 지표 중의 하나가 **클릭률**이다.

클릭률은 보통 특정광고가 클릭된 횟수에서 노출횟수를 나누어 측정한다. 여기서 노출(impression)이란 특정광고가 소비자들에게 보여진 횟수를 말하는데, 모든 페이지의 광고들을 소비자들이 주목하지 않는다는 점에서 단순히 어떤 웹페이지가 소비자들에게 보여진 횟수로 노출횟수를 측정할 경우 실제 노출횟수가 다소 과대평가될 가능성이 있다. 클릭률은 집행된 광고의 성과를 사후적으로 측정하는 데도 쓰이지만 미디어들의 광고비를 책정하고 최적의 광고예산 할당기준을 세우는 등 사전적인 분석에도 활용되는 지표라고 할 수 있다.

3.5 지갑점유율(Share of Wallet) – 고객성과 관련 지표

요구점유율(share of requirement)이라고도 불리는 이 지표는 특정상품군에 대한 고객의 지출 중에서 특정브랜드가 차지하는 비중을 말한다. 예를 들어, 고객 A가 월간 사용하는 신용카드 지출액이 1백만 원이고 그중 브랜드1의 사용액이 30만 원이라면 브랜드 1의 고객 A에 대한 **지갑점유율**은 30%가 된다. 시장점유율과 마찬가지로 지갑점유율도 거래량으로 측정할 수도 있고, 거래금액으로 측정할 수도 있다.

그러나 지갑점유율은 시장점유율과는 달리 각 고객별 거래액이나 구매액에 대한 보다 상세한 자료가 필요하다. 지갑점유율의 측정을 통해 마케터들은 각 고객들의 충성도나 미래잠재력 등을 측정하고 이를 마케팅전략에 반영한다. 예를 들어, 현재 지갑점유율이 높은 고객들은 우리 기업에 대한 의존도가 높고 충성도가 높다는 것이므로 장기적으로 좋은 관계를 계속 유지하는 것이 중요할 것이며, 현재 지갑점유율이 낮은 고객들은 11장에서 살펴보았듯이 고객향상(customer enhancement)의 기회가 많다고 볼 수 있다. 특히 산업재 마케팅에서 지갑점유율은 시장세분화를 수행하고 고객별 우선순위를 설정하는 데 있어 중요한 성과지표이다.

3.6 유통침투율 – 제품시장성과 관련 지표

제조업의 경우 생산한 제품이 얼마나 많은 유통업자에 의해 취급되고 있는가는 중요한 마케팅 성과의 하나라고 할 수 있다. 이러한 성과를 측정하기 위해 단순히 전체 유통업체 중 몇%가 해당 기업의 제품을 취급하고 있는지 계산할 수도 있지만, 이 경우 각 유통업체의 규모 차이가 반영되지 않는다는 단점이 있다.

이러한 단점을 보완하기 위해 고안된 **유통침투율** 지표가 ACV(all commodity volume) 침투율과 PCV(product category volume) 침투율이다. ACV 침투율은 모든 유통업체의 총매출액에서 해당 브랜드나 제품을 취급하는 유통업체의 총매출액이 차지하는 비중으로 계산하며, PCV 침투율은 모든 유통업체의 해당 상품군 매출액에서 특정브랜드나 제품을 취급하는 유통업체의 해당 상품군 매출액이 차지하는 비중으로 계산한다.

예를 들어, 우유 브랜드 A가 다음과 같이 시장에서 유통되고 있다고 하자.

	연간 총매출액 (백만 원)	연간 우유제품 매출액 (백만 원)	브랜드 A 취급 여부
유통업체 1	15,000	500	취급
유통업체 2	30,000	800	미취급
유통업체 3	25,000	700	취급
합계	70,000	2,000	

이 경우 브랜드 A의 ACV 침투율은 (15,000 + 25,000) / 70,000 = 57.1%이고, PCV 침투율은 (500 + 700) / 2,000 = 60.0%이다. 유통침투율은 특히 새로운 시장에 진출하는 경우 꾸준한 측정과 관리가 필요한 마케팅성과지표이다.

3.7 판촉증가율(Promotional Lift) – 제품시장성과 관련 지표

대표적인 마케팅활동의 하나인 판매촉진의 성과를 측정하기 위해서는 다양한 지표가 활용되지만 가장 중요하면서도 측정하기 까다로운 것은 판매촉진으로 인해 증가한 판매량 혹은 매출액일 것이다. 이를 **판촉증가율**(promotional lift)이라고 하고, 다음과 같은 식에 의해 측정할 수 있다.

판촉증가율(%) = 증가된 판매(판매량 또는 매출액) / 기본판매(판매량 또는 매출액)

위의 식을 개념적으로 이해하기에는 큰 어려움이 없으나, 실제 측정에 있어서는 많은 자료의 축적과 분석이 뒷받침되어야 한다.

첫째, 분모의 **기본판매**(baseline sales)를 어떻게 추정할 것인가 하는 문제이다. 기본판매란 특별한 마케팅활동(예: 판매촉진이나 광고)이 실행되지 않았을 때 발생하는 판매량 혹은 매출액인데, 이를 추정하기 위해서는 과거 판매자료의 축적을 통한 분석이나, 대조군(혹은 통제집단: control group) 판매분석을 수행하여야 한다. 즉, 판매촉진이 실행된 시장과 많은 여건이 비슷하지만 같은 시점에 판매촉진이 실행되지 않은 시장이 있다면 이로부터 기본판매를 유추할 수 있다.

둘째, 판매촉진에 의해 증가된 판매를 어떻게 추정할 것인가 하는 문제이다. 판매에 영향을 주는 요소들은 판매촉진 이외에도 다양하므로, 특정 마케팅활동에 의해 증가된 판매를 추정하기 위해서는 다른 요소들에 대한 적절한 통제가 반드시 필요하다. 만약 거의 완벽하게 유사한 고객집단이 있고, 이 두 집단에 대해 다른 마케팅활동을 실행하는 형식의 실험을 수행할 수 있다면 증가된 판매의 추정이 용이할 것이나, 현실은 그렇지 않기 때문에 주로 과거 판매를 설명할 수 있는 수리적 모형을 개발하고 이를 축적된 데이터에 적용해 다른 요소들의 영향을 통계학적으로 통제하는 방법을 쓰고 있다.

판촉증가율은 마케팅생산성을 극대화하기 위한 분석에 있어서도 가장 기초가 되는 성과지표이나, 위에 나열한 어려움 등으로 인해 실제 마케팅현장에서는 전년 동기 혹은 전기의 매출을 기본판매로 하고 마케팅활동을 수행한 해당 기의 매출과의 비교를 통해 사후적으로 판촉증가율을 계산하는 방식을 많이 쓰고 있다.

3.8 매출수익률(Return on Sales) – 회계성과 관련 지표

마케팅활동의 성과가 기업의 가치로 이어지기 위해서 꼭 필요한 연결고리는 수익성이다. **매출수익률**(return on sales: ROS)은 마케팅활동이 기업의 수익성에 미치는 영향을 측정하기 위한 지표로 많이 사용되며, 아래와 같은 식으로 산출한다.

매출수익률(%) = 순이익 / 매출액

ROS는 매출액 크기가 다른 산업 간 혹은 기업 간의 수익성을 비교하기에 적합한 지표이다. 또한, 어느 정도의 ROS가 적절한지는 산업에 따라 크게 다르다. 주로 마케팅활동의 효과(effectiveness)를 측정하는 전통적인 마케팅성과지표(예: 인지도, 시장점유율 등)와는 달리 매출수익률은 마케팅활동에 투입되는 원가를 반영한 효율성(efficiency) 지표 중의 하나이다.

매출수익률 측정에 있어 분석의 단위가 기업 전체인 경우는 큰 문제가 없으나, 사업부 혹은 제품을 기준으로 ROS를 측정하고자 할 때에는 반드시 간접비용의 배분에 대한 고려가 필요하다. 예를 들어, 기아자동차 K5의 ROS를 측정할 때 기아차 본사 인력의 인건비 중 어느 정도를 K5에 배분할 것인가 하는 문제이다.

두 번째로 유의할 점은 순이익에는 마케팅활동과 관련이 작은 이자비용이나 세금도 반영이 될 수 있다는 점이다. 따라서, 매출수익률 계산 시 순이익에 이자비용, 법인세, 감가상각 등을 더한 세전순이익(earnings before interest, taxes, depreciation, and amortization: EBITDA)을 사용하는 경우도 있다.

3.9 시가총액(Market Capitalization) – 재무시장성과 관련 지표

최근 마케팅성과지표로서 많은 주목을 받고 있는 것이 기업의 가치와 관련된 측정치들이다. 광

| 마케팅성과지표들을 한눈에 보여주는 대시보드의 예

자료원: www.datapine.com

고나 브랜드관리와 같은 마케팅활동이 재무시장 성과에 유의미한 영향을 미친다는 사실이 많은 연구를 통해 밝혀지면서 주식수익률, 위험, 자본비용 등 기업의 재무적 성과도 마케팅성과지표에 포함시켜야 한다는 주장이 설득력을 얻고 있다.

그중 상장기업의 경우 가장 대표적인 지표는 주식가격×발행주식수로 계산되는 **시가총액**이다. 시가총액은 기업의 수익성, 안정성, 성장가능성 등이 모두 반영된 투자자 지표이므로 마케팅성과지표로 활용되기에는 너무 많은 기타 요인들이 존재한다는 비판도 있다. 그러나, 마케팅전략 수립에 보다 장기적인 기업가치 위주의 관점을 제공한다는 점에서 미래지향적인 마케팅성과지표로 제시되고 있다.

마케터들은 이러한 마케팅성과지표를 효율적으로 관리하기 위하여 마케팅 대시보드를 운영하기도 한다. **마케팅 대시보드**는 마치 자동차의 계기판처럼 마케팅관리자가 가장 중요하게 여기는 성과지표를 한눈에 알아볼 수 있도록 정리한 것이다.

04 | 마케팅생산성

마케팅생산성은 **MROI**(marketing return on investment) 혹은 **ROMI**(return on marketing investment)라고도 불리며, 앞에서 설명한 마케팅성과지표와 성공적인 마케팅전략 수립 및 실행 사이를 이어주는 핵심적인 개념이다. 마케팅성과지표의 측정은 마케팅관리과정에서 목표가 아니라 성공적인 마케

MARKETING
FOCUS

마케팅 자원 재할당을 통해 수익성을 14배 증가시킨 이노펙

이노펙은 1986년 설립되어 주로 네덜란드와 벨기에에서 사무용 가구를 공급하는 중소기업이다. "당신이 대접받고 싶은 방식으로 다른 모든 사람들을 대하라"라는 모토를 가지고 있는 이노펙은 약 8,000개 이상의 고객사에게 가구를 납품하고 있다.

이노펙의 대표를 맡고 있는 Leon Suijkerbuijk는 고객들이 구매의사결정을 내리는 방식을 좀 더 체계적으로 이해하고 이 의사결정 과정에 이노펙의 마케팅활동이 미치는 영향들을 분석함으로써 경쟁사보다 높은 마케팅역량을 갖추고자 하였다. 이노펙의 당면한 과제 중 하나는 회사가 실시하고 있는 다양한 마케팅 커뮤니케이션 활동들이 판매에 어떤 영향을 미치고 나아가 회사의 수익에 어떤 영향을 미치는지 알아내는 일이었다. 만약 이것을 파악할 수 있다면 마케팅 커뮤니케이션 예산을 할당함에 있어서 보다 합리적인 의사결정이 가능할 것이라고 생각하였다.

이노펙이 사용하고 있던 커뮤니케이션 채널들은 카탈로그, 전단지, 팩스, 구글 검색어 광고, 가격할인, 이메일 등 다양했다. 이러한 마케팅활동들의 생산성을 파악하기 위하여 이노펙은 약 2년 6개월 동안 각 커뮤니케이션 활동의 시행 여부와 소요비용, 온라인과 오프라인에서 고객들의 반응(예: 이노펙 웹사이트 방문, 영업사원을 통한 주문 등), 매출액, 매출총이익 등을 측정하여 데이터베이스를 구축하였다.

이 데이터를 분석한 결과 이노펙은 다음과 같은 결과를 얻었다.

	1 유로 투입 시 수익성 증가 효과(유로)	수요탄력성
팩스	3.33	0.05
전단지	0.57	0.04
검색어 광고	55.72	4.35

사진 출처: 이노펙 페이스북 페이지
(https://www.facebook.com/InofecBelgie/)

회사는 마케팅 비용의 80%를 차지하고 있던 전단지가 1유로 투입 시 수익성 효과 0.57 유로에 지나지 않는다는 것에 충격을 받았다. 이에 반해 13% 정도만 비용을 투입하고 있던 검색어 광고는 전단지의 거의 100배에 달하는 수익성 효과를 가지고 있는 것으로 추정되었다. 이러한 결과를 다시 한번 확인하기 위해 이노펙은 약 3개월 동안 4개의 지역에서 필드 실험을 기획하였다.

즉, 전단지와 검색어 광고를 그대로 둔 통제지역(지역 0)과 수익성 효과를 비교하기 위하여 전단지는 그대로 두고 검색어 광고를 두 배로 증가시킨 지역(지역 1), 검색어 광고는 그대로 두고 전단지를 반으로 줄인 지역(지역 2), 전단지를 반으로 줄이고 검색어 광고를 두 배로 늘인 지역(지역 3)을 설정하였다. 그 결과 지역 0과 대비해 지역 1은 7.5배, 지역 2는 12.5배, 지역 3은 14.2배의 높은 수익성을 올리는 것으로 확인되었다.

이노펙 CEO는 이러한 결과를 전사 마케팅에 적용하여 전단지를 통한 홍보활동은 대폭 줄이고, 검색어 광고에 예산을 더 투입해 수익성을 약 14배 증가시키는 효과를 얻었다.

자료원: Pauwels, 2014; Wiesel, Pauwels, Arts, 2011.

팅을 위한 수단으로서 의미를 가지기 때문이다.

예를 들어, 나이키가 고객만족도 측정을 아무리 열심히 하더라도 나이키의 마케팅성과가 나아질 수는 없다. 고객만족도 측정과 동시에 나이키가 실행하고 있는 광고나 대고객 서비스와 같은 다양한 마케팅활동과의 연결고리가 파악되어야, 즉 마케팅생산성이 측정되고 관리되어야 고객만족도를 제고할 수 있는 마케팅전략 수립이 가능할 것이다.

마케팅생산성의 측정은 많은 경우 복잡한 통계모형이나 계량경제학 모형의 활용이 필요하고, 이를 습득하는 것은 보다 전문적인 영역에 대한 학습을 전제로 한다. 여기에서는 마케팅생산성의 측정과 관련된 가장 기본적인 개념을 소개하고, 마케팅생산성 활용에 있어 유의사항들을 설명한다.

4.1 마케팅생산성의 측정

마케팅생산성은 다양한 방법으로 측정할 수 있으나, 탄력성 개념을 활용하여 다음과 같은 식으로 표현하는 것이 일반적이다.

마케팅생산성 = 마케팅성과지표값의 변화(%) / 마케팅활동의 변화(%)

예를 들어 어떤 기업이 광고비를 평균적인 규모보다 두 배(즉, 100%) 더 지출하였고, 이를 통해 시장점유율을 10% 증가시킬 수 있었다면 마케팅생산성은 0.1이라고 할 수 있다. 그러나 이러한 탄력성 기반의 마케팅생산성은 마케팅투자의 적절성을 파악하는 데 어려움이 있다. 마케팅생산성이 1.0인 투자가 0.1인 투자보다 반드시 더 가치 있는 투자라고 말할 수 없기 때문이다.

따라서 기업의 재무적 가치에 집중하여 마케팅생산성을 측정하는 아래와 같은 식이 이용되기도 한다.

마케팅생산성(%) = (마케팅활동에 의해 증가된 재무적 가치 – 마케팅비용) / 마케팅비용

이 경우에는 마케팅비용을 투자함에 따라 증가시킬 수 있는 재무적 가치가 비율로 측정되므로, 일반적인 금융자산에 투자하는 경우에 취득할 수 있는 이자율이나 기업이 투자심사를 할 때 기준으로 보유하고 있는 내부수익률(internal rate of return: IRR)과 비교가 용이하다.

이때, 재무적 가치를 어떤 지표로 측정할 것인가에 대해서는 다양한 대안이 존재한다. 가장 대표적이고 이해하기 쉬운 측정치는 매출액이나 세전순이익과 같은 회계장부 상의 지표를 들 수 있을 것이고, 브랜드자산이나 고객자산과 같은 마케팅자산을 재무적 가치지표로 활용하는 방법도 있다.

또한 앞에서 설명하였듯이 금융시장에서 형성되는 기업가치(예: 시가총액)를 재무적 가치로 활용하는 방법도 있다. 마케팅생산성은 최고경영자나 재무책임자(chief financial officer: CFO)들의 언어로 마케팅성과와 효율성을 표현한다는 점에서 **마케팅의 책임성**(marketing accountability)을 제고하기 위한 성과지표라고도 할 수 있다.

4.2 마케팅생산성 활용의 유의사항

그러나, 위와 같은 마케팅생산성 개념을 실제 마케팅현장에서 측정하고 활용하는 데 있어서는 다음과 같은 사항을 유의하여야 한다.

첫째, 마케팅생산성은 인과관계를 기반으로 측정되어야 한다. 바꾸어 말하면, 마케팅활동과 마케팅성과 간의 관계가 발견된다고 하더라도 이것이 과연 인과관계를 의미하는지 검증할 필요가 있다. 예를 들어, 광고와 시장점유율 간의 관계에 있어 양의 상관관계가 발견된다고 하더라도 이것이 인과관계가 되려면 (1) 광고가 원인변수이고 시장점유율이 결과변수여야 한다. 즉, 시장점유율의 변화에 의해 광고량이 변화하는 것이 아니라 광고의 변화에 의해 시장점유율이 변화하는 선후관계가 존재하여야 한다. (2) 시장점유율에 영향을 주는 다른 변수(예: 가격, 품질)가 통제되어야 한다. 이러한 점을 제대로 파악하지 못할 경우 자칫 마케팅생산성 지표를 보고 잘못된 의사결정을 내릴 수도 있다. 즉, 광고의 생산성이 높은 것으로 파악되어 광고량을 늘려 집행했는데 실제 마케팅성과에는 큰 도움이 되지 않는 경우가 발생할 수 있는 것이다. 특히 다른 변수를 제대로 통제해야 한다는 두 번째 조건은 사회과학에서 인과관계를 증명하는 데 있어 가장 핵심적이면서도 어려운 부분이다.

다른 원인변수들의 영향을 통제하는 가장 확실한 방법은 실험군(실험집단)과 대조군(통제집단)을 만들어 두 집단을 비교하는 '통제된 실험(controled experiment)'이지만 이 방법은 그 실행에 있어 적

용이 어렵거나 불가능한 경우가 존재한다.

예를 들어, 특별가격 인하의 효과를 측정하기 위해 전국에 있는 100개의 영업점으로부터 50개(실험집단)를 무작위로 추출하여 인하된 가격을 적용하고, 나머지 50개 영업점(통제집단)에 대해서는 정상가격을 적용하는 경우 소비자나 대리점주들의 항의가 있을 수도 있고, 소비자들이 가격할인을 하는 업장으로 이동하는 현상이 발생할 수도 있다.

이러한 실험방법이 가지고 있는 한계를 극복하기 위해서 최근에는 마케팅활동과 성과지표 데이터를 꾸준히 축적하고 이를 계량경제학적으로 분석해 인과관계를 밝혀내는 기법들이 꾸준히 개발되고 있다. 경제학, 사회복지학, 행정학 등에서 발전된 프로그램 평가방법론(program evaluation)이 그 예이다.

둘째, 마케팅생산성의 측정에 있어 어떤 성과변수를 활용할 것인가에 주의하여야 한다. 일반적으로 어떤 마케팅활동의 생산성을 측정할 것인가에 대한 것은 비교적 명확하지만, 마케팅활동에 의해 영향을 받을 수 있는 성과변수들은 [그림 12-1] 마케팅성과 체인에서 알 수 있듯이 매우 다양하므로, 생산성 파악에 적절한 성과변수를 선정하는 것은 매우 중요하다. 자칫 단기적인 지표만을 생산성 파악을 위한 성과변수로 선정하여 모든 마케팅활동을 단기성과 향상 위주로 설계하게 되면 장기적인 폐해를 끼칠 수 있기 때문이다.

예를 들어 풀무원이 너무 잦은 판매촉진활동을 수행한다면 이는 장기적으로 풀무원의 브랜드 이미지에 악영향을 주고 소비자들의 가격탄력성을 증가시켜 다른 마케팅활동의 생산성에 부정적인 효과를 미칠 수 있다. 따라서 단기적으로 시장점유율이나 판매량을 증가시키는 데 있어 생산성이 높다고 하더라도 장기적인 변수들(예: 브랜드자산이나 고객자산)에 악영향을 줄 수 있는 마케팅활동이라면 그 활용에 유의하여야 한다.

셋째, 마케팅생산성의 측정에 있어 기업 내부적인 핵심성과지표(key performance indicator: KPI)나 관리회계기준과의 조화가 필요하다. 마케팅생산성을 측정하는 목적 자체가 보다 효율적인 마케팅활동을 수행하기 위함이므로, 마케팅활동의 예산편성에 영향을 미칠 수 있는 다른 관리기준들과의 조화를 꾀하고 마케팅조직 이외의 다른 조직들과 대화를 문제 없이 수행할 수 있도록 마케팅생산성 지표를 개발하여야 한다.

넷째, 시스템 구축을 통한 마케팅생산성 측정 상시화가 필요하다. 불규칙적이고 일회성으로 마케팅생산성을 측정하는 것은 마케팅의사결정의 질을 올리는 데 있어 큰 도움을 주지 못한다. 마케팅생산성 지표 결과를 실행 부서에서 활용하면서 그 필요성을 절감하게 하고, 생산성 측정에 필요한 기초자료들을 제대로 입력할 수 있는 시스템을 개발함으로써 마케팅생산성 측정이 상시화되어야 마케팅생산성 측정이 실제 의사결정에 제대로 활용될 수 있을 것이다.

| 참고문헌 |

1. Jeffery, Mark, *Data-Driven Marketing: The 15 Metrics Everyone in Marketing Should Know*, Wiley, 2010.
2. Bendle, Neil T., Paul W. Farris, Philip E. Pfeifer, and David J. Reibstein, *Marketing Metrics: The Manager's Guide to Measuring Marketing Performance*, 4th ed., Pearson, 2020.
3. Hanssens, Dominique M. and Koen Pauwels, "Demonstrating the Value of Marketing", *Journal of Marketing*, 80 (Nov.), 2016
4. Katsikeas, Constantine S., Neil A. Morgan, Leonidas C. Leonidou, and G. Tomas M. Hult, "Assessing Performance Outcomes in Marketing," *Journal of Marketing*, 80 (Mar.), 2015.
5. Pauwels, Koen, *It's Not the Size of the Data: It's How You Use It*, AMACOM, 2014.
6. Reichheld, Fred and Rob Markey, *The Ultimate Question 2.0*, Harvard Business Review Press, 2011.
7. Wiesel, Thorsten, Koen Pauwels and Joep Arts, "Marketing's Profit Impact: Quantifying Online and Off–line Funnel Progression," *Marketing Science*, 30(4), 2011.

| 생각해 볼 문제 |

1. 소비재 산업의 기업 하나와 산업재 산업의 기업 하나를 선정하여 중요한 마케팅성과지표를 나열해 보자. 어떤 점에서 차이를 발견할 수 있는가?

2. 마케팅성과지표의 측정이 쉽지만은 않은 이유는 무엇인지 정리해 보고 이의 극복방안에 대해 토론해 보자.

3. 마케팅성과지표에 있어 유량변수와 저량변수의 차이점에 대해 설명하고 적절한 예를 제시해 보자.

4. "측정할 수 없으면 관리할 수 없다"라는 말의 의미를 설명하고, 마케팅성과를 꾸준히 측정하는 것의 중요성에 대해 생각해 보자.

5. 마케팅생산성 측정에 있어 주의해야 할 점에 대해 설명하고, 마케팅생산성 측정이 어떻게 활용될 수 있을지 토론해 보자.

국문 색인

영문 색인

A

B

C

D

E

저자 약력

안광호

안광호 교수는 인하대학교 경영학과에서 32년 6개월간의 교수생활을 끝내고 명예교수로서 집필작업에 계속 정진하고 있다. 그는 한국외국어대학교 무역학과를 졸업하고 서울대 대학원 경영학과에서 석사과정을 수료한 다음 미국 NYU(New York University)에서 마케팅을 전공하여 경영학 석사와 박사학위(Ph. D.)를 취득했다. 그의 관심분야는 소비자행동, 브랜드 관리, 마케팅 커뮤니케이션, 마케팅 전략 등이며, 이러한 관심분야에서 활발한 연구 및 저술 활동을 지속하고 있다. 그는 Journal of International Retailing, Management Decision, International Journal of Contemporary Hospitality Management, The International Journal of Human Resource Management, 『마케팅 연구』, 『한국마케팅 저널』, 『소비자학 연구』, 『경영학 연구』, 『마케팅 관리 연구』, 『광고학 연구』 등 국내외 유명 학술지에 100편 이상의 논문을 발표했다. 그리고 『고객지향적 마케팅』, 『소비자 행동』, 『마케팅 조사원론』, 『유통관리』, 『유통원론』, 『광고관리』, 『촉진관리』, 『전략적 브랜드 관리』, 『마케팅 전략』, 『사회과학 조사방법론』, 『패션마케팅』, 『서비스마케팅』 등의 마케팅관련 저서와 『브랜드 파워』, 『브랜드의 힘을 읽는다』, 『SHOW』, 『정서 마케팅』, 『정서지배 소비자행동』, 『행동경제학 관점에서 본 소비자 의사결정』, 『행동적 의사결정론』, 『감정을 팔아라』, 『정서:n 소비자행동』 등의 단행본을 출판하였다. 2013년에는 경영학분야의 세계적 석학인 Kotler 교수와의 공동 저술작업을 통해 글로벌 베스트셀러 대학교재인 『마케팅 입문(Marketing: An Introduction)』 한국어 판을 출간했다.

한국마케팅학회 학회장, 한국광고학회 학회장, 한국소비자학회 학술지 『소비자학 연구』의 편집위원장과 한국광고학회 학술지 『광고학 연구』의 편집위원장을 역임하였으며, 한국마케팅학회, 한국소비자학회, 한국경영학회, 한국소비문화학회, 한국마케팅관리학회, 한국광고학회의 부회장 및 상임이사를 역임하였다. 2001년 한국소비자학회 최우수 논문상을, 2009년 한국경제신문 학술자상을 수상했다. 그리고 2012년 한국조사연구학회 한국갤럽학술논문상을, 2013년 한국광고학회 제일기획 학술상과 동아일보 '2013 한국의 최고경영인상'에서 한국의 최고경영학자상을 수상했다. 인하대학교에서 2003년 우수연구업적 교수상을 수상하기도 하였다.

평소 영화 · 공연 관람과 와인을 즐기며, 오감과 정서를 건드리는 기타연주와 굴곡진 삶이 담긴 목소리를 선사하는 가수 에릭 클랩튼과 담백하면서 언제나 아름다운 추억을 떠올리게 하는 작곡가 고 이영훈님의 음악을 즐겨 듣는다. 시간이 나면 낯선 이국땅에서 배낭여행을 즐기며 잠시 일상에서 벗어난 시간을 갖곤 한다.

하영원

하영원 교수는 서울대학교 법과대학을 졸업하고, 미국 University of Chicago에서 마케팅 전공으로 경영학 석사(MBA)와 박사학위(Ph. D.)를 받았다. 미국 Rutgers University에서 조교수로 교직생활을 시작한 그는 1989년 귀국한 뒤 2020년 2월까지 서강대학교 경영대학 교수로 재직하였으며, 현재는 서강대학교 명예교수 겸 한국뉴욕주립대학교 경영학과 석좌교수로 재직 중이다. 서강대학교 경영전문대학원장을 역임한 바 있는 하영원 교수는 『마케팅연구』와 『소비자학연구』 편집위원장, 한국경영학회 부회장, 한국소비자학회 회장, 한국마케팅학회 회장, Asia-Pacific 2004 Association for Consumer Research(ACR) Co-Chair, 2007 North American ACR Conference Program Committee Member를 역임한 바 있으며, Journal of Marketing Research, Journal of Consumer Research, Advances in Consumer Research 및 Psychological Science의 reviewer로도 활동하였다. 그는 또한 효성 사외이사, 삼성카드 이사회 의장을 역임하였으며, 현재 SK네트웍스의 이사회 의장과 국내 유수기업의 자문교수로 활동하고 있다. 하영원 교수는 Journal of Consumer Research, Psychological Review, Journal of Experimental Psychology: Learning, Memory, and Cognition, Marketing Letters, Journal of International Marketing, Journal of Business Research 등 해외 저명저널과 『경영학연구』, 『마케팅연구』, 『소비자학연구』, 『광고학연구』, 『유통연구』 등의 국내 저명학술지에 다수의 논문을 게재하였으며, 한국경영학회 마케팅부문 최우수논문상(1994), 한국마케팅학회 최우수논문상(1995, 2003), 한국소비자학회 최우수논문상(2006, 2009), 서강대학교 경영학부 최우수강의상(2006, 2009, 2013), 한경마케팅 대상 공로상(2004), 한국경영학회 SERI중견경영학자상(2013), 정진기언론문화상(2014), 대한민국경영대상 학술공헌상(2014), 한국의 최고경영인상 특별상(2014)을 수상하였다. 또한 그는 2014년에 한국연구재단 우수학자 지원 사업에서 우수학자로 선정되었으며, 주요 저서로는 Consumer Decision Making: A Cross-Cultural Perspective(1000 Years of Treasures), 『마케팅원론』(학현사), 『소비자행동』(집현재), 『마케팅전략』(박영사), 『신제품마케팅전략』(박영사), 『결정하는 뇌』(21세기북스) 등이 있다. Old pops를 좋아하여 시간이 나면 지인들과 함께 I left my heart in San Francisco와 My way 같은 노래를 즐겨 부른다.

유시진

유시진 교수는 서울대학교 경영대학에서 경영학사를, 동 대학원 경영학과에서 국제경영 및 경영전략 전공으로 석사를 취득하였다. 석사 취득 후 약 5년 동안 자동차 마케팅 현장의 단맛과 쓴맛을 경험한 그는 2004년 미국 University of California at Los Angeles(UCLA)에서 마케팅 전공으로 박사를 취득하였다. 그는 Singapore Management University 교수를 역임한 뒤 2007년부터 고려대학교 경영대학에서 마케팅 전공 교수로 재직하고 있다. 유 교수의 주요 연구 분야는 마케팅투자와 기업가치 간의 관련성, 고객자산(Customer Equity), 마케팅 ROI, 로열티 프로그램, 온라인 구전 등이다. 그는 Journal of Marketing Research, Journal of Product Innovation Management, Journal of International Production Economics, Electronic Commerce Research and Applications, Asia Marketing Journal, 마케팅연구 등에 활발히 논문을 발표해 오고 있고, 특히 2012년에는 논문 인용 횟수를 기반으로 시상하는 Emerald Citation Excellence Award를 수상하기도 하였다. 또한, Marketing Science, Management Science, Journal of Marketing, International Journal of Forecasting 등의 학술지에서 심사위원으로도 활동한 바 있다. 유 교수는 고려대학교 경영대학의 학부, 일반대학원, MBA에서 마케팅원론, 마케팅조사론, 계량적 마케팅모델 등을 강의하고 있으며, 삼성, LG, SK, 현대자동차 등 많은 기업에서 다양한 직급의 관리자들을 대상으로 마케팅전략, 마케팅성과관리, 마켓센싱 등의 주제로 강의하고 있다. 탁구, 골프, 테니스, 당구 등 작은 공으로 하는 스포츠를 좋아하는 그는 80년대 영화와 2020년대 드라마를 번갈아 볼 수 있는 OTT 서비스에 매우 감사하고 있다.

마케팅 원론: 고객지향적 접근(제8판)

안광호 하영원 유시진 공저

1판 1쇄	인쇄	1998년	12월 10일
2판 1쇄	발행	2001년	6월 15일
3판 1쇄	발행	2004년	1월 10일
4판 1쇄	발행	2007년	8월 30일
4판 5쇄	발행	2010년	1월 30일
5판 1쇄	발행	2010년	8월 15일
5판 6쇄	발행	2013년	8월 15일
6판 1쇄	발행	2014년	2월 28일
6판 4쇄	발행	2016년	1월 30일
7판 1쇄	발행	2018년	2월 10일
7판 7쇄	발행	2022년	3월 5일
8판 1쇄	발행	2023년	2월 25일
8판 5쇄	발행	2025년	1월 30일

발행인 회장 박 철 용
대표 박 세 원

발행처 **학 현 사**
우. 10881 경기도 파주시 직지길 522 파주출판도시
전 화 031) 955-8700(대표)
팩 스 031) 955-8705
메 일 hhspub@chol.com
hhspub@daum.net
http://www.hakhyunsa.com

출판등록 1992년 6월 20일
등록번호 제 406-2004-000033호
I S B N 978-89-5853-588-1
정 가 36,000원